# 《宝库山世界历史研究指南》
## 编辑委员会

| | |
|---|---|
| 图像研究与编排 | 安娜·迈尔斯（Anna Myers） |
| 设计者 | 安娜·迈尔斯（Anna Myers） |
| 封面艺术设计 | 莉莎·克拉克（Lisa Clark） |
| 编制与索引 | 新源成像系统公司（Newgen Imaging Systems, Inc.） |
| 印刷者 | 汤姆森 – 肖尔公司（Thomson-Shore, Inc.） |
| 中文版主编 | 陈 恒 俞金尧 刘 健 郭子林 黄艳红 刘文明 |
| 项目主持 | 王秦伟 成 华 |

## 译校者

| | |
|---|---|
| 第一卷 | 陈 恒 蔡 萌 刘招静 焦汉丰 屈伯文<br>张忠祥 常 程 李 月 赵文杰 张译丹 |
| 第二卷 | 俞金尧 陈黎黎 尹建龙 侯 波 |
| 第三卷 | 刘 健 邢 颖 李 军 王超华 |
| 第四卷 | 郭子林 毛 悦 张 瑾 |
| 第五卷 | 黄艳红 马行亮 王 超 赵挹彬 |
| 第六卷 | 刘文明 王晓辉 高照晶 邢 科 汪 辉<br>李磊宇 魏孝稷 刘凌寒 张小敏 张娟娟 |

BERKSHIRE
ENCYCLOPEDIA
*of*
WORLD HISTORY

# 宝库山
# 世界历史
# 研究指南

第二卷

生活·讀書·新知 三联书店

**图书在版编目(CIP)数据**

宝库山世界历史研究指南/(美)威廉·麦克尼尔主编;陈恒译. —北
京:生活·读书·新知三联书店,2024.1
ISBN 978-7-108-07348-8

Ⅰ.①宝⋯ Ⅱ.①威⋯②陈⋯ Ⅲ.①世界史—研究 Ⅳ.①K107

中国版本图书馆 CIP 数据核字(2022)第 016005 号

C

# Caesar, Augustus　奥古斯都·恺撒

447　　盖乌斯·屋大维（Gaius Octavius，第一位罗马皇帝，前 63—公元 14）是尤利乌斯·恺撒（Julius Caesar）的甥孙和继承人。在公元前 44 年恺撒死后，他在罗马获得了一席之位。前 27 年，他成为罗马帝国的统治者，并被授予"奥古斯都"（Augustus）的头衔。他领导帝国走向鼎盛，拓展了帝国的疆界，开启了持续将近 200 年的和平与繁荣。

　　奥古斯都·恺撒，本名盖乌斯·屋大维，出生于公元前 63 年。他的父亲曾任马其顿总督，他的母亲是尤利乌斯·恺撒（前 100—前 44）的外甥女。年幼的盖乌斯成了恺撒的被保护者、养子和继承人。他以奥古斯都·恺撒的新名字流传后世，被认为是一个无情的统治者但绝非暴君。他推行的一系列改革给罗马帝国带来了繁荣与和平。正如他所夸耀的那样，他所推行的建造计划使得罗马从"一座砖城变成了大理石的城市"。他统治达 44 年，并被认为是历史上最成功的统治者之一。

　　尤利乌斯·恺撒从屋大维少年时代起便着力培养他，使其成为一个深谋远虑和精于战略的军人，并成为军队中一位重要指挥官。公元前 44 年 3 月 15 日，当恺撒在罗马被谋杀时，时年 18 岁、正在达尔马提亚（Dalmatia）指挥军队的屋大维迅速赶回了罗马。他很不情愿地暂时与马克·安东尼（Mark Antony）联合，后者是恺撒信任的助手，被许多人认为是恺撒毋庸置疑的继承人。但是屋大维作为恺撒的养子也获得了影响力，前 43 年他与安东尼、李必达（Marcus Aemilius Lepidus，约前 90—约前 13）联合组成"后三头同盟"。他们宣称恺撒是神，在各种各样的战斗和政变中除掉了数以千计的敌人，并于前 42 年在马其顿的腓力比（Philippi）击败谋害恺撒的主谋布鲁图斯（Marcus Junius Brutus）和卡西乌斯·郎吉努斯（Gaius Cassius Longinus）。

　　前 36 年，"后三头同盟"瓦解。李必达退出，屋大维以安东尼和埃及女王克娄巴特拉的同盟为借口扳倒了他。公元前 31 年，屋大维在希腊西海岸的亚克兴（Actium）海战中击败了安东尼。安东尼和克娄巴特拉逃往亚历山大里亚，随后自杀殒命。

　　此后，屋大维完全控制了罗马，并谨慎地在共和国的体制约束内巩固权力。他承担起管辖罗马行省的职责，并接受执政官的职位。他又被授予"奥古斯都"的殊荣，这是一个宗教性术语，暗示其权力超出凡人。随后又被宣布为"祖国之父"。尽管他接受了"绝对统治者"的称号，但在当时罗马的体制下，这仅仅表明他是军队的最高统帅，而后人却常常将此作为"皇帝"的头衔。

　　众所周知，奥古斯都巩固了尤利乌斯·恺撒的许多改革。他在行省安置了数以千计的退伍老兵，把从埃及掠夺的财富支付给土地占有者。为了阻止任何野心勃勃的将军的行动，他长期占据控制罗马所有军事力量的职位。尽管元老院和其他罗马政权的共和成分被原封不动地保留下来，但奥古斯都是无冕的真正帝王。

　　经过几次内战的剧变后，罗马人急需和平，而奥古斯都把和平带给了他们。他给予行省长官富有重大意义的自治权，改革了罗马的经济与税收制度，便开启了罗马和平与繁荣的时代。他成为在整个帝国受到广泛赞誉的人，人们为了感怀他而竖起很多他的雕像。虽然奥古斯都被质疑过分扩张了帝国，但他把罗马的影响扩散到了欧洲内陆，并且开疆拓土远胜其他任何罗马统治者。448

　　在奥古斯都统治时期发生的一场战争对后

一幅完成于 1797 年的奥古斯都画像。"奥古斯都"的头衔意味着其权力超出凡人

罗马文化、法律、政体、语言主导着欧洲西部,然而欧洲的日耳曼部分却按照迥然不同的道路发展,受到来自东方"蛮族"的极大影响。

罗马和平开辟了一个长达 200 年的黄金时代。罗马时代最伟大的诗人维吉尔(Virgil,前 70—前 19),其最负盛名的作品《埃涅阿斯纪》(The Aeneid)既是关于特洛伊战争余波的故事,也是早期罗马共和国历史的颂歌。其他重要的作家还有贺拉斯(Horace)、奥维德(Ovid)、波里奥(Pollio)和李维(Livy)等。这一时期修造了很多建筑史上的奇迹,其中的一些存留到现在。奥古斯都的建筑师团队,其中多数可能是希腊人,建筑了一个向战神马尔斯献祭的广场和神庙,以纪念屋大维在腓力比的胜利。在奥古斯都的个人资助下,他们还修复了卡皮托林山(Capitoline)上的朱庇特神庙,并且在帕拉蒂尼山上建立了新的阿波罗神庙,修缮了卢普林洞穴(Luperine Cave)——传说中母狼哺育罗马城的创建者罗慕路斯(Romulus)和勒慕斯(Remus)双胞胎兄弟的地方。奥古斯都和罗马在这一时期取得的成就可谓盛况空前,在古代世界无出其右。

奥古斯都的个人统治也有其缺陷。如诗人奥维德被放逐,因为他的作品与"皇帝"的喜好不符,而上层阶级也感到被忽视了。奥古斯都在统治长达 44 年后,于公元 14 年平静地去世。在遗嘱中他警告罗马人要提防过度扩张,因为他担忧这会使得帝国变得难以管理。这个预言很快就被证实。奥古斯都无法直接指定一个子孙作为继承人,最终选择了其继子提比略(Tiberius)。

尽管奥古斯都晚年更加独断专行,但毋庸置疑的是,他仍然是最伟大的罗马统治者。他扩展与巩固了罗马文明,持续深化了自尤利乌斯·恺撒以后的改革,将罗马边界拓展到中欧的有利防御位置,将军队直接置于其掌控之下,尽力消除军人夺权的可能性,开启了在罗马历史上空前绝后的和平繁荣时期。

世产生了重要影响。公元 9 年,罗马将军瓦卢斯(Quinctilius Varus)在日耳曼尼亚的条托堡(Teutoburg)森林中被伏击并损失了 3 个军团。因无力发动反击,罗马失去了掌控这一地区的任何机会。据罗马历史学家苏维托尼乌斯(Suetonius,约 69—约 140)的记载:"奥古斯都受到这一灾难性的沉重打击,连续几个月不修须发,常常以首叩门,声嘶力竭地喊:'瓦卢斯,还我军团!'而且他一直将这一天作为周年纪念日来寄托深沉的哀思。"

罗马文明扩展到了高卢等广大地区,但这次使罗马文明扩展到莱茵河以东的日耳曼地区的努力宣告流产,这在后世显现出深远的影响。

449

进一步阅读书目：

Gruen, E. (1995). *The Last Generation of the Roman Republic* (2nd ed.). Berkeley: University of California Press.
Hibbert, C. (1987). *Rome: the Biography of a City*. New York: Penguin.
Lewis, N., & Reinhold, M. (Eds.). (1990). *Roman Civilization: Selected Readings: Vol. 1, The Republic and the Augustan Age*. New York: Columbia University Press.
Plutarch. (1992). *The Lives of Noble Grecians and Romans*. New York: Modern Library.
Shuckburgh, E. S. (1995). *Augustus Caesar*. New York: Barnes and Noble.
Suetonius Tranquillus, G. (1989). *The twelve Caesars*. London: Penguin.
Syme, R. (2002). *The Roman Revolution* (2nd ed.). Oxford, UK: Oxford University Press.

大卫·马卡姆(J. David Markham) 文

尹建龙 译 俞金尧 校

# Caesar, Julius 尤利乌斯·恺撒

450 　　尤利乌斯·恺撒(Julius Caesar,前 100—前 44)作为政治和军事领袖取得的胜利,为他赢得了祭司长、执政官、独裁官、终身监察官等头衔。这些职位如此显赫,以至于阴谋者们在公元前 44 年谋害了他。然而,由他开启的改革被其甥孙奥古斯都继承,缔造了罗马的繁荣时代。

　　尤利乌斯·恺撒非凡的才华和抱负使他得以扩大罗马的统治,推行国内改革,并成为罗马的统治者。随着公元前 44 年 3 月 15 日恺撒被刺杀,罗马作为一个帝国开启了新的纪元,并一直持续了 500 年。

　　公元前 100 年,盖乌斯·尤利乌斯·恺撒(Gaius Julius Caesar)出生于一个贵族家庭。罗马内战爆发后,军事将领开始获得越来越多的权力。我们对恺撒的童年知之甚少,但毋庸置疑的是他肯定深受其父影响;后者与其说是父亲,更不如说是导师。作为一位年轻的贵族,恺撒接受了宗教与军事训练,并在一个军事据点供职。然后他进入政界,并成为一位出色的监察官。

　　恺撒极富个人魅力——高大、英俊,喜欢穿像红色火焰一样的典雅服饰。罗马最伟大的演说家西塞罗(Marcus Tullius Cicero)也称赞恺撒的演说和写作技巧。恺撒的优秀引起了其他在共和国占据权位之人的注意。他和罗马独裁官苏拉(Sulla)之间非常敌对。(前 82 年,作为罗马军队统帅的苏拉猛攻罗马并屠杀政敌——大约有 1 万名公民和 40 名元老遇害;旋自任独裁官。在前 79 年辞职之前,他一直独揽大权)。恺撒与苏拉的政敌关系密切,特别与马略(Marius,他与恺撒的姑母结婚,是能对苏拉构成威胁的军事领袖)和秦那(Cinna,马略的支持者和恺撒的岳父)还有姻亲关系。苏拉虽不喜欢恺撒并忧惧其抱负,但仍允许他去安纳托利亚的军队中服役。在那里,恺撒的政治与军事才能逐渐显现。前 78 年,苏拉病逝后,恺撒返回罗马,因熟谙法律而成为辩护人,起诉一些严重腐化的罗马人并寻求有实力的支持者。前 69 年,他当选

任期 1 年的主管西班牙行省的监察员并作为总督的助手，主要职责是主持司法审判，这个职位也给了他进入元老院的机会。

为了扩大影响，恺撒非常大方，以致负债累累。他与罗马首富克拉苏（Marcus Licinius Crassus）以及权力与影响飙升的受欢迎的将军庞培（大庞培，Gnaeus Pompeius Magnus）结盟。公元前 63 年，时年 37 岁的恺撒凭借其军事上的胜利，通过政治活动与贿赂，当选为罗马的大祭司。这是元老院的首席祭司，是一个权力很大的终身职位。1 年后，他被任命为城市行政长官，这是一个很有名望的行政职务。当谣传他的妻子有外遇时，他便与之离婚，并声称恺撒的夫人必须是无可指责的。前 61 年，他作为行省总督被派往西班牙，在那里他取得了许多军事胜利，并赢得了非常可观的财富。

前 60 年，恺撒与克拉苏、庞培组成"前三头同盟"（First Triumvirate），次年当选为执政官。他继续推行广受欢迎的改革措施，比如土地再分配，而这与贵族派首领加图（Marcus Porcius Cato）及保守派的利益相悖。加图和他的盟友竭力维护元老院贵族的特权与共和国的存在，是恺撒的劲敌。

前 58 年，元老院授权恺撒管理山南高卢（Cisalpine Gaul，意大利北部）、伊利里亚（Illyricum，阿尔巴尼亚）及山北高卢（Narbonese Gaul，法国南部）。至前 49 年，恺撒征服了高卢的其他地域（法兰西和比利时），发动了对不列颠的两次远征。前 52 年，恺撒在阿莱西亚（法国）击败了由维钦托利（Vercingetorix）率领的高

让-莱昂·热罗姆（Jean-Léon Gérôme）的《尤利乌斯·恺撒和其随从》（*Julius Caesar and Staff*，约绘于 1863 年）。油画

卢部族联军，征服高卢全境（恺撒使得罗马文明西进高卢，而非北进日耳曼尼亚地区，这开启了直至今天的中欧与西欧迥然不同的发展道路。罗马文明止于莱茵河而未能向东拓展，更因公元 9 年日耳曼部落在条托堡森林击败罗马军团而固化，罗马文化、法律、语言在欧洲西部得到传播和发展，而欧洲东部却保持了迥然不同的文化演进）。

出于对恺撒权势和声望不断增加的担忧，加图和其伙伴欲剥夺恺撒的指挥权。公元前 49 年，恺撒妥协的努力失败，元老院授权庞培控制在意大利的军团。恺撒迅速离开其在拉韦纳

451

（Ravenna）的总部，渡过卢比孔河，挥师罗马。当时没有军事授权便回师等同叛国——恺撒渡河后说了一句名言："骰子已经掷出。"罗马内战由此开始。庞培得到了绝大多数元老和贵族的支持，但这种支持总体还是冷淡的。而恺撒受到中下层阶级的欢迎，特别是平民以及城市与行省的官员。他用了6个月击败了庞培在高卢南部和西班牙的支持者。通过操纵元老院成员，他被任命为独裁官，并深化了经济改革。前48年8月9日，他渡过亚得里亚海前往希腊，在法萨卢斯（Pharsalus）击败了庞培的军队。庞培逃往埃及，恺撒追击他并在亚历山大里亚登陆。不过，埃及年轻的法老托勒密十三世（Ptolemy XIII）已经授意杀死庞培，以求讨好恺撒并促使他返回罗马。

然而，恺撒决定留在埃及筹措资金以补充日益匮乏的军费，在此期间他遇到了埃及法老托勒密同父异母的姐姐克娄巴特拉（埃及王国的共治者），此时的克娄巴特拉已经被托勒密法老的摄政大臣们剥夺了权力，放逐在外。恺撒拜倒在她的石榴裙下，并与她生育了一个儿子。恺撒同克娄巴特拉的联盟招致托勒密的憎恨，并引发战争，被恺撒打败后，托勒密自杀身亡，克娄巴特拉成为埃及唯一的女王，埃及遂成为罗马的附属国。恺撒对亚洲和非洲其他地区的远征都大获全胜，前46年，恺撒班师还朝，以胜利者的姿态进入罗马城。

在罗马，恺撒宣布对此前反对他的人实施大赦（曾经不遗余力地反对恺撒的加图，却宁可自杀，也不愿被其敌人所宽宥）。恺撒进行了改革，比如公费为贫民提供土地和粮食，在罗马进行人口普查，建设能够彰显荣耀和提供就业的公共建筑工程。为减少罗马过多的贫困人口，他在行省城市安置退伍老兵和无业者。他扩大了罗马公民权的授予，并改革税收制度。元老院授予恺撒数不胜数的荣誉，但一些元老院贵族担心恺撒想要称帝，尽管他仍如执政官和独裁官一样行使权力。当恺撒计划远征东方时，一群阴谋者密谋刺杀恺撒——为首的是卡西乌斯·朗吉努斯（Gaius Cassius Longinus，一位脾

452

拉斐尔·贾内梯（Raffaele Giannetti）的《恺撒最后一次进入元老院》（*The Last Senate of Julius Caesar*）。油画

气暴躁的军人,恺撒曾拒绝授任其职位),卡斯卡(Publius Casca,一位卡西乌斯的平民支持者)、布鲁图斯(一位深受恺撒信任和宠爱的人,被一些人认为是恺撒的私生子)。

公元前44年3月15日,在计划远征东方的前3天,恺撒打算出席元老院召开的会议。当他到会场外时,一个人塞给他一张警告的字条,但他未看。此后所发生的事件在英国作家克里斯托弗·希伯特(Christopher Hibbert)所撰《罗马:一个城市的纪事》(*Rome:The Biography of a City*)中有叙述,该书基于普鲁塔克和苏维托尼乌斯的记录所写。据该书所述,当恺撒步向其席位时,阴谋者们环伺左右,假装向他寻求建议和示好。当一个名叫图利乌斯·泽姆贝尔(Tullius Cimber)的人发出信号后(从后面掀起恺撒的长袍),卡斯卡首先向恺撒刺去,却错失目标,只是刺伤了恺撒的脖子。恺撒一把夺过卡斯卡的匕首,并用另一只手中所拿的金属笔的笔尖刺向身着铠甲的卡斯卡。但同时其他阴谋者们纷纷举起匕首猛刺,恺撒重伤而死。周围的人对恺撒遇刺深感震惊,以至于没有人去拦阻刺杀者逃走。罗马居民闻讯后,要么关门闭户以求自保,要么成群结队地赶往事发地点围观。在恺撒的葬礼上,安东尼发表了一篇非常感人的吊唁演说,并恳请元老院给予他独裁的权力。这段演说被莎士比亚在其剧作中演绎得超乎想象和令人难以忘怀,也使得他的剧作与恺撒一样永垂不朽。

恺撒是罗马共和国演进为罗马帝国的关键人物。正如他所预言的那样,在他死后爆发了内战。公元前27年,他的甥孙盖乌斯·屋大维,也就是奥古斯都·恺撒,开始了对罗马长达44年的统治。尤利乌斯·恺撒的遗产包括作为军事统帅的无可争辩的军事才能及他所推行的改革,并包括对犹太人的保护,这一切为罗马帝国能够持续长达500年奠定了基础。他撰写了《高卢战记》与《内战记》,即使这些写作是意在美化他在罗马的形象,但也是军事散文的典范之作。他推进了由一人主导的政府管理,这虽然起源于其不断增长的军事统帅的权力,但也使得罗马能够成为统一的帝国。恺撒的名字也成为统治者的代名词,比如德国皇帝的称号"kaiser"和沙俄皇帝的称号"czar"就是从恺撒派生而来。还有其他的统治者如拿破仑·波拿巴企图效仿恺撒的丰功伟绩,罗马的一些象征符号也成为法兰西帝国和其他类型帝国的灵感来源。

453

进一步阅读书目:

Caesar, G. J. (1967). *The Civil War* (J. F. Gardner, Trans.). London: Penguin.

Caesar, G. J. (1988). *The Conquest of Gaul* (S. A. Hanford, Trans.). London: Penguin.

Dando-Collins, S. (2002). *Caesar's Legion: The Epic Saga of Julius Caesar's Elite Tenth Legion and the Armies of Rome*. New York: John Wiley.

Gelzer, M. (1968). *Caesar: Politician and Statesman*. Cambridge, MA: Harvard University Press.

Grant, M. (1992). *Julius Caesar*. New York: M. Evans.

Gruen, E. (1995). *The last Generation of the Roman Republic* (2nd ed.). Berkeley: University of California Press.

Hibbert, C. (1987). *Rome: the Biography of a City*. New York: Penguin.

Lewis, N., & Reinhold, M. (Eds.). (1990). *Roman Civilization: Selected Readings: Vol.1, The Republic and the Augustan Age*. New York: Columbia University Press.

Meier, C. (1982). *Caesar: A Biography*. New York: Basic Books.

Plutarch. (1992). *The Lives of Noble Grecians and Romans* (J. Dryden, Trans.). New York: Modern Library.

Suetonius Tranquillus, G. (1989). *The Twelve Caesars* (R. Graves, Trans.). London: Penguin.

大卫·马卡姆(J. David Markham) 文

尹建龙 译  俞金尧 校

# Camels　骆驼

对干旱环境的适应,使得骆驼成为西亚和北非地区重要的力畜、驮畜和军事坐骑。由于骆驼能够载着人类穿过一些其他被驯化种类的牲畜不能够穿越的地区,这就使得相互分离的社会之间能够进行文化、经济以及生态的沟通和交流。

自从骆驼被驯化以来,它就在非洲和欧亚大陆的环境史上扮演着重要的角色。由于能够极好地适应干旱的环境,骆驼能载着人类成功越过北非和中亚的荒地和山脉。从这种意义上说,骆驼在促进撒哈拉沙漠以南非洲地区的文明与环地中海地区之间的社会和生态交流方面,以及在保证跨越欧亚大陆即从地中海到中国广大区域内的社会和生态交流方面,都发挥了至关重要的作用。同马、牛、驴、牦牛一样,骆驼是被驯化的动物中少数几种有足够的力量载动成年人的大牲畜。

骆驼分为两大种类:有一个驼峰的单峰驼或阿拉伯骆驼,以及有两个驼峰的双峰驼。大约在公元前1200年,生活在阿拉伯地区的人们用驯化的单峰驼代替驴使之成为沙漠之舟,并由此加强了环阿拉伯半岛沙漠边缘地带的交流,推动贝都因人(Bedouin)的文化进程。这或许巩固了沙漠边缘的国家,也可能在埃及和美索不达米亚的河流文明兴衰中起了作用。在北非,4—6世纪期间,单峰驼作为一种畜力,基本上取代了使用马或牛拉车的拖曳体系。骆驼运输的经济效益鼓励在北非和中东的伊斯兰社会削减并最终抛弃了对车辆运输和道路的依赖。

双峰驼于公元前2500年前在西南亚地区被驯化,后逐渐扩散到(今天的)伊拉克、印度、中亚,并进入中国。与单峰驼相比,人们对其研究较少。就像单峰驼一样,双峰驼也可以被用作力畜、驮畜和军事坐骑。然而,双峰驼的体型没有单峰驼大,速度也较慢,因此随着时间的推移,对双峰驼的使用逐渐减少。从前2世纪下半叶开始,中亚地区的人们用一种由单峰驼和双峰驼杂交生的骆驼取代了双峰驼。纯种的双峰驼作为种畜被保留下来。

与干旱地区的其他驮畜相比,骆驼的经济优势有几点。它的快速和频繁的消化周期能够分解干燥物质以及粗纤维、纤维素和粗蛋白。骆驼能够进食其他哺乳动物不吃的植被。较之其他牲口,骆驼在无水的状态下生存时间更长,并且能在极端缺水的情况下生存,直至体重降低40%。骆驼在无水状况下生存时间的长短取决于许多可变因素,如温度、驼龄、货物的重量及其他因素。一般情况下满载的骆驼能够在无水的情况下在沙漠地区行进10天左右。

今天,骆驼主要分布在北非、撒哈拉沙漠及撒哈拉沙漠南缘的非洲草原,向东延伸到土耳其、中东和印度西部的广阔区域内。人们认为,骆驼对于索马里、毛里塔尼亚和西部撒哈拉地区的游牧畜牧业经济具有极为重要的意义。而在突尼斯、约旦、沙特阿拉伯、也门、苏丹、尼日尔和乍得,骆驼也发挥了十分重要的作用。骆驼能够适应各种不同的生存环境,现在的专家依据不同种类骆驼的身体特征将其分为低地、高山、河流等亚种。

《单峰驼与双峰驼》，1872。沃特勒(C. Votteler)所作插图

进一步阅读书目：

Beebe，H. K. (1990). *The Dromedary Revolution* (Occasional papers No. 18). Claremont，CA：Claremont Graduate School，Institute for Antiquity and Christianity.

Bulliet，R. W. (1975). *The Camel and the Wheel*. Cambridge，MA：Harvard University Press.

Gauthier-Pilters，H. & Dagg，A. I. (1981). *The Camel：Its Evolution，Ecology，Behavior，and Relationship to Man*. Chicago：University of Chicago Press.

Wilson，R. T. (1984). *The Camel*. London：Longman Publishing.

小詹姆斯·韦伯(James L. A. Webb Jr.) 文

尹建龙 译　俞金尧 校

# Capitalism　资本主义

> 资本主义的交换——为私人收益且按照市场设定的价格——是劳动、土地和商品的交换。资本主义存在于人类历史上的所有时期,存在于东方和西方,但是在人类历史上的大部分时期,资本主义受到生存条件和国家、宗教因素的制约。资本主义带来了巨大的物质进步,但也导致了间歇性的危机和不平等。

资本主义是一种经济行为体系,在其中,商品、服务——包括劳动——能够按照市场确定的价格进行买卖(所谓市场价格也就是经由大宗买家和卖家的相互活动而确定的价格)。与市场经济形成对比的是自给自足的经济,其产品大多由生产者及其家庭或者周围邻居消费掉,因而没有价格。除此之外,还存在其他类型的非资本主义体系。在人类历史上的许多社会类型中都存在指令经济,由国家或者精英指令生产者(多数是奴隶)为其提供产品和服务。与资本主义差别较大的另一种经济类型是行会生产体系:生产同种产品的工匠师傅组成行会,他们限制行会会员生产产品的数量,确定所有产品的标准和价格,禁止个体生产者同行会进行竞争。

## 世界历史上的资本主义

关于历史上资本主义的起源问题曾经引发诸多争论。因为作为一种经济形态,资本主义长期存在且与其他类型的经济活动共存共生。例如在古代希腊和罗马,大部分农村生产都是为了维持生存需要,由奴隶进行的指令性生产则用以满足统治精英的需要,但同时又存在着按照市场价格买卖土地、奴隶、奢侈品、酒类和谷物的广阔市场。在中世纪的欧洲,除了由熟练工匠组成和控制的行会经济以外,还存在为非熟练劳动者和大部分农产品服务的市场。甚至于上溯到公元前 2000 年的亚述帝国,其主体

是指令性经济体制,但根据发现的楔形文字记录,在亚述帝国的边境地区,商人们进行烦琐细致的谈判,为其长途贩运的货物争取最好的价格和利润。

资本主义也并不是西方社会特有的产物。至少从 15 世纪的明朝初期开始,中国就存在非常广泛且活跃的市场经济,土地、劳动力和大多数农产品、手工产品都通过市场进行交易。而至少从 12 世纪的南宋时期开始,中国就开始从事大规模的海外远洋贸易了。早在公元前 1 世纪,"丝绸之路"(由陆路和海路组成的连接欧洲、波斯、印度、中亚、东南亚与中国的贸易网)就已经在一定规模上开启了从中国的西安至罗马帝国沿线商人与地方商业中心之间的资本主义贸易活动。

总而言之,我们发现人类历史上的每一个时期和每一个社会都存在着资本主义类型的经济活动。然而,只有从 18 世纪起才出现了社会中的大多数人口几乎完全依赖市场以满足其基本需求的资本主义社会类型。

一些历史学家将近代早期的 16 和 17 世纪称为"商业资本主义"时期,认为在这一阶段只有贸易商人才依赖资本主义活动为生。这种说法在一定程度上是对的,在 16 和 17 世纪,随着日益扩张的大西洋贸易及欧亚海上贸易,越来越多的欧洲商人、中国商人和中东地区的商人依靠贸易发财致富了。在 16 世纪,随着墨西哥与菲律宾、亚洲和欧洲、欧洲和美洲的贸易发展,形成了世界范围的贸易圈,人类历史上第一次形

单纯从金融角度来看,金钱总比贫困好。

——伍迪·艾伦(Woody Allen, 1935—　)

成了全球性的资本主义贸易体系。黄金、白银、马匹、皮毛、丝绸、棉布、大米、小麦、象牙、靛蓝染料、咖啡和茶叶等成为全球贸易的商品。

除了贸易商人,其他社会群体也深深卷入了市场活动。英国、普鲁士和土耳其的大地主们都在其地产上种植谷物并将其销售到北海或地中海沿岸的城市去。意大利和法国南部的地主以及法国北部地区、英国和荷兰的农场主们遵循这种经营模式,法国、德意志和意大利的种植葡萄和从事酿酒的地主们也不甘其后。此外,在城镇和乡村里工作的大批工人与工匠——农业工人、建筑工人、工场工人、铁匠、石匠、面包师、棉花和羊毛纺织工人、丝绸和亚麻纺织工人——都依靠市场养家糊口。

在中国,从 16 和 17 世纪开始,家庭工业和乡村工业出现了爆炸式大发展,越来越多的人面向市场需求,从事稻米、棉花、布匹、丝绸、瓷器、马匹、纸张、豆制品甚至粪肥的生产及销售,同时精致奢侈品的生产也不断增长。印度和东南亚的生产者们则成为印花棉布、香料、特殊木材、宝石和染料的主要出口商人。从美洲开采冶炼的黄金白银被卖给英国和荷兰的商人,后者转而用金银从印度和中国购买棉花、茶叶、丝绸与瓷器,这使得由资本主义市场所确定的价格体系扩展到全球所有贸易中心。

## 现代资本主义

从农业社会(所使用能源主要来自树木、风力、水力、畜力,各种工具主要由木材制成,而大型建筑主要由石材建造)转化为工业社会(所使用能源主要来自石油、天然气和煤炭,运输工具和大型建筑主要由钢铁制成)是人类历史上划时代的巨变。许多社会理论家都以"工业"或"现代"资本主义这一新型资本主义活动的出现来划分这种转变。

德意志经济学家卡尔·马克思在其巨著《资本论》(*Das Kapital*, 1848)中提出,现代资本主义是以雇佣劳动的生产为基础而建立起来的。马克思指出,在古代希腊和古代罗马,大部分经济活动都是由奴隶劳动完成的。从中世纪到 18 世纪,大部分城镇和农村生产都是由独立的或者行会里的工匠在其作坊里完成的,在农村则是耕种其自有或者租佃土地的农民。雇佣劳动或许是这种经济的重要组成部分,但在全部劳动力中只有很少一部分人完全依靠出卖劳动力以获取生活资料。随着机械化工厂生产的扩展和城市人口的增多,越来越多的劳动者只能依靠向别人出卖劳动以挣得赖以生存的工资。

马克思认为,在现代以工资为基础的资本主义体系下,当工人只能依靠别人的雇佣才能生存的时候,劳动力就变成了一种能够按照市场价格进行交换的商品。马克思相信,这种体系能够让工厂主和农场主在分配和使用劳动力的时候提高效率,工人会受到残酷的剥削,而工厂主和农场主则会变得越来越富有。马克思预言,在资本主义体系下,丧失了土地靠出卖劳动为生的工人——无产阶级——的数量会不断增长,其境况会日益恶化;而工厂主、农场主、银行家和其他各种财产或"资本"的所有人会变得越来越富有,同时由于竞争导致的优胜劣汰,其人数也会越来越少。最终,资本家们将无法抗拒无产阶级发动的革命;在革命成功后建立的共产主义社会里,所有财产都由政府拥有和管理,所有社会成员都成为国家的雇员,人剥削人的现象将彻底消失。

另一位德国社会理论家马克斯·韦伯(Max Weber)也认为现代资本主义是非常独特的。在完成于 20 世纪初的作品中,韦伯更加关注资本家而不是工人。韦伯认为,在 18 世纪之前,地主、商人和奢侈品制造商们通过参与资本主义市场活动来获得金钱,但其目的在于维持奢侈的生活方式和宏大的排场。这也是当时人

458

们用于炫耀其成功和赢得社会尊敬的方式。但随着社会转型,越来越多的人受到"新教伦理"的影响,崇尚严肃、节俭、有纪律、勤奋工作的生活方式,社会成功的标志就从炫耀性消费和维持大批跟班随从转变为经营成功的企业,并通过将利润反哺投资,促进企业不断扩张、规模不断增大。由此,"现代资本主义"的特殊性体现在其目标和结果上:创造不断扩张的、全国性或者全球性的实业企业,雇佣数量不断增长的员工。

中国和日本的情况也类似,从18和19世纪起,社会上对人们日益迷恋获取物质财富而轻视艺术、工艺、哲学与社会和谐的风气颇多批评。为个人的成功而奋力打拼,靠出卖劳动的农民和工人日益贫困,大型工厂、矿山、农场和养殖场的影响力不断增长,以及一个由实业家、银行家和财产所有者组成的新社会阶级获取无穷财富的贪欲,所有这一切在世界范围内普遍发生,而"资本主义"一词成为描述这些现象的代名词。

资本主义的发展也不是一帆风顺的。随着越来越多的工人和财产所有人完全依靠资本主义市场活动而生存,他们对在所有资本主义市场中都间歇性发生的繁荣与萧条的经济轮回日益恐惧。在前面的介绍中曾提到资本主义的标志是由买卖双方谈判确定商品的价格,但在现实中却无法保证这些由谈判确定的价格能够恰当地实现供给与需求的平衡。在经济扩张时期,买卖双方都变得十分乐观,买方愿意支付的价格也水涨船高,有时候甚至要贷款进行购买和投资。最终,买方进入了过度扩张期,需求下降,商品的价格也陷入停滞或者下降,市场紧缩,进入衰退。这种商业周期似乎成为资本主义不可割裂的组成部分,自从16世纪全球资本主义起步以来便不断重复发生。这种周期性经济危机可能导致非常严重的后果——特别是20世纪30年代发生的全球经济大萧条。

20世纪后半叶,资本主义显示出其韧性和自我修复能力。在欧洲、北美、日本和亚洲的太平洋地区,以及后来的中国、印度和拉丁美洲,在许多曾经作为资本主义标志的大型工业企业——如通用电气、美国电报电话公司、英国利兰公司、麦道公司、数控公司、宝利来等——或者规模缩小或者消失的情况下,越来越多的小型企业出现并成功发展为全球大型企业。此外,工厂工人的工资不断提高,足以维持其比较舒适的生活和消费;同时,无数技术工人和企业家、医生和律师、经纪人和运动员、作家和明星也变得非常富有。

## 资本主义与现代经济增长

随着大型企业的发展和大部分工人成为雇佣劳动者——现代资本主义的主要标志,与之密切联系的社会生活水平也急剧提高。然而,资本主义体制与经济增长之间的关系仍然有很大争议。资本主义体制对社会的渗透和在全世界的扩张——与此同时,欧洲列强也通过殖民扩张控制了非洲、亚洲和拉丁美洲的大多数国家,以确保获得现代工业急需的自然资源并为欧洲工业产品获得市场——这是否为机器生产、工厂、现代工业的增长提供了动力?抑或蒸汽机的发明、工厂制的发展和财富的增长导致了资本主义生产关系的全球扩张?

就如同其他复杂的历史难题一样,对这一问题的回答只能是:两个说法都对,但又都不全对。在人口增长和国际贸易发展的推动下,资本主义生产关系的扩张曾经推动了生产技术的进步,促进了社会财富的增长。从人类历史上的第一个大帝国亚述帝国到宋代的中国,从15世纪的威尼斯、16世纪的西班牙、17世纪的荷兰到18世纪的英国,人类历史上许多国家和许多社会都曾经历过经济繁荣、文明昌盛、成就辉煌的"太平盛世"。而这些"盛世"的出现,大多是由于贸易的扩张带来新思想或者新机遇，能够获得更多的新土地或者发现新的生产技术，进而提高农业或制造业的产量。

在宋代的中国，由于使用了陶瓷质地的耐火砖建造热反射炉，铁产量迅速提高；威尼斯则大量生产玻璃制品，其生产舰船和武器的军火工厂繁盛一时；西班牙所生产的钢制盔甲和刀剑则冠绝欧洲；同时西班牙和葡萄牙率先进行海洋探险，开启了通向美洲的新航路；荷兰所进行的广泛贸易促进了其仓储、金融和船只设计的进步，并开始广泛使用风车；英国在大西洋贸易的推动下，在冶铁技术、棉纺织技术和农业生产方面都取得了巨大进步，使其成为数百年间世界上最富裕的国家。

在一两个世纪内，这些社会的市场扩大、财富增长、进步明显。然而，随着竞争者逐渐学会了其赖以领先的技术，人口的增长稀释了早期经济增长的收益，国际贸易的类型也逐渐发生转换，这些都导致经济繁荣的日渐消退。这些市场引导的繁荣都创造了新观念并增加了许多新财富，但却未能催生出鼓励持续创新的制度化思维方式。由此可以说，资本主义本身不能启动现代化的、不断积累型的经济增长。同时，也可以毫无疑问地指出，现代工业和工厂生产的扩散也促使资本主义生产扩散到全世界。

尽管从古代亚述帝国、古代希腊、古代罗马到帝制时代的中国以及荷兰的黄金时代，都有很多个人或群体从事资本主义活动，但这些社会中绝大多数的农民和农场主们——他们占前工业社会人口总量的 3/4 或更多——所生产的粮食主要用于自己消费。像纺纱工与织布工、养蚕人、棉花种植园主以及所有其他相关从业者，虽然他们主要面向市场生产产品，但他们仍然耕种小块土地为自己的家庭消费提供食物。社会成员中的绝大多数完全依赖从市场上买卖

资本主义活动跨越了陆地和海洋，几乎存在于每一个社会和人类历史上的每一个时期。这幅照片是土耳其伊斯坦布尔的一家地毯商店，外面挂满了大大小小的厚地毯

货物或劳动以赚取购买日常生活必需的食品、衣服和住所的社会类型，完全是 18 世纪以后才出现的现象。

这种资本主义社会类型的出现，取决于农业生产技术的进步让农民能够生产出更多供应社会需求的食品，也取决于工业生产技术的进入能够让数量庞大的工人生产出供应大众需求的廉价工业品。由于将经验科学方法运用到农业和工业技术上，18 世纪的英国同时取得了工业生产和农业生产技术的巨大进步。向资本主义社会转变的标志是蒸汽机的发明和革新，以及将蒸汽动力广泛运用到采矿、农业、建筑、交通行业中。蒸汽机仅仅是英国和美国工业发明之林的一个特例而已，其他发明还包括通过使用辊压方法生产棉纱，使用机械锯伐木，生产廉价的熟铁与钢材，以及书籍和报纸印刷技术的进

步等。在土地耕种和作物类型上也有巨大变化，交通的改善让农民能够获得成百上千千米远的肥料，又通过类似的交通网将自己生产的食品卖出去。

蒸汽动力和冶铁技术的进步，使得英国和其他欧洲国家能够建造威力巨大的军舰并修造铁路网，又以此为工具侵略和征服了亚洲、非洲及中东的许多国家，强迫它们同欧洲进行贸易。新型生产技术和交通工具为品种繁多的商品创造了全球市场，将农民和工匠变成了农场工人、工厂工人或者销售工人，这一进程从 18 世纪开始并延续到今日。

## 资本主义的未来

资本主义在全球获胜的前景令许多人兴奋不已，也让许多人备感惊恐。资本主义是一种强调残酷竞争的体制，造成了可怕的不平等和痛苦——包括繁荣与萧条轮流发生的周期。实际上，为了削弱资本主义生产关系可能导致的最严重后果，政府必须干预，通过法律来保证合同的实施，保护工人权利，规范竞争，控制货币和信贷的供给，重新分配社会收入，为民众提供医疗服务与养老金，资助交通，控制污染，为城市制定规划，提供清洁的环境，等等。

现代许多政治争论和议题都是围绕应对资本主义的恶果，政府应当在什么程度上介入干预，或者留待市场的自我修正、自我约束功能发挥作用。

奥地利、英国和美国的许多经济学家，包括弗里德里希·哈耶克（Friedrich Hayek）、约瑟夫·熊彼特（Joseph Schumpeter）、阿尔弗雷德·马歇尔（Alfred Marshall）、约翰·梅纳德·凯恩斯（John Maynard Keynes）、米尔顿·弗里德曼（Milton Friedman）等，都认为自由市场是推动经济增长的最好机制，而合理的政府政策应当在维护有效市场机制的同时，保证社会能够分享市场增长的收益。熊彼特甚至提出要用对商业周期的"创造性毁灭"来保证效率更高的新行业能够取代效率低下或衰落的行业。在汽车运输即将取代马车运输的时候，保护马车对推动经济进步毫无益处。

也有许多人争论说，对拉丁美洲、非洲、中东、南亚等长期遭受欧洲殖民统治的发展中国家和地区而言，全球资本主义仍然是极端不平等和发展不利的根源。长期的殖民统治扭曲了这些国家的经济和政治，在 20 世纪 90 年代和 2000 年以后的

中国在 1978—1979 年间开始向世界开放，中国的市场发生了变化，反映了城市人口日益增长的消费主义需求。图为圣诞节前后，人们在街上购物。菲利普·巴戈特收藏

461

经济危机中又备受打击。在开始于 2007 年的"全球大衰退"(到 2010 年初许多国家已经完全恢复了)中,当过度的金融投机和管制放松动摇了北美和西欧发达国家的经济稳定时,那些刚刚转向资本主义市场体制的国家——包括俄罗斯、巴西、印度——经济复苏和恢复的速度最快,表明资本主义在这些国家运行良好。

资本主义的批评者认为,对资本主义的竞争性和周期性危机而言,政府干预治标不治本。在他们向往的社会里,经济产品极大丰富,人人都能够获得其所需要的一切物品和服务,以至于由市场确定的价格和收入根本就没有存在的必要。如果那一天真的能够来到,人们回首往事,也会认为资本主义在人类历史上一个物质相对匮乏和国际竞争相对激烈的时期,为推动经济增长做出了有益的贡献。

进一步阅读书目:

Bentley, J. H. (1993). *Old World Encounters: Cross-cultural Contacts and Exchanges in Pre-modern Times*. New York: Oxford University Press.

Bernstein, W. J. (2004). *The Birth of Plenty: How the Prosperity of the Modern World was Created*. New York: McGraw-Hill.

Ferguson, N. (2008). *The Ascent of Money: A Financial History of the World*. Hammondsworth, UK: Penguin.

Goldstone, J. A. (2008). *Why Europe? The Rise of the West in World History 1500 – 1800*. New York: McGraw-Hill.

Friedman, T. L. (2005). The *World is Flat: A Brief History of the Twenty-first Century*. New York: Farrar, Straus, and Giroux.

Hayek, F. (1994). *The Road to Serfdom*. Chicago: University of Chicago Press.

Marx, K. (2000). *Selected Writings*, 2nd edition. David McClelland (Ed.). New York: Oxford University Press.

Mokyr, J. (1992). *The Lever of Riches: Technological Creativity and Economic Progress*. New York: Oxford University Press.

Mokyr, J. (2010). *The Enlightened Economy*. New Haven, CT: Yale University Press.

Pomeranz, K. & Topik, S. (2005). *The World that Trade Created*. Armonk, NY: M. E. Sharpe.

Weber, M. (2002). *The Protestant Ethic and the Spirit of Capitalism*. Hammondsworth, UK: Penguin Classics.

杰克·戈德斯通(Jack A. Goldstone) 文

尹建龙 译　俞金尧 校

# Caravan　商队

武装商队的形成使得横跨广阔荒凉地区和危险地域进行商业交往成为可能,这些商队为成员提供安全保障并分摊旅行的费用。尽管如此,由商队进行的贸易仍然是昂贵的。到 20 世纪,依赖海运、铁路运输和卡车运输的贸易取代了商队贸易。

在人类历史上的大部分时期,进行长途陆地贸易的商人,为减少由于劫匪盗贼的掠夺而带来的损失,往往组成武装商队。这些商人遵从共同的约定并且忍受困难,由于商队的人数较多,可以在一定程度上保护他们免受劫掠。商队在从受某一政治权威支配的地域行进到另一个地域时,要依靠当地政府来保护他们的财产安全。作为回报,他们付给通行费,一般又被称为"进贡"或"赠礼"。在穿越没有国家管辖的区域时,武装商队则像一支小型军队。武装商队的形成,符合古代世界"以量取胜"的基本逻辑。参照中国古代典籍和《圣经·旧约》的记载,武装商队早在公元前 1000 年就出现了,甚至于更早一点。

一般情况下,陆运货物的运费要比海运或河运高。因此,商队仅仅在别无选择的地区使用陆运。在非洲热带雨林以北的地区以及欧亚大陆上,由于用役畜运输货物比搬运工便宜,商人使用役畜来驮或者用役畜拉的大车装载物品。在穿过像戈壁那样气候干燥、环境恶劣的地区时,骆驼是唯一能够在严苛的穿行中幸存下来的群居动物。在非常寒冷的喜马拉雅山地带,牦牛是一种非常好的运输工具。而在撒哈拉沙漠的南部边缘地区,则优先选择公牛和驴子作为运输工具。

由于商队易受自然环境的影响,商人必须首先考虑役畜体力的需求。当穿行在干旱的沙漠地带时,这些需求意味着要在夜间和清晨行进以避免白天的高温,或者是在气候温和的月份里旅行以避免冰雪天气。为了让役畜能够在长途旅行后恢复体力,商队在从一个补给地点行进到下一个补给地点后,往往要歇息几天,精心喂养牲畜以恢复其体力。在旅途中众多不确定因素的影响下,商队制定了将风险最小化的有组织性的策略。具有代表性的一个策略是,他们会选择一位商队头领负责对外交涉、协调内部争执、管理给养保障等,还需要一位向导。每个商队都是根据其自身的情况进行贸易。

众所周知而又最具有研究价值的传统商队运输是在非、欧、亚大陆之间的商队运输。世界上最长、最古老的陆路贸易路线是从中国到拜占庭帝国的丝绸之路,在公元前后就开始发挥作用。长途旅行的商队商人沿着丝绸之路买卖物品,他们的贸易对于生活在丝绸之路沿线地区的人们非常重要。为了促进贸易,丝绸之路沿线地区生活的部落、居民为商队提供各种服务,尤其是位于亚洲大陆西南部的人们开设了被称为"商队旅馆"的客栈。丝绸之路上缓慢行进、受到武装保护的商业市场是沟通欧亚文化交流的大动脉。沿着丝绸之路的主要路线和各条支路,亚欧大陆上的思想、货物、发明以及技术得到了交流。

同样,从公元前后开始的、贯穿整个撒哈拉沙漠、沟通北非与撒哈拉沙漠南缘地区社会的商队路线,也在世界历史上扮演着重要角色。从1000 年后,沿着这些只有骆驼才能通过的沙漠路线,实现了伊斯兰教的宗教文化以及象牙、黄

20 世纪初中东地区的一个商队正在休憩

金和奴隶贸易的交流。

## 奴隶劳动

除了撒哈拉以及中亚盆地，商人也从遥远的地方运送物资。在热带非洲没有被驯化的本土役畜，而空旷的草原和森林地区大量滋生的能够通过叮咬传播锥虫病的采采蝇又使得从欧亚地区引进的任何役畜都无法生存，因此，在热带非洲，典型的商队是由许多人而不是牲畜和大车构成，商队大量使用奴隶而不是自由人劳动。由于使用人力搬运，货物的运费（以劳动者的食物需求量计算）很高，所以即使在短途运输的情况下，这类商队也从不运输价低量大的商品，如谷物和食物。

中美洲人（是指被西班牙殖民征服以前，生活在从墨西哥延伸到中美洲北部地区的居民）

使用类似的奴隶商队运输物资。与之相比，在南美洲的安第斯山地区，使用美洲驼进行托运的货物重量最多达 45 千克。在 16 世纪，从旧世界引入美洲的役畜逐渐适应并开始承担长途运输的重担。

尽管长期以来商队一直是和长途贸易密切联系在一起的，但是大多数的商队成员倾向于参加区域性的货物和服务的交易。这在中亚地区和撒哈拉盆地的游牧居民以及农耕居民中都是非常普遍的贸易类型。例如，在撒哈拉沙漠地区，大量的商队将撒哈拉盐运往西非的村落，他们在返回时会携带大量供沙漠中居民消费的谷物，而不是热衷于穿越撒哈拉沙漠的长途贸易。相同的例子是中亚大草原（广阔平坦而树木稀少的地区）的游牧部落将牲畜和各种畜产品运送到中国的贸易路线。第二个商队类型是短距离向中心城市供应粮食，例如在莫卧儿帝国时

465

423

期有大量使用公牛拉大车的商队定期向印度的德里等城市运送粮食。

## 经济压力

在近代早期,海上贸易的增长促进了单位运费的下降,陆路贸易承受了巨大的经济压力。

到 19 世纪末 20 世纪初,商队仅在人迹罕至的内陆地区还继续存在,这是因为地理隔绝使它免受来自海路贸易的竞争。然而在 20 世纪,由于卡车和铁路运输的竞争,商队彻底消失了。在同一时期内,游牧世界的范围急剧变小,影响力降低。

进一步阅读书目:

Austen, R. A. (1990). Marginalization, Stagnation, and Growth: The trans-Saharan Caravan Trade in the Era of European Expansion, 1500 – 1900. In J. D. Tracy (Ed.), *The Rise of Merchant Empires, Long Distance Trade in the Early Modern World 1350 – 1750* (pp. 311 – 350). Cambridge, UK: Cambridge University Press.

Bulliet, R. W. (1975). *The Camel and the Wheel*. Cambridge, MA: Harvard University Press.

Curtin, P. D. (1984). *Cross-cultural Trade in World History*. Cambridge, UK: Cambridge University Press.

Habib, I. (1990). Merchant Communities in Pre-colonial India. In J. D. Tracy (Ed.), *The Rise of Merchant Empires, Long Distance Trade in the Early Modern World 1350 – 1750* (pp. 371 – 399). Cambridge, UK: Cambridge University Press.

Rossabi, M. (1990). The "Decline" of the Central Asian Caravan Trade. In J. D. Tracy (Ed.), *The Rise of Merchant Empires, Long Distance Trade in the Early Modern World 1350 – 1750* (pp. 351 – 370). Cambridge, UK: Cambridge University Press.

Webb, J. L. A., Jr. (1995). *Desert Frontier: Ecological and Economic Change along the Western Sahel, 1600 – 1850*. Madison: University of Wisconsin Press.

Wood, F. (2002). *The Silk Road: Two Thousand Years in the Heart of Asia*. Berkeley and Los Angeles: University of California Press.

小詹姆斯·韦伯(James L. A. Webb Jr.) 文

尹建龙 译　俞金尧 校

# Carrying Capacity　环境承载力

466　　在特定环境中,人口的增长在理论上受到可利用资源及对疾病、灾害的适应性的限制,因此,一定区域所能支撑生物的最大数量和最大密度,称为"环境承载力"。我们不知道人口的最低承载限度是多少,因为人们可以通过迁徙到一个新的地方、利用新的资源或者发明新技术的方式来提高环境承载力。

通常来说,环境承载力是指某一特定区域与环境所能承载生物种群的规模限度。最主要的限制因素是食物的供应。但是纵观历史,与

生物种群密度有关的疾病成为限制人口和动物数量的最主要的因素。其他的限制性因素还包括特殊的营养、水源,甚至是在高密度地区心理

上的压力所导致的生理上的反应。"最小因素法则"表明,这种限度是由供应量最少或者在种群密度最低时被激活的某种资源所决定的。

如果食物成为一种限制性资源,那么依照通常所假定的,食物消耗者的种群数量受制于食物再生的供应能力。如果动物吃掉的食物量刚好是其再生量(例如,狼每年吃掉的羊的数量刚好和羊每年出生的数量一样多,羊吃草的速度和草再生的速度一样快),这样就可以保证消耗者和食物供应在平衡中维持着理论上的永续共存(除非环境本身发生改变)。这种平衡或者是静止的,或者是在两者之间保持一种相对的波动性。例如,狼吃掉过多的羊使羊的数量减少,同样也促使狼的数量减少,这样羊又能获得再生增长。如果食物消耗者继续吃掉的食物超过了食物再生的数量,那么就不难想象在消耗者和食物之间出现数量的减少甚至是灭绝。超过环境承载力就会造成生物种群过高的死亡率,以及由于营养不良或者疾病等原因造成生育率的下降。消耗者中的社会流动的相关密度也会影响到生育率和死亡率。同样的原则也适用于在有限的资源里孤立地生存的人类群体(从酷寒的北极到酷热的沙漠),他们无处可去,没有其他可以选择的资源,转移食物的能力十分有限,人类群体增加资源产出的能力也受制约。

### 应用于人类的环境承载力

环境承载力在人类历史中的重要性是一个值得讨论的问题。托马斯·马尔萨斯(Thomas Malthus,1766—1834)人口论的推断指出,相对于人类偶然的发明带来的科技的扩展,环境承载力更受制于食物的供应。马尔萨斯认为,人口增长会超过食物的供应,因此人口数量不可能无限制增长。如果人口增长超出地球的食物供应量,那将会产生可怕的结果。

虽然马尔萨斯关于未来长时段的人口增长理论也许是正确的,但他关于以往历史以及未来短时间趋势的判断是错误的。环境承载力这个概念明显不能用于解释全体人类长期发展的历史趋势(虽然可以用于分析某一地域内人口在一定时限内的发展趋势)。

人类是杂食性动物,他们吃的食物种类异常丰富并且还在不断扩张中。我们通过拓展饮食范围来应对食物短缺的问题(饥饿会迫使人类去吃所有适合食用的食物)。我们可以拓宽人类生活区域的范围,我们也可以把食物从一个地区转移到另一个地区。最重要的是,我们可以通过在食物获取和加工上付出的额外努力,使我们拥有巨大的食物供应能力。

美国曼丹(Mandan)印第安人在采集银水牛果(Buffalo berry)。爱德华·柯蒂斯(Edward S. Curtis,1868—1952)摄。食物消费者的种群数量是由食物供给的再生产能力决定的。美国国会图书馆在人类历史中,供、需作为食物供给的两个决定性因素,其相关重要性一直未有定论。许多学者相信马尔萨斯理论低估了人类在面临食物选择、技术发明以及相关行为的变化时增长的能力。纵观历史,人类通过调整应用(不只是发明)新的科技保证了人口的持续增长。如果需求能够推动供应,那就意味着限制数量的环境承载力是值得怀疑的。

经济需求在人类历史中的重要性可以通过多种形式得到证明。新的食物吃起来可能口感较差,缺乏营养并且很难获取,不能因为它们被发现或者新技术被发明就可以使它们适应人类。很明显,许多新移居的环境(沙漠、热带雨林、北极)并不优越,也不能成为殖民地。许多被用来提高食物供应量的新科技、新方法会造成食物质量的下降,降低食物获取技术的效率;在大多数经济发展的历史时期,似乎都会出现相应的降低,特别是在人类身体健康和食物营养质量上。

## 狩猎-采集人群的环境承载力

在 10 万至大约 1.2 万年前,人类群体主要靠狩猎、采集为生,数量很少,少数种群存活下来并且延续到最近一些世纪,但他们的形体特征都因同外部的交流而改变了。这些群体不断迁徙,人口密度很低,过着茹毛饮血的生活。营养不良在现代采集者中相当罕见,在过去的采集者中似乎也很少出现;但是随着人口增长和新的食物资源与新的技术"进步",营养不良的人口反而越来越多。古代和历史中的狩猎-采集者患病的概率相对较低,因为较低的人口密度和定期的迁徙能够阻止许多传染性疾病的传播或减小它们的影响。透过历史,我们发现这些疾病会随着人口密度的增加而增多。主要的传染性疾病例如天花是相对比较晚近才出现的。现代农民和穷人的营养和健康标准远不及采集者们。

小彼得·布鲁盖尔(Pieter Brueghel the Younger)的《农民与村庄景色》(*A Village Landscape with Farmers*, 1634)。油画。人类为应对资源匮乏,往往采取迁徙到新的地域、利用新的资源、发明新技术等措施

在不受控制的状态下，人口数量按几何级数增长。

——托马斯·罗伯特·马尔萨斯(1766—1834)

多种研究表明，在可资利用的食物资源中，大型野生猎物是质量最高和最易于利用的，但是大型猎物占据的活动空间太大并且易于消耗。在人类早期的采集食物中，大型猎物占据较高的比例。在转而依靠次类食物资源之前，人类猎手捕获了大量的大型哺乳动物并致其灭绝。

史前时期，人口增长是极其缓慢的，地域扩张使人类散居在各处。人口增长缓慢可能主要归因于生育率低或是节育（自人口预期寿命延长之后人口增速开始加快）。随着人口密度的增加，疾病在限制人口增长方面的影响开始增强。马尔萨斯强调，食物短缺导致人口减少也许存在于某些特殊时期和地区，但是在之后的非采集经济类型的人口中，饥饿和饿死人的情况无论是在频率还是剧烈程度上都有确切的增加。人口缓慢增长也可能是各种人口增长的机制所造成的。这种增长与其说是因其适应了自然资源的最终承受力，不如说是适应了劳力和食物筛选所限定的各种选择性，甚至可以说是适应了人类活动空间的选择性的"环境承载力"。

在过去的2万年里，人口增长开始加速，每个群体可资利用的地域范围开始减少，大型哺乳动物稀缺。基于此，人类群体被迫拓展食物种类，其中就包括了品种繁多的多产类的食物资源（众多的蔬菜、鸟类、小型哺乳动物、鱼类、贝类），这就增加了单位土地的环境承载力。但是这些新的食物资源显然不是令人满意的食物，它们缺乏营养、很难被开发，从而使那些通常作为首选的资源被消耗殆尽。我们的祖先可能采用（而不是发明）了新技术，例如用鱼钩、石块、弓箭等来追捕小型猎物。这样的技术显而易见人们很早就知晓了，只是等到需求产生时才开始被采用，而不是受到了独立于需求的、偶然的经济发明的制约。

那些包括谷物在内的野生植物，在可被食用的食物清单上明显排在靠后的位置。它们提高了单位土地的环境承载力，可是它们缺乏营养并且很难被转变成食物（即使在今天，谷物类和块茎类食物依然是穷人最主要的食物来源，因为它们产量高并且便宜）。

## 采纳农业生产后的环境承载力

农业和种植业的首次应用是在大约1万年前，通常被认为是提高土地产量和促进人类群体走向定居的主要发明。很明显，这促使人口增长率有了一个缓慢的提高；但可能并不是来自寿命预期的提高，而是来自生育率的提高或改变了节育方法。当然，人口密度也会随之提高，但这显然会进一步降低食物的营养质量，并且需要增加更多的劳动投入。

一方面，群体定居和储存食物有助于缓解因季节造成的食物供应的波动。另一方面，农业生产需要人类定居在某一特定区域内，活动范围缩小，这使得人类在面临农业歉收时变得更加脆弱，特别是那些经过人工栽培的谷物，不能像原先的野生品种那样很好地适应野生自然环境，在疾病和虫害面前也变得更加脆弱。存储食物使人类的食谱限制在那些可以长期储存的食物范围内，但是在储存过程中食物会失去营养，并且会减少重量（例如会产生腐败菌），这样会威胁到整个食物储存计划的可靠性。对储存食物的依赖使人类面对食物被剥夺的境况时特别脆弱，同时定居还会提高疾病传染的风险。

通常认为，开垦农田、发明新的工具或新的技术——锄头、耕犁、畜牧、肥料、灌溉——能够增加土地的环境承载力、提高劳动效率。一种颇有争议的理论认为，在地广人稀土地上的农耕方式，要比人口稠密土地上的集中化经营方式更加有效率。密集的人口要求荒芜的土地在短期内增加农业产量，这样反过来又会需要采用新的工具。也许，在采用农耕生产方式前后，人口增长导致的对于食物的需求和劳动投入成为经济增长的主要动力，而不是通常认为的技术进步。在食物资源的固定天花板上,只有与需求无关的偶然发明才可以引发改变的观点是不具有说服力的。

## 最近几个世纪的环境承载力

随着文明的出现,对人口增长人为的马尔萨斯式的制约显然变得更加重要,因为统治阶级(文明的一个典型特征)可以从被统治阶级那里获取食物,并且限制后者对食物产生需求(需求意味着对食物的渴望或需要,以及生产、交易、控制食物的能力)。在食物供应极大丰富的现代世界,那些饥饿者是因为无力购买食物造成的。相较于为世界增加财富,许多人认为,解决当前世界饥饿问题的关键在于更加公平合理地分配世界财富,而不是自然的马尔萨斯式的限制。

此外,最近几个世纪全球人口增速明显加快的趋势在现代医疗出现之前就已经开始了,因此不能将它归因于现代医疗水平的提高降低了人口死亡率。一些人认为这种增长率是对殖民地及其世界体系的一种回应。与所谓的原始部落为了维持生存需要而采取的高出生率做法具有不同的性质,新的努力和新的技术成为养活世界人口的一种需要,这些新的技术的执行将会依赖于富人对于穷人的关心程度。如果这种说法成立,那么食物生产技术的发明和进步,确实与人口增长和人类需求无关。

## 人类对地球最终的环境承载力

长久以来,人口统计学家对于地球最终的环境承载力大体上估计是 100 亿～700 亿人(尽管有些估计更高)。2010 年世界人口大约是 68 亿。这些估计值出现变动的原因,部分在于人们对于人类在付出更大的努力、利用新的技术、采用新的食物以及接受更低的生活标准方面的能力和意愿上的假设不同。

但是地球最终的环境承载力不是依据食物资源来估量的,而是依据其他必需资源的供应来估量。淡水资源已经出现短缺,要增加供应量只能付出高昂的代价。环境承载力也许能够在引发无法控制的大规模传染病之前以地球所能够维持的最大人口密度来衡量,在可预见的未来,传染病是对人口增长的最大约束。同样,环境承载力也可以用社会组织缓解人类因生存空间被压缩而引发的社会和个体心理压力的能力来衡量。

进一步阅读书目:

Birdsall, N., Kelley, K. C., & Sinding, S. W. (Eds). (2001). *Population Matters*. New York: Oxford University Press.

Bogin, B. (2001). *The Growth of Humanity*. New York: Wiley-Liss.

Boserup, E. (1965). *The Conditions of Agricultural Growth*. Chicago: Aldine de Gruyter.

Brown, L. R., Gardner, G., & Halwil, B. (1999). *Begond Malthus*. New York: Norton.

Cohen, J. E. (1995). *How Many People Can the Earth Support?* New York: Norton.

Cohen, M. N. (1997). *The Food Crisis in Prehistory*. New Haven, CT: Yale University Press.

Cohen, M. N. (1984). Population Growth, Interpersonal Conflict and Organizational Response in Human History, In N. Choucri (Ed.), *Multidisciplinary Perspectives on Population and Conflict* (pp. 27 - 58). Syracuse, NY: Syracuse University Press.

Cohen, M. N. (1989). *Health and the Rise of Civilization*, New Haven, CT: Yale University Press.

Ellison, P. (1991). Reproductive Ecology and Human Fertility. IN G. C. N. Mascic-Taylor & G. W. Lasker (Eds.), *Applications of Biological Anthropology to Human Affairs* (pp. 185 - 206). Cambridge, UK: Cambridge Studies

In Biological Anthropology.

Ellison, P. (2000). *Reproductive Ecology and Human Evolution*. New York：Aldine de Gruyter.

Harris, R. M. G. (2001). *The History of Human Population*, 1. New York：Praeger.

Kiple, K. (Ed.). (1993). *The Cambridge World History of Human Disease*. Cambridge, UK：Cambridge University Press.

Kiple, K., & Ornelas, K. C. (Eds.) (2000). *The Cambridge World History of Food*. Cambridge, UK：Cambridge University Press.

Livi-Bacci, M. (2001). *A Concise History of Human Populations* (3rd ed.). Malden, MA：Basil Blackwell.

Malthus, T. (1985). *An Essay on the Principle of Population*. New York：Penguin. (Original work published 1798)

Russell, K. (1988). *After Eden：The Behavioral Ecology of Early Food Production in the Near East and North Africa* (British Archaeological Reports International Series No. 39). Oxford, UK：British Archaeological Reports.

Wood, J. (1995). *Demography of Human Reproduction*. New York：Aldine de Gruyter.

World Watch Institute. (2008). *State of the World*, 2008. New York：Norton.

马克·雷森·科恩(Mark Nathan Cohen) 文

尹建龙 译 俞金尧 校

# Cartography　制图学

各种类型的地图,无论是标明地理位置、地形地貌还是历史沿革,都是促进人们学习和理解世界历史的重要工具。制图学的关键概念如比例尺或投影,能对地图的制作和外观产生重要影响,而使用不当则容易导致地图的扭曲。新技术的进步使人们能够使用更加精确的制图技术,从而有助于更好地理解全球历史的发展进程。

471

数百年来,历史学家用地图来标明过去的历史沿革。早在 4 世纪,欧洲人就开始依据《圣经》的记载制作有关圣地的地图。第一本历史地图集也许是由佛拉芒人亚伯拉罕·奥特柳斯(Abraham Ortelius, 1527—1598)制作的,他将数幅历史地图编辑在一起,于 1570 年出版了《寰宇概观》(*Theatrum Orbis Terrarum*)一书。

当然,这些早期的历史地图并不等同于揭示现代历史意义上的全球地图,一方面是因为当时仍然有许多未知之地;另一方面则是在当时盛行的种族中心原则指导下,地图制作者的视野往往局限于自己生活的土地或文明。当然,随着历史的发展,这种模式的制图逐渐摆脱

了狭隘性,例如 2005 年由多林金德斯利公司(Dorling Kindersley)出版的《DK 世界历史地图集》(*The DK World History Atlas*),就充分采纳了全球视野,并竭力避免欧洲中心主义的影响。

历史地图册是制图学在世界历史研究中最充分运用的体现,世界历史学家们在许多情况下要使用地图。例如所有世界历史教科书中都有地图,许多有关世界历史的学术专著中也插入了地图。世界历史研究的特殊性必然使其产生对地图的依赖,因为世界历史的研究必然涉及许多不同的地域,需要探讨不同地域间的相互联系和差异性,而制作和使用地图是最简洁、最经济的做法。

472

地图无法穷尽真实之地理位置。

——赫尔曼·梅尔维尔(Herman Melville, 1819—1891)

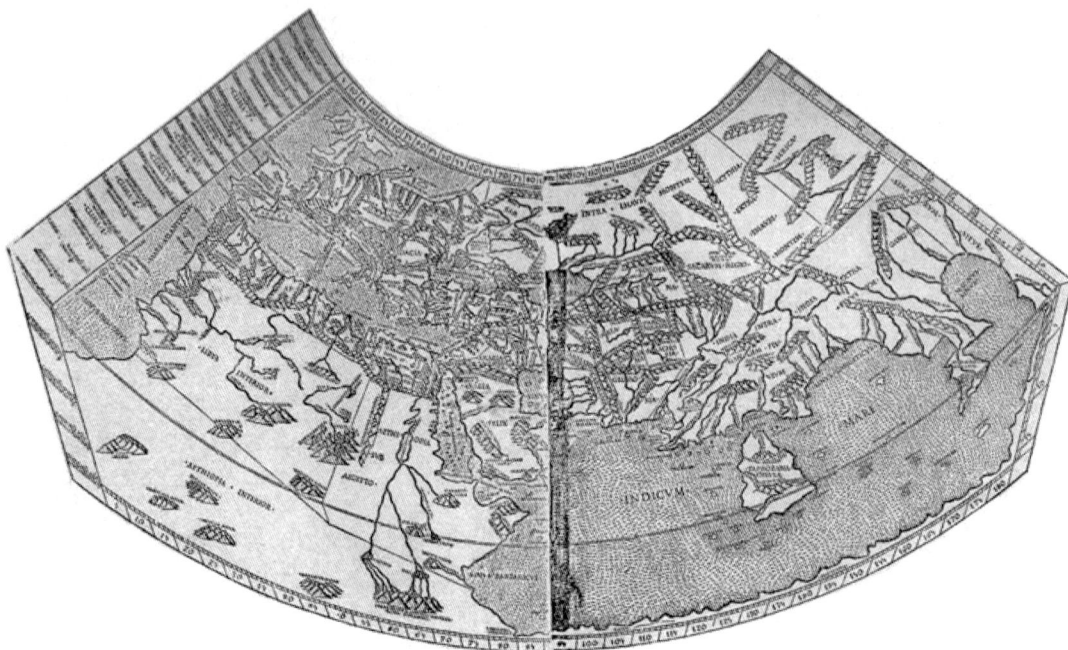

托勒密地图(*Ptolemy Map*)。由 2 世纪亚历山大里亚的地理学家、天文学家、数学家克劳狄乌斯·托勒密(Claudius Ptolemy)制作,此图包括了所有当时已知有人类居住的区域,以印度洋作为内海,从东往西延伸。通过用活字印刷技术予以复制、印刷,此图在 15 世纪开始流行

## 制图学的基本概念

制图学的一个核心概念是比例尺,它是表示图上距离比实地距离缩小的程度。在一幅比例尺为百万分之一(即 1∶1 000 000)的地图上,1 厘米代表现实中的 100 万厘米。因此,大比例尺地图所标注的区域范围小,而小比例尺的地图标注的区域范围大。世界历史学家一般使用小比例尺的全球水平分辨率地图。许多世界历史地图册都会有区域聚焦,即在全球地图的主图之外插入许多大比例尺的各大洲或次大陆地图。例如早期的欧洲地图,都会在欧洲地图边侧插入东亚和南亚地图,以标明全球贸易路线或殖民扩张格局。

制图学的另一个重要概念是地图投影,它将一定的数学法则转化到地图平面上。由于地球表面是一个不可展平的曲面,因此,在把地球表面的任意点转换为地图平面时必然会产生扭曲和误差——包括外形、体积、距离、方向等。因此,制图学家使用各种数学方法设计了上百种投影技术,而不同的投影技术会产生不同性质和大小的投影变形。对投影误差缺乏足够的了解和重视,导致在人类历史上产生了许多严重扭曲的地图,例如许多使用另一位佛拉芒人杰拉杜斯·墨卡托(Gerardus Mercator)于 1569 年发明的"图柱投影法"制作的地图就是如此。运用墨卡托投影法绘制的地图能为进行长距离航行的船只提供宝贵的航行信息,船只若按罗盘上的确定方向航行,所走的航线在墨卡托投影图上会是直线。但按照墨卡托投影法绘制的地图却放大了高纬度区域的面积,因此,此类地图上的欧洲看上去比实际要大得多。许多严谨的学者由此批评墨卡托投影法是为欧洲中心主义做宣传。

在绘制地图时,所选择的不同视角也会影响世界的外观。例如在平常所见的以赤道为视

473

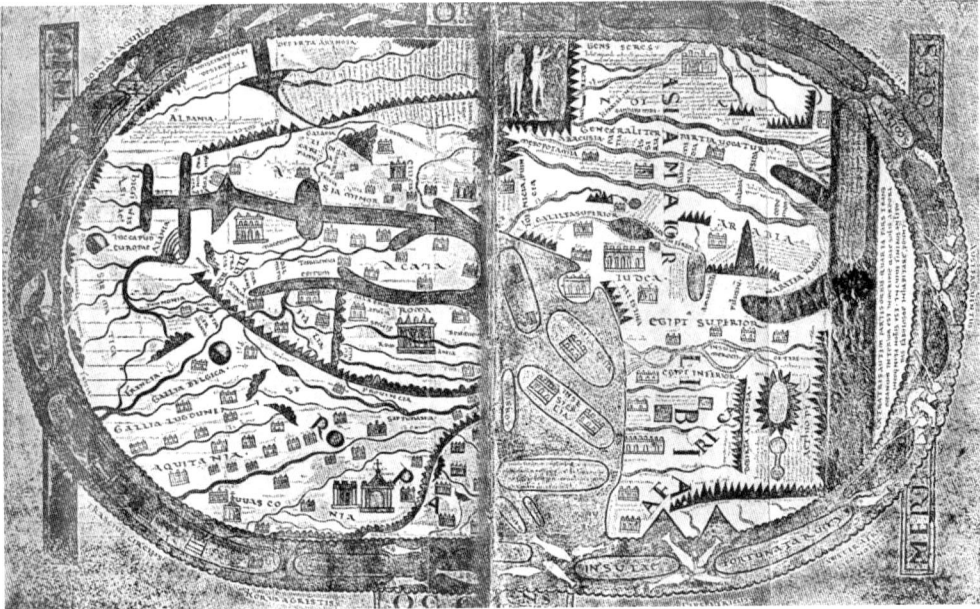

圣西维尔世界地图（*Mappe-Monde of St. Sever*）。制作于 780 至 980 年间。这幅地图展示了早期的基督教世界，东方在顶端，欧洲在左侧，非洲在右侧

角的世界地图上，能看到每个大洋都有其特定的海盆，但以南极点为视角的投影地图中，各大洋则连接成片，犹如一个完整的世界海洋。新近绘制的一些世界历史地图采用了多种新型投影技术，绘制出了全球地图和区域地图，能够让阅览者体验到全球空间联系的全新观感。这些地图抛弃了传统地图绘制所遵守的约定俗成的做法，如在地图方位上的"上北下南"等。

### 地图的分布格局：主权问题

历史学家使用各种地图以展示过去的历史，最经常使用的是，用各种简单的方位地图以标示历史著作中提到的地点。比较复杂一些的地图则能标示出地形和自然地理特征。2000 年出版的《巴灵顿希腊罗马世界地图册》（*The Barrington Atlas of the Greek and Roman World*）是一种详细的自然地理地图册，包括了大量精确定位的地名和关于名胜古迹的精彩描述，较之

伊德列西地图（*Idrisi Map*）。依据阿拉伯地理学家阿布·阿卜杜拉·穆罕默德·伊本·谢里夫·阿尔-伊德列西（Abu Abdullah Muhammad Ibn al-Sharif al-Idrisi）的著述在 12 世纪中叶绘制的地图。同当时很多阿拉伯世界的其他地图一样，此图以托勒密学说为依据，并结合了阿拉伯人在旅行和军事扩张中所获得的新地理知识

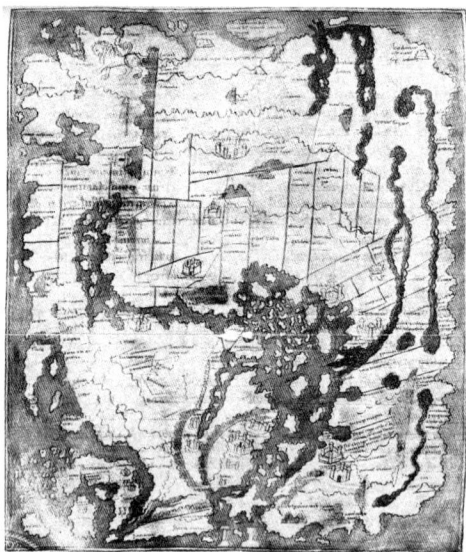

盎格鲁-撒克逊地图（*Anglo-Saxon Map*）。制作于 10 世纪，或许是 13 世纪以前基督教欧洲所能够绘制的最精确的地图，展示了地图制作者对细节的关注

于展示今日世界的地图册毫不逊色。然而，许多时候，世界历史学家所使用的地图也显示出有关特殊现象的地理分布格局问题。最常见的地理格局地图是关于政治主体的，如历史上各王朝、帝国或政权的疆域地图。一些制图学家也绘制了展示历史上宗教分布、经济组织、人口密度以及其他社会生活主题的空间分布地图。世界历史研究中较少使用的是专题统计地图，即展示某一特殊现象的统计数据在空间分布上的变化，这主要因为收集历史时期广阔区域内大量统计数据的难度太大，并且难以保证数据的准确性。

对政治组织的普遍关注揭示了历史地图制作中面对的最棘手问题：今日地理格局对历史沿革的影响。几乎所有的世界历史地图都像今天的政治地图一样，用鲜亮的颜色标示出了不同国家和地区的政治疆域。但在 19 世纪以前，国家间的疆界划分并非像今天这样泾渭分明，许多国家间的边

界线是模糊不清或者相互重叠的。还有一个相关的问题在近代早期欧洲的各个国家尤为明显，那就是虚假主权的问题。例如，西班牙在 18 世纪晚期曾宣称控制了北美洲的广大地域，并在当时的大多数地图上标示出来，但实际上，西班牙君主制的权威只局限于这一地域内的几个殖民据点而已；这片广大的地域今日已经成为美国领土的一部分。

很不幸的是，人们很难描绘出前现代世界里复杂的主权空间模型。历史学家使用的大部分黑白地图不足以当此重任，即使是全彩的世界历史地图也极少能传递充分的信息。只有一些区域历史地图，如美国学者约瑟夫·施瓦茨伯格（Joseph Schwartzberg）于 1993 年出版的《南亚历史地图册》（*A Historical Atlas of South Asia*），堪称经典，能够满足读者对各类具体信息的需要。

## 动态类型的地图

政治历史主题的地图，无论采取何种方法绘

11 世纪的都灵地图（*The Turin Map*）。这幅古老而简单的基督教世界地图，顶端描绘了亚当、夏娃和蛇。此图特别描述了山脉、河流、风等自然特征

制，大多用于描述不同区域的差异。空间差异是地理学的一个基本方面，而空间整合即强调区域间关系的纽带，则是另一个基本方面。世界历史学家对强调动态变化的空间整合的兴趣不断增长。与强调边界的地图不同，展示空间整合的地图更注重用箭头表示各种路径，例如贸易圈、技术进步或疾病的扩散路线、移民路线、地理发现的进程、军队入侵的路线等。在此类地图上，道路、运河、航运路线等都被明显地标注出来。这类地图是以动态为导向的，标示出了不同时期的运动变化。大量的混成地图——例如在标明了各种政区的地图上画上穿越

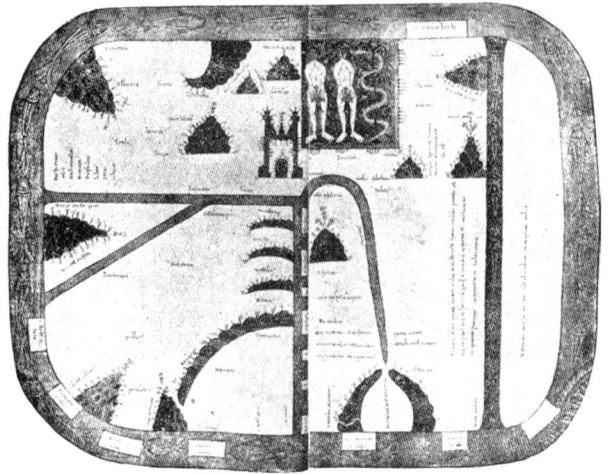

绘制于 1109 年的西班牙-阿拉伯地图（*The Spanish-Arabic Map of 1109*）。原图色彩鲜艳，体现了基督徒和穆斯林对世界的认识。陆地被描绘成四面环水的方形，这比更早期的地图显得粗糙

13 世纪的《旧约·诗篇》地图（*The Psalter Map of the 13th Century*）。这是中世纪欧洲环形世界地图的代表作，基督教的主题和传说是此类地图的重要组成部分。基督在地图上方，而耶路撒冷在地图中央

这些地区的贸易线路的地图——得到了广泛运用。

总之，各种历史地图都试图展示不同历史时期的变化。可以肯定的是，在世界历史书籍或地图册中所看到的大多数地图，都只是历史学家试图说明他们认为某一特定时刻可能存在的状况的工具。通过比较不同时期描述同一地域状况的地图，读者能够获得一种动态的观感与认识。有些制图学家试图在一幅地图中展示出不同时期的变化。对政治地图而言，这相对容易，可以通过展示政治实体的扩张变化而实现。例如，要标明罗马帝国或奥斯曼帝国的扩张进程，可以在同一幅地图上用不同的颜色或标记说明某一特定时期领土扩张的情况，也可以用同样的方法说明领土缩减的进程，例如 18 世纪波兰领土的逐步减少乃至最终消失。但是如果要在一幅地图上标明复杂的领土变化状况，例如同一时期领土的扩张和缩减状况，则会让这幅地图变得斑驳混杂而难以辨读。

477

1351 年的劳伦森航海地图（*The Laurentian Portolano of 1351*）。此图为意大利人绘制，值得注意的是该图对亚洲和欧洲的描绘比较精确，尤其是对非洲大陆的描绘比同时期欧洲的任何地图都准确

## 政治寓意和动机

同其他类型的地图一样，历史地图的绘制也有意无意地会受到意识形态的影响。地图绘制过程中必然要求忽略某些信息（就如有些评论所说，一幅真正全面完整的地图只能采取 1∶1 的比例尺），因为制图学家在绘制地图时对相关信息的遴选必然受其政治观点的影响。例如，一位左派学者自然会比右派学者更倾向于描述农民起义，而右派学者更倾向于关注大国政治。学术界政治倾向的变化直接影响了历史地图的绘制，今天的历史地图对农民起义的介绍就远比以前时代多。

民族主义的意识形态以及对自我"文明"的认同也影响了全球历史地图的绘制。例如德国绘制的世界历史地图，较之日本绘制的地图，就更加偏重于展示德国和欧洲的历史；同样，日本的地图也更加偏重于日本和东亚的历史沿革。过去数十年间世界历史学术研究的进步，在培育全球史观念的同时，也遭遇了狭隘区域主义的抵制。

以往，扭曲制图学的学术研究本意是为民族主义目标服务的做法司空见惯。例如在纳粹德国时期，制图人员极力夸大各个历史时期德意志民族的疆域，其最极端的做法是用地图进行政治宣传，如为了配合纳粹德国对捷克斯洛伐克的侵略，在纳粹党人绘制发行的地图上，捷克斯洛伐克犹如一个插入日耳曼人生活区域的拳头，以此煽动民众。即使在今天也不难看到许多充斥着无政府主义理念的政治地图，其对疆界领土的描绘，既不符合现实，也得不到国际社会的认可。例如在印度和巴基斯坦发行的地图上，都将查谟和克什米尔地区列入其本国领土范围，而不标注出各自实际控制的区域。

这种为了迎合民族需要或帝国扩张目的而任意扭曲历史地图或现实地图的做法，使得一些学者认为制图学在很大程度上是权势的附庸。尽管这种评论有些夸张，但国家权力对地图绘制的深刻影响却毋庸置疑。例如国家疆域地图是展示国家统一、团结和多样性的重要工具，但是正如有些政治实体可以用地图来展示其国家构建进程一样，一些地方性、区域性的社会组织也借助现代地图绘制技术来界定并捍卫其历史形成的家园，并借此抗议私人利益或国家权力的干涉。因此，我们最好把制图学看作一种能够为各种不同目的服务的柔性工具。

## 世界历史上的历史地图

世界历史学家可以使用各种来源的空间信息绘制地图，有些历史纪录的价值尤其突出。例如东亚历史上非常发达的"方志"便记载了大量

478

以地域为框架精心组织和编排的有用数据，从而为绘制地图提供了帮助。各个时期绘制的地图同样有用。学者通过对某一历史时期绘制的地图的研究，可以了解这一时期人们所掌握的空间地理知识和地理观念。

泰国学者颂猜·温查古（Thongchai Winichakul）的著作《暹罗地图：一个民族的疆域历史》（*Siam Mapped: A History of the Geo-Body of a Nation*，1994）是创造性地使用不同历史时期绘制的地图开展世界历史研究的代表作品。颂猜在全球史的框架下，以法国和英国在东南亚地区的殖民侵略扩张为大背景，研究泰国（暹罗）维持独立和构建现代国家的历程，并认为地图在这一历程中发挥了关键作用。颂猜指出，为了应对西方殖民者的侵略扩张，泰国政府不得不对以往的模糊边疆地区进行勘测，并绘制精确的疆域地图；同时，为了满足现代化行政管理的需要，泰国政府也勘测绘制了更为精确的内陆地区地图。为了理解这一关键时期的泰国历史和世界历史，颂猜认为非常有必要对早期的历史地图及其绘图技术和观念进行深入细致的研究。

现存最早的中国明朝疆域图，对江西省的描绘十分精细，除自然景观外，还包括护城河、寺庙、村庄和宅邸等

## 制图新技术

在 20 世纪以及 21 世纪初，绘图方法的进步使制图者能够绘制更为精确和灵活的地球表面地图。虽然历史制图学不能引领这样的技术进步，但世界历史学家们能够很好地利用这些新技术。在 20 世纪初他们使用航拍图像来制作地图，到 20 世纪中叶开始广泛使用卫星拍摄的图像，到 20 世纪后半叶则广泛使用计算机绘制地图或进行地图比较。通过某些绘图软件，现在的历史学家能轻松地制作各种新类型的地图，如统计地图（根据某些测量数据如人口来调整各地区的大小）。20 世纪后期制图学的最大进步是"地理信息系统"（Geographic Information Systems，GIS）的开发与使用。GIS 技术把地图这种独特的视觉化效果和地理分析功能与一般的数据库操作集成在一起，可以对空间信息进行分析和处理并绘制各种地图。GIS 对 19 和 20 世纪的世界历史研究能发挥重要作用，因为这两个世纪有大量的统计数据能够通过 GIS 系统进行量化处理。动态地图是与世界历史研究相关的另一新技术，它能够展示不同时期分布类型的变化。依据某一特定现象的空间扩展变化而制作的动态地图，例如 7 世纪前后伊斯兰教的扩张地图，是非常有效的世界历史教学工具。

各种类型的历史地图都是帮助学者描述和分析世界历史进程与模式的强大工具，但问题在于世界历史学家们往往过于重视文字描述，而忽略或低估了地图及其他类型图像显示的作用。将来，只有将地理知识和技术与历史研究更紧密地联系起来，我们对世界历史发展进程的丰富性、复杂性才能有进一步的认识与了解。

479

进一步阅读书目：

Barraclough, G. , & Parker, G. (1993). *The Times Atlas of World History*. Maplewood, NJ：Hammond.

Black, J. (1997). *Maps and History：Constructing Images of the Past*. New Haven, CT：Yale University Press.

Black, J. (Ed. ). (2005). *DK World History Atlas*. London：Dorling Kindersley.

Brotton, J. (1997). *Trading Territories：Mapping the Early Modern World*. Ithaca, NY：Cornell University Press.

Goffart, W. (2003). *Historical Atlases：The First Three Hundred Years, 1570 – 1870*. Chicago：University of Chicago Press.

Gregory, I. B. (2002). *A Place in History：A Guide to Using GIS in Historical Research*. Oxford, UK：Oxbow Books.

Harley, J. B. , & Laxton, P. (2002). *The New Nature of Maps：Essays in the History of Cartography*. Baltimore：Johns Hopkins University Press.

Herb, G. (1996). *Under the Map of Germany：Nationalism and Propaganda, 1918 – 1945*. London：Routledge.

Kinder, H. , & Hilgemann, W. (1974). *The Anchor Atlas of World History*. New York：Anchor.

Kraak, M. , & Brown, A. (2000). *Web Cartography*. London：Taylor & Francis.

MacEachren, A. M. (1995). *How Maps Work：Representation, Visualization, and Design*. New York：Guilford.

Monmonier, M. (1993). *Mapping It Out：Expository Cartography for the Humanities and Social Sciences*. Chicago：University of Chicago Press.

O'Brien, P. K. (1999). *Atlas of World History*. Oxford, UK：Oxford University Press.

Peterson, M. P. (1995). *Interactive and Animated Cartography*. Englewood Cliffs, NJ：Prentice-Hall.

Schwartzberg, J. E. (1993). *A Historical Atlas of South Asia*. Oxford, UK：Oxford University Press.

Snyder, J. P. (1993). *Flattening the Earth：Two Thousand Years of Map Projections*. Chicago：University of Chicago Press.

Talbert, R. J. A. (2000). *Barrington Atlas of the Greek and Roman World*. Princeton, NJ：Princeton University Press.

Thongchai, W. (1994). *Siam Mapped：A History of the Geo-body of a Nation*. Honolulu：University of Hawaii Press.

Vidal-Naquet, P. (Ed. ). (1987). *The Harper Atlas of World History*. New York：Harper & Row.

Woodward, D. , & Harley, J. B. (1987). *The History of Cartography*. Chicago：University of Chicago Press.

马丁·刘易斯（Martin Lewis）文

尹建龙 译 俞金尧 校

# Catherine the Great 叶卡捷琳娜大帝

出生于德意志的叶卡捷琳娜大帝(1729—1796)，于 1762—1796 年统治俄国。她以出色的外交政策而闻名，但其风流成性和夺取权力的争议也同样为大众所知。她为贵族女性开办学校，并给予富裕阶层自由，但却拒绝废除农奴制度。

叶卡捷琳娜二世(Catherine II)，也称"叶卡捷琳娜大帝"，是一位嫁入俄国皇室的德意志公主，是俄国历史上最为重要的统治者之一。她

在西方世界为人们所熟知，是因其极其活跃的婚外情及被怀疑通过谋害丈夫彼得三世(Peter III, 1728—1762)夺取了俄国的统治权。在 34

年的统治期间（1762—1796），叶卡捷琳娜成为自彼得大帝（Peter the Great，1672—1725）以后俄国最有权势、最为重要的专制君主。

索菲亚·弗里德里卡·奥古斯塔·冯·安哈尔特-采尔布斯特（Sophie Friederike Auguste von Anhalt-Zerbst），即后来的叶卡捷琳娜大帝，出生于1729年，父亲为德意志贵族。随着索菲亚的成长，她表现出非凡的才识。她有着很强的理性思辨能力，因总是试图为神圣教条找到合乎逻辑的原因而常常触怒其导师。这种思维倾向也显现在叶卡捷琳娜以后对启蒙思想的热衷上。

1744年，当索菲亚被伊丽莎白女皇（Elizabeth，1709—1762）邀请到圣彼得堡后，她的一生从此被彻底改变。伊丽莎白女皇是1741—1762年统治俄国的沙皇，索菲亚此来是为与女皇的外甥卡尔·彼得·乌尔里希（Karl Peter Ulrich），即俄国皇位继承人、后来的彼得三世相见。见了索菲亚之后，女皇就发现有很多心动的理由选她为彼得的新娘。因为索菲亚的家族在德意志相对卑微，易于使她放弃对德意志的效忠。此外，索菲亚是新教徒，她也应该愿意改信俄罗斯东正教。正如女皇所料，索菲亚欣然改信东正教，并有了一个新名字：叶卡捷琳娜·阿列克谢耶夫娜（Yekaterina Alekseyevna）。

1745年，叶卡捷琳娜与彼得三世完婚。彼得三世在德意志长大，认为自己无论在哪个方面都应该是个德意志人，他对一切俄罗斯的东西都感到厌恶。他也讨厌自己的妻子，因为后者尽管是德意志血统，但却认为自己是个俄罗斯人。与此相对的是，叶卡捷琳娜同样也厌恶自己的丈夫。他们有一个孩子——保罗（Paul，1754—1801），完全是由伊丽莎白女皇抚育的。因为在家庭和宫廷中没有任何前途可言，叶卡

叶卡捷琳娜二世（叶卡捷琳娜大帝）的肖像，创作于1794年。油画。俄罗斯圣彼得堡艾尔米塔什博物馆

捷琳娜感到焦躁不安，开始了婚外情。关于彼得三世是否是保罗生父的问题仍有很大的争议。

伊丽莎白女皇去世后，彼得三世加冕成为沙皇。很快他就失去了民心。上台后，他的言论基本上都偏向德意志，他给俄国人开了个可怕的玩笑。为了更像德意志，他甚至改变了俄国军队的制服。彼得三世执政早期最大的失误是在1762年与普鲁士签订合约退出战争（七年战争），并放弃了伊丽莎白女皇在位期间获得的胜利果实。让胜利得而复失使彼得三世在俄国臣民中更不受欢迎。

1762年6月28日，叶卡捷琳娜发动了一次不流血的、并受民众欢迎的政变。彼得三世并未

> 我要做一个独裁者,这是我的职业使然。仁慈的上帝会宽恕我,就像他应然的那样。

——叶卡捷琳娜大帝(1729—1796)

试图抵抗,他被抓捕并被软禁,几天后又被神秘地暗杀。叶卡捷琳娜否认参与了阴谋。关于这位被废黜的沙皇被谋杀有很多传言,一个猜测是彼得的警卫掐死了他,另一个猜想是叶卡捷琳娜的情夫在其指使下杀死了他。尽管事实不得而知,那些与叶卡捷琳娜亲近的人还是坚称叶卡捷琳娜听到丈夫的死讯后当即昏倒了。她随后说:"我的声誉全毁了!绝不会有后代因我的无意之罪而原谅我。"显然,叶卡捷琳娜绝非为其丈夫感到悲恸,她只是担心这会对自己以后的政治生涯产生不利影响。在公开场合,沙皇都被宣称是自然死亡,时人无敢争辩。

叶卡捷琳娜掌权后的所作所为表明她不会在其子成年后放弃皇位。她继位后在外交方面的第一件大事是利用俄国与普鲁士的联盟关系干预波兰国王选举。1763 年,波兰国王奥古斯都三世(Augustus III, 1696—1763)去世,俄普联盟支持选举叶卡捷琳娜的情人斯坦尼斯瓦夫二世·奥古斯特·波尼亚托夫斯基(Stanisław II August Poniatowski, 1732—1798)为国王。因为波尼亚托夫斯基没有皇室关系作为根基,所以他必然忠于他的俄国支持者。在叶卡捷琳娜执政时期,这是一个非常出色的外交策略。对波兰的三度瓜分中的第一次就此开始。第二次瓜分发生于 1793 年。1795 年波兰被第三次瓜分,不复存在。叶卡捷琳娜还在与土耳其的战争中取得胜利,她领导了两次对奥斯曼帝国的战争,分别是在 1768—1774 年,以及 1787—1791 年。这些战争,加上 1783 年对克里米亚的吞并,有效地消除了鞑靼人对俄国安全的威胁,并建立了俄国对于黑海北岸的控制。

叶卡捷琳娜也推行了许多具有深远影响的国内政策。她提高了妇女的地位,她让达什科娃(Ekaterina Romanovna Dashkova, 1744—1810)王妃主管艺术与科学学院。达什科娃是第一位并非出身皇室而据有权位的女性。另外叶卡捷琳娜还在俄国开办了第一所女子学校。

叶卡捷琳娜执政期间对俄国的社会结构进行了调整。她制定了 1785 年城市宪章,规定城市市民依据财产多少享受相应的政治权利。同时,她还颁布了贵族宪章,给予贵族各种自由,甚至是免于受体罚和肉刑的自由。当叶卡捷琳娜给予贵族大量的自由和权利时,她却没有解放农奴。尽管叶卡捷琳娜反对农奴制,但她并没有废除这一制度,约有 90% 的俄国农民仍然处于农奴地位。叶卡捷琳娜深知贵族会不惜一切代价阻止废除农奴制,甚至暗杀沙皇。

1796 年 11 月 6 日,叶卡捷琳娜去世,由其子保罗一世继承皇位。叶卡捷琳娜母子之间自始至终伴随着一种深深的仇恨,当保罗掌权后,他的目标就是报复其母亲。他颁布继承法,终结了任何女性再度统治俄国的可能性。因此,叶卡捷琳娜大帝成为俄国历史上真正重要的最后一位女性沙皇,无论是在俄国历史还是世界历史上,她都占据着特殊的地位。

进一步阅读书目:

Alexander, J. T. (1989). *Catherine the Great : Life and Legend*. New York : Oxford University Press.

Anthony, K. (1925). *Catherine the Great*. Garden City, NY : Garden City Publishing Company.

Cowles, V. (1971). *The Romanovs*. New York : Harper & Row.

De Madariaga, I. (1990). *Catherine the Great : A Short History*. New Haven, CT : Yale University Press.

Dixon, S. (2001). *Catherine the Great*. Harlow, UK : Longman.

Dmytryshyn, B. (1974). Modernization of Russia under Peter I and Catherine II. New York : John Wiley & Sons.

Gooch, G. P. (1966). *Catherine the Great and Other Studies*. Hamden, CT : Archon.

Gribble, F. (1942). *The Comedy of Catherine the Great*. New York : E. P. Dutton.

Haslip，J.（1977）．*Catherine the Great：A Biography*．New York：G. P. Putnam's Sons.

Kaus，G.（1935）．*Catherine：The Portrait of an Empress*．New York：Viking.

Masson，C.（1970）．*Secret Memoirs of the Court of Petersburg*（2nd ed.）．New York：Arno.

Thomson，G. S.（1950）．*Catherine the Great and the Expansion of Russia*．London：English Universities Press.

Troyat，H.（1980）．*Catherine the Great*．New York：Meridian.

Waliszewski，K.（1905）．*The Romance of an Empress*．New York：D. Appleton.

洛丽·费尔德斯坦(Lori A. Feldstein) 文

尹建龙 译　俞金尧 校

# Celts　凯尔特人

今天我们所熟知的凯尔特文化主要分布在爱尔兰、苏格兰和威尔士地区。但是一些学者认为，所有的欧洲文化都起源于古老的凯尔特文化，它是在公元前9世纪从今天的东欧地区传入不列颠诸岛的。凯尔特人所为人熟知的军事力量和优点，或许造就了欧洲骑士精神的核心，而这种丰富的文化内涵使得历史学家和公众始终对凯尔特文化保持着一种强烈的兴趣。

"凯尔特人"这个称谓传统上被认为是欧洲的土著群体，在古代，当时他们最先居住在今天的奥地利的最南部地区、瑞士和德国。从公元前9世纪开始，这些群体开始向整个欧洲大陆扩散，并且最终到达了爱尔兰、英格兰、苏格兰地区。虽然断言在这些群体中存在绝对统一的社会习俗并不合适，但是在他们中间，社会和语言的密切关系足够支持这样一个结论：他们是同一种文化延续性的一部分。

大约公元前800年，在欧洲的阿尔卑斯山以北，一种有明显特征的凯尔特人风格已经产生，其许多表现明显的实践活动是从较早的瓮棺文化（以将死者的骨灰放在骨灰瓮里的做法而得名）继承而来的，它从约前1300年一直繁荣到约前800年。这些实践活动包括农业、冶金

（尤其在青铜时代）、木工以及纺织品、武器（弓箭、盾和盔甲）、实用物品（车轮）、家庭日用器皿（金属烹饪器皿）和个人的装饰物品（金属手镯和胸针）等的制造。早期的凯尔特人继续着这些实

5世纪凯尔特人的十字架，发现于爱尔兰。一般认为，围绕十字架交叉点的环形，有可能代表了异教的太阳神，也有可能代表了胜利者的花环。克里斯·豪厄斯拍摄

践活动,随着时间的推移,他们逐渐以精通矿石的开采、丰富多彩的民俗、宝贵的传统文化、男女之间关系平等的观点和他们的聪明才智而闻名。

给凯尔特文化的历史跨度提供一个准确的历史时间界限是一项困难的任务,这在某种程度上是因为很多文化特征已经逐渐演变成了那些居住在英国和欧洲的人的民族意识的一部分。至少根据一项评估,到 7 世纪为止,罗马文化在帝国的保护下得到广泛传播,同时,移民与社会交往所产生的思想和价值体系的融合导致了在欧洲大部分地区一种特有的凯尔特文化精神的缺失。但是这种缺失没有发生在布列塔尼(法国的一个地区)、威尔士、苏格兰和爱尔兰。例如在英国,基督教教义提供了一个重要的制度规则,至少从 2 世纪开始,凯尔特人的传统便被保存在里面并且得以发展。尽管如此,一些学者仍主张可识别的文化遗存数量足够证明凯尔特文化的核心存在于今天欧洲联盟的大多数国家。结果,在最近一些年,许多人提出,无论是在塑造泛欧洲人的身份认同中,还是在有选择性地借用较为古老的凯尔特人的经历来创造新的宗教实践的活动中,应恢复这一异质传统的各个部分。现存的凯尔特人的民风、习俗还在流行的地区,以及比欧洲别的地方对现代的适应性较差、仍保留着古老风俗遗存的地区,也就仅限于威尔士、苏格兰、爱尔兰和法国西部的地区。

### 起源

在古代希腊资料中,最早从公元前 6 世纪开始,第一次提到了凯尔特人(the Keltoi people),英文单词"Celt"(凯尔特)这个词最终是从"Keltoi"派生而来的。从前 1 世纪开始,拉丁语中把这些人称为"Galli"(加利人,罗马人称今天的法国高卢为 Gaul,即由此而来)或称为"Celtae"。最近的学术研究已经注意到,古代希腊罗马时期关于凯尔特人的看法并没有随着时间的流逝而发生整体上和事实上的改变。在前 6 世纪和前 5 世纪,凯尔特人被看作许多已知的土著群体中的一支。稍后的前 4—前 2 世纪,他们被看作一种直接的军事威胁,并被用一些贬义词归类。在前 2 世纪和前 1 世纪,人们只是以一种人类学的好奇心来看待他们。

在前 5 世纪和前 3 世纪之间,早期的凯尔特文化达到了顶峰,与之大致对应的是拉泰涅风格(the La Tène style)艺术产生的时期。这种风格是以在瑞士纳沙泰尔(Neuchâtel)湖畔的考古遗址而命名的,遗址中一些能够代表它的文物也被发现。拉泰涅文化中那些高度发人深思和抽象的标准对后来凯尔特人的艺术风格和实践产生了深远的影响。在一些武器、家庭器皿和用于个人装饰的物品上,发现了具备高度想象力和能够表现人类形象(例如头和整个身体)、植物、动物及一些创造性的设计。

### 共同特征

尽管在不同的凯尔特人群体中,日常生活的形成受到不同地区的环境要求的影响,但是就总体而言,这些群体似乎保持着一些共同的特征。个人卫生是至关重要的,肥皂的发明也归功于凯尔特人。考古学家还发现了一些物品,例如镜子、剃刀、梳子,这表明凯尔特人非常在意毛发的护理以及个人的形象。男性和女性都喜爱长头发,其中女性留着编扎的长辫子,男人显然剃光了脸部其他毛发,只保留胡须。打猎(在受过训练的狗的帮助下)、参与竞技类的游戏和集会同样受重视。凯尔特人看起来非常注意食物的准备工作。他们用水煮或用木炭烤一些肉类如猪肉、牛肉。他们用盐(在一些地方如奥地利的哈尔史塔克被开采)调味和准备食物。凯尔特人也提倡对身体损耗的节制,尤其是男性被要

485

求保持最佳的身体状态。男性和女性都穿着类似裤子的凯尔特装束,被称作"bracae"。女性在"bracae"外面套上裙子。其他的男性和女性服装包括束腰外衣、腰带、斗篷、观赏的胸针(用来系披风)和其他皮革鞋子或凉鞋。

他们的住所是由木头或石头建造的,而一个凯尔特城市通常会筑有防御工事。这些城市或城镇(oppidas)规模非常庞大,面积多达300公顷甚至更大。已婚女人在许多生活领域保持着独立,其中之一就是对物品的所有权和参与公民生活的权利。女性结婚后,她们便控制着自己的财产,她们还被指定为部落首领,并且被允许全面地参与军事活动。凯尔特人以勇武著称。战士们在战斗中喜欢一对一的战斗,常规的武器装备由长剑、短矛、长矛、投枪、投石器、弓和盾组成。在战斗中,凯尔特人也使用马拉战车和乐器(也就是喇叭)。与作战相关联的这些勇猛气质和其他优点是凯尔特人世界观中珍贵的一部分。一些学者提出,这些优点在稍后成了欧洲骑士精神的核心思想。凯尔特人的葬丧习俗包括将死者生前的日常用品埋葬,用来表明在死后生命可以延续的信仰。宗教生活被一个称为"德鲁伊"(druids)的特殊阶层所控制,似乎是以庆祝同农业活动周期密切相关的节日为中心;同时,凯尔特人的神庙中还包括数量众多的神灵,并且很多是女性。管理凯尔特人民间传说的人属于吟游诗人的范畴,他们起到了表演者、社会评论员、历史和神话传统的守护人的作用。

鉴于凯尔特文化的丰富性,在未来一段时间内,凯尔特文化很有可能吸引着大众的想象和学者的想象。

进一步阅读书目:

Cunliffe, B. (2003). *The Celts: A Very Short Introduction*. Oxford, UK: Oxford University Press.

Duffy, K. (1999). *Who Were the Celts?: Everything You Ever Wanted to Know about the Celts 1000 B. C. to the Present*. New York: Barnes and Noble.

Hubert, H. (2002). *The Rise of the Celts*. Mineola, NY: Dover Publications.

Moscati, S., Frey, O., Raftery, B., Szabo, M., & Kruta, V. (Eds.). (1999). *The Celts*. New York: Rizzoli International Publications.

小雨果・佩奇(Hugh R. Page Jr.) 文
尹建龙 译 俞金尧 校

# Cereal Grains 谷物

在公元前 9000 年左右，在人类开始学会如何脱穗取籽以获得某些草本植物的种子之前，游牧者靠打猎和采集获得生存食物。而一小块种植的谷物就能产出大量粮食，从而能够养活大批定居的人口；而且谷物容易储藏和运输，有助于人类发展出较为复杂的社会与政府形式。

谷物是人类的创造物，因为谷物原本只是禾本科（拉丁语为"Gramineae Juss"或"Poaceae Nash"）的草类植物，其种子被人类选作主食。谷物与人类的相互作用，有助于帮助双方主宰各自的生存环境。如果没有谷物，人类的数量就会很少——在公元前万年全球估计有不到 400 万人口——人类就只能是生活在地球上的丰富多彩的物种中的一个小族群而已，而不会变成拥有 68 亿人口、遍布全世界各地的地球主宰。今天人类所消耗食物中的 3/4 是谷物，包括人类直接食用的部分和用来饲养禽畜的部分（全世界谷物产量的 1/3 用于禽畜的饲料）。20 世纪 60 年代以来世界谷物产量的增长，请参阅表 1。

同样，如果没有人类的培育种植，世界上的主要谷物品种——小麦、大麦、水稻、玉米——也就只能是大约 7 000 种禾本科植物中的普通一员而已，其分布范围也不会如今天这么广泛。或许谷物广泛种植后促使全球植被类型从木本植物变为草本植物，这是其对世界环境所产生的最大影响。

## 谷物和人类

以谷物作为人类主食的优越性深刻地改变了人类文化。谷物虽然不是完美的食物，但其含有大量碳水化合物，也含有一部分重要的蛋白质（虽然有些蛋白质如赖氨酸在谷物中比较匮乏，人类需要从其他种类的食物中摄取）。从

**表 1　世界谷物产量（单位：吨）**

|  | 1961 | 1981 | 2001 |
|---|---|---|---|
| 总产量 | 877 026 930 | 1 632 698 810 | 2 076 828 420 |
| 玉米 | 205 004 683 | 446 722 107 | 605 212 620 |
| 水稻 | 215 654 697 | 410 029 013 | 592 831 326 |
| 小麦 | 222 357 231 | 449 673 086 | 578 931 612 |
| 大麦 | 72 411 104 | 149 633 191 | 139 653 609 |
| 高粱 | 40 931 625 | 73 279 991 | 58 149 772 |
| 粟 | 25 703 968 | 26 960 922 | 29 206 508 |
| 燕麦 | 49 588 769 | 39 888 464 | 27 278 194 |
| 黑麦 | 35 109 990 | 24 548 192 | 22 717 722 |
| 黑小麦 |  | 1 405 480 | 11 675 341 |
| 荞麦 | 2 478 596 | 2 799 060 | 3 261 403 |
| 福尼奥米 | 178 483 | 167 676 | 265 700 |
| 加那利草籽 | 61 026 | 85 291 | 14 630 |
| 印第安麦 | 32 435 | 26 252 | 54 500 |
| 杂粮谷类 | 5 983 643 | 5 581 744 | 5 232 815 |
| 其他谷类 | 1 349 700 | 1 546 069 | 2 210 566 |

资料来源：联合国粮农组织统计数据库

历史上来看，谷物能够以很小的土地面积而生产出大量的食物——无论是在适宜的野生产地还是在农业耕地上——从而能大大增加特定区

域内人口的密度。人类开始形成规模庞大的永久定居点,这在狩猎-采集阶段是无法想象的。

谷物的一个重要特质是能够长期储存(大米能储存100年以上),从而保证人们获得食物的稳定性。而狩猎-采集则需要不间断地进行。从历史角度来看,虽然农业劳动比较繁重,但劳动时间局限于部分季节,农民可以在其他时间里从事更加复杂和专业化的工作。

谷物的可储存性,使其成为价值交换的载体。作为一种支付方式,谷物使得劳动分工和专业化成为可能,社会中的部分人可以发挥其技能去专业生产某些农民所需要的产品,用以换取农民手中多余的谷物。在古代埃及和美索不达米亚地区最早的文字记录中,谷物都是标准交换媒介。

谷物的可储存性和可运输性也使得政体的出现成为可能,这是由于谷物可作为税收物品,而通过税收的方式实现财富的转移,正是政体的根本特征。随着农业从巴勒斯坦、叙利亚的广阔丘陵地带和扎格罗斯山的山脚地带扩展到埃及和美索不达米亚的河谷地区,早期政府就产生了。随着最优越的耕种土地被占据后,在其他水土条件相对较差的地方,为了耕种土地,必须要修建和维护水利灌溉系统,而这超出了个人或家庭的能力,无论是修建水利灌溉系统,还是保护可灌溉土地不被侵占,都必须依靠集体的组织和力量。

## 从野草到谷物

对早期人类而言,野生谷物并非主要食物来源,因为虽然这些野生谷物的种子富含淀粉和蛋白质,但其外表覆盖着难以消化的谷壳。如果食用大量的野生未脱壳的谷物,会令人体消化系统产生极度不适(以野生谷物为食的鸟类进化出了能消化谷壳的消化机能)。直到人类学会使用工具和火之后,才能食用谷物。通

过揉搓和碾压可以去除大部分谷物的外壳;通过烘烤或者曝晒将谷物弄得焦干后,能非常有效地去除谷壳,只留下营养丰富的种子。在广泛种植谷物后,人类通过有意识地遴选和培育裸露的谷物品种,让谷物的收获更为方便。

考古学家曾经在中石器时代肥沃新月(从地中海的东南部海岸开始,围绕阿拉伯半岛北部的叙利亚沙漠地带延伸到波斯湾)文明遗址中发现了公元前万年的石臼和石杵,这表明那时的当地居民就已经广泛采集和食用野生谷物了。但是石臼和石杵能被用来碾碎除谷物以外的各种物品,因此人类食用谷物的最早证据应当是在约公元前9000年的人类生活遗址中发现的碳化粮食。由于火是人类最早用来脱去谷壳的工具,所以如果不能在早期人类遗址中发现经火焚烧而碳化了的粮食就无法证明人类食用谷物。采集谷物促使人类脱离游猎状态进入永久定居状态,已知的第一个村庄出现在近东地区。

人类对谷物这种安全且集中的食物资源的依赖,促使粮食的种植者们要驱赶各种以成熟谷物为食的鸟兽,还要清除各种野草杂树(最早的"杂草")以防止其影响谷物的生长。但是这种

19世纪非洲的谷仓

谷物的采集业何时转化为真正的种植业，也即农民在谷物生长的周期之间开始遴选并保持谷物种子，并在适宜的节气将谷物种子播种到用犁或其他工具平整过的土地里，却无法界定。但是，到公元前 8000 年左右，新石器时代的人类遗址，如中东地区的杰里科（Jericho）、泰拉斯沃德（Tell Aswad）、加法霍于克（Cafer Höyük）等地发现了二粒小麦、单粒小麦、大麦等谷物的种子，这些都是人类从野生的品种中遴选出来的叶轴宽大、茎秆粗壮、颗粒饱满的谷物品种。这是人类从野生谷物中遴选某些品种的谷物进行种植的明确证据。到前 7000 年左右，人类也开始种植小麦。

## 中东和欧洲： 小麦和类似作物

489　　最早的粮食作物（二粒麦、一粒麦和大麦）是在原来野生的地域被驯化的——位于近东广阔的丘陵地带，北部是森林、南部是干旱贫瘠的平原，年降雨量多于 250 毫米。人类历史上的早期农业定居点都出现在这一地域，但数量有限。随着谷物种植的成功和人口增长，农民开始扩展可耕地的范围，由此开始了为种植谷物而改造自然环境的历程，并持续至今。从近东最早的农业定居地往北部迁移，需要大量清除森林，因为谷物无法在树荫下生长。而往南部地区迁徙，则需要建造复杂的灌溉系统以保证耕地的湿润。

　　在美索不达米亚地区东部的三角洲地带，人口密度逐渐增长，通过修造简单的排水渠就能让当地平坦的可耕地免受季节性洪水的侵扰。在公元前第 4 个千年的后半期，沿着波斯湾海岸出现了乌尔、埃利都等苏美尔人城市，此后又在内陆三角洲地区出现了乌鲁克（Uruk）、乌玛（Umma）、拉尔萨（Larsa）等城市。但是由于对可耕地常年进行大水漫灌式的粗放耕作，导致地下水位上升、土地盐渍化严重，极大地削弱

了土壤肥力。在前 2350—前 1850 年间，谷物产量下降了近一半，而播种量则上升了一倍。即使将播种作物由小麦转换为耐盐碱性更强的大麦，仍然无法阻止产量下降的趋势。这导致三角洲地区人口数量和政治影响力下降。到前 1800 年，随着尼普、基什和巴比伦等城市在美索不达米亚内陆河谷平原地区崛起，人口和政治权力的中心都转移了。

　　美索不达米亚中部河谷地区的坡度陡峭，这意味着洪水的能量和危害也更大，需要修建规模宏大的水渠以引导河水进行灌溉。到波斯的萨珊王朝时期（226—651），当地的运河水渠系统发展到顶峰。土地的盐渍化进程虽然缓慢，但也势不可免。在天灾人祸频发时期，这些规模庞大需要精心维护的灌溉系统很容易陷入失修状态，导致大片耕地重新荒漠化。在阿拉伯人于 637 年征服当地后，洪水和政治动荡交织在一起，导致了当地的排洪灌溉系统崩溃。到 1000 年，美索不达米亚地区的可耕地和人口数量锐减。

　　古代埃及面临的问题要少些。尼罗河每年按时发生的洪水将耕地中多余的盐分冲走，让受到洪水滋养的农作物茁壮成长，且几千年来土地的肥力并未因此而减弱。到罗马帝国兴起后，埃及丰裕的粮食产量足以出口满足整个罗马帝国城市人口的需要。但是，如果尼罗河不暴发洪水，则会在埃及引发饥荒和动荡。研究显示，前 2200—前 2000 年间，古代埃及的王朝更替就与尼罗河长期未暴发洪水有关。

　　以种植大麦和小麦为基础的近东农业体系传播到整个地中海区域，并向外传播，南至埃塞俄比亚高原，东至印度，在所有与近东地理条件类似的区域和森林被清除掉的区域，这种农业体系都繁荣发展。

　　在古代晚期和中世纪早期，安装了多重犁铧的重犁被引入欧洲北部和西部，从而可以耕种当地黏稠潮湿的土壤。在此之前，当地的可耕　490

地仅限于土质相对疏松和林木稀少的高坡地。随着重犁的引进，不列颠、德意志和中欧地区的森林地带被大片改造成可耕地。其直接结果是欧洲森林覆盖率的下降——例如英格兰原本森林茂密，但逐渐变为空旷的原野——以及人口增长和权力的中心转移到了欧洲北部。当然，在欧洲越往北部发展，植物的生长期就越短，其可种植的谷物也就越粗粝（大麦、黑麦和燕麦）。在此之前，黑麦和燕麦只是辅助作物，但在欧洲北部地区却成为主要粮食作物。这还引发了更为严重的边际效应：由于黑麦非常容易感染麦角菌，当人类吃了受麦角菌污染的黑麦面包后，会引发被中世纪人称为"丹毒"（St. Anthony's Fire）的麦角菌中毒现象，导致严重的动脉收缩和痉挛，甚至死亡。当前最强烈的中枢神经幻觉剂 LSD，就是从麦角菌的成分麦角酸中开发制造的。

从 10 到 13 世纪，随着日耳曼人不断向普鲁士和东欧地区进行殖民开拓，越来越多的森林被砍伐改造为可耕地，大量的小麦种植和小麦贸易让欧洲北部的商业城镇繁荣起来，它们组成汉萨同盟（Hanseatic League）垄断了航运与粮食贸易。在 16—19 世纪，随着欧洲列强对全世界开展殖民征服与扩张，小麦成为欧洲人对南北美洲、南部非洲和澳大利亚进行殖民统治的重要工具之一。

## 东亚：水稻

稻米是世界上几乎一半人口的主要食物，是世界上最重要的谷物。稻米能在各种环境中生长，其中在灌溉的水田地生长的"水稻"占全部稻米产量的75％，适应旱地或高地生长的"旱稻"占10％，"深水稻"（生长在水深50厘米以上的水田里）占15％。水稻的种植最具视觉冲击力，依山坡修建的上下错落、层层叠叠的平整梯田和田埂，改变了中国和印度尼西亚的自然景观。

最早驯化稻米的区域，从印度北部的阿萨姆地区往东，包括缅甸北部、泰国北部、中国东南部和越南北部地区。人类考古活动在位于中国长江下游的河姆渡遗址中发现了最早的种植稻米，时间约为公元前5000年。到前3000年，稻米种植已经扩展到整个中国南方地区和东南亚的北部地区，并于前1500年左右传入印度、前300年左右传入日本。

在赤道地区，直到人类发现有无光照均能生长的水稻品种，才开始种植水稻，这种水稻不受季节的影响。因此，水稻种植传播到马来半岛和印度尼西亚群岛地区的时间非常晚，大概在公元500年前后。从原始粗放的刀耕火种到水田的精耕细作，从种植耐旱的粟米到种植产量很高的水稻，这一变化极大地提高了人口密度（1公顷水稻足以养活一个家庭）。大量的粮食盈余促进了城市和贸易的发展，并催生了室利佛逝（Srivijaya，位于苏门答腊岛东南部，7—14世纪）、满者伯夷（Majapahit，位于爪哇岛东部，13—15世纪）等强大国家。

在中国北方地区，最早广泛种植的谷物是黍和粟，后来才是稻米；在东南亚和印度尼西亚地区，最早则种植薏苡、甘蔗和各种水果。但随着时间的推移，稻米成为最受欢迎的粮食，并取代了其他谷物。从公元前3世纪开始，广泛种植水稻和人口密度的增长，对中国的社会和政治结构产生了深远影响；同时，作为主要的农作物，稻米开始向外传播。作为一种深受欢迎的粮食，大量水稻被销售并运输到不能生产稻米的地区。为了将南方地区每年上缴朝廷的大量稻米运送到位于中国西北部的都城——大兴城（今陕西西安），隋朝皇帝下令修建了长达1000多千米的大运河。1011年，中国宋朝的真宗皇帝下令在全国推广从越南引进的占城稻，这种稻的生长期更短，可以一年两熟，且抗旱能力强，能够在中国北方和高原地区种植。

491

人类对水稻的种植和消费持续到今天。在殖民时代,远洋货轮降低了大规模运输的成本,开启了稻米消费的广阔市场,也促使更多的耕地改种水稻。例如,在1855—1905年间,缅甸三角洲地区水稻的种植面积和产量大约增长了十倍;到1905年,每年出口水稻180万吨。在过去20年里,稻米已取代小麦成为产量最大的粮食作物。

## 美洲：玉米

玉米(*Zea mays*)在北美洲一般被称为"corn",但在英国和世界其他地方,"corn"一词指所有谷类粮食,因此用英语中的"maize"来称呼玉米最为贴切。玉米起源于美洲,富含碳水化合物和脂肪,但是某些蛋白质和维生素的含量比较低。在饮食中,将玉米与豆类和瓜类搭配食用,能够充分吸收各种营养成分,早期美洲土著居民的饮食就是如此安排的。在哥伦布发现美洲以后,玉米被引入旧世界并成为主食之一,但是由于缺少豆类和瓜类等补充食物,对玉米的严重依赖导致了诸如糙皮病(维生素C和烟酸缺乏引起)和蛋白质缺乏引起的恶性营养不良等症状。

玉米对土壤肥力的损耗很大,它很快就能耗尽耕地中的肥力。玉米在美洲和旧世界的广泛种植,促进了刀耕火种式的粗放种植模式:当森林被砍伐后,农民在肥沃的土地上种植玉米;几年后土地的肥力被玉米耗尽,农民便抛弃这片土地转而寻找新的土地。

科学家们曾为人类最初所种植的玉米品种争论了近100年,现在人们所种植的玉米品种,玉米穗的外边都包裹着严严实实的变态叶(包皮);如果没有人类的协助,现有的玉米品种是无法自行传播种子的。迄今为止,植物学家都未能发现现代玉米的野生祖先,因此植物学家猜测,现代玉米是从其他类似的野生谷物品种,

特别是墨西哥类蜀黍,经过人类的选择或基因突变而进化出现的。但最近在墨西哥城发现的距今8万年的玉米花粉证实,早在人类出现在美洲大陆以前玉米就存在了;这一发现让人们相信存在一种原始野生玉米,后来进化出了今天的玉米品种。

人类最早食用玉米的证据,无论是在采集野生玉米时期还是在驯化种植玉米的早期,都可追溯到大约公元前5000年前的墨西哥北部地区。到前3000年左右,玉米在今天墨西哥东北部和美国东南部地区开始广泛种植。到前1500年左右,当地居民学会了用石灰石或草木灰烘干、烤熟玉米的办法,这能极大地提高玉米的蛋白质含量并易于碾磨,使玉米成为更受欢迎的主食。至于南美洲安第斯山地区的玉米是由中美洲传播过去还是由当地居民自行驯化的,尚无定论。但是玉米的种植是从这两个地区传播到整个南北美洲的,玉米成为美洲农业的基础,并促进了玉米种植区域的人口增长。

哥伦布在第一次航行到美洲时就发现了玉米并将其带回欧洲,之后玉米的种植区域在欧洲迅速扩张,成为意大利、巴尔干地区的主要粮食作物,进而传播到近东和中国。而特别是在非洲,玉米成了这个大陆大多数地区的主要粮食作物。

## 非洲：粟

与其他大陆不同,非洲没有占据主导地位的粮食作物,各地都种植当地特产的一些粟类谷物。粟不是一个单独的谷物品种,而是多种小颗粒谷物的通称,种类繁多,一般能抗旱高温。欧亚大陆各地,特别是印度和中国,都普遍种植粟类作物。但在各种"帝国"谷物都不占主导地区的撒哈拉以南非洲地区,粟类作物的地位最为显著。

在非洲,对粮食作物的培育是在几个地区独

492

立发生的,且比其他大陆要晚许多。在 100 多万年前,采集野草种子的农作方式都一直存在着。

在撒哈拉沙漠南部边缘的干燥荒漠地区和草原地带,种植的是所有粟类植物中最能抗旱的珍珠稷;在高草草原地带,高粱是最主要的粮食作物。珍珠稷和高粱大概在公元前 2000 年被驯化,并很快传播到印度。在东非高原地区种植的作物是穇子和画眉草,这两种颗粒最小的粟类植物深受埃塞俄比亚人喜爱,但外界却对此一无所知。

非洲西部也种植一种被称为非洲稻的谷物,这是由生长在旱季干涸后水坑中的野稻进化而来的。今天,非洲稻已经基本上被东方水稻所取代,其种植量很少。1492 年后,玉米也成为非洲的一种重要粮食作物,特别是在南部非洲地区。

### 帝国的谷物

小麦、玉米和水稻这三种粮食作物最能适应航海大发现以来世界局势的变化。随着 16—18 世纪的欧洲殖民扩张和 19—20 世纪的工业革命,人类文明发展到了全新的阶段。工业化国家城市人口的增长有赖于新兴的全球运输网络,而推动欧洲殖民帝国进行扩张的一个重要动力是在本国粮食生产不敷使用的情况下,为欧洲国家的工人从全世界攫取廉价食品。为此,在欧洲的殖民地,农业生产从生存型农业转变为以出口为目的的商业型农业,各地区的农民开始专业化种植单一农作物,以便提高产量,获得最大化的资金回报。但是,单一农业在为提高粮食作物产量创造最佳条件的同时,也为农作物虫害提供了适宜的环境。

### 北美洲的小麦"帝国主义"

北美大平原可被视为当代大规模扩展谷物

种植范围并强化种植密度对环境产生影响的典型例子。类似的例子还有很多,例如 20 世纪五六十年代苏联进行的"处女地"开发运动,以及 21 世纪初在巴西仍然在进行中的雨林清除运动等。

从欧洲殖民者定居北美洲开始,北美的新英格兰地区和中部殖民地便开始集中种植小麦。美国革命以后,伴随着大规模的森林清除运动,农业定居点跨过阿巴拉契亚山脉,扩展到密西西比河流域东部地区。美国内战结束和 1867 年加拿大联邦成立后,北美洲的新边疆向西扩展到中部大平原地区——种植小麦单一作物非常理想。但是在中部大平原的北部,特别是在加拿大的中部平原地带,由于气候的因素,单纯种植小麦很难保证年年丰产,因此当地居民大力发展了混合农业。1911 年引进的新小麦品种侯爵小麦要比传统的红法夫小麦提前 8 天成熟,由此北美洲中部大平原的北部地区也开始普遍种植小麦。

在 1860—1913 年间,大平原地带普遍种植谷物,主要是小麦。北美洲的中部大平原也由此被称为"面包篮子",为欧洲和北美的城市提供了大量廉价的小麦,也为北美洲的发展提供了资本。但是从北美洲、阿根廷、澳大利亚和俄国进口的大量廉价小麦,却让欧洲农民日渐贫困,欧洲各国的传统谷物生产日渐萎缩。

小麦的单一种植对自然环境产生了巨大影响。19 世纪 70 年代,洛基山蝗虫曾是美国中部大平原上的两大食草动物之一(另一种是北美野牛),但到 1900 年,由于无法适应新的环境,这两个物种绝迹了。尽管如此,农场主并不欣喜,因为在此之前,数量并不多的其他种类的蝗虫和蚱蜢取而代之,数量剧增,危害日剧。仅在加拿大的平原地带,由蝗虫和蚱蜢导致的损失每年都在 1 亿美元左右,并需要喷洒成千上百升杀虫剂才能控制局面。

493

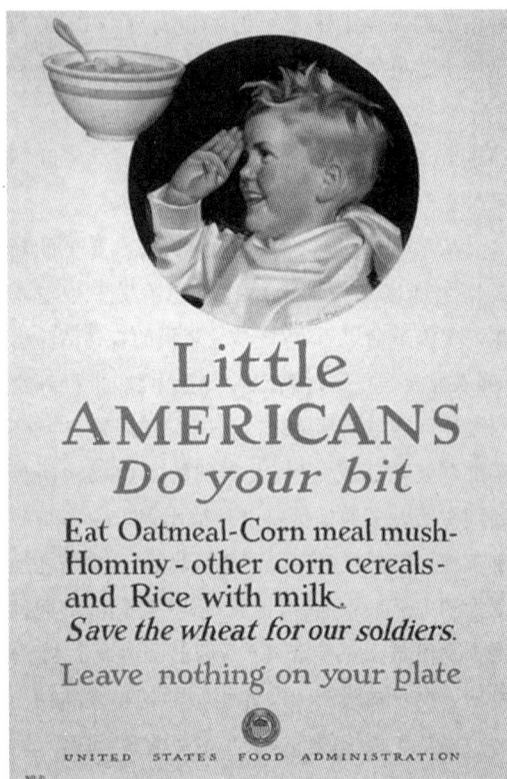

这幅第一次世界大战期间的招贴画是由帕克·库什曼（Parker Cushman）于 1917 年为美国食品管理局设计的，招贴画敦促美国儿童为战争做出贡献

  小麦的种植从墨西哥北部连绵延伸到加拿大平原各省，这种情况造成了麦锈菌每年长达 4 000 多千米的迁徙模式。每年墨西哥北部种植的小麦首先感染麦锈菌，其孢子随风往北方传播，并最终达到小麦地带的最北方。麦锈菌在北方的严寒冬季无法存活，其孢子都是从南方传播而来的，而在小麦地带的最南方，随着小麦的收割，麦锈菌孢子也无法存在，因此麦锈菌孢子在秋季会随风飘往美洲南部种植冬小麦的地区，寄宿在冬小麦身上的孢子才能在第二年开始新的传播周期。为了对抗麦锈菌的传播周期，人类一直在努力培育抗锈型的小麦品种；但由于麦锈菌也在不停地进化，每一个新品种的小麦都只能在一定年份里有抗锈能力，此后便会被感染。

  在大平原地带，由于常年的耕种严重破坏了原生草皮，那些降雨量相对较少的区域一旦遭遇干旱气候便会导致沙尘暴，数以百万吨计的地表土被大风吹走，这导致耕地的荒漠化现象非常严重。沙尘暴在 19 世纪七八十年代频繁光顾美国中部大平原地区，导致当地人口大量外迁。而经过一段时间的休养生息后，加上有段时间降雨丰富，人们又重新回到这些地区。但是在 20 世纪二三十年代，连续的干旱导致俄克拉荷马州和周围几个州沙尘暴严重，形成著名的干旱尘暴区，人类几乎无法居住。类似的情况在加拿大萨斯喀彻温省和阿尔伯特省的帕里泽三角地带也发生过，导致当地粮食产量减少超过 75％。

  21 世纪初，通过人工灌溉系统缓解干旱的活动，导致大量地表水日渐干涸，而灌溉用水井的深度也越打越深。

## 科学育种

  从 19 世纪后期起，建立在基因科学原则基础上的科学育种方法日渐取代传统谷物遴选法，取得了重要成果，出现了侯爵小麦等新谷物品种；侯爵小麦的成熟期缩短，使得加拿大的平原地区可以种植单一小麦作物。在 20 世纪 30 年代，第一个人工育种成功的小麦品种——通过杂交黑麦和小麦而产生的新品种黑小麦——预示着人工育种的光明未来，因为黑小麦的蛋白质含量远超小麦和黑麦，果然不负期待。

  从 20 世纪 40 年代开始，人们对高产玉米、水稻及矮株小麦新品种的培育开启了被称为"绿色革命"的新时代，并在亚洲、非洲和拉丁美洲的热带和亚热带地区广泛推广。绿色革命极大地提高了粮食产量，但对农业机械、化工肥料和杀虫剂的依赖日益严重（也促使农业生产日益集中到大规模和高度资本化的农场主手中，生物多样性也受到挑战）。许多杂交品种的谷物的种子丧失了繁殖能力，因此谷物种植者必须

494

向育种公司购买种子。

进入 21 世纪,转基因技术让生物学家们能够通过改变植物的基因构成或添加其他植物基因成分的办法,创造具有新型特质的植物品种,而这是常规育种方法无法实现的。通过转基因技术创造的抗病虫害玉米品种,非常适合大规模农业机械化生产。但是这种抗病虫害基因在自然界的自然流散产生了许多意想不到的后果,例如这种抗病虫害玉米对蝴蝶是有毒的,导致大量蝴蝶的死亡。

植物育种的商业化也引发了诸如植物基因所有权的纠纷,而一些大型国际育种公司,特别是美国的公司,试图强迫全世界农民都使用其拥有专利的谷物品种的做法,也对全球植物基因的多样性构成了严重威胁。

虽然传统农业生产的污染一直都存在,但是在 20 世纪,化工肥料、合成杀虫剂及除草剂的广泛使用彻底改变了农业污染的性质和规模。谷物是最大的农业作物类型,谷物生产也是上述化学产品的最大用户。这些化学产品及其残留物会极大地损害土壤肥力,而其流失和泄露对水体的污染也最为严重。这在水稻种植中最为明显,因为水稻的生产需要向稻田灌水,而在收割时又需要排干水。20 世纪 60 年代以来,依靠使用大量化肥和杀虫剂的"神奇水稻"虽然产量很高,但却加剧了对自然环境的破坏。

进一步阅读书目:

Coe, S. D. (1994). *America's First Cuisines*. Austin: University of Texas Press.

Fowler, C., & Mooney, P. (1990). *Shattering: Food, Politics, and the Loss of Genetic Diversity*. Tucson: University of Arizona Press.

Glantz, M. H. (Ed.). (1994). *Drought Follows the Plow: Cultivating Marginal Areas*. Cambridge, UK: Cambridge University Press.

Harlan, J. R. (1995). *The Living Fields: Our Agricultural Heritage*. Cambridge, UK: Cambridge University Press.

Kahn, E. J., Jr. (1985). *The Staffs of Life*. Boston: Little, Brown.

Mangelsdorf, P. C. (1974). *Corn: Its Origin, Evolution, and Improvement*. Cambridge, MA: Belknap Press.

Solbrig, O. T., & Solbrig, D. J. (1994). *So shall You Reap: Farming and Crops in Human Affairs*. Washington, DC: Island Press.

Tannahill, R. (1988). *Food in History* (2nd ed.). New York: Crown Publishers.

Toussaint-Samat, M. (1992). *A History of Food*. Cambridge, MA: Blackwell.

Zohary, D., & Hopf, M. (2000). *Domestication of Plants in the Old World: The Origin and Spread of Cultivated Plants in West Asia, Europe and the Nile Valley* (3rd ed.). Oxford, UK: Oxford University Press.

大卫·邓迪(David Dendy) 文

尹建龙 译 俞金尧 校

# Charlemagne　查理曼

495

查理曼(Charlemagne,法兰克人国王与西欧的皇帝,742—814)对欧洲的政治与社会影响巨大,历史学家尊称他为"欧洲之父"。他通过军事征服与制度创新,将处于纷乱状态的西欧整合为一个强大帝国。他对文化知识的重视推动产生了加洛林文艺复兴(Carolingian Renaissance),进而形成了西欧的文化认同和中世纪的繁荣。

"查理曼"一词的原意为"伟大的查理"。查理曼大帝统一了说拉丁语的西欧基督教国家,保护并资助古典文化,重塑了中世纪的欧洲格局,为此后几个世纪欧洲政治与文化的发展奠定了基础。他名列最重要的历史人物之一——与拜占庭皇帝希拉克略(Heraclius)、伊斯兰教的创立者穆罕默德和中国的隋文帝(隋朝的创立者)一起塑造了后古典时期欧亚大陆的面貌。现代英语中的形容词"Carolingian"(加洛林的)即源自查理曼名字的拉丁语词"Carolus",用以描述查理曼的帝国及其时代。

查理曼是丕平[矮子](Pepin the Short)的长子、查理·马特(Charles Martel)的孙子,这两人都是法兰克人的统治者。法兰克人是属于西日耳曼语系的一个部落,征服高卢地区后,一部分法兰克人定居在莱茵河西岸。771年,在经历短暂的继承权纷争后,查理曼获取了对法兰克王国的统治权。其后,他开始开疆拓土的伟业,这为他赢得了"伟大"的头衔。经过40余年的征战,查理曼使广大的地域归附于法兰克人的统治。800年的圣诞节,教宗利奥三世(Leo III)为查理曼加冕,并授予他"全罗马人的皇帝"之称号。而此前连拜占庭帝国的皇帝都没有这个称号。此后拜占庭帝国不得不承认查理曼在欧洲西部的皇帝地位。查理曼此时已经统治了除伊比利亚半岛和不列颠群岛之外的整个西欧地区。814年1月查理曼去世,将帝国留给了他的独子路易。

查理曼时代的欧洲,还处于罗马帝国崩溃后的阴影之下:经济落后,货币短缺,交通不畅,识字率低下,政治上四分五裂。尽管有如此多的不利因素,查理曼依靠其雄健的体魄、充沛的精力、令人难以抵抗的个人和政治魅力,以及利用有限的资源改革提升行政体制的能力,最终通过军事征服创建了一个大帝国。但是这座"大厦"却极其脆弱。查理曼在世时期,他的帝国

阿尔布雷希特·丢勒(Albrecht Dürer)的《查理曼大帝》(*Emperor Charlemagne*,约绘于1512年)。油画及蛋彩板画。德国纽伦堡日耳曼国家博物馆

掌握另一种语言犹如拥有第二个灵魂。

——查理曼（742—814）

就开始遭到维京人的袭扰。在其子路易统治时期，派系力量坐大，内部斗争迭起。840 年，路易去世的那一年，他将国家分给自己的 3 个儿子，他们彼此征战不休。在国内外因素的影响下，这 3 个王国也迅速瓦解。

显而易见，查理曼帝国的命运进一步证明了国王本人及其个性在创建与维护帝国上的核心地位。查理曼的一些政策，特别是以分封土地（采邑）取代向官员支付薪水、使用皇家巡回督察官监督地方官员的做法，都为后世的封建统治者所承袭。查理曼的帝国的精神遗产是他所代表的那种中世纪欧洲的政治理想，即国王是强大、公正的统治者，以及统一的基督教世界，这种精神遗产更因查理曼作为文化支持者和保护者的巨大成就而得到巩固。

与同时代的多数人不同，查理曼相信他有责任为臣民之福祉而进行统治，他也极其真诚地努力推进王国的精神与知识的进步。他吸引了很多学者不远万里来到他的宫廷，其中最著名的是传记作家爱因哈德（Einhard）与英国教士阿尔琴（Alcuin）。他推动宗教改革，并支持传教士在新征服领地上的传教活动。他进行教育改革，特别是对修道院所办学校的改革，这一时期修道院的抄本保存了很多古典文献。由于这一时期的很多书写体难以辨认，查理曼在他的宫廷里开展了对书写体的革新。加洛林王朝的书写体清晰优美，可谓典范之作，经过文艺复兴时期学者们的改良后，成为当今印刷体字体的基础。

查理曼大帝在文化事业上的影响可能远超其在政治与军事上的成就，查理曼少年时期接受的全部是政治与军事教育，在成年后他才拥有了阅读的能力，但并未完全学会书写。他对文学、知识与宗教教义有着浓厚的兴趣。除了他的母语日耳曼语之外，他还会说拉丁语和一点希腊语。依靠勤勉学习所树立的榜样和为学者提供的舒适友好的环境，他推动形成了后人誉为"加洛林文艺复兴"的时代，这是西欧文化认同形成中至关重要的阶段。这一文化成就，是在查理曼的帝国范围内并在其帝国的影响下才得以实现的，因此他被誉为"欧洲之父"当之无愧。

进一步阅读书目：

Bullough，D. A.（1970）. Europae Pater：Charlemagne and His Achievement in the Light of Recent Scholarship. *English Historical Review*，85，58 – 105.

Bullough，D.（1974）. *The Age of Charlemagne*. London：G. P. Putnam and Sons.

Einhard & Notker the Stammerer.（1969）. *Two Lives of Charlemagne*. L. Thorpe，（Trans.）. Baltimore：Penguin Classics.

King，P. D.（Trans.）.（1987）. *Charlemagne：Translated Sources*. London：Kendal.

Fichtenau，H.（1959）. *The Carolingian Empire*. P. Munz，（Trans.）. Oxford，UK：Oxford University Press.

France，J.（2002）. The Composition and Raising of the Armies of Charlemagne. *The Journal of Medieval Military History*，1，61 – 82.

McKitterick，R.（1983）. *The Frankish Kingdoms under the Carolingians 751 – 987*. London.

McKitterick，R.（Ed.）.（1995）. *The New Cambridge Medieval History*，c. 700-c. 900（Vol. 2）. Cambridge，UK：Cambridge University Press.

Nelson，J. L.（1988）. Kingship and Empire. In J. H. Burns（Ed.），*The Cambridge History of Medieval Political Thought*，c. 350-c. 1450（pp. 211 – 251）. Cambridge，UK：Cambridge University Press.

Wallace-Hadrill，J. M.（1983）. *The Frankish Church*. Oxford，UK：Oxford University Press

斯蒂芬·莫里略（Stephen Morillo）文

尹建龙 译　俞金尧 校

# Charles V 查理五世

498      1519 年,以卡斯提尔王国(Castilian)与阿拉贡王国(Aragon)的联合君主的身份,被选为神圣罗马帝国皇帝,查理五世统治了欧洲的大部分地区。他拒绝给予城市代表权,反对新教,在东方与西方多条战线开战,将一个支离破碎、濒临破产的帝国留给了继任者。

查理五世,1500 年 2 月 24 日出生于比利时的根特(Ghent),1558 年 9 月 21 日在西班牙的圣尤斯特(St. Yuste)去世。自 1519 年 6 月 28 日当选为神圣罗马帝国皇帝,直到 1555—1556 年秋冬逐渐放弃权力退位,他统治了大约 2 800 万欧洲子民或大约 40%的欧洲人口。此外,在他统治期间,埃尔南·科尔特斯(Hernán Cortés)征服了墨西哥(1519),弗朗西斯科·皮萨罗(Francisco Pizarro)征服了秘鲁(1530—1532)。这些远征都打着查理的名义,即卡斯提尔国王查理一世(Charles I)与神圣罗马帝国皇帝查理五世的名义。他们在新大陆建立了殖民地,为了卡斯提尔王国的利益,从西班牙对殖民地进行直接统治。

一系列事件使查理成了许多国家和地区的唯一继承人。他的父亲"美男子"腓力(Philip the Handsome)是神圣罗马帝国皇帝马克西米连一世(Maximilian I)的儿子,属于哈布斯堡家族。腓力统治着低地国家,随后代表其妻胡安娜(Joanna)成为卡斯提尔的国王,卒于 1506 年。1516 年,当查理的外祖父斐迪南(Ferdinand)去世后,查理从斐迪南与伊莎贝拉女王(Isabella,卒于 1504 年)那里继承了卡斯提尔与阿拉贡的王位,这两个位于西班牙的王国也因之首次在一个统治者之下实现了合并。另外,阿拉贡王国的遗产还包括西西里、那不勒斯、撒丁诸王国,以及巴利阿里群岛(Balearic Islands)。对这些地区的控制意味着拥有西地中海的霸权。1517 年 9 月,查理来到西班牙,在西班牙三级会议的见证下举行登基仪式。由于是在法国接受的教育,并且其周围都是来自北方领地的亲信,查理经历了很多困难才控制了大局并使其权威得到接受。1520 年,西班牙的许多城市为反抗长期的暴政和抗议国王的外国顾问而发动起义,直到 1522 年才被平息。

1519 年,查理的祖父神圣罗马帝国皇帝马克西米连一世去世,这造成了新的挑战。其他德意志诸侯,特别是萨克森选帝侯"睿智者"腓特烈也想角逐帝位,而哈布斯堡家族竭力要保住这一头衔。虽然斐迪南("美男子"腓力的次子)相比他哥哥更适合继承皇位,因为查理已是西班牙、西西里、那不勒斯等许多地方的国王。但是查理却坚持自己的长子继承权,并坚称为了应对奥斯曼土耳其的扩张,所有基督教国家都应该联合。他通过向选帝侯做出重大政治让步并大量行贿而当选。

查理设法应对维持庞大帝国的巨大困难,甚至还在 1535 年吞并了米兰公国,并通过直接管理或者联盟将意大利纳入其势力范围。但显而易见,他成了帝国过分扩张的牺牲品。他事必躬亲,亲自处理大小事务,通过通信的形式与那些被他分封在各地担任摄政王、将军、总督及参议的哈布斯堡家族成员及高级贵族联系,以确保他对当地事务的控制。查理五世还坚持亲自处理各地发生的重大事件,这迫使他马不停蹄地来往于欧洲各地。但这反而导致了在别的地方(特别是在那些他没有赶赴到的地方)决策过程太过缓慢。

499

塞森内格（Jakob Seisenegger，奥格斯堡的查理五世的宫廷画家）的《查理五世》（*Portrait of Charles V*，1532）。布画油画。奥地利维也纳艺术史博物馆

他试图让所有臣民保持对天主教会的忠诚，而当时宗教改革的追随者与日俱增，天主教会上层却极不愿意对其自身进行改革，这造成

了对其权威的最大挑战。查理四处征战，特别在神圣罗马帝国境内，一些诸侯出于追求信仰和渴望自治而支持宗教改革。他没能及时认识到路德在 1521 年沃尔姆斯宗教会议（Diet of Worms）上对他个人发动的挑战的严重性，他为多种职责所累而反应迟缓。他发现应对宗教改革问题没有比推迟决策更好的策略了，他为此做出了一些临时让步，并试图劝说教宗召集天主教大公会议。特兰托会议（Council of Trent）最终于 1545 年召开，宣告完全不接受新教徒，但此时新教徒已用将近 30 年的时间巩固了自己的地位。1555 年，查理的弟弟"罗马人之王"斐迪南（1531 年当选）与信奉新教的诸侯们谈判签订了《奥格斯堡和约》（Peace of Augsburg），而查理对此无法接受，因此在谈判期间向神圣罗马帝国议会递交了退位诏书。然而，直到 1558 年帝国议会才正式选择他的弟弟为继任者。

查理统治期间面临的第二大挑战是来自法国和奥斯曼土耳其的军事威胁，这两者有时甚至会相互勾结。他几乎不停歇地修筑堡垒，增加和维持规模庞大的军队，而这耗尽了国力，甚至包括那些殖民地的资源与力量。他只给他的西班牙王位继承者、长子腓力二世（Philip II）留下了一个烂摊子，后者还继承了他对意大利及低地国家的统治。查理的统治证明西方基督教国家在政治和宗教上实现统一是绝无可能的，查理对此不解，而他的退隐正与此有关。

500

进一步阅读书目：

Blockmans，W.（2002）.*Emperor Charles V，1500 - 1558*.London：Arnold.

Carande，R.（2000）.*Carlos V y sus Banqueros*［Charles V and His Bankers］.Barcelona，Spain：Critica.

Fernandez Alvarez，M.（1999）.*Carlos V. El César y el Hombre*［Charles V. The Caesar and the Man］.Madrid，Spain：Espasa Calpe.

Fuentes，C.（1992）.*The Buried Mirror：Reflections on Spain and the New World*.Boston：Houghton Mifflin.

Kohler，A.（1999）.*Karl V. 1500 - 1558. Eine Biographie*［Charles V. 1500 - 1558. A Biography］.Munich：C. H. Beck.

Rodriguez Salgado，M. J.（1988）.*The Changing Face of Empire：Charles V，Philip II，and Habsburg Authority，1551 - 1559*.Cambridge，UK：Cambridge University Press.

Soly，H.（Ed.）.（1999）.*Charles V，1500 - 1558 and His Time*.Antwerp，Belgium：Mercatorfonds.

Tracy, J. D. (2002). *Emperor Charles V, Tmpresario of War*. Cambridge, UK: Cambridge University Press.

维姆·布莱克曼(Wim P. Blockmans) 文

尹建龙 译 俞金尧 校

# Child Nurture 儿童养育

501 　　人类通过对儿童的养育来传递生存技能和行为准则,维持人类的繁衍生息。在乡村生活中,儿童可以通过模仿成年人的行为举止而获得教育,这比城市生活更有利于儿童的成长。对未来世界人口会不断减少的预测反映了工业社会中儿童养育的缺陷,在创造出比传统乡村社区养育模式更有效的城市养育模式之前,人类的生存和文明的延续岌岌可危。

　　我们一向将人类的代际传承视为理所当然。自从 20 万～13 万年前人类出现到今天,儿童在长大成人后都延续其父母的特征。当然,行为的变化也并非完全不存在,但发生得非常缓慢,因此经验的传承——一位 19 世纪的人类学家称之为"习俗的蛋糕"——有助于代际团结。虽然地域条件差别很大,但生活在世界各地的人类都能成功地克服这些气候与地域差别而存活下来。区域性的灾害也不能扭转全球人类数量不断增长的长期趋势。

## 教育环境

　　人类的增长依赖于可靠的养育方式将经过时间检验的个体和群体生活技能、行为规范传递给正在成长中的下一代人。当人类的大多数生活在小型半自治群体中时——首先是由猎人和食物采集者结成的流动群体,然后是农业村落和草原游牧部落——儿童养育是自然发生的。在这些群体中,日常的生产与生活要求儿童伴随在成年人周围,随时观察学习成年人的劳作并从事一些辅助劳动。在每一个家庭中,儿童对父母或年长亲人的模仿都是自然发生的,在每天日常的劳作与娱乐中,成年人可以随时随地给予儿童相应的指导和纠正。如此耳濡目染,嗷嗷待哺的婴孩很快便成长为能干的帮手,进而成长为能够生育并抚养下一代儿童的成年人。

　　当然,人类的生活并非永远如此祥和宁静。在人类历史上,总是不断发生饥荒,并导致大批人口死于饥饿和疾病。同食物来源更为广泛、受疾病侵扰更少的猎人和食物采集者群体相比,农业人口更为脆弱。对农业人口而言,恶劣的天气或凋萎病都能导致农作物减产。而流行病时常爆发,武装匪徒也经常在收获季节前来抢掠。所有这些都会导致大幅度的人口减员。但在大灾大疫之后仍然会有幸存者。他们延续传统方式生产食物,生育抚养儿童,从而保证人类的繁衍生息。

## 文明的重负

　　公元前 3500 年以后,在一些自然环境适宜的区域内出现了城市和文明,人口的相对集中给农业村落生活施加了新的压力。城市居民并不生产其所消费的食物，他们强迫城市周围的农业村落献出其生产的部分粮食，以换取在灾难发生时城市所提供的不全面的保护。

502

最初是祭司们收取农业村落的部分收成以维护神庙和举行盛大宗教仪式，用以保护农业居民免受超自然神祇的天谴。此后随着武装盗匪的威胁日益严重，装备了昂贵盔甲和金属武器的武士们开始承担起保护农业人口免受盗匪掠夺的责任，同时也要求获得部分农业收成作为报酬。在欧亚大陆与美洲的古代文明社会中，祭司集团和武士集团通过谈判达成一种不稳定的、此消彼长的权力平衡（收入的平衡）。

同时，工匠和商人也从城市生活中分得一杯羹：只有通过他们，祭司集团才能获得向神祇献祭所需的珍贵供品；也只有通过他们，武士集团才能获得所需要的甲胄和武器。由此，依赖农村粮食供养的城市人口不断增加，城市则以地租、税收等形式从农村榨取粮食，有时候城市也通过向农民销售金属工具或类似产品的形式从农民手中换取粮食以及其他城市居民所需要的物资原料等。

在所有文明区域内都存在激烈的政治斗争，并不时爆发代价昂贵的战争。因此，文明社会的组织结构能够长期延续的诀窍在于，乡村腹地的粮食与人员不断向城市及其周围地区流动和聚合。粮食的流动至关重要，也显而易见。人员的流动虽然同样重要，但由于这种流动大多以个体人员的自愿流动为主，其重要性相对不那么显著。

从生物学意义上来看，城市极少可以或绝对不能维持其人口数量。人口的集中也令各种致命性流行疾病的危害更大。缺乏有效的垃圾处理方式，导致了水源的污染；来自远方的陌生人，既带来了珍贵

的货物，也带来了新的传染病。导致城市人口再生能力降低的第二个原因是，大多数城市居民所从事的职业不利于结成婚姻和家庭。例如，工匠师傅们很少允许学徒结婚并养育子女。水手和商队成员则长期处于漂泊状态，也不会组成自己的家庭。另外，大多数从乡村迁居城市的非技术性移民则很难获得足够的收入以养育后代。同时，由于缺乏免疫力，这些城市新移民更容易感染各种致命性传染病，死亡率也更高。

## 可持续养育的乡村

农村居民的早婚和多子多孙使得城市和文明得以存在并延续。在乡村社会里，男人和女人的传统劳动分工是建立在婚姻基础上的，儿童从很小的时候便能够帮忙做家务或农活，从而

《土著男人、女人与儿童》，一幅 1654 年的版画。在历史上各种文明社会的乡村生活中，儿童通过模仿成年人而获得教育

有助于增加家庭收入。另外,父母一辈年长力衰不再能够承担繁重劳动的时候,他们只能仰仗成年子女们的赡养。最后,人生无常,特别是在婴儿期和老年期,这也使得农村居民要依靠多子多孙来保证其最终能获得足够的家庭支持。即使没有上述这些刺激因素,仅用人类的性欲也可以解释乡村社会中的高生育率现象,特别是在艰苦危险的社会环境下,饥馑、疾病、战争随时都有可能夺去人的生命,性爱成为人们的慰藉。

但乡村社会的高生育率也会给其自身带来风险。如果在长达 10 年或更长的时间里,乡村社会没有受到战争、饥馑或疾病的冲击,土地短缺的状况就会出现。随着孩子们相继成年,如何在众多子女中进行耕地和菜园的分配成为大问题。孩子们的成家立业,意味着地产从一代人手中传递到下一代人手中。新娘和新郎双方的父母会通过给予嫁妆和聘礼的形式,为新婚的夫妇提供物质支持。但分割并分配给新婚夫妇足够养家糊口的土地的做法则往往行不通。

有些时候在村落周围还存在大量未开垦的肥沃土地,足够一两代人的开发和耕种,但这种情况并不多见。从长远来看,解决的办法是以牺牲弱小社会群体的利益为代价,从而扩张耕地与文明。但在人口稀少、交通便利的边疆地区,情况也很快就达到饱和了,人们仅仅是推迟而不是解决了土地短缺问题。

有些时候,新的农作物品种以及新的耕作技术能够大幅提高粮食产量,从而使农业家庭可以依赖较少的耕地。但这种情况发生的概率很小,且意味着需要付出更多的辛勤劳动,也很难保证能在现有的村社范围内为多生育的子女提供满意的生活。

当村社与外界发生商业联系的时候,村民们在农闲时可以从事一些手工生产,例如纺纱织布或制作一些能够在城镇找到销路的产品。这使得村民变得像城镇中的工匠,后者依靠在市场上销售自己生产的产品以养家糊口。随着交通的改善,这种混合型的农民工匠的数量也越来越多。当这些农民工匠面对土地短缺的时候,他们不必再像前几代农民那样做出艰难的抉择,虽然土地短缺的问题并未消失。

随着商业化农业生产的强化和手工业生产向农村的扩展,村社的整体性被削弱了,独立性也逐渐消失。一些农民发家致富,一些农民则丧失了土地而沦为雇佣工人。由此,城市中的社会竞争和经济不平等在一定程度上扩展到了农村。此时多子多孙不再是家庭安全的保障,反而导致了贫困。

## 迁徙的影响

起义是农民对此种状况的绝望反抗,但在激起了全社会对内战的恐惧后,几乎所有农民起义最终都失败了。更为常见的做法是将多余的子女送到邻近的市镇或城市中去,让他们自己去奋斗。在那里,来自乡村的移民们为获得各种非技术性工作而展开竞争,只有在极少的情况下才有机会建立自己的家庭,也只有少数人能适应新环境并过上舒适的生活。但他们的出现足以维持城市人口,并为各种艰苦的工作提供足够的劳动力。在早期,当来自乡村地区的自愿移民不敷使用的时候,城市居民就会采取强迫措施从远方获得奴隶以从事那些没有人愿意干的艰苦工作。

强迫劳役与自愿移民之间的平衡经常发生波动。在欧亚大陆上,随着内陆地区的开发和农业人口的增长,奴隶制度逐渐消失了。但在美洲地区,欧洲殖民者的大屠杀和来自外部世界的瘟疫,导致大量土著居民死亡,奴隶制再次扩展开来。数以百万计的非洲奴隶被从非洲运到美洲,在矿井和甘蔗、棉花种植园中从事劳动。黑人奴隶制在美国维持到 1865 年,在巴西则维持到 1888 年,其后果对今天仍然有着影响。

长时段的文明记录显示，没有什么东西能保证人口数量与生存条件之间的平衡。瘟疫与战争能在两三年的时间里将某一地域内的人口数量减少1/3或者更多，然而乡村生活不久便能将人口数量恢复到此前水平。长期来看，人们间或对新的农作物品种的发现、耕作技术的进步以及新的财富形式的创造，都促进了人口数量的缓慢增长。而这一纪录是非常惊人的。在新千年之交，由于我们行为的改变和不懈努力，我们对地球能量转化的控制能力不断增强，超过了其他任何物种。

### 展望未来：统计与趋势

进入21世纪后，全球人口数量暴增，达到了一个短时期内无法超越的顶点。在过去的20世纪里，全球人口增长了4倍，而今天地球的环境再也无法容纳类似的人口暴增。许多地区都出现了淡水短缺和可耕地减少的状况。更重要的一点是，城市人口仍然无法自我延续，其原因同早期时代虽然有所不同，但同样令人震惊。

讨论人类未来的趋势，需要一些数据的帮助。首先，全球人口增长速度虽然有所下降，但增长率仍然很高。联合国预测在2000—2050年间，全球人口数量将增长26亿——"这是比1950年全球人口数量还要多的一个净增长"。但联合国人口学家也预测说，在发达国家（富裕的和实现了城市化的地区），人口生育率会在同一时期低于人口死亡率。欧洲是人口无法自我延续的主要地区，2005年欧洲总人口为7.28亿——包括数百万来自相对贫困地区的新移民；由于生育率下降，联合国预测到2050年，欧洲人口将减少到6.53亿。

### 断裂式模式

在这些统计事实和预测数据的背后，是欧洲村庄里传统生育模式的断裂。这一进程始于早前商业化农业的逐渐扩张以及新作物和新型耕种方法的引进。两次世界大战也打断了欧洲乡村与城市生活方式的延续。20世纪50年代以来道路与电力系统的改进，无线电、电视和电脑的普及，让几乎所有欧洲乡村都熟悉并采取了城市化的生活方式。

这对乡村社会的冲击是剧烈的。无数逐渐长大的儿童不愿意重复其父辈的生活方式，他们更乐意迁移到城市或市镇去生活，乡村开始变得人烟凋零。在平坦而肥沃的土地上，现代化农业机械的使用让几名机器操作员就能取代数以百计的农业工人。而那些贫瘠的山地乡村则往往陷入衰败甚或被彻底遗弃。

同时，新型节育手段的扩散也让性爱与生育的关系完全由个人意志来决定。人类社会长期存在的早婚早育与多子多孙的婚姻模式迅速消失了。其后果是乡村社会所具有的"人口水库"功能迅速瓦解，欧洲的城市开始跨越文化与语言的界限吸引移民——多数是穆斯林——从事那些原本由来自乡村地区的移民所承担的低收入工作。

类似的情况也存在于美国、加拿大和其他欧洲海外定居地，尽管在这些地区极少存在欧洲式的农业村庄，但是到18世纪，这些地区的个体农场主家庭都与城市市场建立了密切联系。同样，到21世纪，美国的非拉美裔白人的人口生育率已经不如从前；尽管来自拉丁美洲和其他地区的移民仍然保留了部分农村生活的习惯，能够在2050年之前保证美国的人口总量持续增长。美国人口统计局（The U. S. Census Bureau）发布的预测认为，在2000—2050年间美国人口将增长5 000万，总量达到4.29亿。

当然，全世界最终是否会重蹈今天欧洲人口净减少的人口萎缩模式尚无定论。但我们有充分的理由相信，当前世界人口增速放缓的趋势还会延续，甚至在不远的将来，这一趋势还会

奥地利画家瓦尔德缪勒(Ferdinand Georg Waldmuller，1793—1865)的画作《孩子们为祖母所做的受洗日礼物》(*Children Making Their Grandmother a Present on Her Name Day*)。人的生命在婴幼年和老年时期充满了种种不确定性，因此多子多孙能确保得到充分的家庭帮助变得更加明显。

## 全球出生率的下降

2000 年之后，全球人口中的大多数不再直接依靠耕种土地而生活，他们所消费的食物是由居住在其他地方的某些人种植生产的。这在人类历史上是第一次，这一事实也解释了全球人口生育率下降的原因。金钱收入和食品的全球市场化，再加上由化石燃料驱动的铁路和轮船所构成的超乎人类想象力的巨大规模的交通运输和仓储网络，使得进行大规模的长途食品运输成为可能，从而为全球各地的人提供廉价的食物。

1850 年以来医疗与卫生科学的进步显著地改善了城市卫生状况，而 1950 年以来卫生工程的进步和抗生素的发明、使用，让人类能够有效地对抗城市"灭绝"的命运。但是，通过大规模应用现代形式的机械能而改造的人类城市，却变得更加不利于儿童的成长。

## 变化及消失了的榜样

在水力、蒸汽力和电力改变了我们所说的"制造业"(manufacturing，拉丁语的意思是"用手制作")之前，城市中的工匠是在家里生活和工作的，因此他们的生活中也具有前文所提到的乡村教育的很多特征。也就是说，儿童和成年人的日常生活是融合在一起的，工匠的子女从婴儿时期便可以通过观察和模仿他们的父母、长辈的劳作以获得相关的技能。在中世纪的城市里，同一行会的工匠们比邻而居，进而强化了这种教育模式，就像在村社一样。技术的传承又通过学徒制度得到强化，执业工匠招收男孩到自己家里居住学习一定的年份，教给他们成为独立的执业工匠师傅所需要的一切技能。

但是店主、运输业工人和诸多其他边缘行业的从业者，则很难为其后代提供足够的教育。在制造业仍然处于手工生产阶段时，同村社相比，城市的社会生活充满了更多的不确定性。特别是那些刚刚从乡村地区迁居到城市里的人群，在城市居民中占据很大比例，却一般处于贫困和未婚的状态，他们也很少有机会出现在公开记录中。

在阿拉伯地区，类似的教育模式也存在于城镇工匠群体中。中国的城镇之中也存在类似的结构。但是在撒哈拉沙漠以南的非洲地区和哥伦布到达之前的美洲社会中，其教育模式有所不同。但即使在欧洲，可信的统计数据也非常

506

我们的前半生被父母毁了，后半生则被孩子给毁了。

——克拉伦斯·丹诺(Clarence Darrow，1857—1938)

稀少。

当工作地点从家庭转移到工厂或写字楼里时，儿童不再有机会陪伴父母工作，传统社会长期沿用的教育模式开始瓦解。显然，在工业化发展初期，工厂会雇用大量童工来操作纺纱或织布机器，但却绝不会雇用刚开始牙牙学语的婴儿。普通的家庭主妇需要待在家里操持家务并承担起所有哺育幼儿的重担。

随着制造业中机器设备的升级换代，对童工的需求量减少，城市家庭的儿童需要花费更长的时间来学习知识与技能，之后才能出去工作来贴补家用。越来越多的工作岗位需要正规学校教育的资质。因此在 19 世纪，大多数欧洲国家采取了强制的义务教育体制，通过法律强迫儿童到学校中接受长达数年的教育。学校教师开始取代家长承担起教育下一代的责任。正规的学校教育增加了抚养后代的成本，也减弱了家长对子女的影响力。

城市教育模式的根本性变化发生在 20 世纪，是多种因素共同发挥影响的结果。20 世纪20 年代以后，各种新型家用电器——洗衣机、吸尘器和数不清的其他设备，让操持家务成为轻松简单的工作。50 年代以后，电冰箱、冷冻食品、加工食品和现代大型超市所带来的一切生活便利彻底改变了家庭生活。女性开始走出家门承担各种工作以增加家庭收入，并在必要时花钱雇人照看自己的孩子。父母的教育逐渐消失了，代之而起的是一种全新的青年文化——常常拒绝学校教育和家庭教育，其影响更加深远。

## 叛逆青年

新型通信工具让青年人的叛逆文化得到广泛的宣传。20 世纪 20 年代出现的无线电和留声机，50 年代出现的电视机和便携式录放机，80年代出现的电脑和网络，让全世界都关注美国

的青年文化。几乎全世界的青年人都开始模仿与他们同龄的娱乐明星的做派，使用各种兴奋药物以获得片刻的愉悦，集体狂欢。他们成为在学校教师和家庭父母之外的另一种类型的青年"导师"。从 20 世纪 60 年代开始，许多年轻人开始根据自己的兴趣拥抱不同的生活方式：嬉皮士要求亲近自然；宗教激进主义者要求遵守严格的两性道德；环保主义者则告诫世人如果不改变现有的生活方式，人类必然面临灭顶之灾。这些青年团体的共同特征是抛弃旧的生活方式，而父母的权威是青年人首先要否认和打破的。

这一点并不难以实现。从 20 世纪 60 年代起，人们可以非常方便地获得各种节育药物。同时，在所有的发达国家都建立了政府支持的社会保障体系，让老年人能够老有所养。而学校教育时间的延长，则让抚育儿童的成本也迅速升高。这就毫不奇怪为何许多青年夫妇要抛弃他们父辈多子多孙的生育观念了。欧洲和北美洲的城市生育率相应下降，同时期日本和中国的乡村及城镇的生育率也都急剧下降。

关于印度、东南亚、非洲、拉丁美洲和伊斯兰地区城市中生育状况的变化，我们无法获得精确的统计数据。或许在上述大部分地区，传统的宗教和家庭习俗仍然发挥着影响，而大多数人也仍然生活在村社之中。尽管每年都有数百万人移民去美国和欧洲，但上述地区的人口增长速度仍然非常快。而全球所有地区，甚至包括非洲在内的生育率都在下降，这预示着传统家庭和社区生活模式无以为继。

如果过去 50 年中在欧美地区所发生的养育模式的变化在今天的亚非拉地区重演，则 2050年后全球人口数量就会开始出现减少。当然，其他因素也会发生影响。能源和其他自然资源的短缺、流行性疾病、战争或者远程贸易的中断等，都有可能导致人口的锐减。另一方面，技术、社会或政治方面的新发明则可能让抚养儿童的工

507

作变得更轻松。

总而言之,在人类寻找到能有效替代传统村社的城市生活模式之前,人类自身的繁衍和文明的延续都将面临风险。如果我们寻找不到

比在今天的城市和大多数乡村地区盛行的养育模式更有效的养育方法,人类作为一个物种是否能长期在地球上生存下去,则仍然是个未知数。

进一步阅读书目:

Aries, P. (1965). *Centuries of Childhood: A Social History of Family Life* (R. Baldick, Trans.). London: J. Cape.

deMause, L. (1995). *The History of Childhood* (The master work). Lanham, MD: Jason Aronson Publishers.

Demeny, P., & and McNicholl, G. (Eds.). (2006). The Political Demography of the World System, 2000–2050. In *The Political Economy of Global Population Change, 1950–2050* (p. 255). New York: Population Council.

Fass, P. (Ed.). (2003). *Encyclopedia of the History of Childhood*. New York: MacMillan.

Hanawalt, B. (1993). *Growing up in Medieval London: The Experience of Childhood in History*. New York: Oxford University Press.

Heywood, C. (1988). *Childhood in Nineteenth Century France*. New York: Cambridge University Press.

Heywood, C. (2002). *A History of Childhood: Children and Childhood in the West from Medieval to Modern Times*. Boston: Polity Press.

Pollock, L. (1983). *Forgotten Children: Parent-child Relations from 1500 to 1900*. New York: Cambridge University Press.

Sargent, C., & Scheper-Hughes, N. (Eds.). (1998). *Small Wars: The Cultural Politics of Childhood*. Berkeley and Los Angeles: University of California Press.

Scheper-Hughes, N. (1987). *Child Survival: Anthropological Perspectives on the Treatment and Maltreatment of Children*. Dordrecht, The Netherlands: Kluwer.

威廉·麦克尼尔(William H. McNeill) 文

尹建龙 译 俞金尧 校

# Childhood 童年

508 历史学家尝试着厘清儿童在人类历史上所发挥的作用,但现存的史料记录大多关注西方精英阶层后代的状况,且从成年人的视角出发。尽管童年的塑造主要受当地因素的影响,但现代全球性力量也开始对儿童产生作用。自19世纪晚期以来,人们对童年的定义开始发生根本性转变,涉及如何界定儿童的角色以及成年人对儿童看法的改变等内容。

所有的社会都非常关注儿童和童年问题。在全球范围内,从全球史的视野出发考察"童年"问题,让我们有更多的机会来区分童年的自然特性与受特定经济、政治与文化结构影响而产生的其他特性之间的区别与联系。这一视角

也给历史学家思考全球力量与个体特性形成之间的联系提出了巨大挑战。

然而,也存在很多限制。由于研究资料的性质,使研究童年的历史非常艰难。成年人对儿童的看法与儿童对自己的看法差异很大,由此扭

曲了我们对童年的看法。另外,研究精英阶层的童年要比研究普通人的童年更为容易,因为有关前者的资料更为充裕。尽管存在上述困难,一些当代历史学者已经在童年史的研究中做出了有益的尝试,且对这一课题的兴趣仍然在增长。

对西方社会中童年的历史开展研究,要比其他社会更具有可行性,因此这也影响了当前的研究课题,包括比较史研究课题的选择范围。童年也受到本地或区域因素的影响——特别是宗教、法律或其他因素。在 19 和 20 世纪以前,要发现影响童年的全球性力量并非易事。在今天的世界历史教科书上,有关童年史的记载和评论很少,希望将来随着对这个非常重要课题的研究不断深化,这种状况能够有所改变。令人欣慰的是,对非西方社会,例如中国社会童年史的研究正在取得进展。

## 认识童年

在西方的历史学界,有关童年的概念,特别是关于儿童在家庭中的位置,引发了激烈争论。法国学者菲利普·阿里耶斯(Philippe Ariès)的《儿童的世纪》(*Centuries of Childhood*)一书开创了有关童年史的研究,此书认为在前现代西方社会并不存在童年的概念,儿童通常被看作小型的成年人,并由此受到严格的对待。美国精神分析史学家劳埃德·德毛斯(Lloyd deMause)接受并发展了阿里耶斯的观点,认为只有到 20 世纪儿童才受到恰当的对待(对过去的彻底谴责,现在几乎无人持有这一观点)。其他一些历史学家研究发现,在前现代西方社会,父母对子女的夭折并未显示出多少悲伤,这是由于高生育率弥补了个体死亡的损失。但这一经典学派也认为,从 18 世纪起,童年开始被认为是人生的一个重要阶段,儿童也开始承受更多的家庭关爱。

狄更斯的小说《雾都孤儿》(*Oliver Twist*)让人们关注欧洲工业社会中贫困儿童的苦难。在这幅插图中,小奥利弗正在请求法官的宽恕

主要由中世纪史研究者和近代早期历史研究者组成的修正学派则认为,中世纪和近代早期法律中有关儿童处置的条文和父母对个体儿童的感情投入都表明,当时对童年有清晰的界定。例如,几乎所有的家庭都会为儿童的夭亡表达悲伤,尽管这种表达方式同今天人们的感情表露方式有所不同,这类事件在家庭史研究中具有决定性影响。学术争论还在持续,但是在强调童年概念古今未变的一方和强调童年概念存在着现代、前现代差异的一方之间,相对调和的观点可能更准确。类似的争论还涉及不同社会对童年观念的差异,以及童年的哪些方面是自然性的并且在世界历史上所有主要社会中是具有同一性的。当然,也需要辨别并解释那些重要的差异性。

## 农业社会的儿童

迄今为止,世界历史的大部分内容是关于

农业社会与文明发展的。虽然关于特定问题的研究仍然有待深入，但关于农业社会的儿童，在比较的视野下我们了解到许多事情。第一，在农业社会，几乎所有儿童在很小的时候就得从事力所能及的工作，事实上，儿童的经济价值在农业社会的家庭生计中非常关键。在今日的农业社区中仍然如此。当农耕取代狩猎和采集后，对劳动力的需求是促使人口生育率上升的重要原因。这并不是说儿童承担了繁重的劳作，但家庭确实需要他们的协助。日常工作的训练是男孩与女孩社会成长的主要部分。只有上流社会的家庭和极少数出生于底层社会但天资聪慧的儿童才能够摆脱劳动，到学校接受教育。

第二，由于农业社会的家庭人口众多，平均每对夫妇要养育 5~7 个子女，因此，子女之间的接触很多，较年长的子女特别是女孩会被要求照顾年幼的弟弟妹妹。在农业社会里，从婴儿出生到 2 岁之间早夭的概率达到 30%~50%，因此许多儿童对死亡并不陌生。

当然，在不同的农业社会之间也存在许多差异。以学校教育为例，由于主流文化和可供使用的资源不同，不同的农业社会之间存在很大区别。伊斯兰教鼓励为儿童特别是男孩提供宗教教育，当然在某些情况下也让女孩接受教育。相反，印度教则严格限定只有种姓制度下的前三个种姓有资格接受教育——特别是有关宗教的文化教育。中国儒家鼓励为社会中的少数人提供充分的教育，但对于扩大教育的受众兴趣不大。深受儒学影响的日本，在德川幕府时期（1603—1868）注重推行教育，全国 25%~30% 的男孩接受过教育。在基督教世界，新教各教派鼓励并推动文化教育，而天主教由于注重神职人员的中介作用，对推动大众教育并不积极。

不同社会对儿童的管教方式差别很大。美洲的印第安人曾对基督教新教移民所使用的各种体罚方式备感震惊。基督教各教派都强调人的原罪，因此对所有儿童的管教都非常严厉。相反，印度教则鼓励儿童快乐地成长。对儿童的童年能够产生各种影响的家庭结构，在不同社会也有很大差异。从中世纪晚期（14—15 世纪）演化来的欧洲家庭，更加强调晚婚和核心家庭，儿代人同居的大家庭很少。在这种核心家庭里，儿童和父母的关系更加亲密。而在东欧和亚洲的大部分地区，由于盛行大家庭，儿童与父母的关系相对淡薄一些。在欧洲，由于儿童特别是婴儿身边经常缺乏大人照看，父母习惯于将孩子放在吊起来的摇篮里以避免他们给忙碌的妈妈添麻烦。与之相对，中国和非洲的母亲们则将孩子绑在自己的背上到田地里从事劳作，与儿童的身体接触更多一些。农业社会更加强调儿童的从属地位和辅助劳动作用，因而在生活和学校教育中都更加强调儿童对父母的服从。

关于儿童时期的性别问题，不同的农业社会之间存在着共性和差别。所有的农业社会都是父权制社会，重男轻女，有些社会尤其重视男孩，以至于要采取杀婴的极端方式来消灭女婴以减轻个体家庭抚养子女的负担。伊斯兰教出现后，认为所有的男孩与女孩都具有灵魂，因此与阿拉伯人杀害女婴的陋习进行了长期斗争。中国儒家文化比印度文化更加强调男尊女卑。对年长子女的婚姻安排，不同社会也有所不同。所有农业社会都强调婚姻过程中财产转让和长辈监护的重要性。在印度和非洲的某些地方，女孩很小的时候就被嫁出去了。而在基督教和伊斯兰教主导的地方，子女的婚配时间相对较晚。

## 工业社会的童年

随着农业文明受到更加商业化的世界经济的挑战，世界历史上的童年也开始转向。不同社会之间的差异性仍然存在，但也存在广泛的普遍性。从 19 世纪末开始,西欧和美国率先走出了前现代社会,这些地区儿童的童年生活也发生了根本性变革,具备了现代社会的诸多特征。但世界上其他地区并未能自动追随这种变革。

童年生活的目的不再是工作,而是学校教育,这是一个关键性变化。18 世纪的启蒙运动思想家主张通过教育促进儿童进步的理念,促使欧洲和美国的社会重视儿童教育。教育理念的转变也适应了工业化对劳动力要求的变化。在工业化初始阶段的工厂里曾经大量雇用和剥削童工,但随着工业化的深入发展,对童工的需求量锐减,而对工人识字能力和计算能力的要求不断提高。从 19 世纪 30 年代开始,劳动法明确限制雇用童工。欧美之外的其他社会追赶这种潮流的速度和力度差别很大。日本的教育原本就很发达,1872 年以后普及教育。东欧地区也朝这一方向努力,特别是第二次世界大战

后东欧各国普遍接受了共产主义,虽然其发展模式与西方有很大差异,但在推进大众教育方面却不遗余力。全球接受学校教育的儿童数量和入学教育时间都有极大的增长。有趣的是,虽然在一些地区女孩接受学校教育的机会还落后于男孩,但绝大多数地区的普及教育都包括女孩。当然,提高母亲的受教育机会和水平,与儿童的童年和学校教育之间存在着广泛联系。

西方社会对童年定义的根本性改变,是与社会对儿童纯洁和可爱品质的高度关注联系在一起的。生育率的下降让每一位儿童都能获得更多的父母关爱和物质投入。随着婴儿死亡率的下降,特别是 1880—1920 年间婴儿死亡率的迅速降低,人们付出更多的努力以保护儿童不受死亡的威胁,且不断完善对儿童权利的法律保障。青春期的观念拓宽了童年的范围,促使

尼德兰文艺复兴时期画家勃鲁盖尔(Pieter Bruegel the Elder)的《儿童的游戏》(*Children's Games*),作于 1560 年。布面油画。这幅画展示了 16 世纪在尼德兰农民中所流行的各种游戏活动,成年人与儿童需要密切合作

法定结婚年龄不断提高,并促使社会约束和规范青少年性行为。当然,西方社会的观念和做法并未被其他地区全部接受,但工业化使社会生育率下降,进而促使父母和家庭给予个体儿童更多的关注,却是不争的事实,这样的变化在日本和20世纪末的中国都相继发生了。

到20世纪,特别是"二战"后,这种变化趋势又增加了一些全球性潮流。童工的劳动备受国际社会关注。从20年代起,一些国际组织,例如国际劳工组织,制定了限制劳动强度的标准,其中对儿童的劳动强度予以了特别的关注。但是全球经济的压力促使制造商寻找廉价劳动力,促使某些地区使用童工。到20世纪末,世界上一半的童工存在于南亚和东南亚地区。经济压力也导致了性剥削的发展,例如在泰国和东欧的某些地区,性交易已经增多,有些父母为了贴补家用,会将自家的女儿卖掉做童妓。有些国际旅游的目的就是为了寻找童妓,认为童妓比成年妓女感染HIV的概率小。有些陷入极端贫困的家庭还会强迫儿童出卖身体器官。非洲日益凸显的儿童雇佣兵现象则是另一种剥削儿童的极端类型。

上述几种潮流促使关注儿童权益的全球人权运动获得了更大动力。在第一次世界大战和俄国十月革命后的1919年成立了"拯救儿童组织",致力于帮助欧洲的流浪儿童。"二战"后其使命改变,致力于救助在身体和精神上受战争影响的儿童,例如到1996年出版了《联合国关于军事冲突对儿童的影响》(United Nations Study of the Impact of Armed Conflict on Children)。国际社会对儿童权利的关注在1989年促成了《联合国儿童权利公约》(United Nations Convention on the Rights of the Child),不到10年间,除美国和索马里两国以外,所有的签字国都批准了这项公约。这项公约明确列出了儿童应当享有的各种法律权利和受教育权利。1999

年,国际劳工组织根据《182公约》(Convention 182)开展反对残酷剥削童工(包括性剥削)的斗争。国际组织的这些努力很多时候仅仅获得了各国表面上的支持,效果并不明显,但开始唤醒民众的意识。例如1996年发起的"脏球"(foul ball)运动就迫使国际足联拒绝购买和使用由童工缝制的足球。2003年,针对一些阿拉伯地区的骆驼比赛,国际组织发起了阻止使用儿童骑手的运动。

另一个全球性的问题是,19世纪后期出现的大规模远距离国际移民现象也对儿童产生了很大影响,特别是移居到文化背景完全不一样的国家或地区,例如亚洲人移居到西方国家、加勒比人移居到美国或欧洲、非洲人和中东人移居到西欧等。迁徙移民过程中所产生的代际关系紧张和身份认同等问题都变得日渐严重。

最后,全球消费主义的扩散对儿童和童年具有显而易见的影响。儿童一般都是率先接受消费主义理念的,这部分是因为消费主义能帮助他们挑战父母或其他成年人的权威。在许多社会中,儿童都成为摇滚乐和快餐等全球化商品的主要消费者。如迪士尼、蓝色牛仔衣服和可口可乐饮料等全球化标志产品引领了今天的全球青年文化潮流,这与上一代人更加传统的文化迥然不同。有趣的是,尽管西方社会和国际组织都表达了对儿童性剥削的关切,但消费者的取向常常看重年龄大一点的儿童的性行为——这是现代全球交往中引起的又一个紧张关系,它激发了传统社会组织反对消费主义全球化的激情,它们热切地捍卫传统品德。

在21世纪的最初几年,上述变化都出现了加速趋势,许多全球化力量给世界贫困地区的儿童增加了新的负担和压力。尽管存在差异性和多样性,但过去一个多世纪以来,童年的定义一直在发生根本性的变化,既改变了儿童对自己的看法,也改变了成年人对儿童的看法。

进一步阅读书目：

Ariès, P. (1965). *Centuries of Childhood* (R. Baddick, Trans.). New York: New Vintage Books.

Fass, P. (Ed.). (2003). *Encyclopedia of the History of Childhood*. New York: MacMillan.

Hanawalt, B. (1993). *Growing up in Medieval London: The Experience of Childhood in History*. New York: Oxford University Press.

Heywood, C. (1988). *Childhood in Nineteenth-century France*. New York: Cambridge University Press.

Hsiung, P. C. (2005). *A Tender Voyage: Children and Childhood in Late Imperial China*. Stanford, CA: Stanford University Press.

Mintz, S. (2004). *Huck's Raft: A History of American Childhood*. Cambridge, MA: Belknap Press.

Pollock, L. (1983). *Forgotten Children: Parent-child Relations from 1500 to 1900*. New York: Cambridge University Press.

Sargent, C. & Scheper-Hughes, N. (Eds.). (1998). *Small Wars: The Cultural Politics of Childhood*. Berkeley and Los Angeles: University of California Press.

Scheper-Hughes, N. (1987). *Child Survival: Anthropological Perspectives on the Treatment and Maltreatment of Children*. Dordrecht, Netherlands: Kluwer.

Stearns, P. N. (2002). *Consumerism in World History*. London: Routledge.

Stearns, P. N. (2006). *Childhood in World History*. New York: Routledge.

彼得·斯特恩(Peter N. Stearns) 文

尹建龙 译 俞金尧 校

# China 中国

几千年来,中国一直持续影响着世界上的其他地区(同样也受到其他地区的影响)。1000年后,科学技术的进步使中国比西方领先了几个世纪,但中国的王朝统治(加上间或军阀的混战)偶尔会使国势衰退。但是,在21世纪,中国已经历了一系列非凡的巨变,中国政府已再次巩固其统一的整体,并在全球范围内扩大其前所未有的影响。

514

中国在世界历史上有着与其辽阔版图与悠久历史相称的杰出地位。进入21世纪,中国在领土上仅次于俄罗斯与加拿大。中国大约有13.3亿人口,是目前为止世界上人口最为稠密的地区。早在90万年前,中国就出现了直立人。大约4万年前,中国又出现了现代智人。中国的农业可以追溯到1万年前。中国的国家形态和文明最早开始出现在黄河流域。在商朝时期,中国文明达成了持久而别具特色的形态。

中国文明首先影响了其在东亚的近邻——东部的朝鲜和日本、北方与西方的游牧民族以及南方热带山林中的原住民。因为中国的技术、人口数量及其居民经济与政治上的先进,使得中国在这一地区始终居于首要地位。随着交通与通信技术的改善,中国的影响穿越亚洲而更加深远。通过从外国引进新技术、新知识、新物产,中国不断丰富了自身。约自公元前100年开始,沿"丝绸之路"的有组织的贸易商队,开启了中国与西亚甚至更遥远的欧洲之间的互动,形成了旧世界的交流网络;最终在1500年后扩展

木质引水槽、河渠和水坝都是辅助水稻种植的手段

到全球，从而形成了今天我们所知的这个纷繁复杂的世界。

## 公元前 221 年之前的早期中国

汉文典籍里保存了一种独特的贯通的政治叙事。它上起神话传说中的神性统治者，紧接着出现了由凡人创建的王朝——夏朝。学者们激烈地争论考古证据能否充分证明夏朝的存在。但在 20 世纪 20 年代，在商朝的晚期都城安阳的考古发掘中发现了数以千计的有字甲骨，其书写近于现代汉语的书写，因而可以被专家释读。这些甲骨文及其他遗迹展现了中国文明的一些基本元素，证明至少在公元前 1300 年中国文明已经初具形貌了。

安阳位于中国北方的黄河流域，黄河经过这地势平缓的地区时携带了大量黄土。这里是早期先民种植粟的地方，后来又种植了来自美索不达米亚地区的小麦和大麦。商王朝还使用了来自西部大草原的马匹、战车与复合弓。

在周王朝（前 1046—前 256）时，出现了意义深远的转变。首先，曾经是商朝基础的、依赖雨水灌溉的农业被改进，很快又因在冲积平原的肥沃土地上不断扩展的农业耕作而黯然失色。后者需要大规模建设水坝和沟渠来控制水流的流量。一旦成功，这种水流控制系统就能保障农业生产所需要的水，从而减少中国北方地区对夏季飘忽不定的降水的依赖。这也极大地扩展了农业生产的地域。在中国北方的河流流域与沿海平原，一代代被征召的劳力勤勉地修葺堤坝和沟渠。

水渠使得早期中国农民可以开垦新的土地并种植稻米。早在公元前 8000 年，亚洲东南部的居民就开始种植水稻，水稻适宜在亚洲东南部的河岸或湖岸的浅水区域生长。但这种人工堤堰和沟洫也在中国北方的黄河流域被大量建造，极大地扩展了适宜水稻种植的区域。粟和其他作物仍然继续得到种植，但对于中国不断增长的人口而言，自公元前 200 年前后开始，水稻成为一种重要的农产品，今天仍然如此。

当冲积平原到处都成为农田后，中国人开始了改造斜坡的艰辛工作。在人工推平的小块土地周围建造梯田，通过一些小型沟渠提供水源,这使得华中与华南的许多丘陵山地能像平缓的冲积平原一样生产大量的稻米。

这种规模浩大、历时上千年的土地改造工程是逐渐扩展的,并改变了中国的自然景观。到今天,连绵的梯田已经扩展到了喜马拉雅山麓。中国人使用简单的工具——铲子与手推独轮车(一项中国发明)结合人类劳力完成了这一壮举。这是人类对自然景观所做的翻天覆地的改造。与此同时,中国的人口迅速增长,高密度的人口与庞大的人口数量成为中国的国家特色。

## 水稻种植的影响

与中国类似的水稻田广布于朝鲜、日本、菲律宾、爪哇岛与苏门答腊岛、所有亚洲东南部的大河流域,甚至远在印度的恒河流域。凡水稻种植传布之地,便有稠密的农村人口,以及建立在此基础上的国家政权。迄今为止,全球半数以上的人口仍然以水稻为主食。由于中国境内有长江与黄河两条大河灌溉着如此广袤的流域,这个国家仍然是水稻生产区中规模最大与人口最多的国家。

水稻像其他作物一样必须在成熟时收获与贮藏才能供养每个人,而且需要为下一年预备种子。当通过征税或地租的办法取得足可贮藏的粮食时,便出现了政权机关与规模庞大的地主阶级。原本独立的耕作者变成了佃农和编户齐民。种植水稻的农民,其收成比种植其他种类谷物的农民更高,因为每一棵水稻都能结出有上百粒稻米的稻穗,这较之中世纪欧洲小麦6∶1的产出率自然高得多。这并不意味着中国农民更富裕,而是说赋税和地租会更高,将额外的食物用来供养城市中的统治者、地主、工匠及临时征召的劳力。所以,自一开始,水稻种植便成为中国的基本农事,城市可以在并非风调雨顺的地区发展壮大。

尽管有着无与伦比的生产能力,水稻种植却需要不菲的成本。农民长期地处于稻田的湉水中容易患上疟疾,患上一种叫作血吸虫病的寄生虫疾病的现象也非常普遍。今天已经成为中国最为富饶和人口最为稠密地区的长江流域,在历史上曾有“不健康”的恶名,其人口密度也要比北方小。

在中国北方,人们建造堤坝防御黄河泛滥,然而黄河却因携带了大量松软的黄土而淤积。就像今天的密西西比河一样,沉积的泥沙冲出堤坝,提高了河流下游流域的土壤肥力。建造堤坝预防洪水的努力在一定时期内能推迟灾难发生,但河水迟早会冲破堤坝,造成比之前规模更大、破坏力更强的洪水。黄河下游的河道是极不稳定的,有信史记载以来,有好几次大洪水将黄河下游的河道迁移了数百千米。

## 地主不断增长的权力

积极进取的地主及被征召的建筑役工开始大规模地修建水利工程,这重塑了中国。当新的灌溉土地形成,地主的收入与权威也会与之俱增,地方的统治者很快会羽翼丰满,逐渐轻视甚至无视远方的君王。从一开始,他们之间就纠纷不断。当农业生产获得发展后,又因地方统治者的激烈战争,一场持续数百年的动荡随之而来。

战国时期儒家与法家、道家、墨家的学术争辩,为后世确定了道德标准与行为规范。但是他们所讨论的内容及其思想,与最后社会公共秩序的恢复关系不大。而且,当周朝在公元前256年灭亡时,维持周王朝一统的幌子也被抛弃。公元前221年,地处西北的秦国蚕灭六国,统一中国,战国时期随之结束。秦王朝存在的时间很短,经历了另一场战争后,中国在汉朝时期获得了长久的帝国与文化的统一。

早在汉代，中国就建立了一套朝贡体制，皇帝赐予那些表示服从和忠心的游牧民族领袖一些礼品

## 中华帝国（前202—公元1911）

517

汉朝是此后中国历代王朝的典范。帝国政府的一个主要优势在于它可以将中国北方肥沃的河流流域与南方紧密结合。这种直达边界的统一控制如此强大，以至于当一个王朝分崩离析后，又一个新的皇帝和王朝经过短期内战就能出现。中央政府不断发展，中国的边界延伸到了说不同语言的人口居住区，官员们认识到必须创立一种系统来促进交流。

通过使用文字符号进行记录与交流的优势很多。正如阿拉伯数字1、2、3在英语、法语和德语中的发音差异很大，但三个国家的人看到这些数字都知道其代表的含义。同样，中国人发明的汉字，在历史上一直充当了中国、日本与朝鲜地区文化交流的载体。中国的文化典籍，不仅记录了中国的历史文化，还被统治者用于思想教化和维护统治。它们被儒学学者保存与阐释，然后经过正规教育传播，给不计其数的中国人提供了一套思想与行为规范。这不仅是一种自律和引导性的规矩，而且教导民众服从于皇帝与他的官员，只要皇帝还受到上天的宠爱——君权神授。最早优待儒学之士的是汉朝统治者，汉朝皇帝也花了很多时间去演练古代礼仪，就像孔子（前551—前479）所言的那样，意在与上天及其他神灵维持良好关系。即使到了后来佛教在宫廷乃至全国获取了大量追随者后，后代王朝的统治者仍然继续这种仪式以求避免天谴。

儒学对统一帝国的维持很大程度上依赖大宗货物的运输。这种以实物形式上交的捐税，通过使用驳船沿着最初用来排水和灌溉的运河运送至帝国的首都。最初长江流域与黄河流域的河网及运河是分离的，所以南方的物产难以运到北方的帝国朝廷。611年，大运河被开通，连接了这两条主要的河流系统。没有什么能与这个宽阔、廉价、安全的运输系统相媲美，它促进了中国政府与人民的富裕，使水稻与城市广布长江流域的丘陵地带。这种首创之功几乎使当时中国的疆土面积与物产增加了一倍多。

帝国向南部地区的大规模扩张，有助于维护中原地区的安全，尽管并非那么成功。税收的增加使得祭天及其他重要的祭祀被组织得更加精巧。在国门之外抵御大草原上的游牧民族及预防其劫掠要困难得多。大草原上适宜马匹成长；而草原游牧民一生基本上都在马鞍上度过，以保护他们的牧群，并应对外来者的觊觎；当时机成熟时，他们便会从其他人那里盗取马匹，或者入侵中国边境去掠夺粮食及他们认为有用的

518

北京的天坛,建于 15 世纪。皇帝上应天命,替天行道。柯珠恩(Joan Lebold Cohen)提供

长城,建筑时间长达几个世纪,目的在于抵御来自草原游牧部落的袭击,已成为中国的象征。汤姆·克里斯坦森(Tom Christenson)提供

任何东西。

## 长城及其影响

骑兵的速度是步兵望尘莫及的,但骑兵很难攻克坚固的城防工事。因此统治者们耗费数个世纪,为了抵挡草原劫掠者而建造了长城。装备着弩箭的步兵可以在城墙上击退进犯之敌,直到足够多的弓箭手准备好与之接战。但绵延数百千米的城墙及城墙缺口处的旷野需要更多的人来把守,即使是中华帝国与其运河运输系统也无法一年到头、日复一日地满足这一需求。

这里存在两个选择:雇用一些游牧民来阻止他们的伙伴的进攻,而用他们缺乏的物资作为报酬;或训练与供应一支骑兵以应对与击败草原入侵者。这两种办法都被反复应用了多次,但都不能长久地解决问题。雇用游牧民可以一时改变力量对比,但供养马匹成本高昂。由于缺乏天然草场,需要用超过一个成年男子所需的谷物来喂养一匹马。所以相比草原上的骑士而言,中原骑兵的维持费用极其高昂。更有成效的办法是与游牧民族首领缔结和平关系,让游牧民族首领接受对皇帝的臣服。作为回报,皇帝会通过赏赐的方式将其所需的货物馈赠给他们。不过,像这样的协议常常破裂或重立。

尽管如此,许多世纪间,中原王朝与草原游牧民族之间的劫掠与馈赠,使得游牧民族对中原文明的方方面面越来越熟悉,最终他们将一些关键的中国发明传播到了亚欧大陆的四面八方。中国军队和武装使团也将中华的影响传播到了西方。公元前 101 年,汉武帝派遣了一支使团前往费尔干纳盆地(Ferghana Valley,即大宛),即今天的乌兹别克斯坦、吉尔吉斯斯坦和塔吉克斯坦三国交界地区,意在带回汗血宝马,这种马匹可供重装军士骑乘。那之后的几个世纪,驼队沿着丝绸之路沟通了中国与西亚。由此,亚欧大陆的联系逐渐加快,并在成吉思汗和他的

519

继承者统治时期达到了顶峰。

最重要的是,中国也从印度和西亚的其他民族那里学习了不少东西。佛教的高僧们早在汉朝灭亡之前就开始涉足东土。在随后的内战与各政权鼎立时期,这个新的宗教赢得了许多信徒,甚至包括在 589 年重新统一中国的隋朝建立者隋文帝。在 845 年之前,佛教在帝国内一直非常流行,但此时儒士成功地毁弃寺庙及禁止其信仰(指唐武宗会昌五年禁止佛教事件)。但儒家也不得不借鉴佛教中的一些东西来反驳佛教,因此,佛教仍然秘密流行,特别是在受压迫的穷人中,当王朝倾覆时他们时常发动起义。

佛教艺术也深刻影响了古代中国艺术的风格,传统中国画的风景画和肖像画受到了佛教的深刻影响。佛教对整个中国社会的另一个重大影响是,把买卖日常生活用品的种种好处介

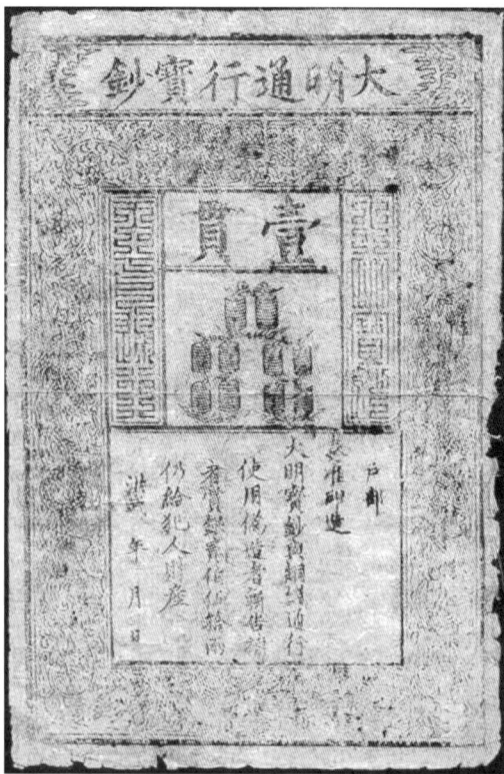

纸币起源于 12 世纪的中国。而在西方,直到 17 世纪发生金属货币短缺,才广泛使用纸币

绍给了中国人。在古代中国,货币对农村人口而言很少起到作用,赋税、地租与劳役往往以农民所需的实物支付。然而,沿着丝绸之路而来的印度佛教僧侣习惯于出售其虔诚的信徒布施的物品,他们也用这种办法购买僧侣所需的物品。在 845 年"灭佛"之前,每一个寺庙都是交易市场。中国的城镇居民和远郊的农民很快就像之前佛教徒那样使用货币买卖彼此所需。

## 货币的广泛使用

在宋朝统治时期,货币的使用最终普遍化。帝国政府发现使用货币征收赋税要远比实物来得方便。不到 1 个世纪,帝国的税赋一半以上就是以金属货币或纸币的形式征收了,金属货币为主,纸币次之。因此,数以百万计的普通农民开始出售他们的收获以缴纳赋税,而使得如一些专门养蚕的人甚至可以开始像城镇居民一样购买食物。于是,一些日用消费品——大米、盐、铁器、丝绸及其他种种物资——开始沿着中国的水路流通。即使价格上有锱铢的差别,也值得让商人沿着河流或运河携带商品前往远处的市场。如 18 世纪苏格兰经济学家亚当·斯密所精妙论述的生产专门化的好处,好像在当时约有 1 亿的中国人已经开始付诸实践了。相比从前,中国的人口、财富及技术都显著增长,中国政府也通过用货币收入购买所需的一切这样一种方式极大地推动了这一进程。

同时,1000 年后,一种早熟的稻米从南方传播到中国,农业获得了极大发展。这意味着,只要夏季雨量充足,中国农民便可以一年种植两季作物,从而使每亩产量翻一番。毋庸赘述,这个影响是极其巨大的。精耕细作,人口比之前更为稠密,家庭只需要之前一半的土地便能生存。不停地勤勉精耕土地、修葺堤坝和运河的社会规训,使得中国的劳动力要远比其他大多数地

方的人辛劳而多产。

那时,一些重要的新行业出现了,特别是火器与火药制造业。这种先进性在宋朝便初见端倪。瓷器成了可以与丝绸比肩的出口商品。当时还发现了如何从煤炭中提取焦炭的办法,从而解决了中国北方长期存在的燃料短缺问题,大规模的铸铁工场也开始增加。不完整的税收纪录表明,铁的年产量从 998 年的 32 500 吨,增加到 1078 年的 125 000 吨。但这种步伐并没有长期持续下来。到 1260 年,铁的产量下降到每年只有 8 000 吨。

## 火器与火药

中国官员受到儒家思想的影响,就像不信任士兵那样,也不信任控制了工商业的富商巨贾。就他们本身而言,中国官员担心这些人可能会变得富可敌国,威胁当局。所以,中国官员对武器制造从一开始就进行严密监督,在 1083 年前还垄断着铁质农具的销售,这样做会操控价格,使得铁器生产无利可图。到底发生了什么无法确知,我们可以确知的是帝国税收的大部分都用来供养沿着边境部署的军队。但是他们大草原的邻居变得越来越强大,宋朝政府开始系统地奖励新式的高效武器的发明者。火器于是迅速地走向历史的前台。

1127 年,宋朝政府被来自草原上的一个新的部落联盟赶出了北方,它因而需要任何可以获取的帮助。最终,对装备了弩弓及新式武器火器与弩炮的水师的艰辛经营,使得王朝最终生存下来。南宋(1127—1279)定都于位于长江以南的杭州。1227 年,在成吉思汗领导下的另一支草原部落联盟征服了中国北方。他的孙子忽必烈可汗委任工匠建造了属于他的水军,后来用它横扫中国南方,于 1271 年建立了元朝,并最终攻灭南宋。

## 蒙古帝国

宋代中国大规模的商业化与武器的改进迅速在亚欧大陆传播开来。草原民族首次感受到了这种影响,此时他们令人敬畏的军事力量正在迅速发展。事实上,蒙古帝国鼎盛之时势力横跨整个亚洲直到地中海沿岸,向北则深入俄罗斯。其版图之广,历史上没有任何一个陆上帝国能与之比肩。12 世纪 40 年代以后的两三代人的时间里,成千上万的士兵、商人、俘虏与商队频繁来往于大草原上。

蒙古征服者所推动的民族间的交往是极其非凡的。1253 年,一位佛兰芒人,名叫鲁布鲁克的威廉(William of Rubruck)的教宗特使到达当时蒙古帝国的首都哈拉和林(在今蒙古国额尔浑河上游的额尔德尼召一带),见到了一位金匠的妻子,她出生于佛兰德斯,距离他自己的出生地仅几英里。1 个世纪之后,穆斯林旅行家伊本·白图泰告诉我们他是如何在中国南方遇到了一个来自他家乡摩洛哥的商人。另一位威尼斯的珠宝商人马可·波罗则在中国待了 17 年。他晚年在热那亚成为战俘。那时,他口述了他的回忆录,震动了欧洲。无数这样的邂逅广泛详细地介绍了优秀的中国技术。英国哲学家弗朗西斯·培根(Francis Bacon,1561—1626)后来指出三大发明缔造了近代欧洲。而令人吃惊的是,指南针、火药、印刷术(伴随着造纸术)这三项发明从中国传播到欧洲居然全是通过口头相传,没有留下任何的文字纪录。中国绘画的图案也传遍伊斯兰世界,因这种风格的绘画引起了广泛的误解,西方人误以为长江三峡是孔雀的栖息地。

学习外域总是涉及转化与调整,以适应新的环境。中国就是这样,中国人先是从西亚与印度学到了骑马作战与佛教,然后他们发展出自己的佛教宗派和骑马技术。欧洲、印度、西亚人对火药、指南针、印刷术的反应也是不一的,尽管这些中国发明影响了战争、航运与交流,但穆斯林最初也拒绝了印刷术。

汉人从来没有对蒙古人的统治完全释怀,当黄河冲破堤坝、洪水在中国北方肆虐时,他们确信外来统治者的天命已经丧失了。瘟疫也在13世纪30年代蹂躏了中国,而政府却沉迷于滥发纸币,造成了严重的通货膨胀。毫无疑问,公共秩序被破坏了,经过多年的争斗,一个新的王朝(不是外来人统治的)出现了,明朝(1368—1644)再一次统一了国家。由于蒙古势力崩塌,跨越亚洲的商队线路虽然没有完全中断,但也削弱了。

当西北边防巩固后,中国人便着手探索新的海上航线。明朝的第三位皇帝朱棣(永乐皇帝)着手进行了一项雄心勃勃的深入印度洋的海外探险与扩张计划。自1405至1433年,总共进行了七次远征,数以百计的船只及成千上万的士兵到达了印度海岸,甚至触及了非洲东海岸,并深入了红海。舰队的领导者为郑和,他收集珍品以作为呈给皇帝的礼物,并要求土著首领承认中国皇帝的统治权。这几次远征使得1497年只拥有4艘船只的瓦斯科·达·伽马向印度的航行相形见绌。但与葡萄牙人发现向印度的航路不同,郑和的航海并没能产生深远的影响。虽然郑和的航行为明朝广结善缘,但其收益远不能弥补巨额开支。由于认识到海上远征的巨额费用不可承受,服膺儒学的官僚机构便禁止了任何航海活动;任凭帝国海军在港口腐朽,明朝专心于陆上边界的防守。

## 对外贸易的衰落

自从航海活动被宣布为非法后,私人的海外贸易大为削减,但是中国人的海外移民却在东南亚广泛发展,并一直持续到今天。所以,中国人从来没有完全从海外退出。如果中国人在1450年以前的某个时期能先于欧洲人远渡重洋,既发现美洲又发现欧洲(因为他们确实做到),那就不可想象了。这也许是世界历史上非常戏剧性的一次转折点——中国从海洋舞台退出的深远影响至今回荡。

然而从自身的角度来看,1520年后,当第一批葡萄牙船只出现时,中国统治者严厉管控与欧洲人和其他外国商人的贸易,同时又集中精力专守其陆上边界,这是很明智的。中原士兵开始逐渐战胜了大草原上的游牧民族骑兵。

有三种情况可以解释中原民众与大草原上游牧民关系天翻地覆的变化。首先,早在蒙古帝国的时代,黑死病就在亚欧大陆肆虐横行,造成了1/3的人口的死亡。鼠疫病菌最初长期存在于喜马拉雅山麓附近,当蒙古骑兵攻击蒲甘王朝(11—13世纪缅甸封建王朝)的北部时,可能将病菌带回了家乡,而当地一种穴居的啮齿动物——鼠疫的常见携带者——给病菌提供了新的宿主。

几十年内,这种瘟疫横扫了亚欧大草原,感染了多种穴居的啮齿动物,随后,这种瘟疫沉重打击了中国、西亚及欧洲的居民,此后还不时地在亚欧大陆的农业地区小规模地复发。我们没有文字记录来了解此时草原上的居民发生了什么,不过有一点可以确信无疑:他们要比农民暴露在瘟疫病菌下的危险大得多。无论他们在哪里安营扎寨,水源很可能会被草原上穴居的啮齿动物感染。游牧民族的人口锐减,他们的战斗能力也就随之削弱。

第二,大约在1550年后,因更为高效的铜质火铳得到发展,并由于有了较好的补给系统,中国(与俄国)军队进一步削弱了游牧民。明朝开始向草原地区扩展其势力,组织了由步兵组成的、往往装备着更多火铳(而不是弩箭)的机动部队。当遇到游牧民族袭击时,便以战车摆成环形的防御阵列迎敌。这些战术如此有效,很快使得中国移民开始移居水分充足、适宜耕种的大草有容乃大。

——中国古谚

原上。

但是,在 1644—1683 年间,中原却第二次被草原部族征服,当时满族骑兵在明朝降将吴三桂帮助下,打败李自成农民政权,夺占北京,宣告了新王朝清的诞生。满族人此前就熟悉中原文化,因此相应地要比蒙古人更能为汉族臣民所接受。他们的骑兵,再辅之以汉人步兵,组成了所向披靡的军队,使得他们能够向西扩展势力,直到遇到同样疆域辽阔的俄罗斯帝国。因此,中俄两国分别于 1689 和 1727 年签订了两个条约,确定了两国的边界。最后一个抵抗清廷的草原部族联盟也在 1755 年遭到失败,这将中国的帝国边界扩展到极限,一直持续到今天。

## 东西方交流

向西的扩张是受到了人口迅速增加的影响。一些农作物从美洲引进——马铃薯、甘薯、花生——差别极大。特别是甘薯,可以在地势较高的坡地及其他不适宜水稻种植的田间地头种植。因此,它在中国南方非常重要。而在中国北方,普通的马铃薯种植规模要小一些,但也扮演了类似的角色。

在 1601 年一个耶稣会传教团得到明朝政府恩许之后,中国与西方的交流得以扩展并得以深化。令人惊讶的是,中国人指派耶稣会士负责校正历法,以使之适合季节时令。中国的皇帝和大臣相信,只有在一年中的适当时间举行典礼才能获得好的结果,没有什么比这个更重要了。后来,他们又要求耶稣会士为他们的军队制造大炮,监督了一次大地测量,然后制作了一幅帝国全图。

耶稣会士在中国宫廷一直活跃到 1706 年,他们年复一年都将所有事情向罗马汇报。他们只赢得了少数皈依者,然而却对中国社会倍加赞赏,阅读他们报告的欧洲读者们经常也是这样。中国存在已久的通过科举考试选拔政府官员的办法在博学的欧洲人看来非常有理性,在 18

523

在上海黄浦江上,传统的帆船穿行在现代船舶中间。柯珠恩提供

世纪初就有几个德意志的邦国宣称要模仿中国。不久之后,中国传统装饰艺术通过刺绣和瓷器传入欧洲,突然也变得非常流行。18 世纪激进的法国作家如伏尔泰认为中国是一个没有教士与启示性宗教的典范国家,远胜过迷信的欧洲人。一言以蔽之,两种文明在专家之间的交流此前从未进行过。而从此,在一定范围内对双方开始产生长远深刻的影响。

因此,总的来说,在 18 世纪的最后几十年,中国的政治和经济在国内外都臻于繁荣。然而此时人口压力的逐渐增大引起了一些暴动与叛乱,与外国的贸易纠纷也愈演愈烈。中国限制英国在广东的广州港贸易,仅仅允许其与政府指定的商人贸易,后者往往要求用银币购买中国的茶叶、丝绸、瓷器等货物,而英国对此颇为不满。1793 年,中国拒绝了英国试图谈判签订一个贸易条约的努力。当时马戛尔尼爵士(Lord George Macartney)来华试图与中国建立欧式的外交关系,但拒绝按照仪式在宫廷上向皇帝行跪拜礼。在 19 世纪 20 年代初,尽管中国官员竭力阻禁,由英属东印度公司推行的鸦片贸易仍在中国的广东等地造成了不少瘾君子。东印度公司对中英贸易的垄断在 19 世纪 30 年代被废除,围绕鸦片的紧张关系不断加剧,导致了第一次鸦片战争(1840—1842)。这场战争随着英国海军在 1841—1842 年间在中国沿海的出现而升级,英国人为了逼迫中国投降而炮击中国的沿海港口,甚至切断了大运河的交通。为了结束鸦片战争(1856—1860 年进行了第二次战争),清政府签订了一系列不平等条约:割让香港岛给英国;向欧洲商人开放通商口岸,协定了 5% 的统一关税;给予欧洲人领事权、裁判权,从而可以组建混合法庭以解决他们自身及其与中国本地居民的纠纷。

这种屈辱对中国人而言是无法忍受的,欧洲人也从对中国器物的赞赏有加转变为蔑视其无助。在中国社会底层,绝望之下而鲁莽地希望分享欧洲人权力的秘密开始在愤怒的青年人中传播开来,如同太平天国运动(1850—1864)所表现出来的那样。煽动这次运动的领导人科举考试屡次失败,遇到了一位来自田纳西州的美国浸信会(American Baptist)传教士,随后他便宣称自己是耶稣基督的弟弟,是被上帝派遣到人间帮助中国人摆脱腐败的满族统治者的。

仅仅几年的时间,太平天国的势力迅速发展,推翻了清政府在南方的统治,差一点还攻占北京。但是,英、法为了保护其条约所得到的权利,在 1860 年派出军队占领北京并洗劫了圆明园之后,英法联军与当地的中国军队在 1864 年镇压了太平天国运动。这期间大概有 2 000 万到 3 000 万中国人死亡,清王朝已经残破不堪。这个王朝勉强幸存下来,被外交争端与军事压力搞得焦头烂额。军事压力不仅仅来自英、法,也来自俄国、新统一的德国,以及最为精明的邻国日本。1900 年,义和团运动爆发,受到地下佛教教派的鼓动,这次起义企图驱赶洋人,结果只能是失败。希望自强的努力不屈不挠地进行着,政府开始建立一支欧式军队,结果却造成了一个不忠的军阀集团,并加入了造反的学生,在 1911 年 12 月推翻了清王朝,清帝同意在 1912 年 2 月退位。

## 后帝国时代的中国

三个重要人物占据了清朝灭亡后的政治舞台:孙中山(1866—1925)、蒋介石(1887—1975)、毛泽东(1893—1976)。孙中山在国外学医,但却成了职业革命家,此后成为中华民国的第一任总统。作为国民党领袖,他想重塑中国社会,但掌握权力的地方军阀反对他的领导。

蒋介石在日本和苏俄接受过军事教育,在继承孙中山衣钵之前是国民党组建的一所军事学校的校长。他在 1927 年与共产党发生争斗,共产党退出中国东南部的广州附近地区;毛泽东此时已在邻近的江西省招募农民参加游击队。1934—1935年,从江西开始长征到达陕北后,共产党在毛泽东的坚定领导下,推出了一个农村革命计划。

那时,蒋介石开始击败互相竞争的军阀,并得以控制北京。1931年日本军队入侵。1937年,日军全面侵华。中国军队不得不沿着长江一路撤退到重庆。当时,日本扶植了一个傀儡满族皇帝控制中国东北地区。尽管如此,美、英仍然承认蒋介石政府,第二次世界大战期间,还使中华民国成为联合国安全理事会的创始国。

但是,1945年,日本被击败后,国民党和共产党之间展开内战。尽管美国人全力支持蒋,但毛泽东的军队最终获胜,并于1949年10月建立了中华人民共和国。蒋介石和他的残兵败将撤退到台湾岛。

1972年,美国总统尼克松访问中国,重建中、美的外交关系,从而认识到了中国不断成长的经济与政治力量。1973年,中、美双方在北京与华盛顿开设了联络处;1979年1月1日,双方建立了正式的外交关系。

从那时起,中国便日渐壮大。毛泽东的继任者,特别是邓小平,在1981年松绑了中国的农业集体化,允许农民自主选择生产并出售剩余产品。私营企业和国有企业齐头并进,很快激起了城市与工业以极其不寻常的速度发展——国民生产总值以每年12%的速度剧增。中国制造的产品要比其他任何地方生产的都物美价廉,出口因此迅速增加。2008年,中国主办了奥运会,中国政府获得了各界的广泛赞誉。

然而,新生的中国也面临很多问题。生态污染非常普遍与严重。人口给资源带来了沉重的压力,政府努力通过禁止生育二胎及更多孩子来减少出生率,直到2009年松绑了独生子女政策。一些自然灾害仍然不时出现。总之,中国政府已经成功地实现了政治统一,人民的财富在增加,中国在全球的影响力远远超过了此前任何时代。

进一步阅读书目:

Ebrey, P. B. (1999). *The Cambridge Illustrated History of China*. Cambridge, UK: Cambridge University Press.

Gernet, J. (1996). *A History of Chinese Civilization*. Cambridge, UK: Cambridge University Press.

Hansen, V. (2000). *The Open Empire: A History of China to 1600*. New York: Norton.

Needham, J. (1954–1999). *Science and Civilisation in China* (Vols. 1–7). Cambridge, UK: Cambridge University Press.

Shaughnessy, E. (Ed.). (2000). *China: Empire and Civilization*. Oxford, UK: Oxford University Press.

Spence, J. (1999). *The Search for Modern China*. New York: Norton.

威廉·麦克尼尔(William H. McNeill) 文

尹建龙 译　俞金尧 校

# Chinese Traditional Religion　中国传统宗教

中国传统宗教从道教、佛教、儒学中借鉴了许多元素,再将它们结合在一个以主宰物质世界的众多神灵为中心的、有多种信仰的系统之中。这个大众信仰系统崇尚一个与帝国相类似的、拥有等级制度的多神崇拜,在被崇拜对象中也包括死者的灵魂。

中国民间宗教的大众信仰与实践是中国文明的一个重要组成部分，并贯穿着其5 000年的历史进程。即使到今天，民间信仰仍然在很多中国人聚居区具有生命力，在中国的台湾、香港地区和东南亚地区尤其兴盛。一般来说，中国传统宗教的观念和风俗，实际上是以通俗的方式对儒、释、道三教更加制度化和文本化的传统进行了系统阐释。较之西方民间信仰长期遭受压制的命运，中国的民间信仰能够与制度化的宗教和谐相处，因此也更加繁荣。在西方，像基督教与伊斯兰教这样的制度化宗教是排他主义的，在历史上也曾经镇压过异端信仰。

相信在现实世界存在具有力量的神灵，构成了中国不同形式的民间信仰的本质特征。这些神灵的来源多种多样，有的是家庭或群体死去的成员，有的是历史或文学中神化的人物，有的则是自然或地理力量的精神化。最为常见的宗教实践包括修缮宗祠与群体的庙宇，在那里，祈祷者与信徒的许愿常伴随着仪式性的献祭与焚香活动。各种形式的萨满教与占卜，旨在努力达到人与神之间的沟通，从而预知或影响个人或群体的命运。简而言之，价值取向和祈愿使民间信仰与家庭或群体的生存发展息息相关，并穿越历史而生存下来，伴随着维持微妙和谐的愿望及人神两域相互影响的构想。

## 家庭仪式

祖先崇拜是民间信仰最为常见的仪式。这种起源于中国古代君主的献祭仪式后来流行到民间，逐渐演化为注重孝道的儒家伦理。传统的中国家庭有一个神龛，放置由石头、木板或纸张上刻写着死者名字的牌位，并被为求其显灵的祭品簇拥着。在当代，照片取代了传统的牌位，但祈福以及确保死去的家庭成员能在另一

传统的中国家庭都有一个家族神龛，向死去的祖先献祭

个世界舒适生活仍然是这类活动的主要动机。那些没有后代传承香火的死者，或死于残暴及邪恶环境中的死者，在旧时则会备受社区的关注。他们在传说中被认为是"饿鬼"，如果没有得到抚慰便会借助可怖的外表进行恶作剧。许多社区建立了庙宇，旨在祭奠这些孤魂野鬼。

民间信仰在家庭层面的另一种表达形式是对灶神（灶君）的崇拜。它同样也可以追溯到遥远的古代，是伴随中国民间信仰发展的悠久传统之一，与其他传统社会对火或炊具的崇拜颇有相似之处。作为家庭炉灶的仁慈的保护者，灶神被认为监督着家庭的道德行为与礼仪是否得当，并在每年的农历新年到来之时，将这些重要的事情向上天汇报。就此来看，灶神被设想为神界中裁决精神事务的某种警察，就像世俗当局管理俗世事务一样。对灶神极其广泛的崇拜，反映了精神世界是模仿世俗官僚体制的形式组建的。

## 公共祭祀

许多公共祭祀活动也往往与中国的民间信

529

自周代开始,在祖先坟茔前进行祭祀以荣耀死者就是一种重要的信仰形式

仰有关。公共仪式旨在维护社会和谐,巩固地方认同,或确保获得神灵的厚爱,以期战胜各种关系到族群生存的挑战。一个特别流行的崇拜与这种公共仪式相关,这就是对土地神的崇拜。事实上,在每一个中国的坊市与乡村中都有土地神的神龛支撑着地区团结的观念,这一观念在传统中国曾非常浓厚。土地神被认为可以保护社区免受孤魂野鬼或恶鬼的影响,监督辖区内所有生灵的活动,并向天庭汇报。因此,就像灶神一样,土地神被认为是精神世界等级制度的另一个组成部分。

城隍在负责监督地方精神事务的神官序列中位列第二等。在每座主要城市中都建有城隍庙。城隍通常身着士大夫的传统袍服。事实上,城隍常常是本地历史上的名人,因其担任帝国政府官员时的正直与高效而被拜祭。城隍甚至被认为统率着一些神将以保证其神圣法令的施行,并维护地方上的道德风气。这些神将也接受当地居民的供奉,人们往往也在这些神龛

前摆放一些祭品以表慰劳并平息其震怒。在重要的假日或纪念日,人们往往会抬着城隍神的塑像巡游其辖区。这种仪式一般伴随着规模浩大的庆典、锣鼓喧天的场面。通过这种有组织的活动,当地居民的社区意识会得到巩固。

## 上天与道教的影响

中国人信奉上帝的起源与本质至今仍然是中国哲学与宗教学中含糊不清与争论不休的问题之一。通过对商代甲骨文的考察,中国人以上帝(最高主宰)为精神世界最高神灵的信仰可以追溯到公元前2000年前。

上帝拥有令人敬畏与势不可挡的力量,普通人不能直接向上帝祈祷和献祭。商王的占卜活动通常包括召唤死去的王室成员的魂灵,由祖先代表其利益向上帝求情。在此后的几个世纪中,上帝越来越多地被称为"天",形象更加抽象化,祭祀仪式也比早期要少拟人化一点。在周代,中国的统治者正式被认定为"天子"。这一变化永久性地将帝国制度与精神领域的最高神灵

焚香献祭,焚香的香气可以使彼岸的神灵与祖先欢愉。柯珠恩提供

一名祭祀者把冥币投入燃烧的大缸,相信这些"现金"可以被传给祖先以供他们在"另一个世界"使用。柯珠恩提供

相结合。因此,贯穿于大多数中国历史时期中,统治者被认为是天地万物的首要裁决者,而且只有他才能直接向天祭拜与祈祷。

自北宋开始,中国的最高神灵通常被认为是"玉皇大帝",他是天界与阴间的统治者及人类的保护神。根据道教的传说,宋真宗皇帝梦遇玉皇大帝,然后宣称自己是神的子孙的化身。官方承认了玉皇大帝,将其供奉于神殿的最高处,并认可了流行的模仿俗世帝国制度而创建的灵界的官僚秩序。在中国的民间信仰中,玉皇大帝主宰着道教、佛教及其他传统上流行的神灵,而且还控制着自然界的种种神秘力量。他主要通过间接方式显灵,普通民众常常为了获得好收成或躲避自然灾害而祈求玉皇大帝。因为他是阴间的统治者,人们也祈求他宽宥罪愆,从而得到较好的来世。因此,相比与古典儒家思想有联系的"天"而言,玉皇大帝的形象更

加具体,更能接近人民大众。

中国民间信仰中的许多神灵,包括玉皇大帝,是由汉代以后道教的不同教派创造出来的。迥然不同于早期古典道教哲学的是,民间道教重点关注控制自然界与精神世界的巨大力量,终极目标是为了获得永恒幸福与长生不老。神仙因此成为道教崇拜的主要对象,这些神仙个人的传奇经历更为道教多神崇拜的信仰教义提供了无限的传奇空间。象征着幸福与富贵的道教"神仙",包括男性与女性,原型来自不同社会职业背景的历史人物。八仙是一个极其引人注目的神仙群体,被视为各行业的保护神加以崇奉,颇有些类似于西方天主教中对守护圣徒的崇拜。道教神灵还包括一些与自然界和农业生产相关的精神力量,比如雷公、雨神、风神。道士们按照各自教派的秘传进行训练,在发生干旱或其他自然灾害时进行驱魔仪式以驱逐邪灵恶魔,或进行神奇的仪式以引导自然力量恢复和谐状态。

## 佛教的影响

佛教的观念也被吸纳到中国民间信仰之中,并成为许多神灵的来源。最为流行的信仰是大乘佛教中的菩萨,菩萨是为了帮助教化世间万物而推迟涅槃的大慈大悲者。女性的观音菩萨(大慈大悲的观世音)是到目前为止这些神灵中最受崇拜的。当个人遭遇挫折或悲剧时,就会祈求观音。观音被认为是普罗大众仁慈的救世主。大慈大悲的她挽救与抚慰忠实信徒的努力从来都不会失败。观音的塑像遍布中国的佛教圣地与寺庙,普通家庭也在其神龛上供奉她的圣像。崇拜观音而获取精神慰藉,这与西方天主教对圣母玛利亚的崇拜有很多相似之处。

民间佛教也影响了流行的关于来世的观念。中国民间信仰的一个重要因素是相信因果报应,死者会被按照生前的功德进行评判,从而进入幸

531

532

福的天堂或者痛苦的地狱。这些对天堂与地狱的想象以及有关鬼魂与来世的观念，滥觞于许多世纪以来的中国艺术与寓言故事之中。总之，中国民间信仰吸收了许多佛教与道教的观念与神灵，并在某种意义上进行了整合与转化。它们贯穿于中国历史，激发了公众的想象力。

### 融会贯通的传统

在许多华人社区，中国民间信仰的经久不衰显示了其作为深厚的中国传统文化之传输纽带的持久价值。在民间信仰中，不同宗教体系和哲学体系的基本因素相互融合，避免了信仰体系的冲突，实现了文化和谐。这也说明了中华文明宽容与灵活的特点。因此，中国民间信仰与西方民间信仰在敬奉圣徒及其他方面具有很多相似之处，但更重要的是，中国民间信仰经历了一个自由的发展演化过程，成为在漫长的文明发展历程中保持文化多样性的一个典范。

进一步阅读书目：

Boltz，J.（1987）. *A Survey of Taoist Literature*：*Tenth to Seventeenth Centuries*. Berkeley and Los Angeles：University of California Press.

Bosco，J.，& Ho，P.-P.（1999）. *Temples of the Empress of Heaven*. Cambridge，UK：Oxford University Press.

Chard，R.（1990）. Folktales on the God of the Stove. *Chinese Studies*，12（1），149-182.

Dean，K.（1995）. *Taoist Ritual and Popular Cults of Southeast China*. Princeton，NJ：Princeton University Press.

Dell'Orto，A.（2002）. *Place and Spirit in Taiwan*：*Tudi Gong in the Stories*，*Strategies and Memories of Everyday Life*. London：RoutledgeCurzon.

Feuchtwang，S.（2001）. *Popular Religion in China*：*The Imperial Metaphor*. Richmond，Surrey，UK：Curzon Press.

Fowler，J. & Fowler，M.（2008）. *Chinese Religions*：*Beliefs and Practices*. Portland，OR：Sussex Academic Press.

Henderson J.（1984）. *The Development and Decline of Chinese Cosmology*. New York：Columbia University Press.

Johnson，D.（Ed.）.（1995）. *Ritual and Scripture in Chinese Popular Religion*：*Five Studies*. Berkeley，CA：The Chinese Popular Culture Project.

Kieckhefer，R.，& Bond，G. D.（1990）. *Sainthood*：*Its Manifestations in World Religions*. Berkeley and Los Angeles：University of California Press.

米切尔·拉兹克（Michael C. Lazich）文

尹建龙 译　俞金尧 校

# Chinggis Khan　成吉思汗

成吉思汗即西方众所周知的 Genghis Khan，是 12 世纪晚期与 13 世纪初的蒙古部落领袖。他统一蒙古后又征服了中国北部和中亚的大部分地区。蒙古帝国极盛之时，统治了从太平洋到亚得里亚海的广袤区域。

成吉思汗的本名叫铁木真，尽管他给西方　世界留下了非常负面的印象，但他仍然是历史

《成吉思汗的登基仪式》。本图及本篇的其他历史插图,都来源于《成吉思汗》,雅各布·艾博特著,纽约哈珀兄弟出版社,1902

上具有超凡魅力和极其精明强悍的政治家之一。在经历了蒙古草原上的部落混战之后,铁木真统一了蒙古各部落并最终创建了一个领土远超其他任何征服者的帝国。而他的继承者不断地开疆拓土,使之成为历史上最为庞大的统一帝国。

铁木真出身蒙古贵族孛儿只斤氏,他的父母分别是也速该和柯额仑。成吉思汗幼时便与其母亲的蒙古部落弘吉剌部落的孛儿帖订婚。也速该在将铁木真送往孛儿帖家后返回的路上被暗杀,其后铁木真回到了自己的部落。铁木真年幼时经历了许多苦难,包括部落冲突及其妻孛儿帖被劫,但他缓慢地积聚力量,其声名在蒙古部落之间逐渐远播。

在 1185 年初获权力之后,铁木真遭受了一些挫败,但他最终还是获得了胜利。他获得成功的一个重要因素是和统领克烈部的脱斡邻勒·王汗结盟,克烈部是蒙古草原上一支举足轻重的力量。在王汗的支持下,铁木真夺回了孛儿帖并成为蒙古草原上的一支重要力量。后来铁木真和王汗之间的联盟破裂,双方发生战争,铁木真获得了胜利。1206 年,铁木真成为蒙古草原

536

《献礼的商人》。蒙古帝国保证了商路的安全,并鼓励帝国内外的商业贸易

上最为强大的力量,并获得了"成吉思汗"的尊号(英文习惯上称 Genghis,其义为"像大海一样广阔深邃、坚韧、果敢的统治者")。

完成对蒙古草原上各部落的统一后,成吉思汗开始了对中国北部和中亚地区的征服。他往往以对方的过错为借口而发动战争,其实是为了扩大领土和掠夺财富。1207 年,蒙古开始了对西夏国的战争,后者控制着今天中国西北大部分地区和西藏的一部分。这次战争结束于 1210 年,是年西夏王臣服于成吉思汗。

没过多久,1211 年,成吉思汗又率军进攻金朝,后者统治着今天中国的北部。这次战争最终于 1234 年结束,此时成吉思汗已经去世很久了。在对金朝的战争期间,1218 年成吉思汗庇护的一支商队在花剌子模(中亚西部古国,位于今乌兹别克斯坦及土库曼斯坦一带)的讹答剌(在今哈萨克斯坦奇姆肯特市)被洗劫,人员被屠戮。

因正忙于对金朝的战争无暇他顾,成吉思汗希望寻找到一个和平的解决办法;但花剌子模的统治者拒绝交出讹答剌的总督,从而激怒了成吉思汗。成吉思汗留下他所宠信的将军木华黎继续对金朝的战争,自己亲率军队进击中亚地区。战争从 1219 年打到 1222 年,蒙古大军最终摧毁了花剌子模。从某些方面来说,成吉思汗大军进行的战役至今仍然被认为是战略上的巨大奇迹。尽管征服了花剌子模,成吉思汗还是仅占有阿姆河北岸地区,以避免战线拉得过长而分散军队。

1226 年为平定西夏的反叛,成吉思汗再次入侵西夏。在这次战役期间,成吉思汗从马上摔下,伤重不治。他的继承者最终征服了西夏,并把他安葬在一个不为人知的地方。尽管今天有许多探险队想要发现它,但这仍然是一个未解之谜。

在世界历史长河中,成吉思汗的成就数不胜数。作为一个组织天才和战略奇才,他不仅缔造了一支纪律严明和战无不胜的劲旅,而且创立了蒙古帝国的中央统治机构。他的文治成就还包括引入了蒙古族的文字书写系统,推进了帝国范围内的宗教宽容和蒙古族的团结统一。此外,成吉思汗的征服孕育了横跨亚欧大陆的贸易。帝国保障了商路的畅通无阻,激励了来自所有地区的商人在帝国境内经商和旅行。新的货物、生产技术以及文化思想通过亚欧大陆传播开来。

---

进一步阅读书目:

Cleaves, F. W. (Ed. & Trans.). (1982). *The Secret History of the Mongols*. Cambridge, MA: Harvard University Press.

Juvaini, A. M. (1997). *Chingghis Khan: The History of the World-conqueror*. Seattle: The University of Washington Press.

Martin, H. D. (1950). *The Rise of Chingis Khan and His Conquest of North China*. Baltimore, MD: The Johns Hopkins Press.

Morgan, D. (1986). *The Mongols*. Oxford, UK: Basil Blackwell.

Ratchnevsky, P. (1992). *Chingghis Khan: His Life and Legacy*. T. N. Haining, (Trans.). Cambridge, UK: Blackwell.

Togan, I. (1998). *Flexibility and Limitation in Steppe Formations: The Kerait Khanate and Chinggis Khan*. Leiden, Netherlands: Brill.

Weatherford, J. (2004). *Chingghis Khan and the Making of the Modern World*. New York: Crown Publishing Group.

提摩太·梅(Timothy May) 文

尹建龙 译　俞金尧 校

# Christian Orthodoxy　东正教

538

虽然缺乏一个中央权威,但东正教的教义是建立在神圣的传统,特别是在4—8世纪间举行的七次公会议所确定的教义基础上的。9世纪,东正教与西部的罗马天主教分离,双方神学教义的差别也日益明显。

东正教是东部基督教各独立教会集合体的通称,这些教会一般按照国家组织起来。东正教是除罗马天主教外的第二大基督教教派。东正教把自己看成是耶稣基督建立起来的神圣教会、大公教会和使徒教会。

## 东部和东方的正教会

大多数正教教会都属于教会的东部正教系统,只有一小部分教会属于东方正教教会系统。在东部正教教会系统内部,教会又分为完全独立的教会和自治教会(几乎完全自治,但依附于某一母堂)两种。在完全独立的教会中,4个从古代延续至今的都主教教会的地位最高。按照资历的高低,这4个教会分别是君士坦丁堡、亚历山大里亚、安提阿(或译"安条克")、耶路撒冷。此外的12家独立教会分别是俄罗斯、塞尔维亚、罗马尼亚、保加利亚、格鲁吉亚、塞浦路斯、希腊、波兰、阿尔巴尼亚、捷克、斯洛伐克和美国正教会。自治教会则分布在西奈、芬兰、日本、中国和乌克兰。

东方正教教会则是指那些在第三次和第四次公会议期间因教义争论而独立出去的教会。东方的亚述教会有时被误认为聂斯脱利教(Nestorian),被普遍认为拒绝承认第三次公会议确定的信条。其他东方教会包括亚美尼亚教会、科普特教会(埃及)、埃塞俄比亚教会、安提阿和印度的叙利亚教会,它们拒绝承认第四次公会议的信条。

## 神学权威

在西方教会为神学权威的来源是《圣经》还是《圣经》与教会传统兼具而争论的时候,东正教认为神学权威的来源只有一个,即神圣的传统。神圣的传统的来源首先是《圣经》;其次是七次公会议确立的信条,包括完成于381年的《尼西亚-

《米罗斯拉夫福音书》(Miroslav's Gospel,完成于1180年)的一个页面。此书绘图丰富,装饰精美,融合了西方(意大利)和东方(拜占庭)的元素。此书现存放在位于塞尔维亚首都贝尔格莱德的国家博物馆君士坦丁信经》(the Nicene Constantinopolitan Creed);再次是教父的著作、祈祷书、公会议和地方会议制定的教会法、神像。

在教会教义的制定上,东正教接受前七次公会议所通过决议的有效性。这些公会议的决议是在教会成立后的最初 8 个世纪里为了解决神学争论而召集各地主教共同讨论决定的,被认为是基督教教义最权威的说法。325 年召开的第一次尼西亚公会议确认了耶稣的人性和神性,这构成了《尼西亚-君士坦丁信经》的前两条。381 年召开的第一次君士坦丁堡公会议确认了圣灵的神性,并将其作为信经的第三条。431 年召开的以弗所公会议确认了耶稣神性与人性的统一,并且宣布耶稣的母亲——童贞女玛利亚为"Theotokos"(神的诞育者)。451 年召开的卡尔西登公会议驳斥了耶稣一性论派的观点,重申耶稣是神性与人性的统一体。553 年召开的

东正教教士。图片来自 *Costumes of All Nations:123 Plates, Containing over 1500 Coloured Costume Pictures by the First Munich Artists.* London:Grevel and Co., 1913

第二次君士坦丁堡公会议延续了卡尔西登会议的工作。680—681 年召开的第三次君士坦丁堡公会议宣布一性论派为异端,重申耶稣具有神性和人性的两种意志。787 年召开的第二次尼西亚公会议谴责了圣像破坏运动,并支持对圣像进行得体的敬拜。

## 东西方教会大分裂

通常认为,东正教会与西部罗马天主教会的分裂发生在 1054 年,但其实历史非常复杂。东西方教会的分裂,是几个世纪间双方文化、政治、语言和神学上的分歧发展到一定程度的结果。导致双方失和并不断激化、最终分裂的主要神学分歧,与罗马教宗的权威和《尼西亚-君士坦丁信经》的变化有关。这两个问题导致了 9 世纪发生的"佛提乌分裂"(Photian Schism,君士坦丁堡牧首佛提乌[Photius]被教皇绝罚)和 1054 年双方都将对方革出教门的大分裂。

在公元第 1 个千年里,教会有 5 个中心,所谓的"5 大都主教区"分别是罗马、君士坦丁堡、亚历山大里亚、安提阿、耶路撒冷。罗马是帝国的第一首都,也是两位最重要的使徒彼得和保罗的殉教地,因此被授予教会中的首要地位。其他 4 个都主教区都位于帝国东部地区,地理上的靠近让它们之间形成制约与平衡的微妙局面,它们相互支持以维持各自教会的自治局面。由于罗马都主教掌控了整个西部教会,其权威不断提升,甚至开始声称对东部教会拥有管辖权。19 世纪所确认的"教宗无误论"为东西方教会的和解增加了更多困难。

《尼西亚-君士坦丁信经》宣称圣灵是"从天父而出"。但在西班牙,从 6 世纪开始,基督徒们在《尼西亚-君士坦丁信经》"天父"的拉丁语译文后增加了"Filioque"(圣子)一词,由此,信经的内容变成了圣灵"从

1945 年万圣节游行

天父和圣子而出"。经过罗马天主教徒的多方努力,到 1054 年,修改后的《尼西亚-君士坦丁信经》被天主教廷正式接受。圣子问题存在着两面性。一方面会产生教义争执。如果西部教会认为圣灵自圣子而出意味着圣灵有两大来源(圣父与圣子),那么,东部教会就会把随之而引起的圣灵从属于圣子的说法视为异端。但是,如果西部教会另有其意,就如拜占庭思想家圣马克西莫[忏悔者](St. Maximos the Confessor,580—662)所持的观点那样,认为圣灵出自圣父并经由(拉丁文"dia")圣子,那么,东西部教会的分歧就能得到调和。而另一方面,东部教会明确表示,没有哪个独立教会有权修订经由两次公会议所确定的《尼西亚-君士坦丁信经》。因此,即使东西部教会在教义解释上能达成和解,东正教也坚决要求罗马天主教将"Filioque"(圣子)一词从信经的原文中清除掉。

## 礼仪神学

从词源学上看,"Orthodox"(正教)一词有两层含义,即具有"正确信仰"或"正确荣耀"的意思,或者两者兼具。这一名称也意味着东正教根本性的神学观点,即礼拜是神学要务。东正教认为教会的礼拜仪式,特别是圣餐仪式,是神学的根本,文学与教育则在其次。用东正教的教父本都的艾瓦格里斯(Evagrios of Pontus,346—399)的话说,神学家不是学院教育出来的,而是那些"真切祷告的人"。由此可以认为,东正教神学本质上是颂赞性神学。

东正教要履行 7 项圣礼:洗礼、涂圣油礼(坚信礼)、圣餐、告解(忏悔礼)、婚礼、临终涂油礼、神职授任礼。举行圣餐礼有几种主要的礼仪规范,由大马士革的圣约翰[金口]确立的圣餐礼仪几乎全年使用,圣贝希尔的圣餐礼仪每年使用 10 次,在四旬斋和圣周的第一天则使用灵魂

540

献祭礼(Presanctified Gifts),此外还有耶路撒冷的圣詹姆斯圣餐礼(传统上只在圣詹姆斯节期间使用,但现在使用的频率越来越高)。东正教对圣餐礼仪的形而上学意义不进行讨论,其教义坚决认为圣餐就是基督肉和血的真实再现。

对东正教来说,每年从 9 月 1 日开始,先后是耶稣诞辰前的斋戒、圣诞节、主显节、四旬斋、复活节、圣灵降临节,此外还有 6 月 29 日使徒节(圣保罗和圣彼得)之前的斋戒、8 月 15 日的圣母安息节等。东正教的 12 个大节日分别是 9 月 8 日的圣母诞辰节、9 月 14 日的十字架升高节、12 月 25 日的耶稣诞辰节、1 月 6 日的主领洗节、2 月 2 日的主进堂节、3 月 25 日的天使报喜节、纪念耶稣进入耶路撒冷城的棕榈主日、升天节、圣灵降临节、8 月 6 日的耶稣变容节、8 月 15 日的圣母安息节。尽管 20 世纪以来,有一部分东部的教会开始采取格列高利历法,但大多数东正教会是依照儒略历来安排这些节日的,变动不定的复活节周期仍是按照儒略历来计算的。

541 除了上述节日,在每天的生活中,东正教会也遵循严格的祈祷时间表:晚课、晚祷、子夜祷告、晨祷、三时祷、六时祷、九时祷。如同西方教会一样,只有在修道院里才严格遵循并履行这些宗教日常作息。但大多数东正教教区教堂在周六晚上进行晚祷,在周日早晨进行晨祷。

### 神学见解

除了与西方基督教会的神学权威来源不同,东正教会的神学特色也表现在许多神学见解上,这对教徒们如何理解上帝、人类、救赎产生了重要影响。由于东正教会没有经历过西方教会的经院哲学和宗教改革,因此东正教会内部教义上没有出现如西方教会那样的神学冲突和对立。

### 神秘神学

对东正教徒而言,神学——无论是教义、道德还是其他——都必须得到践行。神秘神学就是用来说明教义与生活、教会教导与信徒个人经历之间不可分割关系的一个词。在东正教徒看来,无法体验的神学是一无是处的,而没有神学的神秘主义只是主观的东西。值得指出的是,在众多的教会圣人之中,东正教会只认可 3 人为神学家,他们分别是《约翰福音》的作者、生活在 1 世纪的圣约翰,生活在 329—391 年之间的纳西昂的圣格列高利(St. Gregory of Nazianzus)和生活在 949—1022 年间的"新神学家"圣西门。

### 否定神学

在东正教传统中,存在否定神学(apophatic theology)和肯定神学(kataphatic theology)的区别与分野,各自在东正教神学传统中占据重要位置,但否定神学的地位尤其突出一些。东正教的神学传统受到 5—6 世纪之间(伪)大法官丹尼斯(Denys the Areopagite)的影响,认为人类的思想和语言完全不可能描述上帝,由此"彻底排除了所有能将上帝的启示奥秘适用于人类思维方式的抽象和纯粹智性的神学"。由此,神学高攀上帝一定是否定性的。而肯定神学则是一种降临式的神学。在这种神学中,上帝是在其所创造的秩序中显现自己,来揭示神在已创秩序中的存在和作用。 542

### 三位一体

东正教所有的信仰、神学、精神和生命的核心是神圣的三位一体——圣父、圣子、圣灵。通俗地说,东正教神学始于三者,进而归于一体。而西方神学一般就是始于一体,而分散为三者。当然这些概括性说法有其局限性,但可以精确

希腊正教教堂。20 世纪初的华沙也有这样的教堂,其建筑风格独特,最显著的特征是洋葱头式的穹顶和矗立其上的十字架。纽约公共图书馆

地讲,东正教要比西方教会更加强调三位一体中的"三位"。东正教最著名的神像可能是由俄国神像画家圣安德烈·鲁布列夫(St. Andrei Rublev)于 1410 年所绘制的《旧约三位一体》。其所绘内容为《创世纪》第 18 节中三位天使向亚伯拉罕显现的情节,这一情节也被东正教徒认为是三位一体的具体显现。

## 原罪

西方基督徒对许多神学问题的理解,特别是对亚当在伊甸园中所犯下原罪的理解,受到奥古斯丁(St. Augustine of Hippo,354—430)思想的影响很大。但是奥古斯丁对原罪的理解又受到圣杰罗姆(St. Jerome)在将《罗马书》第 5 章第 12 节翻译为拉丁文时所犯错误的影响。圣杰罗姆误以为所有人类都背负亚当的原罪,而并不仅仅承受原罪的责罚——死亡。为了撇清与圣奥古斯丁观点的关系,东正教徒一般喜欢把亚当的原罪仅仅当作"祖先的罪"。东正教也反对加尔文教派关于人类由于原罪和随之而来的无法享受自由而彻底堕落的观点。

## 赎罪

从 11 世纪起,西方基督徒对神人关系的看法深受英国坎特伯雷的圣安瑟姆(St. Anselm of Canterbury,1033—1109)的影响。他所提出的"满意理论",将上帝描绘为期待人类为原罪拿出令其满意的答案,而耶稣为此做出了所要求的牺牲。相反,东正教或关于赎罪的经典理论认为,十字架预示着耶稣对邪恶力量的胜利。不仅如此,东正教又认为基督的救赎工作要比被钉死在十字架上更为广泛。人性、原罪和死亡将人与神分别开来,而基督的道成肉身克服了所有这些障碍,并通过这一过程治愈了人性的缺陷。基督通过被钉十字架偿还了人类的原罪,通过复活摧毁了死亡并使人类不朽。

## 救赎论

东正教基本上没有受到西方教会关于证道和圣化等争论的影响,而将救赎单纯看作上帝的事情。这一理论从《圣经》中可以获得很多支持,如《彼得后书》第 1 章第 4 节、《约翰福音》和圣保罗的书信集。另外从教父们的见证中也有很多类似观点,如里昂的圣艾任纽(St. Irenaeus of Lyons,120—203)、亚历山大里亚的圣安塞纳

543

修斯（St. Athanasius of Alexandria，298—373）和圣格列高利（St. Gregory Palamas，1296—1359）。东正教认为人类的救赎取决于神的恩典。

## 恩典与自由意志

宗教改革时期，新教各派与罗马天主教的争论，是围绕神的恩典与自由意志在人类救赎中的地位而展开的。一些新教徒过分捍卫神之恩典的作用，进而完全否认人类的自由意志。东正教则克服了这种对立，对之进行了综合理解，认为人是神的合作者。这一观点源自《圣经·哥林多前书》第3章第9节。

## 道德神学

西方教会的道德神学运用哲学逻辑进行论证，通常将道德本质描述为自然（自然法）、功用（各种功利主义理论）、道德载体的品格（品行）的功能，或将其描述为上帝命令或禁止的行为（志愿主义）。虽然上述因素在东正教道德神学家的作品中也经常出现，但总体来看，教父们的理论仍然将道德生活看作上帝发挥作用的结果。

## 灵性神学

东正教灵性神学的代表作是收集了希腊时期作品的5卷本的《慕善集》（*The Philokalia*），由圣山的圣尼克蒂姆（St. Nicodemus of the Holy Mountain，1748—1809）和科林斯的圣马克里乌斯（St. Makarios of Corinth，1731—1805）编纂完成，1782年出版。"Philokalia"一词是"爱美"的意思，此书收集了4—14世纪之间关于祈祷文的作品，与静修（hesychastic，希腊语为hesychia）灵性有关，且对有关耶稣基督的祈祷文予以特别关注，例如"我主耶稣基督，全能神的儿子，求你拯救我"。

## 科学与宗教

东正教更加关注灵性的认识，致力于对被造物的圣化和救赎，对《圣经》的理解不过分拘泥于文字，因此，其并不关注17世纪由伽利略引发的天文学方面的争论和19世纪由达尔文的著作所引发而到20世纪更加激化了的进化论争论。

进一步阅读书目：

Baum，W.，& Winkler，D. W.（2003）. *The Church of the East：A Concise History*. London：Routledge Curzon.

Cunningham，M.（2002）. *Faith in the Byzantine World*. Downers Grove, IL：InterVarsity Press.

Lossky，V.（2002）. *The Mystical Theology of the Eastern Church*. Crestwood，NY：St. Vladimir's Seminary Press.

Meyendorff，J.（1981）. *The Orthodox Church：Its Past and Its Role in the World Today*（4th rev. ed.）. Crestwood，NY：St. Vladimir's Seminary Press.

Meyendorff，J.（1996）. *Rome，Constantinople，Moscow：Historical and Theological Studies*. Crestwood，NY：St. Vladimir's Seminary Press.

Papadakis，A.（1994）. *The Christian East and the Rise of the Papacy：The Church，1071 - 1453 ad*. Crestwood，NY：St. Vladimir's Seminary Press.

Sherrard，P.（1995）. *The Greek East and the Latin West：A Study in the Christian Tradition*. Limni，Greece：Denise Harvey.

Sherrard，P.（1996）. *Church，Papacy，Schism：A Theological Inquiry*. Limni，Greece：Denise Harvey.

Smith，A.（1998）. Divine Liturgy. In P. Steeves（Ed.），*Modern Encyclopedia of Religions in Russia and Eurasia*（Vol. 7）. Gulf Breeze，FL：Academic International Press.

544

Smith，A. (2004). Eastern Orthodoxy (pacifism in). In G. Palmer-Fernandez (Ed.), *The Encyclopedia of Religion and War*. New York：Routledge.

Smith，A.，et al. (2000). Orthodoxy. In G. Ferngren (Ed.), *The History of Science and Religion in the Western Tradition*. New York：Garland Publishing.

Ware，T. (1993). *The Orthodox Church* (rev. ed.). New York：Penguin Books.

Watson，J. H. (2000). *Among the Copts*. Brighton，UK：Sussex Academic Press.

小阿兰·史密斯（Allyne L. Smith Jr.）文

尹建龙 译　俞金尧 校

# Churchill, Winston　温斯顿·丘吉尔

545　　温斯顿·斯宾塞·丘吉尔爵士(Sir Winston Spencer Churchill, 1874—1965)是英国政治家和作家,因在第二次世界大战期间担任首相而著名。在 20 世纪 40 年代,当英国败退之际,他坚定地主张抵抗纳粹德国的进攻,反对妥协,他用演讲鼓舞英国人民,号召民众发扬英雄主义精神。在最危急的时刻,他在演讲中指出:除了"鲜血、劳苦、眼泪和汗水",什么都不能许诺。

丘吉尔的一生,开始于英国的威望快到顶峰之际,结束于英国跌落到一个二流强国的地位和帝国时代结束之时。丘吉尔经历了一个漫长的、多姿多彩的、有时备受争议的职业生涯。这段生涯开始于 19 世纪 90 年代,当时他在印度担任骑兵军官和新闻记者,结束于 20 世纪 50 年代的英国,那时,冷战已经开始,他也垂垂老矣。1953 年,女王伊丽莎白二世授予他爵士头衔。10 年之后,美国总统肯尼迪授予他美国荣誉公民的称号,从而成为美国历史上第一位荣誉公民。

丘吉尔的公众形象似乎比现实生活中的他显得更加以自我为中心,更加精力充沛,也更加奢侈挥霍。虽然他身材矮小,体格也不健壮,但他看上去像个巨人。他是一个活泼、自信、叼着雪茄、酗酒、倔强的"牛头犬"约翰牛(John Bull)。很少有人了解他也经历了一段心情低沉抑郁的时期,丘吉尔称之为"黑狗"时期。除了他的妻子克莱门汀·霍泽尔(Clementine Hozier)之外,他没什么亲密的朋友。

丘吉尔出身贵族世家,虽然没有多少个人财产。如他所属的社会阶层里的大部分男孩一样,他的成长中更多的时间是和心爱的保姆一起度过的,而不是他冷漠的父母。他的政治家父亲伦道夫·丘吉尔勋爵（Lord Randolph Churchill）是马尔伯勒公爵（Duke of Marlborough)的幼子。他的母亲詹妮·杰罗姆(Jennie Jerome)是一个美国富翁的女儿,光彩照人、魅力四射。丘吉尔在哈罗公学学习期间表现不佳,此后他考入了桑德赫斯特皇家军事学院。

丘吉尔的军官生涯是短暂的。他目睹了在印度和苏丹的战役。作为一名军事观察员,他在古巴经历了西班牙军队和古巴民族主义者的冲突;在南非战争(布尔战争)中,他被布尔人俘虏,后来又成功逃脱。第一次世界大战期间,他在法国前线指挥一个营同德国人作战。除此之外的其他时间,丘吉尔都是一名文官,但他却作为一

看得太远也是一种错误。在命运的链条上，一次只能抓住一个环节。

——温斯顿·丘吉尔（1874—1965）

英国首相温斯顿·丘吉尔（摄于 1942 年）。美国国会图书馆

名拥有政治职位的文官而指挥三军。

　　1900 年，丘吉尔作为保守党成员顺利当选为下议院议员。由于他反对保守党保护关税的政策，转投维护自由贸易的自由党阵营。执政的自由党政府也以各种重要的政府职位来奖赏丘吉尔。他担任的第一个职务是英国殖民部的大臣，为部内的二号人物。在担任商务大臣和内政大臣时，他赢得了"社会改革家"的声誉。在一战爆发前不久，他成为海军大臣。1915 年，在对土耳其加里波利（Gallipoli）的登陆作战最终惨败后，丘吉尔又对奥斯曼土耳其发动了一次海上进攻而再遭失败，导致他辞去政府的职务，被贬为兰开斯特公爵领大臣的秘书，不久他便辞去了政府的全部职务。2 年后他重返政坛，担任军需大臣的职务。不久又担任了他的朋友，时任首相大卫·劳合·乔治（David Lloyd George）的陆军部国务大臣和殖民部大臣。1922 年劳合·乔治的联合政府垮台后，自由党分裂并逐渐衰亡，丘吉尔转而向

保守党靠拢。保守党政府的首相斯坦利·鲍德温（Stanley Baldwin）对这位"回头浪子"异常慷慨，让丘吉尔于 1924—1929 年担任了财政大臣。而这是他此后 10 年担任的唯一职务。保守党主导的多党联合国民政府在 1931 年执政，让丘吉尔担任后座议员。

　　在 20 世纪 30 年代，丘吉尔所持的立场破坏了他的声誉。他带头反对鲍德温给予印度更多政治自治权的提议。丘吉尔坚决主张维护英帝国的完整。当爱德华八世坚持要与沃利丝·辛普森（Wallis Simpson）——一个离过婚的美国女人结婚时，鲍德温和其他政党的领袖们要求国王退位。相反，丘吉尔则支持国王继续拥有王位。如此反常的主张使丘吉尔受到孤立。他被认为是冲动的、不可信赖的人。这样的声誉使丘吉尔在提醒英国民众警惕德国重整军队的危险、攻击英国政府对阿道夫·希特勒挑衅行为的绥靖政策时，他的声音很难被听到。

　　1939 年，纳粹德国入侵波兰，证明了丘吉尔的看法是正确的。他再次出任海军大臣。随着战局的恶化，首相内维尔·张伯伦（Neville

身着女王加冕典礼礼服的温斯顿·丘吉尔，身后站立的穿礼服者为其子和孙。照片由托尼·弗里塞尔（Toni Frissell）摄。美国国会图书馆

Chamberlain)辞职,时年 65 岁的丘吉尔接任首相。在他就职当天,德军成功地侵入了法国和低地国家。从法国投降到 1941 年德国入侵苏联及日本攻击美国太平洋属地之前,英国都是孤军奋战,没有主要的盟国。丘吉尔在军事行动的规划和指挥中扮演着积极的角色。他对一战中巨大的人员伤亡记忆犹新,因此更倾向于在地中海开辟第二战场,进而推迟了跨越英吉利海峡对纳粹德国占领下的法国发动攻击的计划。他不顾年事已高以及乘坐飞机的不适,频繁地与其他国家的政治领袖们会面协商。除了在北美会见美国总统富兰克林·罗斯福外,他还参加了在卡萨布兰卡、开罗、德黑兰和雅尔塔召开的领袖峰会。虽然他坚持反对共产主义,但还是与苏联领袖斯大林建立了工作关系。

1945 年,丘吉尔的保守党在英国议会大选中失败。虽然他已 70 多岁,但是政治生涯还未结束。1946 年,他在美国密苏里州的富尔顿市发表了著名的铁幕演讲,这是一个重要的时刻,标志着与苏联冷战的开始。在 20 世纪 40 年代,丘吉尔支持西欧各国开展经济和政治上的有限联合。从 1951 到 1955 年,他再次担任首相,直到 80 岁退休。

在政界之外,丘吉尔还是一位作家。为了赚钱,他著述颇丰,多数是历史和传记作品,通常是他口述给秘书,并由助手们帮忙收集资料。他的一部分作品最初是连载在报刊上的。他最著名的作品包括他父亲的传记(发表于 1906 年),关于第一次世界大战的著作《世界危机》(*The World Crisis*,1923—1931),写到 1904 年的自传《我的早年生活》(*My Early Life*,1930),关于他祖先的历史——第一位马尔伯勒公爵(John Churehill, the 1st Duke of Marlborough,1650—1722)(著于 1933—1938),以及传记集《当代伟人》(*Great Contemporaries*,1937),《第二次世界大战》(*The Second World War*,1948—1954)和《英语国家史略》(*History of the English-Speaking Peoples*,1956—1958)。1953 年,他被授予诺贝尔文学奖。

进一步阅读书目:

Addison, P. (1993). *Churchill on the Home Front*, 1900-1955. London: Pimlico.

Best, G. (2001). *Churchill: A Study in Greatness*. New York: Oxford University Press.

Churchill, R., & Gilbert, M. (1966-1988). *Winston S. Churchill*. Boston: Houghton Mifflin.

Gilbert, M. (1991). *Churchill: A Life*. New York: Henry Holt.

Herman, A. (2008). *Gandhi & Churchill: The Epic Rivalry that Destroyed an Empire and Forged Our Age*. New York: Bantam.

James, R. R. (1970). *Churchill: A Study in Failure*, 1900-1939. New York: World.

Jenkins, R. (2001). *Churchill: A Biography*. New York: Farrar, Straus & Giroux.

Lukacs, J. (1999). *Five Days in London, May 1940*. New Haven, CT: Yale University Press.

Moore, R. J. (1979). *Churchill, Cripps, and India*, 1939-1945. New York: Oxford University Press.

Ramsden, J. (2002). *Man of the Century: Winston Churchill and His Legend since 1945*. New York: Columbia University Press.

Rasor, E. L. (2000). *Winston S. Churchill, 1874-1965: A Comprehensive Historiography and Annotated Bibliography*. Westport, CT: Greenwood Press.

大卫·法恩(David M. Fahey) 文

尹建龙 译　俞金尧 校

# Cinchona　金鸡纳树

生活在安第斯山脉的印加人经常使用金鸡纳树的树皮来治疗发烧等病症,之后欧洲人将它作为治疗疟疾的药物。但是很多人发现服用它之后会引起胃部不适,同时疗效不持久。1820 年之后,科学家能够从爪哇岛和印度所栽种的金鸡纳树的树皮中分离出作为抗疟疾生物碱的奎宁,而第二次世界大战后人工合成的抗疟疾药物才出现。

金鸡纳树原产于安第斯山脉的东部山麓,从 16 世纪晚期开始,欧洲人开始将金鸡纳树的树皮用于治疗疟疾。印加人有可能较早地使用金鸡纳树的树皮作为退烧药。西班牙人在征服南美洲的过程中将疟疾从旧世界传播到美洲大陆,但他们很快便发现印加人的“土药偏方”治疗疟疾的效果很好,由此受益良多。伴随着耶稣会士的传播,西欧在 17—18 世纪时对金鸡纳树树皮的使用不断增加,连与天主教势不两立的清教徒们也不得不抛弃宗教偏见,在患病时求助于“耶稣会修士的树皮”的神奇疗效。在现代细菌疾病学说产生之前,金鸡纳树皮就获得了能治愈一系列人体不适症状之特效药的美誉。

但是金鸡纳树树皮也有它的缺陷。金鸡纳树有很多的种类。四种主要的生物碱,即能产生某些生理作用的含有氮元素的有机化合物,在不同种类金鸡纳树树皮中的含量差别很大。而且这种树皮对胃部有刺激作用,通常欧洲人将它和酒混合在一起服用。

自 1820 年法国化学家成功地分离出了含金鸡纳生物碱的奎宁和弱金鸡纳碱之后,对于金鸡纳树树皮这种做奎宁(最普遍的抗疟疾药物)的原材料的需求量迅速增加。当疟疾在新旧世界肆虐之时,新的化学制造工厂在北美和西欧如雨后春笋般建立起来。这些工厂将金鸡纳树树皮转换成更易消化的药片形式的抗疟疾药物。为了便于安第斯山脉的当地人收割和运输树皮,在遥远的玻利维亚、厄瓜多尔和秘鲁高原修造了大量道路,经营出口生意的城镇也建立起来。但是安第斯山地区直接剥离金鸡纳树树皮的生产方式无异于杀鸡取卵,这导致原生金鸡纳树林的大面积死亡,并最终使金鸡纳霜化工工业的未来不容乐观。

在 19 世纪中叶,欧洲人日益关注安第斯山区持续供应金鸡纳树树皮的能力。伴随着 19 世纪中叶欧洲开始对非洲的大规模殖民扩张,欧洲殖民者在亚洲热带地区创建金鸡纳树种植园的计划也付诸实践,由此开始了一次伟大的欧洲农艺栽种的冒险。

19 世纪 50 年代荷兰人在南太平洋爪哇岛试验种植金鸡纳树失败后,英国人在 19 世纪 60 年代将金鸡纳树引种到印度南部的尼尔吉利山区(the Nilgiri Hills)和斯里兰卡高山地区取得了成功,在不同海拔地区生长出了红金鸡纳树(*Cinchona succirubra*)和药金鸡纳树(*C. officinalis*)两种不同的树种。但是,与荷兰人在爪哇进行的坚持不懈的栽培试验相比,英国人的这些成就显得黯淡无光。在试验中,荷兰人大量栽植金鸡纳树的一个亚变种——莱氏金鸡纳树(*C. ledgeriana*),仔细衡量每一株树的树皮中奎宁碱的含量,只保留奎宁碱含量最高的树苗,其余树苗全部毁掉。荷兰人还对金鸡纳树的品种进行改良,以生命力强、耐存活的红金鸡纳树作为砧木,嫁接高产的莱氏金鸡纳树的接穗。到 19 世纪末,世界上大多数金鸡纳树树皮的供应被在爪哇岛上经营种植园的荷兰人所控制。英国人在印度的金鸡纳树种植园也继续生产,其产量可以满足印度的需要。其他的欧洲殖

19 世纪书籍中有关黄金鸡纳树的插图

民帝国——特别是法国和德国——也在非洲和东南亚建立了金鸡纳树种植园,但是产量不高,且专门针对热带殖民地市场。

市场对金鸡纳树树皮的需求波动很大。疟疾是一个全球性的健康问题,但是抗疟疾药物非常昂贵,北美和西欧垄断了抗疟疾药物的生产和销售市场。对金鸡纳树树皮的需求在传染病暴发时居高不下,之后就有所降低。爪哇岛上的种植园主们经常发现金鸡纳树树皮市场供过于求,并且当价格骤然下跌时,一些人会血本无归。这些市场动荡的幸存者们签订了卡特尔式的同业联盟协议,通过一系列的努力来稳定全球金鸡纳树树皮的价格。

在 20 世纪 20 年代,种植园主和交易商们组成了一个著名的国际性卡特尔组织——位于阿姆斯特丹的"金鸡纳联盟"(the Kina Bureau,"Kina"即荷兰语中的"金鸡纳树")。该联盟制定生产者和购买者都要遵守的价格。1942 年日本军队攻占了荷属东印度(即印度尼西亚)并夺取了金鸡纳种植园的控制权,切断了对反法西斯同盟国家的金鸡纳树树皮供应,这反而促进了对其他自然的和人工合成的抗疟疾药物的制造。第二次世界大战结束后,爪哇岛上的金鸡纳树种植园重新生产,但是新的人工合成的抗疟疾药物例如氯喹(chloroquinine)日益取代了从金鸡纳树中提取的奎宁。

进一步阅读书目:

Duran-Reynals, M. L. (1946). *The Fever Bark Tree*: *The Pageant of Quinine*. Garden City, NY: Doubleday.

Gramiccia, G. (1988). *The Life of Charles Ledger (1818 - 1905)*: *Alpacas and Quinine*. Basingstoke, UK: Macmillan.

Honigsbaum, M. (2001). *The Fever Trail*: *In Search of the Cure* for Malaria. New York: Farrar, Straus & Giroux.

Jarco, S. (1993). *Quinine's Predecessor*. Baltimore: Johns Hopkins University Press.

Taylor, N. (1945). *Cinchona in Java*: *The Story of Quinine*. New York: Greenberg.

Webb, J. L. A., Jr. (2002). *Tropical Pioneers*: *Human Agency and Ecological Change in the Highlands of Sri Lanka*, *1800 - 1900*. Athens: Ohio University Press.

小詹姆斯·韦伯(James L. A. Webb Jr.) 文
尹建龙 译 俞金尧 校

# Cities 城市

大约在公元前 3000 年,以乌鲁克城(Uruk)为中心的第一批城市出现在美索不达米亚平原上。自此以后,城市中心对数量众多的人口产生经济、政治以及文化上的影响,在人类历史上发挥着重要的作用。过去几千年中,生活在城市的人口比例不断扩大,城市中心在规模与影响力上也与日俱增。

鉴于城市化一直伴随着人类生产、生活经验的扩展,过去五六千年来的世界史某种程度上可以看作是城市发展的历史。的确,对世界各大城市及其相互关联的研究不仅有助于洞察人类组织形式的演变,也有助于世界史本身的研究,尤其是在以下三个问题上:如何定义、鉴别世界城市? 人类历史上哪些城市曾是世界城市,它们在各自所处的时代是否被视作世界中心? 世界城市研究的主体框架与趋势是什么?

## 什么是“世界城市”?

世界城市通常被定义为事实上或潜在地对世界具有重要影响力的城市。这种重要性可能源于城市自身的规模,也可能源于它在世界体系中所处的地位。城市规模主要根据人口数量(与同时期的其他城市相比)衡量,在这一点上,上古、古典与现代的世界城市有着显著不同,因为随着历史的发展,世界城市变得越来越大。“世界体系中的地位”这一说法在大多数情况下等同于城市在全球经济中扮演的角色,不论是在商业抑或生产制造方面。举例来说,大国首都及可能作为军事港口的城市往往具有较大的政治影响力,宗教中心则会吸引大量远道而来的游客及朝圣者。还有一些城市凭借其丰富的文化资源以及所能提供的优质教育而闻名遐迩。大型城市往往是多功能的,其庞大的人口反过来也为创新活动提供了沃壤。在过去几千年中,很难找到一个单独占据统治地位的世界性城市,我们能看到的只是一系列根据它们的形式、构成及彼此间关联而得以被定义、鉴别(比方说它们是帝国的还是非帝国的)的诸多城市中心。

鉴别世界城市主要是看它的规模,不论是在空间还是时间上。之所以依赖这一标准,是因为想要经验地、详细地、实证地评估另一项指标——城市在世界体系中的地位——几乎是不可能的。在上古时代(约前 3000—前 1000),一座城市的人口数量可能超过 1 万(基于考古学家的报告),大多数同类城市的人口数量在 1 万到 10 万之间。古典时期(前 1000—公元 1000)城市人口增长到 10 万甚至更多,一般说来,人口数量在 10 万到百万间。而 1000 年以后,主要城市的人口数量都在百万至千万之间。

进入 21 世纪,大多数人还认为对 1800 年以前的城市化情况进行统计学描述是不可能的。然而,随着考古、社会经济史等领域中新材料的发掘,这一任务也不再那么困难。这方面的开创性著作以美国学者特蒂乌斯·钱德勒(Tertius Chandler)的《4 000 年来的城市发展》(*Four Thousand Years of Urban Growth*)为代表,作者花费了几十年时光,用大量材料研究了公元前 2250—公元 1975 年间的城市。美国政治学家乔治·莫德尔斯基(George Modelski)于 2003 年出版的《世界城市:前 3000—公元 2000 年》(*World Cities:-3000 to 2000*),进一步拓展和深化了相关的研究,这本书在时间范围上覆盖了 5 000 年,但对 1000 年之前的数据处理得较为简单;另外,书中还介绍了城市化的世界发展趋势。

这件由歌川国芳绘制的日本版画反映了 19 世纪日本形形色色的交通工具，从马车、黄包车、三轮车到火车，不一而足。美国国会图书馆

## 上古世界

公元前 3000 年，最早的城市体系出现在美索不达米亚平原南部，考古学家维尔·戈登·柴尔德（Vere Gordon Childe）称之为"城市革命"。这批城市定居点以乌鲁克城为中心，很显然，这是一个重要的祭祀中心。乌鲁克城可能还是一个政治活动中心，同时也是东至伊朗、北至幼发拉底河上游、西至埃及的区域交流中心。前 3000 年，在这一地区（全世界只有这一地区）出现了五六处依本文标准称得上世界城市发端的城市雏形。乌鲁克城是其中最大也是当时世界上最大的一座都城，其人口数量可能多达 4 万，而这只是它被视为第一座世界城市的原因之一。另外的理由在于，据考古发现及文献记载，乌鲁克城很有可能是书写与历法的发源地，

而这两项发明无疑具有划时代的意义。

在世界城市体系浮现之初，乌鲁克城就如原子核一般发挥着关键作用。第一个基本的、可识别的趋势是在前 2500 年左右，乌鲁克城渐渐成为富饶多产的苏美尔文明的中心，这里先后出现了 20 多个自治的城邦国家。为了争夺地区领导权，各城邦间的竞争愈演愈烈，例如前 2300 年左右乌玛（Umma）和拉伽什（Lagash）之间的竞争，就给了苏美尔地区以外的阿卡德人以可乘之机，在萨尔贡的带领下，阿卡德人占领并征服了苏美尔地区。继苏美尔人、阿卡德人之后，乌尔王朝在当地建立起了统治。直至前 2000 年，仅从数量上看，苏美尔城邦与非苏美尔城邦仍然势均力敌；但不久之后，苏美尔人的城市就急剧衰落了。与之形成对比的是一批重要城市在其他地区的兴起，如埃及的孟菲斯、底比斯、赫里奥波里斯（Heliopolis），美索不达米亚平原北

552

部的玛里(Mari)以及印度河流域的摩亨左·达罗、哈拉帕城。

第二个基本趋势是分散化，或者更准确地说，是城市建设在整个欧亚大陆的传播。这一进程同苏美尔、哈拉帕及后迈锡尼时代的希腊等地区所谓的"黑暗时期"恰好同步。在上古时代（及青铜时代），"旧世界"四大主要地区中的三个都经历了城市革命：西亚（例如巴比伦）、地中海地区（迈锡尼）以及东亚（殷，靠近今河南省安阳，中国商代都城）。此外，还有一些相对逊色的城市分布在印度河流域、乌克兰，甚至连秘鲁也最终出现了城市。这种分散化实际上是一种再分布，因为随着苏美尔人城邦的衰落与消失，城市在其他地区相继兴起，世界城市的数量同1000年前相比并无多少变化（前2000年有22座世界城市，公元前1200年有23座）。换句话说，上古时代的上半叶见证了城市的快速扩张，而下半叶则目睹了城市扩张的减速及分散化。

## 古典世界

古典时代最主要的趋势是，一个强大的区域性同时又内在相互关联的城市体系在欧亚大陆的四个主要地区正在迅速形成与巩固。这四个地区主要包括东亚、南亚、美索不达米亚平原以及西亚。此外美洲也有独立的发展。这些地区中的前三个发展出了一个由独立城邦国家构成的繁荣体系，之后被并入帝国统治中。而在西亚，这个过程却是相反的。在古代中美洲，城邦国家构成的玛雅体系最终崩溃得支离破碎。

在东亚地区，几乎所有重要的城市扩张都发生在中国。镐京（靠近今西安）是西周（前1046—前771）的都城与仪式中心，它横跨了上古与古典两个时期。前771年，镐京被毁，政治中心转至洛阳；在随后的东周统治期间（前770—前256），城市化发展相当繁荣。一位中国历史学家的记录表明，在前771年之前大约有

91座城市，而进入春秋时代（前770—前476），这个数字增长到466座。城市建设显然是国家建设的一部分，在汉语中，"国"即指被高墙环绕的城市。起初，这些城市大多规模很小，但很快就建立起由一个个独立繁荣的小国构成的体系；这些小国以大城市为倚靠，同洛阳之间往往只有名义、仪式上的联系。

这样的布局为大规模的破坏性战争提供了空间，由此就进入了战国时期（前475—前221）。诸国之中最残酷、最好战的当数秦国，它战胜了其他所有国家，最终建立起中国历史上第一个帝国。然而这个帝国却是短命的，汉王朝（前206—公元220）很快取代了秦王朝，并在长安（今西安）建立了新的都城，此时洛阳仍是第二大城市。长安与洛阳各自经历了荣辱兴衰（长安于189年遭到破坏，315年被毁劫一空，756、763年先后被劫掠，881年惨遭屠城；洛阳则于189、190年被毁坏，311年遭毁劫，907年后逐渐衰落），但它们一直都是中国数一数二的大都市，直到古典时代晚期，开封成为北宋（960—1126）的中心城市。此时，京都（日本）与金城（朝鲜新罗国都，今韩国庆州市）也跻身东亚地区的世界城市之列。古典时期，近1/3具有世界大都市潜力的城市都集中在东亚地区。

与此同时，尽管规模较小，但南亚城市也在发展着。公元前的第1个千年见证了南亚一批自治城市的兴起，尤其是在印度北部。然而这一进程后来被帝国框架的确立及外部入侵打断。在恒河流域，城市逐渐在一个个部落之外发展起来，它反过来又将分散的部落融合为独立的国家组织，这就为佛教的诞生提供了土壤。然而，一项对16座早期城邦遗址的最新研究表明，这些城市的面积在50公顷到200公顷之间，这意味着城邦中的人口数量不仅小于同时期的中国城市，也低于世界城市的起步水平。

随着时间的推移，这些城邦中的一个逐渐强大起来，建立了以华氏城（Pataliputra，在今巴

553

19世纪的中国城市居民在城墙上漫步

特那附近）为中心的帝国，这座恒河岸边的宏伟城市深深震撼了大约公元前300年来访的希腊使者。在古典时代的下半叶，印度北部的重心转移到了曲女城（Kanauji，今根瑙杰），这座城市曾经是笈多王朝（Guptas）的首都，在1018年遭穆斯林军队劫掠之前一直是地区的政治中心。在南部，早期佛教在斯里兰卡北部的城市阿努拉德普勒（Anuradhapura）逐渐立足，其影响力辐射到整个东南亚地区，包括缅甸的室利察呾罗（Sri Ksetra，今卑谬附近）、印度尼西亚室利佛逝国（Srivijaja）的浡琳邦（Palembang，今巨港）以及柬埔寨的吴哥。

地中海地区则是古典时代又一处堪与东亚媲美的大城市聚集地。地中海城市网形成于上古时代晚期，虽然起步较晚，但在腓尼基、希腊及罗马时期的三次城市化浪潮推动下，该地区的城市发展相当迅速。大约在公元前1000年，推罗（Tyre，今黎巴嫩苏尔）向塞浦路斯派出了第一批殖民者，很快这些人就建立起后来称霸地中海西部的迦太基城。据百科全书编纂者老

普林尼的记录，在对罗马的战争开始之前，迦太基城的人口多达70万。这个数字可能有些言过其实，但迦太基的声望由此可见一斑。第二次城市化浪潮起源于希腊世界并且得到了各个城邦的资助。例如科林斯城（Corinth）就发起了对西西里岛上的叙拉古（Syracuse，今译锡拉库萨）的建设，这座城市曾大败雅典远征军，并由此改写了伯罗奔尼撒战争的局势；在大约前400年，它可能是希腊世界最大的一座城市。

但希腊化的最大动力还是来自马其顿的亚历山大（亚历山大大帝）的征服运动，他建立了数量众多的城市。其中最著名的要数亚历山大里亚，这座城市在亚历山大去世后被统治埃及的托勒密王朝定为首都，它不仅是政治、贸易与航运中心，也凭借建于法罗斯岛上的巨大灯塔而被视作旅人的灯火、启蒙的象征。亚历山大里亚还因一座包括巨大藏书馆在内的博物馆而声名远播。这座城市是众多民族共有的家园，在斯多葛学派看来，亚历山大里亚是一个典范：它是一座国际都市，是一座世界性的城市，其意义远远

554

中国香港的港湾。这里是贸易与商业的中心

超出了一个城邦的范畴。

最后一波浪潮来自罗马人,他们既是帝国的建造者,也是城市的建造者。罗马人毁灭了迦太基城(但不到1个世纪就在原址上建了一座新城),征服了亚历山大里亚,如此一来,罗马城就成了这个新希腊-罗马世界无可争议的帝国中心。它很快成长为世界上人口最稠密的一座城市。罗马市民不仅被免除了赋税,还可以享受免费的面包、奴隶及帝国其他战利品。410年罗马城的陷落,标志着西罗马帝国崩溃的开始以及第二个"黑暗时代"的到来。

哪座城市的人口率先突破了100万呢?人们估计,公元前100年亚历山大里亚的人口在50万上下,但一些学者认为,前200—前100年间,亚历山大里亚的人口就已经达到100万了,因此,亚历山大里亚是第一座人口突破百万的城市。但一个比较保守的猜测主张罗马在公元1年前后率先达到百万级人口。下一座"百万级"城市则是700—800年间的中国唐代长安。

在古典时代早期,强大的西亚帝国,尤其是亚述与波斯,给地中海世界带来了不小的压力,它们很可能迫使腓尼基人退守到海上并且给希腊世界留下了深刻的印象。然而波斯帝国的崩溃削弱了该地区的活力,也破坏了城市发展的潜力。直到7世纪穆斯林到来,新的政治与城市空间才被建立起来并逐渐发展成为后来的"伊斯兰世界"。阿拉伯人的骑兵部队不仅推翻了波斯的萨珊王朝,还肆虐于以君士坦丁堡为中心的东罗马帝国的大部分领土上。

城市化成为伊斯兰世界的标志之一。很多城市被占领,如亚历山大里亚和安条克(Antioch,今土耳其安塔基亚);其他的一些被摧毁,如萨珊帝国的首都泰西封(Ctesiphon,在今巴格达东南的30千米处);也有一些城市建立起来,如福斯塔特(Fustat,在今开罗南部)、开罗、库法(al Kufah)、巴士拉(Basrah)、巴格达、赖伊(Rayy,今德黑兰),此外还有西部的凯鲁万

(Kairouan)及科尔多瓦(作为首都)。至 900 年，伊斯兰世界有着最密集的城市网，它是现代曙光降临前城市世界体系中最主要的区域。

古典时代，欧亚大陆上的 4 个地区遵循着各自的发展路径，但它们也并非完全隔绝，而是通过各种方式相互联系着，尽管这从未成为主流。它们可被视为拥有两条交流主线的世界城市体系：一条是横越亚洲中部的丝绸之路，另一条则是穿越印度洋的海上香料之路。这两条线路将东亚与地中海世界连接在一起。通过连接城市的多条路线，世界城市基本形成了一个体系。这些城市间的路线不仅是贸易路线，也是诸如佛教之类新事物、新思想的传播路线。

除上述地区外，美洲也是城市发展的一个重要区域，尤其在 400—800 年间。墨西哥的特奥蒂瓦坎、玛雅地区(提卡城[Tical])、卡拉科尔(Caracol)，甚至可能还有秘鲁，都是地区城市体系中的核心。但这个城市体系十分短命，800 年后就基本瓦解了。南非人类学家大卫·韦伯斯特(David Webster)尤其质疑玛雅城市的都市特性，他指出这些城市实际上是"王城"或"王室典礼"城市，它们在功能上的单一性解释了为什么在环境压力与持续战争的背景下，玛雅城市系统变得越来越支离破碎。

## 现代世界

进入现代，随着世界城市的衡量标准提高到 100 万人口，即"百万级城市"，这样的大都市起码在现代早期是屈指可数的，因此，相关研究又回归到一种单一的视野中(见下表)。

表　居民数量达到和超过 100 万的现代城市
（单位：百万）

| 1000年 | 1200年 | 1400年 | 1600年 | 1800年 | 1900年* | 2000年* |
|---|---|---|---|---|---|---|
| 1个 | 3个 | 1个 | 1个 | 4个 | 16个 | 300个 |
| 巴格达 | 巴格达 | 南京 | 北京 | 伦敦 | 伦敦 | 巴黎 |
| | 开封 | | | 北京 | 曼彻斯特 | 柏林 |
| | 杭州 | | | 江户 | 伯明翰 | 维也纳 |
| | | | | 广州 | 格拉斯哥 | 莫斯科 |
| | | | | | 纽约 | 圣彼得堡 |
| | | | | | 芝加哥 | 北京 |
| | | | | | 波士顿 | 东京 |
| | | | | | 费城 | 加尔各答 |

* 表示只列出部分城市

该表反映了 1 000 年来世界城市从 1 个增长到 300 个的过程，这个速度在城市扩张史上是前所未有的。更引人注目的是，大多数扩张都发生在最近一两个世纪里。

首先，城市景观在向第 2 个千年过渡时期继续保持它在 900 年时的样子，伊斯兰世界与中国扮演着最核心的角色。但很快，在 1200 年后，灾

俯瞰圣保罗市中心。圣保罗如今是南美第一大都市，占地 7 800 平方千米，巴西所有最重要公司的总部都集中在这里

难从天而降。蒙古人用两三代人的时间占领了所有"百万级城市"并且控制了丝绸之路,他们还将中国北部、亚洲中部化作一片焦土,破坏城市、屠杀居民,北京、梅尔夫(Merv)、撒马尔罕、赫拉特(Herat)、巴格达等多座城市都未能幸免。当1个世纪后蒙古人的浪潮退却时,世界依旧是"亚洲的时代",但那种精神早已荡然无存,丝绸之路也衰落了。

从这张记录世界城市的表中不难看出,直到1800年以前,世界仍是"亚洲的时代",因为彼时世界上的主要城市都在亚洲,而其中大多数又集中在中国。但仔细一看,这张表更多反映的是一种停滞的状态而非财富与力量。因为在1800年以前,整体上没有表现出任何增长,各个城市间只是在玩一种抢位子的游戏。真正有影响的增长发生在欧亚大陆的另一端,即西欧地区,尽管短期内它依旧默默无闻。增长的动力

天津,位于中国北方的一座直辖市,是中国人口第六大城市。菲利普·巴戈特(Philip Baguet)摄

最初来自热那亚、威尼斯这类城邦国家,低地国家也包括在其中;它们在16世纪开始向民族国家转变。葡萄牙、西班牙及荷兰共和国以其富有进取心的城市,如里斯本、安特卫普和阿姆斯特丹为先锋,在世界舞台上扮演着越来越重要的角色。它们不断尝试着全球性组织的新形式,这种尝试在英国人那儿最终趋向成熟。1800年,伦敦从"百万级城市"联盟中突围而出,这意味着创新不再仅仅是城市规模的产物。

1900年的城市目录清晰展现了19、20世纪塑造着当时世界的城市结构:凭借工业革命的红利,英国的伦敦、曼彻斯特、伯明翰和格拉斯哥赫然在列;作为后起之秀,美国的纽约、芝加哥、波士顿和费城也在目录上;传统的欧洲势力如巴黎、柏林、维也纳、莫斯科和圣彼得堡也依旧在列;此外还有一些略显边缘的城市如东京、北京和加尔各答。

到了2000年,城市景观大幅改变,已有300座世界城市。在这一年,世界上所有地区都有了自己的代表性城市。其中东亚所占的比例最大,超过了全球世界城市的1/3。这并不奇怪,因为早在古典时代东亚就已达到这样的水平了。总而言之,世界城市体系已演进到一个新的形态,学者们正致力于阐明这种新体系的属性及构成。

## 主要趋势

在过去几千年里,城市出现了,并且不断成长,变得越来越好,它们在人类社会组成中的分量也日益加重。21世纪之初,世界一半以上的人口都居住在城市中,其中仅世界城市的人口比重就达到10%(上古时代为1%,古典时代约2%)。此外,鉴于地球总人口数量从600万增加到了60亿,生活在城市中的绝对人口数量也由此达到了史上最高水平。

数千年来,世界城市构成了不断发展的世界体系的核心,但由于忽略了那些生活在大都市外并且在世界史上地处边缘或内陆地区的广大人群,世界城市并不能代表历史发展的全部图景。事实上,中心与边缘地区的相互作用一直是世界体系一个主要且反复出现的特征。上千年的人口集中进程促进了城市建设,但这种稳定甚或停滞的城市生活往往会因为间歇性的再分布进程而改变。在上面所提到的两个事例中,就使得人类社会进入了"黑暗时代"。于是就提出了一个问题,即近来显著进行的城市扩张与集中是否预示着一个新的再分布时期的到来。

在一种或可称作"城市缠结"的环境下,提起世界城市,人们可能会联想到一个结构复杂、内在关联的体系。为了研究这个体系,一个有效的出发点就是对城市连通性的假定;换句话说,城市间的关联是不证自明的,需要被证明的反而是城市间的隔绝与缺乏交流。如果世界城市已经形成了一个体系,那么在这个体系中成员间的相互影响要比城市各自的特征更为重要,正如上文提到的集中与再分布阶段的轮替。

在更一般的意义上讲,世界城市体系可以被视作世界体系演进的一个部分。历史上各个时代(上古、古典及现代)都是这一进程的不同阶段,各时代不仅反映了数量上的变化(如城市大小的变化),也反映出了质的改变(如城市网的覆盖范围)。因此,要想有效地研究作为全球化关键构成的世界城市化问题,必须将其看作一个不断演进的过程。

进一步阅读书目:

Abu-Lughod, J. (1989). *Before European Hegemony: The World System A. D. 1250 - 1350*. New York: Oxford University Press.

Adams, R. M. (1981). *Heartland of Cities*. Chicago: Chicago University Press.

Bairoch, P. (1988). *Cities and Economic Development*. Chicago: Chicago University Press.

Braudel, F. (1984). Parts 2 and 3: The City-centered Economies of the European Past. In *Civilization and Capitalism 15th to 18th Century* (*Vol. 3*): *The Perspective of the World*. London: Collins.

Chandler, T. (1987). *Four Thousand Years of Urban Growth: An Historical Census*. Lewiston: St. Gavid's.

Childe, V. G. (1950). The Urban Revolution. *Town Planning Review*, 21(1), 3 - 17.

Hourani, A. (1991). Part II: Arab-Muslim Societies. In *a History of the Arab Peoples*. Cambridge, MA: Harvard University Press.

Hourani, A., & Stern, S. M. (Eds.). (1970). *The Islamic City*. Oxford, UK: Oxford University Press.

Kenoyer, J. (1998). *Ancient Cities of the Indus Valley Civilization*. Karachi: Oxford University Press.

King, P. L., & Taylor, P. (Eds.). (1995). *World Cities in a World-system*. Cambridge, UK: Cambridge University Press.

Modelski, G. (2000). World System Evolution. In R. Denamark, J. Friedman, B. Gills, & G. Modelski (Eds.), *World System History: The Social Science of Long-term Change* (pp. 24 - 53). New York: Routledge.

Modelski, G. (2003). *World Cities-3000 to 2000*. Washington, DC: Faros 2000.

Modelski, G., & Thompson, W. R. (2002). Evolutionary Pulsations in the World System. In S. C. Chew & J. D. Knotterus (Eds.), *Structure, Culture, and History: Recent Issues in Social Theory*. Lanham, MD: Rowman and Littlefield.

Mumford, L. (1938,1970). *The Culture of Cities*. New York: Harcourt Brace.

Nichols, D., & Charlton, Y. H. (Eds.). (1997). *The Archaeology of City-states*. Washington, DC: Smithsonian.

Tilly, C., & Blockmans, W. P. (Eds.). (1994). *Cities and the Rise of States in Europe A. D. 1000 to 1800*. Boulder, CO: Westview Press.

Toynbee, A. (Ed.). (1967). *Cities of Destiny*. New York: McGraw Hill.

Webster, D. (2002). *The Fall of the Ancient Maya*. New York: Thames and Hudson.

Wheatley, P. (1971). *The Pivot of the Four Quarters: A Preliminary Inquiry into the Origins and the Character of the Ancient Chinese City*. Chicago: Aldine.

乔治·莫德尔斯基（George Modelski）文

尹建龙 译 俞金尧 校

# Citizenship 公民

在一个政治组织中，公民身份不仅意味着在该团体中的成员地位，也包含与之相对应的权利与义务。理想的公民形象源自古代希腊与罗马。然而，随着世界政治范式的转变，公民身份的内涵也在不断变化，越来越多的人被纳入其框架之中。

559

公民的核心含义是指在共同体中的成员身份。在这个核心内涵之外，人们对共同体、成员等概念仍持有争议，因此对公民的定义总随着时间、地点的变化而变动。长期以来，公民身份意味着一种政治的且通常是合法的关系：公民是在同一政治组织中与他人共同享有权利、承担义务的成员。作为一种身份，同时也意味着一种行为规范，公民权反映了社会成员间的平等地位；但通过划分公民与非公民，无形中也造成了一种不平等。

## 古典起源

公民的历史起源在古代希腊与罗马有很大差异。不同于两河流域、埃及及中国这类发达的古代文明，古代希腊与罗马文明建立在城邦政治的基础上。公元前 4 世纪，雅典城邦中诞生了第一位公民理论家——亚里士多德，他将希腊公民权阐述为一种"民主"自治，公民从诞生起就"统治且被统治"着。然而，很明显，大多数希腊成年居民——妇女、奴隶，甚至像亚里士多德这样的外来定居者，都不具备公民资格。因此，公民身份是一种享有特权的法律地位，也是一种受到严格限

罗马元老院。尽管共和国将"公民"身份扩展到了城市界限以外，但政治机构依然以罗马城为中心

> 选举是最不费事的公民义务，拿定主意才是更重要、更艰难的责任。
>
> ——拉尔夫·巴顿·佩里（Ralph Barton Perry，1876—1957）

制的市民社会理想。在罗马共和国时期，在前4世纪早期的扩张活动中，为了巩固统治，共和国政府开始将公民权扩展到罗马城以外的地区。但是，共和国的扩张日渐阻碍了大多数公民发挥其应有的政治作用，他们没有机会参与到仍以罗马城为中心的政府机构中。然而，正如哲学家、政治家及法律学家西塞罗（Marcus Tullius Cicero，前106—前43）记载的那样，在共和国后期的前1世纪，一种理想的"公民道德"——在政治组织中的投入——塑造了罗马的公共文化。在随后的帝国统治时期，公民权仅在帝国司法与管理方面具备了一种正式形式。伴随着4—5世纪集权化帝国统治的崩溃，有关公民权的古典定义也渐渐衰落了。

## 中世纪的阴影与新古典主义的文艺复兴

在中世纪，不仅仅是中央集权政府的崩溃导致了西欧公民影响力的削弱，基督教的兴起也对作为一种社会风气的公民传统的重要性造成了冲击。在奥古斯丁（354—430）阐述基督教宇宙观的经典著作《上帝之城》中，人类对"天国"的忠贞超越了一切俗世的忠贞。此外，在整个中世纪欧洲，封建主义的发展催生了一批在原有支离破碎的政治效忠基础上的非集权化的政权。公民权，就如它曾在古代希腊时代那样，再度同城市或城镇紧密联系在一起。公民权意味着享有某些"自由"，例如当地城市社区授予其成员在本市范围内所享有的某些特权或豁免权等；这些社区具备法人资格，例如英国的自治市镇、法国的市集及德意志的自治市等。

城市生活在欧洲部分地区的复兴增强了公民身份的重要性，尤其是在文艺复兴时期的意大利城邦共和国。这类城邦的商业活动很丰富，市民也很乐于参与，而罗马法

研究在一流大学中的复兴也催生了一种被称作"参与型公民"的新共和主义典范。在欧洲现代早期，公民的新古典主义内涵在"公民人文主义"的大量文献中得到了阐述，其中最著名的作品来自佛罗伦萨政治家和学者马基雅维利（1469—1527）。

## 君权、公民社会与革命

追溯至现代早期，博丹（Jean Bodin，1530—1596）、霍布斯（Thomas Hobbes，1588—1679）等人的君主主权理论为民族国家的兴起提供了合法性依据。这类理论主张，政治认同来自每个"臣民"对"君主"直接的个人关系。然而，即便在绝对君主制国家，随着时间的推移，现代的个人

在中世纪欧洲，公民地位由一系列效忠于君主的等级体系决定。该图为英国社会各种"公民"的图像，从上到下、从左至右分别是：
(1)嘉德骑士；(2,3)战士；(4,5)侍从；(6)男性公民；(7)女性公民；(8)艺人；(9)宫廷贵妇；(10)理查三世；(11)苏格兰的玛格丽特；(12)骑士；(13)沃里克伯爵

560

认同也不再只是一种"臣民"的政治地位。商业发展对公民社会中的个人在经济、社会方面产生了越来越大的影响，甚至超过了政治的影响；公民社会的活力还推动了这样一种看法，即公民身份补充并完善了"臣民"的公民认同。从"被动的臣民"到"积极的公民"，对这种变化的重新定义也得益于民族国家中央集权的不断加强，税收常规化就是一个很好的证明。但更为重要的是，在英国、美国和法国，革命性的新共和主义深刻影响了对公民身份的再定义。

作为对绝对君主制的回应，同时也是为宗教宽容与自由而斗争，人民主权论的想法开始出现在各种有关个体政治重要性与完整性的权利理论中。这些个体的权利既包括法律权利，也包括自然权利。英国的有产精英阶层逐渐发展出一种个人的"爱国"政治文化，它反对专制政府，并在17世纪的反君主制革命中达到高潮，随后又在18世纪被逐渐确立。在欧洲启蒙运动中，各式各样的"社会契约"理论赋予了个体一种基本的公民角色，例如从卢梭（1712—1778）充满道德激情的视角看，公民是"主权"政府的个体组成要素；康德（1724—1804）开创性的自由主义与个人主义哲学也反映了这一点。

一张 1919 年的海报，催促移民们尽快成为美国公民。美国国会图书馆

然而，18世纪晚期发生在美国（1776—1783）和法国（1789—1799）的共和主义革命，真正使公民的现代民主内涵首次被写入宪法并加以确立。通过吸收并转化英国的宪政主义，新的美利坚合众国将公民权重新定义为一种受宪法保护的个人基本法律权利。美国法律还日益强调，公民权的本质是意志效忠这一核心观念。美国法律体系虽然继承并借鉴了英国法律体系，但却更加进步和自由，由此也弥补了长久以来公民身份主要是凭出身或血统以获得的局限性。受到美国革命的激励，划时代的法国大革命通过天赋人权理论进一步宣扬了公民精神。此外，法国大革命中独特的反封建因素，也为后来欧洲的公民权观念注入了一种强烈的民族主义情感及对社会、经济平等的隐约向往。

## 民族主义及 20 世纪变迁

法国大革命中的民族主义和平等主义，连同美国宪政主义中的个人权利意识，共同塑造了整个西方世界在19、20世纪绝大部分时间内对公民地位的看法。尤其在欧洲的部分地区，基于民族或风俗之上的认同，定义了各自的公民内涵。这些对公民概念的具体理解与当时占据欧洲主流思想的历史相对论一致，尤其受到了黑格尔的影响。然而与此同时，对平等主义的追求也日渐渗透到对公民的定义中来，尤其是在代议制民主政体扩散和公民法律权利增加的背景下。随着代议制政府数量的增加，投票权成了现代公民权的主要标志。

然而，除了区分公民与非公民造成的不平等——例如有关限制与管理移民的法律制度——现代公民权还默许了一种异乎寻常的内部不平等。在不同国家，诸如性别、民族和宗教信仰等因素，长久以来一直是拒绝赋予部分成年社会成员以完整公民权（包括财产权、投票权在内）的主要理由。甚至更普遍地，根据马克思的理论和其后不断发展的西方马克思主义理论，现代西方资本主义的经济体制普遍确立了一种"资产阶级公民"模式，除却形式上的平等，这种模式导致公民间在物质上深刻的不平等。

## 现代福利国家与自由民主

第二次世界大战后，欧洲各国在建设现代福利国家的进程中，有关公民权概念的理论探索重新活跃起来，例如政治参与理论就开始强调公民权的发展。这方面的建设性成果包括英国社会学家马歇尔（Thomas Humphrey Marshall，1893—1981）于1950年出版的《公民与社会地位》（Citizenship and Social Class）一书。马歇尔描绘了欧洲公民所拥有权利的历史发展脉络，其中公民政治及社会的权利是公民权的最主要构成，它们在法律与政治改革的发展进步中被连续不断地授予公民。从马歇尔颇具影响力的观点看，这种改革的发展进步证实了公民的概念具有一种固有的潜力，它能为实质性平等的普及化和一般化创造条件。

公民的概念始终是自由民主理论家们思考的核心。新康德学派学者如美国的约翰·罗尔斯（John Rawls，1921—2002）以及"批判的"理论家诸如尤尔根·哈贝马斯（Jürgen Habermas，1929—　）引领了当代有关公民问题的充满活力的辩论。自由的"社团主义"理论家如迈克尔·

沃尔泽（Michael Walzer，1935—　）专注于公民的观念，积极呼吁国际舞台上各种离散政治团体的一体化。在如今这个国际舞台上，武装冲突与全球化似乎都在同一类地方发生。

## 复杂性与扩张性

确实，在当代公民含义的各种特征中，没有比复杂性与扩张性这两点更突出的了。例如，在美国、德国这类组织良好的"联邦体系"中，国家与地方政府依据各自不同的地位和延伸的独立利益创造出了"双重公民"。还有一些国家如加拿大、以色列，允许公民自由地持有双重国籍。欧洲一体化的加深凸显了"多国的"和"国际的"利益应当且可能意味着什么，不管是从法律还是文化层面上看。此外，甚至还有一股寻求在理念与程序上推动"世界公民"的新思想潮流。

在一个不断发展的多极化世界里，如此多国家的人口被分为主要民族和其他少数民族，公民可以或者说很有必要是"多元文化的"。公民的概念也可以是跨文化的，譬如在中国，对公民的现代思考就混合了来自西方与日本的影响以及佛教及其他本土传统。还有一个自我矛盾的狭隘的"现代化"案例：一些新独立的非洲南部国家吸收了欧洲父权制公民观念，颁布法律认定妇女不具备行使公民权的能力，而这背离了前殖民地时代当地的性别更为平等的传统。

在现代西方以及整个世界，公民的含义随着法律、政治、经济及社会方面的创新和变化而持续变化着。很显然，公民一直是一种令人向往的身份，也是值得珍惜的理想。在一种不断呼吁政治与社会包容的世界文化下，展望21世纪，公民权作为一个策略性的概念，将在大大小小团体的公共生活中发挥前所未有的重要作用。

进一步阅读书目:

Beiner, R. (Ed.). (1995). *Theorizing Citizenship*. Albany: State University of New York Press.

Bendix, R. (1996). *Nation-building & Citizenship: Studies of Our Changing Social Order*. New Brunswick, NJ: Transaction Publishers.

Cheater, A. P., & Gaidzanwa, R. B. (1996). Citizenship in Neopatrilineal States: Gender and Mobility in Southern Africa. *Journal of Southern African Studies*, *22*(2), 189 – 200.

Cruz-Malave, A., & Manalansan IV, M. F. (Eds.). (2002). *Queer Globalizations: Citizenship and the Afterlife of Colonialism*. New York: New York University Press.

Dean, K. (2003). *Capitalism and Citizenship: The Impossible Partnership*. London: Routledge.

Delgado-Moreira, J. M. (2000). *Multicultural Citizenship of the European Union*. Aldershot, UK: Ashgate.

Eder, K., & Giesen, B. (Eds.). (2001). *European Citizenship between National Legacies and Postnational Projects*. Oxford, UK: Oxford University Press.

Gosewinkel, D. (2001). Citizenship, Historical Development of. In N. J. Smelser & P. B. Baltes (Eds.), *International Encyclopedia of the Social & Behavioral Sciences* (Vol. 3, pp. 1852 – 1857). Amsterdam: Elsevier.

Harris, P. (2002). *The Origins of Modern Citizenship in China*. Asia Pacific Viewpoint, *43*(2), 181 – 203.

Heater, D. (2002). *World Citizenship: Cosmopolitan Thinking and Its Opponents*. London: Continuum.

Lister, R. (2003). *Citizenship: Feminist Perspectives*. New York: New York University Press.

Kymlicka, W. (1995). *Multicultural Citizenship: A Liberal Theory of Minority Rights*. Oxford, UK: Clarendon Press.

Manville, P. B. (1990). *The Origins of Citizenship in Ancient Athens*. Princeton, NJ: Princeton University Press.

Marshall, T. H. (1950). *Citizenship and Social Class, and Other Essays*. Cambridge, UK: Cambridge University Press.

Riesenberg, P. (1992). *Citizenship in the Western Tradition: Plato to Rousseau*. Chapel Hill: University of North Carolina Press.

Sahlins, P. (1994). Fictions of a Catholic France: The Naturalization of Foreigners, 1685 – 1787. *Representations*, *47*, 85 – 110.

Shklar, J. N. (1991). *American Citizenship: The Quest for Inclusion*. Cambridge, MA: Harvard University Press.

Smith, R. M. (1997). *Civic Ideals: Conflicting Visions of Citizenship in U. S. History*. New Haven, CT: Yale University Press.

史蒂芬·康拉德(Stephen A. Conrad) 文

尹建龙 译 俞金尧 校

# Civil Disobedience  非暴力反抗

非暴力反抗基于一定的宗教基础,它渴望践行一种"更高的准则"。如今,"非暴力反抗"这个词用于形容公众以非暴力方式反抗权威的各类行动。这类行动不为个人私利,旨在纠正政府政策、法律中的不公正或权力滥用问题。

564

非暴力反抗是一种对权威有意识的反抗,旨在公开反对政府不公正的、专制的、残酷的、无意义的或不道德的法律或政策。非暴力反抗

基于这样一种信念,即在政治权威之上存在一种"更崇高的责任"或"更高尚的理由"。然而,非暴力反抗并不指代任意一种故意违反政府法

律、政策的行为。像抢劫、偷盗这类旨在为个人谋利并且充满恶意的街头犯罪就不能包括在其中。换句话说，非暴力反抗并非为了追求个人所得，它真正的目的是反抗、纠正那些不公正或错误的事情。

### 定义要素

美国哲学家约翰·罗尔斯（John Rawls）将非暴力反抗定义为"一种公开的、非暴力的、富有责任心，然而却违反法律的政治行动，其目的在于使政府的法律或政策发生改变"。在这个定义中，关键要素是"公开的""非暴力的""故意违法的"以及"具有明确意识的"。

### 一种公开的行为

非暴力反抗所指代的行动具备一种"公开性"的政治属性。对家庭及学校的反抗行为并不能算作非暴力反抗。行动者通过公然宣称对某项法律或习俗的蔑视，表达除非那些滥用权力的行为得到纠正，否则他们将不再拥护政府。除此之外，为了尽可能多地将公众目光吸引到这些不公正或错误的事情上，非暴力反抗者通常热衷于在行动前事先通报并公开地组织活动。

### 一种非暴力行为

非暴力反抗同暗杀、破坏、恐怖主义、暴动、反叛和革命这类"针对政府的暴力"不同。它主张一种在被接受的政治结构内的抵抗，以及一种不失对法律以及其他基本政治制度尊重的违法。非暴力反抗的组织者希望他们的行动是非暴力的，以此确保大多数参与其中的公民确实是富有责任心的、真诚的，同时也确保他们的行为专注于处理那些他们认为不公正或错误的事情。

种族平等大会为纪念在伯明翰爆炸案中丧生的非裔美国儿童而组织的一场游行。华盛顿特区第 16 号街，万灵教堂。美国国会图书馆

> 反抗是自由真正的基础。只知顺从的人注定是奴隶。
>
> ——亨利·大卫·梭罗（Henry David Thoreau，1817—1862）

## 故意违法

非暴力反抗可以采取一两种故意违法的行为来表达对不公正或错误的抗议。直接的非暴力反抗会故意违反他们所反对的某条法律。例如在 20 世纪 50 年代的美国，黑人故意坐在实施种族隔离公交车上的"白人区域"就是个很好的例子。但更为典型的还是一种非直接的非暴力反抗，也就是故意违反一些自身合理性并无疑义的法律，例如一个人并不会因反对判处谋杀罪死刑而去犯下一起谋杀罪，取而代之的是，他可能通过阻断通往行刑地的交通来反对这些被认为是错误的事情。

## 一种意识明确的行为

这一要素从动机上排除了为私人谋利或将恶意情绪作为行动主要动因的情况。例如，印度的甘地（Mohandas Gandhi）用消极抵抗的方式来反对英国在南非及印度的殖民统治。这样的做法使非暴力反抗者遭受了不便、损失、威胁、真正的危险，乃至惩罚。但他们自愿承受这些结果，由此证明他们行动的目的是反抗不正义或错误的事情。

## 政治权威与非暴力反抗

犹太-基督教传统及政治哲学教导人们，在一个政治团体中，人类权威之上还存在着一种更高的原则，当两者发生冲突时，应当优先遵从更高的准则。梭罗、甘地和马丁·路德·金（Martin Luther King Jr.，1929—1968）对非暴力反抗的三条经典论述可以说明政治权威与非暴力反抗之间的关系。

马丁·路德·金，主张将非暴力温和抵抗作为敦促政府同意进行对话以寻找解决方案的途径

梭罗的文章《非暴力反抗》可能是美国人对个人权利所做的最有名的论述之一，它论述如果政府被指控滥用权威，个人就有权采取反抗的行动。这篇文章写作的直接历史背景是美国对墨西哥的战争。为了表达对战争的抗议，梭罗拒绝缴税，这也导致他在监狱里被关了一夜。关于"非暴力反抗"，梭罗认为，是无数的个体而非政府为自由创造了条件。更进一步，社会改革并不是通过政治发生的。梭罗坚持主张社会革新必须始于自我的革新而非政治参与。

甘地是一名印度教领袖及社会改革家，他主张通过不合作和消极抵抗的方式来实现社会、政治变革。他认为，依赖于劝说或指望权威自愿改正他们的不公正行为是无效的。政府对基本人权的违背更加凸显了非暴力反抗的合理性。然而，甘地还认为，个人只有在经过深思熟虑，并且只有那些素质合格的人，才能采取非暴力反抗的方式。为了使自己变得合格，个人必须

> 我认为，如果一个人违背了一项良心告诉他是不公正的法律，并为了唤起社会对不公正法律的良知而甘愿坐牢，那么，这实际上表达了对法律的最高敬意。
>
> ——马丁·路德·金(1929—1968)

养成自愿遵守法律的习惯，那些还没学会奉公守法的人则没有资格反抗法律。

关于非暴力反抗最著名的宣言是美国非裔牧师马丁·路德·金所写的《伯明翰监狱来信》(Letter from the Birmingham Jail)，因拒绝中止一场大规模非暴力反抗运动而被捕后，马丁·路德·金在狱中写了这封信。他呼吁公民为争取一直未赋予黑人的投票权而更多地参与到政治活动中来。马丁·路德·金认为，非暴力反抗以识别政治权威为前提，他还将非暴力反抗理解为一种敦促政府以对话方式达成解决方案的危机强化策略。

## 当代问题

非暴力反抗的历史传统存在于宗教道德中。这种行为产生于个人对来自"更高律法"之指令的忠诚。然而，尽管受到宗教道德激励的非暴力反抗传统还未消失，但如今宗教已不再是最主要根源了。现代对非暴力反抗的讨论，通常发生在反对公认合理的宪法、民主议会和有效法律的大背景下。从事于抵抗行动的公民提出了各种基于他们社会成员属性的要求。

进一步阅读书目：

Anderson, C. (Ed.). (1973). *Thoreau's Vision: The Major Essays*. Englewood Cliffs, NJ: Prentice-Hall.

Bass, S. J. (2001). *Blessed are the Peacemakers: Martin Luther King Jr., Eight White Religious Leaders, and the "Letter from the Birmingham Jail"*. Baton Rouge: Louisiana State University Press.

Bleiker, R. (2000). *Popular Dissent, Human Agency, and Global Politics*. Cambridge, UK: Cambridge University Press.

Cohen, C. (1971). *Civil Disobedience: Conscience, Tactics, and the Law*. New York: Columbia University Press.

Crawford, C. (Ed.). (1973). *Civil Disobedience: A Casebook*. New York: Thomas Y. Crowell.

Feinberg, J. (1992). *Freedom and Fulfillment: Philosophical Essays*. Princeton, NJ: Princeton University Press.

Fischer, L. (1983). *The Essential Gandhi: His Life, Work, and Ideas: An Anthology*. New York: Vintage Books.

Gans, C. (1992). *Philosophical Anarchism and Political Disobedience*. Cambridge, UK: Cambridge University Press.

Goldwin, R. (Ed.). (1970). *On Civil disobedience: American Essays Old and New*. Chicago: Rand McNally.

Hasksar, V. (1986). *Civil Disobedience, Threats, and Offers: Gandhi and Rawls*. Delhi: Oxford University Press.

Luedtke, L. (Ed.). (1992). *Making America: The Society and Culture of the United States*. Chapel Hill: University of North Carolina Press.

Rawls, J. (1971). *A Theory of Justice*. Cambridge, MA: Harvard University Press.

Smith, M., & Deutsch, K. (Eds.). (1972). *Political Obligation and Civil Disobedience: Readings*. New York: Free Press.

Soley, L. (1999). *Free Radio: Electronic Civil Disobedience*. Boulder, CO: Westview Press.

Thomas, O. (Ed.). (1966). *Walden and Civil Disobedience: Henry David Thoreau*. New York: Norton.

Tolstoy, L. (1987). *Writings on Civil Disobedience and Nonviolence*. Santa Cruz, CA: New Society.

Villa-Vicencio, C. (1990). *Civil Disobedience and Beyond: Law, Resistance, and Religion in South Africa*. Grand Rapids, MI: Eerdmans.

Weber, D. R. (1978). *Civil Disobedience in America: A Documentary History*. Ithaca, NY: Cornell University Press.

Zashin, E. (1972). *Civil Disobedience and Democracy*. New York: Free Press.

帕特丽夏·艾瑞克森(Patricia E. Erickson) 文

尹建龙 译　俞金尧 校

# Civilization, Barbarism, and Savagery　文明、野蛮和蒙昧

英国维多利亚时代的人类学家普遍使用"蒙昧""野蛮"和"文明"这几个词来描述人类社会从最原始阶段向最先进阶段的发展过程。然而，这种区分强化了一度贯穿于历史的恐外情绪，为针对不同文化的敌对行为提供了借口。

"文明""野蛮"和"蒙昧"是三个影响巨大的概念。尽管表示这些概念的词汇随着时间的变化而不同，但至少从 18 世纪开始，这三个词就在人类科学中扮演了重要角色。与此同时，"文明""野蛮"和"蒙昧"的概念在各类帝国主义意识形态、剥削和种族屠杀中也发挥着核心作用。最终，世界史学者及其他社会理论家必须问一问，对文明、野蛮和蒙昧三个词在学术上的使用能否不受这些社会政治用法及结果的影响。或者如法国人类学家克劳德·列维–斯特劳斯（Claude Lévi-Strauss，1908—2009）所言，用一种想象成具有野蛮和蒙昧特征的方式去对待他者，从这一意义上说，坚称文明与野蛮、蒙昧是截然对立的做法，本身是否正是野蛮、蒙昧的表现呢？

## 人类学出现之前

文明这个词，作为对人类有史以来各种成就的统称，在 18 世纪下半叶之前尚未出现。18 世纪下半叶，人类历史的进步观念增强了人们的信心，文明这个词同时在法国和苏格兰的知识传统中出现。然而，在此前的数个世纪，源于拉丁语的"文明"（civilitas）一词经常同野蛮和（或）蒙昧（以及它们的语法变形）同时使用，这些词的使用是为了将评论者自己组织良好的社会同其他文明程度相对低等的生活方式区分开来。正如所揭示的那样，在这些词最初明白无误的使用中，人们发现了把自我与他者的区别与"高等民族"对"低等民族"的区别不断重合的

过程。

尽管野蛮、蒙昧被看作文明的对立面，但这两个表示低等的词语在这种对比之外有着截然不同的起源。在古代希腊，"野蛮人"（Barbarian）一词指代那些缺乏清晰谈吐的民族。另一方面，蒙昧一词源于拉丁语的"sylva"（树木），特指那些生活在树林中的人，这些人的生活习惯同城市中的"文明"社会形成鲜明对照。然而语源学即便是真实可考的，也只有当人们知道词语的出处时才具有社会意义。语源学不会自动得到一个词的含义。在维多利亚时期的人类学家明确了蒙昧（人类发展的最早阶段）与野蛮（蒙昧时代之后的阶段）之区别前的几个世纪里，这些词可以互换使用，它们在"起源"上的差异并没有产生影响。然而，在维多利亚时代之前，"起源"似乎的确塑造了这些词语使用的总体模式；维多利亚时代的人类学家最终将这些词语限定于描述人类发展的相继阶段。在约 1500 年至维多利亚时代这个"欧洲扩张"的世纪里，人们更容易在海外而非基督教王国的欧亚边缘遇到那些生活在森林与丛林中的民族。与此相伴，蒙昧比野蛮一词更紧密地同那些生活在有待"探索""发现"土地上的民族联系起来，特别是在非洲及北美。如此一来，蒙昧渐渐成为与文明社会更极端的对比。最后，应该注意的是——考虑到极少有生活在美国的白人意识到这个事实——在美洲历史上的许多时候，蒙昧一词与描述黑人的"nigger"一词有着相似的表现力与重要意义。

然而，我们也应该知道，在现代早期，几乎从

欧洲对外的"发现""探险"进程发端之时开始,就有人对用野蛮和蒙昧来形容他者表达了强烈的反对。例如在 1550 年,西班牙神父巴托洛梅·德·拉斯·卡萨斯(Bartolomé de Las Casas,1474—1566)就攻击法学家胡安·金尼斯·德·赛普尔维达(Juan Ginés de Sepulveda)有关印第安人是"野蛮人"的言论,尽管卡萨斯著名的辩护词是建立在一种系统性的盲目上,他无视阿兹特克社会同"文明的"基督教世界的诸多不同。此外,从同化主义者(assimilationist)的视角来看,卡萨斯也勉强承认,就宗教而言印度人是"野蛮人",因为他们不信仰基督教。然而 30多年后,法国作家蒙田(Michel de Montaigne,1533—1592)对从概念上区分"文明"与"非文明"的做法提出了更为激烈的批判。在文章《论食人者》(On Cannibals,1580)中,蒙田写道:"我发现我在这个国家所能得到、期待的一切事物中没有任何称得上野蛮、蒙昧的东西,人人都将'野蛮'的标签贴在非本国的事物上。"蒙田的文章反映了对以欧洲为中心的文明优越论的斗争并非我们这个时代的发明,它甚至在我们今天熟知的"欧洲"形成之前就已经出现了。

## 维多利亚时代的人类学

19 世纪的最后几十年,在维多利亚时代社会进化人类学的经典著作中,我们看到,人们竭力将"文明""野蛮"和"蒙昧"等词在一种正式、客观的科学话语中用固定术语提出来。这一寻求科学化的例子预示着"科学种族主义"的诞生。在维多利亚时代的人类学中,"蒙昧"和"野蛮"被看作社会演进的相继阶段而区分开来。这反映出人们越来越多、越来越广泛地将时间作为一个习语,用以区分不同时期人类社会的变化。19世纪 50 年代末 60 年代初兴起的"人类时间的革命"推动了这一做法。对时间的新理解提出,人类最初出现的时间远早于有文字记载的约 6 000年前。与之相应,被记录下来的时期只是整部人类历史中很微小的一部分。在这种新的知识背景下,维多利亚时代的人类学家将既有的"蒙昧者"和"野蛮人"的概念扩展到新发现的史前时期——也就是有文字记载的人类历史之前不懂书写的人类生活时期——以支持学者们精心设计的、用于描述文明降临前人类社会进化的一般阶段模型。

在人类学领域,美国学者博厄斯(Franz Boas,1858—1942)及他的学生们重新审视"他者"与史前史的组合以及由此产生的各种知识。他们提出,社会变化的轨迹非常复杂,并不像维多利亚时代的社会进化人类学所提出的那样,是沿着一条单一或普遍的路径前进的。此外,当代世界中欧洲之外的社会也并不等同于欧洲社会的早期阶段,它们在今天呈现出的样貌是过去不同轨迹的发展结果,反映了自己独特的文化价值。人类社会的多样性不能被描绘成一条单一的社会演化路径,相反,它展现出了无尽的可能性。

语言为博厄斯团队的研究提供了关键证明。通过仔细分析无数种非欧洲语言,博厄斯团队得出结论,以沟通的有效性和概念性抽象为评判标准,世界上现存的所有语言都同等地"进化"了。语言的差异的确存在,甚至不通过人种志研究都无法想象这种差异究竟有多大。然而不同语言并不能有效、客观地分出高低顺序。总结起来,认为其他民族缺乏可被理解的交流或其他民族都是"野蛮人"的观点,都是种族优越论的幻想——正如蒙田指出的那样。

博厄斯团队的批评使文化-社会人类学急速转向社会进化模型的对立面。此外,通过大学教育和他们公开出版的一些著作,博厄斯团队的成员在更广阔的人群范围中培养了一种相当的自觉意识,即认为其他民族注定是野人、野蛮人的观念正是民族主义的表现。然而,也很有必要认识到,博厄斯团队对社会进化理论的批判工艾伦的文明法则：最好的办法就是将"文明"一词冲入下水道，让其永远不得翻身。

——保罗·迪金森（Paul Dickson，1939—　）

作尚未完成。表现之一就是他们用来替代野人、野蛮人的词语主要是"原始人"（*primitives*），这个词以一种社会进化论的视角看待人类学事业：它大言不惭地指向一个相当久远的过去，并将简朴、欠发达一概归因于时间上的过早。通过这种方式，它更像是对维多利亚时代人类学中的蒙昧、野蛮这些词做了一个简单的"卫生处理"，而非真正地正本清源。此外，在评估这类词语使用的转变时，我们常常忽略了：如果使用一个新词来指代之前用旧词语描述的同一类事物——就像人们用原始人来指代先前被称作野人/野蛮人的那类人时——我们仍然没有触及潜在的类型差异，在这个例子中就是文明的与前文明的差异。换句话说，当我们复制某类参考模式时，我们也在复制同类的语言及思想。

## 作为一门学科的历史学

尽管来自博厄斯团队的批评相当程度上打击了社会进化论思想对人类学的影响，但这种思想改头换面，在学术界内外仍有影响。学科化的历史学就是其中最主要的代表。尽管在19世纪60年代，新编年学将有文字记载的历史看作整个人类史上的一个短暂时期，并由此确立了一种新颖的历史含义，但19世纪晚期的历史学家们仍然固执地忽视这种对人类时间的新理解。如此一来，在历史学的学术科研领域，历史学既没有受到拒绝《圣经》权威并强调文明、野蛮和蒙昧模型的人类学理论的影响，也没有受到达尔文物种进化论的深刻影响。在20世纪头10年，美国"新史学"的阐述者詹姆斯·哈维·罗宾逊（James Harvey Robinson，1863—1936）改变了这种状况。在罗宾逊的著作中，长时段的编年史是他持续关注的中心。对他而言，年表学提供了一种优势与衡量尺度，它简化了大量历史细节并由此凸显人类发展的总体路径——那正是"文明的创建"。

罗宾逊对长时段编年史的热衷促使他将社会进化理论引入他的"新史学"中，在他为1929年版《大不列颠百科全书》编写的"文明"条目中尤其反映了这一点。罗宾逊绕过与他在哥伦比亚大学共事23年的同事博厄斯的研究成果，转而支持那些"人类学家"提出的"塔斯马尼亚人、澳大利亚人、因纽特人等"同"尼安德特人种"（Neanderthal race）间有着"精妙的相似性"的看法。

与此相应的是，"文明超越了民族国家"成为20世纪美国本科教育中最突出的历史分析基本单位，而罗宾逊正是引领这一复杂进程的核心人物。20世纪20—30年代早期，首先是罗宾逊的学生，连同一小批深受其影响的历史学家，介绍并很快确立了西方文明的标准研究范式。在这种背景下，课程的革新者们不仅吸收了罗宾逊的观点，甚至更直接地从他在哥伦比亚大学讲授的研究生课程上获益良多。西方文明同罗宾逊"新史学"的相互辉映，不仅表现在对长时段编年史的重视上，也反映在它将历史看作文明脱离并领先于其他原始民族的过程。

然而也有必要指出，尽管有关西方文明的历史叙述深受社会进化论的影响，但它也推动了一股世界主义思潮及世界观。通过将"西方"强调为一个文明区域，大学里讲授的西方文明课程鼓励其受众们（美国本科生）超越"国家"的地方性局限，这与中等教育的历史教学中更为偏狭的爱国主义形成了鲜明对比。同样地，西方文明的叙述指出，西方文明从整个欧洲范围内吸收着各种资源。如此一来，它向20世纪二三十年代的移民儿童描绘了一个友好的童话：这些儿童使美国大学校园的学生主体变得越来越多元化，补充并且很快在数量上超过了已有的新教精英家庭的儿童。最后，在西方文明的叙述中，文明程度与其说是由出身决定的，不如说是由知识传播手段——如正规教育和学校教育决定的。西方文明因而提供了一种历史叙述，即反

571

对先赋地位的观念,肯定后天奋斗成功的理想体系。总而言之,尽管西方文明总是以欧洲为中心(通过将西方定义为文明构建的主要地区及代理人),但在全盛期时,它在许多重要方面同样是"世界主义的"与"进步的"。

具有讽刺意味的是,在维多利亚时代的人类学研究中,社会进化理论一直被认为是精确的理论,而这恰好为博厄斯团队的批判性检验创造了重要条件。随着社会进化理论向历史维度发展,自罗宾逊时代至今,越来越少见真正富有批判性的检验。这部分是由于社会进化论更多是作为一种内在框架而非明确的理论被引入历史学中。此外,虽然在大学教育中将西方文明作为主要的通识课程,但大部分历史学家在他们的学术研究及其他高级课程中,仍只专注于一个极短的历史时期。在这种情况下,他们驳斥、但却从未明确地检验或批判西方文明的社会进化观。然而,忽视历史学研究所涉及的地理范围将是一个很大的错误。同样也需要注意,历史学知识的组织构成深受文明与前文明区分的影响。

相较于这些占据主流的搪塞做法,一个显著的例外出现在非洲史研究领域,以史蒂芬·费尔曼(Steven Feierman)的《非洲诸历史与世界史的瓦解》(*African Histories and the Dissolution of World History*,1993)为代表。费尔曼在他的文章中攻击了"文明"这一特殊的概念。他认为,文

明包含着历史学家及其他社会理论家所宣称的"各种要素的复合",是它们相互作用的产物。这些要素包括:政治与经济等级、城镇、商业与交往、书写、耕种、高密度的人口与历史动力;但当我们将研究扩展到非洲历史时,我们发现了大量这种"相互联系但不起作用"的例子,由此也失去了继续将这些要素作为展现人类社会构成与指标的基础。正如费尔曼总结的那样:"如果将其看作一张检查清单,这些要素不具备任何解释性意义。"

此外,如果我们顽固地坚持文明是一种"复合物"并据此来理解非洲历史,就会忽略并误解一些相当不同的联系。举例来说,费尔曼研究了17世纪的刚果贸易——来自多达 4 000 头大象的象牙和重达 36 吨的铜(年均水平)。支撑这些贸易往来的并非所谓的"国家",而是一种分散的"治疗联盟"或"苦难的鼓声"。最终的结论就是,当我们考察非洲的诸种历史时,我们感到文明的概念难以适用,这也足以表明,这一概念缺乏普遍适用性与有效性。

572

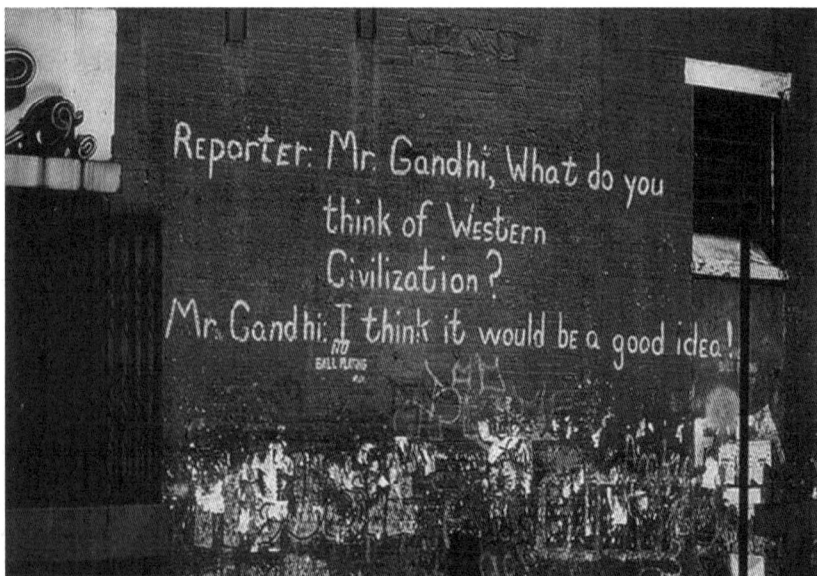

REPORTER: Mr. Gandhi, What do you think of Western Civilization?
Mr. Gandhi: I think it would be a good idea!

这张流行的、印刷量很大的明信片——写在墙壁上的语句是甘地和一名记者的对话,对话传达的意思具有深远影响——证实了我们这个世界对使用"文明"一词的批判意识,尤其是把该词与西方等同起来

## 文明在当代政治中的使用

文化-社会人类学与非洲诸历史的研究都在质疑文明/前文明这种二分法的连贯性。此外，这两个领域都用文本阐述了对这种区分的不断使用其实是为了支持一些打着"现代化"和"进步"幌子的野蛮计划。尽管如此，这种区分依然有效，并且在一些新保守主义运动中被领导者狂热地加以运用；尤其是在美国，20 世纪 60 年代后，新保守主义运动产生了巨大影响。

例如，美国总统乔治·布什（George W. Bush，2001—2009 年在任）领导期间就不断描绘一幅"文明"与"野蛮"的斗争图景。他以此论证，美国只能通过战争而非和平手段来回击2001 年 9 月 11 日的暴力袭击（"9·11"事件）以及其他恐怖活动。然而，批评者们认为，这种修辞上的妖魔化影响了对滋生伊斯兰激进主义和全球恐怖主义的主要因素的认识，这些因素包括：（1）因全球政治机构和消费资源分配不均而在各社会引起的广泛绝望感；（2）包括冷战时期遗留下来的大规模杀伤性武器在内的全球武器贸易；（3）美国政府对以色列镇压巴勒斯坦人政策的支持引发的来自伊斯兰世界的怨恨。批评者认为，布什政府消灭"野蛮人"的政策目标并没有消除这些导致恐怖主义的根源。

进入 21 世纪以后，在针对是否支持同性婚姻的大争论中，新保守主义也运用文明这一概念作为斗争的工具。譬如在 2004 年 2 月，乔治·布什总统支持提出了一份美国宪法修正案草案，其内容是将婚姻限定于异性结合。他认为，如同被"千万人的经验"所证实的那样，异性婚姻是"文明制度中最根本的基石"（截至 2010年，最近一次对该修正案的表决是在 2006 年；在就提案进行表决的众议院中，该案未获得足够多的票数；在参议院仅就中止辩论该议案进行了表决，该案也未获批准）。作为回应，继承了博厄斯学术遗产的美国人类学联合会通过了一项"婚姻与家庭宣言"，指出人类学研究中没有任何证据支持布什的言论。

当代关于人类的知识足以对文明和前文明进行划分，有很多、或许是绝大多数世界史学家都会质疑，如果少了这个概念，研究该如何继续。未来可能还会有更多相关的关注与改革，但这些都不会动摇文明的特殊地位。然而对其他人来说，有关文明的知识记录和社会政治记录都十分灰暗冷酷。至少，我们已经进入了这样一个时代：不管如何委婉地表述，"文明""野蛮"和"蒙昧"这些概念的使用应当告一段落了。

573

进一步阅读书目：

American Anthropological Association. (2004). Statement on Marriage and the Family. Retrieved August 6, 2004, from http://www.aaanet.org/press/ma_stmt_marriage.htm

Benedict, R. (1934). *Patterns of Culture*. Boston: Houghton Mifflin.

Boas, F. (1889). On Alternating Sounds. In *The Shaping of American Anthropology: A Franz Boas Reader* (G. Stocking, Ed.). New York, NY: Basic Books.

Chakrabarty, D. (2000). *Provincializing Europe: Postcolonial Thought and Historical Difference*. Princeton, NJ: Princeton University Press.

Feierman, S. (1993). *African Histories and the Dissolution of World History*. In R. Bates, V. Y. Mudimbe, & J. F. O'Barr (Eds.), *Africa and the Disciplines*. Durham, NC: Duke University Press.

Levi-Strauss, C. (1958). *Race and History*. Paris: UNESCO.

Mondani, M. (2004). *Good Muslim, Bad Muslim: America, the Cold War, and the Roots of Terror*. New York: Pantheon.

Montaigne, M. (1958). *Complete Essays* (D. M. Frame, Trans.). Stanford, CA: Stanford University Press.

Morgan, L. H. (1877). *Ancient Society: Or, Researches in the Line of Human Progress from Savagery through Barbarism to Civilization*. Chicago: C. H. Kerr.

Robinson, J. H. (1912). *The New History*. New York: Macmillan.

Robinson, J. H. (1929). Civilization. In *The Encyclopedia Britannica*. London: Encyclopedia Britannica.

Ross, D. (2001). Progress: History of the Concept. In *International Encyclopedia of the Social and Behavioral Sciences*. Amsterdam: Elsevier.

Stocking, G. (1968). *Race, Culture, and Evolution: Essays in the History of Anthropology*. New York: Free Press.

Stocking, G. (1987). *Victorian Anthropology*. New York: Free Press.

Trautmann, T. (1987). *Lewis Henry Morgan and the Invention of Kinship*. Berkeley and Los Angeles: University of California Press.

丹尼尔·西格尔(Daniel A. Segal) 文

尹建龙 译　俞金尧 校

# Climate Change　气候变化

574　　历史上全球气温的波动一般伴随着海平面的变化与天气类型的改变,这会造成大规模的人口迁移、饥馑、瘟疫,甚至是文明的兴衰。全球气温冷暖的变化,受到海洋与大气层之间能量交换的影响,也受到化石能源的燃烧排放和太阳能的影响。

许多世界历史学者通过研究气候的变化来揭示地球的历史,自然科学家们则直接关注导致长期气候变化的原因,这些原因包括海洋与大气层之间能量的交换、化石能源的燃烧排放和太阳能。随着 1860 年以来全球气温的升高,当时的气象学家预测 20 世纪全球气温将提高 2℃。极地冰盖的消失为全球变暖提供了证据——自 20 世纪 70 年代以来,极地冰盖以每 10 年减少 3%～4% 的速度消失。受此影响,从 1900 年以来,海平面上升的速度不断提高。极地冰原的缩小和海平面的上升侵蚀了海岸,影响了多种植物、动物和微生物的迁徙传播。根据联合国政府间气候变化专门委员会(IPCC)发布的报告《气候变化 2007》(*Climate Change 2007*):"全球气候的变暖趋势明显,观察检测已经证实全球大气和海洋的温度升高,积雪和冰盖融化,海平面上升。"在全球变暖的阶段,北半球高纬度地区的苔原带有可能被森林取代,变得适合于农业耕作。然而,全球变暖将对生活于热带和中纬度沿海地区的数亿居民带来灭顶之灾,这些略高于海平面甚至低于海平面的陆地将被上涨的海水淹没。

气候的波动和变化非常剧烈,能够在 1 个世纪甚或更短的时间内,从温暖、温和、间冰期转换到寒冷、极寒、冰河期。大概在公元前 9500 年左右,全球范围内的冰河纪终结,并逐渐开始变暖,延续到今天。全球气温的升高,导致了海平面的上升,这是过去 4 万年里最显著的气候变化现象。发生在公元前 7500 年的气温上升使消融的冰川水重新注满了黑海盆地,《圣经·旧约》上关于大洪水的记载可能就是指这次自然灾难。尽管人类有关气候变化的认识仍然存在许多空白,但科学家们通过关注研究导致气候变化的触发因素,对这一问题的认识日渐清晰。

### 大西洋环流与能量转换

作为地球上的热量传输系统，海洋吸收了大量的太阳能。气温升高导致大量消融后的冰川淡水注入海洋，海水的含盐量下降，进而影响洋流。高盐分海水的减少影响了将热带温暖海水穿过赤道输往北极的"大西洋深层海水大环流"系统。这些温暖的海水形成湾流，使北美的新英格兰沿岸地区和不列颠群岛享受到温暖湿润的气候。如果没有北大西洋暖流，这些地区的气温将下降，土地也将变成冻土。

气温的迅速升高导致冰川淡水大量汇入海洋，降低了海水的含盐量和海水的密度，这在一定程度上能够降低甚至阻止大洋环流的速度。

根据气候模型的试验，这些被称为"巨型热泵"的大洋环流速度的降低或者消失，导致了北半球气温的下降，过去 10 万年间地球气候的巨变，大多与此因素有关。

### 厄尔尼诺现象

在过去 40 年中，北大西洋的海水含盐量不断下降。科学界长期以来未能关注到气候变化与北大西洋洋流变化的相互关系。为弥补这一缺憾，科学界开始关注另一气候现象，通过对太平洋的热带地区及其厄尔尼诺现象和北大西洋洋流的综合对比研究，能发现海洋对全球气候变化的影响。

作为地球上最大的海洋，太平洋的面积为

污水的流入是对美国沿海地区海洋水质的最大威胁，而化石燃料排放则是影响长期气候变化的最重要因素。美国国家海洋和大气总署（National Oceanic and Atmospheric Administration）

1.81亿平方千米，且在赤道地区的延展面最宽，接受了大量的太阳能，并将其转化为热能，通过洋流和风将这些热能分散到全球。在某些年份，由于某些未知的原因，太平洋地区的大气和海水温度会提高很多。这些未知的原因可能包括太阳黑子的活动、大西洋环流的影响、海水吸收了过多化石燃料燃放的二氧化碳等气体。

一些气象学家认为，这些反常现象可能会减少南美地区的低温海水向温暖的太平洋海盆地区的补给量，从而诱发厄尔尼诺现象，将太平洋表层低温海水吹向亚洲地区的季风减弱，而将太平洋海盆地区温暖海水吹向美洲的季风增强，导致赤道地区和美洲的太平洋沿岸地区降雨增多，气温提高，影响的地域从南美洲的秘鲁向北延伸到美国西海岸。随着西风的增强，降雨影响范围从美洲扩展到欧洲和俄罗斯平原地区。与此同时，印度、中国、印度尼西亚和非洲则备受干旱的煎熬。

厄尔尼诺现象对全球热量与降雨分配的影响已经广为人知，但太平洋与大西洋两大区域对气候变化影响的相互关系仍然有待研究。海水温度与盐分高低对大洋环流有影响。实际上，北大西洋的底层低温海水会涌入太平洋的赤道地区，从而降低当地海水的温度和大气温度，从而削弱厄尔尼诺的灾难性影响。但如果大西洋低温海水的这种环流削弱或者停止，目前还没有发现有其他能遏制厄尔尼诺现象影响的自然因素。

## 厄尔尼诺现象对世界历史的影响

在1500年西班牙人征服印加人之前，秘鲁北部沿海地区居住着具有高度文明的土著农民和渔民。这些被称为"莫希人"的土著居民建造了美洲金字塔，拥有高超的制陶工艺，制作了各种精美的黄金饰品以庆祝其信仰和物质成就。今天，仍然存世的运河体系和砖石建筑见证了土著文明的发达。今天，通过对河床、沿海潟湖等地的沉积物质以及化石的研究，发现当地文明深受厄尔尼诺现象的影响。洪水或干旱迫使莫希人放弃原来的定居点四处迁徙。因海水过热而产生的超级厄尔尼诺现象使得洋流和气流的循环速度加快，大气温度升高，气候变得湿润多雨。

到1100年左右，超级厄尔尼诺现象减弱，气温降低，小冰河纪开始。由于搅动热带海水的

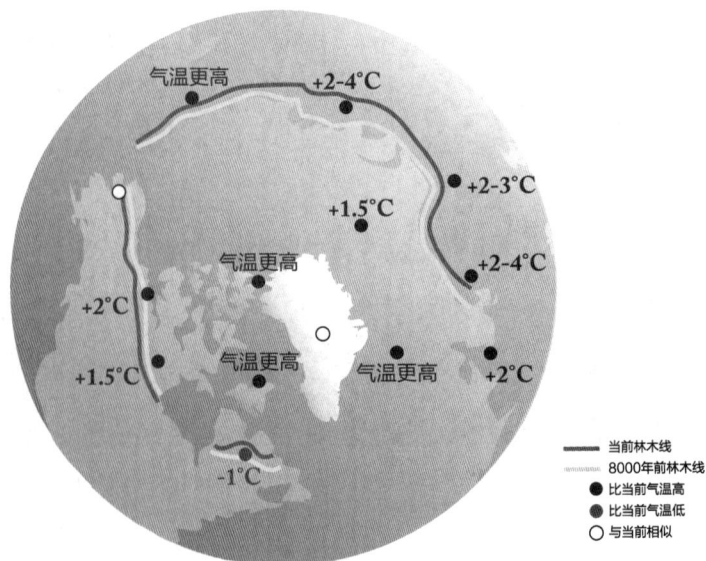

地球极地环境（6 000年前，夏季）

厄尔尼诺现象图：显示太平洋的能量系统恢复稳定的卫星图片，1998 年 7 月 11 日。美国国家航空和宇宙航行局

转换能力减弱，700 年，秘鲁北部地区经受了最后一场超级厄尔尼诺现象的影响。在西班牙人征服南美洲之前的时代，同历史上其他的气候变化一样，厄尔尼诺现象的变化在当地土著居民中导致了大规模的政治与文化震荡。沿海地区洪灾频繁，安第斯山东部则持久干旱，这迫使当地居民不断地迁徙和动荡，改变原来的生活生产方式以适应新的气候环境。

## 近来的厄尔尼诺现象

到 20 世纪 80 年代，人们才开始意识到厄尔尼诺现象对全球气候的影响，从而开始研究历史上的厄尔尼诺现象。20 世纪 80 年代全球持续的干旱，迫使巴西东北部的农民背井离乡，也导致非洲撒哈拉沙漠边缘地区发生政治骚乱。而粮食歉收和食品短缺成为印度、中国和日本的常见现象。厄尔尼诺现象让人们明确无误地认识到了全球气候系统对生物界、历史发展、区域气候类型的直接影响。

1982—1983 年的厄尔尼诺现象，让人们从理论和现实上都认识到了全球大洋特别是印度洋、太平洋、大西洋的海水，通过吸收太阳能加热海水以及通过向大气释放能量降低海水温度这一过程对全球气候所产生的巨大影响。厄尔尼诺现象带来的灾难性影响让人们意识到海洋所吸收的能量已经达到需要释放的极点，通过这种方式将使全球气候系统重新实现均衡。

科学家们已经确定了影响全球气候变化的三大因素：海洋与大气的能量交换、化石燃料的排放、太阳能。然而关于其成因和效果还需进一步研究。太阳能会发生周期性变化，太阳能的高强度周期为 11 年，而低强度周期为 3 年半。尽管气候变化周期与太阳能强度周期的联系还有待研究，但许多科学家认为厄尔尼诺现象一般发生在太阳能高强度周期内。最后，现有的研究成果也无法断定近年来太平洋海水温度的升高与大气污染之间的联系。当前，人们对厄尔尼诺现象的了解仍然处于初级阶段，这也激发了自然科学家与历史学家深入研究这一课题的兴趣与热情。

## 化石燃料排放的影响

全球气温的升高增加了空气中水蒸气的含量，随着越来越多温暖的海水蒸发进入大气层，必然导致全球降雨量的增加。燃烧煤炭、石油和天然气以释放数百万年来累积在这些化石燃料中的能量，导致了另外一种温室气体——二氧化碳在大气层中的浓度提高。化石燃料的排放主要来自下列 3 种活动：发电，交通，民居或商业、公共建筑的供暖或制冷。其中发电所产生的二氧化碳排放量占全部排放量的 41%。在工业化阶段，化石燃料的燃烧和森林的消失，导致大气层中二氧化碳的浓度提高了 25%。在过去的 100 年中,全球的原始森林和未开垦土地中的 40%～50% 被开发利用,转化为耕地、商业或居民建筑用地,而在此之前,这些地区通过光合作用消耗了全球大部分的二氧化碳气体。除二氧化碳外,大量使用化石燃料还使得大气层中吸热能力更强的温室气体甲烷($CH_4$)和氯氟烃(CFCs)的浓度提高,从而对大气温度产生影响。1850—2000 年间,人类共向大气层中排放了 1.7 万亿吨二氧化碳,其中大约有 40% 的二氧化碳仍然存在于大气层中,并且以每年 0.5% 的速度增长。大气层中二氧化碳分子的寿命是 100 年,这意味着从 1927 年消费者购买第一台福特 T 型汽车开始,所有交通工具所产生的二氧化碳,在 21 世纪 20 年代都仍然存留在大气层中。

由于极地大气层中缺乏水蒸气,全球变暖的影响对寒带地区比对温带和热带地区更为明显。在寒带干燥寒冷的空气中,二氧化碳是最重要的温室气体。但在温带和热带,作为能够实现热量转换的气体,水蒸气的作用更为明显。全球变暖的分布很不均衡,因此二氧化碳气体对全球变暖的作用还存在很多争论。

在当前的温暖气候环境下,二氧化碳的物理特性能带来更多的降水,提高大气和海洋的温度,促进云层的增多与风速的提高。二氧化碳对生物圈的影响更为显著,能让温带和热带地区生物的生长周期更长。干旱和半干旱地区的降水量将提高,从而为全球迅速增长的人口——到 2050 年将达到 90 亿～120 亿——提供粮食储备。然而,人口增长对全球气候环境的影响仍然有待研究。

## 太阳能的作用

还有两大力量对全球气候系统产生影响。

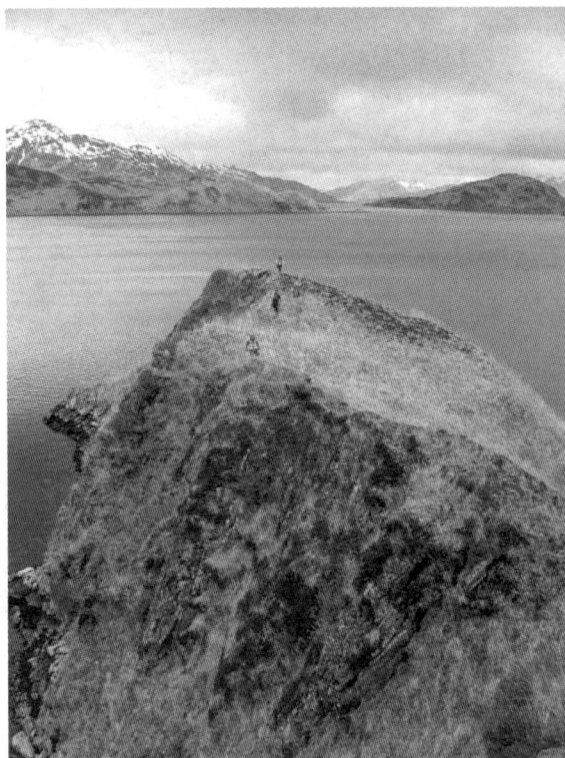

由于气候的变化,自 1900 年以来海平面不断上升,且在过去 50 年中上升的速度加快。图中人物为对海岸线进行大地测量的美国国家海洋和大气总署的研究者。美国国家海洋和大气总署

其中一种是经常在科技文学作品中提到,但最近受到挑战的“米兰科维奇解释”(the Milankovitch explanation)。南斯拉夫天文学家米兰科维奇(Milutin Milankovitch)认为,地球的特殊公转轨道形成了为期 10 万年的全球气候变化周期。这种理论认为在 10 万年内地球会完成冰期与间冰期的周期性转换。在此长周期内,另外一个时限为 4.1 万年的周期控制着地球高纬度地区接收太阳能量的多少,这是由地轴倾斜度造成的。另外一个由于地球围绕地轴的“摆动”而形成的较短周期为每 2.3 万年(或者 1.9 万年)发生一次,与低纬度和赤道地区所接收的太阳辐射量有关。米兰科维奇认为,在过去的 80 万年间,地球经历了 8 次完整的冰期与间冰期的周期转换。在长达 9 万年的冰河纪后,紧接着是长达 1 万年的温暖时期。因此,当前人类正

579

经历的间冰期即将结束。

由于米兰科维奇的理论仅仅能解释到达地球的太阳能中 0.1% 份额的变化，因此，许多气候学家试图寻找推动气候变化的更主要因素。他们认为太阳能量的波动与太阳黑子的活动周期有关。据此，他们将地球过去 72 万年的历史划分为 8 个周期，每个周期为 9 万年，其中在冰河纪地球接收的太阳能减少 0.3%，而在温暖时期接收的太阳能增加 0.3%。考虑到地球历史上的剧烈变化以及人类对地球的物理特性和生物特性仍然存在很多未知领域，任何对未来全球气候系统变化的预测都是虚幻的。

## 气候变化对世界历史的影响

上次冰河纪发生在前 33000—前 26000 年间，其中有一个短暂的温暖期，这促使现代智人走出非洲和亚洲西南部的发源地，迁徙扩散到全球。其中一批现代智人迁徙到欧洲，取代了当地的尼安德特人。在上涨的海平面淹没连接西伯利亚和北美洲阿拉斯加的白令海峡冰桥之前，一批又一批亚洲人在追逐猎物的过程中来到了美洲，繁衍生息。这一过程应当发生在前 32000—前 11000 年之间。

大约前 13000 年后，全球气温上升，格陵兰岛当时的气温与现在相差无几。但此后又发生了两次小冰河期，分别是在前 12100 年前后的"老仙女木冰期"（the Older Dryas）和 10800 年前后的"新仙女木冰期"（the Younger Dryas）。仙女木是在冰河纪时期生长在欧洲的一种极地植物。研究证据显示，前 12700 年大洋暖流未能环流到北半球，而新仙女木冰期的开始也证明了在冰河纪结束后北极冰盖的融化导致大量冰冷海水注入北大西洋，从而延缓或者阻止了大洋暖流的环流，这使得北半球的温带地区进入了长达 1 300 年的小冰河期。整个不列颠岛变成了永久冻土地带，夏季最高气温不超过 32℃，

冬季气温低于 - 10℃。连伊比利亚半岛海岸上都漂浮着冰山。同一时期的亚洲、非洲和北美洲的中部则经受了长期干旱。这一切的气候变化都是由北大西洋暖流的环流速度变慢而引起的。

## 气候的变化对印欧文明的影响

在温暖时期间歇发生的小冰河期，对世界历史进程产生了重要影响。由于气温的降低，一度繁荣的撒哈拉草原文明崩溃，迫使其居民于约前 5500 年迁移到尼罗河流域，从而促进了古代埃及数千年文明的兴起。古代埃及人建立了第一王朝，并建造了宏伟的吉萨大金字塔。同一时期，印度河流域兴起了哈拉帕文明，其居民使用泥砖和红砖建造了大量公共建筑与私人住宅，并按照几何原理对城市进行规划。

从前 4500 至前 3800 年，全球进入了一个寒冷时期，寒冷和长期干旱打断了人类历史的发展。全球气温降到了"新仙女木冰期"结束以后的最低点。为了逃避北方的严寒与干旱，大量人口向南方迁移。在几千年前从亚洲西南部迁移到欧洲西部和北部并建立起农耕文明的人们，这时候也被迫离开家园向南方迁徙。他们迁徙到地中海沿岸的温暖地带、乌克兰的东南部、亚洲的西南部、印度和中国的西北部。

前 3250—前 2750 年间，另一场旷日持久的寒冷期让严重依赖灌溉体系的两河流域"肥沃新月"地区以及印度河流域经历了严重的干旱。实际上，有些考古学家认为，今天伊拉克南部那片肥沃、灌溉良好的土地就是《圣经》上所提到的"伊甸园"。近来的考古研究证明，古代美索不达米亚地区的阿卡德王国（前 2371—前 2230）的崩溃，源于当时一场大规模的火山爆发导致气候从凉爽湿润变得炎热干旱。这场气候变化持续时间长达 1 个多世纪，这些接连发生的事情导致其居民从两河流域的北部迁徙到南部（今天的伊拉克）。

## 玛雅文明的兴衰

发生于前 2060—公元 1400 年的一次全球变冷,使得热带和亚热带地区的气候变得更加凉爽干燥,促进了中美洲玛雅文明的发展。玛雅人的农业生产力迅速提高,并将农业区向北扩展至尤卡坦半岛(位于今墨西哥境内)。气候的变化让玛雅人能够在这片原本充斥着蚊虫和雨林的瘴疠之地繁衍生息,并建造城市和金字塔。玛雅人在尤卡坦半岛上生活了近 1 000 年。

但此后长期的干旱毁灭了玛雅人的农业。根据沉积记录,干旱始于 1200 年,并在此后的500 年间经常发生。当一场严重的干旱袭击这一地区的时候,玛雅人被迫在 1240 年放弃了大多数城市。导致玛雅文明崩溃的原因很多,但气候变化的影响非常大。随着全球气温的提升,大气环流的力量也逐渐增强,降雨增多。热带地区的雨林重新生长起来,传播疟疾的蚊虫日渐肆虐,迫使玛雅人放弃家园往南方迁徙。今日所发掘的玛雅文明遗址大多位于热带雨林的深处,也从另一个角度为全球变暖提供了证据。

在过去 150 年中,开拓者们清除了大片森林用于农业生产,大气环流的增强带来更高的气温和更多的降雨,让人类能够生产更多的粮食以养活更多的人口。气候变化与人口、动物迁移和文明兴衰的关系,有待更加细致深入的研究。

## 小冰河期

学者们通过对沉积记录和冰芯的研究证实,在 1300—1850 年间是北半球的小冰河期(比长达 8 万~9 万年的典型冰河期要短)。在中世纪的温暖时期(1000—1300)定居于格陵兰岛的维京海盗,在 1200—1300 年间为逃避严寒而相继离开。前工业化时代的欧洲,一直处于食物短缺的状态。在最好的年景,以面包和马铃薯为主食的人们每日摄入的热量也不超过 2 000 卡路里。普遍的营养不良导致了传染病的广泛传播。

1400 年,欧洲爆发的黑死病就与当时欧洲刚刚经历过的大饥荒有关。1100—1800 年间,法国频发饥荒。12 世纪共发生了 26 次,19 世纪发生了 16 次。在北欧诸国,气温的升高将农作物的生长期缩短了 1 个月,农作物能够生长的海拔高度降低了 18 米。当然也不是所有人都受到小冰河期的影响。对于那些居住在大河沿岸与海边的人们,大量的渔获能够补充饮食中的动物蛋白。在美国的新英格兰地区,1815 年被称为"没有夏季"的一年;1850 年后,这场小冰河期毫无征兆地结束了。太阳能量的增加、工业化导致的向大气层中所排放的大量温室气体、大西洋暖流的变化等,都是促成小冰河期结束的原因。

## 气候变化的前景

通过对历史上气候事件的考察和回顾当前的科学发现,可知没有哪种单独因素能够充分解释气候波动的原因。大气层、海洋与陆地所发生的各种变化集合到一起,才能促成重大气候事件的爆发。这些气候事件是如此复杂和具有不可预测性,以致今天我们即使用最先进的计算机和全球气候模型(GCMs)也无法对未来的气候变化做出有效预测。

尽管今天我们对气候变化的认识还是杂乱无章的,但至少应当了解应做些什么以避免或应对未来的突发性气候变化。全球沿海地区密集的人口以及人口向贫瘠边沿地区的迁移,使得任何微小的气候变化都有可能导致灾难性后果。能源与物质消耗的增长给全球生物圈带来持续压力。在短期内也不可能指望发达地区与发展中地区都注重经济可持续增长。正如加拿大学者瓦茨拉夫·斯米尔（Vaclav Smil）所指出的那样："如果对全球变暖的关注能够让贪婪地追逐经济增长和个人财富的发达国家头脑清醒,如果发达国家愿意真诚帮助贫穷国家控制人口增长并采取更负责任的发展政策,那么,全球变暖的趋势就能成为促进可期待的全球变革的有效的催化剂。"

---

进一步阅读书目：

Alley, R. B. (2000). Ice-core Evidence of Abrupt Climate Changes. *Proceedings of the National Academy of Sciences of the United States of America*, 97(4),1331–1334.

Caviedes, C. N. (2001). *El Niño in History: Storming through the Ages*. Gainesville: University Press of Florida.

Congressional Budget Office. (2003). *The Economics of Climate Change: A Primer*. Washington, DC: United States Government Printing Office.

Culver, S. J., & Rawson, P. F. (Eds.). (2000). *Biotic Response to Global Change: The Last 145 Million Years*. Cambridge, UK: Cambridge University Press.

DeBoer, J. Z., & Sanders, D. T. (2002). *Volcanoes in Human History: The Far Reaching Effects of Major Eruptions*. Princeton, NJ: Princeton University Press.

Diaz, H. F., & Markgraf, V. (2000). *El Niño and the Southern Oscillation: Multiscale Variability and Global and Regional Impacts*. Cambridge, UK: Cambridge University Press.

Durschmied, E. (2000). *The Weather Factor: How Nature has Changed History*. New York: Arcade.

Dyurgerov, M. B., & Meier, M. F. (2000). Twentieth Century Climate Change: Evidence from Small Glaciers. *Proceedings of the National Academy of Sciences of the United States of America*, 97(4),1406–1411.

Fagan, B. (1999). *Floods, Famines, and Emperors: El Niño and the Fate of Civilizations*. New York: Basic Books.

Glantz, M. H. (2001). *Currents of Change: Impacts of El Niño and La Nina on Climate and Society*. Cambridge, UK: Cambridge University Press.

Global Warming: New Scenarios from the Intergovernmental Panel on Climate Change. (2001). *Population and Development Review*, 27(1),203–208.

Jones, P. D., Ogilvie, A. E. J., Davies, T. D., & Briffa, K. R. (Eds.). (2001). *History and Climate: Memories of the Future?* New York: Kluwer Academic/Plenum.

Keys, D. (2000). *Catastrophe: A Quest for the Origin of the Modern World*. London: Ballantine.

Ladurie, E. L. (1971). *Times of Feast, Times of Famine: A History of Climate since the Year 1000*. Garden City, NY: Doubleday.

Lovvorn, M. J., Frison, G. C., & Tieszen, L. L. (2001). Paleoclimate and Amerindians: Evidence from Stable Isotopes and Atmospheric Circulation. *Proceedings of the National Academy of Sciences of the United States of America*, 98(5),2485–2490.

Marotzke, J. (2000). Abrupt Climate Change and Thermohaline Circulation: Mechanisms and Predictability. *Proceedings of the National Academy of Sciences of the United States of America*, 97(4),1347–1350.

McIntosh, R. J., Tainter, J. A., McIntosh, S. K. (2000). *The Way the Wind Blows: Climate, History, and Human Action*. New York: Columbia University Press.

National Assessment Synthesis Team. (2001). *Climate Change Impacts on the United States*. Cambridge, UK: Cambridge University Press.

Novacek, M. J., & Cleland, E. E. (2001). The Current Biodiversity Extinction Event: Scenarios for Mitigation and Recovery. *Proceedings of the National Academy of Sciences of the United States of America*, 98(10), 5466–5470.

Perry, C. A., & Hsu, K. J. (2000). Geophysical, Archaeological, and Historical Evidence Supports a Solar-output Model of Climate Change. *Proceedings of the National Academy of Sciences of the United States of America*, 97(23),12433–12438.

Pierrehumbert, R. T. (2000). Climate Change and the Tropical Pacific: The Sleeping Dragon Wakes. *Proceedings of*

582

the National Academy of Sciences of the United States of America，97(4)，1355 - 1358.

Smil，V.（1990）. Planetary Warming：Realities and Responses. *Population and Development Review*，16(1)，1 - 29.

Smil，V.（2003）. *The Earth's Biosphere：Evolution，Dynamics，and Change*. Cambridge，MA：Massachusetts Institute of Technology Press.

Webb，T.，III，& Bartlein，P. J.（1992）. Global Changes during the Last 3 Million Years：Climatic Controls and Biotic Responses. *Annual Review of Ecology and Systematics*，23，141 - 173.

Western，D.（2001）. Human-modified Ecosystems and Future Evolution. *Proceedings of the National Academy of Sciences of the United States of America*，98(10)，5458 - 5465.

安东尼·潘恩（Anthony N. Penna） 文

尹建龙 译 俞金尧 校

# Clothing and Costume 服装

583

服装首先是为了满足人类御寒和抵御环境中的不利因素的基本需求，但同时也被用来作为区分性别、职业、社会与经济地位、出生地的可视标准。服装从根本上受到社会环境及实用技术的影响。

当早期人类离开非洲进入更为寒冷、更为不利的环境后，他们面临着如何保暖的问题。由于没有厚厚的毛发保护人类免受自然力量的侵袭，为了生存，人类发明了保持体温的办法。基于这个需求，发展出了丰富多彩的服饰。随着社会的发展，许多其他因素影响了一个地区或文化的特定服饰，包括技术水平、富裕程度、阶级与等级制度、迁徙、战争、宗教与工业化等。历史上的服饰为我们提供了显而易见的标准，使人们可以迅速判断出种族、阶级、性别、职业、经济地位，甚至是家乡。服饰是构成人类之社会史、科技史与经济史的重要因素

之一，而且是文化研究的一个极好落脚点。有史以来，人们习惯使用服饰来突出和掩饰身体。许多文化都有一些在典礼和庆生仪式上使用的特

韩国传统服饰设计得轻便且通风，两位身着韩服的女性正在摄影师面前摆姿势。2004 年

定服饰。因此，服饰在仪式、社会与政治生活中扮演着核心角色。

早期服饰不仅仅是由气候和环境决定的，更受制于可利用的服饰原料。最早的服饰可能是动物皮毛，最初是按原样使用，后来按照人类的尺寸进行了修剪。纺织品的发明增强了早期服饰的应用范围和可变性。尽管全球服饰多种多样，早期人类的衣服形制却是有限的。最早的编织衣物往往是简单的矩形或正方形、套在身上或裹在身上的纺织物。这些多用途的服饰可以被用作裙子、斗篷，甚至是帐篷或捆绑行李的带子。它们的衍生物包括罗马式长袍（Roman toga）、印度裹腰布（the Indian *dhoti*）及印度尼西亚纱笼（Indonesian sarong）。

在矩形方布上开一个洞以使头部穿过，便增加了其能够覆盖身体的可能性。这种衣物可以被穿得更加宽松，就像秘鲁雨披（Peruvian poncho），或者束在身上。这种服饰的边可以缝合，做成密封的衣服，就像希腊长袍一样。添加袖子，便创制了丁字形的束腰外衣，广泛应用于罗马与中世纪早期。而且还创造了不起眼的衬衫。沿着丁字形衣物的前面裁剪下去，就会像罩袍一样，类似阿拉伯长袍的这类服饰就这样被发明了。亚洲中部的大草原地带（常常是一望无际和树木稀少的地区）的游牧民设计了一种前开襟外衣。这种前开襟的外衣类型影响了早期中国与亚洲的服饰，这种款式还可以在今天的阿富汗和中亚的条纹大褂、甚至日本和服上发现。所有这些基本款式的衣物都可以混合穿着，或与短裙和裤子一起穿，以进一步保护和覆盖身体，保护人类对抗自然力量的侵袭。

考虑到一些基本的因素之后，服饰变得更为精心，得以形式化、规范化。它开始可以用来区分群体、阶级、文化与宗教。服饰反映了社会分化，定义了亚文化；通过服饰一眼就可以看出穿戴者的籍贯与地位。与惯例的任何背离可以被认为是身份与地位的变化，并可判定敌友。

服饰甚至成为政府社会政策的工具：促进国民团结，定义主流社会的界限，甚至是推动现代化的工具。俄国沙皇彼得大帝坚持要求贵族穿着西欧服饰，土耳其军事领袖与政治家凯末尔推行服饰改革，他们都尝试通过服饰改革推进现代化。

## 性别

性别是服饰中的一个重要因素。在绝大多数文化中，都由特定款式来区分和明确性别，保证性别与社会的稳定。在西方社会，区分性别的服饰意味着男人的裤子与女人的裙子。这种区分方法并不代表全球标准，女人常常也穿裤子，在其他地区男人也穿"裙子"，通常是以纱笼、裹臀布或苏格兰短裙的形式。这种由特定社会规定的服饰的象征意义，使得衣服成为"男性的"或"女性的"。区分性别的服装可以突出男女的身体差异，或突出人体的性感部位，人们常常使用填充、束腹及其他办法来凸显性别特征。在许多文化中，女性的服饰直接与其父亲和丈夫的财富相关，使服饰成为一种经济地位的象征。一些妇女的服饰，比如中国的缠足，被认为是家长制社会下妇女地位下降的标志。对许多西方人而言，穆斯林的面纱是对穆斯林妇女的"压迫"；但对许多穆斯林妇女而言，面纱是一种宗教认同的标志。这也成为解释习惯的力量的绝佳案例。面纱早在先知穆罕默德之前600年或更久之前就出现了，戴面纱也不是《古兰经》的要求。随着伊斯兰教的传播，宗教与当地的风俗变得密不可分。推行去面纱的活动在苏联、土耳其与当代法国受到了信奉宗教的妇女的抵制，她们认为面纱是其宗教身份的重要组成部分。

服饰同样也可以用来区分阶级与标示社会分化。服饰的这种功能早于消费主义的兴起，并与社会地位的上升密切相关。精心设计的服饰显示了统治精英与国家的声望和财富，将他们

一幅纪念在小比格霍恩战役(美军和苏族印第安人之间的战争)中战死的苏族战士的石壁画,通过服饰、文身与饰品可区分死者的身份

从普罗大众中凸显出来。同时,对参加宫廷活动服饰的规定,限制了参与者在宫廷之外的活动。昂贵的面料、繁杂的饰物、精心的裁剪,使穿戴者高于劳工阶层。一分价钱一分货。意大利文艺复兴时期的女性时装有着宽大的袖子,这限制了她们的行动,就像古代罗马长袍沉重的毛纺褶纹一样。中国的宫廷仪式需要皇帝遵守极其复杂的礼仪,并穿着仪式所需的极其别致的服饰,服饰强化了他皇权帝位的象征并约束其行为。

服饰也可以用来强制推行社会等级制度。限制某些社会阶级的奢侈行为(与个人开支相关)的法律,在很早的时候就出现了。当阶级对抗加剧的时候,就会颁布这种法令。在奥斯曼帝国早期,禁奢法很少被颁布,说明此时社会阶级大体上已被普遍接受。然而在近代欧洲,却频繁地颁布这种法令,其原因在于新兴的中产阶级与旧贵族之间争权夺利。

就像服饰可以表示地位一样,服饰也可以表示一种征服。一个显著的例子是辫子(常常是悬在脑后)和满族服饰被满族征服者强加到汉人身上。服饰上的征服具有象征意义,既代表已经确立的政治体制,也可以清除政治上的抵抗情绪。1911 年中国辛亥革命的一个重要标志是剪掉辫子,尽管满族服饰由于其实用性而被保留下来。

## 职业

随着社会分工,服饰逐渐成为一种职业的标志。职业服可以保护劳动者免受在劳动中可能遇到的外在侵害。像铁匠的围裙与厨师的帽子这类服装,已经成为一种工艺或职业认同不可或缺的组成部分。有时候,像学位服这类专门的服装,尽管其本来用途不复存在,但仍然是一种标志性的服装,其款式已经具有了制度化的含义。今天,衣领的颜色被用来表示西方劳动力的等级。这种职业认同如此强大,以至于工人不得不努力争取穿着更为实用服装的权利。在美国,护士与医院女性雇员在争取穿着裤子而非裙子与白色长筒袜的行动中,她们还面临着风俗与性别的界定。

服饰也可以是一个人宗教信仰的外在表现。对基督徒而言,服饰直接与原罪的观念挂钩。对正统派犹太教徒、穆斯林来说,服饰象征着他们在宗教团体中的成员身份,也是将他们从周边群体中区别出来的标志。宗教服装可能在颜色、裁剪、面料甚至是饰物上表现得彼此不同。像学位服、教士服常常保留一些历史上的服饰特点。上层教阶的礼服暗示着其所属教派的权力、声望与财富。现代化已经改变了西方的宗教服饰,使其外表看起来更为世俗化。

城市服饰与农村服饰的差异自城市出现以来便存在了,工业化及其所伴随的大量劳动力移民到城市使得这种差异更为明显。城市中产生"时尚"固然是一方面原因,但城市中可用的优

586

许多宗教的仪式或典礼需要穿着特定服装。两个天主教女孩穿着白色连衣裙与纱巾参加她们的第一次圣餐仪式

代流行时尚的重要性。在中国唐代,有羽毛装饰的裙子受到追捧,以至于特定鸟类濒临灭绝。

"本土"与"传统"这两个词在服饰史中常常被使用,说明了某些要素还是相对稳定的。这两个词常常可以与"纯正的"这个词互换,暗示着未受当代时尚污染与传统文化的传承。然而,一般来说,服饰文化不会在孤立状态中发展,它的发展需要内部与外部的力量。当代对传统服饰的定义强调它们在庆典或节日被穿着,并将它们与日常服饰区分开来。即使是节日或庆典上穿着的服饰,也混合了本土特点与外来或当代的影响。例如,传统非洲服饰是几个世纪以来借鉴非洲、欧洲与阿拉伯文化的结晶。这些"传统"推动产生了千变万化的时尚,这对外来观察者而言是不易察觉的。许多身着传统服饰的人也乐于购买用新发明的纺织品做成的传统服饰,并混搭一些非传统的饰物以显得更时尚。

夏威夷穆穆袍(夏威夷妇女所穿的一种宽大的棉布袍)是基督教传教士教导夏威夷原住民穿着衣物遮盖裸体的成果。拉丁美洲、中亚与非洲的传统服饰受殖民化的影响很深,特别是在其多层褶裙上。由于某种想要"适应"的渴望或模仿殖民统治者,西方殖民者的帽子与其他服饰被原住民接受。当然,某种情况下也是考虑市场行情的结果。美洲原住民像城市中的工人一样接受欧洲服饰,并将之与其传统服饰相结合,创造出一种混合的衣物。工业发展使得纺织品更加低廉,往往取代了本土织物与服饰。人工染料取代了天然染料,也增加了本土服饰可用的颜色。

某些情况下,传统服饰可能是被捏造出来的。威尔士妇女的民族服饰发明于19世纪30年代,当时,威尔士文化的支持者兰诺尔女士(Llanover,即奥古斯塔·沃丁顿[Augusta Waddington])对威尔士乡村地区的服饰进行了

质衣料和成衣也是造成城市与农村服饰差异的重要原因。工人接受了"城市服饰"以适应新环境,并表现出其与新环境的关系。农村与城市服饰的混搭表明了早期工人杂糅的意识。奇怪的是,时尚有时候会逆潮流而动,城市居民也会接受乡下的服饰,以缅怀单纯的过去。

现代制造业、通信业与广告业增强了时尚的重要性并提升了时尚变化与传播的速度,创造了一股消弭性别、国家与阶级差异的T恤衫、蓝色牛仔裤与运动鞋引领的国际时尚。尽管当代意义上的西方时尚产生于14世纪的欧洲宫廷,但自从服饰产生,时尚似乎就已经出现了。早在史前时代,人类就已经表现出使用玻璃粉、羽毛及其他形式装饰自己衣服的兴趣。尽管相比今天非常滞后,但先民也表现出了改变服装款式的能力。古罗马时代的作家描述了他们时

浪漫化的解读,并出版了描绘她所喜爱服饰的画册。到了 20 世纪,这种虚构的"威尔士民族服饰"成为一种流行的节庆装束,并成为旅游一景。20 世纪苏格兰和爱尔兰的"文化复兴",是以政治目的炮制和操纵现有风格的又一实例。

服饰构建了丰富多彩的世界历史。它可以被用来说明经济发展、社会阶级、性别、现代化以及人类历史上的其他要素。

进一步阅读书目:

Breward, C. (1995). *The Culture of Fashion*. Manchester, UK: Manchester University Press.

Jirousek, C. A. (1996). Dress as Social Policy: Change in Women's Dress in a Southwestern Turkish Village. *Dress*, *23*, 47 – 62.

Johnson, K. K. P., & Lennon, S. L. (Eds.). (1999). *Appearance and Power*. New York: Berg.

Rabine, L. W. (2002). *The Global Circulation of African Fashion*. New York: Berg.

Vollmer, J. E. (2001). *Ruling from the Dragon Throne*. Berkeley, CA: Ten Speed Press.

丽贝卡·温德肯(Rebecca Wendelken) 文

尹建龙 译　俞金尧 校

# Coal　煤炭

　　煤炭,这种可燃烧的沉积岩石,为 19 世纪的工业革命提供了燃料。通过燃烧煤炭提供的热量产生蒸汽,进而为机器和火车头提供动力;煤炭也是熔炼矿石所需要的重要燃料。到 20 世纪 60 年代,尽管煤炭最重要化石燃料的地位被汽油取代,但煤炭和焦炭仍然被广泛用于动力生产及金属冶炼。

　　人类从远古时代就了解了煤炭,但直到 19 世纪才开始大规模使用煤炭。在人类主要能源转变为化石能源之前,人力、畜力、柴火是人类主要的能量来源。在 17 和 18 世纪的欧洲,金属冶炼业大量消耗木材导致了长期的"木材荒",由此引发技术革新,促进了蒸汽抽水机等所谓"矿工之友"的发明和应用。蒸汽抽水机让人类对煤矿的开采和应用更加广泛,并催生了蒸汽动力机。这些技术进步让人类能够挖掘更多的煤炭以生产冶炼金属所需要的焦炭。

　　工业革命主要在欧洲的煤炭储藏地带发生,煤炭成为蒸汽机车和其他蒸汽动力机器的主要燃料。工业化国家的经济发展水平决定了其转向化石燃料的先后顺序。在 19 世纪,煤炭的消耗量和国家的工业化水平之间存在着一定的联系。在这一时期,由于英国的货轮垄断着全球煤炭贸易,英国舰队在促进煤炭的全球应用方面扮演了重要角色。

　　在 19 世纪,煤矿中的工作主要是由人力完成的,其中也雇用了许多童工,只有抽水实现了机械化。到 20 世纪初,矿井抽水的机械化扩展到采矿业的其他方面。从那时开始,煤矿的采掘量增加了,而使用的人力却大为缩减。产量增加,劳动条件改善,采煤事故率降低。

　　英国是第一个将煤炭大规模应用于日常生产生活的国家。有诸多因素促成这一举措。第

19世纪后期中国北京运输煤炭的骆驼商队。20世纪80年代以来,中国的煤炭产量增长迅速,以满足其快速发展的工业化对能源的需求

一,英国煤炭储量丰富且易于开采。第二,英国的森林资源很早就已消耗殆尽,使用煤炭成为必须之举。第三,冶金和金属精镗技术的进步使当时的英国有能力生产出世界上第一台经济实用的蒸汽机,从而在排空煤矿积水方面发挥重要作用。据估算,如果没有蒸汽动力,英国的煤矿开采只能停留在1700年的水平。在蒸汽动力的帮助下,1815年英国的煤炭产量比1700年增长了7倍,到1900年几乎增长了100倍。到19世纪后期,世界其他地区的煤炭产量增速比英国还要快,尽管起点较低。

在19世纪,人们就开始关注煤炭资源消耗殆尽的问题。例如英国经济学家和逻辑学家杰文斯(William Stanley Jevons)就认为,英国煤炭资源的耗竭会导致英帝国的衰退。虽然新发现的煤炭矿藏有助于英帝国的扩张,但在家庭生活和工业生产中燃煤所导致的空气污染严重危害了人类健康。例如1952年12月4—10日在伦敦发生的严重雾霾天气导致了4 000多人死亡。

第二次能源大转型是石油的广泛使用,但是煤炭仍然运用广泛。实际上,在20世纪70年代的石油危机后,对煤炭的应用出现了复兴趋势。从19世纪直到第一次世界大战爆发的1914年,煤炭占全球所消耗化石能源总量的90%;从1930至1960年间,这一百分比从70%下降到了50%;直到20世纪60年代,石油在能源消耗中的主导地位才确定下来。

在20世纪,国际煤炭贸易的两大主要市场分别是:(1)亚洲的电煤市场,(2)冶金业所需要的焦炭市场。从1978年开始,全球用于满足发电需要的煤炭产量增长了35%。20世纪70年代以来全球石油价格的上涨,促使更多的发电厂改用煤炭作为能源。换句话说,70年代的高油价意味着更多的发电厂不得不将煤炭作为主要的能源。另外,在20世纪70年代,焦炭产量

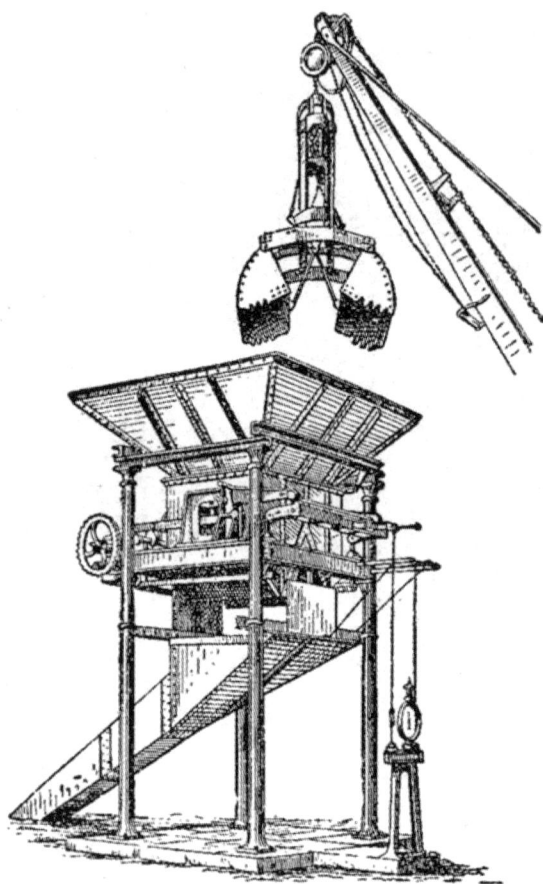

19世纪英国发明的机器，能精确度量传送到工厂的煤炭

了世界海洋运输业的迅猛发展。曾经困扰过英国经济学家杰文斯的煤炭开采耗竭的噩梦，如今也困扰着许多人。据估计，全球可开采的煤炭储量为8 000亿~9 000亿吨，以目前的开采能力，还能持续开采130年。然而，随着全球煤炭消耗量的不断增长，这些煤炭储量至多还能开采60年。

从全世界范围来看，煤炭仍然是生产电力所消耗的最主要能源。当然，煤炭也是全球二氧化碳排放量不断增长的罪魁祸首。由于二氧化碳排放与全球气候变暖之间微妙的关系，煤炭的消耗在21世纪也引发了全球关注。各国政府与煤炭行业都致力于开发"清洁煤炭"和地质隔离等新技术，但前景仍然不容乐观。全球变暖和相关的环境问题所带来的危险，正推动人类寻找各种替代化石燃料的清洁能源。

基本保持稳定。

从19世纪以来，煤炭的生产和贸易地理范围发生了显著变化。在1900年，全球煤炭总产量为6亿吨，其中欧洲产量为4.5亿吨（英国产量为1.8亿吨）。全球煤炭产量稳步增长，1946年为10亿吨，到1996年增长为36亿吨。美国每年的煤炭产量为10亿吨。为了满足快速发展的工业化的需要，中国的煤炭产量从20世纪80年代以来增长迅速。在出口需求的带动下，南非与澳大利亚的煤炭产量也迅速增长。

在世界各国煤炭资源排行榜上，排名前10名的国家占据了世界已探明煤炭储量的90%以上。由于煤炭贸易主要通过海运，由此也推动

1943年，煤炭正被装运到位于美国俄亥俄州的桑达斯基—宾夕法尼亚铁路线的煤炭码头的货轮上，这些煤炭将被运送到大湖地区的其他港口。杰克·德拉诺（Jack Delano）摄。美国国会图书馆

590

进一步阅读书目：

Cipolla, C. M. (1978). *The Economic History of World Population*. Harmondsworth, UK: Penguin Books.

Etemad, B., & Luciani, J. (1991). *World Energy Production, 1800 - 1985*. Geneva, Switzerland: Droz.

Freese, B. (2003). *Coal: A Human History*. New York: Basic Books.

Jaccard, M. (2006). *Sustainable Fossil Fuels: The Unusual Suspect in the Quest for Clean and Enduring Energy*. Cambridge, UK: Cambridge University Press.

Long, P. (1991). *Where the Sun Never Shines: A History of America's Bloody Coal Industry*. New York: Paragon House.

McNeill, J. R. (2001). *Something New under the Sun: An Environmental History of the Twentieth-century World*. New York: Norton.

Organisation for Economic Co-Operation and Development. (1997). *International Coal Trade: The Evolution of a Global Market*. Washington, DC: Author.

Smil, V. (1994). *Energy in World History*. Boulder, CO: Westview

安德鲁·桑切斯-皮克（Andrés Sánchez-Picón）文

尹建龙 译 俞金尧 校

# Coffee 咖啡

咖啡从它的原产地非洲传播到中东，然后传播到欧洲及世界的其他地方，从一种稀缺的精选饮料转变为一种大众消费品。在其丰富多彩的历史中，咖啡与祈祷、奢侈、殖民主义及奴隶制相关。它深入所有礼仪与交流方式之中，激励着劳动力，影响着人类生活的方方面面。

咖啡的曲折旅程——从非洲到中东，穿越印度洋到欧洲，又到拉美与美国，后来到澳大利亚与东亚——折射出它在历史上不同的民族中不同的用途。最初消费咖啡的人是猎人与战士。传入欧洲后，咖啡在很长一段时间内是为贵族所垄断的奢侈品。后来化身资产阶级的饮品，再以后则逐渐成为大众生活必需品——到20世纪后期，咖啡档次的区分只在于咖啡豆的年份、品种和冲泡方式。咖啡的生产、销售和消费与现代世界的构建密切相关。咖啡促进了当代世界经济的扩张，并有助于激励工业劳动力。在食品生产趋于工业化时，咖啡生产却仍然使用奴隶。在要求公平贸易制度的呼声越来越高

时，咖啡的生产销售却促进了殖民帝国的繁荣。

## 起源

尽管对"咖啡"这一名词的起源争论不休，但多数学者目前认为，"咖啡"一词来自阿拉伯词语"qahwah"，这是一个与酒相关的贬义词，酒类在伊斯兰教是被禁止的。许多种类的树木与灌木及栽培作物都能生产制造咖啡所需的如同樱桃核一样的"豆"（Bean，"Bean"一词来自阿拉伯语中形容咖啡的一个词"bunn"）。

自然界中的咖啡豆生长在非洲的不同地区。阿拉比卡咖啡豆是最为常见的品种，自哈拉

529

尔（Harrar，位于今埃塞俄比亚）向外传播，这种咖啡豆采集自野生树木。它被作为一种待客的饮料，常常加上盐、黄油或香料调味；或者被猎人用作提神的药丸，他们将咖啡豆与动物脂肪一起研磨做成丸子，为他们的旅行提供食物。

历史上有关咖啡的记载最早出现的时间和地点，学术界有很多争论。一些学者指出，《荷马史诗·奥德赛》和《圣经》中的一些段落或许可以证明咖啡的悠久历史。另外一些学者则引用800年前后的阿拉伯传说作为证据。就世界历史而言，我们可以准确无误地将咖啡作为一种商品的出现确定在15世纪末，但却是在也门，而非埃塞俄比亚。

伊斯兰教苏非派的沙兹里（al-Shadhili）在也门发明了烘焙和研磨咖啡豆并将之置于热水中的办法，被公认是普及这种饮料的首创者。但他们并没有促进世界范围内的咖啡贸易。相反，苏非派信徒们希望逃离物质世界以达到精神满足。苏非派在晚上进行宗教仪式时，咖啡中的咖啡因可以帮助他们精力充沛地进行宗教诵唱。但在从事日常工作时，他们在世俗世界传播了这种饮料。

15世纪中叶，咖啡已经与伊斯兰教密切相关，而属基督教科普特教派的埃塞俄比亚禁止了它。但穆斯林发现咖啡是如此诱人，大量的咖啡馆如雨后春笋般涌现出来，它特别适合在白天需要禁食的斋月期间饮用。咖啡与咖啡馆创造了一种公共夜生活。世界各地的穆斯林在前赴麦加朝觐时养成了饮用咖啡的习惯，并将之向东传播到印度与印度尼西亚，向西传播到西非，向北传播到伊斯坦布尔和巴尔干半岛。尽管咖啡的市场不断扩大，但直到17世纪之前，咖啡在世界贸易中的增长仍然非常有限，仅在也门的种植园中进行生产，产量很小（每年1.2万～1.5万吨），奥斯曼帝国高昂的税收和运输成本，咖啡的价格也很高。

592

《开罗的咖啡馆》（*The Coffee-shop of Cairo*），作者为路易·哈格（Louis Haghe，石板雕刻家）与大卫·罗伯茨（David Roberts，艺术家）。自16世纪中叶起，伊斯坦布尔、开罗与大马士革逐渐成为咖啡馆文化的中心。纽约公共图书馆

咖啡是以让饮者感到智慧倍增的方式来调制的；至少每一个人都认为，当他喝完咖啡离开的时候，自己的智慧比进来前增长了4倍。

——孟德斯鸠（Montesquieu，1689—1755）

### 传播到欧洲及其殖民地

尽管如此，咖啡仍然不断传播。自16世纪中叶起，伊斯坦布尔、开罗与大马士革逐渐成为咖啡文化的中心。来自各行各业的人享受着这种饮料，咖啡馆成为艺术家、知识分子、政治人士及商业人士活动的首选之一（女性只能在家或者特殊的场所喝咖啡）。

奥斯曼帝国在16和17世纪达到繁盛的顶峰，欧洲基督徒们羡慕土耳其的繁华与生活方式，也模仿其喝咖啡的习惯。在装饰奢华的沙龙里，从墨西哥白银托盘上端起用中国瓷杯盛着的咖啡，加入一两勺加勒比海的糖调味（穆斯林使用小豆蔻而非糖调味），抿一口咖啡，再抽上一口来自美洲的烟草，这就是当时欧洲贵族们喝咖啡的习惯做法。

通过殖民扩张，欧洲主宰了世界经济。咖啡在英国逐渐成为中产阶级的饮料。17世纪中叶，一位希腊商人首先在牛津开设了咖啡馆，后来又到伦敦开设咖啡馆。此后，英国的清教徒们引领了欧洲人消费咖啡的潮流，直到18世纪，

来自中国的喝茶风尚使得咖啡黯然失色。北欧也接受了饮用咖啡的习惯，阿姆斯特丹是进行咖啡贸易的市场，这促使荷兰人试图在控制咖啡贸易的同时，也控制咖啡的生产。自17世纪90年代开始，荷兰人在他们的殖民地爪哇（今属印度尼西亚）移植咖啡后，也门在咖啡生产中的首要地位被一再削弱。另外，法国人在印度洋上的留尼汪岛（Réunion）种植咖啡，英国人在锡兰（今斯里兰卡）种植咖啡。18和19世纪是咖啡殖民的顶点，几乎所有的咖啡都在荷兰、法国与英国的海外殖民地生产，法属圣多明各（Saint Domingue，今海地）成为世界上最大的咖啡生产地，1789年一年出口了大约4万吨咖啡。

欧洲控制咖啡贸易，导致了对非洲奴隶的巨大需求。尽管埃塞俄比亚和也门也有奴隶制，但咖啡的生产者似乎是农民，在爪哇也一样，尽管爪哇及锡兰的农民们往往是被迫改种咖啡的。在留尼汪岛和美洲，已经有数以百万计的非洲奴隶来种植糖类植物。此后，咖啡的种植与生产也就与对人类的奴役联系在了一起。

19世纪的世界咖啡市场发生了巨大变革，因为两个新的国家参与进来：巴西（咖啡生产国）与美国（咖啡消费国）。海地岛发生的奴隶反叛几乎终结了当地的咖啡生产，巴西便成为咖啡的重要生产地。巴西于1822年宣布独立，19世纪50年代，随着咖啡价格飞涨，巴西成为最主要的咖啡生产国。肥沃的土地及上百万非洲黑奴的输入（巴西直到1888年才废除奴隶制），使得巴西的生产成本很低，并降低了咖啡的价格。19世纪末，在咖啡生产国与咖啡消费国，咖

19世纪末20世纪初，新加坡的咖啡种植园。图片由弗兰克与弗朗西斯·卡朋特（Frank and Frances Carpenter）提供。美国国会图书馆

啡都成为普通劳动者也承受得起的消费品，咖啡成了一种大众饮料。在咖啡的最大消费市场——美国，这一趋势表现得尤为明显。

美国本来是英国统治之下的、具有饮茶之风的殖民地，但由于数以百万计的欧洲移民的迁入，他们把喝咖啡视为地位的象征；由于巴西咖啡的低廉价格，美国也转而消费咖啡。在 19 世纪，世界上咖啡的人均消费量从 1800 年的不足 500 克上升到 1900 年的约 6 000 克，同时世界咖啡的进出口量暴涨了 15 倍，而其中，美国市场几乎占一半份额。就国际贸易中的价值而言，1900 年，咖啡作为世界商品，其价值仅仅次于谷物和糖类。

一位牙买加的咖啡种植者展示他准备收获的果实。照片由卡尔顿·格拉夫斯（Carleton H. Graves）提供。纽约公共图书馆

## 20 与 21 世纪的新趋势

长期以来，阿拉比卡咖啡是世界咖啡贸易的主要品种。到 19 世纪末，又增加了罗布斯塔咖啡。罗布斯塔咖啡种原产于赤道非洲，成熟更快，更重要的是，它具有抵抗叶枯病与咖啡驼孢锈菌的特性，这两种疾病在 19 世纪的最后 10 年横扫了爪哇、锡兰及菲律宾的咖啡种植园。罗布斯塔咖啡种使得这些地区能够重新进行咖啡种植，而且导致了 20 世纪世界咖啡经济的戏剧性变化。20 世纪末，阿拉比卡咖啡与罗布斯塔咖啡的改进品种被培育出来，它们成熟期更短，更能抗病害，更能吸收太阳辐射，也更高产。它们推动了更为集约化的咖啡生产。较之老品种的咖啡树，新品种咖啡树每公顷种植的密度增加了 5～6 倍，同时也导致对肥料与农药的投入增加，加工设备更小型化、模块化。

加工和销售方面也更多地依赖资本。1900 年，绿色咖啡豆（生的与未经烘焙的）仍然是咖啡贸易中的大宗。进口商转卖给批发商，由他们烘焙和研磨咖啡豆，或者他们再把绿色咖啡豆卖给消费者，通常是家庭主妇，最终由她们在家烘焙、研磨与冲泡。但经过包装和工业化烘焙、有商标的咖啡逐渐占据了市场。真空包装使得地方公司可以控制地方市场，在第二次世界大战后甚至可以在整个美国市场占据一席之地。无咖啡因咖啡与速溶咖啡自 20 世纪中叶开始颇受欢迎，它们增加了加工企业在最终零售价格中的占有份额。连锁商店与超级市场的产品更加集中于少数大型食品企业。在 20 世纪的最后几十年中，少数大型公司通过合并和收购控制了世界上许多地方的咖啡生产。对广告的巨大投入与控制超市货架的市场支配力，保证了这种产业垄断的继续。

直到"二战"结束，种植者与进出口商获得了咖啡豆定价的最大份额。随着加工技术和营销技术的进步，加工商在咖啡价格中所占份额逐渐增大。当然，不同的计算方法导致不同的计算结果，但在 20 世纪 50 年代，咖啡种植者的收益占到咖啡价格的一半以上，而今天仅能占到 10%～15%；当然，有些倡导"公平贸易"的经销商会以高出市场水平的价格向种植者购买咖啡。

早在 1906 年，种植者们就千方百计地试图

594

保住他们的市场份额,支持世界市场上的定价。这一趋势在 1961 年签署的《国际咖啡协定》(International Coffee Agreement,ICA)中达到顶峰。这一协定的签署,部分是由于对冷战的畏惧。在长达 28 年的时间里,咖啡的种植者与购买者在 ICA 框架内谈判确定限额与价格,以确保种植者获得基本生活工资。1991 年苏联解体导致了冷战的结束,美国决定推动全球范围内的自由贸易。当美国宣布退出 ICA 后,咖啡的支持性价格体系崩溃,一些大型食品企业成为世界咖啡经济的主宰。

拉丁美洲,特别是巴西,仍然是最为重要的咖啡供应地。但是自 20 世纪 60 年代起,它的优势地位受到了哥伦比亚和非洲国家特别是科特迪瓦的挑战,尽管后者由于内乱而使得产量有所下降。种植低品质罗布斯塔咖啡树的越南,则骤然成为世界第二大咖啡生产国,而且印度和印度尼西亚也再度成为主要的咖啡生产国。2010 年世界咖啡会议在危地马拉召开,会议主题是促进大型与小型生产者讨论生产与需求的走向,以及社会与环境的可持续性。咖啡树对环境的变化非常敏感,温度和降水的微妙变化都会使咖啡的产量与质量受到巨大影响。气候变暖将促使种植咖啡的农户种植适应性更强的罗布斯塔种咖啡,它富含咖啡因,但味道略苦,很有可能会取代美味、柔和的阿拉比卡咖啡,后者尤其受到咖啡的最大消费群美国人的喜爱。

然而,自 20 世纪 60 年代以来,美国人越来越多地饮用含有咖啡因的软饮料,咖啡的人均消费量持续下降。巴西成了咖啡的第二大消费国,日本则成为第五大消费国。在 1997—2002 年间,中国进口咖啡的数量翻了一番,目前仍然处于增长状态。具有讽刺意味的是,咖啡起源于非洲,500 年前风行中东,在东亚却被视为西方现代化的标志。

进一步阅读书目:

Bates, R. (1997). *Open Politics Economy:The Political Economy of the World Coffee Trade*. Princeton, NJ: Princeton University Press.

Bernstein, I. (1993). *Coffee Floats, Tea Sinks:Through History and Technology to a Complete Understanding*. Roseville, Australia: Helian Books.

Dean, W. (1976). *Rio Claro:A Brazilian Plantation System,1820 - 1920*. Stanford, CA: Stanford University Press.

De Oliveira, J. T. (1984). *História do café no Brasil e no mundo* [The History of Coffee in Brazil and the World]. Rio de Janeiro, Brazil: Livraria Kosmos.

Digum, G., & Luttinger, N. (1999). *The Coffee Book:Anatomy of an Industry from Crop to the Last Drop*. New York: New Press.

Ellis, A. (1956). *The Penny Universities:A History of the Coffee Houses*. London: Secker and Warburg.

Hattox, R. (1985). *Coffee and Coffeehouses:The Origins of a Social Beverage in the Medieval Near East*. Seattle: University of Washington Press.

Heise, U. (1987). *Coffee and Coffeehouses* (P. Roper, Trans.). West Chester, PA: Schiffer Publishing.

Jacob, H.E. (1935). *Coffee:The Epic of a Commodity* (E. Paul & C. Paul, Trans.). New York: Viking Press.

Laërne, C. F. V. D. (1885). *Brazil and Java:Report on Coffee-culture in America,Asia and Africa*. London: W. H. Allen & Co.

Paige, J. (1997). *Coffee and Power:Revolution and the Rise of Democracy in Central America*. Cambridge, MA: Harvard University Press.

Palacio, M. (1980). *Coffee in Colombia,1850 - 1970:An Economic,Social and Political History*. New York: Cambridge University Press.

Pendergrast, M. (1999). *Uncommon Grounds:The History of Coffee and How It Transformed Our World*. New

York：Basic Books.

Pérez Brignoli, H. , & Samper, M. (Eds. ). (1994). *Tierra , caféy sociedad* ［Land, Coffee, and Society］. San José：FLACSO.

Roseberry, W. , Gudmundson, L. , & Samper, M. (Eds. ). (1995). *Coffee , Society , and Power in Latin America*. Baltimore：Johns Hopkins University Press.

Smith, W. C. , & Topik, S. (Eds. ). (2003). *The Global Coffee Economy in Africa , Asia , and Latin America , 1500 - 1989*. New York：Cambridge University Press.

Stein, S. J. (1985). *Vassouras：A Brazilian Coffee County* (2nd ed). Princeton, NJ：Princeton University Press.

Stolcke, V. (1988). *Coffee Planters , Workers and Wives*. Basingstoke, UK：Macmillan.

Talbot, J. (1997). Where does Your Coffee Dollar Go：The Division of Income and Surplus along the Coffee Commodity Chain. *Studies in Comparative International Development , 32*(1),56 - 91.

Taunay, A. D. E. (1939 - 1943). *Historia do café no Brasil* ［History of Coffee in Brazil］. Rio de Janeiro, Brazil：Departmento Nacional de Café.

Thurber, F. B. (1881). *Coffee：From Plantation to Cup*. London：Trow's.

Topik, S. , & Wells, A. (1998). *The Second Conquest of Latin America*. Austin：University of Texas Press.

Ukers, W. (1935). *All about Coffee*. New York：The Tea and Coffee Trade Journal.

Weinberg, B. A. , & Bealer, B. K. (2001). *The World of Caffeine：The Science and Culture of the World's Most Popular Drug*. New York：Routledge.

史蒂芬·托皮克(Steven Topik) 文

尹建龙 译 俞金尧 校

# Cold War　冷战

596　　第二次世界大战结束后不久,德国被分区占领,变成了联邦德国与民主德国两个国家,这预示着冷战的开始——这是长达半个世纪的资本主义国家与社会主义国家的政治对抗。20 世纪末苏联的解体宣告了冷战的结束。

自 1945 年第二次世界大战结束,一种新形式的战争,即所谓的冷战爆发了。新的战争以意识形态和政治上的角逐为中心,特别是资本主义国家与社会主义国家之间的冲突。冷战也有几次表现出"热"的形式,如朝鲜战争与越南战争。冷战持续了将近 50 年,影响了地球上的绝大多数国家,它们必须在两极世界中选择站在哪一个超级大国(苏联或者美国)一边。在雅尔塔会议与波茨坦会议上,同盟国各方关于战后世界的安排已有很大的分歧。

1946 年 3 月 5 日,英国政治家温斯顿·丘吉尔在美国密苏里州的富尔顿发表了一次演说(现在被称为"铁幕演说"),他重新定义了这种新的冲突。按丘吉尔的话说,从波罗的海的什切青到亚得里亚海的的里雅斯特,一道铁幕已经降临整个大陆。在这次演说中,丘吉尔严厉批评苏联的行为。同样,自那一刻起,在战争期间被称为"乔大叔"(Uncle Joe)的斯大林再次变成了危险的敌人。

## 欧洲和美国

美国的冷战政策建立于二战后发布的几个政府文件上。其中,杜鲁门总统在 1947 年 3 月

温斯顿·丘吉尔、富兰克林·罗斯福与约瑟夫·斯大林在雅尔塔的里瓦几亚宫。1945 年 2 月 9 日

终,德国被分割为民主德国和联邦德国两个国家。1961 年修建了"柏林墙",柏林市被一分为二地划分为两股势力的控制区。

冷战也导致了北约（North Atlantic Treaty Organization, NATO,全称"北大西洋公约组织"）的产生。这一组织给西欧国家提供共同防御和协助,以对抗来自苏联的任何敌对行为。苏联针锋相对,联合东欧国家建立了华沙条约组织（Warsaw Pact）。

## 亚洲

《雅尔塔协定》为大国在战后亚洲的合作提供了一个框架,但这份协议很快土崩瓦解。苏联同意在欧战结束 3 个月后加入太平洋战争,斯大林遵守了这一协定。罗斯福此前同意苏联在中国旅顺港建立一个基地,作为斯大林答应同蒋介石领导的政权签订同盟合约的条件。1949 年,国民党逃亡中国台湾地区,毛泽东宣告了中华人民共和国的成立。美国拒绝承认中华人民共和国,而继续与中国台湾地区的国民党政权保持联系。美国慨叹"失去中国",并许诺将采取一切必要手段阻止共产主义在亚洲的扩散。

朝鲜的局势也迅速恶化。驱逐朝鲜的日本势力是盟国在二战中的一个重大目标,在 1945 年日本投降之前,美国与苏联已经占领了朝鲜,暂以北纬 38 度作为分区线。盟国计划在恢复和平后进行公选,并允许选举产生的新政府管辖独立的朝鲜。然而,美苏关系日益紧张,致使朝鲜政权的南北分裂。

二战后发生的另一场"热战"也需要放在冷战的大背景下来看。战争最初在法属印度支那进行,因为法国希望在战后恢复对该地区殖民地的统治。1946 年,战争在法国人与胡志明领

称为"杜鲁门主义"的冷战政策。在这次演说中,杜鲁门总统宣称:"我相信,支持那些正在抵抗武装起来的少数人或外来压力企图征服的自由民族,必须成为美国的政策。我们必须帮助自由民族按照他们自己的方式选择自己的命运。"1947 年 6 月,国务卿乔治·马歇尔（George Marshall）提出了"欧洲复兴计划"（the European Recovery Program,后来被称为"马歇尔计划"）,这为杜鲁门主义的意识形态提供了经济支持。在发表于《外交事务》的文章中,外交家与历史学家乔治·凯南（George Kennan）为美国的冷战政策敲锤定音。在将近 40 年中,凯南提出的"遏制政策"成为美国多数外交活动的基本原则。凯南"遏制"共产主义国家的政策导致了"多米诺理论"。

冷战的第一次紧张态势产生于德国,当时美国和其他西方国家合并了其占领区,创建了联邦德国政府,并谴责苏联在德国东部的政策。联邦德国采用新的货币政策,导致了苏联封锁西柏林。西柏林位于德国东部,也就是在苏联占领区内。"针尖对麦芒",盟国设法通过大规模空运的办法供应西柏林,竟持续了 1 年多。最

597

598

598

导的印度支那共产党之间打响。法国军队在奠边府战役中被共产党军队打败后,法国同意进行和谈。1954年的日内瓦会议结束了第一次印度支那战争。为了阻止共产主义的扩散,美国给予法国不菲的援助,并迫使法国同意越南在未来的独立。《日内瓦协定》呼吁在越南进行大选,但自由选举极有可能导致共产党的胜利,美国开始寻找其他对策。美国极不愿意冒着亚洲共产主义力量造成又一次"多米诺骨牌效应"的危险,因此,决定支持吴庭艳,后者拒绝接受《日内瓦协定》要求举行的大选。尽管美国援助越南吴庭艳政权,该政权到1963年还是处于摇摇欲坠之中。美国于是增派军事顾问,增加了物资供应。1965年,时任美国总统约翰逊(Lyndon Johnson)开始派遣美国军队进入越南。尼克松总统面临日益高涨的要求停战的压力,便对越南,甚至老挝、柬埔寨进行轰炸。1973年1月签署的《巴黎条约》结束了美、越冲突。2年后,越南战争结束。

冷战波及亚洲,迫使东南亚国家在1954年组成联盟,即"东南亚条约组织"(Southeast Asia Treaty Organization,SEATO)。联盟旨在促进经济合作,其成员包括澳大利亚、法国、英国、新西兰、巴基斯坦、菲律宾、泰国与美国。

## 非洲

非洲更多的是间接受到冷战紧张态势的影响。美、苏两国均通过直接的经济援助来拉拢冷战中的盟友。但是在战后,非洲国家忙于独立及应对独立后的重大挑战。北非和中非较早独立,因为那里的白人定居者相比非洲南部较少。非洲南部的白人政权竭力维护其特权地

1951年6月9日,一个朝鲜女孩背着他的弟弟经过一辆抛锚的M26坦克,朝鲜幸州。美国国家档案馆

位,并推行种族隔离政策。

## 中东

中东地区在二战之后获得了独立。地区差异、领土纠纷及英国"托管"期间对巴勒斯坦与新成立的以色列的领土划分,都是造成地区不稳定的因素。阿以冲突也是造成地区动荡的原因。阿拉伯国家共同合作,希望挫败以色列人,要求其归还占有的领土。各种各样激进宗教团体的出现彻底改变了中东国家政府的性质,特别是伊朗。冷战期间,区域问题又因美、苏两国出于政治利益的插手而更加复杂化,两国都极其重视这一地区,一定程度上是因为中东丰富的石油资源。战略位置与庞大的石油产量,使得中东对一切工业化国家都极具价值。在苏联入侵阿富汗期间,为了维护自身利益,美国给予以色列捐款与物资援助,并使用经济和军事手段插手地区事务。

## 拉丁美洲

20世纪30年代,美国在拉美推行了不干涉

1959 年,菲德尔·卡斯特罗(Fidel Castro)开始在古巴掌权,按照马克思主义推行了一系列社会与政治革命。他同时进行土地改革,所有占地超过 165 英亩的地主土地都被没收。美国与其他国家对古巴进行经济制裁,拒绝同古巴贸易,导致了古巴经济的迅速衰退。

新的"三巨头"在波茨坦会议上的首次会面。自左至右为:英国首相艾德礼、美国总统杜鲁门、苏联部长会议主席斯大林。美国国家档案馆

古巴成为冷战期间美苏角逐的一个关键国家。1961 年,美国试图通过协助古巴流亡者在猪湾(Bay of Pigs)登陆来颠覆卡斯特罗政权。但入侵失败,卡斯特罗遂寻求苏联的保护,并发誓要在拉丁美洲的其他地区传播

政策,但在二战后却抛弃了这一政策。政策转变有多方面因素,如共产主义运动、对共产主义扩散的担忧、在本地区的经济利益等。在危地马拉,雅各布·阿本斯·古兹曼(Jacobo Arbenz Guzmán)上台后,开始限制美国企业的利益和影响。由美国控制的联合水果公司(The United Fruit Company)宣称这些改变有共产主义力量的参与,并要求援助。美国主导了一次军事行动,成功地颠覆了阿本斯·古兹曼政权。新政权宣布废止改革措施,监禁和屠杀共产党人。由共产党人和民族主义者领导的小规模游击战出现,抵抗运动持续了数十年。

共产主义。尽管卡斯特罗未能在拉美建立另外一个社会主义国家,但他与苏联的联盟在古巴导弹危机时把世界拉到核大战的边缘。苏联答应在古巴装配导弹,并协助卡斯特罗抵抗美国进一步的行动。作为回应,美国总统肯尼迪(John Kennedy)命令海军对古巴进行海上封锁,防止导弹被运往古巴。最终,苏联领导人赫鲁晓夫让步了,同意拆除已有的导弹发射基地,保证未来不在古巴设置导弹。这次直接对抗使人们意识到了世界曾经距离核大战有多近,这推动美、苏架起直通电话及随后的关系解冻,并开始谈判减少核武器。

进一步阅读书目:

Goff, R., Moss, W., Upshur, J-H., & Terry, J. (2002). *The Twentieth Century: A Brief Global History* (6th ed.). New York: McGraw-Hill.

Judge, E. H., & Langdon, J. W. (1999). *The Cold War: A History through Documents*. Upper Saddle River, NJ: Prentice Hall.

Stromberg, R. N. (1992). *Europe in the Twentieth Century*. Englewood Cliffs, NJ: Prentice Hall.

米歇尔·丹·贝斯特(Michelle Den Beste) 文

尹建龙 译 俞金尧 校

# Colonialism　殖民主义

602

殖民主义涉及对殖民地人民的控制和剥削，由殖民宗主国的经济需求或贪婪以及政治竞争激发起来。大部分历史学家认为，殖民主义的代价——因疾病和奴隶贸易而死亡的人口，对殖民地经济增长的抑制，对殖民地人民的精神伤害和文化上的统治——远远超过了殖民统治所带来的诸如基础设施的改善、殖民地独立后的现代化与民主化发展等好处。

殖民主义，可宽泛地定义为"由技术更为先进的外来少数种族强加给当地土著居民的一种政治、经济和文化控制体系"。殖民主义是帝国形成、欧洲扩张和创建现代世界体系的重要组成部分。"colonialism"（殖民主义）的词根"colony"（殖民地）源自拉丁语"colonie"，其原意是指"为罗马帝国生产食物的农业定居点"。

殖民主义在人类历史上已经存在了约 6 000 年，当人类最初的定居点不断发展壮大，周围区域所生产的食物不能满足定居点需要时，殖民主义便产生了。最早的殖民地可能是其邻近地区，殖民者剥削殖民地或人民（或两者）为其生产粮食。从剥夺被征服民族的土地并剥削其劳动力和自然资源的角度看，所有前工业化国家都是殖民国家。

## 西方殖民主义的程度与起因

现代人对殖民主义的兴趣主要集中在从 1500 年到今天的西方殖民主义。而西方殖民主义之所以受到如此多的关注，是因为其所涉及的范围广泛，是人类历史上的一种重要力量。西方殖民主义影响所及的范围，从德国地理学家亚历山大·苏潘（Alexander Supan）的评说中可以得知。根据他的统计，在 1900 年，欧洲各国和美国控制了非洲 90.4％的领土、太平洋各岛屿 98.9％的领土、亚洲 56.5％的领土、美洲 27.2％的领土和整个大洋洲。在欧洲各国中，英国、法国、西班牙和德国是最大的殖民国家，其次是葡萄牙、荷兰、比利时和意大利，其所占领的殖民地相对较少。

最早侵入南亚和东南亚的欧洲国家是荷兰、葡萄牙与西班牙，到 18 和 19 世纪，英国和法国也将其殖民地扩展至这些地区。对非洲进行侵略与殖民的国家包括英国、法国、比利时、西班牙、葡萄牙、德国、意大利，19 世纪末 20 世纪初的几十年是对非洲进行殖民侵略与争夺的最激

这幅图画是北美印第安人中的苏族人为纪念在小比格霍恩战役中击败美国军队而画，画中的印第安武士们牵着缴获的马匹和马鞍

烈时期。

对美洲的殖民侵略始于 15 世纪末,一直持续到 19 世纪末。有些专家认为,美国成立后逐渐取代欧洲列强成为对美洲其他国家进行殖民侵略的主角,不断侵占美洲国家的领土,并从经济与政治上控制了海地、古巴和洪都拉斯等国。由于美国并没有对被殖民国家进行直接和正式的控制,因此这种形式的殖民侵略也被看成非正式殖民主义。

在一些情况下,殖民地处在殖民宗主国政府的直接控制之下。在另外一些情况下,则由贸易公司充当殖民统治的代理人。一些殖民地成为被保护国,而另一些国家仅仅保持了名义上的独立,最终却受到西方列强支配的傀儡政府的统治(就如非正式殖民主义)。在一些情况下,列强对殖民地的统治形式会发生相应变化,例如英属印度最初被置于英格兰东印度公司统治下,1858 年由英国政府接管。

有些专家将经济因素视为导致欧洲殖民主义的根本诱因,另外一些专家则强调政治因素,也有些专家强调经济与政治因素的调和。从经济上讲,扩张中的世界体系与工业革命齐头并进,扩大了欧洲列强对原材料和产品市场的需求。殖民地既能够提供廉价原材料,又能为欧洲生产的商品提供垄断市场,因此可以满足欧洲列强的这两种需求。从政治上看,19 世纪中期和后期的殖民扩张受到欧洲国家竞争、均势政治和民族自豪感等多重因素的刺激。1884—1885 年间召开的柏林会议确认了列强对殖民地领土的控制取决于"有效占领"的原则,从而为殖民扩张提供了政治依据。工业革命所带来的技术进步,特别是蒸汽轮船、铁路、电报和各类威力强大的武器,让欧洲列强的殖民扩张更加快捷、廉价、容易。最后需要指出的是,许多社会思想家,诸如达尔文、摩尔根、马克思、斯宾塞等人的理论都或多或少地被殖民主义者利用或误用,把殖民地人民描述成"劣等民族",需要西方

文明、教育、民主和基督教的"拯救";因此,殖民主义和殖民化被塑造为对殖民地人民非常有益的事件。按照英国帝国主义文学家鲁德亚德·吉卜林(Rudyard Kipling)的话说,这是"白人的重担"。

## 剥削型殖民主义

剥削型殖民主义是指一种经济体系,在其中,殖民者力图以最低的代价剥夺殖民地的经济资源。农业种植园、采矿业、制造业工厂等都是剥削型殖民主义的典型。政府和其他机构的存在是为了保证经济剥削的顺利开展。

在 19 世纪,大部分亚洲和非洲殖民地都受到经济剥削。为了经济剥削的需要,殖民地宗主国在殖民地建立了一套政治、经济和社会结构。殖民地宗主国政府为了本国利益,为殖民地制定各类政策,很少顾及殖民地的利益。这些殖民地由西方官员、商人、农场主及传教士组成的精英小集团来统治,他们居住在按照欧洲风格设计和建造的城市中心,与土著居民隔绝。例如在 20 世纪 20 年代的英国殖民地尼日利亚,平均每位英国官员要治理 10 万土著居民。殖民者通常利用挑选过的地方土著领袖进行间接统治,由后者负责维持秩序、招募劳工、征收税赋并为殖民者提供食物等。这些土著领袖及其家庭由此换取殖民者的特殊优待。殖民者就是通过这种分而治之的策略,挑动土著部族之间的不和与斗争,从而防止形成有组织的反殖民主义力量。

殖民主义将殖民地拖入日益扩张的世界经济体系中。殖民者在殖民地攫取土地、物产、矿藏和廉价的劳动力。他们还将殖民地作为殖民宗主国所生产工业品的倾销地。这些活动也促进了殖民地本身的经济发展,但绝大部分财富都流向了宗主国。对殖民地人民而言,几乎谈不上有经济机遇。有些土著居民能够受雇成为低级公务员或欧洲人家庭里的仆人,但绝大多数

人仍然是农民或被迫到工厂和矿山里从事苦工。殖民者也雇用了大量的"中间少数民族"——是从遥远地区其他族群中招募来的人，他们被安置在殖民地从事各种工作。例如，在英属非洲和加勒比地区的许多殖民地中，英国殖民当局就雇用了大量印度人来担任各种工作。

### 定居者和定居殖民地

在许多殖民地里，都有从殖民地宗主国迁徙出来并定居在殖民地的人口。第一代定居者中的许多人将新土地视为他们的家园，而从新家园上成长起来的定居者后代的家园意识更为强化。在一些殖民地，如美国和新西兰，定居者取代了土著居民，攫取了他们的土地，从而成为当地最大且占据支配地位的族群。在其他一些殖民地，如英属非洲殖民地，定居者们形成小团体，他们经营大规模的农场，与当地土著居民相对和平共处。当这些定居者发现自己也受到母国的经济剥削时，定居者就支持殖民地独立运动。但是，一旦实现独立，定居者和土著居民往往会在土地改革等问题上产生分歧。

### 抵抗

殖民地人民往往顽强地抵抗殖民化。在殖民化早期，暴动、屠杀、损毁财产以及类似的事情十分普遍。土著居民的反抗遭到武力镇压——军队和警察是维持殖民统治的重要力量——反抗成功的例子很少。后来，土著居民进行了各种各样的抗争，如甘地领导印度人民开展并最终赢得印度独立的非暴力不合作运动，北美洲海地人民进行的鬼舞运动，南非人民开展的祖鲁战争，肯尼亚人民开展的茅茅运动，牙买加人民进行的奴隶战争等。殖民地的基督教会一般被用作反抗压迫和不平等的工具。受

过教育的土著居民也通过诗歌、文学作品和媒介等手段为反抗斗争做出贡献。

### 殖民主义的代价和收益

毫无疑问，在殖民化过程中，殖民国家获益颇多，而殖民地蒙受巨大损失——殖民统治的负面影响，在许多国家独立后还长期存在。然而，也有一些学者认为殖民统治对殖民地也带来很多好处。虽然有些地区，如美洲，殖民者长期依赖奴隶制，但殖民者也在许多地区终结了奴隶制度。殖民主义带来的其他好处包括控制区域战争以及创建一套政治和经济结构，修建基础设施，有利于殖民地独立后开展民主化和现代化进程。这些说法都是颇有争议的。有些学者也认为殖民主义所提供的政治和经济结构以及各类基础设施都是出于殖民者利益的需要，在去殖民化后很少能对土著居民发挥积极有效的作用。

另一方面，殖民主义的代价巨大。这包括各种传染疾病、强制迁徙、奴隶制度所导致的大量人口死亡；对殖民地经济发展的阻碍；各类新的种族矛盾与冲突；对殖民地人民所造成的精神伤害，表现在自杀率和凶杀的迅速提高；土著居民亲属和家庭关系的破碎；女性地位的下降；进口商品冲击下传统手工技艺的消失；等等。

### 去殖民化

到 20 世纪末，几乎所有的欧洲殖民地都实现了独立。美国是欧洲殖民地之中第一个宣布独立的，它通过 1783 年独立战争的胜利取得了独立。到 19 世纪初，位于拉丁美洲的诸多西班牙殖民地也取得了独立。至于英国、法国和德国统治下的非洲、亚洲和太平洋地区的殖民地，去殖民化发生在 20 世纪中后期，大多是受到第一次世界大战或第二次世界大战的冲击而实现的。

去殖民化进程一般有两种形式。第一种以美国和加拿大为典型，来自殖民地宗主国的定居者及其后代为追求政治和经济独立而终结殖民统治。随着母国权力的退出，定居者们开始自由地行使管理新成立国家的权力。然而，一般而言，这种类型的独立对于当地的土著居民而言没有任何好处。由于欧洲裔人口的不断增长，土著居民发现自己仍被边缘化，并且被挤出自己的土地。这种去殖民化类型在美洲、澳大利亚和新西兰普遍发生过。1804 年，海地黑人奴隶通过起义而获得独立，是这一类型的特例。

第二种类型的去殖民化进程更为普遍，由被殖民统治的土著居民重新取得对自己家园领土的控制权。在许多地区，这一去殖民化进程都非常漫长并充斥着暴力。首先，土著居民要求获得更多自主权的请求被殖民者粗暴拒绝；此后，赋予土著居民有限权利的内政自治改革会被启动；最后，殖民当局撤离，土著居民建立自己的政府并接管经济。

大多数经历了去殖民化进程的新生国家都要经历一段艰苦时期。各种族间的矛盾逐渐浮出水面，欧裔定居者与土著居民间的冲突日益加重，受过教育和有经验从事政府与经济管理工作的人员数量严重不足，新独立的国家也缺乏资金以维护必需的基础设施和满足社会发展的需要。对 20 世纪 60 年代以后获得独立的前殖民地国家而言，政治动乱、接连不断的独裁政府、贫困、人民流离失所、内战等，一度成为常态。

去殖民化也对许多殖民国家产生了深远影响。对这些前宗主国而言，廉价原材料的来源地和本国商品倾销市场的丧失导致了经济困难，虽然许多殖民地独立后还同宗主国保持着比较密切的经济联系，如英国、荷兰和葡萄牙都同其独立后的殖民地有着密切的经济往来。但这些前宗主国不得不接纳数以百万计的殖民地移民。许多移民来自殖民时代同宗主国密切合作的部落种族；更多的人是为了逃避本国的战乱、贫困而逃向宗主国；还有许多人只是为了获得更好的生活。由于这些前殖民地移民的大量涌入，英国、荷兰和法国都变成了多元文化国家，拥有人口众多的少数族裔——现在这些国家都面临种族主义、少数族裔权益、多元化、文化规则、宗教和言论自由等诸多问题。

606

进一步阅读书目：

Boahen，A. A. (1987). *African Perspectives on Colonialism*. Baltimore：Johns Hopkins University Press.

Braudel，F. (1983). *The Wheels of Commerce*：*Civilization and Capitalism*, 15th-18th Century. New York：Harper Collins.

Crosby，A. W. (1986). *Ecological Imperialism*：*The Biological Expansion of Europe*，900 – 1900. Cambridge，UK：Cambridge University Press.

Fanon，F. (1961). *Les damnes de la terre* [The Wretched of the Earth]. Paris：Francois Mespero.

Gellar，S. (1995). The Colonial Era. In P. M. Martin & P. O'Meara (Eds.)，*Africa* (3rd ed., pp. 135 – 155). Bloomington：Indiana University Press.

Headrick，D. (1988). *The Tentacles of Progress*：*Technology Transfer in the Age of Imperialism*，1850 – 1940. New York：Oxford University Press.

Pagden，A. (1995). *Lords of All the World*：*Ideologies of Empire in Spain*，*Britain and France c. 1500-c. 1800*. New Haven，CT：Yale University Press.

Thomas，N. (1994). *Colonialism's Culture*. Princeton，NJ：Princeton University Press.

Wesseling，H. L. (1997). *Imperialism and Colonialism*：*Essays on the History of European Expansion*. Westport，CT：Greenwood Press.

Phillips，R. (1997). *Mapping Men and Empire*：*A Geography of Adventure*. London：Routledge.

荣耀沉沦于商业久盛之处。

——奥利弗·戈德史密斯(Oliver Goldsmith，1749—1832)

Spurr，D. (1993). *The Rhetoric of Empire：Colonial Discourse in Journalism，Travel Writing，and Imperial Administration*. London：Duke University Press.

Supan，A. (1906). *Die territoriale Entwicklung der Europaischen Kolonien* [Territorial Development of the European Colonies]. Gotha，Germany：Perthes.

大卫·雷维森(David Levinson) 文<br>尹建龙 译　俞金尧 校

# Columbian Exchange　哥伦布大交换

607　欧洲与美洲之间早期的生物交换正式开始于 1492 年哥伦布(Christopher Columbus)的远航，所交换的内容包括病菌、种子、害虫、医药、作物和家畜。生物交换对新旧大陆上原本彼此隔离的物种产生了深远的影响。

在 2 亿年前，地球上的各大陆是连在一起的。就陆地生物而言，它们拥有极其多的迁徙机会，也因此有着后世所无法比拟的生物一致性。后来，大陆发生了分裂和漂移，彼此相隔，各大陆上的物种从此沿着各自的轨迹演化。尽管北美洲和亚洲的最北端曾多次重新相连，从而拥有许多共同的物种，但两者之间同样存在诸多差异。例如，旧大陆拥有夜莺、眼镜蛇等新大陆所没有的独特物种，新大陆则拥有旧大陆所没有的蜂鸟和响尾蛇。南美洲和旧大陆之间的差异性尤为显著。在南美洲，人们会看到摇晃着鼻子的貘，而在亚洲，人们看到的是摇晃着鼻子的大象。

## 旧大陆和新大陆：　人、作物与动物

1 万年前，最后一次冰河期结束了，陆地上的冰川融化，海平面升高，从而将新旧大陆再次分开。在此之前，许多物种在新旧大陆之间迁徙，其中最为重要的当数旧大陆的猿人——"智人"。在此之后，旧大陆和新大陆的人类各自演化。两者之间在生物遗传上的差异是较小的，但在文化上的差异却很大，因为两者在开发利用自然环境方面走上了不同的道路。

新旧大陆的人类都发明了农业，即驯化作物和牲畜，却建立了完全不同的农业系统。美洲土著人可能是带着狗从亚洲迁徙而来，故对驯化动物并不感到陌生。但他们在美洲并未驯化太多作物和动物，或是因为少有合适的作物和动物可供驯养。他们所驯养的动物包括羊驼、豚鼠和几种家禽。美洲土著人善于农耕，当今世界的主要食用作物中有 1/3 系由他们所培育：玉米、各种豆子、甘薯、木薯、笋瓜和南瓜、花生、番木瓜、番石榴、牛油果、菠萝、西红柿、辣椒、葵花子等。

与美洲土著人相比，旧大陆的原住民人数更多，活动范围更广，置身于生态系统更为多样化的环境中，自然也驯化出更多种类的动物和植物。马、驴、牛、猪、绵羊、山羊、鸡(这些大多是现在人们庭前院后的主要牲畜，也是人们获取肉、奶、皮毛和动物纤维的主要来源)均源于旧大陆。小麦、大麦、黑麦、燕麦、稻米、豌豆、芜菁、甘蔗、洋葱、生菜、橄榄、香蕉、桃、梨以及当今人们日常饮食中的许多物种也是如此。

## 新旧大陆之分：疾病

608 　　旧大陆在滋生传染疾病方面比新大陆有过之而无不及。旧大陆的生态系统更加多样化，这里生活着数量更多的人口，自然会滋生更多种类的疾病，尤其是在人与牲畜混杂而居、密切接触后。遍及欧亚和非洲的旧大陆各民族之间的融合以及人畜混居，造成了许多在历史上影响巨大的疾病。其中包括天花、麻疹、流感、疟疾、黄热病和伤寒等，不一而足。在哥伦布远航以前，美洲印第安人中间有结核病、密螺旋体病（此病可能是从旧大陆带过来的），还无意中滋生出新的传染病如查加斯病（即美洲锥虫病）。不过，美洲本地的疾病同旧大陆相比还是相对较少和温和的（梅毒常常被认为是一种美洲特有的传染病，但这一说法尚无定论）。

　　1492 年，哥伦布使新旧大陆连为一体，同时也导致了彼此之间的生物交换。这一交换和融合在早期的最突出结果是，东半球的疾病在美洲印第安人中肆虐开来。欧洲人对美洲的征服固然野蛮，但与传染病的侵入相比也不过如此。在西班牙征服墨西哥和秘鲁的过程中，天花泛滥，多次肆虐整个美洲。许多著名的人口统计学家都认为，美洲印第安人的人口在恢复增长以前减少了将近 90%。

　　另一方面，旧大陆的动物与植物大大提高了美洲供养大量人口的能力。例如，马、猪、牛在从佛罗里达到阿根廷大草原的广袤大地上繁衍，不到 1 个世纪便数以百万计。旧大陆的牲畜彻底改变了美洲的社会生活乃至整个生态系统。过去，即使在发展水平较高的美洲印第安人社会，肉食在大多数农民的日常饮食中都是十分罕见的。哥伦布大交换后，肉食在许多地区都变得常见。即便在一些不太常见的地区，肉食也不再那么难以获取。

　　除了狗和羊驼，美洲过去是没有驮畜的。

高等美洲文明中的金字塔以及其他历史遗迹都是靠人力来修筑的。如果驴是（西班牙）征服者带到墨西哥的唯一家畜，那么仅此一便足以彻底改变美洲土著社会的生活了。

　　马对美洲土著社会所造成的冲击尤其巨大。许多美洲印第安人从典型的"步行者"变成了"骑马者"。在大约 1750—1800 年间，北美大平原上的印第安人（黑脚族、苏族、夏安族、科曼奇族、波尼族等）和南美大草原上的印第安人（皮珍契族、佩尔切族、特维尔切族、拉奎尔族等）都骑上了马。

　　旧大陆的作物最初并不像旧大陆的牲畜那样迅速地涌入新大陆，这不仅是因为作物是植根于土地而难以迁移，还因为大多数（旧大陆的）作物是温带植物，而欧洲人最早建立的美洲殖民地位于热带，并不适合这些温带作物的生长。不过，欧洲殖民者因地制宜，引入了甘蔗等适合生长的品种以及对原有作物改良后的变种，并在与其原产地相似的土壤和气候条件下播种。例如，他们发现小麦在墨西哥山区生长旺盛。制酒用的橄榄树和葡萄则在秘鲁长得很好。在哥伦布（远航）后不到 100 年的时间里，旧大陆的大多数主要作物都在美洲种植开来。

　　其中最有经济价值的作物当数甘蔗，它是制作一种令人几乎欲罢不能的食材——糖的原材料。欧洲市场对糖的需求在几个世纪的时间里都在不断增长，甘蔗因而成为西印度群岛、巴西以及热带美洲及其邻近的炎热、潮湿地区最重要的作物。甘蔗的耕种、培植、收割和加工需要成百上千万的劳动力。美洲印第安人的数量急剧减少，欧洲移民亦是严重短缺，劳动力不得不从一些从未开发的地区输入。导致大西洋奴隶贸易的最主要动力是甘蔗种植园对劳动力的巨大需求。据估计，共有 1 250 万非洲黑人被抓 609 到美洲从事耕作，其中大多数都在新大陆种植旧大陆的甘蔗，以满足旧大陆的食糖消费。

## 1492 年与旧大陆

美洲印第安人的牲畜并未彻底改变旧大陆的生活。豚鼠和火鸡在欧洲、亚洲和非洲未能成为普及的食材。（在新大陆）作为驮畜的羊驼也明显逊色于旧大陆的许多牲畜，以至于它在东半球仅仅被当成新奇之物。

然而，美洲印第安人的作物给旧大陆带来了巨大影响，其中许多后来成为旧大陆日常饮食中常见食材的作物，都是由西班牙人和葡萄牙人带回伊比利亚半岛，并早在 16 世纪便于此栽种，然后由此推而广之的。一些作物在旧大陆的作物难以生长的地方茂盛生长。例如，对传统作物稻米、甘薯而言降水不均、土壤贫瘠、虫害严重的地方，木薯却可以生长存活。许多来自美洲的食用作物要比旧大陆的传统作物更易于种植、培育和收割，如玉米成为非洲撒哈拉沙漠以南地区的最常见作物，在某些地区甚至是最重要的作物。

马铃薯原产于潮湿而寒冷的安第斯山区，它成为北欧下层阶级最重要的食材之一。在爱尔兰，马铃薯对农民来说是不可或缺的。19 世纪 40 年代，一种来自美洲的病菌——致病疫霉侵入爱尔兰，破坏了马铃薯的种植，结果造成了 100 万爱尔兰人饿死或病死、150 万爱尔兰人出国逃荒。

哥伦布大交换对旧大陆日常饮食的影响是广泛的，如西红柿之于意大利菜、辣椒之于印度烹饪、玉米之于撒哈拉沙漠以南非洲地区的饮食等。举例来说，中国通常被认为是一个抗拒外来影响的地方，但我们看看美洲食用作物在这里的情况：中国人引种这些外来作物的速度要比其他民族迅速得多。

中国人接受美洲食物的迫切性与人口压力

早在公元前 5000 年前后，中美洲地区便栽培出不同品种的玉米。6 500 多年后，玉米传入中国，作为一种生长快、高热量的粮食而受到重视。克拉拉·纳托利(Clara Natoli)摄(www. morguefile. com)

有关。1368—1644 年的明代时，中国人口翻了一番，种植传统作物——北方的小麦和南方的稻米——的农民们逐渐陷入收益递减的困境。他们已经最大可能地运用已有的技术在适于耕作的土地上生产出最多的粮食。南方的情况或许尤为紧迫，在这里，连集市和用于灌溉的水源附近的平地或较平坦的坡地都已遍是稻田。

在美洲建立起帝国的西班牙人和葡萄牙人，将美洲印第安人的作物带到了东亚。西班牙人后来建立的马尼拉港距中国海岸线不过数日航程，它在将印第安人的作物传入中国方面发挥了主要作用。甘薯是一种热量极高的食物，于 16 世纪末被引入中国。与其他传统作物如稻米相比，甘薯可在贫瘠的土壤中生长，并且耐干旱、抗虫害，无须看管便可旺盛生长。1650 年，甘薯在中国的粤、闽等地广为种植，后来又逐渐成为许多气候适宜地方的贫苦农民的主要作物。

玉米早在 17 世纪中叶前便已传入中国。它同样生命力顽强，无须过多看管和花力气锄草、收割，连小孩子都对付得来。玉米比大多数作物都长得快，且能提供大量热量。它很快成为北至

610

山西、南至云南这一大片区域间的第二大作物，在许多内陆省份甚至成了最主要的作物。

花生在中国种植的历史至少可追溯至 1538 年。花生在西方被认为是一种新奇的食物，但在中国饮食中却相当常见。花生能提供大量的热量和油脂，花生的栽种还可使土壤富含氮。

按照人口史学者何炳棣的说法，"在过去的两个世纪里，稻米文化逐渐发展到极限，陷入收益递减的困境，从美洲引进的各种旱地食用作物极大地提高了中国的粮食产量，也使人口的持续增长更为可能"。以上论述同样适用于东半球的大部分国家和地区。

进一步阅读书目：

Cook, N. D. (1998). *Born to Die：Disease and New World Conquest*，*1492 – 1650*. Cambridge, UK：Cambridge University Press.

Crosby, A. W. (1986). *Ecological Imperialism：The Biological Expansion of Europe*，*900 – 1900*. Cambridge, UK：Cambridge University Press.

Crosby, A. W. (1994). *Germs*，*Seeds*，*and Animals*. Armonk, NY：M. E. Sharpe.

Crosby, A. W. (2003). *The Columbian Exchange：Biological and Cultural Consequences of 1492*. Westport, CT：Praeger Publishers.

Denevan, W. M. (1992). *The Native Population of the Americas in 1492* (2nd ed). Madison：University of Wisconsin Press.

Ho, P. (1959). *Studies on the Population of China*，*1368 – 1953*. Cambridge, MA：Harvard University Press.

Kinealy, C. (1995). *The Great Calamity：The Irish Famine*，*1845 – 1852*. Boulder, CO：Roberts Rinehart Publishers.

Kiple, K. F. (Ed.). (1993). *The Cambridge World History of Human Disease*. Cambridge, UK：Cambridge University Press.

Mazumdar, S. (1999). The Impact of New World Food Crops on the Diet and Economy of India and China, 1600 – 1900. In R. Grew (Ed.), *Food in Global History* (pp. 58 – 78). Boulder, CO：Westview Press.

Mintz, S. W. (1985). *Sweetness and Power：The Place of Sugar in Modern History*. New York：Penguin Books.

阿尔弗雷德·克罗斯比（Alfred W. Crosby）文

侯波 译　俞金尧 校

# Columbus, Christopher　克里斯托弗·哥伦布

克里斯托弗·哥伦布(1451—1506)的历史形象经历了从英雄伟人到罪魁祸首的变化，哥伦布其人以及他的真实成就反而被掩盖。这位在 1492 年首次出航开赴美洲的欧洲探险家并未完成寻找通往东印度群岛航线的任务，但他的美洲之旅开创了一个前所未有的、新旧世界大交换的时代。

611

就在研究欧洲海外扩张史的学者们大书特书哥伦布及其航行的历史意义时，对哥伦布其人的研究仍处于一片空白。有人说，哥伦布是一个传奇式的人物，是中世纪最后的十字军战士；也有人说，哥伦布是近代历史第一人，他第一个挣脱了禁锢人性发展的枷锁。人们一度认为

是哥伦布开启了美洲的文明化和基督教化进程，而如今人们却谴责说，正是他最早将奴隶制和种族杀戮带到了美洲。哥伦布得以青史留名的最主要原因在于他开启了一个揭开地球表面真实状态的进程，并告诉人们：海洋不是阻挠世界各地交流的障碍，而是连接各个民族和地区的通途。

所有这些看法都掩饰了真正的哥伦布，用神话的外衣盖住了哥伦布个人的努力，将他从一个复杂而多面的活人简化成一个刻板的角色。然而，还原一个真实的哥伦布之所以困难，不仅仅是因为现代学术界的缘故，哥伦布传奇形象的始作俑者正是他本人。

哥伦布的早年生活仍不得而知，这引发了关于其身世的诸多猜想。不过，有力的证据表明，他于1451年出生在意大利热那亚的一个织布工家庭。哥伦布最初是准备子承父业的，后来和多数热那亚人一样出海远航，行迹遍布地中海地区。此后，哥伦布移居葡萄牙的里斯本，他的哥哥巴托罗缪（Bartholomew）是那里的一名制图员。

前往里斯本的热那亚人有水手、商人和银行家，他们在寻找通往东方的新航线，以取代黑海沿岸曾连接热那亚和东方的殖民地，如今这些殖民地落入了穆斯林之手。葡萄牙之所以吸引热那亚人，是因为这里的水手沿非洲西海岸南下驶入大西洋，并在此发现了加那利（Canary）、佛得角（Cape Verde）、马德拉（Madeira）和亚速尔（Azores）四个群岛。这些航行更加坚定了热那亚人的信念，那就是要找到直通东印度群岛市场的水上航路。在葡萄牙，哥伦布参加远航，去过几内亚湾、亚速尔群岛、爱尔兰甚至冰岛，从而得以了解大西洋。

我们很难画出哥伦布航行的精确路线，也不清楚他究竟了解多少地理及相关方面的正规知识。他自称曾读过古代罗马学者普林尼

克里斯托弗·哥伦布的远航表明，探险家是可以相对安全地横渡和穿梭于大西洋的

（Gaius Pliny Secundus）的《自然史》（*Natural History*）以及意大利人保罗·托斯卡内利（Paolo Toscanelli）等宇宙志学者（研究天地寰宇的科学家）、威尼斯旅行家马可·波罗等人的书，还曾在马可·波罗的一本书上留下笔记。哥伦布深谙（基督教）传统，即要在"世界末日"到来之前将上帝福音传遍全人类。

在发起其首次远航之前的40年时间里，哥伦布掌握了关于大西洋的大量知识和经验，其中一些后来被证明是错误的。例如，他认为地球的周长大约有32 000千米，而非其批评者所说的40 000千米，但后者更接近于准确值。哥伦布的错误和他寻求赞助有关：哥伦布将地球说得小一些，并宣称地球表面大部分是陆地而非水域，这样他才能让向西航行至亚洲的念头变得更具吸引力：短短数周的航行便可使他抵达东印度群岛。

哥伦布显然并未完成他最初意欲实现的计划，尽管他从不承认这一事实。他曾在1492—1493年、1493—1496年、1498—1500年、1502—1504年四次远航前往新大陆，却从未到达亚洲，也未发现他苦心寻觅的贸易航线。从这一角度

约翰·范德林(John Vanderlyn)所绘《1492年哥伦布登上瓜纳哈尼岛》(*Columbus Landing at Guanahani，1492*)，创作于1837—1847年，布面油画

看，哥伦布失败了。

不过，从世界历史的角度看，哥伦布成就非凡。他的远航表明，人们是可以相对安全地横跨大西洋并往返其间的。这一事实反过来鼓励了其他人的进一步发现和探索，最终导致西班牙探险家巴尔沃亚（Vasco Nuñez Balboa）于1513年发现了太平洋，进而葡萄牙航海家麦哲伦（Ferdinand Magellan）于1519—1522年间率船队完成了环球航行。这些航行让欧洲人了解了地球上各大洋的地理位置和大小，让他们的船只可以到达北极和南极冰川阻挡之外的任何海岸。随着水手、殖民者和征服者同美洲印第安人以及世界上其他曾孤立封闭的民族发生碰撞，新的联系不断加强，作物和疾病随之扩散，世界历史悄然开启了一个新的时代。

哥伦布引领着这一新的时代，但他的名声也从此在英雄与恶徒之间起起落落。1776年后，美国的革命派半开玩笑地提出将哥伦布奉为"建国之父"，故而成立了"哥伦比亚特区"。1893年，芝加哥举办了哥伦比亚世界博览会，热烈庆祝哥伦布航行400周年。进入20世纪，意大利移民开始举行"哥伦布日"游行，将哥伦布称为本民族的英雄。但到了1993年，即哥伦布航行500周年纪念之时，反对者阻止官方大搞庆典，指责哥伦布应对残害美洲印第安人、破坏新大陆的生态平衡负责。

进一步阅读书目：

Fernández-Armesto，F. (1992). *Columbus*. Oxford，UK：Oxford University Press.

Flint，V. I. E. (1992). *The Imaginative Landscape of Christopher Columbus*. Princeton，NJ：Princeton University

Press.

Morison, S. E. (1942). *Admiral of the Ocean Sea*. Boston: Little, Brown.

Morison, S. E. (Trans. & Ed.). (1963). *Journals and Other Documents on the Life and Voyages of Christopher Columbus*. New York: Heritage Press.

Phillips, W. D., Jr., & Phillips, C. R. (1992). *The Worlds of Christopher Columbus*. Cambridge, UK: Cambridge University Press.

Watts, P. M. (1985). Prophesy and Discovery: On the Spiritual Origins of Christopher Columbus's "Enterprise of the Indies". *American Historical Review*, 90(1), 73–102.

詹姆斯·穆尔杜(James Muldoon) 文

侯波 译　俞金尧 校

# Communication Media　传播媒介

616　　大概早在 10 万年前,人类便已发明了语言,并发展出远胜于其他生物的复杂通信。大约自 5 000 年前文字体系问世以来,伴随着从简单的人工物品到复杂的机器设备,乃至可跨时空传递信息的通信网络的技术发展,人类的通信也在不断进步。

"传播"或曰"信息传递",包括生物之间传递信息的各种途径。动植物通过嗅觉、视觉和听觉来传递信息。人类的嗅觉不太灵敏,但可以依靠听觉和视觉,通过远比其他物种更为复杂的方式来传递信息。人类不仅发明了用于当面沟通的复杂语言和手势,还创造出诸如文字、机器设备与电子网络等可跨时空传递信息的媒介。

人类的通信体系对世界历史产生了深远影响。语言是人类通过文化而克服生理限制、使人得以游走于四方的最重要方式。但语言、文字等媒介将人类划分为敌对的族群,导致了冲突以及一方对另一方的压迫。在过去的 5 000 年里,伴随着从简单的人工物品到复杂的机器设备和通信网络的技术发展,通信亦在进步。技术的发展从根本上提高了信息传递的效率。语言使人类能够表达出复杂的思想。文字使跨时空的信息传递成为可能。造纸术和印刷术使信息广为传播,而大众媒介将传播的广泛性和时效性结合在一起。互联网似乎将会具备此前各种媒介的优点,它有可能会以令人难以预料的方式改变人类文明。

## 语言

说话是(人类)最初也是独有的普遍信息传递方式。每个人从小便练习说话——除了聋人,他们练习手语——因为语言能力是人类与生俱来的。当今世界上所使用的语言共有 6 000 种,它们是文化的承载者和身份认同的塑造者,不仅凝聚了能够彼此理解的人群,而且将他们同那些操不同语言的人群区分开来。但是,没有任何一种语言是人后天学不会的,因为从来就没有哪种语言是先天遗传而来的。

数百年来,人们认识到有些语言之间存在相似性:法语、西班牙语和意大利语属于罗曼语族,而俄语、波兰语和捷克语则属于斯拉夫语族。

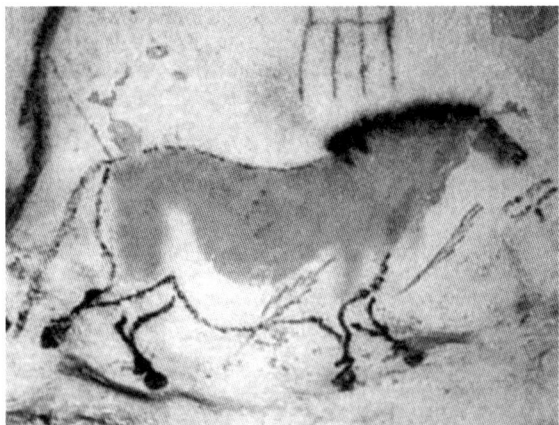

法国拉斯科(Lascaux)岩洞壁画中的马。渔猎采集时代的人类通过在洞穴墙壁上绘画或在岩石上刻画图案来传递信息

人们还认识到,语言会随着时间而改变,例如,罗曼语族均从拉丁语演化而来。只有专业的语言学家才能洞悉这些明显的相似性背后更为微妙的联系。1786年,印度法官威廉·琼斯爵士(Sir William Jones)曾谈及古代印度的梵语同希腊语、拉丁语之间的相似性。他甚至断言:"没有哪位语言学家在研究了这三种语言后不会相信三者同源,只是这种共同的起源或已消失了。"语言学家后来将印欧语系视为欧洲和印度大多数语言的鼻祖,从而证实了琼斯的看法。一直以来,历史语言学家们便致力于挖掘看似毫无关联的语言之间的联系,试图发现它们的共同起源。

100多年来,语言学家们专注于印证欧洲、波斯和印度的语言组成了庞大的"印欧"语系。他们还确定出闪米特语(Semitic,阿拉伯语和希伯来语)、班图语(Bantu,中南非洲的语言)、阿尔泰语系(Altaic,在中北亚)、南岛语(Austronesian,在东南亚和波利尼西亚)等多个语系。他们运用细致的技术手段,还原出那些长期失传的语言的词汇。但他们也只能到此为止,因为不同语系之间似乎并不存在任何相似性。

不过,近来有一些更为大胆的科学家提出了一种假说,即各大语系虽然看上去毫无关联,实际上却同属于一个总科,并且源于千百万年前(人类)所使用的共同的始祖语言。最为大胆的语言学家甚至提出,世界上使用的所有语言均源于一种原始语言——10万年前在非洲所使用的母语。

同时,研究远古骨头的人类学家们发现:同更早的原始人类相比,最初的"智人"拥有声带,使其可以口齿清晰地说话,他们还拥有思想,使其具备雕刻和绘画的能力——这些都是语言所要求的复杂思维的可喜前兆。从这些骨头证据中,他们推断出智人发源于大约10万年前的非洲,后迁移至其他大陆。

同时,遗传学家们在寻找不同大陆的人类DNA的相似性。由此,他们得以确定两个族群分开多久了,其祖先又源于何处。他们发现,智人发源于10多万年前的非洲,其中一些在大约10万年前迁移至中东,在大约8万年前来到东南亚,5万年前来到新几内亚和澳大利亚;还有一些在4万年前来到欧洲,1.5万年前来到美洲(以上时间仅有几千年的数字误差)。

这三大学科的发现均是独立完成的,却又惊人地相似。这些发现表明:语言是智人所独有的能力;最早的语言可能流传于大约10万年前的非洲;随着人类分散至世界各地,语言以不同的方式发生了改变,从而形成了当今世界上令人惊叹的不同语种。尽管语言如此多种多样,但世界各地(的人们)学习和使用语言的能力是一样的,而且各种语言在表达类似的观念方面具有同等的能力。

导致各种各样语言形成的原因在于彼此隔离。几千年来,由于人类族群的分散,其语言也变得越来越不相同。1万年前,所有的人都生活在一小片范围内,以采集和狩猎为生,互不往来,当时的人们很可能说着成千上万种语言。自农业和文明出现后,这一趋势得到改变。王国和帝国建立在信息沟通的基础之上,故要求读书人乃至每一位国民都使用同一种语言。许多西欧

617

南美洲的印加人(Incas)用打结的细绳来记录税收和贸易,他们称之为"结绳文字"(*quipus*)。秘鲁利马的拉尔科博物馆(Larco Museum)藏品

民族所使用的语言源于古代罗马帝国的语言。从伊拉克到摩洛哥的广袤大地曾在7—8世纪被阿拉伯人所征服,故这里使用的是阿拉伯语。大多数拉丁美洲人说西班牙语,大多数北美洲人说英语,许多非洲人说的是前殖民时期宗主国的语言。

虽然殖民帝国已不复存在,但帝国主义式的语言仍在传播。实际上,这种传播由于广播、电视、商业和媒体而不断加速。在非洲,学校教孩子们学说法语、英语或葡萄牙语。为了在这个全球化的世界获得成功,越来越多的人意识到他们不仅应会说本地语言,还应会说一种甚至多种全国或全球通用语言。

全国和全球通用语言的传播令少数民族的语言岌岌可危。美洲、印度和东南亚的土著部落所使用的小众语言正在消失,因为年轻人逐渐转为使用电视、媒体、学校和官方的语言,他们觉得毫无必要保留老一辈的语言。至21世纪末,现有的语言中将仅有一半仍存于世。当语言消失时,它们所承载的许多口头文化如传说、神话和宗教信仰都会随之消亡。语言学家们正竭力在这些濒临灭绝的语言彻底消失之前将其录制下来,但这并非易事。能将濒临灭绝的语言说得流利的多为老人,他们无法记得他们所知的全部语言。随着通信的加强,世界文化的多样性却在减弱。

## 视觉通信

在文字发明之前,说话仅仅是人类传递信息的方式之一。在渔猎采集时代,人类在洞穴的墙壁上绘画,或在岩石上雕刻图案。这种岩画在多地均有发现,其中最古老的当数距今2.8万年的纳米比亚岩画,稍晚一些的则有距今1.6万年的法国南部岩画以及撒哈拉、夏威夷等地的岩画。一些考古学家甚至推测,澳大利亚岩画或许可追溯至7.5万年前。新石器时代的人们竖起大型石碑,如英国的巨石阵和马耳他岛的巨石庙。墨西哥南部的奥尔梅克人(Olmecs)和太平洋上的复活岛原住民雕刻出了巨大的石像。这

618

社会源于信息的沟通，即理解、亲密和彼此尊重。

——罗洛·梅(Rollo May, 1909—1994)

些创作都属于艺术品，是（人们）传递思想、追忆历史乃至祭拜神灵的方式。

　　与史前人类的艺术创作相比，助记手段要更为普遍。当今世界充斥着各种无须语言便可以传递和提示信息的符号：穿裤子的人和穿裙子的人的样子分别代表着男厕所和女厕所；一条线穿过一支烟表示"禁止吸烟"；即便是不识字之人也能一眼看懂交通标志。助记手段是智人所使用的早期信息传递方式之一。法国克罗马农人（Cro-Magnon Peoples）洞穴所出土的带有刻痕的符木距今已有 3 万年，它们可能是用来记录月相的。波利尼西亚的航海者用木棍和绳子制作地图，来帮助他们记住岛屿的方位，指导他们的后辈。南美洲的印加人使用结绳文字——打结的细绳来记录税收和贸易。在美索不达米亚（即两河流域，在今伊拉克）及其周边地区，人们在文字出现之前的很长时间里，一直

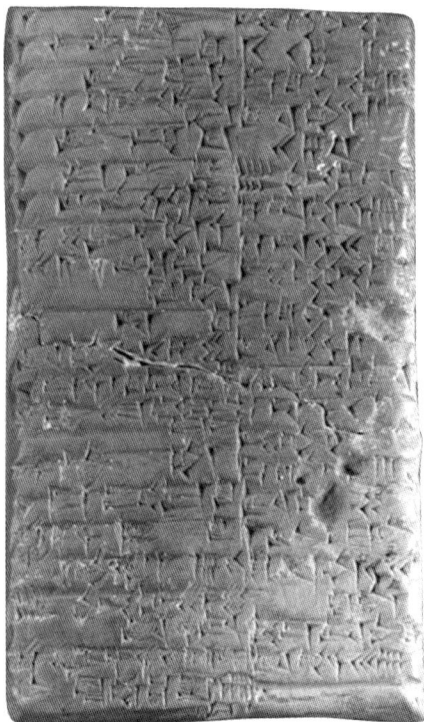

美索不达米亚楔形文字泥板（约前 24 世纪），亚美尼亚文物经销商克尔考·米纳西安（Kirkor Minassian）特藏品。美国国会图书馆

用泥塑来记录他们所生产和买卖的物品。这些泥塑均是用黏土做出代表着相应物品的形状（如一头羊、一蒲式耳的谷子或一罐油等）。

　　这些实物遗留至今，使科学家得以有迹可循。但正如今天的人类一样，史前人类必然也有更为迅捷的视觉通信方式，如打手势、做表情、唱歌、摇摆身体和跳舞等。他们可能将语言、手势和音乐融于祭拜仪式、传说和戏剧中。即便是在史前时代，人类彼此沟通信息的方式也是无穷无尽的。

## 书写

　　文字被记录在实物媒介之上，可以经久保存，世代流传。能够完整传递语言信息的文字体系出现在世界上城市文明发端的地区。最早的是前 3300—前 3000 年两河流域下游的苏美尔。苏美尔所创造的文字被称为"楔形文字"，因为它是用削尖的芦苇枝末端书写在黏土制成的泥板上的。楔形文字及其载体泥板为中东地区其他语言所效仿，3 000 年来绵延不绝。业已出土的数万块泥板几乎都谈及世俗的商业、税收和行政管理等事务。至前 2000 年，人们用楔形文字撰写出《吉尔伽美什史诗》(*Epic of Gilgamesh*)等文学作品。

　　在美索不达米亚人的启发下，邻近的古埃及人发明了 3 种文字体系。最为著名的当数象形文字（hieroglyphics），它集图像与符号于一体，刻在石碑上，或画在墓室里和重要文书上。宗教经文用被称为"僧侣体"的简化字体书写于莎草纸上，这种草纸是用尼罗河三角洲所生长的芦苇（即纸莎草）制成的。日常事务如商业簿记、简单记事则用"通俗体"这种手写体来进行书写。不幸的是，与留存至今的美索不达米亚泥板不同，莎草纸文书几乎消失殆尽。

　　汉字发端于大约前 1500 年。已知的最早汉字是书写在占卜者用于占卜吉凶的甲骨之上的。

1844 年,正是这组电报发报机和收报机通过华盛顿特区和巴尔的摩之间的试验性电报线,将塞缪尔·莫尔斯(Samuel Morse)的消息"上帝创造了何等的奇迹"(What hath God wrought)发送给了莫尔斯的助手阿尔弗雷德·维尔(Alfred Vaill)。阿尔弗雷德·哈雷尔(Alfred Harrell)摄

汉字从一开始便是表意文字,即一个图形符号表示一个字。尽管现代汉字看起来有所不同,但研究者们依然能看出汉字由古至今的发展轨迹。汉字与汉语浑然一体,是迄今为止世界上历史最为悠久的文字体系。汉字亦被朝鲜人和日本人所接受。

在美洲,唯有玛雅人在约前 300 年发明过真正的文字体系。与古代埃及象形文字一样,玛雅文字也是象形文字,且极其复杂。它与古代世界最为精密的玛雅历一起被图写在神庙墙壁上,记录了宗教经文以及国王和战争年表。玛雅文字大概源于前 1500 年前后的奥尔梅克文字体系。

如今,世界上大部分地区使用的是表音文字(又称字母表文字)。最早的字母是在大约前 1800 年由埃及的闪米特人所发明,后传至巴勒斯坦以及其他更远的地区。闪米特字母如希伯来文、阿拉伯文等均只有辅音。元音则在字母上方用符号来标识,不过仅限于宗教经文和儿童读物中。前 8 世纪,希腊人从腓尼基人那里接受了字母文字,并增加了说希腊语所必需的元音。当今世界大多数人所使用的拉丁字母和西里尔(Cyrillic,即斯拉夫)字母均源于希腊字母。

文字的用途可谓多种多样:简单的商业簿记、私人书信、碑刻、《圣经》和《古兰经》等宗教经文、文学和哲学著作等。几个世纪间,只有一小部分人——社会上层男性,尤其是专职书吏以及极少数女性——才会读书写字。古代经济状况有限,对文字的需求不大,而且书写材料(黏土除外)对大多数人来说过于昂贵。直到 1000 年后,随着造纸术和印刷术的发明,读书写字才进一步普及开来。

## 邮政体系

早期的文字体系或由政府官员所发明,或为其所采纳,用来记事和发号施令。小邦使用信使足矣,但幅员广大的王国和帝国则必须用更可靠的手段来维系同边陲地区的联系。波斯人修建了从伊朗西部的国都苏萨(Susa)到黑海的以弗所(Ephesus)的御道,沿途设有驿站,驿站中配有供信使骑乘的驿马。罗马人兴建道路,建立了一套帝国信使体系,被称为"cursus publicus"(国家邮驿系统)。中国、印加以及其他帝国也都发现了类似的管理边陲的道路。

不过,普通百姓就只得托某位旅行者帮他们带信了。直到 17 世纪,邮政服务才向公众开放,且价格高昂。铁路于 19 世纪 30 年代由英国

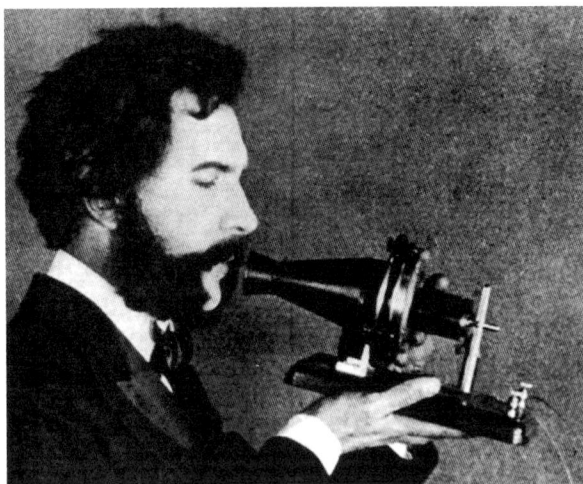

发明家贝尔（Alexander Graham Bell）正对着一部电话原型机讲话

人所发明，后传至世界其他地区，从而使邮政体系不再是富豪权贵们的特权，而是如今我们所熟悉的快捷可靠且价格低廉的通信方式。

## 纸与印刷术

文字的书写仅需要简单的工具，也仅有小部分人会使用。为了使更多的人能够读书写字，就必须将技术融入信息的传递中。在一系列更为有效的传播媒介中，首先出现的是纸和印刷术。这两项均是中国人的发明。最早的纸可追溯至公元前 1 世纪，由麻类植物纤维制成。中国是一个幅员辽阔的帝国，拥有大批重视古代典籍和书法艺术的知识精英，因此也使用了大量的纸。至宋代，技术指南、小说、宗教经书等各种书籍的交易相当活跃。造纸术在 8 世纪从中国传至中东，并于 12 世纪以后传至欧洲。

印刷术的发明使纸具有了真正的实用性。8 世纪，中国人发明了雕版印刷术，用其来印刷书籍、版画和纸币。活字印刷术出现于 11 世纪，当时使用的是陶活字，后于 13 世纪改用金属活字。中国直到 19 世纪仍以雕版印刷为主，而朝鲜却更为广泛地使用活字印刷。在欧洲，约翰内斯·古登堡（Johannes Gutenberg，约 1390—1468）也发明了金属活字印刷术，并于 1453 年印出一部《圣经》。各种书籍、小册子、地图、通报、报纸、纸牌等均被大量印刷出来，极大地推动了西方以及东亚的识字率的提高。

在印刷术所促成的各种信息传递方式中，报刊成为最普及和影响最大的一种，尤其是 19 世纪初使用蒸汽动力的回转印刷机问世以及数十年后廉价小报出现以后。报刊不仅提供地方时讯和有用信息，也提供带有倾向性的外国新闻报道，以便于煽动民族主义情绪。报刊未能带来国家间的进一步和解，反而煽动起民众对 19 世纪帝国主义和 20 世纪初世界大战的热情。

## 视听信号

人声的传递距离很短，文字的传递又必须以特定的物品为载体。在世界的许多地方，人们都在探寻更快地向更远处传递信息的方式。美洲印第安人使用烟雾信号；手鼓等鼓类在美洲和非洲广为人知；古代罗马人和中世纪欧洲人建造了可点烽火的瞭望塔；船只使用旗帜。1775年，保罗·列维尔（Paul Revere）在波士顿的教堂塔上挂起灯笼，提醒人们英军正在逼近。然而，所有的这些信号都有一个弱点：它们都只能向一个方位传递少数预定的信号。

法国大革命期间，随着两种开放式的双向视觉通信系统——旗语以及海军旗语的发明，上述情况得以改变。旗语由法国人克劳德·沙普（Claude Chappe，1763—1805）首创，它由制作精密的木板组成，这些木板可以移至不同的位置以表示某个暗号或字母表中的某个字母。自1794 年起，法国政府在法国以及后来拿破仑帝国境内的瞭望塔上都装上了旗语设备，雇专人守望来自邻近的瞭望塔的信号，并将其传递给

621

摄影术发明者路易·达盖尔(Louis Daguerre)的《圣殿大道》(*Boulevard du Temple*,*c. 1839*)。1839 年,法国政府获得了"达盖尔银版照相法"(Daguerreotype)专利,并宣布将这项发明向"全世界免费"赠予

另一个瞭望塔。晴天时,一个消息可以在 12 分钟内从巴黎传递至 760 千米之外的土伦,途经 120 座瞭望塔。不过,这一套系统在晚上和雾天时便没法使用了。

与此同时,英国的海军军官出于同样的战争原因而对海军旗语加以改进,将其从一种临时性的单向通信改进为一种可在两舰视线范围内传递任何信息的方式。在晚上,船上便挂上带有遮板的提灯。1815 年拿破仑战争结束时,这些方法很快为商船所采用并传遍世界。

## 电子通信

电报与电话会有专文加以详述,故在此我们仅进行简要概括。电报问世于 19 世纪 30 年代的英国和 19 世纪 40 年代初的美国。美国的(电报)系统使用了莫尔斯(Samuel Morse,1791—1872)所发明的单线电报系统和密码,逐

渐为世界各国所接受。电报线路在造价上要比之前的视听通信(设施)低廉得多,且可在夜间和任何天气条件下使用,发送信息也更加迅捷。电报的能量是如此之大,以至于它势不可挡:铁路、政府、报刊媒体以及普罗大众都是它的用户。至 19 世纪 50 年代,电报网络已遍及欧洲和美国东部。在随后的数十年里,殖民列强纷纷在印度和非洲部分地区以及拉丁美洲的独立国家架起了电报线。

同时,工程师和企业家们尝试着用海底电缆将陆地与岛屿连成一个全球性的电报网络。1866 年,首条成功铺设的跨大西洋电缆开始运行,紧接着的是 19 世纪 70 年代通往印度、澳大利亚和中国的电缆以及 80 年代环绕非洲的电缆。在北大西洋地区,电报行业以竞争为主,但在其他地区,电报行业被少数英国公司所垄断。国际和洲际的电子通信推动了全球范围内的商业扩张和信息流动。不过,正如其先驱者所料到

554

的那样,国际和洲际的电子通信并未降低(人类的)战争欲望或减少战争爆发的机会。

电报对长距离的信息传递产生了极大影响。相比之下,电话直至 20 世纪初在很大程度上仍局限于当地的富人和企业。电话于 1876 年由美国人贝尔(Alexander Graham Bell,1847—1922)所发明,很快便被安装于北美和欧洲的各大城市。由于技术上的原因,从纽约到旧金山的横贯大陆的电话线路迟至 1915 年才被搭建起来。直到第二次世界大战后,电话线以及近年来的移动电话才普及至农村地区和发展中国家。

1895 年,意大利人马可尼(Guglielmo Marconi,1874—1937)向世人展示了首个无线通信系统。在最初的 20 年里,无线通信的用途仅限于使用莫尔斯密码来发送电报,工程师们则专注于搭建用于长途通信的大型(信号)发射站,使信号能传至海上船只,跨越五大洲四大洋。

## 大众电子传播

当日新月异的技术设备所传递的不仅仅是莫尔斯密码,还开始包括声音和音乐时,无线通信的性质便彻底改变了。无线电广播始于 1920 年的美国匹兹堡 KDKA 电台。2 年后,全美已有 564 个靠广告来维持的商业电台。在其他大多数国家,政府从一开始便垄断了无线电广播,用这种新媒体来弘扬文化和进行政治宣传。至 20 世纪 30 年代,短波电台已面向外国播放政治新闻。

至 20 世纪 30 年代末,电视在技术上已具有可行性,但它在大众传播中的运用由于第二次世界大战而被推迟。电视在 20 世纪 50 年代的美国、60 年代的欧洲和 70 年代的日本成为常见的消费品。尽管电视台只能面向本地播放电视信号,但它们通过电缆而连为一体,形成了电视网。整个行业在美国由 3 套电视网所主导,在其他国家则是以一到两套电视网为主。为了不让本国公民接收外国广播电视,政府强制推行国

内国外互不兼容的技术标准。20 世纪 70 年代后,两项新的技术——卫星和电缆——撼动了这种中央集权式或产业集中化的体制,促成了新型信息和娱乐媒介的繁荣。

## 电影和录音

在 19 世纪,影像技术作为一种新的艺术媒介发展起来了。19 世纪末,美国和法国的发明家们发现,按照先后顺序迅速地放映图像,眼前便可看到动态的影像。企业家们很快发现了运用胶片来表现完整剧情的方法,创造了新兴的电影产业。随着 20 世纪 20 年代末有声电影的问世和 30 年代末彩色电影的出现,电影产业受到越来越广泛的欢迎。

录音始于 1877 年。当时,美国发明家爱迪生(Thomas Edison,1847—1931)利用锡箔包裹的滚筒来记录声音。10 年后,扁平的留声唱盘不仅可以录制音乐,还实现了量产。二战后,留声机和唱盘逐渐被磁带所取代,20 世纪 80 年代以后又逐渐被激光唱片和发端于计算机技术的其他数字媒介所取代。

## 计算机和互联网

在 20 世纪 80 年代以前,大众媒介都是单向性的,公众只是被动的接收者。计算机促成了大众传播在全球范围内的交互性。当个人计算机成为平价消费品,并通过巨大的分散式网络即"互联网"而与其他计算机连在一起时,这种交互性便实现了。起初,互联网的用途相当于免费的文本信息处理器,但到了 20 世纪 90 年代,万维网实现了图像、声音、音乐和文本的传输。商业界和企业界很快利用万维网作为推销自己产品和服务的廉价方式。不过,与广播和电视不同,互联网是无法被政府或企业所垄断和审查的。个人或组织机构可以通过计算机将任何一种信

息传递给有兴趣的一方。个人通信与大众传播正在相互结合，将世界各地连为一体。

尽管计算机和互联网服务的价格越来越便宜，但这项技术依然不合比例地有利于富裕国家的公民和组织机构。在撰写本文时，美国纽约市曼哈顿区的计算机和电话线比整个非洲的都要多，而且这种差距仍在扩大。与此前的信息传递技术一样，新的通信技术无论在当地还是在全球范围内都更青睐精英阶层。

### 通信的未来

在 21 世纪，通信体系将会在全球范围内继

续扩大并加深其渗透力。移动电话和互联网接入将会深入最为偏远的农村。无线视频点播和虚拟现实等更为新颖的媒介将会弥补今天我们对媒介的认识。在整个过程中，这些媒介将会使世界文化日趋同质化。方言将会消失，取而代之的是少数全球通用的语言。人们在服装、音乐和娱乐上的品位将趋于一致。不过，若以历史经验为参照，通信的进步并不会使世界上的各个民族更加理解彼此，也不会减少战争爆发的可能性。当技术使我们掌握了轻而易举地发送超越时空的信息的力量时，它也无法阻止这种力量被媒体控制者所滥用。

进一步阅读书目：

Aitchison, J. (1996). *The Seeds of Speech : Language Origin and Evolution*. Cambridge, UK: Cambridge University Press.

Aitken, H. G. J. (1985). *The Continuous Wave : Technology and American Radio, 1900 - 1932*. Princeton, NJ: Princeton University Press.

Aitken, H. G. J. (1985). *Syntony and Spark : The Origins of Radio*. Princeton, NJ: Princeton University Press.

Campbell-Kelly, M. , & Aspray, W. (1996). *Computer : A History of the Information Machine*. New York: Basic Books.

Cavalli-Sforza, L. -L. (2000). *Genes, People, and Languages*. New York: Farrar, Straus & Giroux.

Coulmas, F. (1989). *The Writing Systems of the World*. Oxford, UK: Blackwell.

Eisenstein, E. (1983). *The Printing Revolution in Early Modern Europe*. Cambridge, UK: Cambridge University Press.

Headrick, D. R. (1991). *The Invisible Weapon : Telecommunications and International Politics, 1851 - 1945*. New York: Oxford University Press.

Headrick, D. R. (2000). *When Information Came of Age : Technologies of Knowledge in the Age of Reason and Revolution, 1700 - 1850*. New York: Oxford University Press.

Hobart, M. E. , & Schiffman, Z. S. (1998). *Information Ages : Literacy, Numeracy, and the Computer Revolution*. Baltimore: Johns Hopkins University Press.

Innis, H. A. (1950). *Empire and Communications*. Oxford, UK: Clarendon Press.

Kilgour, F. G. (1998). *The Evolution of the Book*. New York: Oxford University Press.

Kittler, F. A. (1999). *Gramophone, Film, Typewriter*. Stanford, CA: Stanford University Press.

Martin, H. -J. (1994). *The History and Power of Writing*. Chicago: University of Chicago Press.

McWhorter, J. (2001). *The Power of Babel : A Natural History of Language*. New York: W. H. Freeman.

Ong, W. J. (1988). *Orality and Literacy : The Technologizing of the Word*. London: Routledge.

Pool, I. D. (1990). *Technologies Without Boundaries : On Telecommunications in a Global Age*. Cambridge, MA: Harvard University Press.

Robinson, A. (1995). *The Story of Writing : Alphabets, Hieroglyphs, and Pictograms*. London: Thames & Hudson.

Ruhlen, M. (1994). *The Origin of Language : Tracing the Evolution of the Mother Tongue*. New York: John Wiley.

Standage，T. (1998). *The Victorian Internet：The Remarkable Story of the Telegraph and the Nineteenth Century's On-line Pioneers*. New York：Berkley Books.

Winston，B. (1998). *Media Technology and Society：A History from the Telegraph to the Internet*. London：Routledge.

Wright. R. (1991，April). Quest for the Mother Tongue. *Atlantic Monthly*，267(4)，39 - 68.

Yates，J. (1989). *Control through Communication：The Rise of System in American Management*. Baltimore，MD：Johns Hopkins University Press.

丹尼尔·黑德里克(Daniel R. Headrick) 文

侯波 译　俞金尧 校

# Comparative History　比较史学

比较史学研究法最早由法国学者马克·布洛赫(Marc Bloch)提出，他认为：即使在毫无关联的社会之间也存在一种共通的历史。比如说，虽然一场革命的爆发存在特殊的历史背景，但所有的革命必然拥有某些可以解释其政治剧变的共同特性。比较史学的研究法要求历史学家在研究中必须具有一种更广阔的全球视野。 630

许多现代历史学家一头埋进其研究领域的时空之中，他们强调其研究对象如事件、制度和历史进程的独特性。然而，他们有时却忽视了用以阐述历史的方法，是基于那些将他们从特殊个案中所观察到的现象与其他现象联系起来的原理。历史学家所说的特殊性常常存在于某一历史现象中，而这一历史现象本身又被拆分为我们所知的若干部分，因为每一部分都与历史上其他时间和空间所出现的观念与做法相似。在一切个案研究中，各种解释和见解均在不同形式上基于某种普遍原则，而这种普遍原则是通过与其他历史进程相比较才能提炼出来的。比较史学主要关注的是相对较近的历史（如1500年以后的历史），潜心于更加直观的比较，是一种刻意寻找历史异同点的研究方法。

## 欧洲语境

研究中世纪和近代早期欧洲史的法国学术

巨擘马克·布洛赫是20世纪最早推崇比较史学研究法的历史学家之一。1928年，他发表了《欧洲社会比较史学论稿》(A Contribution Towards a Comparative History of European Societies)。在文章中，布洛赫界定了比较法在两种情况下可为历史学家所重用。一种情况是对人类早期历史的研究。所谓的"原始人"虽然分散在相互隔绝的广袤土地上，但他们似乎有着相似的行为。20世纪20年代对早期文明的研究将这种相似性视为世界历史中的一大共性。另一种情况则是对互有影响抑或思想、制度存在共同起源的邻近地区的研究。这一研究由于语言障碍和国别史的著史传统而不为人所重视，布洛赫对此却最为关注。如布洛赫提出，对封建制和采邑制的研究必须放眼整个欧洲，而非限于欧洲某国，因为对历史异同的研究表明欧洲各地存在一系列相互联系的共同行为。因此，单纯关注法国或德国的个案只会导致研究者对历史就事论事，而实际上，这一历史是由欧洲社会的普遍因素所引起的。

1928 年，马克·布洛赫还发表了另一篇论文《比较史学研究中的一个问题：法国和德国的行政官僚阶层》。他分析了法、德两国的封建政治关系并比较了其异同，其中还指出德国法律的特点与中东欧地区的法律体系迥然相异。

## 全球语境

近年来，越来越多的政治史和经济史研究使用了比较的方法，分析欧洲乃至世界范围内的历史变迁。一些学者着眼于特定类型的复杂事件，比如革命。美国学者西达·斯考切波（Theda Skocpol）在她著名的《国家与社会革命》（*States and Social Revolutions*，1979）一书中阐述了法国、俄国和中国革命的异同，进而指出这三场革命尽管发生在不同的历史形势下，却有着可用以解释革命中政治剧变的某些共同特征；杰克·戈德斯通（Jack Goldstone）则在其《早期现代世界的革命与反抗》（*Revolution and Rebellion in the Early Modern World*，1991）中指出了英国、法国、中国和奥斯曼帝国所面对的共同问题，这些问题导致了同样的危机，却衍生出不同的统治方式。由于大规模革命在数量上并不多见，所以这种比较未能展开。要想进行大量的比较，就必须对政治变革展开更广泛的研究。

已故美国学者查尔斯·蒂利（Charles Tilly，1975、1992）从统治者调集资源和发动战争的相对能力的角度，阐释了 1000 年前后以来，欧洲国家的形成和演变。在蒂利笔下，欧洲各国最初在政治上是极为不同的。有的国家侧重于以商富国，有的国家则更擅长于重农强兵。至 17 和 18 世纪，最成功的是那些既能获取财富又能诉诸武力的国家。蒂利的研究揭示了欧洲各国在不断变化的政治演变过程中所呈现出的不同变化。

另一本研究近代国家形成的大作则着重于世袭制社会和非世袭制（统治者向臣民寻求合法性）社会里政治权威的变化基础。德国学者莱因哈特·本迪克斯（Reinhard Bendix，1978）研究了国家与臣民之间不断变化的权力关系，以此作为观察那些实现了人民主权的现代国家转型的主线。和蒂利一样，本迪克斯阐述了各国在相同的政治演变历程中呈现出的不同变化。两位学者都认识到彼此研究之间的联系。蒂利所研究的国家组织是整个欧洲国家体系的一部分，本迪克斯则追溯了奠定现代国家基础的观念与制度由内向外扩散的过程。本迪克斯的思路将他的眼光带到英国、法国、德国和俄国等欧洲国家之外，将最早引进西方政治理念的日本也作为个案加以考察。

已有研究要么局限于欧洲，要么探讨西方文明向其他地区的输出。与此不同的是，维克托·利伯曼（Victor Lieberman，1997、2004）指出，在 15 世纪中叶至 19 世纪中叶期间，分道扬镳的东方和西方出现了相似的变革。他将缅甸、暹罗（今泰国）和越南同法国、俄国与日本做比较，揭示了这些国家中出现的相似的政治、经济与文化变革。利伯曼对欧洲以外地区出现的相似的政治与社会变迁的分析，非常有助于对欧洲历史变革的进一步探讨。

将欧洲的情况与另一大政治体系——中华农业帝国所出现的政治变革做比较，是探讨欧洲国家形成的独特性的另一种思路，这也是对利伯曼研究的一种补充。王国斌指出，与中国的统治者相比，欧洲的治国者面临着大不相同的挑战。根据王国斌的观点（1997、2002），在欧洲，社会精英向统治者要这要那，使得对挑战的回应受到干扰；而在中国，统治者与社会精英齐心协力求太平，共同应对挑战。

海外殖民帝国又是另一种政治体系。在其内部，中心（宗主国）与外围（殖民地）之间的各种关系被严格限定。19 世纪的殖民主义为欧洲国家向世界其他地区扩张提供了一种新的方式：欧洲国家不再是政治理念和政府模式的友好输出者，而是竞相瓜分亚非大部分土地的列强。根据劳伦·本顿（Lauren Benton）的研究（2002），这种相互竞赛的殖民主义导致了相似的发展，如引入多元主义以适应文化差异——对19世纪的殖民地来说，这有时也导致了对殖民统治的接纳。

19世纪末，日本亦开始效仿欧洲殖民政策，构建自己的殖民帝国。西方列强的殖民地遍及遥远的海外，日本的情况却与此不同。日本殖民帝国肇始于其对中国台湾的占领，后又吞并朝鲜半岛，扶植伪满洲国政权（在中国东北地区）。这些地方在许多日本政要看来是一个紧密相连的区域性政治经济体系，足以保障日本免受西方列强的威胁。从东亚的角度看，日本殖民帝国的形成意味着新的国际政治体系的确立，它取代了以农业帝国（中国）为中心、较为松散的朝贡体系。日本殖民帝国抛弃了朝贡体系下的进贡礼仪和互市通商，而是通过法律和官僚机构来控制其占领地属民，迫使其接受不平等地位。欧洲帝国在两大方面与中华农业帝国或日本殖民帝国不同：其一，欧洲列强相互角逐并在世界各地瓜分领地；其二，欧洲帝国的中心与外围之间的距离要比东亚两个帝国之间的远得多。以中国为中心的朝贡体系以及其后的日本殖民帝国体系并非简单地从属于以欧洲为中心的国际体系，它们是一种独特的、变化中的区域性政治体系，哪怕在它们同欧美世界的政治经济体系联系更加密切之时。东西半球的这种差异性表明，现代政治演变就是或主要是西方国际关系体系之扩展的观点是片面的、错误的。

## 评价欧洲中心论

虽然存在解释上的困难，历史学家通过追溯欧洲列强在全球的扩张，已经在世界史领域

做了很多有影响的研究。事实上，历史学家们还是倾向于认为，西方在19和20世纪的国际关系中占据着政治、经济上的主导地位。关于历史巨变的解释大多直接或间接地构建在卡尔·马克思或马克斯·韦伯的研究之上。欧洲扩张的系统性特征构成了美国学者伊曼纽尔·沃勒斯坦（Immanuel Wallerstein）的现代"世界体系"的基础。沃勒斯坦的开创性研究受到马克思主义观点的启发，对16—19世纪中叶以欧洲为中心的国际体系和世界其他地区的国际体系做了简单的比较，继而宣称：由西方主导的现代世界体系决定了东西方之间的根本差异。因此，受沃勒斯坦启发而进行的研究大多关注以欧洲为中心的国际体系及其扩展，忽略了世界其他体系的不断变化。

沃勒斯坦"世界体系"论的部分观点可追根溯源至法国历史学家费尔南·布罗代尔（Fernand Braudel）的研究。在其大作三卷本的《15—18世纪的物质文明、经济和资本主义》（*Civilization and Capitalism：15th - 18th Century*, 1992）中，布罗代尔通过与亚洲不同地区的商品和市场做比较，确定了欧洲资本主义的特殊性。这样的比较在学术史上由来已久。许多伟大的学者都曾通过对比欧洲和世界其他地区来解释欧洲及其政治、经济转型的独特性。在19世纪，包括卡尔·马克思等革命派人士在内的大多数观察家都相信，欧洲之外是一片经济停滞、死气沉沉的社会。大多数接触过亚非文化的西方精英也认为，亚洲和非洲不如欧洲。

20世纪初的比较史学大师马克斯·韦伯认为，宗教和伦理塑造了不同社会对待金钱和市场的态度。在他看来，信奉基督教的西方对待金钱和市场的态度导致了资本主义的兴起，信仰异教的非西方社会对待金钱和市场的态度则未能如此。不过，韦伯关于"新教徒工作伦理"的著名分析后来遭到了新的研究成果的质疑，这些研究发现其他宗教文化中存在与"新教伦理"作

632

633

用相似的观念（如罗伯特·贝拉赫［Robert Bellah］，1957；马克西姆·罗丁逊［Rodinson］1974）。欧洲与非欧洲地区之间的更为广泛、全面的比较依然在强调差异性，只不过这种差异性或是在韦伯的框架内加以阐述，或是以一种更加特别的叙述方式呈现出来。

　　马克思主义的解释也在论证欧洲政治经济情况的独特性，这在 20 世纪 70 年代颇具影响力的两项研究中便有体现。英国学者佩里·安德森（Perry Anderson）在两卷本的《从古代到封建主义的过渡》（*Passages from Antiquity to Feudalism*）和《绝对主义国家的系谱》（*Lineages of the Absolutist State*，1974）中研究了欧洲国家的形成。作者追溯至古典时代，从长期视角考察了绝对主义国家的形成。他在书的附录中提到了大量关于日本和奥斯曼帝国的有用研究，并指出，马克思主义者对这些个案的分析与他对欧洲的考察互为补充。罗伯特·布伦纳（Robert Brenner）也写了一部重要的学术论著（1976），其中比较了英国与欧洲大陆国家的土地关系。他认为是英国的社会关系导致了农业生产率的提高以及产品的剩余，后者是商业资本主义产生的财富基础。这一结论受到英国、法国和荷兰三国史料数据的挑战，于是布伦纳转而研究中世纪晚期各国（1982），此后又专门考察荷兰的历史情况（2001）。再后来，布伦纳在与克里斯托弗·依塞特（Christopher Isett）合作的过程中，又回到他最初关于土地阶级关系的观点，还跳出欧洲的范畴来考察 18 世纪中国的经济活跃性，以论证社会关系的差异导致了农业生产率的差异。

　　布伦纳和依塞特的研究只是彭慕兰（Kenneth Pomeranz）所提出的欧洲与非欧洲地区"大分流"之争的冰山一角。彭慕兰指出，亚洲尤其是中国与欧洲一样拥有发达的农业经济，为什么两者之间后来会出现经济运势的"大分流"呢？彭慕兰强调，原因在于欧洲人通过经营

美洲这一特有的方式而获得了大量经济财富，尤其是资源。另外，大卫·兰德斯（David Landes）也提出，经济发展轨迹的不同在很大程度上是文化因素所造成的，而非布伦纳和依塞特所说的农业社会关系的差异。布伦纳、依塞特和兰德斯的研究都表明，对那些从事世界范围内的广泛比较研究的历史学家而言，马克思和韦伯的观点至今仍具有持久的吸引力。

　　德裔美国学者安德烈·贡德·弗兰克（Andre Gunder Frank）对以上比较做了重大补充。他主要论述了世界各经济区域之间的联系，并提出：在 16—19 世纪期间，中国获得了大量白银，商品经济得到发展，这里才是世界经济的中心（1998）。与之相反，王国斌认为，白银贸易所导致的经济联系并未促进社会分工以及资本和劳动力的流动，而这些都是 19 世纪中叶以后国际贸易的特征。王国斌还指出，将近代早期的世界经济与近代晚期的世界经济做比较也可以发现诸多异同。

## 跳出东西方之分的藩篱

　　许多历史学家都运用比较的方法来对比欧亚大陆东西之间的异同。不过，也有学者将欧亚大陆同其他大陆做比较。人类学家杰克·古迪（Jack Goody）认为，从英国到日本的整个欧亚大陆各国都具有相同类型的血缘关系体系、人口体系和社会结构。在他看来，世界上最大的差异存在于欧洲大陆与撒哈拉以南非洲之间。由于地广人稀及其对经济生产和社会控制的影响，撒哈拉以南非洲的血缘关系和社会结构同欧亚大陆相比极为不同（1971、1976）。在这一宏大的框架下，古迪多次批判过欧洲特殊论（1990、1998）。

　　贾雷德·戴蒙德（Jared Diamond）在《枪炮、病菌和钢铁》（*Guns，Germs，and Steel*，1997）一书中对欧洲大陆和其他大陆做了相关的比

古往今来,四海之内,人类并无不同。历史告诉我们的别无他物,其主要作用无非是发掘永恒普遍的人性原则。
——大卫·休谟(David Hume, 1711—1776)

较。他认为,欧亚大陆的地理环境适于农业耕作和动物的驯化,这反过来导致欧亚大陆发展成为拥有复杂的政府组织、成熟的交通网络和较强的抗灾能力的人口密集地区。至于欧亚大陆内部何以出现不同的变化,其他历史学家在做比较时常有论及,戴蒙德对此却所谈不多。戴蒙德跨越时间和空间的宏大历史叙述,是建立在对欧亚大陆和其他洲的环境与生物特征所做的比较研究基础上的。不少研究世界历史上的环境与生物的著作,如阿尔弗雷德·克罗斯比(Alfred Crosby)的《生态帝国主义》(Ecological Imperialism),侧重于论述欧洲扩张所导致的地区间的联系,而非不同地区之间的比较。然而,通过比较,我们可以看到环境史中的共同面,正如约翰·理查兹(John Richards)在《无尽的边疆》(The Unending Frontier,2003)中所呈现的那样。理查兹的这本书是一部论述近代早期世界的环境史著作,它研究了中国以及俄罗斯的农垦模式、美洲的土地开发模式、狩猎和捕鱼业。

比较法在历史研究中已经自觉或不自觉地得到长期运用。要阐释一种特殊现象,就必须先将手头的个案与自己所熟悉的相同或相似的其他案例进行比较。在那些明显使用了比较法的历史著作中,欧洲的某些历史经验往往会被当成衡量非欧洲地区历史发展的标准。无论是马克思主义学派还是韦伯学派,历史学家们对比较法的运用推动了对欧洲与非欧洲地区的政治、经济和社会发展模式异同的研究。这些研究中有不少都强调欧洲的与众不同,使其成为历史的样板。另一些则指出,在欧洲的理念与实践的影响下,非欧洲地区所发生的历史变革往往导致对欧洲的效仿。对于这种合流之势,有人欣欣鼓舞,有人严加批评,认为西方的扩张具有破坏性,致使其他地区的诸多民族在经济、政治上处于附庸地位。不过,近年来,许多新的历史比较研究已经摆脱了简单的二元对立论,侧重于以更细微的方式来考察西方与东方之间的异同,以及两者之间的交流是如何产生独特的历史结果的。

进一步阅读书目:

Anderson, P. (1974). Lineages of the Absolutist State. London: New Left Books.

Barkey, K., & von Hagen, M. (Eds.). (1997). After Empire: Multiethnic Societies and Nation-building: The Soviet Union and the Russian, Ottoman, and Habsburg Empires. Boulder, CO: Westview Press.

Bellah, R. (1957). Tokugawa Religion: The Values of Pre-industrial Japan. Glenco, Il: Free Press.

Bendix, R. (1978). Kings or People: Power and the Mandate to Rule. Berkeley: University of California Press.

Benton, L. (2002). Law and Colonial Cultures: Legal Regimes in World History, 1400 - 1900. New York: Cambridge University Press.

Bloch, M. (1967). Land and Work in Medieval Europe. New York: Harper Torchbooks.

Braudel, F. (1992). Civilization and Capitalism, 15th-18th Century, Vols I - III. Berkeley: University of California Press.

Brenner, R. (1976). Agrarian Class Structure and Economic Development in Pre-industrial Europe. Past & Present, 70, 30 - 76.

Brenner, R. (1982). Agrarian Roots of European Capitalism. Past & Present, 97, 16 - 113.

Brenner, R. (2001). The Low Countries in the Transition to Capitalism. Journal of Agrarian Change, 1. 2, 169 - 241.

Brenner, R., & Isett, C. (2002). England's Divergence from China's Yangzi Delta: Property Relations, Micro-economics, and Patterns of Development. Journal of Asian Studies, 61. 2, 609 - 662.

Crosby, A. (1993). Ecological Imperialism: The Biological Expansion of Europe, 900 - 1900. New York: Cambridge University Press.

635

Diamond, J. (1997). *Guns, Germs, and Steel: The Fates of Human Societies*. New York: W. W. Norton.

Frank, A. G. (1998). *ReOrient: Global Economy in the Asian Age*. Berkeley: University of California Press.

Goldstone, J. (1991). *Revolution and Rebellion in the Early Modern World*. Berkeley: University of California Press.

Goody, J. (1971). *Technology, Tradition, and the State in Africa*. New York: Oxford University Press.

Goody, J. (1976). *Production and Reproduction: A Comparative Study of the Domestic Domain*. New York: Cambridge University Press.

Goody, J. (1990). *The Oriental, the Ancient, and the Primitive: Systems of Marriage and the Family in the Pre-industrial Societies of Eurasia*. New York: Cambridge University Press.

Goody, J. (1998). *The East in the West*. New York: Cambridge University Press.

Hall, J. A. (1985). *Powers & Liberties: The Causes and Consequences of the Rise of the West*. Oxford, UK: Blackwell.

Landes, D. (1998). *The Wealth and Poverty of Nations: Why are Some so Rich and Others so Poor?* New York: W. W. Norton.

Lieberman, V. (1997). Transcending East-West Dichotomies: State and Culture Formation in Six Ostensibly Disparate Areas. *Modern Asian Studies*, 31, 463-546.

Lieberman, V. (2004). *Strange Parallels: Southeast Asia in Global Context c. 800-1830, Vol. 1 Integration on the Mainland*. New York: Cambridge University Press.

Pomeranz, K. (2001). *The Great Divergence: China, Europe, and the Making of the Modern World Economy*. Princeton, NJ: Princeton University Press.

Richards, J. (2003). *The Unending Frontier: An Environmental History of the Early Modern World*. Berkeley: University of California Press.

Rodinson, M. (1974). *Islam and Capitalism* (B. Pearce, Trans.). London: Allen Lane.

Skocpol, T. (1979). *States and Social Revolutions: A Comparative Analysis of France, Russia, and China*. New York: Cambridge University Press.

Tilly, C. (Ed.). (1975). *The Formation of National States in Western Europe*. Princeton, NJ: Princeton University Press.

Tilly, C. (1992). *Coercion, Capital, and European States, AD 990-199*. Oxford, UK: Blackwell.

Wallerstein, I. (1974). *The Modern World-system: Capitalist Agriculture and the Origins of the European World-Economy in the Sixteenth Century*. New York: Academic Press.

Wallerstein, I. (1980). *The Modern World-system II: Mercantilism and the Consolidation of the European World-Economy, 1600-1750*. New York: Academic Press.

Wallerstein, I. (1989). *The Modern World-system III: The Second Era of Great Expansion of the Capitalist World-Economy, 1730-1840s*. New York: Academic Press.

Weber, M. (1958). *The Protestant Ethic and the Spirit of Capitalism* (T. Parsons, Trans.). New York: Scribner.

Wong, R. B. (1997). *China Transformed: Historical Change and the Limits of European Experience*. Ithaca, NY: Cornell University Press.

Wong, R. B. (2002). The Search for European Differences and Domination in the Early Modern World: A View from Asia. *American Historical Review*, 107. 2, 447-469.

王国斌(R. Bin Wong) 文

侯波 译　俞金尧 校

# Confucianism 儒学

儒学由中国大哲人孔子(前551—前479)的学说发展而来,对中国思想界和政界的影响长达2 500多年之久。儒学主张以教化来培养德性,即"仁义礼智信"五常,故治国者应行德政而非法治。

"儒学"是一套世俗伦理哲学,而非一种宗教学说。其创始人为孔子,亦曰"孔夫子"(即"孔圣人")。在中国古代,儒、释、道并称为"三教"。孔子生活在一个各大思想流派和宗教学说层出不穷的时代,如印度有悉达多(Siddhartha Gautama,即佛祖释迦牟尼,约前563—约前483),伊朗有琐罗亚斯德(Zoroaster,约前628—约前551),巴勒斯坦地区有希伯来的先知们,希腊有泰勒斯(Thalēs,约前627—约前547)。孔子以及这些伟人均塑造了所在地区文明的古典文化传统。面对战乱频仍、颠沛流离和社会剧变,这五个时期出现了人类对全球性影响因素最初的自觉回应。这些回应均是从道德伦理出发,且以人为中心,相信人类有能力做出新的回答。这五个时期构成了世界历史上一个独一无二的大时代(即哲学家卡尔·雅斯贝斯[Karl Jaspers]所谓的"轴心时代"),彼此发展中的相似共通之处至今仍引发出无尽的历史想象。

## 早期的儒学

孔子最初试图在鲁国谋得一官半职。当时中华尚未一统,鲁国乃诸侯国之一。谋官未果迫使孔子转而从教。作为一名教育家,孔子为后人所敬仰,并在其学说的基础上形成了一套治国哲学(得到官方的支持)。孔子开创了三大教育传统:有教无类(民主色彩),自学成才(自我教育),重视文史、艺术和音乐的教化作用(通识教育)。

孔子未曾写过任何著作,但他的学说被编成《论语》(Analects),集录孔子及其弟子言论。《论语》各篇的时间、人物和话题互不相干,却被汇编到一起,因为所有言论均与孔子相关。《论语》在儒家文化传统中居于核心地位,不仅在中国,在整个东亚同样如此。17世纪日本儒学家伊藤仁斋(Ito Jinsai)将《论语》称为"天下第一书"。

## 基本理念

《论语》的三大核心理念是仁、义、礼。"仁"意味着爱人、敬人,这一理念始终贯穿于孔子的社会哲学,即人可以通过他人来发现一己之"仁"。"义"是要人们行正义之事,以取义成仁。"礼"(社会礼制)由整个社会自下而上的各种礼仪、礼节组成,是仁和义的外在表现。在仁、义、礼以及信、忠的基础上,孔子形成了他的国家观和社会观,即包括君臣、父子、夫妻、兄弟和朋友关系在内的"五伦"。孔子将家庭视为小的国家,将国家视为大的家庭。他的哲学是现世哲学。在问及他对宗教和鬼神的看法时,孔子曰:"未能事人,焉能事鬼。"(《论语·先进》)

## 孟子与荀子

另有两位哲人的思想也奠定了早期儒学的基础,即孟子(约前372—前289)和荀子(约前313—前238)。这两位儒家弟子生活于儒家祖

山东曲阜孔庙中的石像。曲阜相传为孔子出生之地。
柯珠恩摄

师(即孔子)去世的 200 多年后。孟子著有《孟子》，荀子著有《荀子》，但两人分别推崇孔子学说中的理想主义和现实主义一面。《孟子》与《荀子》文笔优美，堪称经典。孟子认为人性本善。从这一前提出发，孟子所主张的"仁"提倡劝导，反对威权；提倡德治，反对暴政；提倡德行，反对逐利而为。孟子将人民尊为道德规范的仲裁者，提出"民为贵，社稷次之，君为轻"。根据这一顺序，后人又衍生出人民有权反抗(暴政)的思想。

与孟子同时代的荀子则认为人性本恶，因此，必须通过礼法的严格约束才得以实现大道。礼法是践行善举的强制工具。荀子的学说提倡将孔子视为古代礼法的传承者，而非道德圣贤。荀子的思想代表着儒家中的现实主义一脉，它推动了当时中国诸子百家中的另一学说——法家的发展。不过，法家极力主张以严刑酷法来治国。

## 国家儒学

随着秦王朝(前 221—前 206)的建立，中国结束了春秋战国时期诸侯割据的分裂局面，建立了以法治国、实行官僚统治的中央集权制国家。随着秦汉之际的改朝换代，汉初的统治者寻求改变秦代的严刑酷法统治。大字不识却称霸天下的汉高祖(刘邦，前 202—前 195 年在位)急切地向儒生陆贾(卒于前 170 年)请教秦亡汉兴的原因。陆贾向高祖上书 12 篇(即《新语》)，其主旨阐述秦无道，高祖顺乎天道，乃可使大汉基业长治久安。公元前 195 年，高祖祭拜孔子陵墓，这标志着国家政权与儒学的结合。另一位儒生贾谊(前 200—前 168)则奉汉文帝(前 180—前 157 年在位)之命阐释了同一问题。贾谊所著《新书》洋洋洒洒，论及秦之无道以及有关治国之道的诸多方面。从此，儒家的修身齐家之学得以走进中国国家政治。随着汉武帝采纳董仲舒(前 179—前 104)之策，独尊儒术，儒家的纲常伦理学说与国家政权全面结合在了一起。董仲舒的《春秋繁露》一书阐述了文人学者在政府中的作用，他宣称唯一能通晓天、地、人三者之道的既非祭司僧侣，亦非平民百姓，而是文人学者。董仲舒希望天子在文人学者的建言下成为天、地、人三者的纽带。他将古代的阴阳说(一种基于正负、雌雄等对立互补观念的思想学说)融入汉初的思想体系，使儒学具有了世俗宗教的性质。中国的天子(即皇帝)作为天下第一文人学者，从此要恪守儒家的国家礼制。在此后的 2 000 年里，在科举、监察以及太学和国子监等制度方面，中国都绝对堪称"儒学"国家。

汉代以后，中国(再度)陷入政治和地理上的分裂。北方信奉佛教，南方则仍尊崇儒学，且时断时续。短命的隋朝(581—618)使中国重归一统。隋朝虽以儒学之名统一中国，实际上却尊崇佛教，在思想文化方面表现出强烈的佛教色彩。

主忠信。

——孔子（前551—前479）

600年间，从东汉到唐代，佛教和道教盛行于中国社会。这两大宗教与儒学竞争激烈，对（中国的）思想文化、美学艺术以及宗教信仰都造成极大影响。在这几个世纪里，儒、释、道三教共同塑造了中国文化的最终形态：儒学主张一种成功的公共生活，佛教主张具有同情怜悯之心的宗教生活，道教则醉心于一种神游的逍遥心态。不过，在9世纪末，儒学或曰儒教再度成为关注的焦点。

## 宋代新儒学

自唐末思想家韩愈（768—824）等人以后，儒学所关注的焦点逐渐转向人性。数百年间，佛教和道教的影响唤起了儒士们对玄学和命理学（灵魂转世、生死轮回）的兴趣。宋代涌现出一批思想家，以诠释天地万物为己任，而这原本是佛教和道教所探讨的内容。这些宋代思想家包括：周敦颐、邵雍、张载、程颐和程颢兄弟、陆九渊以及朱熹。他们思想活跃，聪慧敏锐，激扬一代。新儒学分为两派。一派被称为"程朱理学"，因程颐、朱熹之贡献为最而得名，该派将由各种事物及其外化所组成的表象世界称为"气"，"气"的背后则存在一个包含天理的本体世界（是为"理"）。另一派（即"心学"）以程颢和陆九渊为首，将宇宙视为一个自成一体的有机物，并用"气"的组织原则来解释人类存在的微观和宏观层面。前一派主张用"二元论"来解释现象与根本原则之间的不一致；后一派排斥"二元论"，提出"心"乃连接主观和客观之间的途径，因而强调人的直觉能力。以上两派又分别被称为"理学"和"心学"。

宋代新儒学的发展将玄学以及探寻人类内心和灵魂之道融入儒学。在随后的700年里，佛教和道教的影响有所消退，新儒学则成为中国政治和社会的基础。然而，儒学复兴的真正目标并非玄学和命理学，而是通过吸收佛教和道教的部分元素来加强儒家对人伦纲常的重视。

新儒学用新的"二元论"来分别指具体的人性（即"气"）和理想的人性（即"理"），从而劝导整个中国社会向更高的理想状态迈进。从乡村治理到科举考试，从文学创作到历史研究，中国社会和思想文化如今都以儒家理念为典范。因此，尽管新儒学在其形成中历经变化，但它却塑造了中国此后数百年在思想文化和教育方面的形式体系，其影响遍及朝鲜、越南和日本。

## 儒学的现代命运和新儒家

自19世纪中叶起，中国遭受着现代文明的巨大冲击，儒学亦随之饱受抨击，因为它乃整个中国政治和社会等级制度的基础。胡适（1891—1962）、陈独秀（1879—1942）、吴虞（1872—1949）和鲁迅（1881—1936）均号召废除儒学，高呼"打倒孔家店"，倡导"民主"与"科学"（"德先生"与"赛先生"）。当时的中国面临外辱，国力甚微，作为对这一"打倒孔圣运动"的回应，新传统主义在1898年张之洞（1837—1909）的号召下得以兴起，以借西洋文化为"用"，保中华文化之"体"。张之洞的"中学为体、西学为用"之说虽然逻辑不通，但却大快人心，得到那些担心和哀叹儒学之用不复存在的中国人的拥护。梁漱溟（1893—1988）、熊十力（1884—1968）等20世纪思想家均为第一代新儒家。

1950年后，第二代新儒家兴起于香港。唐君毅、徐复观、牟宗三等学者通过立说和办学，设想构建一种将西式生活方式和儒家伦理生活融为一体的新儒学。这些人以言传身教培育了第三代（新儒家）知识分子。他们大多为大学教授，从20世纪70年代起便面向公众著书立说。几乎同时，一种认为儒学与资本主义相容的思想热潮随之兴起。历史上饱受儒学文化浸染的日本以及所谓的"亚洲四小龙"——韩国、中国台湾、新加坡和中国香港均出现了经济的飞跃式发展，成为资本主义大获成功的标志。第三代新

639

儒家认为,资本主义经济在这些国家和地区的大获成功可归功于儒学精神。

随着现代社会中所弥漫的个人主义危及集体意识,新儒学吸引了一批捍卫集体思想、反对个人主义的拥护者,并与个人主义人权观的支持者争辩激烈。这场争辩仍未结束。

---

进一步阅读书目:

Chan, W. (1963). *Source Book in Chinese Philosophy*. Princeton, NJ: Princeton University Press.

Chang, C. (1957). *The Development of Neo-Confucian Thought*. New York: Bookman Associates.

de Bary, W. T., & Bloom, I. (Ed.). (1999). *Sources of Chinese Tradition: Vol. 1* (2nd ed). New York: Columbia University Press.

de Bary, W. T., & Lufrano, R. (Ed.). (2000). *Sources of Chinese Tradition: Vol. 2* (2nd ed). New York: Columbia University Press.

de Bary, W. T., & Weimin, T. (Ed.). (1998). *Confucianism and Human Rights*. New York: Columbia University Press.

Fingarette, H. (1972). *Confucius: The Secular as Sacred*. New York: Harper & Row.

Fung, Y. (1952–1953). *A History of Chinese Philosophy* (D. Bodde, Trans.). Princeton, NJ: Princeton University Press.

Legge, J. (1960). *The Chinese Classics: Vol. 1. Confucian Analects, the Great Learning, the Doctrine of the Mean*. Hong Kong: Hong Kong University Press. (Original work 1893–1895)

Legge, J. (1960). *The Chinese Classics: Vol. 2. The Works of Mencius*. Hong Kong: Hong Kong University Press. (Original work 1893–1895)

Mote, F. (1971). *The Intellectual Foundations of China*. New York: Knopf.

Nivison, D. S., & Wright, A. F. (Eds.). (1959). *Confucianism in Action*. Stanford, CA: Stanford University Press.

Schrecker, J. (1991). *The Chinese Revolution in Historical Perspective*. New York: Praeger.

Shryock, J. (1932). *The Origin of the State Cult of Confucius: An Introductory Study*. New York and London: The Century Co.

Weber, M. (1951). *The Religion of China* (H. H. Gerth, Trans.). Glencoe, IL: Free Press.

Wright, A. F. (Ed.). (1960). *The Confucian Persuasion*. Stanford, CA: Stanford University Press.

郭颖颐(Daniel W. Y. Kwok) 文

侯波 译 俞金尧 校

# Confucius 孔子

孔子(中国教育家、思想家,前 551—前 479)之言教导千百万中国人以安身立命之道,2 000 多年来对中国社会影响甚大,毫不亚于众所周知的宗教对其他地区的影响。不过,孔子并不宣扬超自然的鬼神之说,而是强调现世的纲常伦理,以图维持古法旧制。(儒家)文明完全建立在(孔子)一人权威之上,这在世界范围内是绝无仅有的。

---

孔夫子,或曰孔子,是中国东周时期(周代始于前 1046 年,终于前 256 年)的一名游士和教育家。时值天下分裂,诸侯割据,孔子曾在其家乡鲁国为官。

作为一位政治及伦理层面的改革者,孔子在其有生之年并未取得大的成就。然而,孔子的学说对后世影响深远,成为公元前2世纪以后统一天下的大汉帝国以及深受中华文化熏陶的周边地区如朝鲜、越南和日本的官方政治哲学与社会正统思想。

17世纪中国与欧洲建立广泛的联系后,在中国被尊为"孔夫子"的孔子以拉丁化的"Confucius"(意为"孔大师")之名而享誉世界。启蒙运动时期,欧洲人从孔子那里寻找理性人文主义的思想渊源和依据。近来,一股新的儒学思潮令这位圣人再次风靡西方的学术界、校园课堂和商学院,孔子成为一位推动全球文化融合的东方大师,还被认为是20世纪末所谓"东亚经济奇迹"背后的文化动力之源。

后来的历次勃兴显然更多地与儒学有关,而非作为历史人物的孔子。然而,无论每一次勃兴在多大程度上迎合了后世的精神需要和时代需要,孔子这位生活于公元前5世纪、并非救世主的普通人确为源流所在。

关于孔子一生的故事和传说数不胜数,但大多脱离史实而不可信。目前有关孔子的文字史料仅限于由孔门弟子所编撰的、记录孔子一生言行的《论语》。孔子的思想还可见于鲁国史书以及数种相传由孔子所编定的"(儒家)五经"中,不过其可信度较之《论语》稍差。

"五经"早于孔子的时代有500年之久,自然对孔子的思想有所影响。孔子自许为复古主义者。他生逢礼崩乐坏、诸侯争战之乱世,主张恢复西周初年的周天下和周礼,尊崇周公,并以西周为理想社会。对此,我们应注意到孔子所处的社会阶层,其祖辈原为军事贵族,至东周时期沦为诸侯国中的刀笔小吏。孔子以及与他来自同一社会阶层之人熟知西周典籍,深谙周礼,于乱世之中极力维系着中国文化之统一性。孔子认为,礼乃社会秩序和政治秩序的教化基础,知礼方才为人,不知礼则不以为人。礼体现出社

孔子像,木版画中的风格化形象。选自《中国的三教:儒、释、道》,阿姆斯特朗出版公司,1887

会秩序的家长制特点,这在孔子看来理所当然。

总之,孔子看上去似乎是一位守旧的思想家,意欲恢复古制,回到士大夫掌握权力、身居高位的美好过去。然而,颂古必然非今。孔子在某些方面确实是一位非凡的改革者。

首先,孔子强调仁德,关心百姓之福,这一思想被继其之后最著名的儒士孟子发扬光大。这一思想在政治上表现为"天命"观,即天下的统治者——天子应承天意、奉天命、施行德政,以至太平。2个世纪后,孟子对此加以进一步阐发,提出:若天子不仁,不行天道,老百姓便有权推翻政权。

此为孔子对暴政的一种制约。更为重要的另一种制约则是孔子所强调的以教化来增进知识和德性。孔子招收弟子不论贵贱,从根本上削弱了等级社会的世袭原则。当然,孔子的所谓"贫寒"弟子并非真正的普通农民,而是家道中落的富贵人家子弟;但从长远来看,孔子"以诗书礼乐教",为中华帝国的政治稳定奠定了社会基础。孔子之教最终所培养出的乃是"君子"。"君子"一词原本是指传统的世袭贵族,但在孔子这里,"君子"乃饱读诗书、通晓礼乐的"精神贵族"。

告诸往而知来者。

——孔子（前 551—前 479）

孔子去世后的数百年里，其学说被不断发扬光大，成"儒学"一派，并在汉代被定为官方统治哲学，以矫正短命而亡的秦朝之暴政。尽管此后时代不断变换，但孔子的纲常伦理之说成

为中国这个世界上最为悠久的政治文化统一体中的人们"修身齐家治国平天下"的基础。这便是仕途不顺、改而办学的孔子留给后世的丰硕遗产。

643

进一步阅读书目：

Creel, H. G. (1949). *Confucius: The Man and the Myth*. New York: Harper Brothers.

Fingarette, H. (1972). *Confucius: The Secular as Sacred*. New York: Harper & Row.

Hall, D. L., & Ames, R. (1987). *Thinking through Confucius*. Albany: State University of New York Press.

Jensen, L. (1997). *Manufacturing Confucianism: Chinese Traditions and Universal Civilization*. Durham, NC: Duke University Press.

Lau, D. C. (Trans.). (1992). *Confucius: The Analects*.

Ni, P. (2002). *On Confucius*. Belmont, CA: Wadsworth/Thomson Learning.

Wei-ming, T. (1985). *Confucian Thought: Selfhood as Creative Transformation*. Albany: State University of New York Press.

郭适（Ralph C. Croizier）文

侯波 译 俞金尧 校

# Congress of Vienna　维也纳会议

644

1814 年，在英国、普鲁士、俄国和奥地利击败了拿破仑帝国及其盟国后，维也纳会议揭开了序幕。一系列旨在稳定欧洲局势的会议于 1815 年落幕，欧洲的战略要地尽数落入普鲁士、俄国和奥地利之手，海上航线则为英国人所控制。

维也纳会议是指 1814 年 9 月—1815 年 6 月 9 日间在奥地利帝国首都维也纳召开的、欧洲大多数国家元首参加的系列会议。由于法国大革命以及拿破仑战争（1792—1814）带来长期混乱，维亚纳会议的目的便是要重新划分欧洲版图。会议进程最初由击败拿破仑的胜利方四国同盟所主导。英国代表是外交大臣卡斯尔雷子爵（Castlereagh）——罗伯特·斯图尔特（Robert Stewart），普鲁士代表是首相兼外交大臣卡尔·冯·哈登堡亲王（Carl von Hardenberg），俄国由

沙皇亚历山大一世代表，奥地利由会议的策划者克莱门斯·冯·梅特涅亲王（Klemens von Metternich）代表。战败的法国则由夏尔-莫里斯·塔列朗（Charles-Maurice de Talleyrand）代表。

会议由梅特涅主持，未举行开幕式，于 9 月份代表们到齐后便开始了。大国围绕关键议题争论不休，而小国代表则讨论诸如航海权之类的问题，并忙于出席奥地利政府所举办的盛大宴会。1815 年 6 月 9 日《最后议定书》（the Final

法国画家让-巴蒂斯特·伊沙贝（Jean-Baptiste Isabey）的《维也纳会议》（*The Congress of Vienna*，1819）。法国大革命和拿破仑战争后，维也纳会议召开，重新划分了欧洲版图

Act）签订后，维也纳会议散会。

## 序幕

随着军事上的溃败，原法兰西帝国皇帝拿破仑·波拿巴于 1814 年 4 月 11 日退位，被流放至地中海上的厄尔巴岛（Elba）。反法盟军攻占巴黎，大革命爆发前统治法国的波旁王朝得以复辟。路易十八（被送上断头台的路易十六的弟弟）登基，塔列朗出任外交大臣。1814 年 5 月 30 日，四国同盟与法国新政府签订和约，即《第一次巴黎和约》（the First Peace of Paris）。根据该和约，法国的版图退回到 1792 年的状态。和约的最后一项条款还规定，参战各国应在维也纳召开会议，以解决重大的领土纠纷。

## 领土安排

在维也纳会议上，梅特涅的主要目的是确保法国被强国所包围，从而遏制法国未来的扩张意图。梅特涅想要制造欧洲均势以维持稳定。维也纳会议进而正式确定了此前同盟四国达成一致的诸多领土安排：建立包括比利时和荷兰在内的尼德兰王国，成为法国东北边的一大强国；意大利的皮埃蒙特-撒丁王国（Piedmont-Sardinia）在法国的东南边扮演着同样的角色；在中欧，拿破仑的莱茵联盟被废止，取而代之的是 39 个德意志邦国组成的松散的德意志邦联，首府为法兰克福，邦联包括普鲁士和奥地利的德语区，它也取代了法国大革命前处于神圣罗马帝国庇护下的 300 多个德意志邦国。普鲁士占有莱茵河东西两岸之地，并在此驻有军队，从而

645

可在形势危急时迅速进军法国。奥地利被定为德意志邦联的主导者，邦联主席均为奥地利人。奥地利依旧是意大利半岛的主宰，继续控制着意大利北部富庶的伦巴第（Lombardy）地区及其邻近的威尼提亚（Venetia）地区。奥地利哈布斯堡皇室家族成员统治着意大利半岛上其他的大部分国家，以确保奥地利人的统治，将法国人排斥在外。

英国在拿破仑战争期间获得了许多重要的海外领地，维也纳会议承认了英国对这些领地的占有。英国获得了北海的赫尔戈兰岛（Helgoland），地中海的马耳他岛，南非的好望角，印度南端的锡兰岛（Ceylon，今斯里兰卡），印度洋的毛里求斯岛（Mauritius）、塞舌尔群岛（Seychelles）和罗德里格斯岛（Rodriguez），加勒比海的圣卢西亚岛（Saint Lucia）、特立尼达岛和多巴哥岛（Trinidad and Tobago）。这些海外领地给英国带来了巨大的经济利益，使其得以控制至关重要的海上航线。

会议确认了瑞士的中立国地位，最后还对斯堪的纳维亚地区进行了领土调整。丹麦因其国王长期与拿破仑结盟而易主，被划归瑞典。瑞典则被迫将芬兰让与俄国。

## 波兰-萨克森问题

关于东欧问题的分歧令维也纳会议几近中断。亚历山大一世明确表示，他要获得对波兰的全部控制，包括之前由普鲁士统治的波兰地区。作为补偿，普鲁士将会得到德意志地区富庶的邦国萨克森。此意遭到奥地利和英国的反对，他们担心普鲁士和俄国在中东欧地区的势力会因此而得到加强。这一争议愈演愈烈。塔列朗伺机分裂战胜国同盟，好使法国能"东山再起"。他同英国、奥地利站在一起，三方于1815年1月3日签订密约，允诺一旦遭遇战事，缔约三方均应各自出兵15万。然而，欧洲已饱受战乱之苦，最终各方达成妥协。俄国获得了波兰大部，而非全部；普鲁士则获得了萨克森约40%的领土，其余部分保持独立。

## 《最后议定书》和深远影响

1815年2月底，拿破仑逃离了厄尔巴岛，于3月1日在法国登陆。拿破仑将路易十八赶出巴黎，招兵买马，着手对反法同盟作战。不过，这并未对维也纳会议带来什么影响。《最后议定书》于1815年6月9日签订，拿破仑则于当月18日在滑铁卢战役中被彻底击败。

大多数历史学家都承认，维也纳会议给欧洲带来了长久的和平。尽管在19世纪，个别国家之间曾发生过战事，但大规模的战争在1914年以前再未爆发。这一事实表明，列强们各得其所地离开了维也纳。英国无疑是最大的赢家，实现了对全球范围内的海上航线的控制，为其在19世纪大举进行帝国主义扩张奠定了基础。

进一步阅读书目：

Albrecht-Carrié, R. (1973). *A Diplomatic History of Europe since the Congress of Vienna*. New York: Harper and Row.

Alsop, S. (1984). *The Congress Dances*. New York: Harper and Row.

Bertier de Sauvigny, G. (1962). *Metternich and His Times*. London: Darton, Longman and Todd.

Bridge, F. , & Bullen, R. (1980). *The Great Powers and the European States System，1815－1914*. New York: Longman.

Chapman, T. (1998). *The Congress of Vienna: Origins, Processes and Results*. New York: Routledge.

Ferrero, G. (1941). *The Reconstruction of Europe*: *Talleyrand and the Congress of Vienna*, 1814 – 1815. New York: Putnam.

Grimsted, P. (1969). *The Foreign Ministers of Alexander I*: *Political Attitudes and the Conduct of Russian Diplomacy*, 1801 – 1825. Berkeley: University of California Press.

Gulick, E. (1955). *Europe's Classical Balance of Power*: *A Case History of the Theory and Practise of One of the Great Concepts of European Statecraft*. Westport, CT: Greenwood.

Kissinger, H. (1957). *A World Restored*: *Metternich*, *Castlereagh and the Problems of Peace*, 1812 – 1822. Boston: Houghton Mifflin.

Kraehe, E. (1963). *Metternich's German Policy*. Princeton, NJ: Princeton University Press.

Nicolson, H. (1961). *The Congress of Vienna*: *A Study in Allied Unity*: 1812 – 1822. London: Constable.

Rich, N. (1992). *Great Power Diplomacy*, 1814 – 1914. New York: McGraw Hill.

Webster, C. (1931). *The Foreign Policy of Castlereagh*, 1812 – 1815. London: G. Bell.

保罗·多尔(Paul W. Doerr) 文

侯波 译 俞金尧 校

# Constantine the Great 君士坦丁大帝

4世纪,罗马帝国皇帝君士坦丁(306—337年在位)于众教之中独尊基督教,表现有三:提拔基督徒为官、兴建基督教堂、将其继承人培养成基督徒。在尼西亚会议(325—326)上,他督促教义与仪式的标准化以确立"正统"(orthodoxy),使基督教形成了一套天下归一、排斥异教的专制等级制度。

尽管君士坦丁直至临终之际才接受洗礼成为基督徒,但在其执政的大部分时间里都对基督教青睐有加。他提拔基督徒为官,予以他们赋税减免和其他经济上的优待(这些都令其他宗教的教徒尤其是多神教徒相形见绌);他主持召开了基督教大公会议,解决了教会内部的教义之争(包括最早由官方发起的针对基督教"异端"的宗教迫害运动);他修缮并兴建了若干教堂(如罗马的老圣彼得大教堂、伯利恒的耶稣诞生教堂,两者均是模仿以弗所的阿尔忒弥斯神庙和巴勒贝克的朱庇特神殿等多神教建筑修建的),奠定了近2 000年来基督教建筑和雕塑艺术的风格。不过最为重要的是,君士坦丁将其子嗣也培养成了基督徒,后者继承皇位执政长达30年,从而确保了基督教对多神教的胜利。

西罗马帝国统治者君士坦提·克洛鲁斯(Constantius Chlorus,即君士坦提一世,293—306年在位)暴毙后,其子君士坦丁在艾伯拉肯(Eboracum,今英格兰约克郡)被军队拥立为帝。此后内战频频爆发,直至324年,君士坦丁一手控制了整个帝国。330年,他在古城拜占庭的旧址上建造一座以基督教为尊的新都城,并以自己的名字称其为"Constantinopolis"(即君士坦丁堡,今伊斯坦布尔)。君士坦丁堡战略意义非凡,正是此城保护了中世纪的基督教世界免遭伊斯兰国家的征服。337年,君士坦丁率军征讨波斯,途中于尼科米底亚(Nicomedia,今土耳其伊兹密特)无疾而终,享年约52岁,遗体依基督教习俗被葬于君士坦丁堡。

尽管君士坦丁的母亲（被尊称为圣海伦娜[St. Helena]）早已皈依基督教，但在312年米尔维安桥战役（Battle of the Milvian Bridge）之前，君士坦丁及其部下多信奉拜日教（又称密特拉教，Mithraism）。这是一种神秘的异教信仰，崇拜太阳，在教义和仪式上与基督教存在相似之处，如十字架标志等。在米尔维安桥同其对手马克辛提乌斯（Maxentius）交战前夕，君士坦丁声称自己在烈日之下见到一十字架，上面写有一行字"In hoc signo vincit"（见此征兆，汝定克敌）。于是，君士坦丁命其将士在盾牌上刻画十字架标志并赢得此战，由此平定了帝国西部。

不久之后，君士坦丁在母亲和她的虔悔神父——基督教主教尤西比乌斯（Eusebius）的说

君士坦丁的巨型雕像。雕像脸部依然保存完好，其他部分均已破碎。威廉·范恩（William Vann）摄（EduPic. net）

服下，逐渐皈依耶稣基督，而放弃了拜日信仰。随后发布的《米兰敕令》（Edict of Milan, 313）对基督教实行宗教宽容，这标志着罗马帝国多神教信仰的终结。虽然君士坦丁的幻觉常常被认为是为拉拢基督徒而施的"小计策"，但基督徒的人口实际上在罗马帝国总人口中所占比例甚低（仅为5％，且大多生活在帝国东部，帝国西部的基督徒更是少之又少）。这意味着君士坦丁的幻觉和皈依并非为了拉拢基督徒以获得帝国的统治权，而仅仅是一种争取基督徒拥护的政治开明之举。就此而言，君士坦丁并未令人失望。 <sup>648</sup>

君士坦丁提拔基督徒担任罗马帝国的各级官吏，此外还发布各项敕令给予基督徒以独享的经济优待和司法豁免权。他禁止角斗比赛和牲畜献祭。330年，为筹措营建新都城君士坦丁堡的资金，他下令将多神教神庙的教产搜刮一空——青铜大门、镀金圣像乃至金瓦屋顶，这给多神教带来灾难性的影响。他还参与了基督教对异教徒发起的首次宗教迫害。君士坦丁对基督教偏袒有加，并令其子嗣皈依基督教，以此来告诉人们：此（指基督教）乃获取财富与权势之道。

令君士坦丁不安的是，他发现基督教"教会"未能形成一套完整统一的等级体系，而是由几乎完全独立的子教会松散地联合在一起，缺乏统一的教义、仪式和经文。据尤西比乌斯记载，君士坦丁自封为主教，即基督教的新任大祭司长或曰"祭祀王"，负责捍卫和发扬基督教——在此后的1000多年里，君士坦丁此举被后人长期效仿。为了捍卫和发扬基督教，君士坦丁在独掌整个帝国后，旋即召集基督教领袖在尼西亚召开大公会议（325—326）。在此期间，他力促教义和仪式的标准化以确立教之"正统"，促使基督教建立起统一的专制等级体系。基督教标准化的推行还导致了由官方发起的对基督教异端如多纳图派（Donatists）的宗教审判，此举所开之先例 <sup>649</sup>

引来后世的极大争议。

在基督教的发展历程中,君士坦丁有大功也有大过。若没有他,就没有官方发起的对基督教的支持和对异教的打压,基督教也就不可能成为主流宗教,更不可能成为历史上一股至关重要的文化、政治和宗教势力。君士坦丁执着于建立基督教的专制等级体系,确立教义和仪式之正统,对非基督徒加以迫害和打压,这确保了基督教的成功(也导致了极大的过错),还奠定了欧洲乃至世界历史上三大事件——教宗革命、十字军东征和宗教改革的基础。若没有君士坦丁皈依基督教,现在的世界将不会是我们所知道的这个样子。

进一步阅读书目:

Drake, H. A. (2000). *Constantine and the Bishops: The Politics of Intolerance*. Baltimore, MD: Johns Hopkins University Press.

Elliott, T. G. (1996). *The Christianity of Constantine the Great*. Scranton, PA: University of Scranton Press.

Jones, A. H. M. (1979). *Constantine and the Conversion of Europe*. Toronto, Canada: University of Toronto Press.

Lieu, S. N. C., & Montserrat, D. (1998). *Constantine: History, Historiography and Legend*. London: Routledge.

MacMullen, R. (1984). *Christianizing the Roman Empire A. D. 100 - 400*. New Haven, CT: Yale University Press.

MacMullen, R. (1997). *Christianity and Paganism in the Fourth to Eighth Centuries*. New Haven, CT: Yale University Press.

Rousseau, P. (2002). *The Early Christian Centuries*. London: Longman.

杰罗姆·阿肯贝格(Jerome Arkenberg) 文
侯波 译 俞金尧 校

# Consumerism 消费主义

自古以来,社会上层人士便有消费纺织品、珠宝等奢侈品的传统。不过,18 世纪以来消费主义的扩散仍被视为世界历史中的重大进程之一。人们对非生活必需品的痴迷,在某种程度上是由于经济的增长与繁荣以及价值观念从传统向现代的转变。

所谓"消费主义",是指人们热衷于消费那些并非满足衣食之需的非生活必需品。它还指人们不满足于传统老套的风格,而是追求新奇,喜欢赶时髦。消费主义在社会上的蔓延及其在地理上的扩散,是近两三百年来世界历史中的重大进程之一。人们越来越钟情于消费主义文化,不仅反映出经济的变迁和日益繁荣,也体现出价值观念的巨大变化。

## 消费主义的发端

消费主义并非完全是现代事物。自文明诞生伊始,不同社会的上流阶层就沉溺于某些方面的消费主义。例如,消费主义的泛滥在中国历

650

史上的不同时期多有发生，富有的地主和贵族们建造豪宅，装修奢华，还衣着艳丽，招摇过市。古罗马的上流社会对中国丝绸的热爱是消费主义的又一个例子，中东地区的富裕穆斯林家庭对珠宝的普遍痴迷同样如此。随着历史学家逐渐意识到近代以前尤其是1000年前后跨地区贸易的重要性，他们也找到越来越多的消费兴致高涨的例子。例如，产于印度的染花棉布先是流行于日本及东亚其他地区，后亦流行于欧洲。广受关注的中国瓷器远销至印度洋地区（不久后又畅销于欧洲）。

不过，诸多因素制约了传统社会中的消费主义。其一是大多数人口生活困苦，根本无力接受消费主义。哪怕上流阶层也往往避免极端性的消费主义，尤其是在追求新奇和时髦方面，这往往会被视为有违风俗。其二，消费主义通常会遭遇宗教上的反对。许多社会将剩余财富用于宗教支出，而非个人的消费主义。其三，许多社会不时地推出"禁奢令"，对那些有违传统甚或危及旧式社会规范的行为举止加以惩治。在中国，意欲维系传统风俗和价值观念的政府

有时会处死消费主义的带头者。换言之，财富并不必然导致消费主义。

## 近代消费主义

历史学家们早前一直认为消费主义乃工业化的产物。随着生产力水平和生活水平的提高，人们被鼓励用剩余财富购买新的商品。然而，消费主义与工业化之间的关联在某些情况下并不成立。近20年来的一些重要研究发现，真正意义上的近代消费主义实际上源于17和18世纪的西欧。购买新式商品、追赶时髦新潮的热情遍及西方社会，对城市市民影响甚大，后亦蔓延至农村地区——如在18世纪的瑞士，家庭工业生产者一反农村风俗而喜欢穿城市风格的衣服。大型的二手服装市场兴起了，面向那些有消费主义冲动却又没钱赶时髦的人。不仅服装，还有家居装饰和餐具均反映出（大众）消费兴致的日益高涨，由此也流传出一些轶事，如1625—1650年前后风靡荷兰的郁金香（包括以郁金香为主题的绘画）购买热。

周昉的《簪花仕女图》（唐代）。中国历史上曾多次出现消费主义热潮

近代消费主义有三大特点：

其一，近代消费主义不分阶级。虽然社会差异依然存在，但近代消费主义的一大乐趣便是购买与某种精良商品同款式的商品——或许更低质。许多批评者都注意到这一特点，故而哀叹（同时夸大）无法再通过观察一个人的着装来判断此人的社会地位。近代消费主义也不分性别。女人往往因为冲动性的消费主义而备受指责——男人亦莫如此——但女人确实通过消费主义实现了一定的自我表达。例如，女性在拥有了安顿家中一日三餐的权威后，除了常常抵抗不住衣服和家具的诱惑外，又燃起了购买茶具和银器的欲望。

其二，近代消费主义是一种新型的商业运作和营销模式。研究者们发现，消费主义运营模式的基本要素早在 18 世纪末的英国等地便已出现，不仅店铺遍地开张，而且店主们巧妙地将商品摆在漂亮的橱柜中用于展示，并利用打折的特价商品来招揽客户，最后是卖出了其他商品方才送客。店主们还大做广告，常常是邀请一些贵族来检验如剃须刀、茶叶之类的产品的质量。18 世纪英国的制陶业翘楚约西亚·韦奇伍德（Josiah Wedgwood）密切关注销售其商品的店铺，不断尝试推出新的款式，并通过充分的市场调查来了解哪些款式正在流行、哪些款式应被召回。当时甚至还出现了消费主义娱乐活动的萌芽，例如，商业性的马戏表演在 17 世纪末的法国开始出现（但这在亚洲早已有之）。此外，到了 18 世纪末，农村的传统节庆中也开始出现来自城市的演艺人员。

其三，近代消费主义给相关之人带来新的生活意义。它自然反映了欧洲的日益繁荣（仅仅对有产者而言，并非对所有人），也表明国际贸易达到了新的水平。西方民众对进口蔗糖的热捧被认为是西方近代消费主义的最早例证，17 和 18 世纪对茶叶与咖啡的兴致则进一步推动了对新式餐具的消费欲望。不过，这其中也蕴

EVENING DRESS.　　WALKING DRESS.

彭德尔顿版画（Pendleton's Lithography）。棉布的工业化生产让中产阶级沉醉于最新时尚之中。纽约公共图书馆

含着文化的变迁，许多人对宗教的关注越来越少，对世俗的关注越来越多，消费主义则为日益高涨的世俗主义提供了一个发泄处。社会的商业化模糊了阶级之间的界限，而人口的增长瓦解了人们原有的社会地位。例如，许多孩子不再指望从父母手中继承土地或工匠铺，他们可能从事任何经济上有利可图的工作，如成为一名以工资为生的制造业工人，但他们失去了传统的社会身份；在这种情况下，消费主义发挥了重要的作用，成为他们展示自己新身份和成功的一种方式。在 18 世纪，人们还越来越热衷于追逐浪漫的爱情，这股新趋势同样推动了人们在个人着装方面的追求。此外，近代消费主义也包含着追求个人舒适的新欲望，例如，18 世纪的英国曾出现过一股买伞的热潮，虽然一些保守派

652

认为此举纯属"矫情",但伞确实能为人挡风遮雨。无论历史学家们对近代消费主义的方方面面存在多大争议,他们都承认:消费主义反映了价值观念的急剧变化,而不能被简单地视为商家为牟利而刻意抛出的诱饵。

最后要说明的是,近代消费主义的出现要早于工业化,并且实际上通过扩大对服装等产品的需求而推动了工业化。作为早期工业化的动力之一,人们对棉布日益高涨的消费热情不仅是因为棉布价格低廉,还因为它色调明亮,吸引了消费者的眼球。

## 工业化与社会批评

消费主义和工业化共同推动了商业模式的进一步变革。19 世纪 30 年代,巴黎的多家小型商铺组成了世界上第一家百货商店,这种销售模式的扩散标志着消费主义朝着全球化的方向进一步发展。至 19 世纪六七十年代,科学家与通俗作家还注意到西欧和美国出现了一种从未有过的消费病——"购物癖",患病者多为中产阶级女性。近代消费主义引发了人的亢奋,购物癖正是这种亢奋的病态体现。对情感的理解也出现了变化。羡慕原本是一种令人不齿的情感,但到了 19 世纪末 20 世纪初,羡慕开始被褒扬为一种良性的消费动机。

近代消费主义带来了翻天覆地的变化,自然引起许多人的不悦。自 18 世纪末以来,伴随着消费主义的兴起,批评之声随之而来。宗教界的权威人士基于反世俗主义对其予以拒绝。但到了 19 世纪末,一些主流的教会团体也接受了消费主义,将优美的外表视为上帝给予的一种福祉。社会批评家们则抨击下层阶级的毫无节制以及女性的意志薄弱。法国作家左拉(Emile Zola)的小说《萌芽》(Germinal)长篇累牍地抨击了百货商店和女性的脆弱,认为两者导致整个家庭入不敷出,最后倾家荡产。医学

小型直立式自动钢琴将音乐带进千家万户。取自《城镇与乡村》(Town & Country)杂志,1915 年 5 月

界的权威人士也加入了消费主义的批判者之列,宣称无节制的消费(尤其是胡吃海喝)对身体不利。在西欧,"反消费主义"还融入"反犹主义"之中,人们指责犹太人造就了百货商店等令人品位败坏的诱惑之物。作为对消费主义的回应,西方世界的反消费主义尽管时有平息——至 20 世纪下半叶走向式微——但至今仍有一席之地。

## 全球消费主义

在 19 世纪,近代消费主义开始扩散至西欧以外的地区。自 19 世纪 40 年代以来,随着美国从欧洲进口服装和食品,美国人也效仿起欧洲的时尚。不过在此之前,美国业已出现消费主义的萌芽。19 世纪 20 年代纽约乡村地区兴起的买表之风源于人们效仿英伦时尚的渴望,只是后来才转变为对时间精准的追求。到了 19 世纪

653

一座现代的多层购物中心。托尼·艾里克豪里（Tony Alkhoury）摄（www. morguefile. com）

义的反抗活动。到了 20 世纪 20 年代，印度的民族主义者等常常通过抵制外国货来打击英帝国主义，并取得了一定成功。两次世界大战之间，美国黑人在巴尔的摩等地也运用抵制活动来抗议种族不公。抵制活动还出现在 20 世纪 80 年代南非的反种族隔离运动中。因此，人权组织也常常掀起抵制跨国公司的运动，控诉这些公司在第三世界国家对待工人的恶劣行径。20 世纪其他类型的消费者运动则试图保护消费者免于购买到假冒伪劣商品。

50 年代，百货商店已遍及俄国各大城市，这表明俄国的上层阶级也开始热衷于紧跟时尚的消费主义。"黑船开国"后的日本很快吸收了消费主义的许多元素，至 19 世纪 90 年代，百货商店已成为时尚的东京银座区的地标。20 世纪初，百货商店也出现在大上海的十里洋场。消费主义的地理扩散并非自发的。亚洲的百货商店往往将西式的消费主义与旧式的显摆炫耀结合在一起，它们演奏起乐曲，以此种或其他方式来招揽顾客，从而让消费主义在文化上易于接受。尽管如此，许多当地人还是驻足不前，死活不信这些卖场里有他们想买的东西。人们不仅像昔日西方人那样大肆抨击消费主义，还将之斥责为蛮夷之风。正如往常一样，消费主义的扩散中蕴含着一种新的价值观——一种挑战既定社会秩序和权力结构的渴望，而这一过程的出现并非朝夕之间。

消费主义的扩散还给反抗活动提供了新的动机。人们发起抵制运动，试图通过反对消费主义来抨击外国势力的侵入等问题。美国独立战争前的波士顿茶党运动便是一种针对消费主

## 20 世纪及其后

消费主义在 20 世纪愈演愈烈。这依然包括手段和动机两个方面。广告变得愈发高明老练，运用了新的声光画面和技术手段来勾起人们的购物激情。世界上第一家实体广告公司出现于 19 世纪 70 年代的美国，这一现象在 20 世纪初扩散至欧洲。社会经济的日益繁荣以及人们对工作的日益不满，导致了消费主义的进一步高涨。许多产业工人为生计所累或为生计所困，转而在消费中寻找乐趣。这种生活方式也影响到中产阶级人士。这些人逐渐失去了昔日只身打拼的满足感，而成为庞大的、缺乏个性的科层组织中的一名打工者。

自 19 世纪末以来，圣诞节等节假日的日益商业化等新趋势，推动了消费主义浪潮的进一步高涨。伴随着消费主义的全球化，圣诞节也由于其在商业上的吸引力而广泛普及，甚至扩散到阿拉伯地区，至于这里的传统节日如

斋月节等,也开始融入更多的消费元素,比如贺卡。

全球性消费主义还使越来越多的儿童身陷其中,他们从小便被泰迪熊(因美国前总统西奥多·罗斯福而得名)等从商店买来的商品所包围。专家们开始敦促家长用玩具和其他消费品来奖励表现好的孩子们。随着大众娱乐活动开始变成购买快乐和感官享受,比如观看体育比赛及电影等,消费主义也波及休闲娱乐领域。

进入 20 世纪,随着美国成为世界上最主要的消费社会,美国人逐渐引领了西方消费主义潮流。但到了 20 世纪 90 年代,随着"炫酷"产品成为日本最主要的出口品,日本人也号称消费时尚的引领者之一。消费主义研究中的一个重大难题是如何通过细致严谨的比较研究(已有的比较研究尚不完善)来认识消费主义这一现象中普遍存在的共性以及重要的差异,其中就包括构建不同于美国式的消费主义模式。

至 20 世纪下半叶,消费主义逐渐与全球性的青年文化交织在一起。众多的年轻人通过追求消费时尚来表达对父母和长辈管束的叛逆。消费主义再一次具有了权力关系和个人表达层面的深层次含义,追求都市时尚和赶时髦的观念成为许多年轻人的重要动力。

消费主义的地理扩散仍在继续。苏联曾试图通过"消费合作社"(co-op)对消费主义加以改造,建立了莫斯科古姆百货商店(GUM,又称"国立百货商店")等国营百货商店,但这种合作社从未真正奏效,消费者对消费主义的不满对整个苏联体制的瓦解起到了一定作用。非洲的城市居民早在 20 世纪 20 年代便加入了消费主义大潮,钦努阿·阿契贝(Chinua Achebe)的小说《动荡》(No Longer at Ease)以 20 世纪 20 年代的尼日利亚为背景,描述了消费文化对传统家庭观念的冲击。拉丁美洲人也越来越多地加入消费主义当中。至 20 世纪末,拉丁美洲家庭展示幸福美满以及对儿女之爱的典型方式便是全家一起去美国佛罗里达州的迪士尼乐园游玩,最后再来个购物狂欢。圣诞购物季的观念传到了信奉伊斯兰教的伊斯坦布尔;而在斋月,教众们在举行宗教庆典之外也会购买礼物与贺卡。

当然,消费主义的扩散不是齐头并进的。亚洲和非洲的广大乡村地区几乎未受到消费主义的影响,这一情况加剧了中国等国家日益严峻的城乡分化问题。自 20 世纪 70 年代以来,宗教上的各种基要主义的兴起,在一定程度上是对消费主义价值观以及往往与之相关的性享乐、性放纵等观念的反抗。苏联解体后,所谓"新俄罗斯人"——俄罗斯中产阶级的炫耀性消费,引来了许多俄罗斯人的反感,这一半出于嫉妒,另一半则出于集体观念高于个人意识的旧思维。进入 21 世纪后,消费主义仍将继续扩散和发展。

进一步阅读书目:

Abelson, E. (1989). *When Ladies Go A-thieving: Middle-class Shoplifters in the Victorian Department Store*. Oxford, UK: Oxford University Press.

Berg, M., & Clifford, H. (Eds.). (1999). *Consumers and Luxury: Consumer Culture in Europe 1650 – 1850*. Manchester, UK: Manchester University Press.

Brewer, J., & Roy P. (1993). *Consumption and the World of Goods*. New York: Routledge.

Campbell, C. (1987). *The Romantic Ethic and the Spirit of Modern Consumerism*. Oxford, UK: Basil Blackwell.

Hoganson, K. (2007). *Consumers' Imperium: The Global Production of America's Domesticity 1865 – 1920*. Chapel Hill: University of North Carolina Press.

Marchand, R. (1985). *Advertising the American Dream*. Berkeley: University of California Press.

Slater, D. (1997). *Consumer Culture and Modernity*. Oxford, UK: Basil Blackwell.

Smith, R. L. (2008). *Premodern Trade in World History*. London: Routledge.

Stearns, P. N. (2001). *Consumerism in World History: The Global Transformation of Desire*. London: Routledge.

Stearns, P. N. (2006). *Consumerism in World History: The Global Transformation of Desire*. London: Routledge

Tobin, J. (1992). *Re-made in Japan: Everyday Life and Consumer Taste in a Changing Society*. New Haven, CT: Yale University Press.

彼得·斯特恩斯(Peter N. Stearns) 文

侯波 译 俞金尧 校

# Containment 遏制

"遏制"一词常用于一定的历史语境,以描述 20 世纪下半叶美国对苏联势力扩张而采取的政策。该政策导致美国卷入包括朝鲜战争和越南战争在内的冷战之中。

656

"遏制",指一种通过外交或在可能情况下运用武力来钳制或限制敌对势力或潜在的敌对势力的政策。遏制可见于第二次世界大战前夕英国的表现,在 20 世纪 30 年代中后期,英国政府在处理与纳粹德国的关系时奉行的乃是被称为"绥靖"的外交政策。然而,希特勒被证明是贪得无厌的,无心于实现长久的和平,1939 年 3 月 15 日,纳粹占领捷克斯洛伐克,宣告了绥靖政策的破产;英国转而诉诸遏制,做出了一系列的承诺,保证东欧各国尤其是波兰的领土安全,若德国进攻波兰,英国将信守承诺,帮助波兰抵御德军,英国试图以此来遏制德国在欧洲的势力;1939 年 9 月 1 日,德国进攻波兰,英国于 2 天后对德宣战。"遏制"在历史上有诸多表现,但通常是指冷战期间美国对苏联所采取的一系列政策。

## 冷战时期遏制政策的起源

二战结束后仅数月,西方国家同苏联的关系急剧恶化。而在此之前,双方曾结成同盟,共同对抗轴心国。英、美政客对苏联加强对东欧的控制十分担心。苏联似乎还危及土耳其和希腊。美、英两国指责苏联迟迟不愿就被占领的德国的后续事宜展开磋商。东西方关系笼罩在一种猜忌和紧张的气氛之中。

## 乔治·凯南与遏制政策

1946 年 2 月 22 日,乔治·凯南(George Kennan, 1904—2005)向他的上级呈交了一份关于苏联政策的分析报告。凯南是美国驻苏联大使馆的工作人员,也是一名长期研究苏联问题的专家。他所呈交的这份分析报告就是众所周知的"长电报"(Long Telegram),后于 1947 年发表在著名的《外交事务》(*Foreign Affairs*)杂志上。杂志编辑将文章署名为"X 先生",但人们都知道"X 先生"究竟指谁。凯南对苏联外交政策的分析在华盛顿得到广泛支持,很快成为遏制政策的理论基础。

凯南认为，由于意识形态和历史方面的原因，苏联是一个具有扩张本性的国家。他说，为了维持其政权的合理性，苏联领导人不得不让人民相信苏联受到资本主义敌对势力的威胁。苏联将寻求领土扩张，因为这在俄国历史上早有先例。俄罗斯人生活在一马平川的平原上，处于敌对的游牧部落的包围中，因此俄国的统治者一向通过侵略征服来保证安全。凯南指出，如果苏联在某处遭遇对抗，它将轻易地撤退，转而向其他地方扩张。他还认为，在协商方面，苏联不值得信任，它或许会同意战术上的让步，但绝不会放弃其历史使命。不过，凯南否认苏联人想要战争，因为他们眼光放得很长远，愿意等待历史大势最终到来之时。根据共产主义理论，资本主义必将崩溃，苏联没必要铤而走险。凯南建议，美国应推行"坚定的遏制政策，旨在每当苏联意欲染指和平稳定世界的利益时，通过坚定的反击来对抗俄国人"。凯南推断，如果苏联无法向外扩张，长期积累的内部压力将迫使苏联体制发生剧变。

## 对遏制政策的批评

凯南的观点虽然受到政府的欢迎，但在社会上却引起一些批评。著名专栏作家、国际时事评论员沃尔特·李普曼（Walter Lippmann）写道，遏制政策将使美国卷入全球范围内的众多冲突中，美国的资源将不堪重负，最终消耗殆尽。其他的"左派"政治人士也抨击遏制政策，因为他们反对任何同苏联的对抗。罗斯福时期的前副总统暨杜鲁门内阁成员亨利·华莱士（Henry Wallace）公开与杜鲁门决裂，他认为苏联政策并不是由扩张主义所驱动，而是恐惧，遏制政策只会使形势恶化。1948 年，华莱士在竞选中与杜鲁门角逐总统之职，但最终屈居第四。

## 遏制战略

凯南的观点成为日后美国对苏政策的基础。1947 年初，英国政府告知华盛顿当局，英国将无力继续援助希腊政府。当时，希腊正爆发内战。华盛顿当局认为希腊共产党得到苏联的支持，故而担心希腊政府的倒台将导致苏联势力扩张至地中海沿岸地区。是年 3 月 12 日，哈里·杜鲁门为争取国会支持向希腊和土耳其提供 4 亿美元援助的计划，发表了后来被称为"杜鲁门主义"的演说。杜鲁门说，他相信，"美国的政策必须是支持各自由民族，他们抵抗着企图征服他们的掌握武装的少数人或外来的压力。我相信，我们必须帮助自由民族通过他们自己的方式来安排自己的命运"。杜鲁门还宣称，美国的援助将集中在经济和金融方面。

与此同时，华盛顿当局密切关注着西欧各国共产党的发展壮大，并得出结论：战时以来的经济缓慢复苏正在使共产党越来越受欢迎。因此，1947 年 6 月 5 日，美国国务卿乔治·马歇尔宣布了一项经济援助计划。该计划的正式名称是"欧洲复兴计划"，但人们更多地称之为"马歇尔计划"。苏联及其卫星国拒绝参加该计划，宣称将不会向美国及其追随者开放经济和社会领域。在此后的 4 年里，大多数西欧国家获得了"马歇尔计划"的援助，共计 170 亿美元。"马歇尔计划"对战后西欧经济复兴起到了至关重要的作用。

凯南曾强调遏制应限于非军事性的经济和外交战略，也曾参与起草了"马歇尔计划"。然而，冷战的加剧将军事遏制提上日程。1949 年 8 月，苏联成功爆破了原子弹，打破了美国的核垄断地位。1949 年 10 月，毛泽东所领导的中国共产党成为中国的执政党。

1950 年早些时候，美国政府对其全球防御战略展开全面评估。评估于当年 9 月完成，显然受到 1949 年一系列事件和朝鲜战争的影响。编号为"美国国家安全委员会第 68 号文件"（NSG - 68）的评估报告建议，应大力发展美国的核防御和常规防御力量。很明显，该文件标志着遏制向侧重于军事方面的转变。凯南后来驳斥说，他所提出的"反击"并非单纯指武力，但凯南的异议在白热化的冷战氛围下未能得到重视。

1952 年，杜鲁门没有参加总统竞选，共和党人德怀特·艾森豪威尔在大选中获胜。选战期间，共和党人猛烈抨击遏制政策使东欧人民沦于专制政治体制的统治之下。后来成为艾森豪威尔政府国务卿的约翰·福斯特·杜勒斯（John Foster Dulles）承诺将"压缩"苏联在东欧的势力。但杜勒斯不主张战争，故在 1952 年后只得继续执行遏制政策。杜勒斯知道，直接介入苏联的东欧集团事务将引起全面战争。他断定，东欧的民族主义将起到推倒苏联体制的作用，尤其是在 1953 年斯大林去世后。1953 年美国进行的另一项国防战略评估也得出了同样的结论。不管怎样，美国确实通过提高"自由欧洲电台"的传播力而加强了宣传战的力度。

### 朝鲜战争后的遏制政策

朝鲜战争也提出了一连串由来已久的严肃问题，究竟何谓"遏制"？美国会卷入全球每一场被视为共产主义威胁的冲突中吗？对美国来说，世界上是否存在一些地方，较之其他地方更具有战略价值？一些评论者指出，遏制政策在本质上是一种防御性的、反应型的政策，主动权在对方手中，如亨利·基辛格便持此看法。另一些人则认为，遏制政策的支持者夸大了苏联的军事威胁。毕竟，在 20 世纪 50 年代初，核武器为数甚寡。在解决东西方问题时，遏制政策的支持者也不够重视长期协商的作用。

20 世纪 50 年代，遏制政策的支持者用多米诺骨牌效应来打比方，以表明若遏制政策失败将会发生什么。第一张多米诺骨牌的倒下意味着整排骨牌的倒塌。共产党人在任何一个国家执政都会促成连锁反应，最终导致对美国自身的直接威胁。遏制政策的内在逻辑，至少是导致美国卷入 20 世纪 60 年代初越南战争的部分原因。有人担心越南吴庭艳政权的丢失会颠覆其他东南亚政权，因此美国卷入了这场 1945 年以来第二大规模的亚洲陆地战争。随之而来的是代价高昂的惨烈冲突、美国国内严重的社会分裂和 1975 年越南战争的彻底溃败。

由于军事遏制不得人心，美国总统不得不在这场被视为"零和博弈"的冷战中想尽办法来回应苏联之"得"。无论是在 20 世纪 70 年代末的安哥拉和南非，还是在 20 世纪 80 年代的阿富汗和中美洲，华盛顿通过扶植代理人来同苏联势力对抗。美国建立了针对苏联所支持的共产主义国家的反对派团体和组织，继而向它们提供武器装备等支持。这些组织包括尼加拉瓜的反政府武装、阿富汗的圣战组织和安哥拉的争取安哥拉彻底独立全国同盟（简称"安盟"，UNITA）。

20 世纪 80 年代末苏联内外交困，使人们回顾起凯南最初的观点，以及这些观点是如何被运用或滥用的。1987 年，《外交事务》杂志再次刊登了凯南文章的全文。有人认为凯南是一位眼光长远、对苏联极具洞察力的观察家；也有人谴责凯南的观点受到曲解，多年的军事遏制带来高昂的代价。

从历史的角度而言，遏制应在冷战的大背景下来认识，是一种确立冷战"战线"的理论。打着"遏制"旗帜的战争对涉事国家都产生了巨大影响。不过，遏制在新世纪仍将是一种重要的外交手段。

659

进一步阅读书目：

Ambrose, S. (1994). *Eisenhower*. New York: Simon and Schuster.

Dunbabin, J. (1994). *The Cold War: The Great Powers and Their Allies*. New York: Longman.

Gaddis, J. (1982). *Strategies of Containment: A Critical Appraisal of Postwar American National Security Policy*. New York: Oxford University Press.

Gaddis, J. (1987). *The Long Peace: Inquiries into the History of the Cold War*. New York: Oxford University Press.

Hogan, M. (1989). *The Marshall Plan: America, Britain and the Reconstruction of Western Europe, 1947–1952*. Cambridge, UK: Cambridge University Press.

Immerman, R. (Ed.). (1990). *John Foster Dulles and the Diplomacy of the Cold War*. Princeton, NJ: Princeton University Press.

Judge, H., & Langdon, J. (1996). *A Hard and Bitter Peace: A Global History of the Cold War*. New Jersey: Prentice Hall.

Kennan, G. (1947). The Sources of Soviet Conduct. *Foreign Affairs, 25*, 570–582.

Kennan, G. (1967). *Memoirs: 1925–1950*. Boston: Little, Brown.

Kissinger, H. (1994). *Diplomacy*. New York: Simon and Schuster.

May, E. (1993). *American Cold War Strategy: Interpreting NSC 68*. Boston: Bedford/St. Martin's.

Mayers, D. (1990). *George Kennan and the Dilemmas of U.S. Foreign Policy*. Oxford, UK: Oxford University Press.

Steel, R. (1981). *Walter Lippmann and the American Century*. New York: Vintage.

Ulam, A. (1968). *Expansion and Coexistence: The History of Soviet Foreign Policy, 1917–1967*. New York: Praeger.

Yergin, D. (1977). *Shattered Peace: The Origins of the Cold War and the National Security State*. Boston: Houghton Mifflin.

保罗·杜尔(Paul W. Doerr) 文

侯波 译 俞金尧 校

# Corporations, Multinational 跨国公司

跨国公司的前身是 17 世纪初的商业公司。这些商业公司攫取并控制外国资产，旨在减少成本和风险，占据竞争优势。现代跨国公司则直接投资外国市场，它们受益于产品研发所取得的进步、在本国所享有的筹资优势，以及在组织管理、市场营销和品牌推广方面的技术能力。

跨国公司是指在一个以上的国家拥有资产的公司。我们可根据跨国公司的职能对其加以分类，如海外市场导向型跨国公司和资源供给导向型跨国公司。前者在国外进行投资，从而在外国市场上直接销售其产品；后者在国外从事经营，以获得或控制与其生产流程休戚相关的战略性资源。

许多跨国公司既属于海外市场导向型，又属于资源供给导向型。最佳案例便是在国际市场中从事石油开采、炼化和销售的跨国公司。按

照另一分类方法,跨国公司又可根据其外国资产的性质而分为横向整合型、纵向整合型和多元混合型。此外,跨国公司应拥有并控制其在东道国的生产设施:全球首屈一指的养老基金——美国加州政府雇员退休基金(CalPERS,California Public Employees Retirement System)便不属于跨国公司,该基金虽然实际上是多个国家大型公司的大股东,但对这些公司的经营管理没有控制权。外方对其海外子公司拥有所有权以及一定的控制权,由此产生了对外直接投资(FDI,foreign direct investment)的概念。对外直接投资分为两种形式:一是收购某一现成的生产设施,二是建成某一全新的生产单位(即"新建投资")。当对外直接投资不足子公司资本的100%时,跨国公司便可以不同的分类法来加以划分。最为常见的跨国公司是合资型跨国公司。这种公司通常由两个或两个以上的合伙方组成,合伙方不一定都是外国企业。如在许多情况下,外国企业在某一国家建立生产设施的唯一途径便是与一个当地企业合伙,建立一家新的合资公司。

## 发展模式

根据上述定义,跨国公司的产生由来已久,至少可追溯至中世纪的"商业革命"以及随之出现的近代早期的大型殖民帝国。个体商人和银行家很早便开始从事海外业务,各国的商业公司不久后也赴海外投资。例如,英属东印度公司、比利时的通用公司、荷属印度公司等,它们虽然都将总部设在欧洲,但在东亚、印度和非洲控制着生产性固定资产。随着第一次工业革命的爆发,国际业务的增长开始加速。高昂的交通成本、高风险和高关税、东道国的鼓励性政策或欢迎姿态,抑或竞争优势,都导致了欧洲发达国家生产性投资的分拆。例如,19世纪中叶的瑞士棉纺业主们在意大利北部投资,因为这里不仅拥有前景可观的市场,还能提供廉价且顺

泰国素攀武里三烹街百年市场(Samchuk-Suphanburi),图片中的可口可乐商标十分醒目。可口可乐公司,世界上最大的公司之一,1886年起家于美国佐治亚州的亚特兰大市,由小做大,历时久远

从的劳动力。

19世纪下半叶的第一次全球化浪潮催生出跨国公司的终极形态——"独立式公司"。最为简单的独立式公司是在本国资本市场筹资、在国外投资建立生产设施的公司。许多学者认为,独立式公司是19世纪末英国对外投资最重要的形式。交通和通信技术的进步、规模密集型大公司的增长,这两大现象共同使得对外直接投资进一步扩大。第二次工业革命则导致了对外直接投资绝对额的增长(第一次世界大战前夕为400亿~500亿美元)。与此同时,国际业务的主导权开始从英国手中转交给新的世界经济霸主——美国。第二次世界大战结束后以及20世纪60年代,随着美国企业开始大规模收购外国公司,美国的主导地位进一步加强。在这一时期以及20世纪80年代后,以欧洲的法国、德国、英国和荷兰以及亚洲的日本为主的其他国家开始

逐渐积极涉足国际业务,世界各国对外直接投资总额超过 20 000 亿美元。

## 理论

学者们提出了各种理论来解释跨国公司的存在。经济帝国主义理论家(可追溯至共产主义理论家弗拉基米尔·列宁)认为,跨国公司不过是新兴资本主义在世界范围内扩张的工具。在其他理论家如经济学家雷蒙·弗农(Raymond Vernon)看来,跨国公司应被视为产品的日产过程经过自然进化而导致的产物。根据这一理论模式,对外直接投资与产品的成熟和标准化直接相关。当一家公司极其注重以最低边际成本来生产产品时,便会倾向于将生产转移至国外,尤其是经济尚不发达地区。

然而,自 20 世纪 60 年代以来,随着美国学者史蒂芬·海默(Stephen Hymer)的大作问世,对跨国公司的研究取得了新的进展。学者们列出了使跨国公司在对外直接投资(而非仅仅对外出口)中具有优势的诸多原因。种种原因之中,学者们尤为强调跨国公司的专利技术和产品研发,在本国所享有的筹资优势,在组织管理、市场营销和品牌推广等方面的技术能力,以及在本国市场所拥有的竞争力等。涉足国际业务的长期经验被视为跨国公司自身的一大竞争优势。此外,对外直接投资的流向受到东道国的工商业政策这一制度环境的影响。

另一些理论则试图从新制度主义的角度解释跨国公司,所关注的焦点是国际业务与风险之间的关系。例如,交易成本理论认为,世界市场尤其是原料和半成品领域的缺陷是导致企业海外业务内部化的主要原因。20 世纪 90 年代初,英国学者约翰·邓宁(John Dunning)提出了一种更为宏观的解释。根据这一解释(所谓 OLI 范式),跨国公司是一种能够理解和应对非经济领域如东道国政治或文化中各种复杂变化的组织。一家公司之所以决定在国外进行投资,是因为它拥有在所有权(O,ownership,如掌握最先进的科技、管理和营销技术)、区位(L,location,如东道国的资源禀赋)、价值链各环节的内部化(I,internalization,如直接控制外国市场上的销售环节,在某些情况下要优于依靠当地代理商)等方面的一系列优势,并能从投资中获利。

进一步阅读书目:

Dunning, J. H. (1993). *The Globalization of Business*. London: Routledge.

Goshal, S., & Westley, E. G. (Eds.). (1993). *Organization Theory and the Multinational Corporation*. New York: St. Martin's Press.

Jones, G. (1993). *Transnational Corporations: An Historical Perspective*. London: Routledge.

Jones, G. (1996). *The Evolution of International Business: An Introduction*. London: Routledge.

Jones, G. (2000). *Merchants to Multinationals: British Trading Companies in the Nineteenth and Twentieth Centuries*. Oxford, UK: Oxford University Press.

Moosa, I. A. (2002). *Foreign Direct Investment: Theory and Practice*. London: Palgrave.

Rugman, A. M. (Ed.). (2009). *The Oxford Handbook of International Business* (2nd ed.). New York: Oxford University Press.

Tolentino, P. E. (2000). *Multinational Corporations: Emergence and Evolution*. London: Routledge.

Wilkins, M. (1974). *The Emergence of Multinational Enterprise*. Cambridge, MA: Harvard University Press.

安德烈·考利(Andrea Colli) 文

侯波 译　俞金尧 校

# Cosmology　宇宙学

伴随着观测宇宙学的发展以及粒子物理学等领域的探索,人类对宇宙的认识历经沧桑巨变。宇宙学模型(cosmological model)的每一次变革,都使得人类在广袤而古老的宇宙中的地位变得更加渺小。

宇宙学是对整个宇宙的研究,包括宇宙的结构、组成、历史和未来。由于人类的历史记载只覆盖了整个宇宙历史的一小部分,且人类的探索局限于极小的区域,因此,宇宙学家们不得不依靠在其他科学领域中所使用的外推法和推测法。宇宙学中的许多内容对我们认识地球的生物环境并无直接的裨益,但宇宙学揭示了生物进化的时光历程以及发现新物质的可能性。宇宙学在很多方面触及宗教同样关心的问题,令许多思想家改变了他们对人类在自然界中地位的原有看法。

## 地心说与占星术

古代的人们观察日月星辰在天空中的运行轨迹,于是自然而然地以为地球乃是这些天体环绕运转的中心。通过进一步的细致观测,人们发现一些像星星一样的天体有着截然不同的运行方式,它们漫游于满天星辰汇聚而成的天幕之上,宛如附着在一个看不见、摸不着的球面上。人们将这些漫游于天空中的星体称为"行星",并认为行星的运行影响着人世之事。一群职业占星师便开始通过占星,即观测行星出现的位置,来预测求卜之人的将来。行星位置图由此产生,图中所画的行星均是沿着围绕地球的圆形轨道运行。最为著名的行星位置图乃托勒密(Ptolemy, 90—168)的《天文学大成》(Almagest),此书乃当今所使用的占星图的基础。

## 日心说

托勒密模型的正统地位一直到 1512 年波兰教士尼古拉·哥白尼(Nicolas Copernicus, 1473—1543)发表《天体运行论》(*On the Revolutions of the Celestial Orbs*)才被终结。哥白尼知道他的观点必将为罗马教廷所不容,于是故意拖延至其晚年才发表该作。意大利数学家伽利略(Galileo Galilei, 1564—1642)令哥白尼模型广为人知,他亦因其观点而遭到责难。然而,托勒密和哥白尼的学说实际上均存在缺陷,因为在基本理论层面,两者均以为行星的运行轨迹呈圆形。在丹麦天文学家第谷·布拉赫(Tycho Brahe, 1546—1601)的仔细观察基础

基于托勒密理论的亚里士多德式宇宙观。选自彼得·阿皮安《宇宙志》,1524

上,德意志学者约翰内斯·开普勒(Johannes Kepler, 1571—1630)揭示出行星是沿着围绕太阳的椭圆形轨迹运行的。后来,英国大数学家艾萨克·牛顿(Isaac Newton, 1642—1727)发现了运动定律和万有引力定律,从而解释了行星运行的椭圆形轨迹,证实了日心说模型。

## 广袤而古老的宇宙

到了 20 世纪初,天文学家们普遍认为,太阳只是众多星辰中的一颗,天空中可见的星辰汇聚为一个庞大的体系,即银河系。至于一大片模糊不清的云雾状天体,即所谓"星云",目前尚未得到解释。1918 年,美国天文学家哈罗·沙普利(Harlow Shapley, 1875—1972)证实了太阳与银心(银河系的中心)相距甚远。1923 年,美国天文学家埃德温·哈勃(Edwin Hubble)计算出地球到仙女座星云的距离,并指出仙女座等星云实际上本身便是星系。当时,宇宙被认为是由许多类似于太阳系的星系组成,因此要比过去人们所想象的广袤得多。

一种被称为奥伯悖论的理论暗示,宇宙或至少其中的星辰是不可能永远存在的,否则,夜晚的天空就应该如白昼一样是明亮的。1929 年,埃德温·哈勃使用美国加利福尼亚州帕洛马山(Mount Palomar)上当时世界上最大的天文望远镜,证实了遥远的星系正远离地球而去,并且其远离的速度与星系和地球之间的距离成正比。这一事实连同其他证据使人们得出了"宇宙大爆炸"的结论,即距今 200 亿~100 亿年前,我们所知的宇宙在其发端之初仅限于一个非常狭小的空间范围,后来由于"大爆炸"而开始分裂。

## 星星的生命周期和化学元素的起源

在 20 世纪以前,太阳的能量来源一直是个谜。至 20 世纪 30 年代,根据爱因斯坦著名的相对论公式 $E = mc^2$,人们发现小核子聚变为大核子可导致一小部分小核子转化为热能。如今,众所周知,太阳的热能源于氢核子聚变为氦核子。计算机所模拟的宇宙图景则表明,在约 50 亿年前形成的太阳将其大部分的氢转化为氦之后,其内部区域会收缩和变热,直到化合成氦核子,继而产生碳和氧核子。然后,其内部区域会进一步收缩,直到产生与铁的质量相当的原子。在经过原子吸收中子继而通过贝塔衰变转化为质子的漫长过程后,抑或在发生大规模的超新星爆炸时,比铁质量更大的原子便会产生。

目前,我们对化学元素分布的认识如下:氢和一定数量的氦形成于距今 130 亿年前的大爆炸时期。基本的生命元素和地球上大量存在的

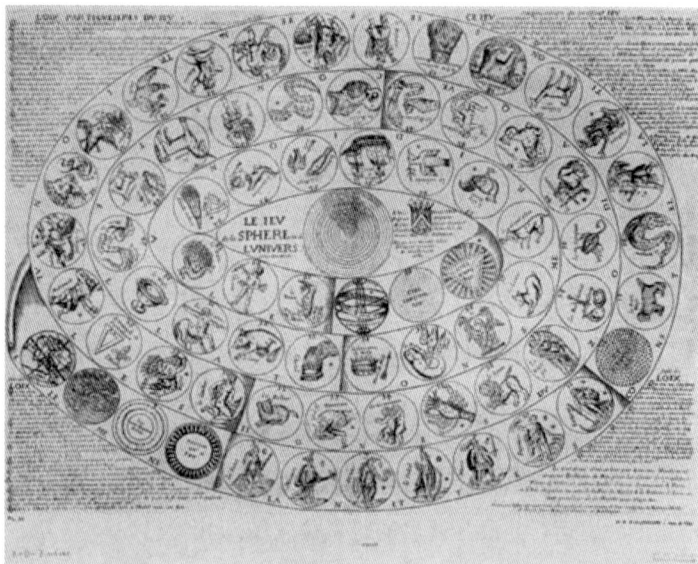

以丹麦天文学家第谷·布拉赫的研究为基础的宇宙航行类棋盘游戏"simulates"。埃蒂安纳·维尔蒙(Estienne Vouillemont)雕刻,1661。选自《法国鹅棋,1640 - 1950》,格兰德出版公司,巴黎,1950

664

元素应是形成于太阳及其行星，以及经过氢燃烧阶段最终变回星际介质中的物质并凝聚为新星的星体。原子序数大于铁的元素则形成于古老的星体上或超新星爆炸中，因此，无论我们如何彻底地开发地球上的矿产资源，这些元素注定是极其稀有的。

### 当今宇宙学

现代宇宙学家将相对论的基本原理和粒子物理学中的实验发现，用于理解我们所知的宇宙的起源和最终命运。他们还借助从哈勃望远镜和人造卫星所得的观测结果，指出若从长距离的角度看的话，宇宙是相对均衡的。如今，大多数宇宙学家都反对地球在宇宙中居于特殊地位的看法，认为宇宙乃是均质的和无向的；换言之，宇宙从其内部任何一处或任何一个角度看都是一模一样的。当今宇宙学中的最大难题大致有二：一是宇宙均一性的原因，这种均一性被认为是"宇宙大爆炸"不久后出现过短暂且急速的膨胀期的证据；二是所谓"暗物质"的性质，这对解释被观测到的星云旋转速度是必需的。一旦这两大问题得以解决，宇宙学家们将会更好地认识宇宙的早期历史，并更加自信地讨论宇宙的遥远未来。

进一步阅读书目：

Chaisson，E. J. (2001). *Cosmic Evolution*. Cambridge，MA：Harvard University Press.
Hartquist，T. W.，& Williams, D. A. (1995). *The Chemically Controlled Cosmos*. New York：Cambridge University Press.
Kaufmann，W. J.，III & Comins，N. F. (2005). *Discovering the Universe* (7th ed.). New York：W. H. Freeman.
Kippenhahn，R. (1983). *100 Billion Suns*. New York：Basic Books.
Primack，J.，& Abrams，N. (2007). *The View from the Center of the Universe：Discovering Our Extraordinary Place in the Cosmos*. New York：Penguin/Riverhead.
Seeds，M. A. (2007). *Foundations of Astronomy* (*10th Ed.*). Belmont，CA：Wadsworth.

唐纳德·弗朗切斯凯蒂(Donald R. Franceschetti) 文
侯波 译 俞金尧 校

# Creation Myths 创世神话

几乎每个人类社会都有一套解释宇宙起源的传说故事。这些有关创世的传说故事(对那些相信其真实性的人来说，它们绝非"神话")试图赋予一切存在以意义，也往往反映了它们所来自的文化。现代的创世说虽然以科学观察和研究为基础，但依然像早前的神话一样，试图就相同的基本问题做出回答。

创世神话是有关万物起源的传说故事或各种传说故事的合集，它们讲述了人类社会与地形地貌、地球及地球上的动植物、星辰以及一切世间之物的起源。在大多数人类社会，创世神话等同于"历史"。它们存在于每一个人类社会，深藏于世界各大宗教之中。通过回答关于起源的

587

问题,创世神话勾勒出一幅关于现实的图景,人们从中可以认识他们在天地寰宇中的位置以及所应扮演的角色。正如芭芭拉·斯普劳尔(Barbara Sproul)在她的《原始神话》(*Primal Myths*)一书中所言:"创世神话极其丰富,包含着各种神话故事,关注的是极其广泛的意义问题,但它们也是极其深奥的。它们所回答的是万物的'第一因',即他们的文化如何看待现实世界这一本质问题。在创世神话中,人们表达了他们对人、世界、时间与空间的最初认识。"玛丽-路易·冯·弗朗茨(Marie-Louise von Franz)在《创世神话》中写道,创世神话"所涉及的是人类生活中最基本的问题,因为它们所关心的不仅仅是我们(人类)存在的终极意义,还有整个宇宙存在的终极意义"。

包含在现代科学与史学中的现代"创立说",与传统的创世神话之间有着许多惊人的相似之处。现代社会对起源的阐述与传统社会对起源的阐述存在根本不同吗?或者说,"创立说"也可以被视为"创世神话"吗?这些问题都值得进一步探讨,因为它们提出了关于现代史学中所发现的真相本质的重要问题,尤其是致力于从多维度连贯一致地叙述过去的世界史。

## 创世神话的一个例子

创世神话有诸多表现形式。犹太—基督—伊斯兰宗教文化中的"创世记"是创世神话,在那些没有历史记载的社会,口口相传下来的起源传说也是创世神话。理解创世神话的全部意义是一件困难的事情。正如许多文化特性一样,创世神话的意义只能被那些听着它们长大的人所体会,而很难被外人所理解。因此,他者的创世神话几乎必然会被当作奇谈怪事和荒谬之辞。正如《大美百科全书》(*Encyclopaedia Americana*)对"神话"的定义所言,"神话在其所处的社会中被当成真事(只有当从其所处社会

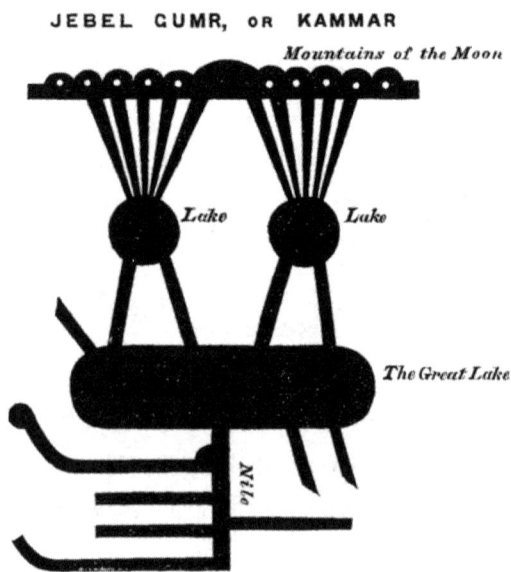

这张神话与现实参半的图示,描绘了 11 世纪非洲穆斯林对尼罗河源头的看法

之外的角度来看时,神话才成为人们通常所理解的假话)"。我们可以从下面这段话来感受从局外理解创世神话的难处。这段话出自法国人类学家马塞尔·格里奥(Marcel Griaule)笔下。他简要地记录了自己与马里(Mali)的一位多贡族(Dogon)智者奥格堂迈(Ogotemmeli)之间的对话。奥格堂迈获准透露多贡人社会的宇宙观,但我们从对话中不难发现,奥格堂迈意识到他对外人所说的话可能无法被理解或完全认同,格里奥本人也敏锐地认识到这一复杂的思维转换所存在的困难。

至上神——阿玛神(God Amma)向天空抛出的泥团化作了满天星辰。阿玛神创造日与月的过程要更加复杂。这一过程虽然不是人类所知的最初之事,但体现了至上神最早的发明:陶艺。在某种意义上,太阳是一口被烧得炽热、一次成型的圆锅,锅外箍有一根绕了 8 圈的红铜线。月亮与太阳形状相似,但外部箍的是白铜线,分四次烧制成型。奥格堂迈说他以后会解释这些天体的运行。他当时仅仅着重于描述制作的大致过程,随后又转而说起其制作者。他不安

地……描绘起太阳的大小。他说："有人认为太阳有这片营地那么大，也就是约 30 腕尺。但太阳实际上要更大。它的表面面积比整个桑加·坎顿(Sanga Canton)地区还大。"犹豫片刻后，他补充道："太阳可能比桑加·坎顿还大。"

月亮的作用不太重要，他随后会谈到。不过他说，非洲人是太阳普照所散发出的光芒所造，而欧洲人是月光所造；因此欧洲人的外表不成熟……

阿玛神……拿起一团泥土，在手中揉搓，然后朝外扔出，于是创造了星辰。平直飞出去的泥土落在北方，即为世界的顶端，然后又从这里向南平直伸展，即为世界的底端。整个大地平躺着，头部向北。大地的头部和其他部位一起向东、西方向伸展，如同子宫里的胎儿。就是说，大地是一具由中间的泥块伸展而成的身体。这是一具女性的身体，脸朝上，由北向南地平躺着。她的性器官是一座蚁穴，阴蒂是一座白蚁丘。寂寞难耐的阿玛欲火焚身，想和他创造的这具身体性交，于是走了过去。这便是宇宙秩序出现裂痕的最初时刻。

一座古代罗马庄园宅舍(约 200—250)的马赛克地板中心部分描绘了永恒之神艾永(Aion)和大地女神特勒斯(Tellus，即古代罗马人的盖娅[Gaia]女神)。孩子可能是四季的化身

奥格堂迈停止了说话……他已说到阿玛神最初犯下的大错以及纷乱的根源。"如果他们听到我说的话，我会被罚去一头牛！"

阿玛神越走越近，白蚁丘竖了起来，显露出阳刚之气，不让神走过去。它硬得如同一个陌生人的阳具，使得性交无法进行。但神是无所不能的。他斩断了白蚁丘，同被割掉阴蒂的大地性交。创世时所发生的事情注定会永远影响万物的发展；这次有缺憾的交合未能生出所希望的双胞胎，而是产下了一只豺狼，这是神遇到困难的象征。……神与他的大地妻子继续性交，这一次没有任何阻挠，阴蒂的割除使上一次的混乱情形未再发生。于是，神的精液——水流进大地的子宫，这次正常的交合导致了一对双胞胎的出生。两个生命由此问世。神像创造水一样创造了他们。他们呈绿色，半人半蛇，从头到腰部是人，从腰部往下则是蛇。他们的眼睛呈红色，睁得如人的眼睛一般大；他们的舌头像眼镜蛇的蛇信一样是分叉的。他们的手臂灵活，没有关节。他们通身为绿色，光华无比，像水面一样发光，但长满了绿色的短毛发，预示着草木和嫩芽。

他们便是努莫(Nummo)兄弟，在后来的创世过程中发挥了关键作用的水神。(Sproul 1991，citing Griaule 1975)

## 创世神话的特点

这些简短的引文出自一则庞杂的传说故事的开头，大体展示出创世神话的诸多特点。首先，奥格堂迈的话是作为一段故事来讲述的。这可能仅仅是因为，叙述是阐释和转述复杂且重要的事实的最有力和最令人难忘的方式。"与神话一样，记忆要求对所述的相关事情加以极大的简化。所有的回忆都是站在当前的立场上讲述的。在讲述的过程中，它们需要形成对过去的理解。这就要求进行选择、排序和简化，

对那些逻辑有助于将生活故事提炼为寓言的连贯叙事进行构建。"（Samuel and Thompson 1990）

其次，（万物的）起源被解释为神灵有意所为的结果。许多传统宇宙观的一个前提假设便是世界的基本构造乃神灵所创。但这并不是普遍的。许多起源说都借助关于"出生"的隐喻，假定存在一个原始的卵子或一次原始的性交行为，这样便好让人准确地理解其意义。一些起源说将创世解释为从沉睡中苏醒的过程，这暗示着我们个人的起源全都具有从潜意识中苏醒的性质。一些创世神话则直面起源说的自相矛盾之处，假定在众神世界之前有另一个世界，这个世界在存在与虚无之间保持着脆弱的平衡。根据古代北印度的圣诗《梨俱吠陀》（Rig Veda）记载，"那时既无所谓存在，亦无所谓虚无；既无所谓天，亦无所谓空。是什么被搅动？在哪里？在谁的守护下？有水吗，深不见底吗？那时，无死也无生。无昼夜之分。呼吸而无风，由内力而生"。这句话点出了在所有关于最初起源的传说中都存在的一个自相矛盾之处——事物（无论是神灵或是整个宇宙）何以产生于虚无之中呢？

第三，所有的创世神话都远比其最初看起来复杂得多，因为它们所谈及的是终极存在，是那些复杂到只能用丰富的隐喻和诗歌语言来讲述的事实。而创世神话的讲述者往往十分清楚它们自相矛盾、经不起推敲的一面。马塞尔·格里奥曾对奥格堂迈所讲述的故事中的一个细节感到困惑。按照故事所说，众多的创造物似乎都站在一层只有 1 腕尺高、1 腕尺深的台阶上。这怎么可能呢？奥格堂迈回答说："所有这些必须用语言来讲述，但台阶上的每一种事物都只是一个符号，如羚羊符号、秃鹰符号、土狼符号。许多符号都可在一腕尺高或深的台阶上找到相应的位置。"格里奥又补充说，奥格堂迈用以表示"符号"的词在字面上是"现世（人世）之言"的意思。

第四，创世神话的流传过程中通常暗含着可靠的经验知识，如关于现实世界的知识、关于动物迁徙的知识、关于农耕和狩猎技术的知识，以及年轻的社会成员所需了解的知识。外人往往对这些知识毫无兴趣，因而可能忽略大多数神话流传过程中体现出的实践性、经验性的一面。不过，这种实践性和经验性的一面却可以表明，创世神话的流传在非正式的教育体系中发挥着根本作用。例如，奥格堂迈所讲述的故事中包含有一长串重要动物、许多关于性事和生育的知识、在当地种植主要谷物的细节，以及关于人体解剖和世界地理的抽象叙述。

最后，创世说中包含许多人们耳熟能详的知识，这在一定程度上使得这些传说故事被处于相应文化环境中的人当成了真实的事情，就像现代科学被 21 世纪初的受教育者当成真理一样。对那些听着创世神话长大的人来说，个别故事能给现实提供最佳的指引，其中所讲述的许多内容非常符合常识性的经验。这并不意味着创世说必然得到局内人不加批判的对待——总会有人争论某一创世神话的故事细节或是对故事的某个方面表示怀疑或困惑。正如格里奥对奥格堂迈的评述，"奥格堂迈并不十分清楚在 8 位先祖变成努莫后天界发生了什么"。不过，这确实意味着，人们所熟悉的创世神话会被认为能给现实以及如何行动提供最佳的指引。在某种意义上，创世神话将整个社会凝聚在一起。这使得创世神话成为无上至宝，它们不是被随意或漫不经心地讲述着，而是被那些知晓其中知识的人小心翼翼地珍藏着、传承着。创世神话另有深意，这正是奥格堂迈在谈到阿玛神最初的大错时压低嗓音的原因。

## 相似性与差异性

前面所列出的传统创世说的部分特点，显

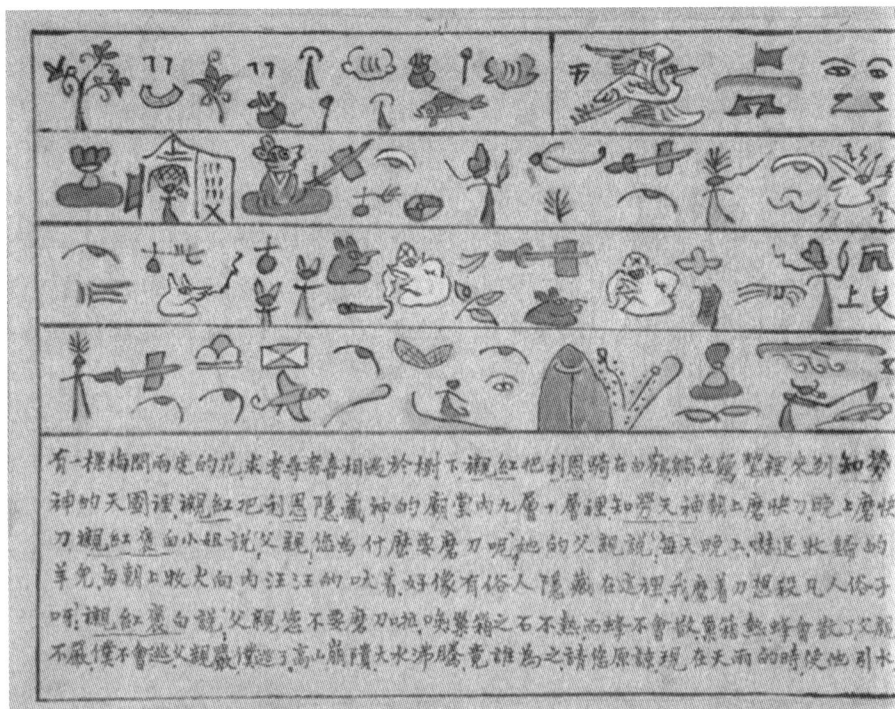

《创世经译本全部》(简称《创世经》或《创世纪》)中的一页。《创世经》以东巴文和汉文双语对照的方式,记载了生活在中国云南丽江流域的纳西族的起源。该页的上半部分为图画象形文字东巴文,形成于约 7 世纪。该图示生动描绘了纳西族始祖崇仁利恩和妻子衬红褒白的传说故事。中国国家图书馆

示出创世神话与现代社会对过去的"科学"阐述之间一些主要的相似点与不同点。首先,两者都发挥着重要的教育职能,因为传统的创世说也包含许多经过检验的关于现实世界的知识。与创世神话一样,现代社会对过去的阐述也可通过叙述得到最有效的传播,叙述依然是历史著作和许多大众科学的主要传播形式。现代社会对世界起源的阐述也在努力回答"终极起源"问题;如今的"宇宙大爆炸"理论可以解释创世后的事情,却解释不了之前的事情。的确,现代物理学与许多传统的创世神话一样,认为"虚空"(真空)是一种充满无限可能的状态,世间万物正是萌生于虚空世界中。其次,当认知情况变得僵化,即便是现代科学也不得不转而求助于复杂且矛盾的抽象概念。从这个意义上讲,重力、黑洞和量子不确定性等概念的作用,与神灵或其他神话中的事物在传统创世说中的作用

是类似的。最后,传统创世神话对听着它们长大的人而言是真实的事情,而对当今受过教育的人来说,现代起源说具有同样的真实感。由于以上诸多相似之处,我们似乎有理由认为,现代的专业史学尤其是世界史学,能够发挥创世神话在过去曾起到的作用。

不过,两者之间亦存在重大的差异。我们很容易就以为现代社会对过去的"科学"阐述要比传统的创世神话更加真实。这样的观点或许是对的,但得出这样的观点应当小心谨慎。即使是现代起源说也植根于特定的时间与空间,所以它们将来必然会在某些方面显得幼稚而原始,正如传统的创世神话在今天看起来那般。此外,创世说能提供关于现实的不同思考方式,因此对外人而言,一切创世说都具有值得学习和吸收之处。例如,许多环保主义者认为,现代社会必须重拾昔日那种将人融于自然界的意识,而

> 终有一天，上帝使处女受孕而生下耶稣的奇迹，会被当作与智慧女神密涅瓦从主神朱庇特脑子里生出来一样的神话。
>
> ——托马斯·杰弗逊(1743—1826)

这种意识在原始社会的创世神话中随处可见。一个更为明显的差别是，"科学的"起源说(如一般意义上的现代科学)追求普世，它所希望的不是仅仅被某一种文化相信，而是被地球上所有受教育的人相信。为了赢得举世公认，它需要具备许多创世神话中缺少的灵活性和开放性，因为它必须吸引来自各种不同文化背景的有识之士，并能够吸收新的知识。这就要求对假说和细节进行不断的检验，以避免大多数传统创世神话的偏狭观念。现代专业史学(与一般意义上的现代科学一样)要吸引全世界的受众，因此它所经受的检验也是繁杂而全面的(与奥格堂迈不同，我们现在可以从直接经验中了解月亮的构成和大小)。现代创世说声称它比传统的创世神话更具真实性，因为它所包含的知识经受了更加仔细的检验，其结果是使更多受众感到它是真实的。

现代社会对过去的"科学"阐述所具有的普世性和接受检验的开放性，表明了它与传统创世神话之间最根本也是最关键的差别是：它不愿引出关于起源的唯心或拟人化的解释。这样的解释之所以受到现代科学的排斥，是因为它过于灵活，以至于不够严密、站不住脚，故而经不起对现代科学来说极为关键的严格检验。

这场讨论表明，世界历史或许与传统的创世神话并无太大不同。世界历史同样代表了一种讲述起源故事的方式。只不过，它的受众是世界性的。为了在全世界的受众中塑造出一切创世神话都渴求的"真实感"，它必须竭力不带任何文化偏颇地讲述世界的起源故事，并且仔细检验讲述的准确性和客观性。

---

进一步阅读书目：

Berry, T. (1988). *The Dream of the Earth*. San Francisco: Sierra Club Books.

Brockway, R. W. (1993). *Myth from the Ice Age to Mickey Mouse*. New York: State University of New York Press.

Christian, D. (2004). *Maps of Time: An Introduction to Big History*. Berkeley: University of California Press.

Griaule, M. (1975). *Conversations with Ogotemmeli*. Oxford, UK: Oxford University Press.

McNeill, W. H. (1985). *Mythistory and Other Essays*. Chicago: University of Chicago Press.

O'Flaherty, W. D. (Trans.). (1981). *The Rig Veda*. Harmondsworth, UK: Penguin.

Samuel, R., & Thompson, P. (Eds.). (1990). *The Myths We Live by*. London: Routledge.

Sproul, B. (1991). *Primal Myths: Creation Myths around the World*. San Francisco: Harper Collins.

von Franz, M. -L. (1972). *Creation Myths*. Dallas, TX: Spring Publications.

大卫·克里斯蒂安(David Christian) 文

侯波 译　俞金尧 校

# Crusades, The　十字军东征

传统观点认为，十字军东征是指发生在 1095—1291 年间的一系列军事远征，其目的是要(从穆斯林手中)解放并保护被基督教世界视为圣地的地方。十字军战士不久后就有了更广泛的使命，即在十字架的旗帜下，捍卫基督教秩序并打击异教徒以及教廷的敌对势力。到了 21 世纪，许多学者都接受了多元主义史观，认为十字军东征的时代横跨了 5 个世纪。

"crusade"一词源于古西班牙语"cruzada"，最贴切的译法是"以十字架为旗帜的军事行动"，它通常是指基督教圣战。十字军原本的目的是要解放被视为基督教圣地的耶路撒冷以及其他中东城市；但到了 13 世纪初，十字军已变成罗马天主教廷的一项制度，其使命也变得更加广泛：打击普天之下的异教徒和教廷敌对势力，维护和扩展基督教秩序。结果，同欧洲的拉丁基督教国家发生冲突的不仅有伊斯兰国家，还包括波罗的海地区的非基督教民族、拜占庭帝国、基辅罗斯公国（以基辅为中心的斯拉夫国家），乃至法国的朗格多克纯洁派（Cathars of Languedoc）和所谓阿尔比派（Albigensian）等基督教异端教派。十字军还兼有传教的任务，这在很大程度上是由于新兴的托钵修会尤其是方济各会（Franciscans）和多明我会（Dominicans）的推动。结果，十字军的狂热及其目标促成了罗马教廷自 13 世纪中叶至 14 世纪中叶派遣外交使节及传教士前往中国，还推动了 15 和 16 世纪欧洲人远赴重洋的地理大发现之旅。与之相似，天主教国家——西班牙和葡萄牙对美洲、非洲沿海地区以及东亚、南亚的海外扩张也带有圣战观念的色彩。

关于十字军东征的发生时间及其活动的区域，历史学家们莫衷一是。所谓"传统派"历史学家认为，十字军东征在时间上始于 1095 年第一次十字军的召集，终于 1291 年叙利亚-巴勒斯坦地区最后一个十字军据点的被摧毁。传统派学者进而将十字军东征界定为这 200 年间拉丁基督徒与穆斯林在中东和北非地区进行的战斗。在传统派学者看来，真正的十字军东征以耶路撒冷以及被视为"圣地"的其他地区为唯一目标。在学术界居于主流的另一派学者，即所谓的"多元派"，则持有更宽泛的观点。多元派学者认为，西班牙的收复失地运动、波罗的海和东欧地区针对异教徒及其他敌对势力的战争、西欧地区由教宗所号召的针对异端和政敌的战争，

都可算作十字军东征的一部分；他们还大大延长了十字军东征的起讫期限，认为最早的十字军东征兴起于 1095 年以前，而十字军东征的传统直到 1291 年以后依然活跃；有人甚至将十字军东征的时间下限定在 1798 年，当时拿破仑迫使曾在 12 世纪十字军东征中担负军事职能的圣约翰医院骑士团投降，从他们手中夺取了马耳他岛。本文采用多元派学者的观点，但仅仅将 16 和 17 世纪天主教欧洲与奥斯曼帝国之间的战争视为十字军东征的最后余波。纵观近 500 年的历史，十字军东征的理想与现实自然处于不断的变动之中。作为一种理念和一项制度，十字军东征历经百年才发展出完整的理论模式和制度模式——这主要发生在教宗英诺森三世在位期间（1198—1216）。即便在形成惯例以后，十字军东征仍要继续应对新的刺激和挑战。

12 世纪的十字军战士。著名的圣殿骑士团教堂（Chapel of the Knights Templar）壁画。该教堂位于法国克莱萨克（Cressac），呈长方形结构，四壁均绘有壁画

尽管经历了这样的演变，十字军东征中仍然存在一些贯穿始终的内部元素。这些元素包括：（1）相信十字军东征是一场为耶稣基督而

战、得到罗马教宗的认可的运动；(2)坚信通过十字军东征这一爱的举动，可以同耶稣建立更紧密的关系；(3)相信十字军东征也是一种自我牺牲以实现精神价值的赎罪之举，这主要是指大赦，即彻底赦免教会所规定的罪罚；(4)认为所有参战的人在进行十字军宣誓后都具备了一种准神职人员的特殊身份；(5)参战之人享有佩戴十字架的责任与权利，因此成为以十字架为标志的"十字军战士"。

在历时数百年的十字军东征中，成百上千支十字军队伍踏上东征之路，这些队伍规模不等、装束不一、目的各异。鉴于东征乃是一种通过爱与牺牲来赎罪的个人之举，每一位十字军战士自然也是在为自己而战。正因如此，中世纪的欧洲人从未统计过东征的具体次数——哪怕是大规模的东征。然而，19 和 20 世纪的西方历史学家们囿于定论，认为只有那些以解放或保卫耶路撒冷城为目标的战争才能算是真正的十字军东征，因而不自觉地想数清楚究竟有多少次大规模的军事远征。即便如此，历史学家们对头 5 次远征后，即 1221 年后又发生的几次

东征，仍未达成共识。有人认为 1096—1272 年所发生的大规模远征共计 7 次；也有人认为这一时期的大规模远征共计 8 次，这也是本文所持有的观点。每一次大规模的远征都受到罗马教宗的庇护，其既定目标(无论其是否发生改变)是同圣地及其周边地区的穆斯林敌人作战。说到这里，我们不妨先看看未被权威的"8 次说"计算在内的伊比利亚半岛的十字军东征，从而可以注意到这一说法实际上也存在不足。

**收复失地运动： 伊比利亚半岛的十字军东征**

十字军东征被认为始于基督徒与摩尔人(Moors)之间在伊比利亚半岛展开的斗争。711 年 4 月，伊斯兰军队跨越非洲与西班牙之间的直布罗陀海峡；至 715 年，除西北部外，伊比利亚半岛的大部分地区尽数落入穆斯林手中。不过，基督徒们在 8 世纪末便开始了反击。早期的战事虽然算不上十字军东征，却掀起了伊比利亚半岛上穆斯林与基督徒之间所发生的系列战争——收复失地运动的序幕。这些战争直到 12

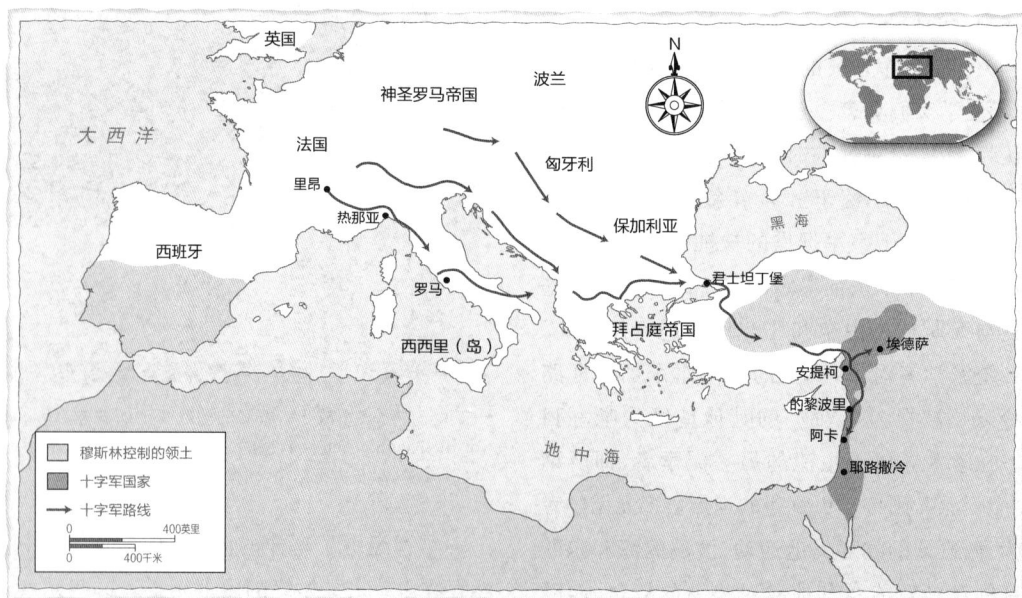

1096 年第一次十字军东征

世纪初才发展成为正式的十字军东征,此后一
直持续至 1492 年。这些早期尤其是 11 世纪的
斗争,堪称第一次正式的十字军东征的样板。
1064 年,西班牙和法国联军在教宗亚历山大二
世的支持下攻占并洗劫了巴尔瓦斯特罗
(Barbastro),教宗则因将士们的战功而对他们
施以大赦。

西班牙这片土地激发了教宗发动十字军东
征的信心,所以到了 1118 年,教宗格拉修斯二世
(Gelasius II)正式将"十字军"的称号授予一支
攻打穆斯林治下的萨拉戈萨(Saragossa)的军
队。在随后的近 400 年里,西班牙本国以及来自
其他国家的基督教十字军对伊比利亚半岛上的
各种伊斯兰势力发起作战。在这一过程中,十
字军东征给伊比利亚半岛的基督教文化留下了
深刻的印记。最终在 1492 年 1 月 2 日,两位信
奉天主教的君主——阿拉贡的斐迪南二世
(Ferdinand II of Aragon)和卡斯提尔的伊莎贝
拉一世(Isabella I of Castile)的十字军联军攻占
了摩尔人在伊比利亚半岛的最后一个据点——
格拉纳达(Granada)。

1492 年 1 月 6 日,一位来自热那亚的船长
(指哥伦布)目睹了天主教双王胜利入城的情
景。这位船长意识到,既然收复西班牙的大计
业已实现,天主教国王们如今便有可能资助他
西行远航前往蒙古大汗统治下的中国了,但他
不知道蒙古人早在 1368 年便被驱逐出了中国。
由于无知,哥伦布以及其他人都相信,格拉纳达
大捷之后的下一步自然是收复耶路撒冷,而恢
复同蒙古大汗之间的往来对收复耶路撒冷具有
积极的推动作用。

### 远征耶路撒冷:"第一次十字军东征"

在塞尔柱突厥人的攻势下,拜占庭帝国在
安纳托利亚的领土落入敌手。面对拜占庭皇帝
阿历克塞一世·科穆宁(Alexius I Comnenus)

的求援,教宗乌尔班二世(Urban II)于 1095 年
11 月 27 日在法国的克莱蒙(Clermont)发表圣
训,号召西方的骑士支援东方的基督徒,解放耶
路撒冷。教宗坚信,此乃"神的旨意",故对所有
踏上东方征途之人均施以大赦。由此出现了
1096 年的第一次十字军东征,当时许多西方人
称之为"耶路撒冷远征",并且将其视为一种特殊
形式的赎罪朝圣——兼具军事目的和精神目的。

1096 至 1101 年间共出现过 3 次大规模的
十字军东征,每次都有数万人之众。第一次和第
三次均以失败告终,不过第二次远征在 1099 年
7 月 15 日成功攻占了耶路撒冷。

以第二次远征所攻占的耶路撒冷及其他要
地为中心,形成了 4 个十字军国家,分别是:埃
德萨伯国(1097—1150)、安条克公国(1098—
1268)、耶路撒冷王国(1099—1291)和的黎波里伯
国(1109—1289)。尽管这 4 个海外封邑国家不受
欧洲母国控制,但它们仍被视为欧洲海外殖民的
先驱。无论怎样,4 个十字军国家均是西方基督
教在这片穆斯林和东正教徒聚居区的飞地。

在这 4 个十字军国家中,个人层面的通婚和
文化交流时有浮现,显著的例子便是在这里出生
和长大的法兰克人(Franks,即东方人对西方的或
拉丁的基督徒的称谓)。这些土生土长的殖民者
在着装和礼俗上与周边的异族相差无几,故被初
来乍到的西方十字军们嘲笑为"串秧儿"。

意大利的海港城市尤其是极负盛名的热那
亚、比萨和威尼斯等,则在阿克(Acre,巴勒斯
坦)、推罗(Tyre,今黎巴嫩苏尔)等重要港口建
立了大型贸易站。他们从这里将数量空前的东
方商品运往欧洲。纺织品、香料、染料、奴隶和蔗
糖源源不断地涌入欧洲,这不仅使热那亚、比萨
和威尼斯这三大商业城市愈加富庶、实力大增,
还大大刺激了欧洲人对亚洲商品的渴求。

其中之一便是对蔗糖的无尽渴求。西方殖
民者从附近的穆斯林那里学会了在大型奴隶制
庄园里种植甘蔗、提炼蔗糖的方法。15 世纪末

以后,欧洲人在非洲西海岸和美洲建立了大量从事蔗糖生产的奴隶制庄园和炼糖厂,急速改变了这些地区的人口构成和生态面貌。

尽管出现了"串秧儿"、意大利商人和蔗糖生产,十字军国家却并非西欧同黎凡特地区(Levant,位于地中海东海岸)之间文化交往的主要途径。例如,12、13 世纪传入西欧的古希腊和伊斯兰文化来自穆斯林统治下的西班牙和西西里岛,而非从东方的十字军国家传入。

十字军国家所带来的一大影响是,这 4 个国家,尤其是安条克公国,导致了其法兰克人领主同拜占庭帝国之间的直接竞争,后者的皇帝宣称十字军东征所攻占的土地乃拜占庭帝国领土。于是,世界历史上极具讽刺性的一幕出现了,十字军东征起初是要支援东方的基督徒,最后却搞得同为基督教国家的拜占庭和拉丁各国分道扬镳。

在前往圣地的途中,早期的十字军在经过拜占庭帝国境内时,常常由于身处异乡且组织涣散,引起了一系列的误解、矛盾乃至流血冲突。结果,到第三次十字军东征时期(1188—1192),拜占庭皇帝艾萨克二世·安基卢斯(Isaac II Angelus)同埃及与叙利亚的苏丹撒拉丁(Saladin)公然合谋阻击并击溃途经安纳托利亚的日耳曼军队,艾萨克二世的计划未能成功。但幸运的是,神圣罗马帝国皇帝腓特烈一世(Frederick I)并未选择攻打君士坦丁堡。不过好景不长,君士坦丁堡在 10 多年后终遭厄运。由于局势失控,第四次十字军东征(1202—1204)海陆并进,于 1204 年 4 月 12—13 日攻占并洗劫了君士坦丁堡。此后,十字军在君士坦丁堡建立了拉丁帝国,国祚一直延续至 1261 年 8 月。攻打君士坦丁堡和拉丁帝国的建立,导致了东西教会、拜占庭人与西方人之间的彻底决裂。

第四次十字军东征产生了许多重大影响,其中之一便是西方的十字军征服了希腊本土及

其附近岛屿的大部分地区,以及威尼斯人(及其后的热那亚人)控制了黑海,这些地方成为西方通往中亚及其以东地区的门户。被十字军占领的希腊通常被称为"法兰克人的希腊",其本土在 15 世纪中叶以前一直由西方人控制,而部分岛屿则在 17 世纪末之前一直归西方人所有。

与此同时,伊斯兰教和西方基督教在圣地和埃及一直纷争不断。1144 年,穆斯林征服埃德萨(Edessa,美索不达米亚古城),引发了第二次十字军东征(1147—1149)。这次东征虽然一无所获,但却成为西方十字军扩大战争打击敌对势力的良机。

## 波罗的海地区的十字军东征

第二次十字军东征的将士们在 3 条战线作战:在伊比利亚半岛,他们于 1147 年参与攻打了里斯本城;在中东地区,他们于 1148 年试图攻克大马士革,但惨遭失败;在波罗的海地区,基督教欧洲于 1147—1525 年间展开了一系列的十字军征服、殖民和改宗运动,在将近 400 年里,日耳曼和斯堪的纳维亚的十字军向生活在欧洲西北边界的异教徒与基督徒发动了一系列战争。与中东地区的十字军东征不同,波罗的海地区的十字军东征带有明显的传教目的。与黎凡特的十字军征服和收复失地运动也有所不同,波罗的海地区的十字军东征并不是为了光复基督徒之故土,而是以抵御敌人越境入侵为理由所展开的征服和扩张。与十字军在东方建立了一系列的拉丁国家不同,他们对其所征服的波罗的海地区进行了系统性的安置和文化上的改造,至少使得当地的原住民陆续皈依了拉丁基督教。受到征服、占领、殖民和改宗的先有文德人(斯拉夫人的一支)、立窝尼亚人、列托人和爱沙尼亚人,后有普鲁士人及芬兰人。

波罗的海地区的历次十字军东征并非都以胜利而告终。由于罗马与君士坦丁堡之间的仇

恨渐深，到 13 世纪初，罗马教廷认定罗斯人、乌克兰人等遵循拜占庭习俗的基督徒统统是抗拒教宗圣诫权威的分裂者。结果，在 1240—1242 年间，来自瑞典、丹麦、日耳曼和爱沙尼亚的十字军在教宗的授意下一起攻打了信奉东正教的罗斯人。1242 年，罗斯人在诺夫哥罗德的亚历山大·涅夫斯基（Alexander Nevsky）的领导下击退了入侵者。

## 再次征服耶路撒冷

1187 年 10 月 2 日，撒拉丁的军队再度攻占耶路撒冷，几乎要将法兰克人悉数赶入大海，由此而引发了第三次十字军东征，因英王理查一世［狮心王］（Richard I, Lion-Hearted）、法王腓力二世（Philip II）、神圣罗马帝国皇帝兼意大利国王腓特烈一世的加入而又称"国王的东征"。第三次十字军东征虽未夺回耶路撒冷，但却收复了叙利亚-巴勒斯坦沿海的重要地区，从而使那些苟延残喘的十字军国家的国祚再续百年，其中耶路撒冷王国的都城则迁往港口城市阿克城。

## 北非战役

至第三次十字军东征结束时，西方的战略家意识到，要想夺回耶路撒冷，就必须先征服撒拉丁所留下的帝国的心脏——埃及。第四次十字军东征的主力部队最初直取埃及，后来才调转矛头攻向君士坦丁堡。第五次十字军东征（1217—1221）曾攻入埃及，虽然最初捷报频频，但最终还是遭受惨败。第七次十字军东征（1248—1254）亦是如此。而作为十字军国家陷落前的最后一次十字军东征，第八次十字军东征（1270—1272）在其军事领袖法王路易九世（Louis IX）死于突尼斯城外之后便草草收场了。路易九世堪称 13 世纪最负盛名的十字军战士，

于 1297 年被罗马天主教廷封为圣徒。

## 新形式的十字军东征

13 世纪成功夺回耶路撒冷的是第六次十字军东征（1227—1229）和所谓的"男爵的东征"（Baron' Crusade，1239—1241），前者由神圣罗马帝国皇帝腓特烈二世出面议和，成功地使耶路撒冷重回法兰克人之手（1229—1239）。后者也是由十字军领袖出面商议归还耶路撒冷，伊斯兰军队则于 1239 年退兵，但这一次，基督徒对耶路撒冷的控制仅有短短 3 年时间。1244 年，来自中亚的穆斯林雇佣兵——花剌子模突厥人在蒙古人的驱赶下向西迁徙，在血战中再次攻占了耶路撒冷。此后一直到 1917 年，耶路撒冷一直处于穆斯林控制之下。

13 世纪初，罗马教宗开始雇用装备精良的十字军来打击内部异己，譬如基督教异端法国南部的纯洁派和意大利地区挑衅教宗世俗权威的政敌——神圣罗马帝国皇帝腓特烈二世及其继承者。即便到了近代早期，诸如此类的十字军东征仍屡见不鲜，这方面的典型是反对（捷克）胡斯派的 5 次十字军东征（1420—1431）和 16 世纪由教宗建立的各种神圣联盟。

## 蒙古人

13 世纪，罗马教宗曾另辟战线，试图发起针对东方新兴势力——蒙古人的征战，后转而寻求与其结盟。在 1236—1242 年的大战中，蒙古人横扫了基督教东欧的大部分地区。令西方庆幸的是，蒙古人于 1242 年撤兵至伏尔加河地区。不过，在撤兵之前，蒙古人击溃了波兰人和日耳曼人的联军以及一支匈牙利军队。

有关蒙古人残暴不仁的传言使西欧人坚信，蒙古人乃是《启示录》（Book of the Apocalypse）中所提到的基督之敌人。作为回应，教宗格列高

677

利九世(Gregory IX)及其继任者英诺森四世(Innocent IV)分别于 1241 和 1243 年号召过十字军征讨蒙古人,不过这两次号召均是空有姿态。当时的西欧正陷于内讧,即教宗针对腓特烈二世的十字军征伐,以至于无法奋起拒敌,哪怕这一恶敌业已悄然撤退。

由于担心蒙古人卷土重来,教宗和法王路易九世于 1245—1255 年间多次派遣使团前往元帝国,其任务是探明蒙古人的意图并劝说这些所谓的魔鬼骑兵皈依天主教。蒙古人对这些由方济各会修士组成的使节不屑一顾。在蒙古人眼里,西方人只有一个选择,那就是臣服。

1258 年蒙古人攻占巴格达后,这些来自亚洲内陆的草原铁骑向西远征至加利利(Galilee,今以色列境内)。在这里,他们于 1260 年的阿音札鲁特战役(Battle of Ayn Jalut)中被一支埃及军队击败并被迫撤退。正是由于这次挫败,波斯的蒙古伊尔汗(*il-khan*,臣属于蒙古大汗的统治者)方才愿意商议与基督教西方结盟共拒"伊斯兰化"(的)埃及。由于埃及的马穆鲁克苏丹对形势急剧恶化的十字军国家不断施压,西方也愿意与蒙古人结盟共拒伊斯兰国家,前提是蒙古人皈依基督教。心怀此梦的法王路易九世由此踏上征程,开始了命运多舛的第八次十字军东征。他自以为是地认为,他与有望皈依基督教的突尼斯埃米尔可以和蒙古人联手,一同解放耶路撒冷。

1287 年,波斯的伊尔汗向西方派出使节,再一次提出结盟的请求。这位使节人称拉班·扫玛(Rabban Sauma,Rabban 意为"大师、师傅"),出生于中国北方,是一名突厥族修士,隶属东方亚述教会。该教会是古代基督教的一个分支,被那些不明就里之人误作"景教"(聂斯脱利派,Nestorianism)。扫玛拜见了法王、英王和教宗

无名氏的《马穆鲁克攻陷的黎波里》(*The Fall of Tripoli to the Mamluks*)。此次战役发生于 1289 年 4 月,该画可追溯至 13 世纪末或 14 世纪

尼古拉四世,受到他们的热情接见。1288 年 4 月,扫玛带着教宗写给伊尔汗的书信离开了罗马。此后不久,在 1289 年,教宗派遣约翰·孟高维诺修士(Friar John of Montecorvino)前往伊尔汗国。就在这些协商达成结果之前,伊尔汗阿鲁浑去世了,而他的继承者于 1295 年皈依了伊斯兰教。拉丁与蒙元帝国联手进行十字军东征的希望就此灰飞烟灭。

在遭到伊尔汗的断然拒绝后,约翰修士于 1291 年起程前往中国,求见蒙元帝国皇帝。他取道印度,于 1294 或 1295 年抵达中国。但他仍晚了一步,未能见到 1294 年刚刚去世的忽必烈

678

汗。于是,这位方济各会修士在被称为"汗八里"(今北京的市中心)的元大都建立了一座教堂。该教堂后来扩展至华南地区传教,并在 1368 年蒙古人被驱逐出中国之前一直受到蒙元帝国的保护。元代之后的明王朝恢复了汉人的统治,摒弃与蒙古人有关的一切异域之物,不过教堂大概一直延续至 14 世纪末或 15 世纪初。在其长达 1 个多世纪的历史中,该教堂虽然只吸收了极少的中国信徒,但却造福了以意大利人为主的西方驻华商人,并成功说服了许多信奉"景教"的突厥人接受了罗马教廷的正统教义和仪式。

1295 年后,蒙元帝国江河日下,不到 14 世纪末便已轰然倒塌。然而,基督教欧洲对蒙元帝国的命运一无所知,依然怀揣与蒙元帝国结盟的美梦。驱使哥伦布西行前往印度群岛的动机有很多,其中之一必定是幻想着与蒙古人达成十字军联盟,共同对抗伊斯兰世界。

## 近代早期的探险与殖民活动

葡萄牙在非洲海岸进行探险活动和十字军有着相似的动机。人称航海家的葡萄牙王子亨利(Henry the Navigator, 1394—1460)利用成立于 1319 年的葡萄牙十字军骑士团——"基督骑士团"的资源,为自己所派出的舰队提供财政支持。亨利王子曾于 1415、1437 和 1458 年三度进攻北非地区。与其同时代的传记作家戈麦斯·雅内斯·德·阿祖拉拉(Gomes Eannes de Azurara)写道,亨利王子认为利用十字军的专属资源来资助航海合乎情理,因为他想了解穆斯林究竟控制了多大的地盘,同时寻找那些未知的、有望与葡萄牙结盟共拒伊斯兰世界的基督教王子。

同样,征服美洲大部的西班牙征服者们和穿越印度洋的葡萄牙冒险家们虽然受到多重动机的驱使,其中至关重要的乃是对黄金和荣耀的渴望,但从他们的言辞中不难看出已有 400 多年之久的十字军情结。

葡萄牙驻印度总督阿方索·德·阿尔布克尔克(Afonso de Albuquerque)是莱昂(León)地区成立于 1170 年的伊比利亚十字军骑士团——"圣地亚哥骑士团"的指挥官。在前往印度洋之前,阿尔布克尔克曾在摩洛哥、大西洋和意大利抗击穆斯林,并于 1507 年在霍尔木兹海峡大败阿拉伯舰队。在阿尔布克尔克死后所编撰的文集有此表述:"我主似乎有意在那天彰显神迹,以便让那些在战斗中畏首畏尾的船长们知道,只要怀着坚定的信仰同异教徒作战,就必将克敌制胜。"这种子虚乌有的神迹和感念之情在每一个记载或阐述过第一次十字军东征的史家笔下随处可见。而且,同所有研究 12 世纪十字军的历史学家们一样,曾在北非同摩尔人作战失去一只眼睛的 16 世纪诗人卡蒙斯(Luís Vaz de Camões)也对这一史载事迹印象深刻。在其写就的气势恢宏的民族史诗——《卢西塔尼亚人之歌》(Lusiads)中,卡蒙斯将葡萄牙航海家远赴印度洋的壮举置于十字军东征的大背景下。他写道,这一神迹昭告世人:"凡为上帝而战之人,上帝亦必为之而战。"

进一步阅读书目:

Andrea, A. J. (2003). *Encyclopedia of the Crusades*. Westport, CT: Greenwood Press.
Andrea, A. J. (2009). *Contemporary Sources for the Fourth Crusade* (2nd ed.). Leiden, The Netherlands: Brill.
Billings, M. (1996). *The Crusades: Five Centuries of Holy Wars*. New York: Sterling Press. (Reprint of *The Cross and the Crescent*, 1987, London: BBC Books)
Christiansen, E. (1997). *The Northern Crusades* (new ed.). New York: Penguin Books.

Dawson, C. (Ed.). (1966). *Mission to Asia: Narratives and Letters of the Franciscan Missionaries in Mongolia and China in the Thirteenth and Fourteenth Centuries*. Toronto: University of Toronto Press. (Reprint of *The Mongol Mission*, 1955, New York: Sheed and Ward)

Forey, A. (1992). *The Military Orders: From the Twelfth to the Early Fourteenth Centuries*. Toronto: University of Toronto Press.

Hallam, E. (Ed.). (1989). *Chronicles of the Crusades*. New York: Weidenfeld & Nicholson.

Harris, J. (2003). *Byzantium and the Crusades*. London: Hambledon & London.

Hillenbrand, C. (1999). *The Crusades: Islamic Perspectives*. New York: Routledge.

Housley, N. (2002). *The Crusaders*. Charleston, SC: Tempus.

Jackson, P., & Morgan, D. (Eds. & Trans.). (1990). *The Mission of Friar William of Rubruck*. London: Hakluyt Society.

Kedar, B. Z. (1984). *Crusade and Mission: European Approaches toward the Muslims*. Princeton, NJ: Princeton University Press.

Lewis, A. R. (1988). *Nomads and Crusaders, a. d. 1000 - 1368*. Bloomington: Indiana University Press.

Lower, M. (2005). *The Barons' Crusade: A Call to Arms and Its Consequences*.

Muldoon, J. M. (1979). *Popes, Lawyers, and Infidels: The Church and the Non-Christian World, 1250 - 1550*. Philadelphia: University of Pennsylvania Press.

Murray, A. V. (Ed.). (2006). *The Crusades: An Encyclopedia*. 4 vols. Santa Barbara, California: ABC-Clio.

O'Callaghan, J. F. (2003). *Reconquest and Crusade in Medieval Spain*. Philadelphia: University of Pennsylvania Press.

Phillips, W. D., Jr., & Phillips, C. R. (1992). *The Worlds of Christopher Columbus*. Cambridge, UK: University of Cambridge Press.

Prawer, J. (1972). *The World of the Crusaders*. New York: Quadrangle Books.

Richard, J. (1999). *The Crusades, c. 1071-c. 1291*. Cambridge, UK: Cambridge University Press.

Riley-Smith, J. (1987). *The Crusades: A Short History*. New Haven, CT: Yale University Press.

Riley-Smith, J. (2002). *What Were the Crusades?* (3d ed.). San Francisco: Ignatius Press.

Riley-Smith, J. (Ed.). (1981). *The Atlas of the Crusades*. New York: Facts on File.

Riley-Smith, J. (Ed.). (1995). *The Oxford Illustrated History of the Crusades*. Oxford, UK: Oxford University Press.

Rossabi, M. (1992). *Voyager from Xanadu: Rabban Sauma and the First Journey from China to the West*. Tokyo and New York: Kodansha International.

Setton, K. M. (Series Ed.). (1969 - 1989). *A History of the Crusades* (2d ed.). Madison: University of Wisconsin Press.

Tyerman, C. (2006). *God's War: A New History of the Crusades*. Cambridge, Massachusetts: Harvard University Press.

Urban, W. (1994). *The Baltic Crusade* (2d ed.). Chicago: Lithuanian Research & Studies Center.

阿尔弗雷德·安德烈(安天士)(Alfred J. Andrea) 文

侯波 译  俞金尧 校

# Cultural Areas  文化区域

680　　在语言、宗教、血缘和生活习俗等方面相近的社会群体,往往聚居于特定的地理区域内。由此形成的这些文化区域大小不一,而维系族群文化的纽带也时常随着迁徙、通婚、观念和习俗的传播而改变。尽管存在这些困难,文化区域的概念依然有助于解释历史上特定的族群。

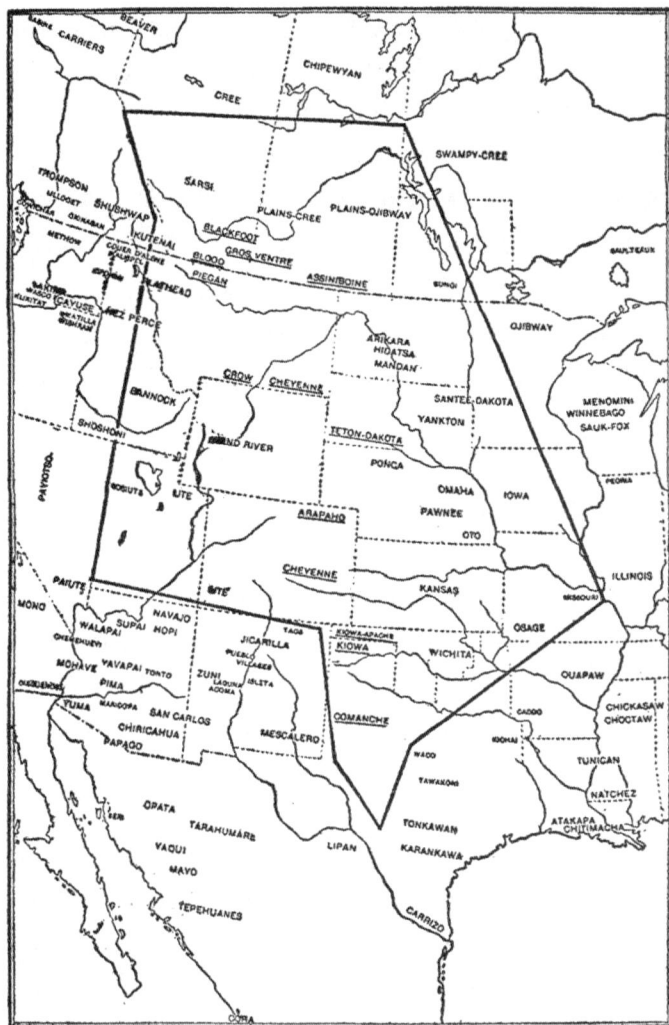

美国人类学家克拉克·威斯勒（Clark Wissler, 1870—1947）划出了北美大平原上的印第安人文化区域，将拥有共同特征的所有部落划归一个族群

所以，文化以及地理区域的划定从来就没有确切的标准，如何划定这些区域视具体情况而定。

从历史的角度看，划定文化区域的最重要标准是语言、宗教、血缘关系以及生活习俗等方面的相近性。这些社会生活的不同方面互为依仗，孕育出具有一定凝聚力的文化聚合体。不过，在少数情况下，这些不同的方面会彼此相斥。比如，操同一语言的某一族群可能因信仰各异而分道扬镳，而信奉同一宗教的某个地区也可能因语言不同而四分五裂。因此，人类文化的多面性使文化与地理区域的轮廓模糊难辨。

即使较为明确的文化族群，也可能难以划定其地理范围。文化模式通常随着距离远近而逐渐改变，即便这种变化极其突然。偏远的边界地区一般都有各自的特性。此外，文化族群的构成与分布会随着迁徙、通婚以及观念和习俗的传播而改变。这可能导致文化统一体的分散化，即同一文化族群散居于若干不同的地区。相反，在多元化的国际性都市，一座城市内部便可能包含若干亚文化小社会，它们或是相互为邻，或是彼此交织。

鉴于以上复杂性，我们很难精确地划定文化区域的地理范畴。不同的学者对文化区域的划分不尽相同，各有道理，甚至同一位学者从不同层面考虑，也会将同一地区划分为不同的文化区域。而且，作为研究对象的各个民族有着自己的一套文化和地理划分标准，这一情况使得问题变得愈发复杂。

不论如何定义，人类的文化族群在历史上往往发端于某一地区，且至今一般都聚居于特定的地理区域内。这种"文化区域"所包含的空间范围可大可小。在氏族社会形态下，典型的文化族群或许仅仅限于一个村落的范畴；而在复杂的社会形态下，典型的文化族群或许涵盖数百万平方英里的范围。范围较大的文化区域通常被划分为若干较小的文化区域（文化亚区）。同样，较小的文化族群常常也被整合到一起，形成一个较为松散、更大范围的文化区域。

## 文化与自然区域

过去,研究者们通常认为文化族群与其所处的自然环境密切相关,他们以人文的和自然的两大标准来划分区域。这种划分方法的基本前提是,气候的差异决定了生活方式的差异,继而孕育出独一无二的文化聚合体。该方法最为充分地应用于对前哥伦布时代北美大陆的研究中,民族志学者们划分出了一片片广袤的、由环境所决定的文化区域。例如,从加利福尼亚西北部到阿拉斯加东南部一带气候温润,被划为西北沿海印第安人地区。这里盛产木材和鲑鱼,其他资源则相当匮乏,从而造就了一种依海而生的独特生活方式。生活在这一地区的各个部落所操语言分属不同语系,这表明其祖辈源于远方。各个部落在独特的环境下交汇在一起,应对共同的挑战,尽管会保留当地的特性,但必定会形成一个统一的文化体系。此类观点同样适用于北美大陆上其他自然地理区域内文化相近的印第安人。

一个关键问题仍有待回答:区域内文化的相似性究竟是适应独特的自然环境的结果,还是彼此接触和交流的产物?在前哥伦布时代的北美大陆部分地区,文化传统各异的族群混杂而居,这一现象对"文化与自然区域"解释范式中的环境决定论提出了质疑。例如,在北美大陆西南部,定居于此的印第安人普韦布洛人(Pueblo)以农业为生,后来迁徙至此的阿帕奇人(Apaches)则以狩猎和采集为生,两者分属不同的文化集丛。此外,后来的研究者们往往怀疑:在这种依自然条件而划出的区域中,文化的一致性是否仅仅存在于狭隘的生活层面?

## 文化与语言区域

在一定情况下,某一族群的大范围人口扩散会形成具有一定凝聚力的文化区域。由于人口的扩散往往伴随着语言的传播,故所形成的文化区域在语言上也自成一体。比如,波利尼西亚涵盖了太平洋上西南至新西兰、北至夏威夷、东南至复活节岛的广袤海域。波利尼西亚人同宗同源,文化相似(尽管不尽相同),语言相近。尽管波利尼西亚堪称世界上最典型的文化区域之一,但其内部也存在模糊的交界处。例如,波利尼西亚"边民"(outliers)可见于地处美拉尼西亚文化区边缘的小岛上,波利尼西亚的汤加岛(Polynesian Tonga)与美拉尼西亚的斐济岛(Melanesian Fiji)之间的文化交往也造成了明显的混杂性。

若无统一的制度和政治体系的维系,原本同宗同源的大型文化族群很容易走向瓦解。同周边民族的交往、文化的演变以及不同自然环境下的生存考验,使他们渐渐分道扬镳。源于同一远古族群的语系也难以维系文化区域的凝聚力。比如,我们可以在欧亚大陆上划出一大片突厥语系区域,但很难将这一区域等同于独特的文化区域——尽管曾有人出于政治动机,打着泛突厥主义的幌子这样做过。例如,突厥人的一支——萨哈人(Sakha,或称雅库特人[Yakuts])很早便远离中亚草原上的故土,迁徙至西伯利亚中部的森林地区,在这里同鄂温克人(Evenki)及其他泰加(taiga)森林原住民接触。虽然萨哈人身上仍可见到源于突厥的文化成分,但其文化的总体特点与突厥语系的其他支脉截然不同。萨哈人与其他大多数突厥民族最大的不同在于他们不信奉伊斯兰教,也未受过波斯文明的文化影响。相比之下,波斯文化和伊斯兰教对大多数突厥民族影响甚大,以至于形成了一个社会文化人类学家罗伯特·坎菲尔德(Robert L. Canfield)在1991年所说的独特的"突厥-波斯文化圈"。

"突厥-波斯文化圈"的个案表明,在具有国家形态的社会中,共同的政治或宗教制度能够凝聚原本不同的各个民族,使之跨越语言和环境的阻隔,形成新的文化聚合体。由于这种整合机制的存在,复杂社会往往囊括了比小型社会体系更加广阔也更加稳定的文化区域。然而,即便在整合较好的复杂社会中,文化区域的范围和构成也会随着时间而改变。对人类文明的历史地理学研究,揭示了文化聚合体在空间上的不断整合与重构。

## 古代世界的文化区域

683　　世界上最早的城市文明诞生于两河流域下游,这里是我们研究古代世界文化区域的绝好案例。在这片界线清晰的地区,由讲苏美尔语的苏美尔人建立的各个独立城邦初步形成了一个统一的文化圈。然而,随着时间的流逝,苏美尔文明的诸多方面(包括城市文明、文字、宗教观念等)扩散至操非苏美尔语的周边民族,如埃兰人(Elamites)和阿卡德人(Akkadians)。最后,苏美尔人消失了,但源自苏美尔文化的诸多元素如楔形文字等在东地中海至伊朗高原的广袤地带广泛流传。因此,青铜时代的近东地区既可以被看作一个单一的文化区域,也可以被划分为若干较小的区域。相比之下,古代埃及由于沙漠隔绝而相对孤立,政权长期统一,故而形成了较为稳定的文化区。即便如此,古代埃及内部的文化疆界也不甚明晰。例如,位于尼罗河上游的努比亚(Nubia)在沿着其自身政治脉络发展的同时,也吸收了许多埃及文化。

古代希腊人博采埃及人和腓尼基人之长,故古典希腊世界可被认为属于"东地中海"文化圈的范畴。不过,从更微观的角度看,希腊人自成一系,他们拥有共同的语言和文字、共同的宗教观念和祭祀礼仪、共同的习俗如奥林匹克运动会。希腊人常常强调他们根据方言而细分为据称祖源各异的若干亚文化群(如爱奥尼亚人[Ionians]、多利安人[Dorians]、爱奥利亚人

[Aeolians]等),但也强调其文化的统一性。从地域的角度来看,希腊文明所涉及的文化区域在地理上并不相连,它包含地中海北部沿海大部分地区、地中海南部沿海部分地区以及黑海地区。希腊世界的疆域划分向来不乏争议,一些问题至今尚无定论,时常引发争议。例如,操希腊语的非城邦民族如马其顿人究竟可否被视作希腊人,不属于希腊却高度希腊化的地区如小亚细亚的卡利亚(Caria)可否划归希腊文化区。

希腊世界在文化上高度一致,在政治上却从未实现统一。后来,整个希腊世界几乎尽被并入罗马帝国。正值全盛时期的罗马帝国缺少统一希腊地区的语言、宗教和习俗等文化共性。随着 212 年罗马帝国授予全体男性自由民以公民权,共同的政治制度最终缔造了统一,并形成了一个相应的文化区域;至 4、5 世纪,整个帝国的政治凝聚力有所衰退,文化统一性却随着基督教的传播而得到加强。与此同时,基督教传至帝国之外,先后被努比亚、埃塞俄比亚、亚美尼亚和格鲁吉亚尊为国教,既扩大了罗马文化区域的范围,同时也削弱了本文化区域的一致性。4 世纪,罗马帝国分裂为东、西两部分,此后,罗马和拜占庭走上了不同的政治与宗教发展道路,逐渐重构了整个地区的文化地理。一些学者认为,当今欧洲的主要文化分歧是信奉天主教、新教的西欧与信奉东正教的东欧之间的分裂,它或可追溯至 4 世纪罗马帝国的分裂。

## 亚洲文化区域

在东亚地区,政治上的兼并统一、文字的传播和思想观念的扩散,造就了一个范围广大的文化区域。儒学、大乘佛教和皇权至上的观念构成了这一文化区域的核心特征。汉代时,中国的　684
疆域扩大至长江流域以南,其文化模式亦随之南传,最南到达越南北部。越南虽在 10 世纪时

自立为国，但仍属于"儒家文明"范围内，如其在被法国殖民之前一直沿用表意的汉字体系。东部的朝鲜也受到中国政治和文化的影响，尤其是在唐代。日本虽从未受过中国的直接管辖，但也吸收了儒家文化的许多方面，如汉字体系以及源于中国的诸多观念和习俗。由此形成的文化共性延绵不绝。时至今日，不少学者认为东亚文化区域包括中国、朝鲜、日本，还有学者认为越南亦在其中。

相比之下，南亚虽无政治上的统一，却也形成了一个范围广大的文化区域。在公元前1000年里，各种宗教观念与习俗在恒河流域彼此交融，形成了我们所知的印度教。随后，印度教遍及印度次大陆的其他地区，至公元后的头几个世纪，南亚的上流文化又将之传至东南亚的大部分地区。共同的精神信仰（如灵魂转世）、种姓观念和种族制度、以梵文作为上流阶层的宗教用语等，使得这一徐徐发展的文化区域融为一体。其诸多核心特征受到本土的佛教与外来伊斯兰教的挑战，并导致了又一轮的文化转型和地理重构。东南亚地区最终脱离了南亚文化的影响。有学者认为如今的巴基斯坦也脱离了南亚文化的影响，因其人口以穆斯林为主。另一方面，也有学者认为巴基斯坦在文化上仍属于南亚地区，因为生活在印度-巴基斯坦边境的双方边民在饮食、音乐和语言等日常文化的许多方面仍拥有共性。

### 新文化区域的形成

7世纪以后伊斯兰教的传播展示了新的文化区域在形成过程中的爆发性，这一区域靠文化融合和新观念的传播，将原本隔绝的地区凝聚在一起。伊斯兰教将法律和一整套政治理念融于宗教观念与习俗中，从而异常有效地造就

了一个极具活力的新文化区域。在这一过程中，先前不同的波斯地区基本被融入阿拉伯语世界，尽管伊朗在许多方面仍保留其独特的文化特质。伊斯兰教在传播过程中接触到许多不同的文化，由此形成了各种混合型文化。所以，"伊斯兰文化区"仅限于历史上处于核心地带的中东与北非地区，还是包括整个伊斯兰世界？人们对此争议颇多。如今，正统伊斯兰教已传至边缘地带，如向来混杂的爪哇岛，这使得关于"伊斯兰文化区"范围的争议变得愈发复杂。

欧洲帝国主义国家也曾在较短的时间内创造了诸多独特的文化区域。例如，如今的非洲根据社会上层和官方所使用的语言而被划分为法语区、英语区和葡语（即葡萄牙语）区。同样，拉丁美洲通常也被划为一个单独的文化区。但是，与其他根据文化划定的区域一样，"拉丁美洲"的概念也是备受争议的。比如，阿根廷人往往喜欢强调他们的根在欧洲，不顾其作为泛拉丁美洲人的身份。然而，现在的许多学者却认为，中南美洲的大部分国家所遗存的土著文化元素要远甚于拉丁文化元素。

### 区域还是网络——新的地理分析法

拉丁美洲的例子表明，文化区域的划分往往存在理论上的瑕疵，也面临知识上的挑战。结果，许多学者如今不愿关注松散的文化区域，转而重视跨文化交流网络和全球化模式。在涉及现代世界时，情况尤为如此，因为现代世界正具有疆界不断进退变动的后现代社会特征。即使在古代，同样存在疆界不断进退变动的情况，从而使任何文化区域的内涵和范围都处于变化之中。因此，文化区域或许最好被视为地理因素的产物，而非经验分析所发现的既定事实。

进一步阅读书目：

Applegate, C. (1990). *A Nation of Provincials: The German Idea of Heimat*. Berkeley: University of California Press.

Canfield, R. (Ed.). (1991). *Turko-Persia in Historical Perspective*. Cambridge, UK: Cambridge University Press.

Christian, D. (1994). Inner Eurasia as a Unit of World History. *Journal of World History*, 5, 173 – 211.

Ellen, R. (1982). *Environment, Subsistence, and System: The Ecology of Small-scale Social Formations*. Cambridge, UK: Cambridge University Press.

Frank, A. G., & Gills, B. K. (Eds.). (1993). *The World System: Five Hundred or Five Thousand Years?* London: Routledge.

Gilbert, A. (1988). The New Regional Geography in English- and French-speaking Countries. *Progress in Human Geography*, 12, 208 – 228.

Lewis, M. (1991). Elusive Societies: A Regional-cartographical Approach to the Study of Human Relatedness. *Annals of the Association of American Geography*, 81(4), 605 – 626.

Lewis, M., & Wigen, K. (1997). *The Myth of Continents: A Critique of Metageography*. Berkeley: University of California Press.

McNeill, J. R., & McNeill, W. H. (2003). *The Human Web: A Bird's Eye View of World History*. New York: W. W. Norton.

Melco, M., & Scott, L. R. (1987). *The Boundaries of Civilizations in Time and Space*. New York: University Press of America.

Minshull, R. (1967). *Regional Geography: Theory and Practice*. London: Hutchinson University Library.

Murphy, A. B. (1991). Regions as Social Constructs: The Gap between Theory and Practice. *Progress in Human Geography*, 15, 22 – 35.

Patai, R. (1952). The Middle East as a Culture Area. *Middle East Journal*, 6, 1 – 21.

Schulten, S. (2001). *The Geographical Imagination in America, 1880 – 1950*. Chicago: University of Chicago Press.

Sopher, D. (Ed.). (1980). *An Exploration of India: Geographical Perspectives on Society and Culture*. Ithaca, NY: Cornell University Press.

Szücs, J. (1983). The Three Historical Regions of Europe. *Acta Historica Academiae Scientiarum*, 19, 160 – 180.

Toynbee, A. J. (1934 – 1961). *A Study of History*. New York: Oxford University Press.

Whittlesey, D. (1954). The Regional Concept and the Regional Method. In P. James & C. Jones (Eds.), *American Geography: Inventory and Prospect* (pp. 19 – 69). Syracuse, NY: Syracuse University Press.

Wissler, C. (1926). *The Relation of Man to Nature in Aboriginal America*. New York: Oxford University Press.

马丁·刘易斯(Martin Lewis) 文

侯波 译 俞金尧 校

# Culture 文化

"文化"一词被广泛地用以指代由人际交往所导致的，能够形成一定身份认同的观念、习俗、制度等人为产物。由于环境压力、政治斗争和社会分化等因素，文化随着时间而不断变化。尽管共同的文化特性可以把人类紧密地联系在一起，但当文化所展现的是矛盾、含糊和无序的人类活动时，它们就很难被简单地归于某一门类。

686

无论是在学术研究还是日常生活中,"文化"都是一个非常重要的概念。文化的内涵极多,因此很难用只言片语来给它下定义。实际上,20世纪60年代的一篇文章曾提到,人们至少使用了150种定义来解释"文化"一词。长期以来,"文化"一词出现在各种语境中,用以描述人类之间的交往所形成的习俗、信仰、制度等人为产物。若将文化理解为有意义的活动,那么文化既存在于人类社会中,也存在于人类以外的世界。就人类而言,文化存在于从最小的人类群体(如核心家庭)到较大的人类组织(社群、部落、种族、社会、国家和文明)的各个层次的交往中。正是文化赋予了人类身份认同感。

或许只有现代人类学仍执着于对"文化"做出定义。过去的1个世纪里,欧美各国的人类学家就"文化"一词所指为何而展开讨论,给出了各种各样的定义。大卫·施奈德(David Schneider)、克洛德·列维-斯特劳斯(Claude Lévi-Strauss)、阿尔弗雷德·拉德克利夫-布朗(A. R. Radcliffe-Brown)等人尽管观点各异,但都倾向于从结构主义的角度来审视文化。另一些人如鲁斯·本尼迪克特(Ruth Benedict)和玛格丽特·米德(Margaret Mead)则将文化与人格类型联系在一起。第二次世界大战后,人们开始更多地关注大多数人类学家长期忽视的方面——文化的变动性和无序性。如克利福德·格尔兹(Clifford Geertz)、科马罗夫夫妇(Comaroffs,即约翰·科马罗夫和简·科马罗夫)等学者开始研究文化的意义以及人类历史上的符号行为。

如今,人们普遍认为:历史深刻地塑造了文化,换言之,文化随着时间而不断变化。环境压力、政治斗争和社会分化塑造了诸多文化。人类世界拥有一些共同的文化特性。同时,当文化所展现的是矛盾、含糊和无序的人类活动及其意义时,它们就很难被简单地归于某一门类。

## 文化与世界史研究

"文化"的概念在世界史研究者的著作中具有重要的地位。尽管人们尚未准确定义或使用"文化"一词,但它已经广泛出现于世界史的研究中,并常常是人们理解社会、国家、文明、政权和世界体系等相关概念的基础。世界史研究者常常用"文化"来凸显人类群体所独有的这些特点、成就和活动。"文化"一词还被延伸,用于区别不同社会之间长期交往的多种模式。显然,世界史研究者如何使用"文化"一词取决于其研究的侧重点、具体方法和目的,以及读者对象。尽管"文化"一词已被广泛使用,但世界史研究者们围绕"文化"的概念进行了长期的理论思考。一般而言,世界史研究中对"文化"的阐述常见于普世史、主题史和微观世界史三大类著作中。

巴布亚新几内亚的莫尔斯比港(Port Moresby)的一座教堂,体现出传统式祭祀空间的设计特点

## 普世史

自 19 世纪以来,世界史学界已出现了许多普世史论著。这类著作往往喜欢从宏观角度阐释人类历史上种种文明的兴衰沉浮。奥斯瓦尔德·斯宾格勒、阿诺德·汤因比等历史学家广泛借鉴了考古学、宇宙学、经济学、地质学、政治学和社会学等学科的知识,写出了超越国别史的世界史。这些作者主要关注文明兴衰的规律。在他们笔下,文明是一种区域性的有机生命体,世界历史便是对文明的诞生与灭亡的研究。

在这类普世史著作中,文化常常等同于文明的政治、知识和艺术成就。奥斯瓦尔德·斯宾格勒对文明和文化加以区分,认为文明意味着文化步入晚期、行将就木。在其他学者笔下,文化的意义远不如经济和阶级斗争重要(如卡尔·马克思和弗里德里希·恩格斯),也没有"不断进步的普遍的人类精神"这一抽象概念重要(如黑格尔)。由于已有研究对"文化"一词的阐述不多且概括不够深入,所以至今尚无对"文化"的准确定义。研究者们对文明的种种特征展开长篇大论,对文化成就和文化转型的诸多细节却视而不见。与欧洲以外的地区和广大受压迫的阶层相比,欧洲与精英阶层得到了更多的关注。虽然这类研究对文化的论述有待进一步的阐发,但雄心勃勃的普世史家仍笔耕不辍,并取得了令人瞩目的成果(虽然有时也引起了争议)。马克斯·韦伯对新教伦理与西欧资本主义兴起之间关系的研究是这方面的代表。之后,大卫·兰德斯和塞缪尔·亨廷顿的著作延续了前人的理想主义情怀,强调在整个世界历史进程中,文化乃是经济发展、政治斗争的驱动力。

## 主题史

二战后,历史学家们开始逐渐专注于那些具有世界历史意义的特定主题。他们考察了长期见于全球大部分地区的特定的人类活动与交往方式,如政治征服、长途贸易、游牧民族的迁徙、宗教的传播等。他们所关注的是那些具有全球性意义的主题,而非构建一种试图在某种知识框架下阐释整部人类历史的宏大世界史叙述。

19 世纪中叶的日本版画。一个英国人随着日本三弦琴的音乐翩翩起舞,东西文化由此发生碰撞

一系列著作致力于考察国家间社会与经济不平等关系的形成与历史变迁。20 世纪六七十年代,大批学者承担起各种研究项目,试图解释西方的崛起以及世界各国通过发展经济来实现现代化的过程。这类研究对文化的论述不尽相同。在一些论著中,文化成为"其余"的一类,与艺术、文学和知识有关的活动都被归于此类。在另一些论著中,文化的地位也远不如政治、经济那么重要,而且这些论著仍过于关注欧洲。

进入 21 世纪,研究者们开始撰写更加成熟的反欧洲中心主义的论著,以考察欧洲的历史何以同世界其他地区的历史大相径庭,关于文化的争论亦随之得到极大的改观。其他地区尤其是亚洲被认为是比欧洲更大的经济体和世界真正的中心。在解释为什么欧洲与非欧洲社会自 18 世纪以来出现"大分流"时,这些历史学家往往强调政治、经济方面的原因。很少有学者强调文化是导致欧洲与世界其他地区出现"大分流"的决定性因素(除了 1998 年大卫·兰德斯所著的《国富国穷》[The Wealth and Poverty of Nations])。在此类著作中,"文化"代表着某一社会所独有的态度、意识形态和价值观。

20 世纪 70 年代,另一类世界史著作开始涌现,集中于对世界体系的分析。这些学者试图描绘出全球各大区域之间的经济联系,并展开了对多个历史时期的多层面考察。政治、社会和经济因素在世界经济贸易体系形成过程中所起的作用再一次成为研究的重点。在沃勒斯坦对世界体系的研究中,世界体系的性质塑造了文化,从而使文化成为资本主义在意识形态方面的附带产物(参见伊曼纽尔·沃勒斯坦《地缘政治和地缘文化:论变动中的世界体系》[Geopolitics and Geoculture: Essays on the Changing World System],1991)。

跨文化交流是世界史研究的另一个焦点。不同社会超越政治或地理的界限而彼此联系,以及文化跨越广阔的空间或漫长的时间而向外扩散的过程,是这类著作的考察对象。当今世界史学中对文化最有趣的一些阐述正是出自这些颇具影响力的研究。这些学者坚称,跨文化交流是变革的主要动力之一,对整个世界历史产生了深远影响。数千年来,这种跨文化的流动导致了人员、观念、物品乃至微生物的长途转移,使不同的社会彼此相连,并因此而改变。已有研究考察了生态交换、技术转移、贸易网络、人口迁移、宗教传播、朝圣之旅、帝国主义扩张和全球化进程、边疆互市地区等。这些论著不

再简单地阐述文化的单向流动,转而研究不同文化之间相互交流与转化的双向过程。然而,尽管所谓"跨文化互动"一词在世界史著作中屡见不鲜,但人们却很少探讨这种与互动相关的文化究竟指什么。在许多著作中,"文化"等同于"社会"。在另一些著作中,"文化"一词又被用来指人口迁移、军事征服等人类活动,观念、物品和人员均通过这些活动得以交换。虽然文化间的互动已得到深入细致的研究,但鉴于"文化"一词在其他领域所引发的广泛争议(除少数例外),大多数世界史研究者仍不敢大胆地对这一概念做出明确定义。

在这种情况下,历史学与人类学等不同学科之间的交叉现象初现端倪。20 世纪 70 年代后,由于学术界认识到文化与历史密不可分,人类学和历史学之间的传统界限开始瓦解。历史学家们开始拜读文化人类学家的大作。在这些著作中,文化的内涵在人类的互动中得以体现。此后的数十年里,学术界围绕民族志写作的政治意义乃至"文化"一词的突出意义展开了大量讨论,"文化"的概念由此成为学术讨论和研究论著所关注的焦点。学术界的这些发展趋势连同八九十年代对结构主义和后殖民主义著作的借鉴,共同促成了历史学与人类学的民主化,促使两大学科中开始出现妇女、少数族裔和被压迫民族的声音。关于文化变迁、权力、历史和反抗等问题的独具慧眼之作随之出现。这种知识上的糅合最终导致了一种更加细致入微的新史学,即所谓的"新文化史"。文化不再被视为静态的或有机的,而是包含着各种核心元素,排列有序,易于感知,但也很容易陷入动荡无序的处境。在这些新文化史著作中,对特定历史背景下的文化的产生、传播和发展历程的微观研究受到研究者们越来越多的关注。

## 微观史学

新文化史的兴起使得世界史领域出现了以

689

如果我们想形成一种更加丰富、百花齐放的文化,就必须充分认识人类的全部潜力,从而搭建一种更加包容的社会结构,人类的各种天赋都在其中拥有一席之地。
———玛格丽特·米德(Margaret Mead,1901—1978)

文化为考察对象的第三类史学,即揭示地方性力量与全球性力量之间相互渗透的微观世界史。微观世界史与传统史学不同,它否认全球性力量居于与地方性力量毫无关联的更高层次。这一新的史学主张,在特定的历史背景下,全球性因素在人们日常生活的当地形势中得到展现,因此研究文化便是研究全球性与地方性力量之间的相互渗透。此类著作聚焦于变革、殖民主义、全球化、资本主义等主题。它们对文化予以了细致入微的论述——文化如今被视为一个不断变化的载体,承载着由不同的历史语境所塑造的价值意义和行为。这些研究注重于揭示人类是通过怎样的复杂方式来同塑造自身生活的生存环境打交道的。

## 文化和其他的世界史学传统

当今世界史学对文化的研究必然会逐渐扩展到欧洲以外的社会,这些社会早已形成了对人文环境的充分认识。在世界范围内,非西方社会的世界观集中反映在文明、法律、贸易、科学、哲学、政治、神学、文学和地理学等方面,并通过语言和文字而保存下来。例如,印度教和佛教认为天地是由天界、地狱以及其他与人类相互影响的各界所组成的"六道",并在此基础上构建了自己的世界体系。世界各地的史官、旅行家、知识分子和普通百姓均著书立说,表达他们对文化、权力和历史的认识。如14世纪的伊斯兰学者伊本·赫勒敦(Ibn Khaldun,1332—1406)在其普世史著作《历史绪论》(*Muqaddimah*)中指出,对人类社会组织的研究是对文明进行学术探讨的必不可少的一部分。虽然这些著作从现代史学的标准来看"算不上史学",但人们逐渐意识到,必须抛开西方的史学传统,根据非西方社会自身的情况来理解它们的历史叙述。

## 文化在世界史中的前景

关于文化的定义千差万别,有繁有简,但都与社群、社会、国家、民族、帝国、文明和世界体系有关。一般认为,细致入微的地区史研究对文化的阐释最为充分,全球史或世界史研究中则鲜有论及"文化"一词的使用。直至现在,许多世界史研究者仍认为文化是人类活动和人为产物中不属于政治、社会和经济的"其余"一类。另一方面,也有一些学者用文化来描述人类群体之间的各种互动形式,但很少阐明这些互动的文化性所指为何。基于上述原因,世界史学界还有大量问题亟待解决。"文化"的概念同样适用于研究宏观、关注整体的普世史吗?世界史研究者是否需要提出新的概念?"文化"与"社会"等其他概念究竟有何不同?

此外,文化仍被用于世界的大陆划分和区域划分,这一做法同样存在问题。近来,有人试图改变世界地理的划分,并划出了一些更能代表各自文化的区域。从根本上讲,文化这一问题取决于研究者如何定义世界史中的"世界"二字,由此产生了两种世界史:一种是全球性的世界史,考察广泛的互动与交流;另一种则是地方性的世界史。无论是哪一种世界史,21世纪的世界历史书写在叙述数千年来地球上的人类彼此之间以及人与自然之间联系的过程中,将越来越多地运用特指和泛指的"文化"(及其相关词)的概念。文化与世界史研究依然密不可分,世界史研究者们正开始对"文化"一词展开越来越严谨的研究。

进一步阅读书目:

Amin, S. (1973). *Unequal Development: An Essay on the Social Formations of Peripheral Capitalism*. New York:

Monthly Review Press.

Appadurai, A. (1996). *Modernity at Large: Cultural Dimensions of Globalization*. Minneapolis: University of Minnesota Press.

Arrighi, G. (1994). *The Long Twentieth Century: Money, Power, and the Origins of Our Times*. London: Verso.

Bentley, J. H. (1993). *Old World Encounters: Cross-cultural Contacts and Exchanges in Pre-modern Times*. New York: Oxford University Press.

Bhabha, H. K. (1994). *The Location of Culture*. London: Routledge.

Clifford, J., & Marcus, G. E. (Eds.). (1986). *Writing Culture: The Politics and Poetics of Ethnography*. Berkeley and Los Angeles: University of California Press.

Cohn, B. S. (1987). *An Anthropologist among the Historians and Other Essays*. New Delhi: Oxford University Press.

Comaroff, J. L., & Comaroff, J. (1991 – 1997). *Of Revelation and Revolution*. Chicago: University of Chicago Press.

Comaroff, J. L., & Comaroff, J. (1992). *Ethnography and the Historical Imagination*. Boulder, CO: Westview Press.

Curtin, P. D. (1984). *Cross-cultural Trade in World History*. Cambridge, UK: Cambridge University Press.

Darnton, R. (1984). *The Great Cat Massacre and Other Episodes in French Cultural History*. New York: Random House.

Davis, N. Z. (1995). *Women on the Margins: Three Seventeenth-century Lives*. Cambridge, MA: Harvard University Press.

Foucault, M. (1971). *The Order of Things: An Archaeology of the Human Sciences*. New York: Pantheon Books.

Fox, R. G., & King, B. J. (Eds.). (2002). *Anthropology beyond Culture*. Oxford, UK: Berg.

Geertz, C. (1973). *The Interpretation of Cultures*. New York: Basic Books.

Ginzburg, C. (1989). *Clues, Myths and the Historical Method* (J. & A. C. Tedeschi, Trans.). Baltimore: Johns Hopkins Press.

Hegel, G. W. F. (1975). *Lectures on the Philosophy of World History* (H. B. Nisbet, Trans.). New York: Cambridge University Press. (Original work published 1830)

Hunt, L. (Ed.). (1989). *The New Cultural History*. Berkeley and Los Angeles: University of California Press.

Huntington, S. (1996). *The Clash of Civilizations and the Remaking of World Order*. New York: Simon & Schuster.

Kroeber, A., & Kluckhohn, C. (1963). *Culture: A Critical Review of Concepts and Definitions*. New York: Vintage Books.

Landes, D. (1998). *The Wealth and Poverty of Nations: Why Some Are so Rich and Some Are so Poor*. New York: W. W. Norton.

Manning, P. (1996). The Problem of Interactions in World History. *American Historical Review*, 101, 771 – 782.

Marx, K., & Engles, F. (1985). *The Communist Manifesto* (S. Moore, Trans.). London: Penguin Books. (Original work published 1848)

McNeill, W. H. (1963). *The Rise of the West: A History of the Human Community*. Chicago: University of Chicago Press.

McNeill, W. H. (1982). *The Pursuit of Power: Technology, Armed Forces, and Society since a. d. 1000*. Chicago: University of Chicago Press.

Rosaldo, R. (1989). *Culture and Truth: The Remaking of Truth in Social Analysis*. New York: Beacon Press.

Said, E. (1993). *Culture and Imperialism*. New York: Alfred Knopf.

Snooks, G. D. (1996). *The Dynamic Society: Exploring the Sources of Global Change*. London: Routledge.

Spengler, O. (1926 – 1928). *The Decline of the West*. New York: Alfred Knopf.

Stavrianos, L. S. (1989). *Lifelines from Our Past*. New York: M. E. Sharpe.

Stearns, P. N. (2001). *Cultures in Motion: Mapping Key Contacts and Their Imprints in World History*. New Haven, CT: Yale University Press.

Toynbee, A. J. (1934 – 1954). *A Study of History*. London: Oxford University Press.

Wallerstein, I. (1974 – 1989). *The Modern World System*. New York: Academic Press.

Wallerstein, I. (1991). *Geopolitics and Geoculture: Essays on the Changing World System*. Cambridge, UK: Cambridge University Press.

Wang, G. (Ed.). (1997). *Global History and Migrations*. Boulder, CO: Westview Press.

Wolf, E. (1982). *Europe and the Peoples without History*. Berkeley and Los Angeles: University of California Press.

伯纳多·迈克尔（Bernardo A. Michael）文

侯波 译 俞金尧 校

# Currency 货币

货币的使用将买卖交易同物物交易区分开来，并使价值得以确定，财富得以积累，从而极大地促进了商品与服务的交换。不过，无论是硬币、纸钞、贝壳、谷物，还是现代电子转账，任何一种物品要想被当作钱来使用，都必须得到社会的广泛接受。

692

钱币是指以促进经济交换为主要用途的一类物品。这类物品的材质和有效范围由商品交易所发生的具体社会所决定。在现代西方资本主义社会，钱币包括纸钞和硬币，它们由政府当局发行，在商业贸易中被人们广为接受。在古代，非洲、亚洲以及太平洋和印度洋的传统社会曾使用各式各样的钱币，最有名的当数玛瑙贝，因被广泛用作钱币故又称"贝币"。通常，我们将纸钞和硬币之外的早期钱币称为"原始钱币"。

中国自公元前12世纪以后便使用金属货币，也采用牲畜、农作物、贝壳作为货币，但直到前3世纪才开始使用圆形方孔钱

人类学家卡尔·波兰尼（Karl Polanyi）认为，钱币是"一种类似于语言、文字或者度量衡的符号体系"。作为买家或卖家的社会成员必须赋予特定物品以钱币的功能（继而接受其作为钱币）。任何物品本身不可能成为钱币。一片金属或一张纸之所以成为钱币，是因为整个社会都接受其作为钱币的价值。这尤其见于现代货币体系，该体系中的硬币和纸钞仅代表着其面值上的货币金额（即所谓"信托"，以信用为基础）。在19世纪及其以前，所流通的硬币是金币和银币，其所含金属的价值几近于硬币的面值。但是，金、银被用作钱币，从根本上说仍是由人们对这些金属价值的普遍承认所决定的。

## 钱币的用途

钱币的主要作用大致有四点。首先，或许也是最重要的一点，即钱币可用作交换的媒介。人们可以将某一物品换成（即卖出）议定金额的钱币（如银两或银币），再另择时间和地点将这些钱币换成（即买入）其他的物品或服务。因此，钱币

693

611

财富通常被定义为一大笔钱，因为致富和经商都离不开钱。但在另一些时候，钱似乎毫无意义，不过是与子虚乌有之物之间的一种约定俗成。
——亚里士多德（前384—前322）

图中所示为北美洲西北海岸的钦西安族印第安人所使用的铜板币，币面设计相当复杂。铜板币可用来交换毛毯、兽皮和油

使交易中的买与卖分离开来（在物物交易中，买与卖是一体的）。

其次，钱币可以衡量价值高低。它根据一套衡量标准而显示出各种商品和服务的价值。例如，一头牛或者一名鞋匠所提供的服务的价值，可根据其货币价值（如美元或美分）而一较高低。钱币的存在使价值以计算单位的形式体现出来，由此引出了钱币的第三大作用，即钱币使得财富得以积累。例如，财富可以以一定数量的钱币（如硬币）存款为形式而存入银行。最后，货币可用来支付。向卖方支付确切金额的货币，便可买到各种商品与服务。

## 钱币与币

欧洲使用钱币的传统与币的历史密不可分。英语"money"（钱币）一词源于拉丁语"moneta"，意为"币、铸币厂"。然而，钱币不等同于币。虽然钱币的主要功能始终如一，但其

形态和作用却总在发展变化。我们不应以为，古人所理解和使用的钱币与今人所理解和使用的是一样的。贵金属以及牲畜、农作物被用作钱币，可追溯至公元前2000年之前。人们在两河流域的苏美尔人和阿卡德人定居点发现了贮藏银条的密窖及一些陶罐。在苏美尔的尼普尔城（Nippur）出土的泥板上所刻的楔形文字记录了当时使用银两进行交易的情况。尼普尔城的另一些泥板则记录了用谷物和牛来借贷及支付的情况。公元前1000年前，古代希腊的迈锡尼人用牛作为钱币。例如，在荷马史诗《伊利亚特》（The Iliad）里，我们看到，在战争中俘获的盔甲以及手工匠人都可以用牛来计算价值。

币的出现是钱币发展史上的重要一步。币是指印有发行当局特定标识的金属片，以体现其作为钱币的法律效力。币通常以重量和成色为度量标准，但关键问题是币必须由发行当局（往往是政府）来铸造，以确保其作为钱币的价值不虚。大约在公元前7世纪末，安纳托利亚（今小亚细亚半岛）的吕底亚（Lydia）王国铸造了世界上最早的币。这些币是用天然的金银合金——琥珀金所铸造的。吕底亚人将之铸成圆币，两面都打上标记。前550年前后，克洛伊索斯王（Croesus）统治时期的吕底亚人还铸造了世界上最早的金币和银币。

694

第二次世界大战期间盟国所使用的货币

在人与人之间,钱是一种比语言、种族和宗教更大的障碍。

——维拉·卡斯帕蕾(Vera Caspary,1899—1987)

前 12 世纪以后,中国人曾使用金属、牲畜、农作物、贝壳作为货币。前 6 世纪末,周天子们将他们的名字刻在小型的铲状铜币——布上,即"布币"。圆形币直到前 3 世纪才开始使用。不过,纸币的使用在中国始于 12 世纪,而西方直到 17 世纪才因硬币短缺而改用纸币。

前 5 世纪末,古希腊人开始使用青铜币,这同样标志着西方世界的重大进步。这使青铜币在不足以使用金银的小额日常交易中得以广泛使用。古罗马人曾发行大量的小型青铜币,使许多城市和地区的经济普遍实现了货币化,这在世界历史上前所未有。罗马帝国衰亡后,造币术继续流传。

## 现代货币

如今,电子银行业务成为货币使用的关键特征。信用卡如同硬币和纸钞。对现代货币的研究,主要集中于货币体系的性质和运作以及货币购买力的决定因素。货币体系则包括社会(包括个人和企业)对货币的持有、商业银行和政府操控的中央银行推动的法定交易与经济政策。各种现代货币理论力图解释货币价值的变化,其中居于主流的是"货币数量论"。该理论认为,价格水平与货币流通量之间存在密切联系。货币的性质和作用虽然在古代和中世纪社会并未引起重视,却是当今社会关注的热点之一。

进一步阅读书目:

Aristotle. (1962). *The Politics*. T. A. Sinclair (Trans.). London: Penguin Books.

Bretton, H. L. (1980). *The Power of Money*. Albany: State University of New York Press.

Cribb, J. (Ed.). (1986). *Money: From Cowrie Shells to Credit Cards*. London: British Museum Publications.

Galbraith, J. K. (1975). *Money: Whence It Came, Where It Went*. Boston: Houghton, Mifflin Company.

Hart, K. (1986). Heads or Tails. Two Sides of the Coin. *Man*, 21(4),625-652.

Polanyi, K. (1968). *Primitive, Archaic and Modern Economies: Essays of Karl Polanyi*. G. Dalton (Ed.). New York: Doubleday.

Vilar, P. (1969). *A History of Gold and Money, 1450-1920*. London and New York: New Left Books.

Williams, J. (Ed.). (1997). *Money: A History*. London: British Museum Publications.

肯尼斯·西蒂(Kenneth Sheedy) 文

侯波 译 俞金尧 校

# Cyrus the Great　居鲁士大帝

公元前 6 世纪,波斯国王居鲁士征服了米底人、吕底亚人和巴比伦人,建立了波斯帝国的阿契美尼德王朝(Achaemenid)。他准许被征服民族保留自己的宗教信仰与文化传统,赢得了人们的忠诚和尊敬;他还释放了已沦为"巴比伦囚虏"的希伯来人。

695

居鲁士大帝(Cyrus the Great,约前600—前530)出身于帕萨尔加德(Pasargadae)部落,该部落于公元前1000年后迁徙至伊朗高原,定居在伊朗高原西南部濒临波斯湾的所谓"波西斯"(Persis)或曰波斯地区。前6世纪,波斯人控制了安善(Anshan)和苏萨地区(Susa,今伊朗),成为当地的统治者。居鲁士自称安善国王,其祖上世代统治该地区,即今马夫达沙特地区(Marv Dasht)。关于居鲁士及其身世的传说有三种。第一种传说(来自古希腊历史学家希罗多德)称居鲁士乃冈比西斯(Cambyses)之子、居鲁士一世之孙。居鲁士之母芒达妮(Mandane)是古伊朗的米底王国公主,是末代国王阿斯提阿格斯(Astyages)之女。阿斯提阿格斯预见年幼的居鲁士长大后会夺取自己的王位,在此不祥之兆的警示下,他决定处死小居鲁士。小居鲁士被交给米底人哈尔帕哥斯(Harpagus)处死,但哈尔帕哥斯并未遵从,而是将其转交给一位牧羊人,正是后者将小居鲁士当作儿子一般抚养长大。据希罗多德记载,波斯当地人一直传言,居鲁士在年轻时便表现出领袖天赋。最终,居鲁士的真实身份被揭开并被送回波斯。在那里,

居鲁士大帝像

居鲁士统一了波斯各个部落,建立了一个属于自己的王国。

第二种传说称居鲁士被遗弃在森林里,由母狗用奶水哺育成人,保护其免遭野兽伤害。这一传说明显呈现出印欧文化的色彩(可与罗马城的创建者罗慕路斯[Romulus]和勒慕斯[Remus]的传说相对照)。第三种传说(出自大马士革的尼古拉[Nicolaus]的记载)称居鲁士的生父是一名匪徒,他从小便被交给米底王室的一个富贵家庭抚养。

公元前550年,居鲁士与阿斯提阿格斯在战场上兵戎相见,由于米底军中许多士兵倒戈,居鲁士大获全胜。作为米底-波斯联军的统帅,居鲁士开始着手征服周边地区。他向安纳托利亚进发,来到了富庶的吕底亚王国(Lydia)。吕底亚王国由大名鼎鼎的克洛伊索斯王统治,定都于萨迪斯(Sardis)。德尔斐神谕曾告诉克洛伊索斯,若与居鲁士开仗,他便能一举毁灭波斯王国。然而,事与愿违,最终被毁灭的反倒是吕底亚王国。前547年,萨迪斯和克洛伊索斯均落入居鲁士之手。随后,居鲁士又于前539年征服了美索不达米亚及其主要城邦——巴比伦。巴比伦国王那波尼德(Nabonidus)对新年节庆漠不关心,尤其对美索不达米亚主神马杜克(Marduk)的神庙不敬,故而遭到当地百姓的蔑视。居鲁士几乎未遇抵抗便得以入城,同时采取了尊重当地百姓及其宗教文化的政策,前往马杜克神庙。在神庙里,居鲁士祭拜了美索不达米亚的主神,以马杜克之仆的形象示人,还安排人修缮神庙。居鲁士的这一策略在新兴的阿契美尼德王朝的波斯帝国(前550—前330)的许多地方都取得了成功。与一味用暴力令当地百姓屈服的亚述人不同,波斯人准许当地人保留文化传统和进行地方自治,同时为其保障安全并向其征收赋税。在这一时期,居鲁士还释放了被囚禁于巴比伦的希伯来人(即犹太历史上著名的"巴比伦囚房"),准许他们重返家园。据《圣经》(《以斯拉

696

年轻时的居鲁士大帝驾乘着战车

记》6：2－5)记载，居鲁士下令重建耶路撒冷圣殿，被尼布甲尼撒二世(Nebuchadnezzar，迦勒底人所建立的巴比伦王国的国王)所掠走的一切物品悉数归还至耶路撒冷。因此，《旧约》(《以赛亚书》《以斯拉记》)对居鲁士和波斯人的记载是相当友善的。《以赛亚书》45：1－3提到居鲁士与犹太人的上帝耶和华彼此尊重并订立了誓约，这再一次表明居鲁士在宗教信仰方面的宽广心胸。

居鲁士大帝还留给我们一份有关其宽容和世界观的一手史料，即用著名的阿卡德语(当时美索不达米亚地区盛行的一种闪米特语)写成

的"居鲁士圆柱"(Cyrus Cylinder)。居鲁士圆柱也反映出居鲁士身居王位期间的方方面面。他被冠以美索不达米亚地区各种王的称号，如"至伟之王、万王之王、天下四方之王"。他宣称百姓可以自由地信仰宗教，过自己期盼的生活，这番话甚至可以被视为最早的人权宣言。公元前530年，居鲁士在中亚被伊朗游牧民族即所谓"塞人"(Sakas)杀死，而此时他业已建立起一个从伊朗高原横跨至地中海地区的帝国。居鲁士的陵墓位于帕萨尔加德，这里是他当年击败米底国王的地方，也是他的大本营。此后，阿契美尼德王朝的波斯帝国继续扩张，国祚延续了200年。

697

进一步阅读书目:

Briant, P. (2002). *From Cyrus to Alexander: A History of the Persian Empire*. Winona Lake, IN: Eisenbrauns.

Frye, R. N. (1984). *The History of Ancient Iran*. Munich, Germany: C. H. Beck.

Gershevitch, I. (Ed.). (1979). The Median and the Achaemenian Periods. *In The Cambridge History of Iran*, 2. Cambridge, UK: Cambridge University Press.

图拉吉·达亚(Touraj Daryaee) 文

侯波 译 俞金尧 校

D

# da Gama, Vasco 瓦斯科·达·伽马

699 葡萄牙探险家瓦斯科·达·伽马（Vasco da Gama，约 1460—1524）之所以为世人所知晓，是因为他在 15 世纪 90 年代成功地完成了绕非洲东海岸的航行，从而使葡萄牙人主宰了印度洋，并控制了由印度进口的香料贸易的半壁天下。达·伽马的成就固然给他的祖国葡萄牙带来了财富，但也促使葡萄牙人在蔗糖种植园里大量使用非洲黑奴。

在改变欧洲、非洲、亚洲和南北美洲之间的贸易与劳动力状况的少数探险家中，瓦斯科·达·伽马位居其一。达·伽马在 1497—1524 年间完成的 3 次航行，开辟了欧洲与亚洲之间新的海上贸易线；1498 年，他 3 次在非洲东海岸登陆，成为最早登上非洲东海岸的欧洲人，并促使葡萄牙人盯上了非洲人，将其作为劳动力资源。达·伽马的航行不仅让葡萄牙人主宰了印度洋贸易，还令非洲黑人沦为奴隶，被运往地中海、非洲沿海诸岛屿乃至世界各地。

瓦斯科·达·伽马的早年经历至今仍不得而知。他出生于葡萄牙西南部小城阿连特茹（Alentejo），是当地贵族埃斯特旺·达·伽马（Estevao da Gama）的第三子。一些历史学家认为瓦斯科·达·伽马出生于 1460 年，但也有一些历史学家认为是 1469 年；还有一些历史学家认为都不对，故目前尚无定论。达·伽马或许曾在葡萄牙的埃武拉（Evora）学习过数学和航海术，不过这一问题在历史学界同样尚存疑惑。可以肯定的是，达·伽马应该是葡萄牙的一个小贵族。然而，达·伽马的壮志雄心引领他走上了寻找海外财富之路。1492 年，达·伽马在指挥同一艘法国舰船交战的过程中脱颖而出；3 年后，葡萄牙国王曼努埃尔（Manuel）选派他率领 4 艘舰船远赴印度，这是自 15 世纪 20 年代起便为葡萄牙人所魂牵梦绕之地。

在将近 80 年的时间里，葡萄牙人一直苦心寻找通往印度的海上航线，乃为经济和宗教所迫。葡萄牙位于欧洲西端，故对香料价格甚为敏感。胡椒、桂皮、肉豆蔻和其他香料从印度沿陆路一路西来，几经易手，价格也节节升高。更糟糕的是，从事香料贸易的中间商贩多为犹太人和穆斯林，他们被基督教国家所敌视，在伊比利亚半岛遭到葡萄牙与西班牙的禁绝和驱逐。达·伽马相信，他沿水路绕开被异教徒控制的旧商路，乃是受天主之命，受国家之托，奉国王之旨；在虔信天主的葡萄牙人掌控香料贸易后，他们便可取代昔日的异教徒主宰香料的价格。

然而，事情并非如此简单。为打击葡萄牙，西班牙于 1492 年派热那亚水手克里斯托弗·哥伦布向西航行横渡大西洋，而非向东航行绕道非洲。哥伦布坚信自己已到达印度，并于 1495 年再次出海。这一年，达·伽马开始为他的东向航行筹备物资。他的同胞巴托罗梅·迪亚士（Bartolomeu Dias）曾于 1488 年完成绕非洲南部的航行，开辟了通往印度之路，但没有人知道非洲与印度之间究竟相距多远，也没有人握有非洲东海岸的精确地图。1497 年 7 月 8 日，达·伽马离开葡萄牙的里斯本，像哥伦布一样驶入未知的海域。达·伽马的航行历时 10 个月，共计超过 7 500 千米航程，是当时距离最长的海上航行。此后，达·伽马于 1498 年 5 月 22 日抵达印度的卡利卡特（Calicut）。达·伽马曾两次率舰队远赴印度，一次是在 1502 年，另一次是在 1524 年，这也是他最后一次航行。1524 年 9 月，达·伽马到达印度的科钦（Cochin），担任葡萄牙驻印度总督。12 月 24 日，达·伽马去世，其遗体直到 1538 年才运回葡萄牙下葬。

700

葡萄牙画家安东尼奥·曼努埃尔·达·丰塞卡(Antonio Manuel da Fonseca)的《达·伽马像》(*Portrait of Vasco da Gama*)。这位葡萄牙探险家是首位率领舰队从欧洲径直驶往印度之人。英国伦敦国家海洋博物馆

当时,葡萄牙在亚洲所建立的港口,西有印度西端的第乌(Diu),东有马来西亚南端的马六甲,它们使葡萄牙人得以控制印度洋,进而掌控了欧洲与亚洲之间香料贸易的半壁天下。昔日一度随意出入于印度洋的商人们,从此不得不租用葡萄牙的船只来转运商品,或者缴纳 6%~10% 的商品税以让自己的船只通过印度洋。

达·伽马的航行使葡萄牙人从海上贸易中获得了大量财富,其来源有二:一是葡萄牙人投入重金在葡萄牙国内及其控制的非洲沿海诸岛屿建立的甘蔗种植园;另一则是在种植园里劳作的奴隶。1450—1500 年间,葡萄牙人共迫使 15 万非洲黑人作为奴隶在种植园中劳作。至 1800 年,葡萄牙、荷兰和英国的商人将至少 2 000 万非洲黑奴运往世界各地,其中的许多黑奴被运往美洲。美国的种族主义和贫困问题至今仍是奴隶制所带来的恶果,也是瓦斯科·达·伽马航行所留下的历史问题。

进一步阅读书目:

Cuyvers,L.(1999). *Into the Rising Sun*:*Vasco da Gama and the Search for the Sea Route to the East*. New York:TV Books.

Kratoville,B. L.(2001). *Vasco da Gama*. Novato,CA:High Noon Press.

Stefoff,R.(1993). *Vasco da Gama and the Portuguese Explorers*. New York:Chelsea House Publishers.

Subrahmanyam,S.(1997). *The Career and Legend of Vasco da Gama*. Cambridge,UK:Cambridge University Press.

Watkins,R.(2003). *Unknown Seas*:*How Vasco da Gama Opened the East*. London:John Murray.

克里斯托弗·卡莫(Christopher M. Cumo) 文

侯波 译 俞金尧 校

# Dance and Military Drill　舞蹈与军事训练

701　　一起有节奏地舞动和喊口号，在全体参与者中激发起同舟共济的情感和团结一心的意愿——大概自万物诞生起，群体舞这一独特的人类行为便出现了。这种节奏一致的运动在宗教、战争、政治和众多其他的社会领域中都曾发挥过作用。

群体舞或军事操练要求全体参与者长时间地跟着节奏一起舞动，这是激发他们同舟共济之情的一种有效方式。交响乐、合唱以及军队教官们"哈—嘿—嘿—嚯"的口号等各种形式的音乐和喊声可以加强这种效果。不知怎么回事，一起有节奏地舞动和喊口号确实可令人们心情舒畅，甚至不计前嫌，消除彼此间的新仇旧怨。即使一时的兴奋消退了，曾经的甘苦与共也会形成兄弟般的情谊和团结一心的意愿。这种行为在历史上产生了重要的影响，至今仍在宗教、战争、政治以及舞会、歌会和聚会等各种社交场合有所体现。

当我们一起跳舞、唱歌和行进时，共同的情感究竟是如何被激发出来的？这一问题尚无准确答案，但肯定与荷尔蒙、交感神经系统和大脑的某些部位有关。可以说，对人类而言，这种行为及其效应，既是独特的，又是普遍的。只有人类会一起唱歌跳舞，这一现象可见于一切已知的人类社会。有的社会基于人类对抱团的这种反应将之用于军事，并从训练有素的士兵们的精诚合作与高昂士气中获益。不过，这毕竟是少数。

## 起源

人类是从什么时候开始会有节奏地唱歌和跳舞的？这一问题不得而知，但可以肯定的是，这一时间非常之早，大概是在智人出现以及人类始祖学会说话而成为真正意义上的人之前。无论这一由来已久的行为发端于何时，由群体舞发展而来的更广泛的集体协作一定具有巨大的优势，因为只有那些跳舞的人存活了下来。对人类近亲非洲黑猩猩的观察可以解释个中原因。1969 年，英国灵长类动物学家简·古道尔（Jane Goodall）及其助手对分裂成两个对立团体的 15 只成年雄性黑猩猩展开了研究。在随后的 2 年里，分离出去的 7 只雄性黑猩猩陆续被其对手捕杀，后者因而重新占据了原有的领地和分离出去的雌性黑猩猩。这个团体中的 8 只雄性黑猩猩仅以微弱的数量优势而占据了上风（或许其凝聚力更强）。显然，如果群体舞可使人类的祖先得以克服导致黑猩猩群体分裂的派系之争，我们不难想象，在群体舞中表现得更加团结一心的人们，可以通过打败那些不会一起跳舞的周边人群来扩展自己的领地，从而使这种行为方式一代代地传下去。

此后，不同的人类群体以各种不同的方式展现了节律性运动的可能性。直到最近，舞蹈的主要意义仍在于促成社群的团结和睦。舞蹈的参与者清楚地感受到跳舞对情绪的影响。例如，在 20 世纪，希腊的村民们告诉一位人类学家，他们在跳舞时会感到轻松、平静和愉快。撒哈拉沙漠的猎人们则告诉另一位研究者，舞蹈令他们"心生愉悦"。这样的感受令造成类似于古道尔所研究的黑猩猩群分崩离析的冲突不太可能发生，使大量人群可以长久地和平共处。虽然舞蹈所带来的团结一心与协作对人类的先祖而言已不陌生，但群体舞的历史仍值得大书特书。只不过这种行为被视为理所当然，未引起人们的 702

在我们看来,每天跳舞方不为虚度。

——尼采(1844—1900)

舞蹈是能够跨越国界的世界性语言。图为莫里斯舞者在美国新英格兰地区一个小镇的社区艺术节上表演

关注。大约 150 年前,人类学家才开始对此展开研究,可有关古代狩猎民族、游牧民族和农耕民族跳舞的资料是少之又少。

## 舞蹈的精神意义与宗教意义

更多的资料记载了一种用于祭拜上天神灵的专门性的、职业性的舞种。围绕一系列的祭拜仪式,最终形成了有组织的宗教。后来,这种专门用于祭拜神灵的歌舞仪式在城市里发展成为公共娱乐活动,正如尚存的古希腊剧本所示。同时,宗教也运用热情洋溢的群体舞来使教徒的信仰更加虔诚。《圣经》中明确提到扫罗和大卫在上帝面前跳舞并建立了希伯来王国,他们所依靠的力量在很大程度上正来自一群与其共舞、敬拜耶和华的热情的年轻人。早期的基督教热衷于舞蹈,但这种习俗很快由于主教和神父们的约束以及公共祭祀活动的仪式化而遭到质疑。时而(并非总是)跳舞的宗教狂热派和异

端派不时地继续挑战教会的权威。至 16 世纪,新教徒们通过站着唱赞美诗等节律性运动来凝聚其信众。此后,一系列的教派——卫理公会(Methodists)、贵格派(Quakers)、摩门教(Mormons)、震颤派(Shakers)、五旬节派(Pentecostalists)、俄罗斯旧信徒(Russian Old Believers)等都用过类似的方法来激发其信众的凝聚力和信念。非洲的基督徒(以及各种异端教派)做得尤其成功,他们从农村风俗中就地取材,运用歌舞来凝聚信众。

唱歌和跳舞以同样的方式维系了其他历经动荡的世界性宗教。自 18 世纪初以来,犹太人中狂热的哈西德派(Hasidic)既唱又跳,吸引了波兰及其周边地区的大批信众。

在伊斯兰教中,从 10 和 11 世纪之交起,由年轻人组成的托钵僧团体数量激增,他们诵经、跳舞,有时甚至忘乎自我。几百年来,许多佛教宗派也热衷于节律性运动,这种运动往往对穷苦百姓和不满现实的社会群体颇具吸引力。

703

2003年，在墨西哥瓜达拉哈拉的一个广场上，一名穿着传统服装的哑剧演员正在表演一项仪式

在日本，成立于1930年的创价学会（Soka Gakkai）在第二次世界大战后，通过在城市户外开展日常的节律性运动而迅速发展壮大，成为日本政治中一支重要的力量。

跳舞所燃起的激情同神职人员和信仰体系的权威之间的矛盾，始终贯穿于宗教的历史之中。每当社会矛盾变得尖锐时，狂热的教徒们便开始表达并释放不满，他们几乎总是借助跳舞和唱歌来凝聚信众。这一趋势一直延续至当今世界。各种极端的激进运动极力挑战保守的宗教权威，并往往通过思想言论和节律性群众运动两大方式来壮大自己。

## 凝聚社群和军队

唱歌与跳舞对于维系地方村落和移民社会的意义，更甚于其在打破现有的宗教礼仪习俗中的作用。值得一提的是，当大多数人感到人口过剩或其他压力导致传统方式已无法让人过上惬意的生活时，反抗性教派便会发展得尤为迅猛。有些时候，宗教反抗运动促成新的制度变革，正如古代以色列的先知运动和16、17世纪欧美部分地区的新教运动所示。更多时候，这些教派会因信念的动摇而自我瓦解，或遭外部势力的镇压而溃散。

在通过节律性运动来左右人的行为方面，军队与宗教教派不相上下。步兵操练齐步行军时，通过喊口号和唱军歌来加强肢体动作的一致性，这样便可在战斗中固守防线、克敌制胜。这一战术最早见于公元前2450年前后苏美尔的拉伽什（Lagash），一块石壁上画着身披铠甲的长矛兵正迈着整齐的步伐跟在他们的指挥官后。此外，中国早期的战争通过鼓声来使步兵步调一致。

然而，大约公元前750年后，骑兵学会了在

这幅18世纪的日本木版画展现了5名妇女在住吉神社（Sumiyoshi shrine）举办的每年一度的水稻种植仪式上跳舞的情形。美国国会图书馆

马背上射箭,从而可以凭借更快的机动力对步兵实现包抄,并从安全距离向其放箭。相应地,在草原骑兵的威胁面前,欧亚大陆各文明国家都弱化了步兵在军队中的作用,仅将其用于城防,也减少了步兵的军事操练。

不过,在极少受到草原势力入侵的古希腊和罗马,自前 650 年,舞蹈和军事操练成为军事教育中不可或缺的部分。公民军队在行军时通过喊口号来保持步调一致,驰骋欧洲地中海地区长达数百年。伴随着公民权的授予,古希腊和罗马共和国的普通农民们积极热情地参与到公共事务和战争中,堪称 18 世纪以后欧洲所兴起的现代民主的先声。这种举动的前提和基础正是团结一致的情感效应。

在世界其他地区,战争与舞蹈有着密切的联系。在美洲印第安人、波利尼西亚人和非洲人以及其他人群中,战士在准备打仗前都会起舞。如此这般大概是为了加强战友之情,使战士们即使在尚未列好阵势或未能协调一致的情况下也能精诚合作。马匹是无法做到步调一致的,所以骑兵的情况有所不同。骑兵靠的不是操练,骑兵指挥官激发骑兵攻击力靠的是身先士卒、一马当先,而非排兵列阵。

在 16、17 世纪,中国和欧洲的将军们发现,训练有素的步兵使用长矛、弓弩和手枪便可抵挡和击退骑兵的冲锋。这改变了欧亚大陆长期以来的军事格局,使拥有数量优势的文明军队能够史无前例地有效抵御草原骑兵。中国和俄罗斯受益最大。至 1757 年,随着中国和俄罗斯两国疆域的扩张并交汇,最后的草原游牧部落

两对欧洲农民夫妇正在欢快地跳舞

联盟沦为两者的附庸。几乎同时,英国、法国和荷兰的雇佣军凭借军事上的胜利,先后在亚洲与非洲建立了庞大的海外殖民帝国。雇佣军大多从当地人中招募,听命于欧洲指挥官,虽然人数不多,却训练有素。军事操练对人的心理的影响在从印度、非洲和印度尼西亚招募的新兵身上得到最明显的体现。这些新兵们步调一致,学会了服从欧洲指挥官的调遣。原有的社会纽带几乎完全被新的团结一心的意愿所取代,把背景不一的新兵变成了绝对服从于欧洲侵略者的战争工具。

同时,由来自城市贫民窟和农村贫困地区的士兵组成的军队,也加强了欧洲各国的国内统治,维护着欧洲旧制度下的贵族阶级和城市特权阶级。

1789—1815 年间的法国大革命和拿破仑战争扩大了军事操练在欧洲社会中的作用,形成了以罗马共和国为典范的公民军队。公民军队最先在法国建立,后来扩散至其他国家。至 1914 年,几乎每一个欧洲国家的政府都招募了大批壮丁,进行一年或更长时间的军事操练,并将其编入预备役部队,让他们在这里挥洒自己的热血青春。军事操练以长期训练和爱国主义

706

教育为内容,有效地打破了传统的乡土纽带,取而代之的是对民族或国家的认同感。因此,到了第一次世界大战时期,各交战国都维持了数以百万计的军队,经过 4 年的军事僵局,最后以美军驰援西线战场上的英法联军和德国及其盟国的突然崩溃才得以结束。第二次世界大战对欧洲来说是一场更大的灾难,不仅令欧洲帝国主义不复存在,还因此改变了亚洲和非洲。军事操练可以打造出服从命令的士兵,这种力量可见于各个战场。随着亚洲、非洲和美洲各民族开始积极参加两次世界大战,新的民族认同也随之在他们中间生根发芽,从而结束了欧洲的一时优势。虽然经济变化与人口变化是两码事,但亚洲、非洲和美洲的军事操练却引发了世界范围内的权力转移。

## 一种社会工具

对许多人而言,舞蹈从来就不仅仅是宗教或军事方面的事情。城市居民由于人口过于庞杂而很难像农民一样聚众跳舞,但城市里的小社群却可以私下里跳自己的舞。跳舞或许一直在择偶中起到一定作用,在城市中尤其如此。例如,在文艺复兴时期的意大利,跳舞成为城市上层阶级展示华丽的服饰、良好的教养和性吸引力的方式。意大利风格的舞会在近代早期一度风靡于整个欧洲北部地区。此外,跳舞还可以一展君主之英明神武,如法国国王路易十四(1643—1715 年在位)便深谙此道。他年轻时曾亲自参加舞蹈演出,后来又迷上了观看一种经职业舞蹈家改良的舞蹈,即当今所谓的"芭蕾舞"。

在公共事务方面,集体游行和有节奏地喊口号在法国大革命后成为政治动员的重要方式。例如,德意志与捷克的民族主义者通过体育运动的方式来协调肢体活动的一致性,进而培养新的情感。如奥地利的社会主义者维克托·阿德勒(Victor Adler)发起了每年一度的"五一"节示威游行。斯大林在莫斯科举行了五一国际劳动节阅兵游行。毫无疑问,20 世纪的种种政党和革命政府在公众中所得到的热烈拥护,在很大程度上靠的正是在集体游行、唱歌跳舞中所激发的肢体一致性。

在美国,政党在竞选和政治集会等群情激昂的场合也会依靠集体游行或有节奏地喊口号等手段。更加令人吃惊的是,在南非,城市里的黑人居民干脆跳起了农村风俗中的群体舞,并以此方式在 1990 年后成功废除了种族隔离制度。1991 年苏联的解体也导致莫斯科的街道和广场上出现了即兴的节律性群众运动。在世界范围内,从参加各种体育赛事的人群中,也不时能看到零星的、带有一定自发性的群众运动。

可见,人类拥有通过一起跳舞、游行和喊口号来激发共同情感的强大力量。这种力量必将一直存在。将来,即使我们越来越难以或最终无法看到人们在节日里跳起传统的地方性群体舞,这种力量仍会在危急时刻发挥出政治和宗教上的重要作用。

进一步阅读书目:

Hanna, J. L. (1979). *To Dance is Human: A Theory of Non-verbal Communication*. Austin: University of Texas Press.

Lange, R. (1975). *The Nature of Dance: An Anthropological Perspective*. New York: International Publication Service.

McNeill, W. H. (1995). *Keeping Together in Time: Dance and Drill in Human History*. Cambridge, MA: Harvard University Press.

Sachs, C. (1937). *World History of the Dance*. New York: W. W. Norton & Company.

威廉·麦克尼尔(William H. McNeill)　文

侯波　译　俞金尧　校

# Daoism　道教

道教是一种专注于个人修行、寻求人生价值关怀的哲学。它后来发展成为一种自然哲学、政治思想以及对中国社会文化和精神信仰产生重大影响的宗教。道教发轫于公元前，历经数个世纪而不断变化发展，传遍世界，却始终坚持以"道"为修身处世之道的初衷。

道教乃中国"三教"（另两教即"儒"与"释"）之一，其定义大概是三者中最难界定的。狭义的"道教"是指一种源于战国时期的哲学流派或宗教思想；广义的"道教"指一种以合乎万物本原和社会规律——"道"为基础的人生态度和救世传统。道教包含一些自相矛盾的观念和习俗，如黄老术、炼丹术、兵法等。过去，学者们往往将早期的道家思想和后来的道教区分开来，以前者为正统，后者为"迷信"。近来，这种一分为二的做法遭到挑战，道教的发展被看作人们所熟悉的"天人合一"等各种观念、学说交汇融合的长期过程。道教包罗万象且深入民间，分为诸多派别。因此，全世界估计共有徒众多达2 000万～5 500万人。

道教的大多数观念源于道教经典《道德经》。传统观点认为，《道德经》由周王室的"守藏室之史"老子（前6世纪）所著，但此书更可能是一部历时数百年、成书于公元前3世纪的编著集成。据中国最早的史书（前2世纪）记载，老子在目睹周王室的衰败后，一路西去，于出函谷关前留下了记有其言的《道德经》。《道德经》仅5 000余字，分为两部分，其中阐述了老子对"道"的理解以及对实现"合乎道"之理想社会的看法。整部书微言大义，玄妙莫测，被统治者视为一本主张顺乎天道而治的治国方略之书。老子的学说后来被庄子发扬光大。在庄子所著《庄子》（约前330年）一书中，"道"首次化为一种个人哲学。《庄子》以寓言为形式，阐述了知识和价值的相对性，提出了"齐物论"。与《道德经》相反，《庄子》反对入世，主张逍遥于世。《庄子》还主张退回到民性素朴、自然和谐的原始社会。《道德经》和《庄子》均表明，道并非一种人本主义哲学，而是一种形而上的玄妙之学，其追求的乃是"无"，即"道"行于其中的虚无状态。

作为一种人生哲学，道教植根于中国文化，介于更为理性的儒学与更为形而上的佛学之间。道教对中国古代格致学和中医学的影响显而易见：道教强调"天人合一"，修道之人认为欲知自然须深谙天道，格致学和中医学则吸收了这些观念。道教还塑造了中国人的文学观念和审美观念。道教的许多思想观念被亚洲其他国家及地区的文化所吸收，尤其是日本、韩国，从而对其原有的文化传统带来影响。道教以打太极、看风水等方式展现了一种全然不同的灵性论，在西方也颇具影响力。

我体会到,东方思想在某种程度上对世间生灵更具怜爱之心。人是一种生命形态,但也可以化身为马蝇、极乐鸟或鹿等其他形态。因此,一个坚信此理的人在看待动物时,或许如同看待他的老朋友或祖先。在东方,"荒野"并没有什么不好的意思,而是被视为天人合一的表现。

——威廉·道格拉斯(William O. Douglas, 1898—1980)

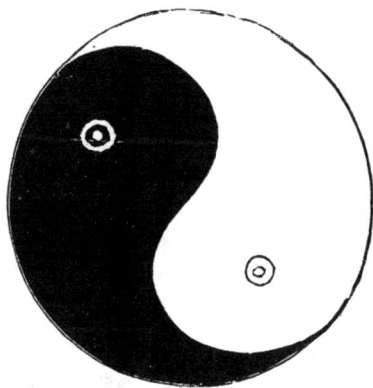

## 道教与中国的杂家思想

虽然儒、释、道被分为"三教",以示区别,但三者之间并无明确界限。相反,三者被认为互为补充,殊途同归:人合乎"道",便可至于德,得永生。"道"本为"道路"之意,但通常也被理解为"遵循之道"或"行为规律、法则"等。"道"的多种字意使得儒、释、道三教对"道"的理解有着微妙的差异。不过,"道"的含义在宇宙观方面是一致的,即认为宇宙由与之相通、不同层次的空间组成。整个宇宙被分为三界(即天、地、人),三界各自有道,彼此之间是一种上对应下和下效法上的关系。三界的相通与和谐对维持频受威胁的宇宙秩序至关重要。中国的思想家还认为,自然规律也体现于阴阳相生相克之中。世间万物阴阳相对,有阴必有阳,有阳必有阴。

中国历史上曾多次出现过"三教合一"的尝试,这体现出三教基本观念的互补性。不过,这种互补性不可高估。为影响朝廷和民众,儒学、道教和佛教之间存在根深蒂固的竞争性对抗。三者之间的差异性不仅仅存在于政治层面;它们虽有一些共同的基本观念,但其人生观、社会观和自然观截然不同。例如,儒学注重通过"礼"而建立"三纲五常",进而天下大同。佛教不具备儒学那样的社会关怀,主张"万物皆空"等观念,这又与道教截然相反。在为人处世方

面,道教比儒学更为强调个人的修身养性。在形而上的层面,道教比佛教更加贴近自然。道教将其所包含的各种观念糅合为一个独特的概念,即"道"。

## 道教的基本理念

根据老子的理解,"道"是一种形而上的原则,它既是宇宙的根本秩序,也是万物所生之源流。"道"的概念是难以准确定义的,正如老子曰:"吾不知其名,字之曰道,强为之名曰大。"(《道德经》第 25 章)"道"原本是用来表现某一事物在宇宙三界中的位置,但"道"本身却超然于三界之外。"道"并未创造宇宙万物,却是宇宙三界天地万物之源。比如,道非神,而神源于道。道的根本特点之一乃"无为","道常无为而无不为"(《道德经》第 37 章)。

"德"的概念与"道"密不可分。"德"通常被解释为"力",即"道"在有形世界中所产生的效力。"德"也指"德行"。这并非指行道德之事,而是指道教弟子通过顺乎天道、天人合一而获得的功力。道教弟子可以通过三种方式来获得功力:第一种方式为通过静坐冥想,使"道"贯穿全身,以修炼"道行"。第二种方式与之相反,通过各种练"气"以及养生的运动如太极拳、功夫等来积累功力。最后一种方式则是在道士的帮助下运转功力,因为修道必须持之以恒,而长期修道之人(即道士)懂得运气之理,故可帮助普通信众打开气脉。

"德"体现了"道"与人之间的互动。作为宇宙秩序的缩影,人的身上对应着天地之道,天地与人的身上都贯穿着同样的气力。对道教弟子而言,形而上的"道"与"德"二字阐释并塑造了人的伦理追求。在人伦方面,道教所憧憬的至善状态乃"无",或曰"虚无"。"道"之精髓便在于"无",故人应心灵清寂。凡事应"因人之心",勿处心积虑,恰如孩童,以达到"道"之精髓——虚

710

无。"无"的外在表现乃"无为",这并不是说什么事情都不做,而是说不要为了某个特定目的刻意为之。为了说明这一点,道教以"水"为喻:水虽柔弱,却能滴水穿石。"无为"在本质上与"阴阳"之观念相通,后者阐释了前者的道理:既然凡事物极必反,那就勿刻意为之,不如无为而治。即便在寻道过程中,人亦应清静无为,一心求成反而适得其反。

道教所憧憬的黄金时代是礼崩乐坏之前的过去,认为荒蛮的原始社会才合乎自然规律。在道教看来,自这一黄金时代以后,世道日下,从人的寿命缩短便可看出:远古之人据说可活数百年。庄子认为,为阻止世道日下,统治者试图干预大道之行,但这不会成功,反而导致清静不再而浊生烦恼。由此而引出了道教的两大主

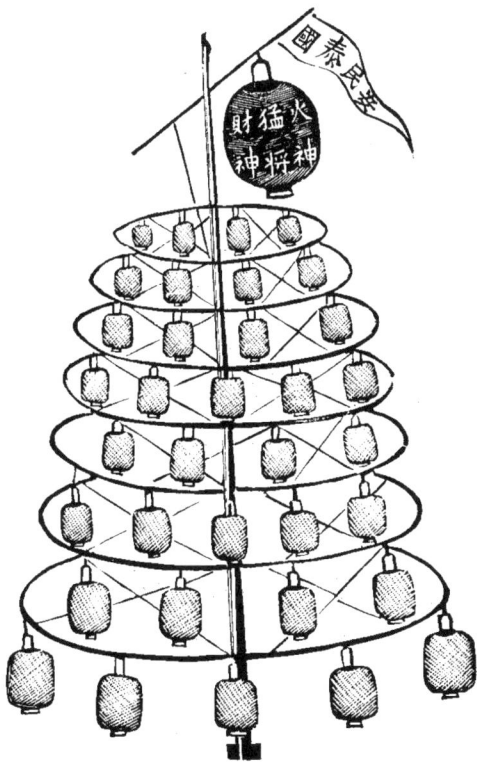

春节时,中国人会搭起灯笼宝塔。宝塔上挂有 50 个灯笼,既可祭神,又可照明,象征着祥瑞

张:无为而治,反对教化。老子极其清楚地表达了道教的社会观:"天下多忌讳,而民弥贫……人多伎巧,奇物滋起……我无为,而民自化……我无事,而民自富。"(《道德经》第 57 章)统治者不仅应无为而治,还要反对教化。老子甚至批评对知识的追求,因为这会导致人们争名逐利。理想的社会应既无学校又无书本,民风淳朴。庄子的思想更进一步,他认为:既然善恶相对,物极必反,故应德、法并用。这一相对论将道教引向了怀疑论和齐物论。

## 历史发展

道教源于前 3000—前 2000 年之间的原始巫术。公元前 1000 年后,原始巫术发展为"方士"之术,以寻求天人合一和长生不老为主旨。这一时期,老子提出了玄奥莫测的无为而治的政治理念,庄子则注重内心的自我而淡泊外在的追求。至秦汉时期,秉承老子"无为而治"等理念的黄老学者一度在朝廷中得势。尽管汉武帝时"独尊儒术",汉朝的统治者私下里却极力效仿修道升仙之事。

## 道教的兴起

1 世纪,具有空想色彩的太平道兴起,旨在实现"天下大吉"。太平道掀起了"黄巾起义",试图推翻汉王朝。虽然黄巾起义遭到镇压,但太平道的太平救世思想仍流传于世。1—2 世纪,出现了一种由天师所领导的、政教合一的新型道教组织"天师道"(又称"五斗米道")。142 年,张道陵据说受神化的老子即"太上老君"之名,得"正一盟威道",以取代当时民间所信奉的巫鬼道。张道陵的天师道试图通过自我忏悔等宗教仪式来达到消灾解难的目的。215 年,天师道被迫归顺三国时的魏王曹操,并得到官方的正式承认,同时也为宣扬魏及西晋之正统而尽心

尽力。

西晋为北方胡人所灭，后举室南迁至三国时代原吴国所在的东南一隅。南朝时期，道教受到了长江下游地方传统的影响，如信奉"真人"、追求长生不老等。欲修真升仙、长生不老，就得靠丹药和仙术。至4世纪，天师道与长生不老术相融合，发展出了一支新的道派，即茅山派。大体而言，在南方，道教得到官方的支持，但并未唯此独尊；在北方，道教于北魏时被尊为国教，历代皇帝都须临坛受"老君"法箓。

## 7世纪以后的道教

随着唐王朝重新统一中国，道教如日中天，遍及全国。唐朝开国君主李渊被认为是拯救万民的老子后人，这一观念后来融入大唐帝国的官方意识形态中。唐代时，全国广建道观，《道德经》还同儒家经典一样成为科举考试的内容。这一时期，各种道教经典也引起外国统治者的注意，并被翻译成其他语言。宋代时曾增编《道藏》，并首次付梓出版。但是，随着北宋的灭亡，道教失去了其作为国教的地位。各方道派竞相兴起。其中，以修身养性而著称的全真道得到了蒙古人的支持，故得以挑战天师道的优势地位。全真道强调禁欲、修身以延年益寿，后发展成为道教中影响最大亦最广的一支教派。

元代时，道教利用其在北方的优势发起对佛教的压制，意图消灭日益壮大的佛教势力。然而，大势逆转，最后朝廷竟于1281年下令焚烧道经。与此同时，天师道在南方的势力虽未衰弱，但却受到一些新道派的挑战。这些新道派所主张的是新儒学的理念，故而得到传统派官员和知识分子的支持。

明代时，道教为社会上层所疏远，社会地位式微。明朝社会上层以双重标准对待道教：一方面，他们借助道教来巩固其统治；另一方面，

他们又对道教严加控制，限制其自由发展。在统治阶级的扼制之下，道教在各种地下秘密宗派中兴盛发展。清朝统治者认为道教具有潜在的煽动性，开始对其加以压制，收回其诸多特权。不过道教在少数民族和普通民众中继续发展。

## 道教的传播和影响

17和18世纪，道教随着大量福建移民的涌入而大举传入中国台湾地区。除此之外，世界上的其他地区并未受到道教的系统性影响。不过，在整个东亚，道教被吸收到当地的文化传统中，且如今正打入西方。道教经典中既无排外性的神话传说和历史背景，又无道教个人的善恶喜好，故易于赢得普世认同。

## 韩国与日本

624年，如日中天的道教传入朝鲜半岛。唐朝皇帝遣使携《道德经》《庄子》入朝鲜三国（即高句丽、新罗和百济），其中高句丽、新罗两国均对道教大加欢迎。道教对高句丽影响甚大，该国的许多佛寺均被改为道观。新罗则派遣留学生入华，进一步学习道教知识，还将《道德经》纳入新罗的科举考试。虽然朝鲜社会各个阶层都普遍接受了道教所推崇的修身养性，但至14世纪道教仍走向式微，佛教再度兴起。随着1592年日本侵朝，道教遭到了进一步的压制。此后，作为独立宗教的道教亦逐渐消失了。不过，道教对朝鲜半岛的影响仍可见于传统的园艺学和国旗，如韩国国旗中间的"太极"标识象征着乾坤一体、天地调和。

道教传入日本是在7世纪。道教与神道教的泛灵论相近，故道教的许多学说（如阴阳五行说）起初均被吸收至神道教传统中。至平安时代，日本始而出现具体的道派（即阴阳道），当时

712

阴阳师在朝廷中亦占有一席之地。8、9 世纪,日本佛教中的真言宗接受了道教的养生功和长生不老的观念。天台宗教徒则吸收了道教的仙术和长生不老术。道教神秘主义传入日本主要还是得益于其对禅宗之临济宗和曹洞宗的影响。临济、曹洞二宗均于 12、13 世纪由中国传出,至今仍活跃于日本。

## 道教在西方

自 1582 年意大利耶稣会士利玛窦首次入华,西方人对道教的看法随着时间而发生改变。利玛窦认为道教阻碍了基督教的传播,故与官方正统之儒学联合,将道教斥为邪教。这一负面态度一直延续至 19 世纪初期,当时的黑格尔等哲学家认为道教是向哲学的低级阶段的一种倒退。但到了 19 世纪末和 20 世纪初,列夫·托尔斯泰、弗兰茨·卡夫卡等作家令道教广为人知。与此同时,哲学家马丁·海德格尔、心理学家卡尔·荣格等思想家因道教与其主体性哲学相一致而对之大为推崇。

西方人对比较研究的兴趣使道教得以凸显。道教思想渗透到对科学问题的讨论中,道教则成为环保人士用来批评西方自然观念的新哲学。道教对传统权威的质疑以及妇女在道教活动中的地位还使其受到某些女权主义者的欢迎,她们在"阴阳协调"观念中找到了一条淡化性别之分的途径。道教也受到社会公众的广泛瞩目,它宣扬简单生活的理念,正迎合了那些试图缓解技术依赖症的人的需要。如风水便被当作通过自然之力来促进城市生活和谐的一种方式。

进一步阅读书目:

Allinson, R. E. (Ed.). (1989). *Understanding the Chinese Mind: The Philosophical Roots*. Hong Kong: Oxford University Press.

Beck, S. (1996). *Dao De Jing Way Power Book, by Lao-zi*. Retrieved July 29, 2004, from http://www.san.beck.org/Laotzu.html

Bell, C. (1983). In Search of the Tao in Taoism: New Questions of Unity and Multiplicity. *History of Religions, 33* (2), 187 - 201.

Bloom, I., & Fogel, J. A. (Eds.). (1997). *Meeting of Minds: Intellectual and Religious Interaction in East Asian Traditions of Thought*. New York: Columbia University Press.

Cahill, S. (1990). Practice Makes Perfect: Paths to Transcendence for Women in Medieval China. *Taoist Resources, 2* (2), 23 - 42.

Clarke, J. J. (2000). *The Tao of the West: Western Transformations of Taoist Thought*. London: Routledge.

Cleary, T. (Ed. & Trans.). (1989). *Immortal Sisters: Secrets of Taoist Women*. Boston: Shambhala.

Creel, L. G. (1970). *What is Taoism? And Other Studies in Chinese Cultural History*. Chicago: University of Chicago Press.

Dean, K. (1993). *Taoist Ritual and Popular Cults of South-East Asia*. Princeton, NJ: Princeton University Press.

Kirkland, R. (1997). The Historical Contours of Taoism in China: Thoughts on Issues of Classification and Terminology. *Journal of Chinese Religions, 25*, 57 - 82.

Kohn, K., & Roth, H. D. (2002). *Daoist Identity: History, Lineage, and Ritual*. Honolulu: University of Hawaii Press.

Lau, D. C. (Trans.). (1963). *Lao Tzu: Tao Te Ching*. New York: Penguin Books.

Lin, T. (1995). Chinese Philosophy: A Philosophical Essay on the "State-of-the-Art". *The Journal of Asian Studies, 54* (3), 717 - 758.

Maspero, H. (1981). *Taoism and Chinese Religion*. Amherst: University of Massachusetts Press.

Moore, N., & Lower, L. (Eds.). (1992). *Translation East and West: A Cross-cultural Approach*. Honolulu: University of Hawaii Press.

Olstone-Moore, J. (2003). *Taoism: Origins, Beliefs, Practices, Holy Texts, Sacred Places*. Oxford, UK: Oxford University Press.

Park, O. (1974). *Oriental Ideas in Recent Religious Thought*. Lakemont, GA: CSA Press.

Reid, D. (1989). *The Tao of Health, Sex, and Longevity: A Modern Practical Approach to the Ancient Way*. London: Simon & Schuster.

Tucker, M. E., & Grim, J. A. (Eds.). (1994). *Worldviews and Ecology: Religion, Philosophy, and the Environment*. Maryknoll, NY: Orbis.

Watson, B. (Trans.). (1968). *The Complete Works of Chuang Tzu*. New York: Columbia University Press.

Wong, E. (Trans.). (1995). *Feng-shui: The Ancient Wisdom of Harmonious Living for Modern Times*. Boston: Shambhala.

714

玛瑞泰瑞·洛佩斯(Maritere Lopez) 文

侯波 译 俞金尧 校

# Darwin, Charles 查尔斯·达尔文

715 作为英国皇家海军"小猎犬"号(*Beagle*)上的一名博物学家,查尔斯·达尔文(1809—1882)曾对各种物种进行过实地考察。1859 年,达尔文出版了《物种起源》(*On the Origin of Species*)一书,其中阐述了生存竞争是如何通过自然选择而倾向于保留那些具有竞争优势的性征。自然选择下的进化为科学界所广泛接受,却遭到基督教人士的反对。

1809 年 2 月 12 日,查尔斯·罗伯特·达尔文出生于英格兰的什鲁斯伯里(Shrewsbury)。其父罗伯特·达尔文是一名医生,母亲苏珊娜·韦奇伍德·达尔文(Susannah Wedgwood Darwin)则出身于陶瓷世家韦奇伍德家族。查尔斯·达尔文曾进入爱丁堡大学攻读医学学位,但他难以忍受毫无美感的外科手术,于是中途退学。后来,达尔文进入剑桥大学就读,为成为一名英格兰国教会牧师做准备。

1831 年,他登上了英国皇家海军"小猎犬"号,出任随舰"博物学家"之职。该舰舰长乃海军上校罗伯特·菲茨罗伊(Robert Fitzroy,后升为海军上将),当时他正要率舰前往南美洲、太平洋和印度洋地区进行远洋考察。返程后,达尔文完成了一部航行游记,作为菲茨罗伊所编的《"小猎犬"号与探险号航海考察行记》(*Narrative of the Surveying Voyages of the Adventure and Beagle*, 1839)一书的第三卷。在随后的 4 年里,他博览了其所收集的论及哺乳动物、鸟类、鱼类和爬行动物的专业性论著。他还完成了一部关于珊瑚礁的大作,以及若干关于甲壳动物及其化石的专著。1845 年,达尔文的航行游记以《"小猎犬"号环球之旅期间所访各国的博物学与地质学研究日志》(*Journal of Researches into the Natural History and Geology of the Countries Visited during the Voyage of H. M. S. Beagle Round the World*)为名再度出版,得到更加广泛和热烈的好评。

达尔文对生物变异的思考由来已久。他受到地质学家查尔斯·莱伊尔(Charles Lyell, 1797—1875)的影响,此人粗略地提出一个观点,即地球的地质变化发生在数百万年以前,而不

并非最强壮者生存，也并非最聪慧者生存，而是最能适应变化者生存。

——查尔斯·达尔文（1809—1882）

查尔斯·罗伯特·达尔文，生物学家。恩斯特·爱德华兹（Ernest Edwards）摄。美国史密森学会（Smithsonian Institution）

行和博物学的同行——阿尔弗雷德·罗素·华莱士（Alfred Russell Wallace，1823—1913）寄来的论文。华莱士独立地得出了与达尔文几乎一致的结论：有机生物巨大的繁殖力、物种内部的细微变异和生存竞争将选择出具有微弱优势的性征，并使这一优势性征在后代中得以遗传。

达尔文已是闻名遐迩的博物学家，而华莱士比达尔文年轻，名气也比达尔文小得多。不过，达尔文知道，他得赶紧发表自己的著作，否则他的进化理论便会失去原创性。在他的密友查尔斯·莱伊尔、植物学家约瑟夫·胡克（Joseph Hooker，1817—1911）的支持下，达尔文和华莱士于 1858 年 7 月 1 日联名向伦敦林奈学会（Linnean Society of London）提交了一篇论文。1 年后，达尔文最负盛名的著作《物种起源》得以出版。

《物种起源》一书很快引起了轩然大波。19 世纪初，自然科学研究总是与彰显上帝造物的奇迹错综复杂地纠缠在一起——当时，最主要是根据《圣经》记载的上帝创世和大洪水所推断出的数千年前。经济学家托马斯·马尔萨斯也写出一部轰动性的大作——《人口论》（An Essay on the Principle of Population，1798），他在该书中宣称，地球人口不会永无止境地增长，饥荒、疾病、瘟疫、战争及其他"自然"原因会在某个时刻阻止人口的进一步增长。

在达尔文的旅程中，包括穿越加拉帕戈斯群岛（Galápagos Islands）的著名之旅在内，达尔文总会发现一些不太常见但彼此极其相近的物种群，他将之比作同种变异。通过彬彬有礼的攀谈，达尔文还结识了一些育鸟师、育犬师和育马师。他们所培育出的新品种各不相同，正如野生物种之间也存在差异一样。这些发现促使达尔文形成了自然选择进化学说。

多年间，达尔文一直埋头于书稿的写作。到了 1858 年 6 月，他收到了一位热衷于环球旅

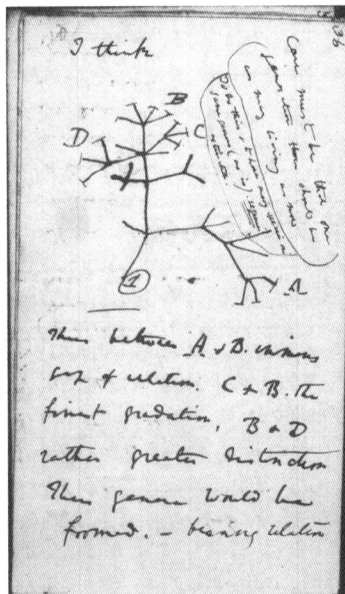

1837—1838 年间查尔斯·达尔文所画的《生物谱系树》（The Tree of Life），其中写道："情况应为：当时的一代应与现今所存活的数量一样多。要做到这一点，即同一属下有许多种，就需要经过灭绝。"英国剑桥大学图书馆

的博物学家大多是教士。他们以为,物种是由上帝之手所创造和安排好的,因而是固定不变的。

达尔文与华莱士首次对物种如何变化做出解释——他们的解释浑然一体,言之成理,很快便被科学界接受。然而,这一解释并未被宗教界接受。他们认为达尔文的著作是在暗示,世界并非在 7 天之内所创造,人类也并非上帝按照自己的样子所创造,而是从某种更原始的生物衍生而来。对他们而言,达尔文的著作将上帝造人、亚当夏娃的故事贬损为神话。

达尔文卒于 1882 年,未得到任何正式的官方荣誉或承认。但如今,达尔文被认为是科学史上最重要的人物之一,他与华莱士一起提出的自然选择进化论奠定了整个生物科学的基础。对生物的各种研究——从生态学到遗传学的发展,均是建立在自然选择进化学说这一最基本的理论基础上的。

进一步阅读书目:

Bettany, G. T. (1887). *Life of Charles Darwin*. London: Walter Scott.

Burkhardt, F., et al. (1985–2001). *The Correspondence of Charles Darwin*. Cambridge, UK: Cambridge University Press.

Darwin, C. ([1859] 1999). *On the Origin of Species by Means of Natural Selection, or the Preservation of Favoured Races in the Struggle for Life*. New York: Bantam.

Darwin, C. (1868). *The Variation of Animals and Plants under Domestication*. London: John Murray.

Darwin, C. (1871). *The Descent of Man and Selection in Relation to Sex*. London: John Murray.

Desmond, A. & Moore, J. R. (1992). *Darwin*. London: Penguin.

Wallace, A. R. (1889). *Darwinism*. London: Macmillan.

理查德·琼斯(Richard A. Jones) 文
侯波 译 俞金尧 校

# Dating Methods, Archeological and Historical　考古学和历史学的测年方法

测定考古遗址中出土文物年代的技术,对(我们)认识人类社会的发展进程是至关重要的。考古学家运用相对年代测定法(如化石在土壤层中的位置)来确定(历史)事件的(年代)顺序,运用绝对年代测定法,如碳同位素的放射性衰变来确定文物的确切年代。

考古学家运用被统称为"测年方法"或"测年法"的大量技术来确定历史上事件发生的时间。这些方法被直接用来测定各种物品的确切年代,或者按年代对其进行准确排序。一件文物的年代可能与出土该文物的考古遗址有关,并可反过来用于测定这些考古遗址的年代。通过

进一步推测，这些遗址的年代可以用来回答有关人类历史上重大事件的发生时间或发展进程等问题，如人类直立行走的演变、最早的工具制造、火的控制和使用、人类走出非洲的地理大迁徙、农业的起源、冶金术的发展、文字的发明、城市文明的出现等。我们对上述事件的起源以及人类社会发展史上无数其他重要阶段的认识，归根结底往往基于我们准确测定与这些历史进程有关的物品的年代的能力。

考古学中的测年方法可被分为两大类：相对年代测定法和绝对年代测定法（有时也称"精密年代测定法"）。相对年代测定法指按照年代顺序来排列文物、遗址或历史事件，而不涉及具体的日期、年份乃至年代范围。绝对年代测定法则要测定具体的日期和年代范围。

## 相对年代测定法

在考古学家所运用的相对年代测定法中，最常用的一种是根据文化遗存的出土土层来排列物品、居址和遗址的年代顺序。

早在 18 世纪末，英国地质学家威廉·史密斯（William Smith）便发现，地球的历史如同一本书，书中的每一页都代表着不同的土层，经年累月，按照时间顺序一层压在另一层上面。史密斯对这些土层——被埋在地下的地质沉积层，即地层的分析，为科学家们展现出一部错落有序的自然史，其中的每一层都含有在其发生沉积之时居于主导地位的生物类型的化石证据。

考古学家们很快认识到，地层分析同样适用于人类历史研究。人类所创造的物品和其他物质遗存所处的土壤环境，正是人类活动的结果。当年，这些物品和物质遗存或是被遗失、丢弃，或是被放置而封存起来。它们和动植物化石一样被沉积在那个年代的地下土层之中。考古学家们意识到，化石之类的文物可以根据其在地层序列中的相对位置来排列出它们的年代顺序。

法国画家雨格·福楼（Hugues Fourau）的《英国地质学家威廉·史密斯画像》（*Portrait of English Geologist William Smith*）。史密斯的突破性研究推动了考古学家将地层学应用于人类历史研究

此外，由于人类活动本身也会产生沉积层，对文化层的解读也可用来测定同一地点的人类居址的相对年代顺序。例如，中东地区的所谓"特拉"（"tell"或"tel"），正是人类在同一地点频繁定居而人为形成的山丘。人类的每次定居都会造成被丢弃物品的沉积，从而促成了土堆的形成，后来的定居所留下的物品则会堆在以前的沉积之上。例如，以色列的哈措尔（Tel Hazor）便是一个人为形成的山丘，由大约 31 次定居的遗存所致，后一次定居的遗存总是覆盖在前一次定居的遗存上面。

## 绝对年代测定法

大多数情况下，运用地层分析之类的相对年代测定法只是考古测年的初步阶段。人们所希望的往往不仅仅是排出年代顺序，而且要进一步测定某一处遗址的确切年代。考古学家所使用的最重要的精确年代测定法(即"绝对年代测定法")是放射性碳测年(又称"碳 14 测年"或"碳测年"),这也是所谓"放射性测年技术"中的一种。放射性测年技术包括碳测年、钾氩测年(potassium-argon dating)、氩氩测年(argon-argon dating)以及铀系测年(uranium-series dating),均以考古样本或地质样本中所存在的自然钟或自然历为基础。古人所使用的原始材料中天然生成有放射性同位素,其衰变率是恒定且可测量的,这些自然历正是根据放射性同位素的衰变率编制而成的。

## 放射性碳测年

1946 年,美国芝加哥大学化学家威拉得·利比(Willard Libby)预测到生命物质中碳 14 的存在。1949 年,他测量出不稳定的碳同位素(碳14)的当前水平,并估算出它的半衰期——由此,他开始了校准这一自然钟的过程。不久后,利比便开始运用此方法来测定考古样本的年代。在放射性碳测年中,所谓的放射性碳同位素碳14 的原子核中有 14 个粒子(6 个质子、8 个中子;相比之下,大量存在且性质稳定的碳同位素碳 12 中有 6 个质子、6 个中子),已为人知的放射性碳衰变率则为考古学家提供了一部自然历。

与碳 12 一样,碳 14 在空气中与氧化合产生二氧化碳。植物会呼吸,并通过光合作用来打破二氧化碳中碳原子和氧原子的结合。植物呼出氧,留下碳,并运用碳来生出它们的枝叶、茎干、根系、果实和表皮等。碳 14 以与其在空气中同样的比例被吸收到植物中。当动物摄取植物时,其身体运用所摄取的植物中的碳而生出骨头、肌肉、筋脉等。由植物所提供的碳 14 于是以与其在植物中同样的比例被吸收到动物体内。当一只食肉动物吃掉一只食草动物时,它又将碳 14 以与其在猎物中同样的比例吸收到自己体内。正是通过这样的方式,但凡活着、呼吸和摄食的生物,都处于大气的放射性碳守恒之中。

碳 14 极不稳定,所以它以稳定、可测量的速率不断地发生放射性衰变。放射性衰变率以半衰期的形式表现出来,即某一物质内的放射性元素衰变至原有数量的一半而达到稳定状态的时间长度。碳 14 的半衰期经测量为 5 730 年。

只要生物是活着的,在衰变过程中缓慢消失的碳 14 会立刻得到补充(植物通过呼吸,动物通过进食)。死亡打破了这一循环。生物死亡后,碳 14 不断衰变而无法再得到补充,其衰变值亦可以计算出来。正是碳 14 这种恒定、稳步且可测量的衰变提供了一张关于含碳物质(基本都是生物)的天然精密时刻表。

科学家们从而可以精确地计算出待测年样本中的含碳量;他们还知道,如果一种物质材料是完全现代的,或换言之,它存在至今,其中的碳 14 含量究竟是多少。如果样本的实际含碳量少于现代物质材料中的应有含碳量,碳 14 含量衰减至当前数值所需的时间量便可被计算出来,从而揭示出该物质的年龄。

就其本质而言,放射性碳测年仅可应用于有机物,如骨头、木头、木炭、种子、果核、树根、头发和兽皮。放射性碳的半衰期也对碳测年法的应用有所限制。历史不足几百年的样本距今太近而无法检测,因为放射性同位素的衰减量不足,无法准确测定其年代。在目前的应用中,历史超过约 7 个半衰期(大约 4 万年)的样本中所留存的原始碳 14 含量极少,以至于测年的准确性大为降低。将放射性碳测年的测量极限扩展至 5 万甚至 6 万年的方法,目前尚在研究过程中。

最后需要补充的是,碳测年的准确性取决于地球大气中碳 14 含量的长期守恒。碳测年的结果并不一定是精确的。对碳测年的校准有赖于另一种测年技术——树轮年代学(dendrochronology),它对碳测年进行校准,从而更好地反映出物品的真实年代。

720

考古学家也运用了其他基于放射性衰变的方法。其中最重要的一种大概是钾氩测年（由此发展出更为准确的氩氩测年），即测量火山岩中的氩气累积量（氩气由放射性钾衰变而生成）。氩气以已知速率累积，因此火山岩的年代（火山熔浆凝固的时间）即可测定。这一技术可应用于测定数百万年甚至数十亿年前的物质的年代，所以在对远古人类遗址的测年中最为有效。该技术最为有趣的一项应用是，对远古人类留在肯尼亚莱托里（Laetoli）地区火山灰中的足迹进行测年。这些足迹看上去与现代人的相差无几，火山灰则可追溯至大约 350 万年前。

### 放射性损害技术

另一类放射性测年技术则是间接地基于放射性衰变的可测量性。这类技术被归于放射性测年方法下的一个子类别——所谓的"放射性损害技术"。放射性损害技术首次应用于 20 世纪 50 年代，它所利用的是这一事实，即放射性衰变会在考古样本上留下可测量的损害，而这种损害会随着时间的流逝而有规律地积累。因此，损害程度与所经过的时间量呈正比。例如，陶器中经火烧过的黏土沉积于地下，受到周围土壤所产生的放射性衰变的冲击。放射性衰变所释放的能量被陶器所摄取，并被储存于陶器的原子晶格里，其能量值与陶器被埋在土壤中的时间量呈正比。储存于原子晶格中的能量可通过加热而被释放出来，即所谓的"热释光"（thermoluminescence）方法；或是通过光照而被释放出来，即所谓的"光释光"（optically stimulated luminescence）方法。通过以上两种方法，所释放的能量便可被测量出来。只要能校准出土壤中放射性物质释放能量的速率，即所谓"背景辐射"，就可计算出埋在土壤中的瓷器储存能量的速率，进而通过推算来确定这件瓷器的年代。基于考古对象的能量摄取率的测

年技术，可应用于拥有可储存能量的结构的原始材料的测年，如陶瓷、部分矿石、珊瑚、牙齿和贝壳。光释光测年法应用广泛，已被成功地应用于测定几百年前的陶器、25 万多年前的方解石矿床、近 50 万年前的打火燧石。

第二种放射性损害技术被称为"电子自旋共振"（electron spin resonance），可测量储存在贝壳、珊瑚、火山岩和牙釉质中的能量量值。这里，考古样本中所储存的能量量值与时间量再次构成了函数关系。只要能测量出所储存的能量量值并校准出背景辐射，那么便可计算出岩石、贝壳、珊瑚或牙齿形成的年代。电子自旋共振已被成功地应用于测定少至 100 年、多至 100 万年前的物品。

第三种放射性损害技术被称为"裂变径迹测年"（fission track dating），它利用的是这一事实，即放射性衰变会在某一（考古）材料中留下看得见的极其微小的径迹。这些径迹会随着时间的流逝而有规律地积累。当我们估算出径迹积累的速率，再数出径迹的数量时，便可计算出某一物品的大致年代。裂变径迹测年法已被应用于测定仅有几千年历史的（考古）材料。从人类的角度来看，这项技术的应用尚无真正的上限。

### 树轮年代学

生物学也为考古学家提供了一部以树木年轮为形式的重要的自然历。一般情况下，树只要活着，每年便会增加一圈树轮。在许多情况下，所增加的年轮（生长轮）的宽度是反映当年的平均温度、降雨量等可测量指数的一个因素。实际上，早在 15 世纪，达·芬奇便认识到树轮宽度与每年的气候波动之间的相互联系。20 世纪初的30 年间，美国亚利桑那大学天文学家道格拉斯（A. E. Douglass，1867—1962）试图探讨太阳黑子活动与气候变化之间可能存在的关联，于是

对不断变动的树轮的宽度进行了考察。人们认为，正是他的考察发现了树轮分析可用于考古测年的潜力。在美国西南部，树轮年代学或曰树轮测年法（tree ring dating）在考古学应用中尤为有效，树木年轮的宽度与当年的降雨量呈正比：降雨充沛的年份所增加的年轮较宽，降雨适中的年份所增加的年轮不宽不窄，降雨稀少的年份所增加的年轮则较窄。

树轮宽度的这种年度性变化，使研究者可以向前延伸出树轮序列。为此，树轮年代学家们要从一棵活树开始，建立某一地区的所谓"主序列"。这棵树的年轮宽窄不一，随意排列，反映出其生长期内每年降雨量的多寡不定。这棵树的树轮宽度序列应与本地区同种树木其他树株的树轮宽度序列密切相符，因为它们都受到每年多寡不定的同样的降雨量的影响。树轮年代学家从最外层即当年刚形成的一圈年轮依次向内数，便可知道每一圈年轮形成的确切年份，从而确定活树树轮的主序列。

接着，将死树所呈现的树轮序列与活树的相对比，以找出树轮宽度中那些相匹配的序列。如果活树与死树的生长期在某一时期是重合的，那么两者在这一时期的树轮宽度序列以及其中每一圈年轮的宽窄也应该是重合的。例如，如果活树最内层的 10 圈年轮的排列与宽窄与一棵死树最外层的 10 圈年轮的排列与宽窄相符，那么这两棵树很有可能在那 10 年时间里有过共同的生长期。由于我们知道活树年轮所对应的确切年代，那么我们便可计算出死树的年代；死树最后一圈年轮是在活树生长的第 10 年增加的，这样我们就知道了具体年份。通过与生长期相重合的老树多次连续重复同样的对比过程，树轮年代学家可建立上溯至 1.2 万多年前的"树轮宽度主序列"。在新西兰出土的远古贝壳杉中，人们发现了保存良好的树轮序列，从而使这片发掘出大量阴沉木（tree remains）地区的主序列向前延伸至大约 6 000 年前。

实际上，当某一考古木材样本——如古代印第安人村庄中的一根木梁或史前时代被用于栅栏的一块木头——被发掘出来时，木材的树轮宽度序列可通过计算机进行检测，从而确定其与该地区的"树轮宽度主序列"相符合的部分。通过这种方式，考古样本死亡或被砍伐的确切年代便得以确定。如果我们假定这块木头在树木死亡或被砍伐后不久就被用上了，那么木头的年代便和所发掘出的考古遗址的年代联系在了一起。全世界已建立起不同的"树轮宽度主序列"，并仍在基于不同考虑而不断地对其加以扩展和修订。

## 放射性碳测年的校准

如前所述，放射性碳测年的准确性有赖于地球大气中放射性碳含量的守恒。不幸的是，事情往往并非如此。树轮测年以及其他一些方法有助于抑制放射性碳测年过程中的变数。一旦砍倒一棵树，就不会再有碳被吸收到树轮中。对某一树轮进行放射性碳测年可反映出该树轮的"放射性碳年龄"（radiocarbon year），相对于反映在树轮年代学主序列中的"日历年龄"（calendar year）。对大量树株进行放射性碳测年后，便可建立起一支校准曲线。放射性碳校准曲线将树轮年代学与其他方法尤其是纹泥分析（纹泥是沉积于湖中的单个的泥层，以年为基础，一个纹泥代表一年）相结合，如今可向前回溯至 2.6 万年前。这意味着，在这一时期内，某一次放射性碳测年通过参照校正曲线，可准确校准出文物更真实的确切年代或日历年龄。

## 根据样式来测定年代

新旧技术不断交替，样式总在推陈出新。我们中的大多数人对人类社会中的技术进步和样式变化都十分熟悉。无论是带有锋利尾翼和铬

722

合金装饰的汽车（20 世纪 50 年代的流行款），还是大学宣传册中一张蓄着长发、穿着褪色磨旧牛仔裤（流行于 20 世纪 60 年代末、70 年代初）的男学生的照片，大多数人都可以轻而易举地说出它们的大致年代。即使随便看看如今几乎满大街都是的 iPod 的发展史，都能看出 2001 年 MP3 播放器问世以来一系列的技术进步和样式发展。如果你知道苹果公司何时运用新技术发明出后来的 iPod 播放器（例如，何时用触控轮替换了滚动轮，或何时加入了彩色显示屏），那么你只需看一眼就可说出一台 iPod 播放器的制造年代。

考古学家们可运用几乎同样的方法来准确测定一件古代文物的年代。如果一种矛尖或陶器制作的独特样式一直以来便被认为属于历史上的某一时期，那么当与已知文物的外形和样式一致的另一件矛尖或陶片被发掘出来时，考古学家即可认定最新出土的文物属于哪一时期。例如，一位美洲考古学家遇到一件又长又细的矛尖，且两面各凿有一条长度不足整件矛尖一半的浅槽，此时他便可自信地得出结论：眼前的这件矛尖大概有 10 000～11 500 年的历史。他的自信源于一个事实，即无论外观与此类似的矛尖此前是何时被发掘出来的，它们都属于

距今 10 000～11 500 年这一年代范围。

## 其他测年方法

考古学家们还运用其他一些测年方法。古地磁测年（archaeomagnetic dating）是一种已使用了 30 多年的绝对年代测定法，在美国西南部尤为常用。例如，某古代窑址砖块中的磁性颗粒可揭示出窑址在使用期间的磁北方向。知道磁北方向，就可弄清该窑址对准磁北的时间，从而使考古学家得以确定窑址的年代。科罗拉多州立大学科学家杰夫·艾米（Jeff Eighmy）与他的同事们已绘制出从大约 600 年至今的磁北方位主曲线图。类型学排序法（Seriation）是一种在 19 世纪末发展起来的相对年代测定法。人工物品样式的流行会经过从兴盛到衰退的过程，其中存在一种典型的变化模式，而类型学排序法正是建立在这种典型的变化模式基础之上的。

无论使用何种方法，准确的排序和测年使考古学家和历史学家得以构建起一个框架，据此来绘制人类文化发展的轨迹。确实，只有先弄清"何时"的问题，研究者们才可以以此为背景，来解释人类历史上其他方面的来龙去脉。

进一步阅读书目：

Bowman, S. (1990). *Radiocarbon Dating*. Berkeley and Los Angeles: University of California Press.

Feder, K. L. (2008). *Linking to the Past*. New York: Oxford University Press.

Harris, E. C. (Ed.). (1997). *Principles of Archaeological Stratigraphy*. San Diego, CA: Academic Press.

Michels, J. W. (1973). *Dating Methods in Archaeology*. New York: Seminar Press.

Schweingruber, F. H. (1988). *Tree Rings: Basics and Applications of Dendrochronology*. Boston: D. Reidel Publishing.

肯尼斯·菲德尔（Kenneth Feder）文

侯波 译　俞金尧 校

他们先是忽视你，然后嘲笑你，后来打你，再后来你赢了。

——莫汉达斯·甘地（Mohandas Gandhi，1869—1948）

# Decolonization　去殖民化

724　　　　1945—1990 年间，许多摆脱了欧洲殖民统治或控制的独立国家开始登上世界舞台。虽然去殖民化对世界上大多数人的影响比冷战更为重大，但这一进程并未引起历史学家们的广泛关注。去殖民化使得许多国家不仅赢得名义上的独立，还获得了真正的主权。

"去殖民化"在多年以前尚是国际关系研究中的冷门，远不如冷战受重视。在历史学家看来，去殖民化不过是帝国主义时代走向终结的必然结局，也是后殖民国家揭开历史新篇章之前的一个里程碑。然而，这仍是一种"西方中心论"的古怪世界观，它忽视了这样一个事实：对世界上的大多数民族而言，1945 年以后最重要的政治事件是殖民统治或半殖民统治在世界范围内的瓦解以及大约 150 个独立国家的建立。因此，我们有足够的理由认为，1945—1990 年间世界历史中的首要大事乃是去殖民化。

## "去殖民化"的定义

给"去殖民化"下定义是一大难题。同帝国主义一样，"去殖民化"也是一个难以界定的术语。历史学家和其他学者往往还未阐明他们所说的"去殖民化"一词的意思，就对其妄加使用。而要阐明去殖民化的影响和原因，就必须弄清它的含义。若连"去殖民化"的含义都弄不清楚，就很难解释这一进程并界定它的起讫。一般而言，狭义的"去殖民化"是指从前的殖民地赢得主权、独立建国的历史时刻。广义的"去殖民化"则包括争取独立的一系列事件或者说整个过程。换言之，"去殖民化"只会用来描述那些曾屈服于帝国主义国家（以被兼并、殖民、征服和沦为保护国等方式）后来在政治和法律上赢得独立主权的国家。根据这种定义，我们便好理解为什么去殖民化常常被看作帝国主义时代如期落幕的尾声。

这一传统定义根本无法使我们抓住去殖民化的本质，原因有二：首先，该定义忽视了那些名义上保持独立、实际上在对外关系方面由外国势力主导的国家。这样的国家有很多，1882—1956 年间的埃及、19 世纪末—20 世纪中叶的伊朗、直至 1945 年仍处于"委任统治"下的叙利亚和伊拉克，或许还可算上 19 世纪 80 年代—20 世纪 40 年代（或许更晚）的南美部分地区。换言之，对"去殖民化"的常规定义大大缩小了这一现象所涵盖的范畴，也忽略了许多国家直到 1945 年甚至 1989 年后才摆脱了一直主宰其国际立场的外国势力的控制。725

其次，争取主权的去殖民化进程并不必然导致真正的独立与自由。根据 1931 年《威斯敏斯特法案》（The Statute of Westminster），加拿大、澳大利亚、新西兰和南非均拥有完整的主权，它们行使独立的立法权，奉行独立的外交政策，但至今仍是英帝国的一部分，以英王为国家元首。这些国家何曾经历过去殖民化？事实上，21 世纪的澳大利亚和新西兰在国防上可能比 1931 年以前更加依赖英国。同样，1922 年埃及结束了第一次世界大战以后作为英国保护国的角色并获得独立，但任何务实的观察家都无法否认英国大使对埃及政治的重要影响力。

去殖民化更多地可被视为对 19 世纪 80 年代以后所形成的旧世界秩序的瓦解过程，这一过程在不同的地方有快有慢，但旧的世界秩序到 1960 年基本瓦解。旧世界秩序的最显著特点是,世界绝大部分地区都被置于欧洲列强(包括俄国)及其美国、日本等同伙的帝国主义统治之下。列强向名义上的独立国家索取治外法权并与之签订不平等条约,以攫取帝国主义权益。他们声称有权干涉那些"文明水平"低于自己的落后国家的内政,但这种干涉常常是为了维护本国公民的利益。旧的世界秩序内部存在明确的分工,帝国主义国家生产工业成品、输出资本,殖民地和半殖民地国家则提供原材料和半成品并与前者交换。帝国主义国家实现海外统治的手段便是强制性的自由贸易,正如通过不平等条约迫使 19 世纪的中国对外通商一样。据人口统计数据显示,大量欧洲人移居至欧洲以外的永久定居地或少数本国人所统治的地区;而亚洲人和非洲人的移民数量要少得多,他们远赴他乡当苦力,被视为匆匆过客,享受不到什么权利,也不可能获得公民身份。所有这一切的理论基础是盛行一时的文化优劣论(常常以"种族"为形式)。西欧以外的文明虽然博大精深,令人赞叹,但它们缺乏维多利亚时代晚期人们常言的"社会效率"——推动物质和精神文明进步的能力。统治印度的英国殖民者曾向伦敦方面呈交过一份致议会的年度报告,其中提及此事。

无名氏的《印度鬼怪攻打欧洲军队守卫的要塞》(*Indian Demons Attacking Fort Defended by European Troops*,约 1791 年)。在遭受数百年的英国殖民统治后,印度民族主义运动的高涨达到了举世无双的水平。美国布朗大学图书馆安妮·布朗军事收藏馆(Anne S. K. Brown Military Collection)

基于事实而对"去殖民化"所做的宽泛定义,能使我们更准确地理解去殖民化所带来的影响。近来流行一种观点,认为帝国主义死灰复燃,或者说它从未消失过。若按照前面所界定的标准,虽然帝国主义依然存在,或将以某种形式一直存在,但帝国主义作为国际事务原则的组织者和国际关系格局的主宰者显然已成往事。它在 1960 年前后被新的世界秩序所取代,它的各种特征也在这一新旧交替的过程中消失殆尽。诚然,把握去殖民化的有效方法就是将之看作世界政治中介于帝国主义的终结和 1990 年以后新国际秩序形成之间的中间阶段。

## 去殖民化的历史条件

若如此定义去殖民化,那么它是在怎样的条件下发生的呢?历史学界的主流观点强调,导致去殖民化的主要原因是反对殖民主义的民族

一份 19 世纪的印刷品展示了阿尔及利亚土著士兵为法兰西帝国效力的情况。经历过第二次世界大战,法国遭受重创,阿尔及利亚于 1962 年彻底独立。纽约公共图书馆

主义浪潮,它迫使帝国主义国家放弃其特殊利益,将殖民地主权交给新兴的民族主义政治家群体。这一解释在某些情况下可能说得过去,但无法涵盖全部。它忽略了这样一个方面,即在第二次世界大战前,殖民统治者总是能够分裂或瓦解他们的对手(指民族主义者),并完全控制政治局面。印度的情况便是如此,尽管这里的民族主义运动最为高涨。对殖民统治者来说,要想让他们的殖民统治着火,还需要外部力量来加把柴。另一派历史学家则认为导致去殖民化的原因是列强无心于殖民。对新的国内问题(如构建福利体系)和国际问题(如欧洲一体化)的关注,以及新一轮民主思潮的出现,都促使列强极大地改变了对殖民的看法,将之视为帝国主义的"包袱"。然而,后者在事实面前经不起推敲,因为几乎所有的殖民国家在二战后都

对昔日殖民地的开发表现出浓厚兴趣。第三种观点认为,导致去殖民化的原因是 1945 年后主宰全球的两个超级大国(即美国和苏联)一致反对以欧洲为中心的殖民秩序。但这一观点也需谨慎对待。美国对欧洲殖民主义的态度在 20 世纪 50 年代末以前并不明朗,而且说美国和苏联大约在 1960 年以前便已拥有世界霸权言过其实了。值得注意的是,欧洲列强中最为弱小的葡萄牙也直到 1974 年才放弃其殖民地。

我们不能陷入一种大杂烩式的解释,把各种以偏概全的片面观点糅合在一起。帝国主义秩序令西方以外的众多地区沦为殖民地和半殖民地,而促使这一秩序瓦解的真正原因在于举世震惊的第二次世界大战,它见证了两大殖民帝国——法国的惨败和大英帝国的瓦解。可想而知的是,两国曾经仰仗、奉行已久的政治控制、意识形态和经济体制均受到极大削弱,几近崩溃。国力削弱的最明显表现就是二战后英国从印度迅速撤出,而这里曾为英国统治亚非地区提供了军事后勤和兵源保证。实际上,帝国主义秩序在 1945 年就结束了,但它又被随后的冷战所挽救。冷战使老牌殖民国家在美国的帮助下东山再起,恢复了某些战前的国际地位,并得以重整旗鼓,加速发展,以图力挽狂澜。艰难的复兴之路以及殖民地人民的反抗与仇视,迫使老牌殖民国家付出了沉重的政治和经济代价。1945 年以后,东亚、南亚和中东地区都陷入战后的动荡之中,旧的秩序分崩离析,老牌殖民国家的复兴之路举步维艰。20 世纪 50 年代末,随着两大超级大国展开全球角逐,欧洲殖民主义的余孽很快被清除殆尽。至此,欧洲殖民主义的意识形态基础、文化霸权和经济体系已基本消失了。

由此可见,去殖民化并非仅仅指始于 1947 年、大体终于 20 世纪 60 年代末的前殖民地国家

727

的独立浪潮。去殖民化的范畴要更加宽泛，它不仅使许许多多弱小国家赢得了独立，还使得两次世界大战之间名义上享有主权的埃及获得了名副其实的主权。去殖民化是在日益加剧的两极对峙背景下，国际体系的一次转变。这一过程是缓慢和逐步的，有先有后，如葡萄牙帝国直到 20 世纪 70 年代中期才瓦解，由少数白人殖民者统治的两个非洲南部国家（津巴布韦和南非）一直存在至 1980 年和 1994 年。作为世界历史上的一个阶段，去殖民化算是告一段落了。但帝国仍将存在。新的帝国或将出现，却不一定以控制土地为形式。不管怎样，以欧洲为中心的世界秩序被去殖民化所瓦解，离我们远去，终归是件好事。

---

进一步阅读书目：

Betts，R.（1991）. *France and Decolonization 1900 - 1960*. Basingstoke，UK：Palgrave-Macmillan.

Cain，P. J.，& Hopkins，A. G.（2002）. *British Imperialism*（2nd ed.）. London：Longman.

Darwin，J.（1988）. *Britain and Decolonisation：The Retreat from Empire in the Post-war World*. Basingstoke，UK：Palgrave-Macmillan.

Darwin，J.（1999）. Decolonization and the End of Empire. In R. Winks（Ed.），*Oxford History of the British Empire：Vol. 5. Historiography*. Oxford，UK：Oxford University Press.

Fieldhouse，D. K.（1999）. *The West and the Third World*. Oxford，UK：Basil Blackwell.

Gallagher，J. A.（1982）. *The Decline，Revival，and Fall of the British Empire*. Cambridge，UK：Cambridge University Press.

Hargreaves，J. D.（1996）. *Decolonization in Africa*（2nd ed.）. Harlow，UK：Addison Wesley Longman.

Holland，R. F.（1985）. *European Decolonization 1918 -1981：An Introductory Survey*. Basingstoke，UK：Palgrave-Macmillan.

Howe，S.（1993）. *Anti-colonialism in British Politics：The Left and the End of Empire*. Oxford，UK：Oxford University Press.

Kahler，M.（1984）. *Decolonization in Britain and France：The Domestic Consequences of International Relations*. Princeton，NJ：Princeton University Press.

Louis，W. R.（1977）. *Imperialism at Bay：The United States and the Decolonization of the British Empire 1941 - 1945*. Oxford，UK：Oxford University Press.

Louis，W. R.，& Robinson，R. E.（1994）. The Imperialism of Decolonization. *Journal of Imperial and Commonwealth History*，*22*，462 - 511.

Mamdani，M.（1996）. *Citizen and Subject：Contemporary Africa and the Legacy of Late Colonialism*. Princeton，NJ：Princeton University Press.

Manning，P.（1988）. *Francophone Sub-Saharan Africa 1880 - 1985*. Cambridge，UK：Cambridge University Press.

Moore，R. J.（1983）. *Escape from Empire：The Attlee Government and the Indian Problem*. Oxford，UK：Oxford University Press.

Robinson，R. E.（1972）. The Non-European Foundations of European Imperialism. In R. Owen & R. Sutcliffe（Eds.），*Studies in the Theory of Imperialism*. London：Longman.

728

约翰·达尔文（John G. Darwin）文

侯波 译 俞金尧 校

# Deforestation　森林砍伐

人类砍伐、利用和焚烧树木的历史已有大约 50 万年了。森林随着人口的增长与扩张而消退。虽然森林砍伐主要是造田引起的,但采伐柴禾与木材原料也是一个重要原因。

"森林砍伐"一词含义甚广,包括砍伐、利用和焚烧树木三大方面。另外,生火、家庭取暖、做饭、冶金、制陶、建筑与施工、开荒造田或放牧等活动,也可归于"森林砍伐"的范畴。森林砍伐与人类生活的方方面面休戚相关。自 50 万年前直立人出现以来,人类对居所、食物和保暖的需要导致了对地球上森林植被资源的利用和滥用。

我们无法确定过去(乃至现在)森林砍伐的速度和发生地点。这涉及对三个基本问题的多种回答。究竟何谓"森林"? 历史上某一时期的森林面积和密度是多少? 森林砍伐包括哪些活动? 实际上,有人会说,森林既包括树冠浓密的大树,也包括郁闭稀疏的林地,这其中的密度有所区别。广义上的"森林砍伐"指任何改变森林植被原始状态的行为,包括从完全砍伐到选择性砍伐再到定期烧林等。但是,我们应知道,森林的恢复速度和活力是惊人的。每当人类对森林施加的压力有所缓和时,森林便会自我恢复。800 年前后玛雅人衰落后,1348 年大瘟疫席卷欧洲后,1492 年欧洲人与美洲人初次相遇后,以及 1910 年后的美国东部和 1980 年后的欧洲将农田大量荒废后,我们都能看到森林的自我恢复现象。

## 近代以前（1500 年以前）

作物的驯化以及人口的增长与扩散均发生于森林遍野的自然条件下,因此,世界各地的古代社会对森林的严重影响可谓由来已久。在欧洲,中石器时代的文化(约前 9000—前 5000)已使用火来焚烧林地的边缘地带,以便于狩猎。到了后来的新石器时代(约前 4500—前 2000),农耕部落用燧石所制的石斧砍倒肥沃黄土之上的森林,集中栽培植物并大量耕种小麦,从而对森林造成了更大的破坏。为了丰富饮食,他们还在林地和牧场里饲养了各种家畜如猪、羊和牛,以获取它们的肉、奶、血。这种农耕定居社会充分利用了森林的诸多产品。据估算,供一个人所用的柴禾、牧草、建筑木材和食物,平均需要 20 公顷的林地。

在亚洲部分地区,肥料可令栽种于灌水沙土中的杂交杨树(小黑杨)再度生长

在亚洲,复杂和高度组织化的社会曾在南亚和东南亚地区的森林里繁盛一时。这里不仅出现了休耕轮作制、对蔬菜、水果和香料进行集中栽培,人们还发明了独特的水稻耕作(即水田)——在强降雨地区,这种耕作技术可阻止被砍伐林区的淋溶和水土流失。

越来越多的证据表明,美洲经历了相似的历史进程。首先是早在公元前12000年,赤道附近的高山雨林地区出现了刀耕火种(即所谓"斯威登制")。从墨西哥湾热带低地地区的奥尔梅克文明和玛雅文明到亚马孙盆地的原始部落,人们都在砍伐、焚烧、改造或毁灭雨林。对有用树种的选择性繁育以及不同的培育周期,不可逆转地改变了大片大片的亚马孙丛林,以至于浩瀚的雨林可能是人工培植的一大产物。在北美,最早的农耕定居点位于北美大陆南部和东南部肥沃的沿河低洼地带。与欧洲新石器时代的情况相似,人们清理河漫滩和低洼河滩,改造下斜坡并发展精耕农业。但与欧洲新石器时代情况不同的是,狩猎在北美社会经济中的比重要大得多。此后(800年后),广袤的东部温带林地有了人类定居,这里的情况也呈现出与南部和东南部相似的特点,从而形成了精耕细作式的拓荒地、早期的森林演替所产生的撂荒地、稀疏林三者并存的局面。美洲与欧亚大陆之间最大的不同在于,美洲没有放牧牲畜而欧亚大陆有;欧洲大陆的人们为开辟牧场,采伐或烧掉森林以阻止其反复生长,从而对森林带来影响。

人们对非洲的森林砍伐情况知之甚少。除了西非的萨瓦纳疏林(savanna woodland)及其周边地带外,关于非洲森林砍伐的知识是相当匮乏的。

由此可见,早期人类对森林的破坏远远大于人们的预想,这或是历史上主要的森林砍伐期之一。漫山遍野的原始森林在这一时期已不复存在,所谓的"森林密布"不过是今人对过去的浪漫想象和带有环保色彩的夸张之辞。

地中海盆地的古典世界最早出现了大量有关造船、采暖、建筑、冶金等用材方面的文献记载,但这些文献居然均未记载在世界其他地方随处可见的伐林造田现象(这往往是森林砍伐的首要原因)。古典时期以后的情况同样如此。在耕种和收获食物之前先要砍倒树木,此乃寻常之事以至于鲜有记载,但定居方式和农作物收成均反映出森林砍伐现象是如此普遍。

中世纪时中欧和西欧的情况则截然不同。这是一个极具活力和创造性、人口急剧膨胀的时期,有关森林砍伐的丰富记载以特许状、地租账簿、庭审记录、地场、地名等形式呈现出来。人们之所以砍伐森林,是因为他们虔诚地相信人类在帮助上帝建造极乐世界;世俗君主也渴望通过鼓励开荒辟土来增加地租收入。而且,个人也想通过摆脱严酷的封建枷锁来获得财产、解

一名林业工人正在砍伐艾拉坎达(Ellakanda)人工林区的树木,该林区为斯里兰卡班德勒韦勒(Bandarawela)的一个钢索集材试验场

放和自由。

显然,三大技术革新推动了农业生产水平的提高。首先,主流的二圃制被新的三圃制取代,从而缩短了休耕期。这一革新之所以成为可能,是因为燕麦、豆子等新的作物既可补充人与牲畜的营养,又有助于肥田。其次,带有犁刀和犁板的轮犁的发明,使耕作从轻质土壤转向多为森林覆盖的肥沃黏重土壤。第三,马颈轭和马蹄铁的发明,并且马的速度更快、挽力更大,故马比牛更有优势,从而使耕作效率大大提升。而促使农业生产水平提高的一大深层次原因在于,650—1350 年间人口增加了 6 倍,故需要更多食物以避免饥荒。

农业耕作的土地利用率从 6 世纪的 5％提高到中世纪晚期的 30％～40％。800—1300 年间,法国的森林面积从 3 000 万公顷锐减至 1 300 万公顷。在德意志和中欧地区,森林在全部土地中所占比例从 900 年的约 70％降至 1900 年的 25％左右。

各种因素交织在一起,共同导致了中世纪技术史学家林恩·怀特(Lynn White)所说的"中世纪的农业革命",正是这一革命确立了人类对自然界的支配地位。农业革命还使欧洲的重心从南部转移至北部,从地中海沿岸狭长的低洼地区转向卢瓦河、塞纳河、莱茵河、易北河、多瑙河和泰晤士河流经的广袤林原。中世纪世界所独有的各种特征——技术能力、自信和加速变革均由此而得以发展。正是这些特征使欧洲在 1500 年后对世界其他地区发起了侵略和殖民。在欧洲向全球扩张的长期过程中,森林以及人们从中所获取的财富起到了至关重要的作用。

大规模的森林砍伐同样在中国发生,但具体细节尚不清楚。中国人口从 1400 年的 6500 万～8000 万增加至 1770 年的 2.7 亿,耕地面积翻了两番。中部和南部省份的大片林地自然被来自北方的移民大潮所吞噬。

## 现代世界（1500—约 1900）

在 1492—1900 年的大约 400 年间,欧洲挣脱了大陆疆界的束缚,对全球森林产生了深远影响。无论眼前是土地、树木、动植物还是人,欧洲资本主义经济将其所发现的一切都变成商品来买卖,靠大自然来发财致富。由于人口的稳步增长(从 1500 年的 4 亿到 1900 年的 16.5 亿),以及最早在欧洲、19 世纪中叶后在美国兴起的城市化和工业化对原材料与财富的日益需要,全球森林资源遭受了巨大的压力。欧洲人主要向温带地区殖民,并在此建立了定居点。直到 17 世纪 50 年代,在旧世界的天花、麻疹和流感等疾病将原住民消灭殆尽后,永久性殖民地才算真正建立起来。从旧世界引进的作物和牲畜神奇地繁衍兴旺起来。永久业权、分散聚居、进步、个人自由和政治自由等主导精神使得殖民地迅速发展壮大,但环境也遭到了破坏性的开发。对拓荒者来说,树木苗壮生长是土壤肥沃的体现;树林里的树生长得越大,就越容易遭砍伐,被辟为农田。美国便是一个典型的例子。靠着"汗水、技能和力气"的拓荒农民被视为征服桀骜难驯的荒野的英雄。开荒伐林的现象随处可见,成为乡村生活中的一道风景线;至 1850 年前后,约有 46.03 万平方千米的茂密森林遭到砍伐,至 1910 年又有 77.09 万平方千米的森林遭到砍伐。1789 年,法国旅行家卡斯特吕克斯侯爵(the Marquis de Chastellux)惊叹道:

> 正是通过这样的方式,100 年前除了广袤的森林别无他物的北美如今拥有了 300 万之众的人口……4 年前,一个人或许在树林里走上 10 英里……也见不着任何人烟。

这是史上最大规模的森林砍伐期之一。为

了全家老小的生计而开荒辟土的拓荒潮,同样出现在加拿大、新西兰、南非和澳大利亚。例如,至20世纪初,澳大利亚东南部近40万平方千米的林地和疏林地被砍伐殆尽。

在亚热带和热带的森林地区,欧洲人的开采制度导致大量当地土生的木本植物(如橡胶树、硬木等)被开采,原有的森林很快便被靠奴隶或契约奴来耕作的种植园全面取代。种植园中的作物利润极高,包括西印度群岛的蔗糖、巴西亚热带沿海森林的蔗糖与咖啡、美国的棉花和烟草、斯里兰卡和印度的茶叶,以及后来马来西亚和印度尼西亚的橡胶。在巴西东部,至1950年,原本延绵于此的78万平方千米的大片亚热带森林,有近一半因农业开垦和采矿而消失殆尽。仅圣保罗州一地,原有的20.45万平方千米森林至1952年便锐减至4.55万平方千米。

自耕农无从躲避世界商业市场的冲击。尤为显著的是1850—1950年间下缅甸地区(译者注:即缅甸沿海地区)小农种植的扩展(在英国统治者的鼓励下),使大约3.5万平方千米的大片赤道雨林因此而毁灭,并被稻田所取代。遍及印度次大陆的早期铁路网反映出商品化小农经济作物的扩展,由此所导致的是无处不在的森林砍伐。

和欧洲一样,未被殖民的亚洲对森林采取了有力的、商业性的和毫不在意的开发。例如,有证据表明,自6世纪以来,印度西南部的森林已完全商品化了。在印度西南部,当地的农业开垦一直伴随着轮耕,村务评议会通过农民对森林开采加以管制。森林并未被视作公共资源,大地主控制着当地林地的使用权。檀香木、乌木、肉桂、胡椒等稀缺商品则处于政府和王室的控制下。与那些握有新理念、新技术和洲际贸易通道的欧洲人所开发的地区相比,亚热带地区的变化虽然来得更慢,但其程度的严重性却有过之而无不及。森林的破坏程度无从得知,但在1860—1950年间,南亚和东南亚的21.6万平方千米森林和6.2万平方千米疏林均遭到砍伐,被改作耕地。

在这数个世纪里,欧洲亦在经历着拓荒殖民和森林砍伐的过程,俄国欧洲地区中部的混合林地带尤其如此,1700—1914年间此地共有6.7万平方千米的森林遭到砍伐。

任何社会都永不满足地追求着新的土地,用以耕作和安置农民。能与这种追求相匹敌的是对森林产品本身的日益需要。例如,对战略性海军物资(桅杆、沥青、柏油、松脂)和船用木材的需要,导致欧洲人在15和18世纪分别开始了对波罗的海沿岸森林与美国南部森林的采伐。18世纪初以来,欧洲人又使用起从热带硬木林采伐的新型建筑木材,如柚木、桃花心木等。

## 最近百年

20世纪上半叶,变化的步伐日益加快。西方世界对木材的需求越来越大。一方面,木材的不可替代性以及新的用途(纸浆、纸、包装、夹板、纸板等)扩大了木材的运用;另一方面,木材在发电、建筑和工业领域中的用途日益凸显。木材在许多西方国家经济中具有不可或缺性和至关重要性,从而被赋予了类似于当今经济中石油所具有的战略价值。在热带地区,人口从原有的11亿增至16亿以上,人们为了生存而不得不大规模地砍伐森林,并发展商品化种植业。1920—1949年间,共有大约235万平方千米的热带森林消失了。这一时期,退耕还林是世界形势中唯一令人鼓舞的一面。退耕还林始于美国东部,当时新英格兰地区将一些棘手的、不易耕作的废弃耕地变成了易于栽种的空旷草地。随后,美国南部也将一些种植棉花和烟草的土地退耕还林。欧洲北部土地贫瘠的农场也发生了类似的事情。

人们最为熟知的森林砍伐发生在1950年以

733

未曾记载的历史不过是我们的老友,是原始森林里悄然倒下的大树。

　　　　　　　　——芭芭拉·塔奇曼(Barbara Tuchman,1912—1989)

1898 年前后美国威斯康星州的阿普尔顿造纸厂(Appleton Paper Mills)。至 20 世纪,随着对纸和木制品的需求暴增,森林砍伐速度日益加快;垦地建厂和扩展城市的需要,则使森林进一步萎缩。美国国会图书馆

后。自那时起,温带地区的原始针叶林紧跟工业社会的需求,为其提供木材和纸浆。但森林砍伐的重心稳步地转向热带地区。在这里,医疗和营养的改善导致人口膨胀,人口激增了 35 亿～40 亿。这些人往往是无地之民,只得深入尚存于世的森林,爬上树木丛生的陡峭山坡。由于没有土地,他们也没想着可持续发展。而且,链锯和卡车使伐木行业从大公司手中落入个体实干家手中。自 1950 年以来,大约 750 万平方千米的热带森林消失了,中南美洲便是典型的例子。此外,热带的阔叶林正遭到大肆采伐,用作建筑木材。在非洲、印度和拉丁美洲,数量惊人的树木也遭到砍伐,用于家用燃料。在世界范围内,如今的柴禾采伐量约为 18 亿立方米/年,而木材采伐量为 19 亿立方米/年。可以

预料,随着世界人口的增长,柴禾的采伐量将会迅速增加。

## 未来

　　漫长而复杂的森林砍伐历程是世界历史的重要组成部分。它是引起地表变化的一大原因。正是通过森林砍伐,人类改变着世界的表面,而这一过程如今已到关键阶段。有一点是确定无疑的:随着世界人口的不断增长(21 世纪初至 2020 年将增加 20 亿～30 亿人),将有许多人想开采森林资源,森林采伐的进程不会停息。同时,也有人想限制对森林的利用,对其加以保护。开采与保护之间的矛盾将会变得尖锐起来。

进一步阅读书目：

Bechmann, R. (1990). *Trees and Man: The Forest in the Middle Ages* (K. Dunham, Trans.). St. Paul, MN: Paragon House.

Bogucki, P. I. (1988). *Forest Farmers and Stockholders: Early Agriculture and Its Consequences in North-central Europe*. Cambridge, UK: Cambridge University Press.

Chastellux, F. J., marquis de. (1789). *Travels in North America in the Years 1780, 1781, and 1782* (Vol. 1). New York: White, Gallacher and White.

Darby, H. C. (1956). The Clearing of the Woodland in Europe. In W. L. Thomas (Ed.), *Man's Role in Changing the Face of the Earth* (pp. 183 – 216). Chicago: University of Chicago Press.

Dean, W. (1995). *With Broadax and Firebrand: The Destruction of the Brazilian Atlantic Forest*. Berkeley: University of California Press.

Ellis, D. M. (1946). *Landlords and Farmers in the Hudson-Mohawk Region, 1790 – 1850*. Ithaca, NY: Cornell University Press.

Meiggs, R. (1982). *Trees and Timber in the Ancient Mediterranean World*. Oxford, UK: Oxford University Press.

Nielsen, R. (2006). *The Little Green Handbook: Seven Trends Shaping the Future of Our Planet*. New York: Picador.

White, L., Jr. (1962). *Medieval Technology and Social Change*. Oxford, UK: Oxford University Press.

Williams, M. (1989). *The Americans and Their Forests*. Cambridge, UK: Cambridge University Press.

Williams, M. (2003). *Deforesting the Earth: From Prehistory to Global Crisis*. Chicago: University of Chicago Press.

迈克尔·威廉斯(Michael Williams) 文

侯波 译 俞金尧 校

# Delhi Sultanate 德里苏丹国

1192 年，突厥人首领穆罕默德·古尔(Muhammad of Ghor)在印度次大陆北部建立了德里苏丹国，将伊斯兰教及其文化带到这里。印度教与伊斯兰教势力彼此融合，产生了一种新的文化，为 1526 年取德里苏丹国而代之的莫卧儿帝国的成就奠定了基础。

突厥人首领穆罕默德·古尔击败统治阿杰梅尔(Ajmer)和德里的拉吉普特国王普利色毗罗阇·兆汗(Prithviraj Chauhan)，随后便建立了德里苏丹国(1192—1526)。德里苏丹国的建立标志着外来统治势力的兴起。由于德里苏丹国控制了今印度、孟加拉和巴基斯坦的大部分地区，新的宗教文化（即伊斯兰教）始而席卷印度次大陆北部。新文化的传入逐渐充实了极具包容性的印度文化。然而，将德里苏丹国时期等同于伊斯兰教统治时期是不妥的，因为以君主的宗教信仰来划分历史时期有违史学规范，而且德里苏丹国从未控制过整个印度次大陆。

## 历史沿革

财富的诱惑、狂热的信仰以及开疆辟土的

欲望导致了中亚突厥人的对外扩张。突厥人先进的军事技术,印度各地方势力的钩心斗角、社会局势的紧张不安、普通百姓的麻木冷漠,则促成了突厥人的征服。穆罕默德·古尔的奴隶兼部将库特布-乌德-丁·艾伊拜克(Qutb-ud-Din Aybak,卒于 1210 年)继其大业。德里苏丹国 1206—1290 年间的统治者均为奴隶出身,故这一时期也被称为“奴隶王朝”。但实际上,这一时期包括 3 个朝代,且无一苏丹在登基时仍为奴隶。

第三任苏丹伊勒图特米什(Iltutmish,1211—1236 年在位)统治期间,将德里定为都城,并开拓了德里苏丹国之疆土。伊勒图特米什所建立的军事专制统治为其后继者所继承。其爱女拉奇耶苏丹(Raziya Sultana)登基后,成为印度首位女性穆斯林统治者,却身陷“四十人集团”之乱。“四十人集团”由突厥贵族组成,图谋干政弄权,曾一度得势。吉亚斯-乌德-丁·巴尔班(Ghiyas-ud-Din Balban,1266—1287 年在位)上台后,肃清了“四十人集团”势力,并加强了军队的力量,镇压了各种反抗。

之后的卡尔吉王朝(Khalji dynasty)的建立标志着印度穆斯林(相对于突厥穆斯林)开始处于支配地位。卡尔吉王朝的开国之君阿拉-乌德-丁·卡尔吉(‘Ala’-ud-Din Khalji,1296—1316 年在位)将德里苏丹国的疆域扩大至南印度。他的市场改革、税收政策和军事整顿,令其赢得了励精图治之明君的美誉。与之相反,随后的图格鲁克王朝(Tughluq dynasty)苏丹穆罕默德·伊本·图格鲁克(Muhammad ibn Tughluq,1325—1351 年在位)也进行了一些改革尝试,但鲜有成效,如从德里迁都至道拉塔巴德(Daulatabad),引入价值逊于金银、价格却等同于金银的铜币作为辅币等,这些改革给他的臣民们带来痛苦的灾难。

1398 年,蒙古人首领帖木儿入侵德里,一路烧杀劫掠,令德里苏丹国国势日渐衰弱。在 1526 年的第一次帕尼帕特战役(battle of Panipat)中,德里苏丹国最终为巴卑尔(Babur,1483—1530)所推翻,后者建立了莫卧儿帝国(1526—1857)。

## 行政管理与文化

德里苏丹国最初被划分为若干单位,称作“伊克塔”(iqtas)。每一伊克塔的领主(即伊克塔达尔,iqatadar)为苏丹征收赋税和提供军队。伊克塔达尔成为世袭领主后,滥行特权,为所欲为,于是,一种以苏丹为首的新式行政体制应运而生。苏丹为国家元首,拥有绝对权力;苏丹之下设“维齐尔”(vizier)为宰相,另设各部大臣。伊斯兰教学者享有特权,印度教徒因不信伊斯兰教而必须缴纳特别税。尽管如此,印度教上层阶级依然生活无忧。虽然印度教和伊斯兰教的统治精英之间存在矛盾,但两教的普通民众相处和睦,贵族则享受着奢靡的生活。城市中心日益增多,德里苏丹国同西亚、南亚和中国之间的贸易额也在不断增长。德里苏丹国在国际贸易中的分量不容小觑,来自这里的穆斯林商人以和平的方式将伊斯兰教传至东南亚地区。

德里苏丹国时期见证了新文化的繁荣。新兴的建筑风格融合了印度教和伊斯兰教元素,这一时期在建筑上的突出成就包括库瓦特·乌尔·伊斯兰清真寺(Quwat-ul-Islam mosque)、顾特卜塔(Qutab Minar)、西里堡(Siri Fort)、阿拉伊达瓦查(Alai Darwaza)、图格拉卡巴德城(Tughlaqabad)和菲鲁扎巴德城(Firuzabad)、菲鲁兹沙阿·图格鲁克(Firuz Shah Tughluq,1351—1388 在位)陵墓。德里苏丹国时期的绘画艺术流传至今,常见于当时的壁画、手绘纺织品和画稿。音乐受到一些苏丹和地方统治者的推崇。这一时期印度音乐的主要代表人物是阿米尔·胡斯鲁(Amir Khusrau,1253—1325),

736

此人亦被视为印度最伟大的波斯语诗人之一。胡斯鲁的成就在于他引入了多种唱法和新的拉格（ragas）。在语言方面，印地语和波斯语的融合导致了乌尔都语（Urdu）的出现。生活于这一时期的明哈-乌斯-锡拉（Minhaj-us-Siraj）、阿米尔·胡斯鲁、齐亚丁·巴拉尼（Ziauddin Barani）、沙姆斯·锡拉·阿费富（Shams Siraj Afif）和雅赫雅·本·艾哈迈德·希尔辛迪（Yahya bin Ahmad Sirhindi）所留下的历史作品，都是研究德里苏丹国各个方面的重要史料。

在这一时期，苏非派（伊斯兰教的一个派别）和巴克提派（印度教奉爱派）的圣徒均致力于探寻人性，强调两大宗教社群之间的合作。两派都宣扬平等，反对旧俗和基于种姓制度的社会体制。巴克提派圣徒如迦比尔（Kabir，1440—1518）和查坦尼亚（Caitanya，1485—1533）强调通过虔诚奉献来实现神人合一。这一时期还见证了新宗教的诞生，即古鲁（Guru，意为"师尊"）那纳克（Nanak，1469—1539）所创建的锡克教（Sikhism）。苏非派的神秘主义者为穆斯林和非穆斯林提供了一个对话和交流的平台，他们创造了一种宽松自由的氛围，力求印度教与伊斯兰教之间的团结和睦。时至今日，他们的陵墓依然吸引着无数印度教徒和穆斯林前来祭拜。

总而言之，德里苏丹国时期在印度的历史、文化、社会中举足轻重。这一时期始而兴起的多元文化为莫卧儿王朝所取得的文明成就奠定了基础。

进一步阅读书目：

Chandra, S. (1998). *Medieval India：From Sultanate to the Mughals*. Delhi：Har Anand.

Chattopadhyaya, B. (1998). *The Making of Early Medieval India*. Delhi：Oxford University Press.

Islam, R. (1999). *Sufism and Its Impact on Muslim Society in South Asia*. Karachi, Pakistan：Oxford University Press.

Kulke, H. , & Rothermund, D. (1994). *History of India*. Kolkata (Calcutta)：Rupa.

Majumdar, R. C. (Ed.). (1989). *The Delhi Sultanate*. Mumbai (Bombay), India：Bharatiya Vidya Bhavan.

Mishra, P. P. (2002). India-medieval Period. In D. Levinson & K. Christensen (Eds.), *Encyclopedia of Modern Asia* (Vol. 3, pp. 22 - 25). New York：Charles Scribner's Sons.

Mujeeb, M. (1967). *The Indian Muslims*. London：George Allen & Unwin.

Nehru, J. (1991). *The Discovery of India* (3rd ed.). New Delhi, India：ICCR.

Qamaruddin, M. (1985). *Society and Culture in Early Medieval India（712 - 1526）*. New Delhi, India：Adam Publishers.

Thapar, R. (1977). *A History of India* (Reprint ed.). Aylesbury, UK：Penguin.

737

巴蒂·帕班·米什拉（Patit Paban Mishra）文

侯波 译 俞金尧 校

> 或许有一天,美国将通过全民投票的方式民主地走向法西斯主义。
>
> ——威廉·夏伊勒(William L. Shirer, 1904—1993)

# Democracy　民主

738　　民主政体有赖于公众对公共决策和决策者的控制权,以及在行使该控制权过程中所享有的平等地位和表达意见的权利。宪政民主则对政府权力加以法律上的限制。政府权力被划分为立法权、行政权和司法权,以使三者相互制约和平衡。

作为一种组织原则,宪政民主指的是一种包容的、开放的和自由的大型政治共同体。实行宪政民主的国家以成文的"公众共识"为立国方针,并受其约束。其共有的核心价值观包括公民自由、多元主义、社会宽容、各种形式的言论及舆论自由等,市场经济和社会权益有时也包含其中。宪政民主是对抗集权统治和独裁统治的不二利器,后两者的合法性来自王朝世袭,并为宗教体制或高压统治所强化。

如何最好地管理社会公共事务在历史上是一大难题,引发了自古希腊时期以来的柏拉图、亚里士多德等伟大思想家的无尽思考。无论是神权统治、君主专制还是民主政治,任何一种制度都并非完美无缺。在一个挑战与需要总在变化的世界里,出现过的任何制度都须不断改进,以赢得被统治者的青睐。以自由、公正的方式定期举行大众选举是量化公众意见的最有效方式。这些选举通过广泛的授权,赋予代表们以讨论和解决当今重大政治、社会和经济议题的权利与权威。

所谓"民主",即将某一特定政治单位(如城邦,尤其是公元前8—前4世纪间的古希腊城邦)交由居于其中的人民来统治。然而,民主若顺其逻辑发展下去,最终会导致民众群起而颠覆由来已久的传统,在极端形势下逮捕甚至屠杀持反对意见的少数派——这就是可怕的"多数人的暴政"。因此,共同的利益尤其是基于安居乐业的共同利益,使得自由之民必须以文本的形式建立一整套原则,规定并确保公民的政治、社会、经济和文化之权利以及自由之长存,并以此作为国家之根本。这份文本要包含其贴合某些价值理念和思想准则、阐明其所言之社会的各项规范和宗旨。

宪政民主的生命力有赖于审议机构,如国会或议会。一国公民在审议机构——单一制或联邦制国家各级政府中的立法部门——中拥有自己的代表,这些代表通过自由、公正的定期选举被推选出来并被赋予了相关权利。该审议机构定期召开会议,讨论和决定税收、预算、内政、国防、外交及其他层面的公共政策。宪政民主还支持当选的代表们进行游说和请愿。 739

独裁专断如威权统治呈现出压迫性和专制性,绝对民主如多数决策民主(majoritarianism,即一个群体的决策应由成员中的多数派来决定)又易于导致过度控制,宪政民主正是矫治两者之弊的一剂良药。宪政民主是一种宽容的、多元的政治体制,可防止法律通过法规、律令等成文法的形式来剥夺少数人或公民个人的权利,或置道德规范于不顾。而宪政民主所保障的基本权利包括思想自由、结社自由、言论自由、宗教信仰自由、审判中的正当程序权利、个人选择的权利等。公民无论性别、阶级、民族、信仰、政治理念、性取向或其他个人因素,一律平等地享有以上基本权利。

## 优点

除了在极小范围内可实行直接民主外,宪

政民主将所有决策均置于广大民众的监督之下是避免混乱的不二之选。宪政民主还可制止国王、王后、将军或总统在未听取被统治者建议或未经被统治者同意的情况下实行隐性的专制暴政。议会和司法部门的平衡协调则制约了行政权过度集中于统治者而形成绝对权力。

在一个宪政民主制国家,合法性政府可在民众广为接受的情况下名正言顺地推行高压政策,包括暴力。在实行议会制的国家,主流政治文化相对宽松,不同党派与个人在选举中相互竞争(议会制又称威斯敏斯特体系[Westminster system],在这一制度下,执政党或志同道合的多党联盟必须在立法机构中占据足够多数才能继续执政)。人们崇尚妥协而非对抗。行为与辩论中的规则、对基本人权的尊重,均促进了基本的公民权利如言论、集会、思想、结社以及宗教信仰自由的发展。

## 约翰·洛克

约翰·洛克(John Locke, 1632—1704)是启蒙运动时期著名的英国政治理论家(启蒙运动是发生于17、18世纪欧洲的一场思想文化运动,其特点是批判传统的社会、宗教及政治思想,崇尚人的理性、理性主义和科学方法)。约翰·洛克宣称,国家与社会的正常运转必须以妥协与自由为基础,也就是建立在万民平等的基础之上。他认为,人类文明发端于一种田园牧歌的自然状态,那里没有强权,也没有君主。政府源于人民的同意,即人民为了自身利益而同意接受政府的领导(包含着社会契约的思想)。政府的合法性有赖于对这些原则的坚守。

因此,洛克主张国家主权应建立在权力的分立与对等基础上,即立法、行政与司法三权平衡,任何一权不得凌驾于其他两者之上。这一思想后来在法国政治思想家孟德斯鸠

19世纪的费城独立厅

(Montesquieu, 1689—1755)的分权理论中得到更加充分的阐释。洛克反对暴力,因为那只会助长专制者的权势,而无益于维护公共秩序。洛克的这些观念奠定了近代宪政民主的思想基础,影响了包括英国、法国和美国在内的西方世界后来的宪政民主实践。洛克的著作对美国《独立宣言》和美国宪法的起草影响尤大,洛克本人还曾亲自起草了《卡罗莱纳根本宪法》(The Fundamental Constitution of the Carolinas)。

## 历史

众所周知,"民主"的思想与实践源于大约2 500年前的古希腊(约前6世纪)。古希腊民主的源头和典范则是雅典。不过,最新研究发现,民主的萌芽可能在青铜时代晚期(约前1600—前1100)便已出现于伯罗奔尼撒半岛东北部的迈锡尼地区。另有考古证据表明,自治

性的公民大会可能源于两河流域,后向东传入印度次大陆,向西传入毕布鲁斯(Byblos)、西顿(Sidon)等腓尼基的港口城市,最后才传到古希腊。

无论民主源于何处,自人们最初以开会的方式共商国是以来,他们就面临着一个左右为难的问题:如何让最多的人参与其中,同时又能有效地管理公共事务?直接民主听起来很美好,但不切实际。通过定期选举公平地选出一定数量的议员,组成一个负责日常立法的机构,这样便可使代议制的(民主)政体得以实现。

## 雅典

在古希腊的商业与文化中心雅典,立法者梭伦(Solon,约前630—前560)建立了一种带有社会公正色彩的早期参与性宪政民主。梭伦是一名颇负盛名的杰出诗人,意图改革独断专行、欺压平民的贵族政治。富裕的地主们为富不仁、不择手段,利用严重的经济危机来剥夺贫困城镇居民和农民的财产与自由,甚至迫其远走他乡。公元前594年,梭伦被雅典的统治阶层选为手握大权的首席执政官。随后,梭伦发起了一系列的改革,向统治阶层开刀,旨在通过限制上层阶级的绝对权力来完善源于公元前620年德拉古法典(该法典由雅典立法者德拉古[Draco]制定,以严酷著称)、存有缺陷的雅典体制。

梭伦削弱了富人的势力,并制定了一部更加人性及温和的法典以帮助负债者。梭伦通过设立"四百人会议"(Boule,由4个部落中的中等收入公民组成的议事会)来加强公民大会的权力,同时限制了代表贵族利益的战神山议事会(Areopagus)的权力,还赋予雅典所有成年男性公民以选举权和被选举权。这一局部改革是雅典的各个阶层与各种利益相互妥协的产物,与雅典的主要对手——斯巴达的保守风格形成鲜

明对比。然而,由于部分雅典人的不满,梭伦在争议声中离开了雅典。此后数十年里,雅典沦于僭主统治之下。

克里斯提尼(Cleisthenes,约前570—前507)进一步推进了梭伦的政治改革。他将公民大会改为唯一的立法机构,将执政官置于其管辖之下。他还将四百人会议扩大为五百人会议,剥夺了战神山议事会的实权,确保公民广泛、深入地参与公共生活。在克里斯提尼的努力下,雅典成为一个包容、活跃的政治共同体,拥有一个尽职尽责的政府,以至于成为后世文明的典范。

按照现代的标准,雅典民主在包容性、参与度、选举权的广泛性方面都不够完善。尽管当时的财产状况与民主权利之间并不存在后来历史上所出现的明确关联,但一般人要想参与雅典民主还是存在重重阻碍,只有受过军事训练的成年男性公民才能参与其中。一个人要想获得雅典的公民权,其父母双方必须均为雅典公民。此外,雅典的民主实践还将妇女、儿童、奴隶、释奴、异邦人和因违法而被剥夺权利的公民排斥在外。

## 英国

10多个世纪后,英国的不成文法与议会制的变体——君主立宪制糅合在一起,形成威斯敏斯特传统。从1215年签署到1225年最后确立的《大宪章》(Magna Carta)开始,英国的君主专制和贵族政治被逐渐扩大的中产阶级普选权、司法独立、公民权利和更为开放的政治运作所取代,17世纪的"光荣革命"(Glorious Revolution)正是这一过程中的高潮。

民主制度原本仅存在于西方国家,但英国(另有荷兰、法国、葡萄牙、西班牙等)的殖民主义在对北美洲、大洋洲(太平洋中南部的陆地地区)和非洲南部的原住民进行剥削的同时,也将殖

民者的宪政民主传到那里。欧洲殖民主义还将宪政民主传入非洲、亚洲和拉丁美洲。由于殖民地人民饱受经济剥削之苦，宪政民主所体现的自由和人权思想被怀疑不过是西方殖民者的虚情假意。如约翰·洛克本人便被控诉曾投资英国皇家非洲公司（Royal African Company），从奴隶贸易中获利颇多。

## 美国

美国式宪政民主的形成离不开托马斯·杰斐逊。他的公民民主主义构想强调个人自由和政教分离。1776 年《独立宣言》的核心理念是"生命权、自由权和追求幸福的权利"。1787 年宪法的起草则是美国式民主最终形成的标志。美国宪法将合众国人民（不包括有色人种，其公民资格直到 20 世纪仍得不到承认）所拥有的主权委托给联邦和各州，设立总统一职，并授予联邦政府征税权和军事指挥权。

1791 年的《权利法案》（Bill of Rights）确保了公民所享有的权利与自由，如言论自由、集会自由、正当法律程序等。联邦政府三大分支——行政部门、立法部门和司法部门之间的分权与制衡，在 1803 年联邦最高法院对"马布里诉麦迪逊案"（Marbury v. Madison）的判决中得以巩固。该判决确立了美国法律中"司法复审"的神圣原则，也确立了联邦最高法院在美国司法体系中的最高权威。

## 加拿大

在加拿大，1982 年的《权利与自由宪章》（Charter of Rights and Freedoms）展示了一个拥有百余年自由开放传统的国家是如何改革其法律体制来应对政治危机的。1867 年，《英属北美法案》（British North America Act）颁布后，加拿大曾有过虚有其表的宪政民主。该法案使加拿大初步拥有　定主权，后来逐渐扩大，最终成为一个拥有完整主权的联邦制国家，结束了英国的殖民统治。然而，到了 20 世纪 70 年代，以法语人口为主的魁北克省宣称，在加拿大这个以英语人口为主的国家，魁北克人由于语言和族裔方面的原因未能享有公民的基本权利，故而掀起了分离运动，对加拿大政府的合法性形成挑战。

1980 年，就在魁北克全民公投独立前夕，加拿大总理皮埃尔·艾略特·特鲁多（Pierre Elliot Trudeau, 1919—2000）无奈之下向加拿大人尤其是魁北克人承诺，他将发起奉行"多元主义民主"的全面宪政改革。如其所言，特鲁多政府于 1982 年大幅修订了加拿大宪法，通过《权利与自由宪章》来保证所有加拿大人的基本公民权利，同时赋予各省以相当高的自治权。时至今日，这一政策仍在为维护加拿大的统一发挥着作用。

## 印度

独立后的印度是人口最多的宪政民主国家，它见证了宪政民主是如何塑造一个新兴国家的。在经历了反抗英国的斗争以及国内冲突后，印度于 1947 年赢得独立。贾瓦哈拉尔·尼赫鲁（Jawaharlal Nehru, 1889—1964）出任印度首位总理（1947—1964）。尽管尼赫鲁曾对反对者进行军事镇压，但他力主建立一个包容的、多元的、多民族和多种文化并存的国家。尼赫鲁大为推崇印度民族主义者莫汉达斯·甘地的非暴力不合作运动。

尼赫鲁公开倡导宪政民主，由此奠定了自己及其所领导的国大党作为印度联邦监理人的地位，居中调解不同种姓、民族、宗教和选区之间的矛盾。在内部各邦各族的分离主义者和外部敌对势力面前，印度赖以存在的最大法宝便是对自由的保障。尼赫鲁尤其想得到妇女、贱民等

742

弱势群体的支持。他通过立法赋予这些人以权利,提高他们的法律地位,但实质性的变化仍进展缓慢。

尼赫鲁之女英迪拉·甘地(Indira Gandhi, 1917—1984)于 1966—1977 年间出任印度总理。出于对印度人口增长过快的担忧,英迪拉·甘地推行严厉的计划生育政策,这导致她于 1975 年宣布全国进入紧急状态,从而破坏了民主。然而,为了使她的所作所为得到法律上的认可,英迪拉·甘地不得不于 1977 年召集议会选举,结果惨遭失败。英迪拉·甘地无条件地向她的反对者交出大权,直至 1980 年再次出任印度总理。英迪拉·甘地努力维持她对印度整个社会的控制,于 1984 年下令印度军队攻入金庙,玷污了这一锡克教圣地。出于报复,2 名锡克教的极端分子谋杀了英迪拉·甘地。

## "9·11"事件后的美国

2001 年 9 月 11 日,恐怖分子袭击了美国纽约和华盛顿。随后,美国发动了反恐战争,其中的一项举措便是国会于 2001 年 11 月通过了颇具争议的《爱国者法案》(Patriot Act)。出于国家安全的考虑,该法案在一定时期内对公民自由加以限制,因此有人担心此举会对宪法所保障的公民言论自由带来长期影响。2001 和 2003 年,结束阿富汗和伊拉克战争后,美国试图向这两个国家输出宪政民主。截至 2010 年,这些尝试的最终结果仍不明朗。一些批评者坚称,民主是不能靠外力强加而实现的,只有做到"民治、民有、民享",民主才能真正生根发芽。

743　进一步阅读书目:

Black, J. (2000). *New History of England*. Stroud, UK: Sutton Publishers.

Bumsted, J. M. (1998). *History of the Canadian Peoples*. New York: Oxford University Press.

Carey, C. (2000). *Democracy in Classical Athens*. London: Bristol Classical Press.

Freeman, M. (2003). *Freedom or Security: The Consequences for Democracies Using Emergency Powers to Fight Terror*. Westport, CT: Praeger.

Gordon, S. (1999). *Controlling the State: Constitutionalism from Ancient Athens to Today*. Cambridge, MA: Harvard University Press.

Iadicola, P., & Shupe, A. (2003). *Violence, Inequality, and Human Freedom*. Lanham, MD: Rowman & Littlefield.

Keane, J. (2009). *The Life and Death of Democracy*. New York: W. W. Norton.

Keay, J. (2000). *India: A History*. New York: Atlantic Press.

Manin, B. (1997). *Principles of Representative Government*. Cambridge, UK: Cambridge University Press.

Mueller, D. C. (1996). *Constitutional Democracy*. New York: Oxford University Press.

Narveson, J. (2003). *Respecting Persons in Theory and Practice: Essays on Moral and Political Philosophy*. Lanham, MD: Rowman & Littlefield.

Principe, M. L. (2000). *Bills of Rights: A Comparative Constitutional Analysis*. Dubuque, IA: Kendall/Hunt.

Schwartz, B. (1995). *A History of the Supreme Court*. New York: Oxford University Press.

板井胫一(Itai Sneh) 文

侯波 译　俞金尧 校

我所解决的每个问题都成为后来解决其他问题的法则。

——勒内·笛卡儿

# Descartes，René 勒内·笛卡儿

17 世纪法国哲学家勒内·笛卡儿(1596—1650)以其对西方哲学的贡献闻名于世，同时他也热衷于探究自然界的方方面面。虽然人们对笛卡儿的机械论和理性论褒贬不一，但这些为后来的科学研究提供了一个框架。

勒内·笛卡儿是 17 世纪科学革命时期的法国大哲学家。笛卡儿对身心二元论的捍卫以及对知识之确定性的追求令其闻名遐迩，也使其广受批判。作为近代西方主体性哲学的知识原祖，笛卡儿对世界的影响是毋庸置疑的。不过，这掩盖了这位历史人物不为人知的一面。笛卡儿对流星和医学的疑惑不亚于对形而上学及其方法论的不解，对激情、心身医学和感知的痴迷更甚于对理性和精神的兴趣。

笛卡儿出生于法国图赖讷地区（Touraine）的拉哈耶（La Haye，今笛卡儿镇），后进入拉弗莱什（La Flèche）的耶稣会学校上学。他曾学习力学和音乐，怀揣过各种梦想，20 岁出头便决心以研究为终身志业。他从系统的机械论角度来描绘自然，用液体的流动来模拟宇宙和物理现象，这同样极大地影响到笛卡儿著名的生理学理论。17 世纪 20 年代末，笛卡儿移居荷兰，至 1632 年，身处阿姆斯特丹的笛卡儿"解剖了各种动物的头颅"，以"弄清头颅中存在怎样的想象和记忆等"。可是，1633 年时，笛卡儿听说伽利略被定罪，于是放弃了发表有关物质本质和身体的著作的计划。

亚里士多德和基督教认为，一切生物都具有天生的力量或预设的目的。笛卡儿对此予以坚决否认。他宣称，生物的力量源于不断变动的物质颗粒之间复杂的排列组合。笛卡儿热衷于捍卫灵魂无形且不灭的传统观念，但否认生命源于精神力量。在他去世后出版的《论人》（L'homme）中描绘了一个没有灵魂的"土制机器人"的虚构世界，这些"土制机器人"是一种可以行走的自动机器，就像"法国国王御花园"里的喷水雕像。"动物灵魂"是笛卡儿生理学的重要基础，这是一种快速流动且有形的液体，贯穿于脑部神经和细孔。

笛卡儿提出了一种为后世所诟病的观点，即人的灵魂和身体之间通过松果腺而相互作用，从而影响着支撑松果腺的整个动脉网络，并通过脑部组织的管道来引导动物精气的流动。他还猜测，即使在那些没有灵魂的动物体内，普通的认知程序也会在松果腺表面反复留下带有纹路的痕迹。笛卡儿曾在解剖中发现：人类以外的其他动物也有松果腺。因此，他尽管宣称野生动物不过是机器，却认为这些机器具有表达、记忆乃至感知和做梦的能力。过去传言笛卡儿曾在厨房案板上活生生地解剖了一只狗，但并无他残害动物的确凿罪证。笛卡儿的研究并非一味推崇理性的精神，反而对其作用和范畴加以限定。笛卡儿所构想的自动机器人并非仅仅是与周围世界相隔绝、被动地回应内心想法的物件，相反，它完全置身于满是液体的宇宙的汹涌漩涡之中。

许多读者仅仅是通过笛卡儿关于形而上学和认识论的著作才认识他的。在《谈谈方法》（*Discourse on the Method*，1637）和《沉思录》（*Meditations*，1641）中，笛卡儿假设了一系列极具怀疑论色彩的情景来挑战我们所坚信的传统观念，并得出"我思故我在"的结论。这两部著作在文学和心理学上均颇具影响力：《谈谈方法》

744

745

佛兰斯·哈尔斯（Frans Hals）的《勒内·笛卡儿画像》（*Portrait of René Descartes*，1649）。油画。丹麦国家美术馆（Statens Museum for Kunst）

以自传体散文的形式讲述了笛卡儿个人的求知之路；《沉思录》则精彩地引用了亚里士多德哲学的术语来反驳这一哲学，使神学让位于不断发展的机械论自然观。

在 17 和 18 世纪，笛卡儿主义（Cartesianism，即笛卡儿的哲学学说）之所以受到批判，并非因

为其不合逻辑的身心二元论，而是因为保守派和（宗教）狂热派从中读出了唯物主义无神论的蛛丝马迹。18 世纪曾流传过一个关于笛卡儿私生女法兰辛（Francine）的故事，对笛卡儿的声誉有所抹黑。这个故事说笛卡儿为了近距离考察生育过程，令一名女仆怀孕并生下了女儿法兰辛。在法兰辛因猩红热而病逝后（笛卡儿称之为人生中最为悲痛之事），笛卡儿制作了一个与法兰辛真人大小一般的机器娃娃，携带于身边。

17 世纪 40 年代，笛卡儿继而对人体生理和人性等棘手问题进行研究。他提出了一种成熟但古怪的胚胎理论。在波希米亚公主伊丽莎白（Elizabeth of Bohemia）来信的不断询问下，笛卡儿进一步发展了其关于心身相互作用的观点。在《论灵魂的激情》（*The Passions of the Soul*，1649）一书中，他注意到情感生活的个人化动因以及心与身之间的关联，从而将医学与道德伦理联系在一起。笛卡儿长期醉心于寻求益寿延年之法。1649 年寒冬，他应邀前往瑞典担任克里斯蒂娜女王（Queen Christina）的家教，不久后去世。

作为一种关于具体秩序、理性和纯粹主体性的哲学，笛卡儿主义遭到了许多观点各异的哲学家的辩驳。但现代研究充分表明，笛卡儿本人并非他们所以为的那种笛卡儿主义者。

---

进一步阅读书目：

Clarke, D. (2006). *Descartes：A Biography*. Cambridge, UK：Cambridge University Press.

Cottingham，J. (Ed.). (1992). *The Cambridge Companion to Descartes*. Cambridge，UK：Cambridge University Press.

Descartes, R. (1985 - 1991). *The Philosophical Writings of Descartes* (J. Cottingham, R. Stoothoff, D. Murdoch, & A. Kenny, Trans.) (Vols. 1 - 3). Cambridge, UK：Cambridge University Press.

Descartes, R. (1989). *The Passions of the Soul* (S. Voss, Trans.). Indianapolis, IN：Hackett.

Descartes, R. (1998). *The World and Other Writings* (S. Gaukroger, Trans.). Cambridge, UK：Cambridge University Press.

Des Chene，D. (2001). *Spirits and Clocks：Machine and Organism in Descartes*. Ithaca, NY：Cornell University Press.

Gaukroger, S. (1995). *Descartes：An Intellectual Biography*. Oxford, UK：Clarendon Press.

Hatfield, G. (2002). *Routledge Philosophy Guidebook to Descartes and the Meditations*. London：Routledge.

746

Reiss，T．(2002)．Denying Body，Making Self? Histories and Identities．In T．Reiss，*Against autonomy*；*Global dialectics of Cultural Exchange*（pp. 184 - 218）．Stanford，CA：Stanford University Press．

Rodis-Lewis，G．(1998)．*Descartes*；*His Life and Thought*．Ithaca，NY：Cornell University Press．

Sutton，J．(1998)．*Philosophy and Memory Traces*；*Descartes to Connectionism*．Cambridge，UK：Cambridge University Press．

Watson，R．(2002)．*Cogito*，*Ergo Sum*；*The Life of René Descartes*．Boston：David Godine．

约翰·萨顿(John Sutton) 文

侯波 译 俞金尧 校

# Desertification    荒漠化

耕地以何种速度退化为沙漠、人类行为应对此承担多少责任、这一过程是否可逆等，关于这些问题，专家们众说纷纭。不过，诸如美国 20 世纪 30 年代的尘暴等事件却足以证明，荒漠化与人类滥用土地有关。

荒漠化是指因人类行为失当或气候变化而使土地退化为沙漠的过程。虽然它的定义、性质、蔓延速度、不可逆性和成因仍是有争议的问题，但荒漠化的确是旱地发生土壤退化的典型表现。在过去的数百万年里，沙漠是在气候变化的影响下才一再地扩张或收缩，但如今沙漠的边界却受到一系列日益增长的人为压力的影响，这些压力将土壤和植被资源消耗殆尽。

1949 年，一位名为"奥布雷维尔"（Aubreville）的法国林学家第一次使用了"荒漠化"这一术语，但并未给出正式的定义。若干年后，人们将"荒漠化"定义为"在人类或气候变化的影响下，类沙漠环境在干旱或半干旱地区蔓延"。

众专家以沙漠的成因为依据来给"荒漠化"下定义。有些定义侧重于人类行为（人为原因）造成的重要影响。科学家哈罗德·德雷涅（Harold E. Dregne）就认为："荒漠化是指陆地生态系统在人类影响下变贫瘠的过程。这些生态系统内部出现退化的过程，可通过人类所喜好的植物的生产力的下降，生物量（指生命体的数量）和微观、宏观动植物群落多样性的不良改变，土壤退化的加速以及人类定居危险性的增加来进行评估测量。"

其他研究则认为自然气候的调控有可能发挥着作用，但它仅发挥次要作用。在美国内政部土地管理局（U. S. Department of the Interior/Bureau of Land Management）的一份报告中，"荒漠化"被定义为"因人为形成的压力，有时，也夹杂着极端自然条件的影响，致使干旱和半干旱土地上的生物生产力持续下降甚或被摧毁。如果这种压力持续存在或未能得到遏制，长此以往，它将导致生态退化并最终形成类沙漠的环境"。

还有一部分专家则更加公平地平衡看待人为原因和自然原因的作用："'荒漠化'一词可简洁、形象地理解为曾经的绿洲演变为类沙漠环境的过程。实际上，它……是指伴随着某种自然的和诱发性的环境变化，干旱地区对人类有用的农作物产量出现持续下降的过程。"

荒漠化的范围究竟有多大，又或者这一进程的发展速度究竟有多快？专家们对这两个问题并无定论。正因为他们未能就前一个问题达成共识，故而也难以回答后一个问题，以至于有人评论道："在人们能基于实际方法测量出荒漠化的范围和扩散速度之前，对许多人来说'荒漠化'仍将是一个无定论的概念。"

联合国环境规划署（The United Nations Environment Programme，UNEP）在推进荒漠化成为一个环境议题的过程中扮演了至关重要的角色，诚如《世界环境，1972—1992》（*The World Environment 1972 - 1992*）中所明确提到的那样："荒漠化是占全球土地总面积逾40%的干旱土地所面临的主要环境问题，目前，36 亿公顷的土地，即存在干旱可能性的土地中有 70%或者说世界土地总面积中的 1/4，正受到荒漠化的威胁。而自然形成的极干旱沙漠尚未包含在这组数据内。世界人口中大约有六分之一受到荒漠化的影响。"

不过，一些学者并不认同联合国环境规划署所提出的正在发生荒漠化的土地数量。他们评论道："关于这些数据的来源，说得客气点，是不精确。说得不客气，是毫无依据、纯属臆测。不断发展的沙漠之定义很可能是一个有效的宣传工具，但它并不能反映出荒漠化进程的真正本质。"

尽管联合国环境规划署受到了批评，但它仍在继续推进与荒漠化相关的议题。在联合国环境规划署的帮助下制定的《联合国防治荒漠化公约》（U. N. Convention to Combat Desertification，UNCCD），它将 6 月 17 日定为世界防治荒漠化和干旱日。这些由联合国环境规划署和《联合国防治荒漠化公约》支持的世界性年度大事件，旨在推广荒漠化议题。2006 年，联合国环境规划署将当年世界环境日（每年的 6 月 5 日）的焦点集中在荒漠化这一议题上，提出了"莫使旱地变荒漠"（Don't Desert Drylands）的主题。

## 荒漠化的速度

关于沙漠推进的速度，专家们并未做出太多确凿可信的研究。1975 年，英国生态学家休·兰普雷（Hugh Lamprey）曾尝试测量非洲苏丹植被带的变化情况并据此得出一个结论，即在 1958—1975 年间，苏丹境内的撒哈拉沙漠以平均每年约 5.5 千米的速度向前推进了 90～100 千米。然而，其他学者基于遥感数据分析和地面观测法却未能获取到足够的证据来证明撒哈

图中的毛里（Mauri）男子在沙漠中所写的名字是"Arbweir"，它是欣盖提（Chinguetti）的古称。该城建于 10 世纪，曾被视为伊斯兰教第七大圣城，如今已被沙石掩埋。联合国粮农组织提供

拉沙漠确实在以这种速度推进。其中的问题在于,植被量大幅度波动的情况每年都有可能出现。气象卫星对撒哈拉沙漠南缘植被量的观测,已证实这种波动的存在。

20世纪80年代末至90年代初,位于荷兰的国际土壤信息参考中心(The International Soil Reference Center)代表联合国环境规划署对全球土壤退化情况进行了评估。该中心通过使用地理信息分析系统对那些通过明确的方法——主要是定性研究法——所获得的数据进行了分析。尽管人为诱导下全球土壤退化状况评估(Global Assessment on Human Induced Soil Dgradation,GLASOD)存在着缺陷,但它提供了一个数据库,通过使用该数据库,专家们可以根据空间分布、导致退化的进程和退化与土地利用的关联来评估旱地的易退化程度。

人为诱导下全球土壤退化状况评估(GLASOD)表明,在20世纪80年代末和90年代初,近10亿公顷的土地——相当于20%的易退化的旱地——曾因人为活动而出现了土壤退化加剧的情况。在这些土地中,有48%的土壤退化主要是水蚀,39%主要是风蚀。化学退化(含盐渍化)仅限于10%的土地上,而诸如土壤板结等物理变化仅存在于4%的土地上。人为诱导下全球土壤退化状况评估表明,在4%易退化的干旱土地上存在着十分或极其严重的土壤退化现象。这组数据既囊括了那些土地原有生物功能(涉及活的有机物)已遭毁坏的土地,也覆盖了那些不采取恢复措施无法复垦的土地。

荒漠化的空间特性也是一个备受争议的主题。类沙漠环境的蔓延,并不是像人们所普遍认为的那样,以波浪淹没沙滩的方式在广阔的沙漠边缘线上推进,而是像皮疹那样在人类定居地周围局部出现。从根本上来说,"类沙漠环境的蔓延是通过沙漠以外地区的类沙漠环境的不断累积而实现的,而不是由沙漠内部的扩张力产生的"。明了这一点至关重要,因为这关乎

着人们采取合适的补救措施或对策。

专家们在荒漠化是否可逆这一问题上的看法也不一致。在许多地方,当过度的压力被消除以后,受沙土深厚、植被复原等因素的影响,生态条件会变好。土壤复原的速度取决于恶化的程度、退化地区的面积大小、土壤和水资源的自然属性以及当地植被的自然属性。许多沙漠植被已经适应了干旱而艰难的生存环境,而且它们往往已经具备了快速适应改良了的环境的能力。

不过,另一些地方的长期监测则表明,在某些环境下,土壤复原的进展十分缓慢且成效有限,称其为"不可逆转的荒漠化"并不为过。比如,第二次世界大战期间坦克和车辆在突尼斯南部地面上留下的辙印至今仍然存在,植被被彻底踏平,无法再生。

## 荒漠化的成因

荒漠化的成因仍是一个备受争议的问题。专家们曾探究过荒漠化是由短期极旱条件、长期的气候变化或者人为活动致使旱地生态环境恶化等所致。毫无疑问,地球上确实出现了严重的干旱,而干旱带来的影响会在人口和家畜数量增加的情况下变得更甚。从20世纪60年代中期开始,持续出现在萨赫勒地区(Sahel,撒哈拉沙漠南沿的半沙漠地区)的毁灭性干旱,给当地造成的生态压力要远大于1910—1915年间和1944—1948年间的干旱所造成的后果,而这种毁灭性的干旱大部分是由日益加剧的人为压力所致。

专家们对后冰期渐进的干旱进程使气候一直在恶化的说法表示质疑。然而,针对大量气象数据(某些情况下甚至可以追溯到130~150年前的气象数据)所进行的研究,确实不能让专家们得出任何关于降雨量存在着长时期系统性变化的结论,此外,气候恶化的情况——无论是自然的或者是人为因素所加剧的——均未被证

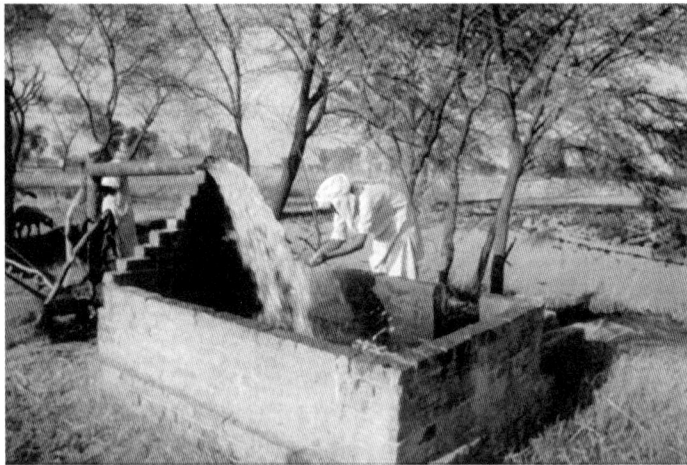

北非的一名男子正从自流井中抽水灌溉农田。在这片干旱区域，足够的灌溉对于水牛养殖而言是必不可少的。联合国粮农组织提供

明。实际上，安德斯·拉普（Anders Rapp）曾写道，在研究了有关气候变化在荒漠化中所发挥作用的证据后，他的结论是："所报道的撒哈拉沙漠向北或向南的荒漠化进程，不能用本世纪里气候普遍变干旱的趋势来进行解释。"

伐木是致使撒哈拉以南地区植被减少的一个重要原因。许多人的日常家庭生活都需要使用木柴，人们伐木并将其加工成木炭和柴火，这一现象在大都市中心附近尤为严重。同样，人们也大量开凿水井，这既使家畜数量成倍增长，也使其方圆15～30千米范围内的植被遭到大面积毁坏。考虑到退化是在局部地区出现的，那么在某些地方采取像植树造林等改善方案可能会起到些许作用。不过，即使是采取诸如沿着沙漠边缘（无论它是什么）大规模植树造林形成封锁线（*cordon sanitaire*，防护栏）等措施，都不能中断土地继续向防护带外恶化的趋势。沙漠不是由外部入侵造成的，而是来自土地内部的恶化。

由此，我们可以清楚地认识到，人类活动（如砍伐森林、过度放牧和耕地）加上偶尔连续出现的旱年，将会产生我们现在所看到的荒漠化现象。同时，荒漠化进程发展最迅猛的地方

似乎并不是沙漠内部，而是沙漠边缘的次干旱区域。在半干旱和半湿润地区，周遭环境的合力影响尤其利于沙漠的扩展。正是在这些地区，降雨的频率和强度大到足以让未受保护的土壤快速被侵蚀。也正是在这些地区，人类更容易错将暂时利好气候条件下的短期经济收入当成长期稳定的收入。

之所以会出现这种错误利用土地的趋势，部分原因在于人类强行将国界线加之于传统的游牧社会之上，限制了其迁徙路线，又或者可以说这是推行鼓励游牧民定居政策的结果，曾经的放牧地，部分成为经济作物种植者的天下。过去惯有的迁徙使游牧民族和他们的牧群可以根据季节和年降雨量的变化灵活利用现有的资源，也可以使他们迁离那些因长期消耗而资源枯竭的地区。一旦牧民停止迁徙，被强行定居下来，就意味着原有的这些选择被迫停止，随之而来的便是发生严重的退化。

有人认为人类活动不仅导致了沙漠的扩张，甚至创造了沙漠。比如，有人曾提出印度西北部的塔尔沙漠（Thar Desert）是后冰期甚至可能是中世纪（postmedieval）后的产物，还有人则认为辽阔的撒哈拉沙漠在很大程度上是人为原因造成的。这种说法并不准确。虽然撒哈拉沙漠的面积大小存在着波动，但它已存在了数百万年，早于人类的出现，所以，它主要是受气候条件影响的结果。

风蚀导致土壤退化的荒漠化案例中，最著名的事件可能是美国20世纪30年代的尘暴。尘暴之所以会发生，部分是因为连续的、不正常的高温干旱年份使地面植被枯竭，并使土壤变得极为干燥，更易于受到风蚀。不过，大平原地

750

区长年的过度放牧、低劣的耕作技术和小麦种植的快速扩张，使干旱造成的危害加剧。在第一次世界大战期间，随着数以千计的拖拉机（第一次）投入使用，耕地面积扩大了两倍。1919年，仅堪萨斯一州，小麦种植面积就从1910年时不足200万公顷扩大到近500万公顷。一战以后，得益于政府援助和联合收割机的发展，小麦种植继续快速发展。那些曾令早期的拓殖者们十分苦恼的覆满大地且生命力顽强的硬草皮，如今变成了脆弱的（极易粉碎或成为粉末的）、极有可能退化的土地。遭到破坏的土壤一旦受到干旱的影响，就产生了"黑尘暴"。

在美国部分地区，尘暴仍是一个严重的问题。比如，1977年，加利福尼亚圣华金河谷（San Joaquin Valley）的一场尘暴就曾造成土地大面积的破坏和侵蚀。在24小时里，超过2200万吨的土壤从牧场上被卷起。尽管干旱和大风（风速几乎达到300千米/小时）的交织影响成为易诱发尘暴的自然条件，但是，过度放牧、农耕土地上缺乏防护林则在尘暴的发生中发挥了更重要的作用。除此之外，在尘暴发生前，广阔大地上植被寥寥无几，在人们种地之前，它们或被夷平或被铲除。还有许多其他次要的因素影响了尘暴的产生，包括城市扩张破坏了植被、油田附近大片的土地裸露以及车辆越野破坏了局部的土地。而在加利福尼亚州的其他地区，由于受到人们在干涸的河床上开矿以及干盐湖（无水的沙漠盆地底部平层，不时会形成浅湖）失调的影响，粉尘大量增加。

苏联也曾有过可与美国相匹敌的尘暴加剧的例子。20世纪50年代，在苏联推行开垦荒地的计划后，尘暴频繁地出现在鄂木斯克（Omsk）南部地区，与之前相比，其频率平均增长了2.5倍，局部地区增长了5~6倍。

荒漠化并不仅限于发生在拥有大型农牧业的人口稠密地区，正如同美国大平原和加利福尼亚州的例子所示，高技术、非劳动密集型用地和水资源的利用也能导致土壤严重退化。

人为诱发的荒漠化并非新生。虽然人们常常将关注点集中在20世纪30年代的尘暴和萨赫勒地区目前发生的土壤退化上，但自古典时代开始，荒漠化就已然成为地中海地区一个十分引人注目的主题。同样，有证据表明，4000多年以前，由于灌溉技术的广泛采用，美索不达米亚平原曾出现土壤的化学退化和作物产量的下降。不过，土地退化并不是人口密度不断上升和土地利用加剧的必然后果，许多技术将适用于治理沙漠。

进一步阅读书目：

Coffey, M. (1978). The Dust Storms. *Natural History*, 87, 72–83.

Dregne, H. E. (1986). Desertification of Arid Lands. In F. El-Baz & M. H. A. Hassan (Eds.), *Physics of Desertification* (pp. 4–34). Dordrecht, The Netherlands: Nijhoff.

Dregne, H. E., & Tucker, C. J. (1988). Desert Encroachment. *Desertification Control Bulletin*, 16, 16–18.

Ehrlich, P. R., & Ehrlich, A. H. (1970). *Population, Resources, Environment: Issues in Human Ecology*. San Francisco: Freeman.

Gill, T. E. (1996). Eolian Sediments Generated by Anthropogenic Disturbance of Playas: Human Impacts on the Geomorphic System and Geomorphic Impacts on the Human System. *Geomorphology*, 17, 207–228.

Goudie, A. S. (Ed.). (1990). *Desert Reclamation*. Chichester, UK: Wiley.

Goudie, A. S., & Middleton, N. J. (1992). The Changing Frequency of Dust Storms through Time. *Climatic Change*, 20, 197–225.

Grainger, A. (1990). *The Threatening Desert: Controlling Desertification*. London: Earthscan.

Grove, A. J., & Rackham, O. (2001). *The Nature of Mediterranean Europe: An Ecological History*. New Haven, CT: Yale University Press.

Helldén, V. (1984). Land Degradation and Land Productivity Monitoring—Needs for an Integrated Approach. In A. Hjort (Ed.), *Land Management and Survival* (pp. 77 - 87). Uppsala, Sweden: Scandinavian Institute of African Studies.

Jacobsen, T., & Adams, R. M. (1958). Salt and Silt in Ancient Mesopotamian Agriculture. *Science*, *128*, 1251 - 1258.

Mabbutt, J. A. (1985). Desertification of the World's Rangelands. *Desertification Control Bulletin*, *12*, 1 - 11.

Marsh, G. P. (1864). *Man and Nature*. New York: Scribner. Middleton, N. J., & Thomas, D. S. G. (1997). *World Atlas of Desertification* (2nd ed.). London: Arnold.

Nicholson, S. (1978). Climatic Variations in the Sahel and Other African Regions during the Past Five Centuries. *Journal of Arid Environments*, *1*, 3 - 24.

Rapp, A. (1974). *A Review of Desertification in Africa—Water, Vegetation and Man*. Stockholm, Sweden: Secretariat for International Ecology.

Sabadell, J. E., Risley, E. M., Jorgensen, H. T., & Thornton, B. S. (1982). *Desertification in the United States: Status and Issues*. Washington, DC: Bureau of Land Management, Department of the Interior.

Thomas, D. S. G., & Middleton, N. J. (1994). *Desertification: Exploding the Myth*. Chichester, UK: Wiley.

Tiffen, M., Mortimore, M., & Gichuki, F. (1994). *More People, Less Erosion: Environmental Recovery in Kenya*. Chichester, UK: Wiley.

Tolba, M. K., & El-Kholy O. A. (Eds.). (1992). *The World Environment 1972 - 1992: Two Decades of Challenge*. London: UNEP Chapman and Hall.

United Nations Environmental Programme (UNEP). (2006). *Don't Desert Drylands: United Nations Environment Programme Message on World Environmental Day*. Retrieved December 24, 2009, from http://www.unep.org/wed/2006/downloads/PDF/UNEPWEDMessage06_eng.pdf

Warren, A., & Maizels, J. K. (1976). *Ecological Change and Desertification*. London: University College Press.

安德鲁·古迪(Andrew S. Goudie) 文

陈黎黎 译 俞金尧 校

# Deserts 沙漠

752     两种沙漠——热带沙漠和温带沙漠占据了地球表面近 1/3 的面积。虽然干旱气候条件下的大部分地区资源有限,但干旱气候在整个人类史上所发挥的作用取决于气候和特定社会之间的互动。对狩猎-采集社会和游牧社会进行分析,将使我们洞悉沙漠区域对人类发展所产生的影响。

    沙漠占据了地球表面近 30% 的面积。沙漠基本上被分为两大类:热带沙漠(热带和亚热带沙漠)和温带沙漠或称为中纬度沙漠。热带沙漠,终年高温,甚至是极高温,可见于南北纬 20 度至 30 度的热带地区。温带沙漠,夏季至冬季间气温变化较大(冬季至少有 1 个月的时间平均气温低于 5 摄氏度,并积雪数日),这类沙漠常见于欧亚大陆内部和北美洲西南部。除了这两大类沙漠外,还有其他类型的沙漠,它们与热带沙漠部分地相似,但是其形成过程受到诸如冷沿岸流(cold coastal currents)等不同因素的影响。

    尽管地球上的干旱地带(指沙漠地带——译者注)类型多样,但它们却拥有一些共同的特征,主要表现为极度的干旱,这是高温、降雨量小且不规律的结果。降雨的不规律性说明了干旱生态系统的另一个典型特征：生物量在极低的平均值上下大幅波动。

沙漠除了提供深层地下资源——大部分直到 20 世纪才得到开发外，还提供了另两种重要的自然资源：稀少但相对持久的饮食资源以及不定期但丰富的资源（比如一场突如其来的倾盆大雨，经其灌溉后会出现草地）。在任何情况下都应当强调的是，在特定的社会和干旱环境之间，二者经由技术和社会关系等方式产生的互动，决定了沙漠的某些要素或被视为限制因素或被当作资源。

## 狩猎-采集社会

在美洲，半干旱地区的狩猎-采集社会直到 19 世纪时仍然存在；而在澳大利亚和非洲南部，这类社会直到 20 世纪时仍然存在。通常情况下，这些社会并不具备改造其生存环境的能力（尽管他们有时会用火去改造生存环境），其生活主要依靠天然散存于各地、自发生长的自然资源。人们对自己所处的生态系统有着超乎寻常的了解，并且能利用各种各样的生态位，正是这些构成了他们的生产基础。人们在临时水源地周边过着小规模群居生活。当水源枯竭或者水源附近的资源枯竭时，他们就被迫迁徙并寻找另一处水源，这意味着狩猎-采集社会的人们常常四处迁徙。对狩猎-采集社会而言，缺水几乎绝对算是一种制约。如果食物远离水源，那么将难以被利用，继而也无法成为一种持续的资源。地方群体都与同一地区或邻近地区的群体间保持着紧密的亲属关系或联盟。当出现极度干旱和食物短缺的情况时，这种社会关系将允许人们迁入到由其亲属或联盟占领的土地上。有人指出，部分澳大利亚土著居民中庞大而复杂的亲属关系，在不同的群体之间建立起了强有力的依存关系，这有可能是他们应对干旱环境之不确定性的一种方式。

## 游牧民

数千年以来，欧亚大陆和非洲的沙漠（不含美洲和澳大利亚的沙漠）中存在着一种典型的生活方式，即"游牧"，这种复杂的、成熟的生存方式在旧世界的历史中扮演了重要的角色。大多数研究者都认为，当新石器时代开始有农业和驯化动物之后，游牧便出现在农耕地区边缘那些对于农耕和畜牧业而言都太过干旱的地带。

法国画家欧仁-亚历克西·吉拉尔代（Eugène-Alexis Girardet）的《沙漠中的商队》（*Caravan In The Desert*），布面油画。流动性和居无定所使沙漠民族具有很强的军事优势

游牧民族擅长利用混合经济（定居农业和畜牧业）不能发挥其优势的生态位。几乎所有的游牧社会似乎都直接或间接起源于近东地区。近东地区夏季极其干旱，或者可称为干旱气候明显，栖息于此的野生动物（山羊、绵羊、单峰驼）拥有自己的特征并满足两个条件：它们易于被驯化，同时，在本性上或多或少（或者在人类帮助下）能够适应干旱或半干旱环境。那些位于亚洲和美洲的世界上其他的早期农业和畜牧业中心，并未见有这类动物常居。有的人认为游牧现象独立自主地出现于撒哈拉沙漠，不过，这一说法尚存争议。

游牧民族的次中心可能起源于俄罗斯南部的草原，在那里，游牧民族约于公元前第 3 个千年至公元前第 2 个千年之间出现在东欧地区的混合经济社会中。在俄罗斯南部，马约在公元前 3000 年时被驯化，这使放牧绵羊和山羊（源自近东地区）的牧民拥有很强的流动性。有一种理论认为，驯化那些与单峰驼类似却比之更好地适应寒冷天气的双峰驼（约公元前第 3 个千年至前第 2 个千年之间），为游牧民族穿越中亚沙漠地带提供了保障。高加索木乃伊——其中部分木乃伊约形成于公元前第 2 个千年——的考古发现和塔克拉玛干沙漠（位于中国新疆）印欧语文献的考古发现，可用来证实游牧民穿越中亚沙漠的活动范围。

分析游牧社会与环境的互动方式，将有助于我们理解干旱和半干旱地区对欧亚文明和非洲文明的发展所造成的重大影响。作为一种生存方式，游牧从本质上来说具有不稳定性和扩张性。生活在干旱自然环境下的畜群在规模和结构上呈现出大的波动。民族志研究和电脑技术分析均表明，小群的绵羊和山羊，在规模和结构上具有爆炸性增长和改变的潜在可能性。游牧社会通过挖掘这种潜在可能性来拥有更多的动物。从基本生产单元来看，这是一种应对环境波动的明智的、适应性的反应，不过，从区域

范围来看，它埋下了社会和生态灾难的隐患。有种观点认为，尽管牧民们并非有意地去改造他们居住的环境，但是他们却建造了自己的草原和沙漠。这种观点有一定的道理。在突然的波动和扩张趋势的合力影响下，游牧社会呈现出另一个众所周知的特点，即沿着迁徙路线快速地迁移，有时，这种迁徙意味着对定居文明发起侵略或攻击。有一点需要记住，这种流动性和居无定所的特性使沙漠民族具有强大的军事优势。

游牧民族以小的生产单元（家庭或是营地）为中心利用资源，不过，和狩猎-采集者们一样，游牧民族的这些基本单元之间彼此保持着联系，他们通常以亲属关系为纽带连接在一起。当他们需要确定迁徙路线、规定牧场使用权时，当他们面临环境变迁时，正是这种相互联系构成了大生产单元的基础。实际上，也正是这种更高级的大单元中的成员身份，给予了成员占有领地及领地上资源的权利。与许多狩猎-采集社会的情况一样，亲属关系在游牧民族中十分重要，因为它像经济组织那样发挥着作用。不过，同样是与自然打交道，狩猎-采集者和游牧民族与自然相处的方式却差别迥异。狩猎-采集社会因时因地利用各种各样的生态位，而游牧社会通常只利用相同的基本资源——牧草（无论是在不同的环境下，还是在相同的环境下）。不过，狩猎-采集者们的领地系统是以他们不断靠近资源为基础形成的。相比之下，游牧民族的领地系统则是以移动整体的基本生产设施为基础形成的，鲜少考虑区域内微型资源（如小型哺乳动物和鸟类、野生坚果和水果等对于狩猎-采集者而言十分重要的资源）的供应情况。沙漠大部分地区缺水，这对狩猎-采集者们来说是一种制约，这会阻碍他们去利用那些离池塘和溪流很远的地方的资源。不过，对游牧民而言，沙漠里那些缺水的地区仅仅是一种相对的约束，因为他们可以靠动物长途运水。

754

755

事实上，一片普通沙漠所供养的植物远比一片森林或草原供养的要丰富得多。

——埃尔斯沃斯·亨廷顿（Ellsworth Huntington，1876—1947）

在美国亚利桑那州的图森（Tucson）拍摄到的高大的巨人柱仙人掌（Saguaro cacti）。5月和6月时它们会在美国西南部热带沙漠中开花。简·索耶（Jane M Sawyer）摄（www. morguefile.com）

## 贸易线路和绿洲

在数个世纪里，从大西洋到中国西部，存在着一条由沙漠构成的巨大干旱带，它将旧世界的几个主要文明分隔开来。游牧民在探寻新牧地的途中，发现了一条能穿越中亚西部沙漠，将中国的丝绸带到欧洲的线路，还发现了一条能穿越撒哈拉沙漠，将黄金、象牙和奴隶从热带非洲运往地中海的线路。游牧民成为穿梭于生态和文化截然不同的区域之间的媒介，将非洲、欧洲和亚洲农业社会的富余产品运往干旱地区。由此，在绿洲、在沙漠的边缘地区，在极其恶劣的环境中催生出如巴尔米拉、佩特拉、撒马尔罕、廷巴克图（或通布图）和阿尔梅里亚（Almería）等繁华富庶的城市。中世纪，在文化

上统一了亚洲和非洲的沙漠地区的伊斯兰文明，它所拥有的财富与其控制着同遥远文明地区之间的贸易和它拥有干旱地区的灌溉系统关联密切。

绿洲如同海岛般在贸易线路中扮演了至关重要的角色。不过，若离开了农业，人们将无法在这些内陆岛屿上生存，而水是制约植物在沙漠中生长的最主要因素。绿洲农业最主要的特点是，利用精巧的技术和复杂的灌溉系统从地表含水层抽取及利用水。中世纪时，阿拉伯人的扩张有助于各地区间水利技术和作物的传播，其结果是使农业生态系统在很大程度上摆脱了干旱气候环境的限制。在这样的农业生态系统中，人们可以引进不同产地的物种。在发现美洲之前，历史上最引人注目的蔬菜类物种的迁徙就发生在中世纪伊斯兰世界范围内的亚洲和非洲的沙漠和绿洲中。

进一步阅读书目:

Amin, S. (1972). *Sullo Svilupo Desiguale Delle Formazioni Sociali*. Milan: Terzo Mondo.

Barich, B. E. (1998). *People, Water and Grain: The Beginnings of Domestication in the Sahara and the Nile Valley*. (Studia Archaeologica No. 98.) Rome: "L'Erma" di Bretschneider.

Clouldsley-Thowson, J. L. (Ed.). (1984). *Sahara Desert*. Oxford, UK: Pergamon Press.

Cremaschi, M., & Lernia, S. (Eds.). (1998). *Wadi Teshuinat: Palaeoenviroment and Prehistory in South-western Fezzan (Lybian Sahara)*. Florence, Italy: C. I. R. S. A.

Cribb, R. (1993). *Nomads in Archaeology*. New York: Cambridge University Press.

Evenari, M., Schulze, E. -D., Lange, O. L., & Kappen, L. (1976). Plant Production in Arid and Semi-arid Areas. In O. L. Lange, L. Kappe, & E. -D. Schulze (Eds.), *Water and Plant Life* (pp. 439 – 451). Berlin: Springer-Verlag.

Godelier, M. (1984). *L' idéel et le matériel*. Paris: Librairie Arthème Fayard.

Gumilev, L. N. (1988). *Searches for an Imaginary Kingdom: The Legend of the Kingdom of Prester John*. Cambridge, UK: Cambridge University Press.

Harris, D. R. (Ed.). (1996). *The Origins and Spread of Agriculture and Pastoralism in Eurasia*. Washington, DC: Smithsonian Institution Press.

Howell, N. (1979). *Demography of the Dobe Arca Kung*. New York: Academic Press.

Hunter-Anderson, R. L. (1986). *Prehistoric Adaptation in the American South-West*. Cambridge, UK: Cambridge University Press.

Jabbur, J. S. (1995). *The Bedouins and the Desert*. New York: State University of New York Press.

Khazanov, A. M. (1984). *Nomads and the Outside World*. Cambridge, UK: Cambridge University Press.

Lee, R. B. (1979). *The ! Kung San: Men, Women and Work in a Foraging Society*. Cambridge, UK: Cambridge University Press.

McNeill, J. (2001). *Something New under the Sun: An Environmental History of the twentieth Century*. London: Penguin History.

Renfrew, C. (1987). *Archaeology and Language: The Puzzle of Indo-European Origins*. London: Jonathan Cape.

Schultz, J. (1995). *The Ecozones of the World: The Ecological Divisions of the Geosphere*. Berlin: Springer-Verlag.

Shmida, A., Evenari, M., & Noy-Meir, I. (1986). Hot Deserts Ecosystems: An Integrated View. In M. Evenari, I. Noy-Meir, & D. W. Goodall (Eds.), *Hot Deserts and Arid Shrublands* (Vol. B., pp. 379 – 387). Amsterdam: Elsevier.

Webb, J. L. (1995). *Desert Frontier: Ecological and Economic Change along the Western Sahel, 1600 – 1850*. Madison: University of Wisconsin Press.

West, N. E. (Ed.). (1983). *Temperate Deserts and Semi-deserts*. Amsterdam: Elsevier.

胡安·加西亚·拉托雷(Juan García Latorre) 文

陈黎黎 译 俞金尧 校

756

# Détente 缓和

"缓和"一词通常被用来描述政党或国家间的关系取得改善。虽然该词通常与尼克松的冷战政策联系在一起,但历史上缓和也曾被用以描述多国间缔结的和平协议。在 21 世纪,它已不是一个常用的政治词语,但在理解历史上的国际关系时仍有意义。

在国际关系和外交领域,"缓和"意味着两个或多个敌对国家之间的紧张局势出现缓和。缓和后有可能进一步达成和解或是关系的改善,也有可能以协约、互相理解甚至是达成联盟的形式而告终。在法语中,*détente* 的含义是放松、松弛。在欧洲外交的古典时期——通常指 19 世纪和 20 世纪早期,"缓和"一词有着非常特殊和确切的特定含义。不过,从 1963 年开始一直到 20 世纪 80 年代末期,该词被纳入公共讨论的主流中,它还出现在描述冷战期间两个超级大国苏联和美国间关系的语境中。

## 缓和与古典外交

在 19 世纪的外交官们看来,缓和是国家间关系改善的第一步。缓和通常意味着敌对国家的政治家和外交官之间进行的非正式或正式的接触,这种接触是以达成初步协议寻求争端解决之道为目标而进行的。这方面最具代表性的例子,莫过于 1898—1904 年英、法之间的成功缓和。历史上,英、法两国曾势不两立,并多次交战,尤其是 1792—1815 年的法国大革命战争和拿破仑战争贯穿整个 19 世纪。1898 年,在法绍达事件(Fashoda incident)中,英、法就非洲苏丹的领土所有权问题发生冲突,战争一触即发;只是在法国意识到与英国进行战争并不符合其国家利益时,危机方告解除。不久,法国即向英国表达了改善双方关系的意愿,不过,进展缓慢,

直到 1903 年 5 月,英王爱德华七世访问巴黎,情况才有了进展。随后,法国总统埃米勒·卢贝(Émile Loubet)回访伦敦。两国外交官们则不断在幕后进行交涉以解决两国间未决的争端。外交官们的努力以 1904 年 4 月 8 日《英法协约》的签订而画上句号,它标志着两个旧敌间关系的新开始。1904—1914 年间,英、法两国的关系越发紧密,主要是因为受到来自德国的威胁。英国并不愿意与法国建立正式的联盟,但是两国的军事人员曾举行秘密会谈并商讨作战计划。直到 1914 年,英、法都是实际上的盟友,不过,这都源自 1898—1904 年英、法长达 6 年的缓和所迈出的第一步。

## 缓和战略与冷战

冷战期间,缓和首次被用来描述由 1968 年当选美国总统的理查德·尼克松及其首席外交政策顾问亨利·基辛格所奉行的对苏政策。尼克松和基辛格所主张的缓和战略,是对此前两国间存在的一些紧张关系的回应。发生于 1962 年的古巴导弹危机使美、苏双方的许多人都认为,两个超级大国之间的紧张局势必须得到控制。尽管在 20 世纪 50 年代末苏联领导人尼基塔·赫鲁晓夫曾推动了某种形式的缓和,即他所说的"和平共存",不过,在今天,我们所提到的缓和战略多与尼克松和基辛格有关。

> 如果"均势"这一说法总能成为发起战争的理由，那么这世上将永不会缺少发起战争的托词，和平将永无保障。
>
> ——约翰·布莱特(John Bright，1811—1889)

1959 年，苏联莫斯科，记者们专注地聆听赫鲁晓夫和时任美国副总统尼克松之间的谈话。托马斯·奥哈洛兰(Thomas J. O'Halloran)摄，美国国会图书馆

　　尼克松和基辛格试图与苏联就广泛的议题达成协议，并以此来减缓冷战的紧张局势。他们希望苏联更想与美国和西方保持友好关系，而不是对抗、挑战美国在全世界的利益。尼克松、基辛格的主张促使美、苏双方在尼克松执政时期签订了许多协议。1972 年 5 月莫斯科峰会期间，尼克松和苏联领导人列昂尼德·勃列日涅夫签订了诸多协议中最重要的协议。两国领导人签订了《限制进攻性战略武器的临时协定》(Interim Agreement on the Limitation of Strategic Offensive Arms)，通常被称为"SALTI"("SALT"是"限制战略武器谈判"的首字母缩写)，用以限制两国所拥有的洲际弹道导弹的数量。一份附加协定则对反弹道导弹进行了限定。同时，尼克松和勃列日涅夫也同意就按比例缩减欧洲核武器这一目标展开对话，并签署了一份勾勒出两国间新关系之通则的框架文件。随后，在 1972 年，一份重要的贸易协定允许美国将小麦销往苏联。受"水门事件"的影响，尼克松于 1974 年辞职，但是基辛格继续在新任总统杰拉尔德·福特手下担任国务卿。1975 年 7 月，缓和战略的基石——《赫尔辛基协定》(The Helsinki Final Act)由 35 个国家共同签订。根据《赫尔辛基协定》的条款，苏联承诺尊重人权，并以此来交换西方承认 1945 年后苏联在东欧的领土边界。

　　不过，缓和战略受到了美国国内拒不信任苏联的强硬派的攻击。他们坚持认为，苏联只不过是利用缓和战略使西方陷入一种安全的错觉中；而与此同时，苏联却极尽所能地在任何时空范围内不断寻求自身利益。美国国内缓和战略的批评者们将矛头指向其所认为的苏联在非洲的获利以及苏联不断违反人权的情况。苏联则指责美国试图将其排除在中东和平进程之外。尽管 1979 年的第二轮限制战略武器谈判(SALT Ⅱ)已有结论，但在吉米·卡特 1976—1980 年

759

的美国总统任期内,缓和出现恶化。1979 年苏联入侵阿富汗,翌年,罗纳德·里根在美国大选后就任总统,这标志着缓和的结束。直到 20 世纪 80 年代末期,缓和才被苏联领导人米哈伊尔·戈尔巴乔夫以及白宫领导人罗纳德·里根和乔治·布什合力复苏,他们试图以此结束冷战。从那时起,"缓和"一词很少被这些领导者公开使用,这是因为它与尼克松、基辛格和 20 世纪 70 年代的联系太过密切。

缓和历经了从外交家们所使用的专门词语,发展为与冷战争霸阶段相关的词的过程。虽然该词在过去曾受到争议,使我们很少在公共辩论中再听到这个术语,但实际上,缓和已成为国际外交中至关重要的组成部分。

进一步阅读书目:

Andrew, C. (1968). *Théophile Delcassé and the Making of the Entente Cordiale: A Reappraisal of French Foreign Policy 1898 - 1905*. London: Macmillan.

Bell, C. (1977). *The Diplomacy of Détente*. New York: St. Martin's Press.

Bell, P. (2001). *The World since 1945: An International History*. London: Arnold.

Dunbabin, J. (1994). *The Cold War: The Great Powers and Their Allies*. London: Longman.

Judge, E., & Langdon, J. (1996). *A Hard and Bitter Peace: A Global History of the Cold War*. Upper Saddle River, NJ: Prentice Hall.

Kissinger, H. (1979). *White House Years*. Boston: Little, Brown.

Kissinger, H. (1982). *Years of Upheaval*. Boston: Little, Brown.

Kissinger, H. (1994). *Diplomacy*. New York: Simon & Schuster.

Reynolds, D. (2000). *One World Divisible: A Global History since 1945*. New York: Norton.

Rolo, P. (1969). *Entente Cordiale: The Origins and Negotiation of the Anglo-French Agreements of 8 April 1904*. London: Macmillan.

保罗·多尔(Paul W. Doerr) 文
陈黎黎 译 俞金尧 校

# Diasporas 离散

当某文化下族群的人们因政治、经济、社会或其他方面的原因被迫离开故土时,其中一些人并未能顺利地与新的所在国融为一体。这类群体中有许多被归类为离散族群,即不能完全与新的定居地融为一体的群体。数百万人虽离乡背井,但情系故里,这些离散在政治、冲突和贸易中发挥着愈发重要的作用。

流散族群,这一加诸少部分人口上的标签,表明了这个群体的起源、被迫迁徙的经历及其与遥远故土间未尽的联系。它意味着离散的人们仍然同那些和他们居住在一起的其他人截然不同。"离散"这一术语的通俗用法和学术用法在过去数个世纪里发生了巨大的变化。最近的一场学术争论——争论的焦点是该术语可在何种范围内适用——仍未得出令人满意的世界各地散布着众多热那亚人，无论他们身居何处，那里都成为了另一个热那亚。

——M. 波兹（M. Bozzi）

结论。

## 术语的早期用法

2 000 多年前，古希腊历史学家修昔底德曾使用"离散"一词来描述那些在伯罗奔尼撒战争（前 431—前 404）期间被逐出家园的人。不过，对其他古希腊演说家而言，离散有着更宽泛的含义，它指的是前 800—前 600 年间散布在地中海周围和进入西亚的古希腊人。这些人并不是难民，而是商人和殖民者，他们在其他文化族群中建立了独特的希腊人定居地。"离散"这个词意味着移民们像种子一样，虽可以远距离旅行，然而一旦扎下根来，将成长为原有的常见形态，亦即虽然古希腊人散居于古希腊之外，但他们仍然保留希腊文化并为自己的起源感到自豪。

可能是因为"离散"这一术语在希腊语版的《圣经》中被用以描述犹太人的流亡，故而在此之后该术语的词义缩小。最初，希伯来演说家们更倾向用"*galut*"（流亡）这个词来描述在公元前 586 年耶路撒冷圣殿被毁后，犹太人被迫进行的逃亡。不过，数世纪后，"离散"这一术语频繁出现在众多欧洲语言中且用法高度一致，人们用它来指代那些逃离早期迫害时散落各地的犹太人，致使该术语此前更为宽泛的古希腊含义几乎完全被遗忘。

理论家们曾使用其他术语来指代那些因被迫迁徙而形成的少数族群，称他们为非自愿性移民、流民或难民。他们认为，推动被迫移民者族群形成的社会、心理和文化动力，与那些自愿离家的人完全不同。最明显的不同在于，被迫移民者认为应培养他们与故土之间特殊而强烈的联系，并期望最终能回到故土。这些特征是"离散犹太人"这一概念中的核心。

在过去的 2 个世纪里，学者们视其他少许的被迫移民者为"离散"，尤其是 16、17、18 世纪沦为奴隶的非洲人、第一次世界大战后在土耳其受到种族灭绝威胁的亚美尼亚人以及被迫迁徙的巴勒斯坦人。有时，学者们也会提及离散爱尔兰人，这是指 19 世纪四五十年代因马铃薯晚疫病的毁灭性打击而遭受大饥荒威胁并被迫离开家园的爱尔兰贫苦农民。不过，在绝大部分情况下，人们通常都是以犹太人流亡、无家可归或无国籍的经历，以及他们对

1900—1915 年，撒马尔罕（Samarqand，在今乌兹别克斯坦），一群犹太小朋友和老师在一起。离散犹太人坚信，他们应当培养自身与故土之间的强烈联系，并期望最终能回到故土。谢尔盖·米哈伊洛维奇·普罗库金-戈尔斯基（Sergei Mikhailovich Prokudin-Gorskii）摄。美国国会图书馆

761

携带全部家当的亚美尼亚难民在黑海岸边的苏俄新罗西斯克（Novorossiisk，约 1920）安营扎寨。弗洛伊德（G. P. Floyd）摄。美国国会图书馆

故有家园的依恋，来定义离散。

## 离散犹太人

耶路撒冷圣殿被捣毁和后来的"巴比伦之囚"成为犹太人生活、文化和身份认同中最核心的内容。有关这些经历的记忆被一代一代传递，这反而使公元前 515 年早期犹太流亡者重建圣殿这一重要事件变得模糊了。至少自古典时代开始，在埃及和安纳托利亚散居的犹太人的数量要比在耶路撒冷周围的犹太人故土上居住的多。公元 70 年，反抗罗马统治的犹太人起义遭到镇压，圣殿再次被毁，犹太人再次流浪。后来，基督徒假定犹太人与基督被杀有关的论断进一步固化了犹太人四处流浪的形象，无论他们前往何方都将遭受迫害，并且永无安身立命之地。

不过，在后来的时期里，鲜有证据能证明居住在地中海天主教或东正教地区、北非伊斯兰教地区，又或者是西亚的大量犹太人比其他多数族群的流动性更强：大多数犹太人永久定居于城市中。他们坚定的信仰和对先祖故地的情感依恋名声在外，他们之所以会这样，部分是因为他们迁入的地方在社会和经济上歧视他们，使其不能完全融入当地，无论是天主教、东正教或穆斯林社会，均如此对待这些迁入的犹太人。

迫害犹太人的行为曾使犹太人在 1000—1500 年间大移民。天主教欧洲的十字军东征使反犹主义被加强。最终，反犹主义致使犹太人于 1492 年被驱逐出西班牙。在伊斯兰世界里，犹太人被作为受限制的少数族群居住在自治地，而贸易则可能增强犹太人的流动性。无疑，贸易是促使那些敢为人先的犹太商人向大西洋世界和美洲探险的一个动因。

到 19 世纪早期，犹太移民一直像其他中欧人和西欧人那样前往美洲寻找工作、商机或拥有教育机会。在该世纪后期，许多犹太人很有可

762

能离开了那些曾向他们开放完整的公民权的国家而移民到了美国；同样，他们也离开了沙俄等国，在那里，犹太人极易受到农民的暴力攻击（或是集体迫害），且在服兵役、受教育、享有土地所有权等方面遭受高度歧视。

数世纪后，犹太人在天主教、东正教、新教和伊斯兰教信徒居多的地方获得了能与之相对和平共处的长期定居地。当 1947 年以色列建国并向犹太人开放返乡之机时，大多数在北美的犹太人并未迁返。因此，大部分犹太人仍处于离散。不过，被迫害的记忆和必须不断逃亡的可能却成为千年来犹太人生活中的一部分，这部分内容还因可怕的种族灭绝——现在用"大屠杀"（Holocaust）这一术语来表达，即第二次世界大战期间发生在欧洲的屠杀而被强化。

## 亚美尼亚人和离散非洲人

与犹太人所坚信的自身流亡史一样，亚美尼亚人也将自身的流亡史追溯到很早的时期。亚美尼亚人认为，今土耳其东部、近伊朗交界处的亚拉拉特山（Mount Ararat）是他们的故乡。根据《圣经》记载，挪亚方舟正是在这里靠岸并使人类和动物重新在地球上繁衍。578 年，拥有与其东正教统治者和邻居们不同的基督教信仰的亚美尼亚人，第一次被大量驱逐至马其顿、塞浦路斯及地中海东部的其他地区。后来，大部分亚美尼亚人作为少数族群生活在穆斯林的统治下。亚美尼亚人拒绝转变宗教信仰，身为商人的他们向更远的地方旅行。

一场寻求建立独立亚美尼亚国家的革命运动导致奥斯曼帝国中数以千计的亚美尼亚人遭到杀害，同时也导致 175 万亚美尼亚人在 1915 年受到驱逐。在被驱逐的过程中，约半数的亚美尼亚人或饿死或被杀害。幸存者中有许多人前往美洲和欧洲避难。今天，约 200 万亚美尼亚人居住在欧洲、西亚和美洲，另有约 200 万亚美尼亚人居住在原苏联境内的中亚地区，近 300 万亚美尼亚人生活在位于他们宗教故土上的、独立的亚美尼亚共和国内。

即使亚美尼亚人曾被迫分散开来，但大多数亚美尼亚人仍居住在离他们的祖先所在地不太远的地方。相较之下，有一群离散非洲人，则主要是在远离非洲大陆的美洲形成的。至少从罗马帝国开始，奴隶贸易就使非洲人跨越撒哈拉沙漠和地中海散布至西亚的伊斯兰世界。1500 年以后，那些跨越大西洋被送往种植园充当劳动力的奴隶数量，超过了以往沿着旧世界奴隶贸易线路送往其他地区的奴隶总和。新世界里非洲人的文化和身份认同，是众多非洲族群的习俗与信奉万物有灵的非洲宗教、伊斯兰教和基督教等杂糅混合的产物。独立的非洲语言消失了，但却促使了混杂有非洲语言、英语、西班牙语和葡萄牙语等要素的地方语言的形成。

1830—1839 年间，随着美洲的非洲奴隶逐渐获得自由，其中的一小部分人确实回到了非洲，尤其是回到了利比里亚。不过，更多的人仍留在新世界，在那里，他们认可犹太人"巴比伦之囚"、犹太人被放逐和渴望家园等《圣经》故事。许多人认为非洲——尤其是独立的埃塞俄比亚（19 世纪末被欧洲人殖民）——是失去的故土之象征。

20 世纪早期，新世界的非洲人后裔发起了泛非运动，旨在结束欧洲人在非洲的殖民统治以及终止美洲的种族压迫。这些运动将加勒比地区、美国和非洲的活动家们联系在了一起。即使是二战后欧洲的帝国主义在非洲的殖民统治已然土崩瓦解，美国和南非的种族歧视已然从法律和制度层面被废止，但饱受种族偏见的经历仍然继续使非裔后代对故土非洲有着强烈的依恋之情。不过，1950 年后，很多独立的非洲国家建立起来，这使得重返非洲的可能性变得更大，但即便如此，也很少有人愿意返回。

763

## 含义的近期变化

　　尽管有关离散的定义充满争议，但近年学者们开始考虑其他移民也能形成离散的可能性有多大。这种变化部分地反映出，即使是在离散非洲人、亚美尼亚人、犹太人、巴勒斯坦人或爱尔兰人中，要在学术上明确区别出被迫移民或自愿移民也具有相当的难度。学者们已经承认，被迫和自愿等要素在大多数流动人群的生活中发挥了作用。将"离散"运用到分析更宽泛意义上的移民群体中也反映出人们认识到，对遥远母国的依恋不仅仅限于流亡者和难民。事实上，离散犹太人和非洲人中的许多人对返回祖先故土的兴趣非常小，这同样表明强行区分自愿移民和非自愿移民的后裔并不可取。

　　20 世纪 90 年代中期，社会学家罗宾·科恩（Robin Cohen）试图对离散进行分类以总结该词语用法的变化。科恩对难民型离散，比如离散犹太人和亚美尼亚人，以及因寻找工作（劳工离散）、建立殖民地（帝国离散）或者从事商业（商贸离散）而自愿离开故土的人们所形成的离散，进行了区分。科恩鼓励学者们就所有离散所共享的特征进行讨论，以识别出离散族群不同于其他也经远距离移民而形成的族群的特征。

### 商贸离散

　　至少自公元前 2000 年开始，对贸易的渴望便驱使商人们在不放弃他们对母国的忠诚或联系，以及不放弃本民族文化的情况下，在海外形成聚居区。古代米诺斯人散布在整个爱琴海地区，腓尼基人遍布整个地中海东部地区，古希腊

764

居住在美国纽约下东区马尔伯里（Mulberry）街的意大利移民，他们与其他外来人口——犹太人、俄国人和奥匈人，抢夺地盘和商业机遇（1900）。底特律出版公司（Detroit Publishing Company），美国国会图书馆

商人甚至在更广阔的地区建立了殖民地,尤其是在西西里和西亚。

500—1500 年间,阿拉伯商人、犹太商人、亚美尼亚商人、热那亚商人和威尼斯商人,在西亚、黑海周边、贯穿中亚的商道上的城镇和非洲沿海形成了自治的商业区。

与之类似,居住在东南亚许多地区和菲律宾的大量中国商人,也没有放弃他们的中国文化和身份认同,一般来说,他们最终都有意重返故土。即使他们的群体已经存在了数世纪之久,但他们大多都认为自己只是漂泊他乡。1500 年后,随着欧洲殖民者、商人等到达亚洲,华人商贸群体常被鼓励扩大规模,这是因为中国商人在文化和经济方面有效充当了来自完全不同的异邦的欧洲人与当地居民、机构之间的中介。

在近现代世界,商贸离散不断形成。19 世纪来自叙利亚的黎巴嫩商人散布在地中海地区,并到达南北美洲。他们中的许多人在开店前都先是小贩;而在拉丁美洲的许多地区,黎巴嫩商人对各个现代行业的创立也发挥了重要作用。尽管今天在那些自认为是黎巴嫩人的所有人中,有 2/5 都居住在黎巴嫩以外,但返回黎巴嫩的人口比例却非常高。那些由美国跨国公司导致的遍布各地的群体很少被作为离散族群加以分析,但他们都有意使用美式英语和英式英语。他们通常与所在地保持着相当的社交和文化距离,并且被当地居民视为不受欢迎的美帝国主义势力的代表。

### 帝国离散

在 2 000 多年以前的古代希腊地中海世界里,四处行走的商人充当了像 1500 年后欧洲诸帝国形成时期里商人所充当的先锋角色,1500 年后,荷兰、西班牙、葡萄牙、德国、法国和英国殖民者在世界各地建立了定居地,他们在当地复制了属于他们自己的文化,而不是适应当地人的习俗和语言。

在殖民帝国形成过程中出现的离散,往往得到了来自国家的重要支持,政府组织、引导并从资金上支持本国公民移民,以此来增加殖民地的人口数量。从 17 世纪开始,英国政府通过强迫贫穷的苏格兰人和爱尔兰人离开自己土地的政策,通过将囚犯和小孩运往殖民地,通过号召未婚女性移民等行动,鼓励人们向殖民地移民,尤其是向加拿大和澳大利亚移民。英国的军队和政府官僚机构还组织警察、文职人员和教师迁移到非洲、印度和亚洲等其他地方工作。虽然这类受雇者中有许多人仍期望再次返回故土,他们心中也存在着一种与殖民地当地居民格格不入的身为英国国民的自豪感,但帝国移民有时候也确实会对新的定居地产生感情并且永久在此定居。从欧洲其他国家出来的殖民者中也存在着类似的情况。在法属阿尔及利亚和英属罗得西亚两地,那些曾经作为帝国建设者来到两地定居的人在二战后长期居住于此,并极力反对非洲当地自治独立。该事实表明,在帝国离散里,帝国文化、故土和定居社会之间存在着十分复杂的关系。

### 无产者或劳工离散

19 世纪的奴隶解放运动和欧美城市的工业化进程引发了新的移民潮,这一直持续到 20 世纪。在 1815—1930 年间,多达 6 500 万欧洲人移民到美洲,另有多达 4 000 万中国人和印度人离开他们的故土。大多数印度移民、欧洲和中国移民中的不少人,都是以契约、劳工合同或者债役的形式移民的。不过,所谓的劳工大移民被认为是自愿移民。工人们为了挣钱而在全球劳动力市场中流动,这既为他们提供了暂时或季节性的受雇机会,也为他们提供了永久定居的机会,这种情况在 20 世纪后半叶尤为明显。

中国移民、印度移民和东南欧移民更有可能视自己为有意重回故土的旅居者。可能有多达 90％的中国和印度劳工从新世界、亚洲或非洲的种植园或矿场返回故土。在从事农业和工业的意大利劳工中,返回故土的人数比例多于50％。上述所有群体中的男性劳工离开故土、返回故土、又再次离开故土,在他们的一生中经常会多次往返。最近的研究表明,流动人口的持续流动加上所在的客居地社群和当地工人的暴力敌对行为,强化了旅居者对故土的依恋。1880—1930 年间,加拿大、美国和澳大利亚通过颁布法案禁止或限制所有的合约劳工移民;阻止中国人和印度人定居;限制意大利、希腊和巴尔干进入本国的工人数量。这些法案起到了相同的效果,这样做的结果是,强化了那些已经永久定居海外的工人后裔的民族和种族意识。即使是经过了好几代人的时间,许多人仍然保持着独特的民族认同,并铭记着自己来自外邦。今天,部分学者在提到这些群体时还是会使用"离散"一词。

## 移民、族群和离散

鲜有学者会认同每次移民都会产生一个离散这一观点。然而,较之半个世纪之前只有被迫移民的难民才被认为会形成离散的情况而言,当今的大多数学者已经接受了该术语有着更宽泛和更普遍的适用范围。

学者们将"离散"的适用范围拓展到涵盖商人、劳工,甚至是帝国的建造者们,这有可能是学界普遍对同化理论以及流动人口族群形成理论不认同的结果。自 20 世纪 30 年代以后,对同化和族群形成的探讨,主要是放在人们向美国等国移民的历史语境中进行的。过去,人们普遍认为,所有的移民都会是那种一旦完全融入定居地社会就放弃与母国的联系、放弃原有民族认同的群体。

像"离散"这一术语的学术意义被拓展那样,大众话语中关于多元文化的讨论将有助于

我们认识到文化多元主义的积极因素,以及移民后裔中族群认同的持续存在。现在看来,早期那些关于同化及其与人类身份认同之关系的观点是过于简单的。如今,人们不仅对个人身份认同的理解比一个世纪前要复杂得多,而且也以更积极的态度看待文化多样性。此外,近期的跨国主义理论家们更是提出了一种观点,即今天,旅行和交流的便利将有可能在当今世界的 1.5 亿移民中促使离散的形成。

然而,最近关于离散的研究也确然表明,强调那些将离散与一般意义上的族群区别开来的共有特征是有意义的。比如,大多数有关离散的研究,都聚焦于散居在不同地方、创造了遥远而广泛的跨国社会网络的移民身上。结果,我们发现,很少有人提及墨西哥人离散。无论这些离散墨西哥人与墨西哥的联系多么重要与牢靠,无论他们的跨国社会活动和文化活动有多强,在过去的 2 个世纪中,大多数墨西哥人仅仅向一个国家——美国——移民。

虽然族群有可能是移民过程中短暂的社会产物,但离散一直保持着对母国的记忆以及相关的神话传说,这些记忆和神话常常被理想化了。反过来,这些记忆也催生了移民们回归故土的梦想。因而,离散以强烈的群体意识为特征,并将其持续保持许多年、许多世代,甚至是许多世纪。通常,离散与其赖以生存的社会之间关系有些紧张,而他们的成员通常也会与世界其他各地的同胞或有同样宗教信仰的人保持起码的团结。离散的意识似乎也有利于文化创新。离散所拥有的独特的音乐、艺术或文学有可能被人口占多数的民族视为美好之物,而这同时又强化了创造这些事物的离散族群的独特性。

总之,与其说离散的特征是其被迫移民的经历,倒不如说其特征是免于和抵制同化而不融入现居地社会的意愿,即使是他们可以自愿选择时也是如此。一种强烈的"共有历史"意

识——常常因流放、压迫或定居地当地的敌意等经历而被强化——可随着时间的变迁在家庭、民族习俗和文化生产中不断延续。这种"共有历史"意识使居住在北美的人们与拥有类似起源却可能居住在南美洲、大洋洲、欧洲或亚洲的人们保持团结。故而，离散终究是历史的产物。时间的流逝将决定哪些流动人口和哪些族群将成为并一直是离散。

---

进一步阅读书目：

Armstrong，J. A. (1976). Mobilized and Proletarian Diasporas. *American Political Science Review*，20(2)，393–408.

Boyarin，J. (1992). *Storm from Paradise：The Politics of Jewish Memory*. Minneapolis：University of Minnesota Press.

Brenner，F. (2003). *Diaspora：Homelands in Exile* (2 vols.). New York：Harper Collins.

Chaliland，G. (1983). *The Armenians：From Genocide to Resistance*. London：Zed Books.

Chaliand，G.，& Rageau，J.-P. (1995). *The Penguin Atlas of Diasporas*. New York：Viking Press.

Clifford，J. (1994). Diasporas. *Current Anthropology*，9(3)，302–338.

Cohen，R. (1994). *Frontiers of Identity：The British and the Rest*. London：Longman.

Cohen，R. (Ed.). (1997). *Global Diasporas：An Introduction*. Seattle：University of Washington Press.

Curtin，P. (1984). *Cross-cultural Trade in World History*. Cambridge，UK：Cambridge University Press.

Dufoix，S. (2008). *Diasporas* (W. Rodamor，Trans.). Berkeley and Los Angeles：University of California Press.

Gabaccia，D. (2000). *Italy's Many Diasporas*. Seattle：University of Washington Press.

Gilroy，P. (1993). *The Black Atlantic：Modernity and Double Consciousness*. London：Verso.

Gold，S. J. (2002). *The Israeli Diaspora*. Seattle：University of Washington Press.

Harris，J. E. (1982). *Global Dimensions of the African Diaspora*. Washington，DC：Howard University Press.

Kenny，K. (2003). Diaspora and Comparison：The Global Irish as a Case Study. *Journal of American History*，90(1)，134–162.

Koser，K. (Ed.). (2003). *New African Diasporas*. New York：Routledge.

Lemelle，S. J.，& Kelly，R. D. G. (1994). *Imagining Home：Class，Culture and Nationalism in the African Diaspora*. London：Verso.

Pan，L. (1991). *Sons of the Yellow Emperor：The Story of the Overseas Chinese*. London：Mandarin.

Safran，W. (1991). Diasporas in Modern Societies：Myths of Homeland and Return. *Diaspora 1*(1)，83–99.

Sheffer，G. (2006). *Diaspora Politics：At Home Abroad*. New York：Cambridge University Press.

Suny，R. (1993). *Looking toward Ararat：Armenia in Modern History*. Bloomington：Indiana University Press.

Toloyan，K. (1991). Preface. *Diaspora*，1(1)，3–7.

Van der Veer，P. (Ed.). (1995). *Nation and Migration：The Politics of Space in the South Asian Diaspora*. Philadelphia：University of Pennsylvania Press.

Vertovec，S. (2000). *The Hindu Diaspora：Comparative Patterns*. London：Routledge.

Wang，G. (1991). *China and the Chinese Overseas*. Singapore：Times Academic Press.

唐娜·加巴西亚(Donna R. Gabaccia) 文

陈黎黎 译　俞金尧 校

# Dictionaries and Encyclopedias　词典和百科全书

词典和百科全书是为了满足人类求知、解惑、梳理释义等迫切需求而自然形成的。从楔形文字泥板到万维网，词典对人类语言的用法进行了定义、规范，并产生了影响，而百科全书则成为知识的映照，并塑造了知识。

在词典和百科全书的悠久历史中，词典既反映了语言的历史及起源，又提供了定义、词源说明、读音和拼写规则。不过，词典也因它所带来的民族中心主义和语言一致性的问题受到批评。就百科全书而言，它在对世界知识进行分类的同时也提供了相关知识的简介。词典和百科全书通过教育和启发的方式让读者学到知识。不过，百科全书也受编写时代的偏见和迷信等限制。

词典和百科全书的基本形式古已有之。早在公元前3000年，双语词表的编纂法就已经出现在苏美尔文明中，这种方法后来为征服苏美尔人的邻国人阿卡德人所采用。其后，阿卡德人将这种方法传播至中东的其他民族中。西方编纂词典和百科全书的传统可追溯至希腊语的词汇表(*glossai*)，它被用来解释荷马的经典文学著作和古代法律。"enkyklios paideia"的含义即"综合的"或"全面的"教育，可追溯到柏拉图和亚里士多德。实际上，第一部已知的"百科全书式"的著作被认为是由柏拉图的外甥斯皮尤西波斯(Speusippos)所编纂的柏拉图著作集，它被用来在柏拉图学园进行讲授。

## 词典

除希腊语的词汇表之外，梵语中也早已有编纂词典的传统，汉语、阿拉伯语、日语中亦有此传统。早在公元前300年，人们就已经编写出词汇表以帮助理解吠陀或神圣的印度教典籍。与这些词汇表相关的，是后来出现的梵文词典编纂学上的经典——由阿玛拉新穆哈(Amarasimha, 650)所编纂的《永生宝库》(*the Amarakosha*)。中国的词典编纂传统起源于像

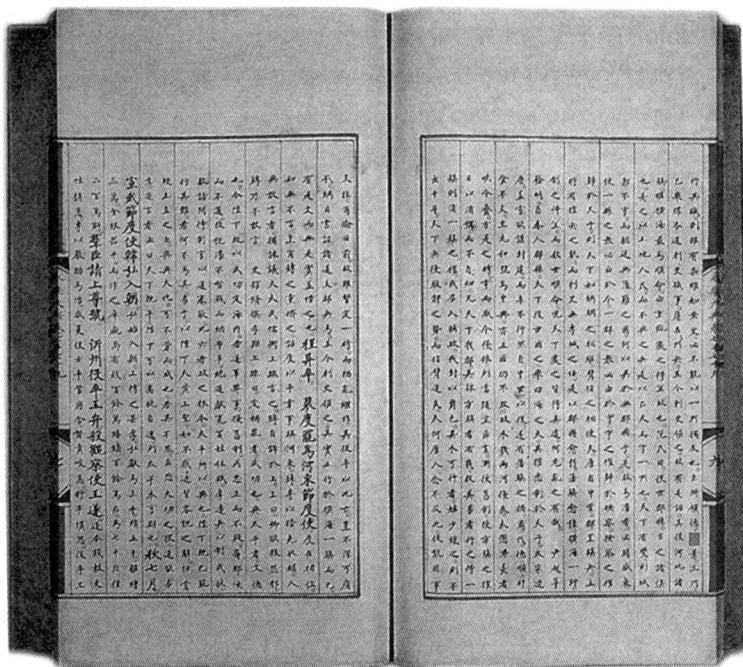

《永乐大典》书页，该书是在1403年由中国的永乐皇帝下令编纂的百科全书，共11 095册（由众学者于1408年完成）

公元前 2 世纪的《尔雅》这般解释词义的书籍。120 年左右,许慎编写的《说文解字》是中国第一部考察词源的词典。虽然阿拉伯字表和词汇表的出现时间要早于《艾因书》(*the Kitab al'Ain*),但这部在 8 世纪晚期由哈利勒·本·艾哈迈德(Al-Khalīl ibn Ahmad)所编的词典被认为是第一部阿拉伯语词典。不过,正是贾瓦哈里(al-Jawharī,卒于 1003 年)所撰的《语言王冠与阿语正解》(*Şihāh*)方明确确立了古代阿拉伯语词典的标准,而穆尔台达·宰比迪(al-Murtādā al-Zabīdī,卒于 1791 年)所写的《新娘之冠》(*Tāj al-'arūs*)吸收了大量前人的成果,该词典的出现标志着阿拉伯千年之久的词典编纂传统达到顶峰。日语词典的编纂历史也十分悠久,起源于平安时代至室町时代末年,然而,现代日语词典的开端应追溯到 1598 年耶稣会士出版的《落叶集》。

除了耶稣会士对日语词典编纂产生影响之外,西方世界对非西方世界的词典编纂也有着不容忽视的影响。用非洲、亚洲和太平洋地区当地诸语言编纂的词典出现得相对晚一些,它们明显烙有当地与西方交流的印记。在首批研究这些语言并撰写词典的人中,许多人都是传教士和社工。这些人率先记录下当地语言,贡献颇丰,与此同时,他们的著作往往具有教化和醒世作用。此外,像罗得岛的亚历山大·罗德(Alexandre de Rhodes)那样的早期传教士则用罗马字母拼音编纂词典,并进一步从西方人的视角对当地的土著语言进行描述。这种现象也出现在非洲语言的词典编纂中,后来,像 1926 年成立于伦敦的国际非洲语言和文化研究所(International Institute of African Languages and Cultures)与 1939 年成立于马德里的非洲研究所(Instituto de Estudios Africanos)这样的机构承担了更加正规的工作。今天,受拉恩(E. W. Lane)的《阿拉伯语-英语词典》(*Madd al-Qāmūs,Arabic-English Lexicon*,1863—1893)

的鼓舞,当代的阿拉伯语词典编纂者们遵循西方的方法和原则编纂词典。

## 希腊人和罗马人的词典

1 世纪后,希腊人和罗马人继续营造着词典编纂的传统。古希腊著名的语言学者、拜占庭的阿里斯托芬(Aristophanes)以先前的词汇表和字表为基础,汇编了第一部希腊语词典,命名为《词汇》(*Lexeis*,前 200)。著作等身的马尔库斯·特伦提乌斯·瓦罗(Marcus Terentius Varro)所写的《拉丁语论》(*De Lingua Latina*,前 43)虽也包含一些词源学的内容,但更多的是关于语法的研究。其他的编纂者们,比如编纂《论词意》(*De Significatu Verborum*)的维利乌斯·弗拉库斯(Verrius Flaccus,约前 10 年)、编纂《词类汇编》(*Onomasticon*)的尤里乌斯·波吕克斯(Julius Pollux,180—238)、编纂《词典》(*Lexicon*)的弗提乌斯(Photius,860—935)等,均在词典编纂的早期史中占有一席之地。类似的词典编纂工作因 10 世纪伟大的《苏达辞书》(*Suda*)或称《苏依达辞书》(*Suidas*)的问世而达到顶峰。实际上,《苏达辞书》是词典和百科全书的综合体,它包含了约 30 000 条词条,涉及语言、文学和历史。更重要的是,所有内容按照字母顺序排列。在这一点上,当时大多数词典还未能采用字母顺序排列法。其后,另一部里程碑式的词典是由安布罗焦·卡勒比诺(Ambrogio Celepino)编纂的《词典》(1502),到 18 世纪早期,该词典出现了许多版本,它最初是用拉丁文编写的,但后来出现了其他语言版本,包括希伯来语、德语、法语、希腊语、意大利语和英语。

## 英语词典

第一部纯正的英语词典是 1604 年由罗伯特·考德里(Robert Cawdrey)编纂的《按字母顺序编写的词汇表》(*Table Alphabeticall*[原文如

"当我渴望读诗时，我便取下我的词典。词语宛若诗句般美妙。编纂者们虽能精妙地排列这些珍宝，但只有流逝的时间才能打磨出它们的形态和光泽。"

——老奥利弗·温德尔·霍尔姆斯(Oliver Wendell Holmes Sr.，1809—1894)

此])。该词典仅有 2 560 个词条，其中大多数词条是从其他地方抄袭来的。考德里侧重于那些所谓的"难词"。这种侧重"难词"的传统在整个 17 世纪占据了主要地位。将近 3 个世纪后，著名的《牛津英语词典》(*Oxford English Dictionary*)方才尝试采用记录下所有英语单词的做法。

在考德里的词典之后，又出现了几十部词典，但只有塞缪尔·约翰逊(Samuel Johnson)出版了第一部伟大的英语词典。在一定意义上，约翰逊的工作是对那些如意大利秕糠学会(Accademia della Crusca)的《秕糠学会词典》(*Vocabolario*，1612)、法国的《法兰西学院词典》(*Dictionnaire de l'Académie Française*，1694)等伟大的大陆词典的一种回应。约翰逊的《英语词典》(1755)满足了人们渴望一本权威英语词典的需求，同时也满足了"日益浓厚的创造一种民族语言的需求"。不过，编纂词典并不是一项由学院派众学者来开展的民族事业，相关工作是由约翰逊及其 6 位助手完成的。约翰逊总计定义了约 40 000 个词目，采用了近 118 000 条引文来说明和区别各词目的含义。

为了民族而编纂词典的情感同样激励着诺亚·韦伯斯特(Noah Webster)。他意识到美式英语与英式英语是不同的，他所编纂的《美国英语词典》(*American Dictionary of the English Language*，1828)正是对这一认知的反映。他的词典在美式英语的拼写方面产生了持久影响。不过，倘若不是梅里亚姆兄弟(George and Charles Merriam)从韦伯斯特家人手中购买了该词典的版权，那么韦伯斯特的词典有可能会逐渐淡出人们的视野。梅里亚姆兄弟提高了该词典的质量，并且出版了按照通用规则编排的修订版和精简版。"梅里亚姆-韦伯斯特"至今仍是词典出版界最受尊敬的名号之一。

英语词典中最伟大的词典无疑是传奇般的《牛津英语词典》。正如人们常常说的那样，《牛津英语词典》被认为是字词的真实历史用法的记录者，而不是一种规定的标准英语。看上去有点古怪的詹姆斯·穆雷(James Murray)才华横溢，他领衔编辑的《牛津英语词典》第 1 卷于 1884 年出版，最后 1 卷于 1928 年出版。自那时起，该词典多次增补，到 1989 年出版第 2 版时已达 20 卷。该词典同样有网络版和光盘版，每季度均可更新。鉴于其精确的定义、解说性的引证、多样的拼写和综合性的词源说明，《牛津英语词典》是不可缺少的英语学习工具书。

## 百科全书

古罗马人奠定了百科全书编纂的基础。古罗马著名的演说家马尔库斯·特伦提乌斯·加图(Marcus Terentius Cato，老加图)所写的《训子书》(*Praecepta ad Filium*，前 184)被认为是现存的第一部百科全书。《训子书》是他写给儿子的信，如我们所知道的那样，包含了"农业、医学、修辞，可能还有法律、战争"等方面的内容。此外，还有一些与之类似的百科全书，其中有两部尤为突出。马尔库斯·特伦提乌斯·瓦罗(Marcus Terentius Varro，前 116—前 27)是一位杰出的学者，著有 74 部著作，总计 620 卷。他的《学科九书》(*Disciplinarum Libri Novem*)中，每卷分别涉及"人文七艺"以及医学和建筑等主题，成为后来中世纪教育的"三艺"(文法、修辞和辩证法)和"四艺"(算术、几何、天文和音乐)的先声。老普林尼(Pliny the Elder)的《博物志》(*Historia Naturalis*，77)共计 37 册，涵盖了包括冶金和美术在内的丰富多样的主题。他是首批引用自己资源的作者之一，直到文艺复兴时期，《博物志》还影响着百科全书的编纂。

### 东方传统

中国的百科全书编纂传统同西方一样深厚

770

悠久。虽然中国早期的百科全书也采用了分类编排的方法,但是通常只是具备词典特征的前人重要著作的作品集。编纂这些书籍是为了教化官员。约 220 年时,中国的第一部百科全书问世,名为《皇览》,它是奉帝王之令编纂而成的。中国早期的百科全书还包括《初学记》和杜佑编纂的、影响力更大的《通典》。《通典》是"三通"中的第一部,它为 1747 年出版的更大型的九卷本"九通"奠定了基础。这些百科全书合在一起便共同覆盖了在此之前的 12 个世纪,反映出了中国的百科全书不断增长和扩充而非被取代的趋势。还有一部非常重要的百科全书是《玉海》。该书始编纂于 1267 年,至 1738 年发展成为有 240 卷的类书。随着 1607—1609 年图录类书《三才图会》的出版,整个 17 世纪里,在皇帝的支持下,中国出版了一系列百科全书。陆凤藻于 1804 年完成的《小知录》因涵盖许多实践性和技术性的内容而别具一格。其后,该世纪内出现了大量的百科全书,尤以历史、传记和政务等方面的内容见长。不过,中国第一部真正现代意义上的百科全书是 1915 年出版的《辞源》,后于 1931 年增补。自 1982 年开始,中国的百科全书编纂出现了进一步的发展,《中国大百科全书》于当年问世,内有详细的文字说明,延续了中国的百科全书编纂传统。

阿拉伯的百科全书同样也是出于指导官员的目的编纂的,不过,它还被用来给那些有学养的人使用。第一部已知的阿拉伯百科全书是伊本·古太白(Ibn Qutaybah, 828—889)所写的《传统菁华》(Kitāl 'Uyūn al Akhbar),该书正是为这些人所写的。另一部重要的阿拉伯全书是由波斯学者和政治家花剌子米所写的《科学之钥》(Mafātīh al-'Ulum, 975—997),除了受到来自阿拉伯的影响外,他的书还反映出作者意识到要用更为重要的希腊语进行写作。大约在同一时期,一个叫作"精诚兄弟会"(the Ikhwān as-Safā)的宗教政治团体出版了由 5 位

苏格兰传记作家包斯威尔(James Boswell)著《塞缪尔·约翰逊生平》(*The Life of Samuel Johnson*)中所绘的塞缪尔·约翰逊——第一部伟大的英语词典的编纂者

作者完成的《精诚兄弟社会典》([*Rasā'il Ikhwān as-Safā*]),其中某些迟至 1889 年仍在出版),共有 52 本小册子。其后,埃及也出版了百科全书,包括阿尔努韦利(an Nuwairi, 1272—1332)编著的著名的《文苑大全》(*Nihāyat al-'arab fī funūn al-adab*),和地位重要且编排极佳的《盲者晨光》(*Ṣubh al-a'sha*, 1412),该书也是为政府官职人员编排的。阿拉伯的百科全书编纂传统一直延续到现代,这在布特鲁斯·布斯塔尼(Butrus al-Bustani, 1819—1883)及其家族的著作中得到了体现。他们所编纂的《百科全书》(*Da'irat al-Maarif*)原在贝鲁特出版,后来发展为 3 个版本,第 1 版在 1875—1900 年出版,第 3 版在 1956 年出版。

### 西方的百科全书和教会

直到 6 世纪时,西方的百科全书编纂传统都受到基督教的影响。卡西奥多鲁斯(Cassiodorus)

的 2 卷本《宗教文献和世俗文献指南》(*Institutiones divinarum et humanarum lectionum*, 560)开篇即是经文和注释以及论及历史学家和基督教早期教父的章节。不过,卡西奥多鲁斯也承担了保护古代拉丁语作者的职责,他提出了"如何利用古代文献去支持基督教教育"。塞维利亚主教伊西多尔(Isidore, 570—636)在其 20 卷本的《词源》(*Etymologiae*)中改变了卡西奥多鲁斯局限于神学的狭窄视野,强调"人文七艺和世俗知识是基督教真正的基础"。他试图在书中涵盖当时世界上已知的所有知识,甚至包括考察词源的词典。

伊西多尔和卡西奥多鲁斯所编纂的书籍中埋下了中世纪经院哲学百科全书的种子。这种试图将古时的古典哲学和中世纪的教会神学融合在一起的经院哲学(Scholasticism),牢牢植根于后来的书籍中。圣维克托的休(Hugh of St. Victor)所写的《学习论》(*Didascalicon*, 1120)即经院哲学百科全书的代表。在休的作品中,他遵循文本等级划分的原则,将经文和其他宗教主题置于首位。同时他声称"人文七艺"才是知识分类所依赖的基础,并强调了拉丁语而非地方语言的首要性。中世纪最重要的百科全书可能是《大宝鉴》(*Speculum majus*, 1244—1260),该书的作者是博韦的文森特(Vincent of Beauvais)。全书共 8 卷,近 10 000 章,引用了约 400 份资料。自该书问世以后的数世纪里人们都以它为参考书。不幸的是,因该套书中包含中世纪最著名的反犹小册子之一——佩特鲁斯·阿方西(Petrus Alfonsi)所写的《反犹对话录》(*Dialogi contra Judaeos*)的改写本,故而助长了反犹主义。大约在这一时期,西方出现了第一部由女性编写的百科全书《愉悦之园》(*Hortus deliciarum*, 1195),其编纂者是兰德斯堡的赫拉德(Herrad of Landsberg);同时,西方出现了第一部用地方语言编纂的百科全书,它是由布鲁诺·拉蒂尼(Bruno Latini)所编纂的《宝藏之书》(*Le livre dou Tresor*, 1265)。

**从文艺复兴到现代**

文艺复兴时期对百科全书编纂贡献最大的是弗朗西斯·培根(Francis Bacon)的《伟大的复兴》(*Instaurantio magna*, 1620)。这是一部编纂进度停留在开始阶段的百科全书,不过,大纲和分类体系还是具有革命性意义,并产生了持久影响。培根用科学的方法使百科全书涵盖了当时已知的所有主题,而他所编纂的大纲为未来的百科全书——包括狄德罗和他伟大的《百科全书》(*L'Encyclopedie*)提供了一份清单。从路易·莫雷里(Louis Moreri)所出版的《历史大词典》(*Le grand dictionnaire historique*, 1674)中我们可以看出,按字母顺序编排百科全书的做法在 17 世纪时已非常普及,这为人们就某一特定知识查阅百科全书提供了便利。约翰·哈里森(John Harrison)是第一位找专业人士为他的《技术词典》(*Lexicon Technicum*, 1704)写词条的人,此外,他还在词典里增加了高质量的插图甚至整页插图,并增加了精选书目。伊弗雷姆·钱伯斯(Ephraim Chambers)借鉴了哈里森的许多做法,在《百科全书》(*Cyclopaedia*, 1728)里着重采用易读的文章,这使其受众面更大。此外,他还扩大了艺术的覆盖范围,并通过词条的互相参照建起一个直通体系。

**《百科全书》和《不列颠百科全书》**

丹尼斯·狄德罗(Denis Diderot)和让·勒朗(Jean le Rond)即后来人们所熟知的达朗贝尔(d'Alembert),将原本打算翻译自钱伯斯的《百科全书》变成了历史上最著名、最生动的百科全书。在他俩尤其是狄德罗的指导下,《百科全书》成为革命性的哲学事业,包括了诸如伏尔泰、杜尔哥和卢梭等名人为其撰写词条。它抛弃了陈词滥调,宣扬科学理论和启蒙运动的先进思想。提出理性而非教会才是权威的根源,传统知识也因其偏见和迷信受到批判。《百科全书》是用以反抗当局的最佳工具，因而常受到审查和镇压。不过，由于它也反映出了那些投身于商业和资本主义和正在形成中的中产阶级的需求，所以广受欢迎，影响巨大。

在《百科全书》之后，另有两人成为业界领军人物，他们是达维德·弗雷德里希·布罗克豪斯(David Frederich Brockhaus)和皮埃尔·拉鲁斯(Pierre Larousse)。他们所编纂的《会话词典》(*Koversations-Lexikon*，1811)和《通用大词典》(*Grand Dictionanaire Universal*，1876)以采用简短、易懂的词条并按字母顺序加以编排为特征，这些特征使之常被人们作为一本用以查询而不是阅读的参考书来使用。今天，众多出版社仍继续以他们的名义出版享有盛名的百科全书。另一部伟大且常被提到的欧洲大陆百科全书是《意大利科学、文学与艺术百科全书》(*Enciclopedia intaliana di scienze，lettere ed arti*，1929—1939)，该书是已出版的最好的国别百科全书之一，但仍具国际影响。

《不列颠百科全书》(*The Encyclopedia Britannica*)与狄德罗的《百科全书》同样重要。该书第1版共有3卷，既包含了真实的资料，也包含了虚构杜撰的内容。不过，这种局面在詹姆斯·泰特勒(James Tytler)担任该书主编时发生了变化。他所主编的第2版《不列颠百科全书》(1784)一套共有10卷，配有340幅整页插图，重点突出了历史词条和书目。后来，该书几经修订，第9版(1888)被视为里程碑，它与经典的第11版(1911)被认为是内容更均衡的，兼具可读性与学术性的百科全书的典范。这两个版本为《不列颠百科全书》赢得了声誉。不过，较之该书品质所带来的影响力，《不列颠百科全书》之所以获得成功——尤其是在美国获得成功，大部分应归因于市场影响和日益壮大的富有中产阶级。1929年，该书在美国出版第14

版，这反映出美国人对这套百科全书的兴趣要大于英国人。21世纪初，虽然纸质版《不列颠百科全书》仍在出版，但是人们更常用到的很可能是该书的某个电子版。该书的免费版给出了全文的摘要，也提供了获得全文和研究工具的预订方式。

## 目前的状况和未来的趋势

随着知识大爆炸时代的来临，词典和百科全书也相应地有了改进和改变，它们不再仅供学者们使用。为了使百科全书的受众面更广，面向大众市场的词典和百科全书既出现在书店中，也出现在超市里。这种情况在词典上尤其突出，这使词典的规范性和适用性变得不易解决。人们对词典的要求是它应是权威的、保持中立的和客观的；与此同时，它还要用一种大多数人使用的口头表达方式去描述。当词典通过电脑和万维网向更广泛的读者群传播时，上述两者间的分歧预计会更大。不过，比如像"免费词典网"(the free Dictionary. com)等在线词典，既提供了深入透彻和可靠的定义，也采用了当下人们惯用的字词和术语，因而赢得了读者的信任。

电脑技术同样为我们提供了词典编纂前辈们连做梦都不会想到的及时性。在线词典可及时持续地更新。此外，电脑还革新了人们搜寻和检索所需信息的方式。正如《在线牛津英语词典》(*OED Online*)编辑所指出的那样，"人们不可能通过使用纸质版词典在数秒时间内完成对字词起源或引用情况的综合调查"。此外，计算机和万维网联合促成了诸如由芝加哥大学领衔的数字版南亚词典(Digital Dictionaries of South Asia)等需要学者集体努力的项目，也促成了诸如"你的词典网"(yourdictionary. com)等广受欢迎的在线词典的完成。

今天，百科全书曾经承担的为世界知识进行分类的角色已经相对边缘化。索引、互相参照和超链接已经取代了概要和分类。百科全书已经不再用作阅读和促使深思,而是为人们获取客观事实和背景知识提供查询之便。综合性的百科全书不再享有绝对的优势地位。数百种主题性的百科全书,包括像《格罗夫艺术辞典》(*Grove Dictionary of Art*)和韦利·布莱克威尔(Wiley-Blackwell)的《生命科学百科全书》(*Encyclopedia of Life Sciences*),都比许多综合性百科全书的规模要大得多。

774　　　与词典一样,计算机也加快了百科全书的转变。随着信息承载方式逐渐从纸质版向电子版转移,词典和百科全书出版商提供了越来越多的获取书籍的数字化路径。大型出版物比如《牛津英语词典》和《格罗夫音乐词典》等已经转移到网络上,而纸质书的电子版也开始被纳入诸如盖尔虚拟参考书图书馆(Gale Virtual Reference Library)、牛津在线参考资料库(Oxford Reference Online)、克莱德全球工具书大全(Credo)和 SAGE 参考书在线(Sage Reference Online)等数据库中。这些出版商中的大多数仍然提供其所出版的词典和百科全书的印刷本,不过,使用者们普遍期望的却是获取电子版的阅读路径。搜索型数据库的优势很难被忽略,人们可以在这些数据库里更简单、更灵活地查找到信息,并且更快捷地获取结果。

　　近来,百科全书发展史上影响最大、争议最大的一项发展,当是"维基百科"(Wikipedia)。维基百科网(2010)对自己的定义是:"这是一个建立在大量网络匿名志愿者集体进行无偿的开放式编辑模式基础之上的多语言的、基于网络的、内容自由的百科全书项目。"在维基工作的人有可能还会说这些志愿者"除了有网络连接外没有任何文凭资质"。这种部分撰写者缺乏资质证明的情况,使维基百科的有效性和真实性被质疑。有人提出"由于它的开放性,它也受到恣意妄为的涂写","撰写文章的志愿者们对他们所写的词条享有一种过度的所有权,他们删除了有所改动的地方,包括他人所做的正确的修改"。虽然这些都是真实的,但毋庸置疑,维基百科获得了成功。到 2010 年 4 月为止,该网站上仅用英语写的词条就近 340 万篇。根据亚历克萨网(Alexa)这个专门分析网络流量数据的网站的排名显示,维基百科在所有网站中的点击率排名第六。也有一些研究对维基百科的精确性和可靠性表示支持,最有名的当数发表在权威杂志《自然》(*Nature*)2005 年 12 月号上的一篇文章,文中指出,维基百科上"就科学方面的词条的精确性而言,它只比《不列颠百科全书》的精确性差了一点点而已"。这一结论引发了《不列颠百科全书》的抗议,不过,在数百万用户的印象中,维基百科有助于获取基本信息和快捷信息。

　　毋庸置疑,万维网和它所提供的可用的电子信息对词典和百科全书的出版与使用产生了巨大的影响。直接从知名出版商那里获取有用信息的方式如今只有愿意付费的图书馆和个人订阅者,网络志愿者群体正在制造出像维基百科这样的免费工具平台,而这对传统词典和百科全书一直占有的地位发起了严重挑战。不过,电脑和万维网也提供了更多的碎片化信息,这违背了编纂百科全书的初衷之一:将知识组织成人们能够理解的整体。同样,百科全书所起到的保存知识的作用,也受到了人们依赖电子版的威胁,这些电子版可能在未来的几十年中不复存在。发布在万维网上的信息标准不一、参差不齐,也危及词典和百科全书两者所具有的权威性和可靠性。总之,对这些在历史上有价值的参考书而言,未来既充满了鼓舞人心的希望,也充满了令人担忧的隐患。

进一步阅读书目：

Alexa. (n. d. ) Top Sites. Retrieved April 17, 2010, from http://www. alexa. com/topsites

Bailey, D. C. (1960). Early Japanese Lexicography. *Monumenta Nipponica*, 16(1/2), 1 - 52.

Benson, P. (2001). *Ethnocentrism and the English Dictionary*. London: Routledge.

Carter, M. G. (1998). Medieval lexicography. In J. S. Meisami & P. Starkey (Eds. ), *Encyclopedia of Arabic Literature* (pp. 467 - 469). London: Routledge.

Chandler, C. J. and Gregory, A. (2010). Sleeping with the Enemy: Wikipedia in the College Classroom. *History Teacher*, 43, 247 - 257.

Collison, R. L. (1964). *Encyclopaedias: Their History throughout the Ages*. New York: Hafner.

Collison, R. L. (1971). *Dictionaries of English and Foreign Languages*. New York: Hafner.

Eco, U. (1984). Metaphor, Dictionary, and Encyclopedia. *New Literary History: A Journal of Theory and Interpretation*, 15(2), 255 - 271.

Donato, C. , & Maniques, R. (Eds. ). (1992). *The Encyclopedia and the Age of Revolution*. Boston: G. K. Hall.

Goldsborough, R. (2009). Internet Encyclopedias in Flux. *Tech Directions*, 69, 12 - 14.

Green, J. (1996). *Chasing the Sun*. New York: Henry Holt.

Kafker, F. (1981). *Notable Encyclopedias of the Seventeenth and Eighteenth Centuries*. Oxford, UK: Oxford University Press.

Katz, B. (1998). *Cuniform to Computer: A History of Reference Sources*. Lanham, MD: Scarecrow.

Kogan, H. (1958). *The Great EB*. Chicago: University of Chicago Press.

Landau, S. I. (1989). *Dictionaries: The Art and Craft of Lexicography*. Cambridge, UK: Cambridge University Press.

Lih, A. (2009). *Wikipedia Revolution: How a Bunch of Nobodies Created the World's Greatest Encyclopedia*. New York: Hyperion.

Louch, J. (Ed. ). (1968). *Essays on the Encyclopedie of Diderot*. Oxford, UK: Oxford University Press.

Micklethwait, D. (2000). *Noah Webster and the American Dictionary*. Jefferson, NC: McFarland.

Reddick, A. (1990). *The Making of Dr. Johnson's Dictionary 1746 - 1773*. New York: Cambridge University Press.

Steinberg, S. H. (1951). Encyclop. dias. *Signature: A Quadrimestrial of Typography and Graphic Arts*, 12, 3 - 22.

The uses of encyclop. dias: Past, Present, and Future. (1962). *American Behavioral Scientist*, 6, 3 - 40.

Wells, J. M. (1968). *The Circle of Knowledge: Encyclopedias Past and Present*. Chicago: Newberry Library.

Wikipedia. (2010). Help: About. Retrieved April 17, 2010 from http://en. wikipedia. org/wiki/Help:About

Winchester, S. (2003). *The Meaning of Everything: The Story of the Oxford English Dictionary*. Oxford, UK: Oxford University Press.

Xue, S. (1982). Chinese lexicography, Past and Present. *Dictionaries*, 4, 151 - 169.

汤姆·吉尔森(Tom Gilson) 文

陈黎黎 译 俞金尧 校

# Diplomacy 外交

虽然各古代文明之间曾通过派出使者和代表的形式进行政治谈判,但近代外交始于 14 世纪在欧洲派驻使节的做法。几个世纪以来,外交的具体形式多种多样,比如"国家利益至上"(*raison d'état*)和"现实政治"(*realpolitik*)等,但其本质却从未改变。以峰会外交而著称的当代外交,未来仍将在国际政治中占据主导地位,并在国际组织的形成发展中发挥作用。

"外交"指的是王国、帝国、邦国如何和民族国家间关系的处理。从人类以一种有组织的社会形态存活于世之始,就已经有了外交。世界古代文明的早期记录表明,统治者之间曾定期通过使者传递信息、商议协定。不过,大多数历史学家都认为,现代外交起源于文艺复兴时期的意大利。

## 近代外交的出现

14 世纪,意大利的威尼斯城邦成为欧洲最主要的商业强国。威尼斯的繁荣和强大,有赖于它精确掌握了贸易往来国的经济和政治情况。威尼斯在其他国家设置了长期驻外代表以获得可靠情报。这种威尼斯体制(The Venetian system)迅速被意大利的其他城邦所采用。文艺复兴时期,意大利半岛分裂成了许多城邦,它们之间常常互相算计、战争不断。出于精确掌握情报的目的,各国会在友邦和敌国均派驻代表或大使。其后,西欧各王国开始向外广泛派驻大使。大使们源源不断地提供情报,其结果是创立了相应的官僚机构来搜集和处理情报并发出指示,以现代标准来看,当时这些机构的规模都非常小。到 18 世纪早期,几乎所有欧洲国家都已设有外交部门以处理本国与其他国家间的关系。外交部门的首脑逐渐被称为"外交大臣",而外交大臣很快成为所有欧洲国家的内阁核心成员,他们掌握着极大的权力并拥有着重要的影响力。当外交体制日臻完善,各路评论家开始就从事外交的最佳方法撰写提供建议的书籍。尼科洛·马基雅维利(Niccolò Machiavelli)所写的《君主论》(The Prince)于 1513 年首次出版,成为许多同类著作中最著名的作品。

## 早期的外交活动

数世纪以来,许多外交家名垂青史。17 世纪时,在 1624—1642 年间担任路易十三(Louis XIII)首相的法国红衣主教黎塞留(Armand-Jean du Plessis de Richelieu)提出了"国家利益至上";该理论认为,国家利益高于一切,外交活动必须免受情感、意识形态或宗教信仰的影响。国与国之间是缔结联盟还是关系破裂,都取决于国家利益这一唯一的原则。由于黎塞留的论断据称缺乏道德,在当时遭到人们的批判,而黎塞留则以捍卫国家利益至上才是道德的最高形式回应这些批判。黎塞留获得了巨大的成功,到他去世时,法国已成为主宰欧洲的国家并持续了 170 年。

不过,法国主宰欧洲威胁到了欧洲其他国家的利益,17 世纪末至 18 世纪,欧洲其他各国通过缔结联盟来牵制法国的野心。像苏格兰哲学家大卫·休谟(David Hume)这样的 18 世纪政治观察家和评论家们,很快便开始提出一种"均势"的概念。在这一概念下,追逐自我利益的国家将在欧洲各国间创造一种平衡或均势的局面。欧洲各国间形成的网络,刺激了外交活动的发展。

亚洲的外交是以中国这一个强大国家为中心,其他朝贡国围绕中国来运转的,该体系通过派遣使者来维系。这种情况在中央集权衰弱的南宋时期曾出现很大的变化,当时曾短暂出现过某种近似均势的局面。拜占庭帝国和奥斯曼帝国与中国面临着诸多相似的情况,也采用过与中国相似的外交形式。

## 19 世纪早期

继 1792—1815 年法国大革命和拿破仑战争的动荡之后,欧洲出现了一种新的外交形式。1814 年 9 月—1815 年 6 月举行的维也纳会议,列强不仅意欲分割战果,也打算为欧洲的长期和平奠定基础。奥地利的外交大臣梅特涅(Klemens von Metternich)努力将他关于欧洲国

> 外交家是这样一种人——总记得女人的生日，却从不记得她的年龄。
>
> ——罗伯特·弗罗斯特（Robert Frost，1874—1963）

1868 年，中国派出由蒲安臣（Anson Burlingame，居中者）——受雇于清廷的美国退休外交官所率领的清朝第一支外交代表团出访美国。此次访美的结果是，签订了颇有争议的《中美天津条约续增条款》（Seward-Burlingame Treaty），该条约欢迎中国劳工前往美国

际关系体系的设想变为长久的现实，欧洲五大国将因而处于均势体系中。与其让这些国家通过追求自我利益最大化的方式来自然而然地形成均势体系，倒不如通过协调来形成均势体系，因而有了"欧洲协调"（concert of Europe）这一说法。根据梅特涅的设想，各国的自我利益将让位于更大的利益。更大的利益是指捍卫欧洲保守的专制君主制至高无上以及镇压自由主义和民族主义的力量。梅特涅从意识形态的角度对外交施加影响。定期会议制度（欧洲协调机制）一直持续到 1853—1856 年克里米亚战争爆发为止。1856 年，俄国在这场战争中失败，欧洲协调机制走向瓦解，这也成为之后欧洲连续 15 年局势不稳的起点。

## 现实政治

克里米亚战争结束后，国家利益至上的思想重新成为外交活动的指导理念，当时出现了我们今天所熟知的"现实政治"理念。不过，现实政治和黎塞留所提倡的外交形式并没有太大的不同。在践行现实政治理念方面的代表人物有3 位，他们是：意大利皮埃蒙特王国的首相卡米洛·加富尔（Camillo Cavour）、法兰西第二帝国的皇帝路易·拿破仑（Louis-Napleon，也称拿破仑三世），以及曾任普鲁士王国首相、后成为德意志帝国宰相的俾斯麦（Otto von Bismarck）。这3 人均根据不断变化的国家需求来缔结或破坏联盟，订立或撕毁条约和非正式协定。他们的举动常令时人惊恐不安，不过，国家利益是这些奉行现实政治外交的人首要考虑的因素。在加富尔伯爵过早地于 1861 年去世之前，他成功地领导了意大利的统一运动。相比之下，路易·拿破仑则稍显逊色，1870 年法国在普法战争中遭遇了军事上的失败和耻辱。路易·拿破仑的劲敌正是俾斯麦这位 19 世纪最成功的外交家。在俾

778

斯麦的精心策划下,普鲁士于 1871 年成功领导
并实现了德意志的统一。法国被迫出局,而德
国成了欧洲外交的中心。

## 19 世纪后期

虽然受到了来自德意志内部以及其他欧洲
国家的双重压力,但是德意志在俾斯麦的精心
策划下实现了统一,其后,俾斯麦决意维系德国
在欧洲的中心地位。俾斯麦担心德国会被潜在
的敌对国家包围。他编织了一张十分复杂的联
盟网,这张网既可确保法国持续处于孤立境地,
也可使欧洲其他大国与德国一定程度上捆绑
在一起。1871 年后,俾斯麦所设计的联盟之网
主导着欧洲外交。他以其精湛的技巧维持着这
些联盟。他坚持认为只有德国是已"饱足"的国
家("satiated" power),能在多国冲突中担任公
正的仲裁者。比如,1884 年俾斯麦主持召开了
柏林会议,在会议上针对欧洲各国向非洲和亚
洲等广阔大地扩张的行为制定了基本准则。19
世纪末,欧洲外交常对南北美洲、欧洲和亚洲的
各民族产生影响。欧洲各国不只在欧洲兵戎相
见,同样也因海外财富和属地等利益发生冲突。
不过,柏林会议是当时欧洲外交在全球产生影
响的最富戏剧性的事件。欧洲国家在整个 19 世
纪发起的侵略和征服亚洲和非洲国家的行动被
称为"炮舰外交"或"强制外交"。

俾斯麦于 1890 年卸任。在维持其所建立的
各种联盟上,俾斯麦之后的继任者们都力有不
逮。到 1914 年时,德国被英国、法国和沙俄组成
的联盟——三国协约包围。与之相应,德国、奥
匈帝国和意大利达成三国同盟(Triple
Alliance),由德国领衔,不过,在 1914 年战争爆
发之前,意大利一直都保持中立。

19 世纪通常被认为是古典外交时期。所有
欧洲国家的外交官均拥有相似的社会背景,他
们通常出身于贵族,拥有许多共同的理念,在从
事外交活动时大都不受国内公众舆论和游说团
体的影响。

## 新外交

第一次世界大战使 900 万人失去生命,战争
之殇使许多人谴责那些所谓的"老式外交"——
指由专人从事的外交。据说秘密外交织就了一
张联盟网,正是它使欧洲陷入一场恐怖的战争
中。1918 年,美国总统伍德罗·威尔逊
(Woodrow Wilson)成为"新"外交的首席代言
人。威尔逊认为,各国应当公开从事外交活动,
订立"公开合约"。针对秘密联盟,威尔逊提出建
立一个国际联盟取而代之。如果这样做,那么国
际法规将取代战前的无序。各国应通过将争端
递交国际联盟的方式来寻求解决之道,而不是
直接发动战争。无视国际联盟的侵略国将受到
经济制裁,国际联盟也会采取相应的军事行动。
威尔逊所提出的某些内容,在一战结束后制定
的《凡尔赛和约》中得到实施。《凡尔赛和约》的
内容中包含了新创立的国际联盟的章程。

作为一个自由国际主义者,威尔逊再一次
将意识形态贯彻到外交事务中。曾在 1917 年领
导布尔什维克夺取俄国政权的弗拉基米尔·列
宁向威尔逊的观点发起挑战。布尔什维克还公
布了战争时期同盟国所起草的瓜分土耳其的秘
密文件,这进一步使老式外交名誉扫地。

1933 年,阿道夫·希特勒成为德国的当权
者,他决意摧毁凡尔赛体系。他认为德国能够
在东欧获得"生存空间",而且不耻于通过战争
达到目的。他注意到德国传统外交机制的缺
陷,不再任用职业外交官而是重用纳粹党党
徒,比如约阿希姆·冯·里宾特洛甫(Joachim
von Ribbentrop),后者在 1936 年任德国驻英
国大使,后又于 1938 年任纳粹德国外交部
部长。

到 20 世纪 30 年代中期,19 世纪外交事务

779

所具有的协调一致已然支离破碎。意识形态差异使外交官们出现分化,而他们也越来越多地出身于不同的社会背景。公众舆论也在外交事务中发挥了空前的影响力。英国成立了国际联盟协会(The League of Nations Union)确保英国政府遵照国际联盟原则从事外交活动,它也因此在英国受到成千上万人的追随。老式外交实际上已失效。1935 年意大利人侵埃塞俄比亚,法国外交部长和英国外交大臣——皮埃尔·赖伐尔(Pierre Laval)和塞缪尔·霍尔(Samuel Hoare)——曾试图与意大利独裁者贝尼托·墨索里尼达成一项秘密协定来结束危机。这样的密约在 19 世纪一直被视作常规行为。但是,协议中的具体细节,即将埃塞俄比亚大部地区归于墨索里尼的内容却被泄露给了新闻界,这迫使霍尔和赖伐尔双双辞职。

## 峰会外交

1938 年大战在即,峰会外交初现端倪。进展缓慢的外交活动曾令国家首脑们备感沮丧。1937—1940 年任英国首相的内维尔·张伯伦(Neville Chamberlain)在他执政后不久曾表示,他想去"搅动"一下英国外交部。现代通信和交通体系意味着领导人能自行从事外交活动,不必再依赖职业外交官。1938 年 9 月,内维尔·张伯伦曾三次飞往德国,就化解捷克斯洛伐克危机与希特勒进行会谈。在那样一个只有富商精英才能乘坐飞机的时代,张伯伦的行为曾引发一时轰动。张伯伦的努力虽只是徒劳一场,不过,国家首脑面对面进行会谈,即人们所称的"峰会外交",却被证明是一项影响持久的创举。第二次世界大战期间,同盟国的领袖们多次见面会谈以协调彼此间的行动。战后美国总统和苏联领导人之间的峰会外交逐渐成为冷战期间的常态。20 世纪 70 年代初,美国国务卿亨利·基辛格为了解决阿以冲突常常往返于中东各国的首都,这促成了一个新术语即"穿梭外交"的产生。

## 新世纪的外交

峰会外交仍是 21 世纪初世界各国领导人最乐于采用的外交形式。外交部长们继续就外交政策的议题进行争论,并为国家首脑提供建议。较之以往,大使的重要性有所降低,不过他们仍在外交事务的运作中发挥关键作用。峰会外交将继续在未来的外交中占主导地位,其特别的原因在于,峰会外交从一个积极的视角将领导人展现给世界。不过,外交也将在诸如北大西洋公约组织、七国集团、欧盟和联合国等国际多边组织中越来越多地发挥作用。

进一步阅读书目:

Albrecht-Carrié, R. (1973). *A Diplomatic History of Europe since the Congress of Vienna*. New York: Harper and Row.

Craig, G., & Gilbert, F. (1953). *The Diplomats*. Princeton, NJ: Princeton University Press.

Crankshaw, E. (1981). *Bismarck*. New York: Viking.

Doerr P. (1998). *British Foreign Policy, 1919–1939: Hope for the Best, Prepare for the Worst*. Manchester, UK: Manchester University Press.

Finney, P. (2005). *Palgrave Advances in International History*. New York: Palgrave Macmillan.

Jonsson, C., & Langhorne, R. (Eds). (2004). *Diplomacy* (3 vols.). London: Sage.

Kissinger, H. (1994). *Diplomacy*. New York: Simon and Schuster.

Lammers, D. (1971). Fascism, Communism and the Foreign Office. *Journal of Contemporary History*, 6(2), 66–86.

Lawford, V. (1963). *Bound for Diplomacy*. London: John Murray.

Machiavelli, N. (1979). *The Portable Machiavelli* (P. Bondanella & M. Musa, Eds. & Trans.). New York: Penguin.

Mattingly, G. (2004). *Renaissance Diplomacy*. New York: Dover.

Mayer A. (1970). *Political Origins of the New Diplomacy*. New York: Vintage.

McKay, D., & Scott, H. (1983). *The Rise of the Great Powers 1648 – 1815*. London: Longman.

Nicolson, H. (1939). *Diplomacy*. London: Thornton Butterworth.

Rich, N. (1992). *Great Power Diplomacy, 1814 – 1814*. New York: McGraw-Hill.

Sharp, A. (1976). The Foreign Office in Eclipse. *History*, 61, 198 – 218.

保罗·多尔(Paul W. Doerr) 文

陈黎黎 译 俞金尧 校

# Diseases—Animal 动物疫病

纵观人类历史,每一种引发大流行并改变社会哲学传统的疾病,均源于人类以外的动物,它们"跨越物种界限"传染给了人类。当我们讨论疾病对人类历史所造成的影响时,无须将动物疫病和人类疾病区分开来。

781

我们应当注意到正因为人类是哺乳动物,所以在人类以外的动物体内,尤其是在其他哺乳动物体内发现的疾病,常常会轻而易举地传播给人类,弄清并重视这一点,将是十分重要的。对人类历史影响最重大的疾病均是传染性疾病,非传染性疾病对人类历史影响甚微。依据定义所释,传染病会通过感染健康的人而迅速传播开来。被感染的人会在短时期内死亡或痊愈,而那些痊愈的人通常会获得抵抗相同疾病再度感染的免疫能力。

从数量上来看,人类历史上有文献记载的单次影响最大的一次流行病是第一次世界大战结束时暴发的流感,4 000万人因此丧生。据载,对人类历史影响最大的瘟疫是发生于14世纪的鼠疫,西欧25%以上的人口因它丧生。不过,虽然缺乏文献资料的记载,但是对人口和人类历史影响最大的流行病却是在美洲人接触欧洲人及其驯养的动物后不久暴发的一连串波及整个美洲的流行病。这些流行病在那些以前并未接触过欧亚疾病的人群中传播开来,尤其是在那些被殖民的过程中遭受多重创伤——暴力、被奴役、失去生计的群体中传播开来,通常会造成90%~95%的死亡率。总体看来,这些疫病有可能使美洲有多达1亿人丧生。

从其他动物传播给人类的诸传染病中,最有代表性的有天花、霍乱、结核病、鼠疫和流感。虽然艾滋病(AIDS)是现代世界一大潜在问题,不过它不是接触传染性疾病,也非急性传染病。近年来,世界上出现了对诸如口蹄疫、汉坦病毒(Hanta virus)和所谓的疯牛病等疫病恐慌的现象,这些疫病很可能根本算不上疫病。同前文已列出的其他疫病相比,这些疫病的病理状态微不足道,然而它们却引起了公众的极大关注,这很可能是由人们对疫病的无知、媒体的宣传所激发的恐惧,夹杂着大多数人并不了解各种疫病的转移方式等因素导致的。

大多数转移给人类的动物疫病都是由细菌和病毒引发的；这些细菌和病毒体积微小，具有高度的活性，并且能经气溶胶（aerosals）传播，因而，它们更容易从某一个体传播给另一个体，这是传染的基础。诸如疟疾和昏睡病等疫病是由原生生物、单细胞真核微生物引发的，它们的体积比细菌和病毒要大得多。原生生物所拥有的相对较大的体积意味着它们不能够经气溶胶传播，因而它们主要以注入的方式来转移，比如昆虫叮咬，这就使得它们的传染性要低一些。

大多数传染病微生物在与其他非人类物种互动的过程中共同进化。这些非人类物种会进化出对致病微生物的免疫反应，所以传染病微生物并不会对其原初宿主的健康或是种群数量造成严重威胁。对人类而言，大多数传染病之所以如此致命，是因为当人类首次被传染时，人

类并没有进化出对这些病原体的免疫反应。比如，天花与牛痘有关，它在牛体内只产生了一点点问题，但它在人体内的变异形态对人类常常是致命的。与之相似，艾滋病毒与出现在非洲灵长目动物体内的一种病毒性传染病关联密切，但对非洲灵长目动物而言，艾滋病毒仅在它们体内引发了类似于流感的微小症状。其他的例子还包括：麻疹，它与有蹄类动物疫病——牛瘟密切相关；结核病，它与牛得的一种相似疾病密切相关；流感，它实际上是一种复杂的病毒疾病，源于猪（猪流感）和诸如鸭子、鸡等禽类动物所携带的相似的病原体。近期，当人们发现引发人类疟疾的疟原虫与黑猩猩体内的一种致命性较低的寄生虫关联密切时，人们也将疟疾增补到上述类型的疫病名单中。

那些跨越物种界限从非人类物种传播到人

*Le Marchand de Mort aux Rats*（直译为"卖老鼠克星的商人"或者更通俗地称为"猫贩子"）。在历史上，鼠是鼠疫这类疾病的带菌者。马莱（Marlet）创作的平板印刷品

类的接触性传染病,曾经是改变欧洲和亚洲历史的主要因素。欧洲、亚洲与美洲、非洲最大的不同点在于,在欧亚文化中人们驯养动物并与之密切接触,而这些动物恰是接触性传染病的原初宿主。驯化有蹄类动物,尤其是驯化牛和猪,使人类和这些动物之间建立起密切的关系,这使人类不断接触到各种对有蹄类动物影响甚微的流行病,人类社会中那些牛和猪饲养密度高的地区成为这些疫病繁盛的温床。农民过着定居生活,他们自己所产生的污物,以及与他们亲密共生的驯养动物所产生的污物,包围着他们。在许多农业社会里,农民习惯性地在晚上将牛和猪牵入家中。这既利于让牲畜取暖,也是为了保护牲畜免受食肉动物的攻击。这种情况既延长了人类接触病菌的时间,也增加了病菌传播的可能性。

农业与其所取代的狩猎-采集的生活方式相比,拥有更高的人口密度。日益增长的城市化使人口大量聚集在一起,这为那些源于其他物种的传染病的快速传播提供了沃土。欧洲的城市仅仅是在20世纪时才真正实现了人口自我平衡,这是因为在过去的历史上有太多城市居民因疾病而丧生,以致必须从乡村地区不断往城市迁徙人口才能维持城市的人口数量。

## 黑死病

世界商路的发展加快了流行病的传播速度。古罗马时代,欧洲、亚洲和北非的人群逐渐成为滋养那些源自家畜的疾病微生物的巨大温床。2世纪时,天花肆虐罗马,引发"安东尼瘟疫"(Plague of Antoninus),数百万的罗马市民在瘟疫中丧生。腺鼠疫(bubonic plague)是对欧洲和亚洲历史进程影响最大的动物疫源性疾病。该病通过跳蚤传播,跳蚤从鼠疫通常的宿主即毛皮动物那里感染了鼠疫杆菌。542—543年,欧洲发生了"查士丁尼瘟疫"(Plague of

Justinian),这是鼠疫第一次出现在欧洲。不过,直到14世纪,欧洲大陆才出现了最具毁灭性的瘟疫,它造成欧洲大陆多达2 500万人丧生,并逐渐被人们称为"黑死病"。仅大不列颠群岛,瘟疫就造成近150万人(占总人口的25%~40%)丧生。随着14世纪中叶欧洲和中国之间开通商路,毛皮被人们从中亚的人口低密度地区带到欧洲,而这些毛皮似乎是导致大型瘟疫暴发的病菌的主要携带者。

14世纪的这场瘟疫产生了一个重要却常让人不以为意的后果,即它深刻影响了欧洲的哲学和科学。14世纪中叶以前,欧洲盛行的世界观是神秘主义的和象征主义的,植根于循环时间观。与黑死病到来之后兴起的世界观相比,这种世界观更强调人类和世上非人类因素之间的联系。

当瘟疫降临并开始给所及之地的人们造成巨大灾难时,这种旧哲学传统下的知识储备和技术被用来为人们提供帮助,包括祷告、基于交感巫术的医治和寻找替罪羊(比如焚巫)。然而,这些方法中没有一种被证明是行之有效的。此外,在疾病造成的死亡和破坏面前,人类的无能为力造成了大范围的恐慌和继之而来的文明大衰落。疾病造成了大量的、不明原因的死亡,这对社会影响之大无论怎么估算都不为过。传统的精神信仰以及人们对世界运转方式的固有理解被彻底粉碎,以致产生精神空虚感。

一些历史学家将这场瘟疫视作"历史上最重大的生物-环境事件",另一些历史学家则称其"相当于核灾难"。这场瘟疫迫使西欧人用一种新的方式去建构现实认知。在基督教的世界里,瘟疫使人们失去了对仁慈的、怜悯的造物主的信仰;使人们将"异教徒"作为替罪羊加以迫害;最终,它促使了新教的诞生以及新教中开始有了一个愤怒的、复仇的上帝形象。

从一个更为学术的角度来看,经历瘟疫,人们的知识传统得到发展,即身与心分离、客观与主观分离以及人类与自然分离。这导致了文艺复兴的出现以及西欧的"理性主义的"科学传统的发展,并最终生成为笛卡儿式的二元论——一种以机器模型或隐喻来理解非人类世界的方式,以及培根-牛顿世界观。因此,瘟疫给哲学和精神信仰带来的影响直接促成了"现代"理性主义方法的出现,在这种方法中,实验和测量代替了原来的观察和经验。

这种认知现实的新方式产生了许多积极影响。比如,卫生条件变好,这使许多接触性传染病的发生环境得到净化。这种将现实世界分离为精神世界和物质世界的方法,为研究和理解"外在的"世界提供了强大的方法论。不过,这种方法并不足以理解内在经验、人类的心灵以及人类与其他生物之间的关系。因此,这种二元论观点虽然促使卫生条件提高,但并未加深人们对疾病自然周期或免疫反应进化等问题的理解。

## 旧世界和新世界

通过将旧世界(欧亚和北非)与新世界(北美和南美)进行对比,我们将明了动物疾病在塑造人类历史和人类对待环境的文化态度等方面的重要性。美洲的许多文明中均有农业,不过,新世界的农业几乎完全建立在以种植诸如玉米、马铃薯、美洲南瓜和豆类作物等为主的农业基础上,而不是以游牧业、畜牧业以及驯化有蹄类动物为基础发展起来的。美洲的驯化动物仅有狗、豚鼠、原驼(美洲驼和羊驼)以及火鸡。与旧世界驯化的有蹄类动物不同的是,新世界的驯化动物的饲养密度一直不高。人们既不饮用动物奶,也不同旧世界那般,将驯化动物作为家畜来饲养并与之近距离接触,唯一的例外是狗。

新世界许多文明的人口密度也很高,与欧洲不相上下。鼎盛期的阿兹特克首都特诺奇蒂

特兰有可能曾是世界上最大的城市之一;有证据表明,墨西哥中部的人口数量超过了土地的长期环境承载力。与之相似,同欧洲和亚洲已知的人类文明相比,新世界许多其他的文明区域比如玛雅文明、印加文明,以及生活在密西西比河和俄亥俄河流域的筑堤人(the Mound Builder)文明等所建立的城市,均有着与已发现的欧亚文明中的城市可比拟的人口密度。不过,新世界各文明的人口密度虽然很高,但在这些土生土长的新世界文明中几乎没有流行(群发)病,这无疑得归因于新世界文明中缺乏已驯化的有蹄类动物,正是这些动物在欧洲、亚洲和北非地区成为大多数流行病(鼠疫除外)的病源。新世界虽没有流行病,但流行病却很可能与美洲一些大型城市的消失有关,这有可能是由当地卫生条件较差而导致的。

## 新世界的动物疫病

动物疫病史上最具有讽刺意义的事件之一乃是,新世界并不存在非人源接触性传染病且缺乏相应的免疫力,而这几乎肯定恰是欧洲人及其世界观——仅在数世纪之前因亲身经历接触性传染病而被重新锻造——成功入侵美洲的重要因素。欧洲人曾时不时地占领非洲和亚洲的大部地区,不过,由于他们所带去的传染病没有对当地造成毁灭性影响,所以当地人口并未因欧洲人的到来而大量减少。正是因为他们在自己的土地上依然保持了人口数量上的优势,因而,随着殖民主义时代的终结,非洲和亚洲的土著居民重拾了在自己土地上的社会和政治控制权。

相比之下,对美洲土著居民而言,欧洲人所带去的动物疾病给当地易感染人群造成了毁灭性的打击,这种打击远甚于瘟疫在欧洲造成的损害。据估算,美洲90%~95%的土著居民死于外来疾病。

784

《新疫苗，有奇效！》，英国漫画家吉尔雷(J. Gillray)的作品。当欧洲探险家将牛痘(今天它更为人熟知的名字是天花)传播到北美洲和南美洲时，大量土著居民因感染天花而死

与盛行的说法相反，这场被认为是欧洲人征服美洲的第一阶段或微生物阶段的浩劫并非始于 1492 年哥伦布"发现美洲"，而是肇始于更早以前。当巴斯克捕鲸人(Basque whalers)、维京移民和英国渔民开始在美洲大西洋沿岸登陆时即已开始。这比哥伦布抵达加勒比海和其他西班牙探险者(征服者)抵达新世界的时间早了数百年。有证据表明，早在 15 世纪末克里斯托弗·哥伦布抵达美洲之前，一些原本居住在大西洋沿岸的部落曾退居内陆，以此逃离那夺走大部分人性命的流行病。

虽然科尔特斯(Hernán Cortés)和皮萨罗(Francisco Pizarro)等所谓的征服者曾在美洲获得成功，但是天花才是使阿兹特克帝国和印加帝国崩溃的真正元凶。科尔特斯于 1519 年初次远航并入侵阿兹特克文明所取得的成功，远不如他在天花传播至特诺奇蒂特兰之后的 1520 年的再次入侵。至 17 世纪初，墨西哥超过 90% 的土著居民死于天花，人口数量从 2 000 万左右跌至不足 200 万。疾病使阿兹特克人士气低落，失去了抵抗科尔特斯的能力。与之相似，天花于 1526 年传播至印加帝国，为皮萨罗 1531 年的成功"入侵"提供了契机。

已知的证据表明，欧洲人及与之共生的其他物种在抵达美洲时所带去的新型传染病，使 90% 甚或更多的土著居民丧生。一个广为记载的例子是，超过 95% 的曼丹人(the Mandans)——北美大平原诸文明中最精致复杂的文明之一——在天花于 1837 年经密苏里河的船只传播到当地之后，染疫而死。不过，即使造成了这些后果，如果印第安人的土地在欧洲人入侵之后没有被永久占领，没有随后持续实行的殖民统治，那么，新世界的人口仍可能出现回升。

外来疾病的传入，对美洲土著居民造成了毁灭性的后果。如果说瘟疫在造成欧洲 20%～40% 的人口死亡后，就已经促使人们重构和重新

785

思考人类在世界上所扮演的角色，那么，我们很难想象，当瘟疫使美洲诸土著民族 90％～95％的人口丧生时，究竟造成了多大的宗教、社会和哲学影响。

虽然疾病是限制人口增长率的主要因素，但实际上，未受疾病影响的人口数量通常都超过那些遭受疾病影响的人口数量。在欧洲人抵达美洲之前，相对而言，当地土著居民未受到过传染病的影响。因此，土著居民未能形成抵御传染病的免疫力。当地土著居民其实并不缺乏生成免疫反应的能力，他们传染病的方式似乎才是导致毁灭性灾难的原因。导致美洲土著居民死亡的主要杀手——天花和流感，主要会对那些 15～40 岁的人造成致命影响。从文化和人口学角度来看，他们都是人口中最有价值、最有生产力的人。这些传染病通常集中暴发，它们会因暂时的缓解和其他小插曲而间或被打断。因此，人口聚居区很有可能是因为一连串的三四种疫病的肆虐而被毁灭，接着是一段缓解期；随后这些人口聚居区很可能又受到另一种或者一连串新疫病的袭击。这种大量疫病混杂在一起周期性到来的情况，削弱了美洲土著居民进化形成免疫反应的能力。

这种疫病传播模式给当地人造成了极大的心理和精神压力。人们无力阻止疫病的肆虐，无力照顾自己及亲人，病患被那些逃离疫病的亲人和部落其他成员所抛弃（在这个过程中常常会将疫病传播到其他民族和聚居区），完全放弃了希望。人们所采取的许多治病方法，比如出汗后随即浸泡于冷水中等，只是加速了死亡。所有的传统疗法在治疗和控制这些传染病时失去功效，这使人们不再信任治疗师和巫医，同时也放弃了传统的灵修活动和仪式。由于欧洲入侵者们已具有某些疾病的免疫力，所以许多土著居民认为欧洲的精神信仰和哲学传统比他们自己的要好，这促使许多土著居民接受和信奉了基督教及其教义。

土著居民信仰传统的衰落，加上新货物和原料进入美洲，使得土著民族放弃了自己在与自然世界打交道时曾以尊重自然、与自然相联、保护自然为基础而形成的悠久传统。有些土著居民甚至有可能因传染病而责难野生动物和自然界，这是因为似乎许多土著居民都将疾病的产生与野生动物联系在一起，并形成一种在他们看来可以将疾病的影响和发生疾病的可能性降至最低的文化传统。比如，切罗基人（the Cherokee）认为杀鹿是一件不敬之事，这有可能产生像莱姆病（Lyme disease）这种严重损害身体健康的疾病。切罗基人将新疾病的出现归咎于宇宙的失衡，而这种失衡是他们未能正确遵循古老仪式所引发的。与之相似，阿尼什纳比人（the Anishinaabe）（亦称齐佩瓦人［Chippewa］或奥吉布瓦人［Ojibway］）中出现了大药师会（Mediwinin healing society）和相关的仪式，以应对一些在他们看来与野生动物有关的疾病。不过，这些疾病更有可能是在前哥伦布时代他们与欧洲人接触时所感染的。

## 对人类以外其他物种的影响

人类并非唯一承担上述外来疫病侵扰的物种。18 世纪下半叶，那些生活在哈得孙湾以西到落基山脉间并成为土著居民生存之衣食来源的野生动物种群，包括鹿、驯鹿、驼鹿、野牛和河狸也大量死亡。它们之所以死亡，很有可能是欧洲人带到美洲的驯化动物所携带的疫病造成的。值得注意的是，动物们相继死亡的现象主要发生在有蹄类动物中，它们很可能是最易受到欧亚地区有蹄类动物携带的传染病感染的群体。新世界的食肉动物比如狼和熊等，相对而言似乎不受这些疾病的影响。不过，它们面临了有蹄类动物数量减少所造成的食物来源减少的问题。

除了疫病的上述影响外，当土著居民抱着

786

明显厌恶的态度去消灭动物时,野生动物的自然群体遭受到了另一重打击。人们认为是这些动物将疫病传染给人类而破坏了它们与人类的盟约。因此,非人源接触性传染病被传入美洲所造成的一个讽刺性后果,乃是以尊重非人类物种为基础所形成的文化传统的摧毁。即使不是全部的北美土著文明,但其中的大多数都曾拥有这样一种哲学传统,即认为非人类物种亦有灵,并以生态关系为基础形成人类与非人类世界休戚与共的观念。有人认为,外来疫病对这些文明所造成的巨大破坏致使人们转而向其非人类伙伴发动攻击,这就使一些部落为了与欧洲人进行皮毛贸易以换取其商品和金属,而将当地的河狸、鹿、野牛和狼等种群猎杀殆尽。

## 欧洲传统和自然世界

在处理人与自然关系的问题上,那些入侵美洲的欧洲传统与美洲的截然不同,这种欧洲传统主要源自英格兰和苏格兰的文化,但它更是文艺复兴和理性主义传统的产物;这种欧洲传统致力于将人类自身与自然界完全分离开来,只有在将自然界视为资源加以利用时,二者才产生联系。文艺复兴末期(宗教改革期间),西欧基督教的新教教派所发展的哲学传统并不鼓励人们去探究上帝造物的方法。上帝让人类"凌驾"于非人类世界之上,这就为人类可以任意地对待自然界提供了足够的正当性。

在欧洲人眼里,山区意味着不愉快、危险,而森林则更危险。这些地方是野生的,因而它们是未被驯服的,这便足以引发西欧人对之产生恐惧和敌意。荒野(自然世界)是如此可怕,以至于使人们对那些进入人类领域的野生动物保持着高度警惕。一只蜜蜂飞入村舍小屋,又或是一只鸟在窗户上轻敲,都足以让人们惊恐。1604 年,英国下议院之所以拒绝通过某项议案,

就是因为提案者在进行发言陈述时有 一只寒鸦曾飞过议会厅。

即使是在今天,人类差别对待非人类(自然)世界的态度和行为继续存在于人类应对动物疫源性传染病的过程中。同疫病真正带来的威胁相比,这些应对措施常常是极端的、过度的。近些年来最过激的应对举措是欧洲人屠杀了几十万头农场动物,这在大不列颠群岛尤为严重。人们这样做的目的是为了应对小规模暴发的口蹄疫,以及零星发生的所谓的疯牛病。

就口蹄疫而言,它几乎仅是对经济造成冲击,鲜有证据能证明口蹄疫会严重威胁人类的健康。不过,口蹄疫对经济造成的威胁仍足以成为人们屠杀数十万头动物的理由,这通常是因为人类有可能接触到这种疾病。如果动物们所接触到的潜在疾病传染源是智人而不是有蹄类动物,那么任何一个有良知的人是否还能够想象出我们用这样一种残酷的屠杀方式去解决问题的场景?与之相似,那些走到美国黄石公园边界外的野牛常被蒙大拿州的一些部门立即屠杀掉,他们这样做的依据是这些动物有可能是牛科疾病布鲁氏病菌的携带者。讽刺的是,布鲁氏病菌是在旧世界的牛科动物体内进化形成的,并随着旧世界的牛一起传播至美洲。美洲野牛从未出现过感染布鲁氏病菌的症状,然而,小部分美洲野牛在病原体检测中呈阳性的事实仍足以成为人们屠杀美洲野牛的理由。

人们在应对疯牛病——更确切的名称是牛脑海绵状病(英文简写 BSE)——时采取了更为荒谬的措施。疯牛病是由朊病毒引起的一系列相关病症中的一种,朊病毒似乎是一类有自我复制能力的蛋白质分子。其他同类型疫病还有羊的痒病以及人类的库鲁病和克雅氏病。这种病会影响中枢神经系统并逐步损毁大脑。人们根据中枢神经系统受损后牛科动物所表现出来的症状,轻蔑地称之为疯牛病。不过,一个比该名字更恰当、更精确的名字应当是"极痛苦的

788

牛"。这些明显是因朊病毒作祟而出现的病症不会以接触的方式直接传播，而只能通过食用中枢神经海绵组织的方式传播，这些中枢神经海绵组织包括脑和脊髓。这种病症之所以在美国和英国广泛传播，唯一的原因是这些国家的屠宰场会在屠宰动物后将"动物废料"粉碎，并把它作为一种蛋白质辅料添加到牛饲料中。

很明显，人类只有在食用含有牛的中枢神经系统的食物后才有可能感染该疾病。新几内亚之所以会暴发库鲁病，与其食用他人脑髓的文化传统密切相关。在英国，那些食用过劣质汉堡的人曾出现过疯牛病般的症状。显然，如果能在供人类食用的汉堡和牛的饲料中禁止使用屠宰场的动物废料，则能避免引发该病。然而，这种调整却因经济压力而进展缓慢，甚或被阻碍。不过，世界上得疯牛病的人数量不足 20 人，人们用烤或煎的方式来烹煮牛肉，一般不大可能感染该病，该病也不会在人类中暴发。

汉坦病毒是一种啮齿动物携带的病原体。实际上，各种各样的鼠科啮齿动物身上都携带有一系列类汉坦病毒。有一种被称为汉坦病毒的病毒，似乎仅将一个物种——鹿鼠（deer mice），又称为鹿白足鼠（Peromyscus maniculatus）——作为其主要宿主，不过，它在鹿鼠体内似乎并未引发重大的健康问题。然而，这种病毒会在人体内引发类似肺炎的症状，致死概率达 50%。对美洲西南部的土著居民而言，这是一种他们十分熟悉的疾病，而这种疾病也很有可能是迪内人（Diné，又称纳瓦霍人[Navajo]）会毁掉过世之人曾住过的泥盖木屋的原因。近些年，这种疾病在美国引发小规模的恐慌，因为鹿鼠是一种分布广泛且十分常见的啮齿动物。由于汉坦病毒似乎不能在人类中传播，所以它不可能变成一场真正意义上的流行病。自美国疾病控制中心（Center for Disease Control，CDC）开始记录相关病例以来，在美国已登记在册的病发案例不足 200 起。

人类世界中那些与环境、健康相关的问题，基本上都源自人类与驯化动物之间的密切接触。这种长期的亲密接触使一些疫病能够跨越物种之间的壁垒，从其有蹄类宿主或禽类宿主那里转移到人类身上。

进一步阅读书目：

Cockburn, A. (1967). *Infectious Diseases: Their Evolution and Eradication.* Springfield, IL: Thomas Press.

Crosby, A. (1972). *The Columbian Exchange: Biological and Cultural Consequences of 1492.* Westport, CT: Greenwood Press.

Diamond, J. (1997). *Guns, Germs, and Steel.* New York: W. W. Norton & Co.

Dobyns, H.. (1983). *Their Numbers Become Thinned.* Knoxville: University of Tennessee Press.

Gottfried, R. (1983). *The Black Death: Natural and Human Disaster in Medieval Europe.* London: Robert Hale.

Martin, C. (1978). *Keepers of the Game: Indian-animal Relationships and the Fur Trade.* Berkeley: University of California Press.

Sale, K. (1991). *The Conquest of Paradise.* New York: Alfred Knopf.

雷蒙·皮耶罗蒂（Raymond Pierotti）文

陈黎黎 译 俞金尧 校

# Diseases—Overview　疾病概述

随着时间的推移,人类不断进化,适应和抵御疾病的能力不断提高,鉴于此,研究和治疗疾病将是一项永不会结束的探索工作。研究表明,当人类不再靠狩猎-采集食物过活,而是开始在某处过上集体定居生活时,疾病就会增长。直到20世纪,流行病学家们才明确认识到宿主和病菌会彼此适应,因而疾病症状(和医学诊断)也会相应出现变化。

疾病是指人体内出现的多种不同的身体机能障碍:有致命的,有慢性的,还有暂时性的。部分疾病,如癌症和阿尔茨海默病等会随着年龄的增长而增多,也可能是人类身体紊乱所致。另有部分疾病是外界病菌侵入人体造成感染而导致的,相比之下,儿童比成人更容易受病菌感染,这是因为成人会在早年接触过这些疾病后形成相应的免疫力。传染病的症状会因时空环境差异而出现变化,这是因为人类对疾病的抵抗力会不断变化,而病菌自身也会进化。于是,即使已经有了关于古代传染病的极其细致的书面记载,但它们也常与现代医生所看到的症状不相符。因此,即便有记录存在,我们也无法精确地获悉人们初次感染某种特定传染病的具体时间和地点。此外,毋庸置疑的是,那些没有留下记录而不能供历史学家们研究的人们肯定也曾遭遇过大的疾病。不过,虽然存在着上述困难,但我们还是可以在历史长河中识别出人类疾病史上的标志性事件,而那些在近期内给人类造成不同影响的疾病及其相应的医学控制措施,我们也已了然于心。

## 狩猎-采集者和早期农耕者所患的疾病

我们可以做出这样一种合理的推论,即远古时期,我们的采集者祖先会遇到许多种寄生虫,其中的一些寄生虫,比如那些引发疟疾的疟原虫会使人极其虚弱,而通过舌蝇来传播的昏睡病则足以令狩猎者丧命,由于它的致命性太强,以致非洲东部的部分地区至今无人定居,这也使当地能保留下大量动物以供游客们观赏。尽管如此,在大多数情况下,我们的远古祖先仍是健康而充满活力的。至少,据现代人类学家的观察,当今幸存于非洲的采集者确实如此。这很可能是因为在热带非洲,致病微生物及其人类宿主会完好地适应对方并共同进化。由于人类远古祖先的寿命比现代人短得多,所以,当时几乎没有什么与年龄增长有关的疾病。

许多非洲热带地区的寄生虫无法在零度以下的环境中存活,因而,当人类扩大活动范围,从热带地区进入更凉爽的地区并迅速扩展到全球时,疾病很可能会锐减。据推测,当人类不再受到非洲地区疾病的困扰时,人口数量便会增多,而这也有助于人类持续进行地理扩张。

不过,当一些人开始在地球上的不同地区开垦土地并终年在同一个地方定居时,传染病又会开始增多。究其原因,部分在于食物产量的增加会使更多的人聚集在一起,这就为疾病的传播创造了条件,更重要的是,水源极易被人类排泄物中的细菌污染,这增加了消化道感染的概率。此外,无论农民在何处进行灌溉,只要涉行于浅水中,都有可能经钉螺患上血吸虫病。而无论何时,只要耕种者们以某种作物作为他们近乎唯一的食物来源,那么人类就很容易因膳食不平衡而患上某种疾病。比如,以玉米为主食,会使人缺乏某些必要的氨基酸,患上一种叫"糙皮病"(pollagra)的慢性疾病。最后,家畜的肉和奶使农民们的膳食得到改善,但这些动

《死亡的胜利》(*The Triumph of Death*,约 1562)。油画。荷兰画家彼得·勃鲁盖尔(Pieter Bruegel)所作。作品反映了中世纪的欧洲遭鼠疫肆虐之后的社会巨变和恐怖景象

物却使疾病在人群和牧群之间来回传播的情况加剧。大量的细菌和病毒正是以这种方式传播的。

不过,农业人口的数量并未因人类更多地接触到上述疾病而停止增长。相反,更多的人耕种着更多的土地,出产更多的食物,养育了更多的后代。农业村庄也因此成倍增长,并从最初的定居地开始向外扩张。此外,人类很快便不再像采集者祖先及其他顶级肉食动物(如狮子和老虎)那样,在食物链中位居少数。

尽管如此,与狩猎-采集者相比,农民不得不从事更长时间的劳动和更多单调的工作。同时,每当天气变坏或者暴发植物病害致使作物歉收时,他们将面临饥荒。此外,人类侵略者对存粮的掠夺,也成为另一个严重的威胁,这种危

机在每一处农业人口稠密到足以覆盖几乎所有适宜耕作的土地上发生得越来越多。当入侵者摇身变为统治者并将部分粮食作为地租和税来征收时,农民又承担了一个沉重的负担:他们不得不更努力地工作以养活自己和他们的统治者。以当今的标准来看,当时的人寿命很短,所以老年疾病并非常态。

其后,大约从公元前 3500 年开始,统治者及其随从们开始在地球上一些人口稠密的农业定居区创建城市,与此同时,疾病模式再次发生变化,这显示出地方生态平衡的多样性和不稳定性。这些可以被称为"区域性农耕疾病体系",它持续到 1550 年,其后才被一种相对不稳定的全球性疾病体系所代替,至今我们仍处于全球性疾病体系中。后文将对这些相继出现的疾病环境分而述之。

791

## 区域性农耕疾病体系

当人口开始大量聚居在城市时,废弃物的处理问题变得前所未有的严重。此外,随着士兵、商人、海员和商队不断往返的长途旅行,疾病常常会超越原先的存在范围向更远、更广阔的地方传播,这就使人们接触到更多的传染病。更重要的是,当城市人口超过一个关键的临界值时,就会出现某类感染人类的新的动物疫病。这些疾病最初存在于数量庞大的飞禽走兽中,或者存在于数量稠密的穴居啮齿动物和其他小型动物中。这些疾病最典型的特征是,当它们不足以致命时,其动物宿主或人类宿主体内会产生抗体,这样,幸存者会在二次感染时免疫。这意味着病菌只有在距离自身死亡的数周时间内找到足够供给自身的新宿主,才能生存下去。不然,得病的主体一旦恢复就意味着对疾病的存活创造了另一场危机。

宿主的总量究竟得达到多少才能使传染链不断,这取决于出生率和疾病与潜在宿主的接触程度。许多传染病之所以能从一个宿主转移到另一个宿主,大多是通过空气中的飞沫来传播的;它们经由呼吸、咳嗽、打喷嚏等方式向外飞散,因此,病菌的成功转移有赖于它与被传染者的密切接触。比如,在现代(约从 1750 年开始),麻疹——一种依赖飞沫传播的病毒性疾病的持续,大概需要在约 30 万人中至少存在 7 000 名易感个体。很明显,像麻疹这样的传染病,只可能存在于城市以及那些与大型城市中心接触密切的村民中。

这类疾病中的某些疾病,如天花和麻疹是非常致命的,而其他一些疾病像腮腺炎和流感则要温和些。没人知道它们是在何时何地从动物那里成功转移到人类宿主身上的,不过,可以确定的是,这种情况发生在亚洲某地,很可能出现在不同的时空场合中。同样可以确定的是,这种转移只可能发生在城市及其周边地区,因此,这些疾病成为一种独特的新"文明"病。

这些疾病带来的影响有好有坏。一方面疾病致使城市居民死亡,而且大多数城市的健康卫生极其堪忧,以致需要从周边村庄引流人口以维持其人口数量。但另一方面,正是这些疾病使那些经历过该病的人相比于未接触过该病的人,拥有一种新的强有力的优势。这是因为在免疫力缺乏的人群中,群发性疫病会像野火蔓延一般传播,使成年人和儿童丧命。在现代,人类首次感染麻疹或天花时,仅数周内通常会有 1/3 的人口死亡,余下的幸存者们也神情恍惚、惊慌

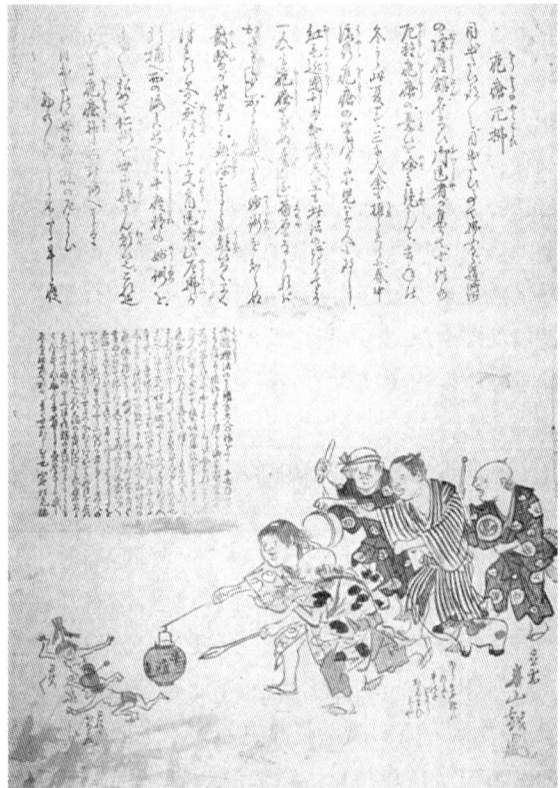

日本松川半山(Matsukawa Hanzan)所作的版画,旨在告诉读者们天花疫苗的重要性以及绪方洪庵(Kōan Ogata)的贡献。绪方洪庵是一名受过西式训练的医生,1849 年时他曾在自己位于大阪的诊所里为 3 000 人接种疫苗

失措,很难再去抵抗新的疾病携带者的入侵。当文明病快速接踵而至时,它们带来的影响会倍增。天花、麻疹、流感甚至是普通的感冒,均有可能并且常常是致命的。

这种极端疾病模式普遍形成之前,各文明中心首先得在疾病最先出现的地方存活下来。这些动物疫病最初是如何在欧亚大陆和非洲大陆上传播的,其中的种种细节至今仍不为人知。不过,165—180 年间疫病横扫了罗马帝国并在 251—266 年再次降临,这可能意味着天花和麻疹传到了地中海地区,它们是由那些从美索不达米亚返回的战士带回的。文献记录同样表明,161—162 年和 310—312 年间,中国发生了异常致命的瘟疫。

由此,似乎是欧亚大陆内部交流的扩大使欧亚大陆两端几乎同时暴发高度致命的瘟疫,它对罗马和中国这两个帝国都造成了严重的破坏。不过,现存记录很少甚或没有提及两个帝国之间的土地上究竟发生了什么,凭空猜测也是徒劳无功。通过比较,我们发现,在西班牙人抵达美洲之前,美洲人从未受到过这种动物疫病的影响,同样,地球上其他与欧亚大陆隔世而居的人也未受过这类疫病的影响。所以,合乎逻辑的推论是,当 16 世纪欧洲海员开始与那些缺乏相应疾病免疫力的人接触时,当地人常大规模死亡。

到那时为止,欧亚大陆的农耕民族已经经历了又一个长达 1 200 年的疾病交换和接触史。其中最著名的事件出现于 534—750 年间,当时鼠疫不定期地在地中海沿岸地区肆虐,不料却在随后的 6 个世纪中消失了。历史学家普罗可比乌斯(Procopius)准确地记载下了这场瘟疫的发端,他认为瘟疫源自非洲中部并通过船只传播至地中海沿岸地区。其他因素也发挥了作用,现代研究表明,鼠疫通常是通过鼠蚤的叮咬而传播的,只有在这些常规宿主因病死亡之后,鼠蚤才会转移到人类身上。这里所提到的家鼠

(domestic rats)有可能源自印度,直到 534 年时才来到地中海沿岸。

在非洲中部和印度北部,啮齿动物的地下洞穴是鼠疫的源头,在这里它们更像是幼鼠才会患的疾病,只有当这种传染病侵入毫无病史的家鼠,当然也包括人类中时,才会成为一种致命的疾病。不过,在当时的环境下它确实是高度致命的。

普罗可比乌斯记载,534 年当疾病第一次来袭时,在长达 40 天的时间里,君士坦丁堡每天有 1 万人因此而丧命。人口和财物损失惨重,致使拜占庭帝国的查士丁尼大帝在此前已经开始的重新征服帝国西部最富裕行省的行动受阻。

在这场瘟疫中,日耳曼人所在的欧洲地区和北欧幸免于难,这可能是因为家鼠还未能在那儿安家落户。不过在人们所称的"黑暗时代"里,其他危险的流行病——包括天花、麻疹和流感,的确曾不时在欧洲北部暴发。而当船只越发频繁地航行于北海之后,整个欧洲都被日益紧密地卷入一个以地中海地区城市为中心形成的疾病池中。麻风病、结核病和白喉是这几个世纪中传播得最为广泛的传染病。不过,我们很难去追踪这几种传染病的传播过程,这是因为它们并不像天花、麻疹等瘟疫那样会引发突然的、大量的死亡。

关于欧亚大陆和非洲的其他文明中心在古代和中世纪所遭遇的新传染病的情况,我们未能见到如前文这般的详细记录。不过,两份来自中国的文献记载了 610 年中国南部沿海暴发鼠疫的情况,这似乎再次表明,中国的疾病史与欧洲的疾病史密切吻合。这并不奇怪,因为携带着传染病的船只和商队在欧亚大陆各文明间来回穿梭,再加上侵略军的不时进犯,使得成千上万毫无病史的战士一下子全部暴露于新的传染病中。

北非和东非的疾病传播进程均属于上述这类;而非洲内陆、南亚和欧亚大陆北部则更具有

偶发性,而且有些滞后。不过,总体来说,随着整个旧世界受疾病影响程度的加剧,人们对疾病的抵抗力也在不断增强,而当地人也习惯了在疾病所带来的更加沉重的负担下生活。常见的传染病类型因地而异,因为气候对许多传染病都造成了限制。一般而言,较为温暖和潮湿的环境更利于疾病微生物的生存和传播;在这种环境下,传染病可更加顺利地通过蚊子、跳蚤和其他昆虫从一个宿主转移到另一个宿主身上。冬天的严寒会对许多寄生虫的传播造成限制,沙漠地带的高温和干旱也会限制寄生虫的传播。此外,地方习俗有时也会降低染病的概率。比如,在中国西南地区,由于鼠疫是当地穴居啮齿动物所特有的,所以无论何时,村民们只要在家中发现了老鼠尸体,就会立刻迁居逃离至地势更高的地方。19 世纪的欧洲医生曾就此嘲笑过这些迷信十足的村民。不过,半个世纪之后,当欧洲人明白了瘟疫的传播方式后,他们终于认识到,这样的行为是防止染病的有效预防措施。

大多数的灾疫很快便被人遗忘,这也是造成人们对传染病的传播知之甚少的原因。不过,黑死病却从未被历史遗忘。当 1346 年鼠疫重现欧洲时,人口大量死亡,这段历史成为人类挥之不去的记忆,并仍是令人谈虎色变的话题。在 1346—1350 年间,欧洲有 1/3 的人口死于这场瘟疫。不过,黑死病之所以一直留存于人类的记忆中,是因为直至今天,欧洲和北非仍不时地暴发该病,即使是在 20 世纪 40 年代人们已经懂得用抗生素有效治疗该病后仍未绝迹。关于出现此种情况的前因后果,我们略知一二。

首先,蒙古帝国幅员辽阔,这为人们在欧亚大陆上比以往任何时候都大的范围内进行快速的长途迁移提供了条件。黑死病是数种传染病中唯一利用这种便利而广泛传播的传染病。其次,更为重要的事件是,1252 年蒙古军队攻入中印边界,他们深入到这一瘟疫不断的地区,并且

似乎将这种传染病带回了他们的大草原故乡。不管怎样,这就使引发黑死病的细菌——它被称为鼠疫杆菌——以某种方式在北部草原安了新家,并在北部草原的穴居啮齿动物中传播开来;直到 19 世纪 90 年代,沙俄科学家才在这里发现了鼠疫杆菌。这里正是引发 1346 年欧洲和伊斯兰世界暴发鼠疫的源头。

船只很快将鼠疫从初次暴发地即克里米亚的费奥多西亚(Feodosiya,或称卡法〔Kaffa〕)传播至地中海其他地区的港口和北欧港口。其后,鼠疫继续向内陆传播。凡瘟疫所及之地,死亡接踵而至,男女老幼均无法幸免。过半数的感染者因病死亡。

此后,瘟疫仍不时地在上述这些地区暴发。直到 1480 年前后,欧洲的人口总数一直在减少。其后,幸存者体内不断累积的抗体最终足以使人口重新恢复增长。当黑死病于 1665 年最后一次出现在伦敦之后,它从英格兰和北欧消失了。一旦瘟疫消失,人口便加速增长。出现这种现象的原因,部分在于人们对那些来自疫区港口的船只进行了隔离,这使当地人接触传染病的概率降低;还有部分原因在于石制天花板被作为一种防火材料运用到房屋建筑中,这把人类与饥肠辘辘的鼠蚤之间的接触距离隔得更远,双方的接触距离远大于老鼠在茅草屋顶筑窝时的情况。在东欧和亚洲,鼠疫持续出现直至 20 世纪,不过,随着各地一点一点地适应,瘟疫的影响减弱了。

总的来说,草原——蒙古人的故土上,出现了对他们影响最深远的变化。正是在这里,游牧民族发现自己将一直暴露在一种极其致命的传染病中。牧民们遭受到极其严重的损失,他们开始从乌克兰的肥沃草原撤离,留下空荡荡的天地,直到 1550 年左右拓荒者们才来到这里开垦。这使得从公元前第一个千年以来就已经开始的利于游牧民族扩张的迁徙潮流发生了逆转,而这一趋势使得印欧语和土耳其语先后在欧洲和

794

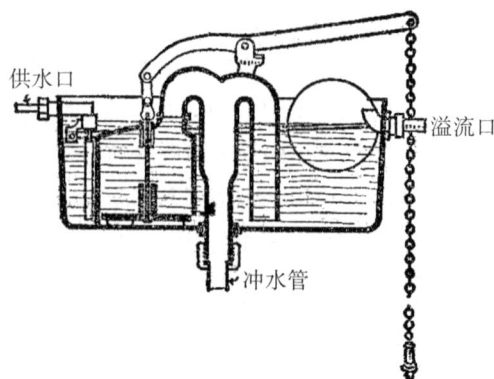

通过室内下水管道和地下污水处理系统,疾病在人口稠密的城市中心的传播得以控制,公共卫生得到改善

亚洲大部地区传播开来。

疾病发生模式会伴随着鼠疫的突然传播或紧随其后地发生变化。最典型的例子是麻风病的消退,这使数以千计由欧洲人根据《圣经》训诫建造起来隔绝麻风病人的麻风病院被清空了。许多麻风病人在瘟疫第一次大暴发时丧生,不过,某些其他因素肯定在防治中世纪欧洲人所患的各种各样的皮肤传染病——这些皮肤病被欧洲人混为一谈并称为麻风病——中发挥了作用。其中的一种可能因素是,当人口数量减少后,欧洲人拥有了相对多的羊毛衣物,加之人们都穿着长的、保暖的睡衣,这就减少了人与人之间的皮肤接触,很有可能就切断了皮肤疾病的传染途径。不过,这只是猜测。

讽刺的是,另一种叫作"雅司病"(Yaws)的皮肤病——引起这种病的病菌与引起梅毒的病菌几乎没法区分——同样也在欧洲人口中近乎消失。1494 年以后之所以暴发梅毒传染病,很有可能是细菌传播途径更新的结果,即细菌会通过性器官黏膜上的黏液来进行传播。不过,这也只是猜测。

不过,1500 年以前,无论灾疫在欧亚大陆和非洲如何混杂和传播,地区差异都无法消除。最重要的是世界大部地区仍未受到旧世界不断严峻的传染病浪潮的影响。当越洋航行成为常

态,一个崭新的全球疾病体制(regimes)开始出现时,旧世界的人们方才意识到他们也易感染疾病。

## 全球性疾病体系

远洋航行带来的首个且最显著的影响是,大量的致命传染病被传播给了那些从未有过相关患病经历的人。时至今日,这种传播进程仍在遥远的亚马孙丛林和北冰洋沿岸持续;不过,当今世界上几乎每个人至少都部分地暴露于这些疾病中,疾病最初所带来的毁灭性影响已不复存在。尽管如此,当一种全新的疾病出现时,还是会导致整个民族消失,这使美洲和澳大利亚的许多地方荒无人烟。来自欧洲和非洲的移民以及后来来自亚洲的移民因而取代了原来的居民,并创造出我们今天所知道的多民族混合体。

美洲土著是遭受新疾病冲击最大的群体。在哥伦布建立大本营的伊斯帕尼奥拉岛(Hispaniola)上,土著居民在数十年的时间内彻底消失;同时,在美洲土著居民接触到新传染病的最初 50 年里,墨西哥和秘鲁的人口减少到只有 1500 年的 1/10 左右。数百万人因天花和大量其他传染病而死亡,直到幸存者因血液里的免疫力不断增强而活下来时,才遏制了人口灭绝的态势。到 1650 年时,墨西哥和秘鲁的糟糕局面方告结束。尽管美洲那些较为偏远的地区仍然存在着土著居民不断死亡的情况,但人口开始缓慢地增长。战争和其他偶发的人类冲突在美洲土著居民被毁灭的过程中也发挥了一定的作用,但罪魁祸首还是非洲—欧亚大陆带来的疾病。

一旦疟疾和黄热病被非洲运奴船上的蚊子之类的物种携带至美洲后,加勒比海群岛和美洲的热带沿海地区就为它们的传播提供了适宜的气候环境。关于疟疾来到新世界的准确时间尚无法确定,不过 1648 年哈瓦那所暴发的一场

795

黄热病却明白无误地表明,当时该病已然来到美洲。当它后来成为一种地方流行病时,幸存者们得到了一把能够强有力地抵抗敌人入侵的保护伞,之所以这么说是因为从欧洲来的士兵通常会在抵达当地的 6 周内染上该病并死亡。正是这个原因,使西班牙能在 18 世纪挫败不列颠征服糖岛的计划,并使拿破仑于 1801 年重新征服海地的努力以失败告终,还劝服他将路易斯安那地区于 1803 年时卖给托马斯·杰斐逊。一种源自热带非洲的小病毒创造了多么伟大的政治事业啊!

当久经疾病考验的欧洲人到达其他一些地方时,这些地方的居民,诸如澳大利亚、新西兰的土著居民以及其他与世隔绝的群体,都遭遇了与美洲土著居民近乎相同的命运。通常,新来的移民也会带来其他大量丰富的有机物,如农作物和杂草,还包括一起到来的已驯化的动物和害虫,比如虱子、大鼠和小鼠。当人类和大量其他生物开始越过大洋时,人类所启动的生态剧变至今仍在地球上引发回响,生物圈变成了一个前所未有的互动整体。

疾病的交换几乎完全是遵照从非洲—欧亚大陆向其他地区传播的线路单向进行的。虽然一部分专家认为梅毒是从美洲传播至欧洲的,但我们很难找到疾病反向传递的踪迹。1494年,梅毒在包围那不勒斯的法国军队中暴发,欧洲人正是在这时发现了该病。由此看来,它极有可能与哥伦布 1493 年返回欧洲有关。不过,我们并没有发现某种确凿的证据来证明梅毒早已存在于新世界,所以没人能肯定梅毒是由新世界传播到旧世界的。

另一种疾病,斑疹伤寒,也是在 1490 年侵入欧洲的,不过它是由塞浦路斯的士兵带来的,它很可能并不是什么新型疾病,只不过是在那时才被医生发现它的存在。最近,其他传染病也侵袭了地球上久经疾病考验的人群,其中最严重且传播程度最广泛的是艾滋病(AIDS),它有

可能是近期才从非洲内陆某些地区的猩猩体内转移到人体的,也有可能像斑疹伤寒那样是一种古老但却一直未被发现的疾病,直到异常性行为逐渐增多使之成为流行病时才被发现。

另外三种在近现代时期侵袭工业人口的新疾病也值得提及。1780 年左右,当以煤炭和蒸汽为动力的新型工厂出现,并开始将人们聚集在不卫生的工业城市中以后,一种非常古老的传染病即结核病重现于世。1850 年左右,亦即德国教授罗伯特·科赫(Robert Koch)于 1882年发现结核杆菌并由此开创预防医学新时代之前不久,该病的破坏力在欧洲达到顶峰。不过,尽管人们已拥有现代医疗技术,但结核病仍是世界范围内传播最广泛并持续影响人类的传染病;它的持续存在有赖于城市的超速增长,这种超速增长使得到 1950 年左右有超过一半的人口涌进了拥挤的城市中。

同样,霍乱是一种源自印度的古老疾病,它在那些到恒河沐浴的印度教朝圣者中广为传播。在大部分时间里,霍乱弧菌能在淡水中独立生存。不过,它也能在人类的消化道中迅速繁殖并引发腹泻、呕吐、发热,甚至常在发病的数小时内致人死亡。病患身体因脱水而干瘪,皮肤因毛细血管破裂而变色,这使霍乱的发病症状十分骇人。所以,当霍乱于 1819 年突破长久以来的传播范围扩散至东南亚、中国、日本、东非和西亚时,尽管它所造成的死亡率相对较低——以开罗为例,仅有占总人口 13% 的人死于霍乱——但也引起了强烈的恐慌。在 1831—1833 年间,曾暴发过霍乱新疫情,它穿越俄国传至波罗的海,又从波罗的海传到英格兰、爱尔兰、加拿大、美国和墨西哥。更重要的是,霍乱于 1831 年在麦加落户,在那里感染了朝觐者。后来霍乱从麦加消失,不过,它却继续存在于印度,在那里,印度教朝觐者一直是霍乱的主要携带者。

欧洲人和美洲人极其艰辛地应对这种可怕的传染病。英格兰的改革家重新设计了伦敦和

796

其他城市的供水系统与污水处理系统,以确保饮用水是无菌的。新的供水系统需要花费数年去建造,随着供水系统相继在一座座城市设立,许多其他类型的传染病也迅速减少。此外,得益于天花疫苗的接种——可追溯至 18 世纪,城市也变得远比以前卫生。改善卫生条件的举措包含颁布新法律,以及设立医疗卫生委员会强制推行预防措施等。这是近现代时期的第一次医学大突破。日积月累,疫苗接种和卫生设施在全球大多数地区广为普及,这从根本上改变了人类的传染病经历,以致我们很难想象曾经有过这样的时代,那时,婴儿性命无保,成年人多死于传染病而不是年老体衰引起的疾病。

不过,这些预防措施对某些疾病影响不大。比如,流感病毒每年都在变化,并且常会定期找到相应的人类宿主,这些人以前所具备的免疫力对于新变种已经失效。在 1918—1919 年间,一种新型流感病毒尤为致命,造成世界范围内有 2 000 万人死亡,远比第一次世界大战造成的死亡要多。不过,像往常一样,幸存者们几乎很快便忘记了他们曾遭遇过如此致命的流行病。

究其原因,部分在于与 19 世纪成功的卫生改革相比,第二次世界大战后出现了近现代时期的第二次医学大突破。人们通过使用滴滴涕(DDT)来毒杀蚊子幼虫,使疟疾一时间在地球上的许多地区近乎消失;而青霉素和其他抗生素也逐渐成为消灭其他传染病的常用药品。一时间,很多古老的疾病可被立即治愈几乎成为一件理所应当的事情。在疾病预防方面,世界卫生组织在 1976 年成功发起了一场根除(实验用标本除外)天花的运动。不过,这些胜利并未长久持续下去。滴滴涕在有效灭除蚊子的同时,也毒害了许多其他的生物,很快便被禁用。更常见的情况是,病原体开始对新抗生素产生耐药性。结果,疟疾再现,其他古老的传染病亦如是。

后来,当人们于 1981 年发现艾滋病并认识到化疗对该病无效后,那些曾经对战胜传染病充满自信的医生不得不承认,他们的新技术有预想不到的局限性。传染病卷土重来,旧时代的疾病不断增多。显而易见,近期虽出现了许多医学奇迹,但是人体仍易遭受传染病的侵袭,并且会随着年龄的增长而衰老。

疾病一直在变,人类对疾病的反应也相应在变,然而这不过是改变了疾病折磨人类的方式。自 1750 年以来,医学知识及其实践彻底地改变了全球性疾病体系,延长了亿万人的生命。不过,我们所拥有的技能并不能改变这样一个事实,那就是:我们仍是地球生命网的一部分,吃或被吃,各处如此,一直如斯。

进一步阅读书目:

Cook, N. D. (1998). *Born to Die: Disease and the New World Conquest, 1492 - 1650*. Cambridge, UK: Cambridge University Press.

Cunningham, A., &

Williams, P. (1992). *The Laboratory Revolution in Medicine*. Cambridge, UK: Cambridge University Press.

Ewald, P. W. (1994). *The Evolution of Infectious Disease*. New York: Oxford University Press.

Grmek, M. (1989). *Diseases in the Ancient Greek World* (L. Muellner & M. Muellner, Trans.). Baltimore: Johns Hopkins University Press.

Kiple, K. (1993). *The Cambridge World History of Human Disease*. Cambridge, UK: Cambridge University Press.

McNeill, W. H. (1998). *Plagues and Peoples* (2nd ed.). New York: Anchor Books.

威廉·麦克尼尔(William H. McNeill) 文

陈黎黎 译　俞金尧 校

# Diseases—Plant 植物病害

在历史长河中,人类与植物病害之间关系紧密。人类常常会在毫不知情的情况下将某些病害引入植物中,也会无意地造成一些病害在植物中传播,这样做的后果是引发食物短缺和饥荒。因此,研究植物病害仍是一件至关重要的工作,农作物遭受的任何威胁归根结底都会危及人类的健康和生存。

无论是无文字的民族,还是某些有文字的民族,均曾认为疾病是由超自然因素引起的。不过,古希腊的医生并不认同此种观点,他们认为是生理因素而非超自然因素才是致病的原因。公元前5世纪,古希腊医生希波克拉底教导称:体液的失衡是人类生病的原因。他的这一论断既使人忽略了植物生病,也无从解释植物生病的原因。19世纪,德国植物学家安东·德·巴里(Anton de Bary)、德国细菌学家罗伯特·科赫(Robert Koch)以及法国化学家路易·巴斯德(Louis Pasteur)否定了希波克拉底的观点。德·巴里通过研究马铃薯,巴斯德和科赫通过研究牛,均证明病原体(寄生性微生物)才是致病的真凶。细菌理论成为现代医学的基础。

但人们不应因关注人类疾病而忽略了植物病害。尽管看法不一致,但是植物明显比人类更多地受到疾病的折磨。其理由在于,早在4.1亿年以前植物已在地球上生长,而现代人类仅在13万年以前才出现。与那些感染人类的病原体相比,感染植物的病原体可在多出的4亿年中突变进化成新类型。

当植物病害引发饥荒时,就会对历史产生影响。不过,很早之前,当我们的祖先懂得运用火并通过点燃干的植物来帮助狩猎时开始,人类活动也对植物产生了影响。后来,当人类开始种植谷物和其他作物时,他们就将种子带到了其他新地方。最终,人类将自己所偏爱的作物撒遍了全世界。其间,他们也无意识地将植物病害与杂草、动物和害虫传播向了全世界。

实际上,植物和人类之间关系极为密切,以致两者开始一同进化。即使在人类还过着游牧采集生活时,人类便已依靠植物来维持生计。约1万年以前,农业在西亚兴起并向全世界广泛传播开来,自那时起,人类的命运便与农作物(已驯化栽培的植物)的命运紧紧地绑在了一起。农作物遭受的病害,归根结底,都会危及人类的健康和生存。

## 禾本科粮食作物的病害

诸如小麦、大米和黑麦等禾本科植物一直是许多世纪以来人类赖以生存的粮食作物,有鉴于此,与这些植物相关的病害会对人类产生极大的影响:它们既可能对粮食供应,也可能对人类健康产生影响。

### 小麦锈病

小麦锈病是最古老的植物病害之一。一些学者认为《创世记》中曾记载了黎凡特(Levant)暴发锈病的情节,当时锈病引发了极严重的饥荒,迫使希伯来人迁徙到埃及这座古代地中海世界的粮仓。如果这些学者的判断是正确的,那么这段文本是有关植物病害的最早的文字记载。

不过,直到公元前4世纪,古希腊植物学家——亚里士多德的学生泰奥弗拉斯图斯(Theophrastuts)才明确用"锈病"这个词命名该病,因为患有该病的小麦,它的叶子和茎会呈红色。虽然泰奥弗拉斯图斯没能解释小麦出现锈

病的原因,但他写到种植在河谷和低地的小麦
比那些种植在高地的小麦要更易染上锈病,情
况更严重。

罗马人对小麦锈病也有着深刻的洞察。早
在公元前 700 年,罗马人就辨识出小麦上的红色
是锈病的痕迹。那时,他们开始供奉罗比古斯
(Robigus),历史学家们认为罗比古斯是锈病之
神。只要人们记得"锈病"这一术语起源于古希
腊而非罗马,那么,这就是公道的说法。这种认
为锈病是由神明降临给罗马人的观点强化了一
种认知,即锈病是超自然力量引发的。不过,罗
马人与古代希腊城邦的贸易往来使他们不再相
信超自然力致使植物患病的说法。公元前 1 世
纪,博物学家老普林尼(Pliny the Elder)发现了
湿度与锈病发病和扩散之间的重要关联。他写
道,那些生长在晨昏时分常有雾和露水的地区
的小麦容易生锈病。老普林尼对水在锈病传播
过程中所起的作用的分析有着先见之明,这是
因为锈病与其他所有真菌类疾病一样,会在潮
湿的环境里传播。锈病真菌需要水来繁殖后
代,即数百万的孢子。2 个世纪以后,农学作家
科鲁迈拉(Columella)警告农民们,莫以小麦作
为单一固定的生计来源,保持作物多样化是防
御锈病的唯一方法。科鲁迈拉建议农民们种植
鹰嘴豆和兵豆,因为它们对锈病免疫。

科鲁迈拉的担忧是有原因的:公元元年以
来的头 3 个世纪里,地中海沿岸地区气候异常潮
湿,这使锈病能够在罗马帝国全境的小麦田里
广泛传播。

7、8 世纪,当阿拉伯人横扫北非进入西班牙
时,伏牛花也随之传播到阿拉伯人所及之地。
阿拉伯人和欧洲人均不知道这种伏牛花灌木丛
是锈病真菌的避风港——真菌寄居于伏牛花灌
木丛且对它无害,这种伏牛花情况与导致疟疾
和黄热病的病原体寄居在雌蚊子体内却对雌蚊
子无害一样。携带锈病真菌的伏牛花并未表现
出任何患病症状。直到 17 世纪,欧洲人才真正

小麦锈病特写,该病是世界上最古老的植物病害之一。詹
姆斯·科尔默(James Kolmer)摄,美国农业部农业研究局

开始怀疑伏牛花可能是携带锈病的"特洛伊木
马"。1660 年,法国率先立法消灭伏牛花。其他
欧洲国家也通过了类似的法律,美洲殖民地在
18 世纪通过了相关法律。

不过,上述措施仍无法阻止锈病的扩散。19
世纪时,植物育种家们开始尝试将抗锈病的小
麦与那些易感染却高产的品种进行杂交;他们
所进行的这项工作,促使 19 世纪的英国、法国、
德意志各邦和美国都在农业科学研究上投入了
更多的资金。1900 年前后,美国农业部的农学
家发现,一种意大利硬质小麦适于做面条,而一
种俄国二粒小麦适宜做面包。在无数拥有抵抗
力的小麦中,尽管它们并不完美,但却是人类首
次获得的最好的、可以使小麦免遭锈病侵害的
理想麦种。

### 水稻矮缩病

中国是世界上第一个记载水稻栽培的国
家。到公元前 500 年,中国、朝鲜半岛以及今天
越南和印度之间狭长地带上的农民均已种植水
稻。到 1 世纪,日本、印度尼西亚和菲律宾的农
民也开始种植水稻。这些地区的人民几乎都以
水稻为生,就像 19 世纪的爱尔兰人以马铃薯为
生一样。诚然,朝鲜和中国的农民还种植大

800

豆，印度河沿岸种植的小麦也通过贸易被运送到印度中部和南部，不过，大豆和小麦仅是大米这种日常主食之外的辅食。

水稻病害大约有 40 种，对这些病害分类是难度很大的工作，就像对气候因素分类那样难，它们是造成自公元前 100 年以来中国文献记载的 1 800 次饥荒和公元 33 年以来印度文献记载的 70 次饥荒的原因。由于水稻比其他任何一种作物对水的需求都要多，中国和印度文献通常将水稻歉收归咎于缺水或者水质差。

一份 6 世纪的日本文献曾提到，发育不良的（短或者矮小的）水稻植株所产稻谷很少甚至颗粒无收。这种情况在长达 1 200 年的时间里一直困扰着日本农民。1733 年时，日本的水稻因矮缩病歉收，1.2 万人死于饥荒，可是，没人明白水稻发育不良究竟是怎么回事。与欧洲不同的是，亚洲并没有发展出现代科学，直到 18 和 19 世纪，亚洲人才逐渐从欧洲人那里吸取到相关知识。不过，日本人和亚洲大陆其他地方的人却一直保持着悉心观察的传统。正是基于这种传统，一位日本农民于 1784 年开始研究水稻植株上的昆虫——叶蝉的饮食习性。他对仅是昆虫叮咬植株就会阻碍作物生长的观点表示怀疑，认为正是叶蝉以刺吸的方式将其携带的病原体传播给了水稻，正是这种病原体而非叶蝉，才是水稻植株矮缩的元凶。

这种观点新奇又正确。叶蝉体内携带有水稻矮缩病毒（Rice Dwarf Virus），这就如同前文提及的那样，蚊子体内也携带有疟疾和黄热病的病原体。水稻矮缩病毒可在叶蝉的整个存活期内保持活性，并经雌性叶蝉传递给后代，一代代地将病毒繁殖下去。即使叶蝉并不擅长飞行，但当其数目足够多时就会使水稻矮缩病毒广为传播，而这足以令水稻歉收。日本在 1733 年时出现的情况极有可能是因此造成的。

病原体可通过昆虫进行传播，这一发现开启了植物病害研究的新领域；它将研究昆虫的昆虫学以及植物病理学整合在一起。科学家们迅速弄清了一个事实，即如果人们希望将虫媒病原体给作物带来的损害降至最低，那么最关键的举措是对昆虫进行控制。因此，仅通过植物病理学家的研究已不足以弄清植物病害，现在，他们还必须去了解昆虫的饮食、交配习性以及疾病多发地区的昆虫分布情况。出于减轻虫害的需要，杀虫剂这一应用化学分支领域的相关研究和开发在 20 世纪高速发展。虫媒病毒的相关研究以及杀虫剂的开发与使用，成为美国防治玉米病害的关键。

### 黑麦麦角病

小麦和水稻对于欧洲人和亚洲人维持生计有着不可替代的重要性，以致人们并没有怎么去关注黑麦及其病害。2 世纪，在今天法国和德国的土地上定居的日耳曼部落开始种植黑麦。小麦的售价通常比黑麦高，这使穷人们长期以黑麦面包为主食，直到 16—19 世纪间，当比黑麦更为便宜的马铃薯遍及欧洲时，这种情况才发生改变。

可见，黑麦病害往往会折磨穷人而不是富人。它所带来的严重后果是麦角中毒；这是一种真菌疾病，这种真菌会使黑麦麦粒含有一种剂量足以令人类抽搐和死亡的毒素。不同于其他大多数植物病害，麦角病对人类造成的威胁主要是让人中毒而非引发饥荒。中世纪的欧洲人饱受麦角中毒乃至身亡之苦，因而将发病的原因归咎于上帝的怒火，并称其为"圣火"（"Holy Fire"）。欧洲编年史中曾记载了 8 世纪"圣火"第一次暴发的情景。857 年，"圣火"在法兰西和德意志小规模暴发，莱茵河流域数千人因之死亡。

我们可能还记得，真菌会在潮湿的环境中扩散。树木学和中世纪编年史记载表明，1000 年以后，欧洲的气候变得潮湿而凉爽，这既加快了麦角病菌在西欧和北欧地区的传播速度，也

801

加重了其严重程度。1039 年所暴发的那场麦角中毒，是 11—18 世纪麦角中毒连续猛烈暴发的开端。麦角中毒以及 14 世纪早期同时发生的饥荒，或可被用来解释黑死病到来时欧洲出现高死亡率的原因。

## 原产于美洲的粮食作物的病害

与欧亚人依赖于禾本科植物一样，倘若人们过分依赖于某种易感染病害的作物，那么就可能遭受经济和文化上的双重风险。马铃薯和玉米就是两种曾经导致大灾难的粮食作物。

1849 年 12 月 22 日《伦敦新闻画报》(*Illustrated London News*) 刊载的一幅图片，呈现的是饥荒中的一家人。19 世纪 40 年代中期，马铃薯晚疫病使爱尔兰的粮食作物大量死亡，在随后的 5 年里，100 万人饿死，150 万人逃离爱尔兰

### 马铃薯晚疫病

爱尔兰马铃薯饥荒的罪魁祸首是引发马铃薯晚疫病(late blight of potato)的真菌。这场灾难的根源并非在欧洲而是在安第斯山脉，正是在那里，秘鲁土著居民培植了马铃薯。6 世纪时，西班牙人征服了秘鲁。在追寻黄金的过程中，他们发现了一种更有价值的商品——马铃薯。1570 年左右，马铃薯经海路从秘鲁运抵西班牙，并在 1650 年前被传播至爱尔兰。

直到 1800 年，由于马铃薯的单位面积产量比其他任何谷物都要高，饱受土地资源匮乏及地租高昂之苦的爱尔兰人别无选择地把马铃薯作为维持生计的主食。正如科鲁迈拉早在 1 世纪时就已经强调的，单一依靠某种作物来维持生计通常会有风险。马铃薯给爱尔兰人带来的灾难，其严重程度远远超乎他们的想象。西班牙人随身只带回少许马铃薯，这些马铃薯来源相同，因而基因一样。由于马铃薯是以发芽的方式来进行繁殖，那么除非发生突变，否则新一代的马铃薯与上一代的马铃薯将具有完全相同的基因。所以，每一颗马铃薯几乎都是彼此的复本，一旦病害来袭，一损俱损。

1845 年的大灾难正是在这种马铃薯易于染病的情况下突然降临的。持续 6 周的大雨加快了马铃薯晚疫病真菌在爱尔兰的蔓延速度。植株死去，马铃薯在田间腐烂。次年，马铃薯晚疫病卷土重来，爱尔兰人的粮食作物被尽数毁掉。随后的 5 年里，100 万人饿死，150 万人逃离爱尔兰。

大灾难促使整个欧洲的科学家对之进行研究。1861 年，安东·德·巴里分离出致病病菌，即一种被他称为"致病疫霉"(*Phytophthora infestans*)的真菌，同时，通过在健康的植株上种植该病菌，也证明了其正是马铃薯晚疫病的致病疫霉。巴里的这一发现是受到马铃薯饥荒的刺激，也标志着植物病理学从此开始成为一门学科。

### 玉米病害

如同马铃薯病害一样，在前哥伦布时代，科

学家们对玉米病害的认知也非常有限。不过，显而易见的是，不同于马铃薯，玉米是一种异花授粉植物，这使玉米具备遗传多样性（genetic diversity）。在任何的植物或动物中，包括人类在内，杂交繁殖都会使染色体重组以此实现遗传多样性。这种多样性可以使流行病的发生率被降至最低，因为在异质性群体内，某些个体（在这里就是玉米植株）应当具有抵抗病害的能力。

### 玉米病毒

自 20 世纪 20 年代以来，玉米育种者们通过培育小部分相对具有同一基因型的高产量玉米，降低了玉米的遗传多样性，这就使玉米易受到流行病的侵害。1945 年，北美密西西比河流域的下游地区暴发了玉米矮缩病（corn stant disease），这令我们想起了曾侵害亚洲地区水稻的矮缩病，玉米矮化病的暴发表明玉米易受到流行病的侵害。同水稻矮缩病的起因一样，玉米矮化病的致病病因是病毒，并且也是通过昆虫来传播的。这里的昆虫是某种蚜虫。

更糟的是，后来美国俄亥俄州朴次茅斯一小部分得了矮化病的玉米植株引发了一场大型疫病，在 1963 和 1964 年间吞噬了整个俄亥俄河流域和密西西比河流域，使农民们在河流沿岸种植的整片玉米庄稼都被损毁殆尽。致病元凶并非科学家们最初所认为的玉米矮缩病病毒，而是两种病毒：玉米矮花叶病毒（Maize Dwarf Mosaic Virus，MDMV）和玉米褪绿矮缩病毒（Maize Chlorotic Dwarf Virus，MCDV）。科学家们最初弄混了病因，这影响到了应对病害的进程，也使美国中西部和南部地区暴露在疫病的危险中。

病毒的传播方式挽救了玉米种植者。蚜虫和叶蝉以啃咬的方式分别将 MDMV 和 MCDV 传播给玉米植株。这两种昆虫都以生长在俄亥俄河和密西西比河两岸的约翰逊草

（Johnsongrass）为食，如同锈病真菌寄居在伏牛花中那样，这两种病毒都在约翰逊草植株内寄居，但约翰逊草并没有显出任何病症。不过，这两种昆虫都不善于飞行，此外与叶蝉所携带的水稻矮缩病毒不同的是，蚜虫和叶蝉各自携带的 MDMV 和 MCDV 其毒性最多保持 45 分钟，这就限制了两种病毒的传播范围。

一经科学家们指出蚜虫、叶蝉和约翰逊草是玉米矮缩病的致病真凶后，美国农业部（U. S Department of Agriculture）立即于 1964 年发起用杀虫剂和除草剂分别消灭蚜虫、叶蝉和约翰逊草的运动。通过使用大量的化学制品及投入大量的金钱，病毒终于被消除，这使科学家们相信自己在同玉米病害的对抗中占据了上风。这种成功也使几乎所有的科学家（小部分除外）都没有进一步去质疑整个中西部和南部地区种植单一基因玉米的做法。

### 玉米小斑病

1970 年，美国暴发了玉米小斑病（Southern Corn Leaf Blight）。这是一种真菌疾病，它席卷了整个美国，使美国损失了约 7.1 亿蒲式耳玉米，占当年玉米总产量的 15%。从得克萨斯州到佐治亚州以及佛罗里达州，农民们损失了一半的玉米，折合约 10 亿美元，而农产品价格的崩溃则使投资者的损失高达数十亿甚至更多。仅仅一个夏天的时间，一种玉米真菌就使经济濒临崩溃。

植物病理学家们发现单一雌性玉米植株（不能产生花粉，雄性不育植株亦如此）易受到玉米小斑病的感染。农学家们将该品种从玉米谱系中去除，以培育出能够抵御玉米小斑病的新型玉米品种，不过，今天的玉米仍然如 1970 年的那样保持着遗传单一性。

## 展望未来

只有当人口数量在未来呈指数般增长时，

才有必要将病害引发的作物损失降至最低。当现代人类于13万年以前开始出现时，数量尚不过数千。大约在1800年时，人口数量方才达到10亿。到1940年时，人口数量翻倍，1975年时，数量再次翻倍；今天，地球上充斥了60亿人，而人口学家们担忧人口数量可能会在2045年时激增为90亿。

到那时，为了避免出现前所未有的大饥荒，农民们必须将粮食产量提高至今天的三倍，在人口学家们看来，即使粮食产量仅比预期目标低2个百分点，也会使2.7亿人挨饿。只有当马铃薯、玉米、大豆、小麦、水稻等各类粮食作物实现高产时，才有可能不会出现大范围的饥饿。不过，各种粮食作物中，只有少部分的作物可以为这个充斥着饥饿的世界产出足够的粮食。遗传同质性的问题在未来会进一步恶化，各类作物将变得更脆弱，更易受到流行病的侵害。

进一步阅读书目：

Agrios, G. N. (1997). *Plant Pathology* (4th ed.). San Diego, CA: Academic Press.

Carefoot, G. L., & Sprott, E. R. (1967). *Famine on the Wind: Plant Diseases & Human History*. London: Angus & Robertson.

Francki, R. I. B., Milne, R. G., & Hatta, T. (1985). *Atlas of Plant Viruses*. Boca Raton, FL: CRC Press.

Harris, K. F., & Maramorosch, K. (Eds.). (1980). *Vectors of Plant Pathogens*. New York: Academic Press.

Klinkowski, M. (1970). Catastrophic Plant Diseases. *Annual Review of Phytopathology*, 8, 37-60.

Littlefield, L. J. (1981). *Biology of the Plant Rusts: An Introduction*. Ames: Iowa State University Press.

Matthews, R. E. F. (1991). *Plant Virology* (3rd ed.). New York: Academic Press.

Schumann, G. L. (1991). *Plant Diseases: Their Biology & Social Impact*. St. Paul, MN: American Phytopathological Society.

Shurtlett, M. C. (Ed.). (1980). *A Compendium of Corn Diseases* (2nd ed.). St. Paul, MN: American Phytopathological Society.

Smith, K. M. (1972). *A Textbook of Plant Virus Diseases*. New York: Academic Press.

Stefferud, A. (Ed.). (1953). *Plant Diseases: The Yearbook of Agriculture*. Washington, DC: Government Printing Office.

Tatum, L. A. (1971). The Southern Corn Leaf Blight Epidemic. *Science*, 171, 1113-1116.

Thurston, H. D. (1973). Threatening Plant Diseases. *Annual Review of Phytopathology*, 11, 27-52.

Ullstrup, A. J. (1972). The Impacts of the Southern Corn Leaf Blights Epidemics of 1971-1972. *Annual Review of Phytopathology*, 10, 37-50.

Van Regenmortel, M. H. V., & Fraenkel-Conrat, H. (Eds.). (1986). *The Plant Viruses*. New York: Plenum.

Vanderplank, J. E. (1963). *Plant Diseases: Epidemics & Control*. New York: Academic Press.

Webster, R. K., & Gunnell, P. S. (Eds.). (1992). *Compendium of Rice Diseases*. St. Paul, MN: American Phytopathological Society.

Western, J. H. (Ed.). (1971). *Diseases of Crop Plants*. New York: Macmillan.

Wiese, M. V. (1987). *Compendium of Wheat Diseases*. St. Paul, MN: American Phytopathological Society.

Woodham-Smith, C. (1962). *The Great Hunger, Ireland, 1845-1849*. New York: Harper & Row.

克里斯托弗·库默（Christopher M. Cumo）文
陈黎黎 译 俞金尧 校

# Domestication, Plant and Animal 动植物的驯化

---

人类最伟大的生存技能之一是改造自己所处的环境。对动植物的驯化是基于人类的偏好而进行的，它会使那些经人工选择培育的动植物在自然行为和特征上发生改变。人类驯化动植物的历史最早可追溯至数十万年以前，直到今天，这些行为所造成的环境影响仍十分明显。

---

历史上，动植物的驯化是人类生存方式所发生的最根本性的变化。10 万年前甚至更久前，人类仅以采集和狩猎为生。后来，在临近更新世末期（公元前 190 万年—前 1 万年）的时段里，地球上少部分地区的人们开始独自培育一些在当时能采获的物种。公元前 12000 年至前 5000 年之间，食物生产取代了食物采集。正是在这个过程里，人类前所未有地控制了自然，人口数量呈几何级数般增长。不过，这种适应力上的成功，却是以破坏生态平衡、滋生新型传染病和环境破坏加剧为代价的。

那种认为驯化先是在单一、有限的区域内发生，随后向外扩散至世界各地的理论，并不具有说服力。目前看来，动植物的驯化应该是在亚洲西南部、撒哈拉以南非洲地区、东南亚半岛、东亚、中美洲和南美安第斯山脉这 6 个或更多的主"发源地"各自独立且反复发生的。随后，在北美东南部和南亚等次"发源地"，也发生了少量的驯化。

与确定驯化的发源地相比，更难的是弄清这些发源地发生这种适应力深刻变化的原因。民族志（关于人类各文化的研究）的记录表明，一般而言，除非新的环境迫使人们难以甚或不能依靠采集维持生计，否则狩猎-采集者不会耕种田地。因此，食物采集体系之所以会在更新世末期转变为食物生产体系，很有可能是因为出现了世界范围的气候变化、哺乳动物灭绝、海平面上升，以及大体也发生在这个时期的人口激增。考古学家马克·科恩（Mark Cohen）认

为，虽然史前以采集为生的人口数量在整个更新世中均在增长，但是只有在更新世末期，当气候和环境变化动摇了一直存在的采集经济体系的根基时，人口增长所造成的食物压力才变得尤其突出。当外界环境的生产力逐渐变低，以采集为生的人们不得不在人口压力下去加强和扩大他们的谋生活动。根据经济史学家弗雷德里克·普里沃（Frederic Pryor）的观点，这些增强的谋生活动中有可能包含驯化动物和照管植物，以此来：（1）减少因过度依赖于保障性日益降低的野生食物所引发的风险，（2）用一个季节里培育出的食物来补充另一个季节里主要通过采集而获得的野生食物，（3）利用社会中那些不能完全参与到主要食物采集活动的边缘群体的劳动力，（4）或者仅是为了增加饮食的多样性。

在那些人们长期驯服和照管有可能被驯化的物种的地方，就有可能会出现驯化。然而，并非所有的学者都接受这种"食物危机论"，一些人更倾向于其他的原因，包括人口增长、人类适应机制的差异化和专门化，或者是人类创造性地改造环境等。

## 植物的驯化

无论人类是出于何种原因开始有计划地播种收获到的种子，一旦他们开始这样做，人工选择便介入到有机体和环境的自然选择之间。

粮食让我们安生;我们驯化的牲畜也驯化了我们。于是便有了房屋、城堡和王国。

——理查德·威尔伯(Richard Wilbur, 1921—　)

对一个耕种者而言,丰收时节的一道常规工序就是在整片田地中仔细挑选出上品并将其储藏,以备作为来年耕种时的原种。田地中余下的庄稼将在收割后供人类消费。这种情况完全就是人工选择。被用来繁衍下一代的种子完全是由耕种者挑选的。剩下的则被淘汰出基因库。(Harlan, De wet and Stemler, 1976)

因而,那些在野生环境下常被清除的基因突变反而在人类的耕地里受到欢迎。正是在人类耕种行为的影响下,诸如野生小麦、大麦、燕麦或者黑麦等谷物的种子扩散机制首次发生了改变。野生谷物本拥有传播成熟种子的最佳方式,因为自然选择仅允许那些拥有高效传播机制的植物基因被传递给下一代。虽然野生谷物群中每代都会发生种子扩散机制丧失的基因突变,但这仅会对后代中携带该基因的植株造成致命影响。不过,这些丧失种子扩散机制的野生谷物,它们的种子却更便于人类采集。人类采集者无意识选择的正是这些谷物的种子。当采集者将这些种子"再次播种"到田里时,原有的突变基因便被保留下来。采集者有可能是进行再次播种的第一批人,他们试图把野生谷物从其自然生长地向外引入到人类栖居地中。不论出于什么原因,一旦采集者们开始储藏并种植他们所收获的种子,就会使越来越多传播受阻的突变基因汇聚到谷物种群中。经由人们世代无意识地选择后,谷物的基因被改变,产量增加,因此也提高了谷物采集者的单位劳动生产率。

采集者们也无意识地促成了种子以同一速率成熟。野生谷物的种子并不是同时发芽,而是在生长期的不同时段不断发芽。有些种子甚至会休眠数年。人工栽培的谷物会被一次性全部收割。因而,在丰收时节,谷物产量最大的单株作物对下一代的贡献最大。在这种情况下,人类的收割行为缩短了种子的发芽期和休眠期。

此外,人工栽培的谷物,果实颗粒会更大一些,虽非全部如此,但却是普遍趋势。栽培植物的果实颗粒之所以会变大,部分原因在于人类会有意挑选最大颗的种子以备再次耕种,同时这也是植株幼苗竞争的结果。果实的大小与幼苗的生长力有着密切关联,那些在苗床中率先发芽并迅速成长起来的种子最有可能为下一代贡献基因。

在这些无意识的选择行为之外,人类在口味、颜色、加工以及储藏等方面的偏好,也会产生各种各样的选择行为。一般而言,植物体中那些被人类利用得越多的部分,正是那些因人工选择带来最大变化的部分。因此,人工栽培植株的玉米穗、山药块茎、豌豆豆荚和其野生植株的相同部位的相似度极低。培植的植物已经受到人工选择的重塑。随着时间的推进,植物的驯化也在不断地进行,久而久之,倘若植物在其生命周期内没有受到人为因素的直接干预,那么它们会或多或少地失去生存能力。

栽培小麦——这种小麦属谷物已被证明是人类历史上最重要的栽培植物。不过野生小麦和栽培小麦之间的基因差别非常小,以致我们可以很容易地将两者归为同一类物种。这种基因相似性表明,小麦的培育是一个既简单又快速的过程。考古学家戈登·希尔曼(Gordon Hillman)和植物学家斯图亚特·戴维斯(Stuart Davies)近期所做的驯化速率测量实验表明,野生单粒小麦和双粒小麦可在 20～200 年的时间内完全被驯化。比较而言,玉蜀黍或称玉米的驯化,则差不多要用多达 2 000 年的时间来完成。

玉米(玉蜀黍属,*Zea mays* spp.)是由中美洲和南美洲北部的一种一年生野生禾本科植物——墨西哥类蜀黍进化而来的。能证实玉米存在的证据最早可追溯至公元前 5100 年的一份玉米花穗图。经考古证实最早的玉米残渣,是在墨西哥瓦哈卡(Oaxaca)的一个名为吉拉·纳基

806

兹(Guilá Naquitz)的干燥洞穴中发现的。这些玉米残渣的历史可追溯至公元前 4200 年,尚处于驯化初期。直到公元前 3000 年左右时,玉米才完全被驯化。自那以后,南北美洲开始广泛种植玉米。考虑到南瓜(南瓜属),这一新世界的又一种在分类学上来源不详的农作物,早已在前 8000—前 6000 年间就首次为人类所栽种,相比之下,玉米的驯化过程着实太过缓慢。

尽管单位耕地面积上玉米的产量比美洲其他任何本土作物的都要高,但玉米却有营养上的不足。最明显的是,人体很难加工利用玉米含有的某些氨基酸。为了增强玉米的营养,美洲土著居民会在把玉米碾成粉末之前先用石灰水煮干的玉米粒。由于豆子(菜豆属)可提供许多玉米不具备的营养,美洲土著居民也学会了把这两种作物一起种植、一起食用。

东亚地区虽然种植着大量的蔬菜,但那里耕种的最重要的作物乃是旱稻和水稻(稻属)。若比较农耕作物对人类饮食重要性之大小,在世界范围内,只有小麦能超过水稻。尽管曾有人认为水稻的驯化始于公元前 15000 年左右,不过,泰国北部以及雨水充沛的中国南部热带地区的考古发现却表明,水稻种植不会早于公元前 5500 年左右。此后不久,水稻便传播至中国北方地区,或者说中国北方地区开始自发种植水稻。

谷子是被用作人类食物、动物饲料和干草的某些抗旱谷物的俗称。当今人们耕种的大部分品种的谷子,都是在中国北方地区培育出来的。在中国,降雨量和年平均气温由南向北递减。自然而然地,中国南北方地区驯化的植物之间存在着明显的差别。小米、珍珠粟、黍等种类的谷子,很有可能是在黄河中上游地区完成驯化的。在完成培育后,各种各样的谷子作物迅速在亚洲大陆的半干旱地区传播开来,并于前 4000—前 2500 年间传入中国台湾。

在世界上的热带和亚热带地区,传统的作物栽培方式主要为块根(茎)作物的无性繁殖或营养繁殖,比如竹芋、山药、马铃薯、芋头、树薯(或称木薯),以及香蕉那样的果树。这些植物并不需要通过种子繁殖。无论它们是天然长成的,还是通过人工扦插或者嫁接而长成的,均拥有部分器官和组织再生的能力。农民们可以采取无性繁殖的方式,在一代又一代的作物中保留那些符合他们需求作物的相关特征。人类强化无性繁殖的农业生产,也会使一些作物品种丧失有性繁殖的能力。这种简单的园艺表明,通过营养繁殖来培育块茎作物的进程,有可能早于谷物和其他种子作物的驯化。公元前 5000 年,人工栽培的块根(茎)作物已出现在巴拿马。

## 动物的驯化

人们普遍认为,当野生动物遇到人类时,它们的本能反应不是发起攻击就是逃走。不过,动物考古学家查尔斯·里德(Charles Reed)却指出,大多数动物实际上都是易于驯服的。在他看来,动物驯化所面临的最大阻碍是人类的狩猎。狩猎在人类生存体系中所占比例越小,就越有可能开启动物驯化进程,反之,那些精于狩猎的生存体系,开启动物驯化进程的可能性最小。通过考古现场所发掘的骨骼残骸来确认是否有驯化的痕迹并非易事。幸运的是,近年来 DNA 分析为考古学提供了帮助。

迄今为止,动物驯化史上最早的考古证据是发现于巴勒斯坦狩猎营里狗(犬科)的骨骼残骸,它的历史可追溯至公元前 12000 年。我们可以来看一看,究竟是什么原因使狗成为第一种进入人类发展轨道中的动物。犬科动物天生便是食腐动物,大概从历史上的某个时期开始,它们的祖先——狼开始在人类的宿营地周边潜行出没。最后,这些狼成为半驯化的动物。完全的驯化及人类有意使用猎犬,无疑是在后来才完成的。不过,究竟是在多久之后才完全实现驯化的呢？最近一项有关狼和狗DNA序列的比较研究表明，两个物种在10多万年前已经分化开来。大部分史前史学家都没有想到动物驯化开始得如此早。科学家们对当今世界范围内的狗进行了大面积采样，并在此基础上进行基因分析，分析表明，家养狗很有可能于15 000年前首次出现在东亚，并以此为源头传向世界其他地区。相关的DNA分析表明，新世界的狗源自旧世界，它们在更新世末期与那些跨越白令海峡大陆桥的人一起进入北美。

羊——绵羊和山羊是继狗之后又一个进入人类发展轨道的物种。考古证据表明，早在公元前9000年时，土耳其东部和伊朗西部的山区已经出现驯化了的羊。野生羊已经"预适应"了与人类在一起的生活，极易在幼崽时被人类驯化，它们还可以消化大量人类无法食用的植物。更重要的是，领头的（居于支配地位的）公羊既不会捍卫领地，也不会独占许多配偶。因此，羊可以两性群居的方式来饲养。大约在前7000—前6000年间，家养的山羊和绵羊已成为最早定居于亚洲西南部的农民的主要肉食和兽皮来源。大概从那以后，山羊和绵羊在整个欧亚和非洲快速扩散。

家猪是野猪的后代，该物种最早出没在欧亚大陆至北非的落叶阔叶林中。尽管成年野猪是十分危险的动物，但其幼崽却易于驯化。考古证据表明，人类驯化羊后不久便开始驯化猪，猪的驯化独立地发生于亚洲西南部和东部地区。

性情温和的现代家牛（*Bos taurus*）是原牛（*Bos primigenius*）、旧世界的野生牛或称野牛（auroch，复数作 aurochsen）的后代。野牛在17世纪时灭绝。不过，我们能从西班牙长角牛的相关记载中推断出它们的行为模式，这些在得克萨斯州和加利福尼亚州边界出没的西班牙长角牛已恢复野性。西班牙长角牛个性凶猛、行动迅捷，即使没有受到挑衅也会主动发动攻击，不易被猎杀。如果高达2米的原牛有着与长角

牛相似的行为，那么它们肯定是史前人类遇到的最可怕的生物。这给研究者们留下了一个值得思考的问题：究竟是什么原因促使人类祖先去驯化它们。也许只有在宗教因素的推动下，人们才会去驯化原牛。人类祖先很有可能将原牛驱赶到一个自然围场，从中选出个别的牛用以祭祀。最终，这些被关起来的牛群很有可能被留下来并被人类饲养。无论出于何种动机，大约在公元前7000年时，安纳托利亚、希腊和亚洲西南部地区的人们都开始驯化牛。值得注意的是，从土耳其的加泰土丘（Çatal Hüyük）以及地中海东部等地的人类早期历史遗址中发掘的考古证据表明，这些地方在公元前6000年左右时盛行公牛崇拜。牛一经驯化便迅速向世界各地扩散开来，北非的卡佩莱蒂（Capeletti）曾出土公元前4500年左右的家牛遗骸。在约前5500—前2500年这段气候潮湿的时期里，牧民的牧场向南扩展到撒哈拉沙漠。撒哈拉沙漠中部塔西利（Tassili）岩洞石刻里清晰地刻画出长角、无驼峰的家牛牛群形象。而撒哈拉沙漠日益干旱的环境迫使牧牛人向更远的南方迁徙。前3000年左右，东非地带已经有了驯化的公牛。自那时起，牧民便开始扩大他们在撒哈拉沙漠以南非洲的活动范围。不过，近期的DNA证据表明，很可能存在另一种情况，即在家牛到来之前，撒哈拉以南非洲地区上土生土长的非洲牛已经被驯化。

南亚是第三个独立驯化牛的中心。该地区是驯化水牛和有肉峰的瘤牛的主发源地。约公元前1000年后的某个时间里，印度次大陆的瘤牛出现在东非。瘤牛的到来优化了非洲的牛群。与家牛相比，饲养瘤牛所需的水和饲料都更少，而且瘤牛能在受旱后迅速恢复体重。瘤牛和本地牛所生的后代也可能会具有更强的抗病和产奶能力。

牛是最早被人类用来承担运输和拖拉物品任务的动物，不过，在牛之后被驯化的马、驴和骆驼却在运输和拖拉物品两方面发挥出比牛更大

的作用。虽然人类驯化这三种动物的最初目的很可能是为了获取肉、兽皮和奶，不过，人们后来却懂得骑在这些动物背上去驾驭它们，这就给贸易、交通和战争带来了革命性的影响。驴是最早被驯化的马科动物，考古证据表明，公元前4000年左右的美索不达米亚平原已经有驴。现代马的DNA分析表明，欧亚大陆的许多中心地带都曾驯化马。现有考古遗址也表明，前3000年时人们在黑海北部的草原上牧马。有关骆驼驯化的考古资料极少，不过，前3000年时骆驼很可能已经出现在亚洲西南部。

更新世末期大灭绝席卷了整个新世界，马和巨驼等物种在此期间灭绝，而这些动物很可能也曾被驯化。两种重要的食草动物——叉角羚和美洲野牛——幸存下来，但未被驯化。尽管叉角羚像家羊那样过着群居生活，但它们所能忍受的肢体接触程度却与家羊不同。叉角羚并非"可靠近动物"，而是习惯彼此间保持一定的距离。成年雄性叉角羚有着非常强的领地意识。它将雌性叉角羚的活动范围牢牢地限定在领地内，也不允许其他雄性闯入领地。叉角羚的这些特征使人类很难去驯服它们，更别提放牧。野牛的行为特点也决定了它们很难为人类所驯服，即使是当今的牧民也仍然无法控制野牛。自然而然，直到今天这两种动物仍属野生。因此，具备驯化可能性的动物数量在美洲十分有限。与新世界已驯化的庞大植物群相比，新世界已驯化的动物数量实在是太少。已驯化的动物只有狗、番鸭、火鸡、豚鼠，以及新世界里各个品种的驼诸如美洲驼、骆马、原驼和羊驼。对于新世界的各民族来说，驯化动物的缺乏给他们带来了十分严重的后果。16世纪骑在马背上的西班牙征服者迅速在墨西哥和秘鲁取得的军事胜利已足以说明之。不过，在前哥伦布时代，动物驯化数量少的情况也带来了积极影响：它降低了美洲土著居民暴露在那些从动物传播给人类的致命疾病中的风险。

## 无声的驯化

人类肉眼可见世界中的动植物的驯化，与肉眼不可见的微生物世界中有机物的驯化是同时发生的。许多已驯化的微生物都习性温和且对人类有益。比如，酵母菌使发酵成为一种可能。倘若没有密封的陶罐，系统发酵几乎是不可行的，甚至是不可能实现的。因而，酵母菌的驯化应该是制陶业无意间引发的一个后果。发酵工艺需要有酵母菌才能完成，包括腌制食品、制作奶酪、制作面包、酿造和制作醋和酱油（尤其是鱼露），以及像德国酸菜这样的各种蔬菜的乳酸发酵。发酵可以保存食物、去除有毒成分，合理利用食物残余，以及提供必要的辅助性的食物成分。发酵后的酱汁和菜品味道更鲜美，弥补了原有的不足。

这里，我们也必须提及葡萄酒和啤酒的发酵。早期的葡萄酒是由蜂蜜、棕榈汁、枣、无花果、葡萄干、苹果、石榴和大量其他水果制成的。啤酒主要由小麦和大麦发酵制成，它为饮用它的粮农们提供了重要的营养。这是因为，稀粥缺乏B族维生素。幸运的是，啤酒大都富含B族维生素。不过，人类的适应既发生在身体层面，也发生在精神层面，而在这里，啤酒和葡萄酒也发挥了作用；英国诗人豪斯曼（A. E. Housman）曾写道："麦芽酒远比弥尔顿的诗歌更能让人领悟到上帝的意愿。"

早期的农民在利用微生物发酵方面取得了卓越的成就。在这方面，他们具有十分丰富的实践经验，这是因为在前科学时代这些经验是通过不断试错才积累下的。除了酵母菌和细菌外，早期的农民还培育了大量的低等生物，比如蘑菇、真菌和藻。酵母菌、细菌和低等生物带来了三方面的积极影响：生产周期短、培养所需空间小以及耗水量小。更进一步，在管理培育方面，这些生物的要求相对简单，人们因而能更精确

809

715

地把控成品的特性。

不幸的是，无声的驯化也会带来灾难性的后果。人类与已驯化的动物亲密地生活在一起，改变了现有动物病原体（疾病载体）的传播方式并加快了其进化，使之成为新的病原体。人类因此与那些为人类所用的动物们共患了一些疾病。比如，旧世界的麻疹、结核病、天花（源自牛）、流感、百日咳（源自猪，也有可能源自鸭和狗）等。这方面的例子还有许多，其中有的疾病又经由已驯化的动物传播给那些与之有接触的野生动物。

早期农业的发展使人类渐趋过上定居生活，也使人类与自身和动物的排泄物之间有着长期接触。在那时，人类对排泄物和疾病之关联缺乏清晰的认知，农民并不会去仔细处理自己和动物的排泄物，也没有采取相应的措施来防止食物和水受到污物的污染。这种藏污纳垢的环境为部分疾病的传播提供了温床，比如痢疾（对小孩尤其危险）、伤寒和霍乱。诸如蠕虫和原生动物等肠道寄生虫，也易于在此类环境中传播。

让我们再一次回到有关啤酒的讨论上来。在某种程度上，人们可以用啤酒和葡萄酒代替水，从而避免感染上述疾病。因此，酒精发酵是一种重要的文化适应，它适应的是早期农耕生活中无声的驯化所产生的疾病和健康方面的新情况。

## 杂草

微生物并不是人类无意识驯化的唯一物种。除此之外，常常在耕地边缘出现的杂草亦如是。"杂草"是一个俗称，而非科学术语。它是指能在因火灾、山崩、风暴、洪水和其他因素造成的无植被覆盖的土壤上快速生长起来的一种植物。在出现农业之前，这类植物的数量相对要少一些。不过，农业拓荒使这类植物的生长范围大幅扩张，并最终使之转变成了人们意料

不到的"栽培物"（一种人为培育且能持续生长的有机物），它的生长有赖于人类环境的干预并受人工操作的影响。这样看来，杂草新品种是农耕栽培的副产品。当野生谷物以及其他植物在几片田里一起生长时，就会出现杂交的新杂草品种。部分品种的杂草最后也会得到培植。黑麦和燕麦原本是欧洲的杂草，当农耕殖民者开始在欧洲大陆上发展农业时，它们也成了旧世界诸多被培植的物种之一。不过，大多数杂草仍是半驯化的有害生物，直到今天都令农民们烦恼不已。

随着农业的扩张，这些有害的杂草也被带到了新的土地上。能证明农耕民族曾抵达北欧的最佳佐证就是，地中海地区才有的杂草竟也出现在了北欧，比如长叶车前、荨麻和各种各样的酸模。后来，随着欧洲农业向新世界、澳大利亚和太平洋诸岛扩张，这些旧世界的杂草也随之被引入并给当地带来灾难性的后果。

## 人为造成的环境破坏

到史前时代末期，地球上几乎只有极少数的陆地生态系统没有受到人类的影响。不过，人类造成的这些影响程度不一，狩猎-采集民族带来的影响相对温和，而农民却在其所及之处迅速改变了当地的自然环境。通过垦地、烧荒和猎杀野生食肉动物，以及后来的犁地和灌溉等方式，农民们已经突破地方条件的限制，创造出了一个新的、相对单一的环境。农业代表着人类生存方式的生态简化，它将人类赖以生存的动植物缩小为自己所能掌握的有限的物种。而这些种类基本上为农耕者自己所掌握。只要有人照看，这些已驯化的动植物便能适应更大的环境。人类所驯化的动植物具有很强的适应性，加上人类在改造环境上所做的努力，使农学家们不太愿意去了解新的生态系统的细节，也不关心如何保存野生的食物资源。农民通过改变环境

和增加该环境下所供养的人口数量,使得狩猎-采集者愈发难以生存下去。农耕民族与动物密切接触,出现了致命的人畜共患病(从动物传播到人类的疾病)。在史前时代即将结束时,由于农业的发展,人口持续增长,推动了像乳品业、羊毛业、灌溉农业等更为集约化的培育和农耕生产方式的出现,推动了游牧业的专门化。这些不可避免地引起了城市、国家和文明的兴起。自那时起,过去的时代一去不复返,历史的车轮滚滚向前。

进一步阅读书目:

Clutton-Brock, J. (1999). *A History of Domesticated Mammals*. London: Cambridge University Press.

Cohen, M. (1977). *The Food Crisis in Prehistory*. New Haven, CT: Yale University Press.

Crawford, G. W., & Shen, C. (1998). The Origins of Rice Agriculture: Recent Progress in East Asia. *Antiquity*, 72 (278), 856 – 866.

Crosby, A. W. (1986). *Ecological Imperialism: The Biological Expansion of Europe*. New York: Cambridge University Press.

Daszak, P., Cunningham, A. A., & Hyatt, A. D. (2000). Emerging Infectious Diseases of Wildlife—Threats to Biodiversity and Human Health. *Science*, 287(5452), 443 – 449.

Dickson, D. B. (1988). Anthropological Utopias and Geographical Epidemics: Competing Models of Social Change and the Problem of the Origins of Agriculture. In P. Hugill & D. B. Dickson (Eds.), *The Transfer and Transformation of Ideas and Material Culture* (pp. 45 – 72). College Station: Texas A & M University Press.

Flannery, K. V. (1969). Origins and Ecological Effects of Early Domestication in Iran and the Near East. In P. J. Ucko & G. W. Dimbleby (Eds.), *The Domestication and Exploitation of Plants and Animals* (pp. 73 – 100). Chicago: Aldine.

Giuffra, E., Kijas, J. M. H., Amarger, V., Carlborg, Ö., Jeon, J.-T., & Anderson, L. (2000). The Origin of the Domestic Pig: Independent Domestication and Subsequent Introgression. *Genetics*, 154(4), 1785 – 1791.

Haeun, M., Schäfer-Pregi, R., Klawan, D., Castagna, R., Accerbi, M., Borghi, B., & Salamini, F. (1997). Site of Einkorn Wheat Domestication Identified by DNA Fingerprinting. *Science*, 278(5341), 1312 – 1314.

Harlan, J. R., De Wet, J. M. J., & Stemler, A. (1976). Plant Domestication and Indigenous African Agriculture. In J. R. Harlan, J. M. De Wet, & A. Stemler (Eds.), *Origins of African Plant Domestication* (pp. 3 – 19). The Hague, The Netherlands: Mouton.

Hillman, G. C., & Davies, M. S. (1990). Measured Domestication Rates in Wild Wheats and Barley under Primitive Cultivation, and Their Archaeological Implications. *Journal of World Prehistory*, 4(2), 157 – 222.

Housman, A. E. (1988). A Shropshire Lad (verse LXII). In *Collected Poems and Selected Prose*. New York: Penguin.

MacHugh, D. E., & Bradley, D. G. (2001). Livestock Genetic Origins: Goats Buck the Trend. *Proceedings of the National Academy of Sciences*, 98(10), 5382 – 5384.

Pennisi, E. (2002). Shaggy Dog History. *Science*, 298(5598), 1540 – 1542.

Piperno, D. R., & Flannery, K. V. (2001). The Earliest Archaeological Maize (Zea mays L.) from Highland Mexico: New Accelerator Mass Spectrometry Dates and Their Implications. *Proceedings of the National Academy of Sciences*, 98(4), 2101 – 2103.

Piperno, D. R., Ranere, A. J., Holst, I., & Hansell, P. (2000). Starch Grains Reveal Early Root Crop Horticulture in the Panamanian Tropical Forest. *Nature*, 407(6806), 894 – 897.

Pryor, F. L. (1983). Causal Theories about the Origins of Agriculture. *Research in Economic History*, 8, 93 – 124.

Reed, C. (1986). Wild Animals ain't so Wild, Domesticating Them not so Difficult. *Expedition*, 28(2), 8 – 15.

Savolainen, P., Zhang, Y.-P., Luo, J., Lundeberg, J., & Leitner, T. (2002). Genetic Evidence for an East Asian Origin of Domestic Dogs. *Science*, 298(5598), 1610 – 1613.

Smith, B. D. (1997). The Initial Domestication of Cucurbita Pepoin the Americas 10,000 Years Ago. *Science*, 276 (5314), 932 – 934.

Stanton, W. R. (1969). Some Domesticated Lower Plants in South East Asian Food Technology. In P. J. Ucko & G.

W. Dimbleby (Eds.), *The Domestication and Exploitation of Plants and Animals* (pp. 463 – 469). Chicago: Aldine.

Troy, C. S., MacHugh, D. E., Bailley, J. F., Magee, D. A., Loftus, R. T., Cunningham, P., Chamberlain, A. T., Sykes, B. C., & Bradley, D. G. (2001). Genetic Evidence for Near-Eastern Origins of European Cattle. *Nature*, *410*(6832), 1088 – 1091.

Vilà, C., Leonard, J. A., Götherström, A., Marklund, S., Sandberg, K., Lindén, K., Wayne, R. K., & Ellegren, H. (2001). Widespread Origins of Domestic Horse Lineages. *Science*, *291*(5503), 474 – 477.

Vilà, C., Savolainen, P., Maldonado, J. E., Amorim, I. R., Rice, J. E., Honeycutt, R. L., Cranndall, K. A., Lundeberg, J., & Wayne, R. K. (1997). Multiple and Ancient Origins of the Domestic Dog. *Science*, *276*(5319), 1687 – 1689.

Zhao, Z. (1998). The middle Yangtze Region in China is One Place Where Rice was Domesticated: Phytolith Evidence from the Diaotonghuan Cave, Northern Jiangxi. *Antiquity*, *72*(278), 885 – 897.

Zohary, D., & Hopf, M. (2000). *Domestication of Plants in the Old World* (3rd ed.). Oxford, UK: Oxford University Press.

布鲁斯·迪克森(D. Bruce Dickson) 文<br>陈黎黎 译 俞金尧 校

# Drugs, Psychoactive 精神药物

15世纪末,精神药物国际贸易开始兴盛,当时,欧洲沿海城市在某种药物是否能成为一种全球性商品方面发挥着决定作用。精神药物是理想的赚钱工具,由于某些精神药物会让人上瘾,这就使人们具有长期的消费需求。药品税常常成为一个国家从事政治活动的资金。出于对药品的痛恨,各国最终在19世纪出台精神药物禁令和精神药物管制规则。

随着15世纪末大洋贸易的扩张,精神药物逐渐成为一种全球性的商品。药物的传播方式在许多方面都与细菌相似,它们都曾只在某个区域、大洲或半球出现,随后扩散至全世界。两者间最大的不同在于药物的生产和交换是有意为之并受到利益驱动,而细菌的传播却不是。直到19世纪末期以后,政治精英们才开始对国际药品贸易这个利润丰厚的行业进行重估,并开始有选择性地加以限制。

南北半球均在生产和流通的主要药品有:含酒精和咖啡因的饮料、烟草、鸦片制剂、大麻及各种各样的古柯制品。精神药物的交换是双向进行的,既从西方流入东方,也从东方传向西方。原产于新世界的烟草、古柯和可可被传播到了旧世界;原产于旧世界的烈酒、葡萄酒、鸦片和大麻也被传播到了新世界。还有一种从旧世界移植到新世界的重要作物——甘蔗,曾被用来酿制朗姆酒。糖也使那些带苦味的精神药物——咀嚼用烟草、咖啡、茶、巧克力甚至鸦片变甜。

并非所有的地方性或区域性药物都能成为全球性的商品。各种各样的原因——下至药物是否易腐烂、上至文化偏见等,都影响了它们的传播效应。阿拉伯茶、卡瓦胡椒、槟榔、佩奥特掌、龙舌兰豆等许多精神药物的使用范围仍囿于某个半球内。若想使一种精神药物成为全球

历史上,死于酒精和毒品的人远比为宗教和国家而捐躯的人多。

——奥尔德斯·赫胥黎(Aldous Huxley,1894—1963)

性的商品,首先它必须受到一个或者多个欧洲航海帝国,诸如葡萄牙、西班牙、荷兰、英国和法国的青睐。只有这些帝国里的商人、种植园主和海员才拥有途径使那些他们认为有价值的药物成为世界范围内的贸易商品和经济作物。

## 范例:烟草

烟草的传播是药物传播中最具代表性的例子,它清楚地向人们展现了一种新的精神药物是如何受到欧洲人青睐并传播向全球的过程。烟草的种植和使用均源自南美洲,后逐渐向北传播。到 160 年时,烟草已传播至密西西比河上游流域。此外,加勒比地区也种植烟草,1492年,哥伦布船队中的 2 名船员曾在这里见到泰诺印第安人(Taino Indians)吸食烟草。后来的探险者和传教士们也常常提到土著人的吸烟仪式。不过,在欧洲,人们最初只是对烟草可能具有的药用价值感兴趣。塞维利亚的内科医生尼古拉斯·莫纳德斯(Nicolas Monardes,1493—1588)曾提到烟草的药用方法:可将烟草外敷于疼痛处和伤口处,可吞食烟草以杀死蠕虫,可咀嚼烟草以缓解饥渴。另外,欧洲也有人认为烟草可以充当流行病的解药。当瘟疫在欧洲各城市肆虐时,烟草需求量非常大。

士兵、海员和朝臣们普遍都吸食烟草,这些人中就有英国的沃特尔·雷利爵士(Sir Walter Raleigh,1552—1618)。起初,吸食烟草只是一种人们打发时光的消遣,后来却变成一种让人上瘾的嗜好。非药用烟草引发了人们的争议,批评者认为它会让人上瘾、生病并变得一贫如洗。然而,实际情况却是,烟草仍在酒馆、妓院以及那些叼着烟斗的海员所抵达的遥远土地上继续传播。需求在增长,种植者们的获利亦在增长。西班牙人将烟草引入菲律宾,1575 年后烟草成为这里的一种经济作物。1600 年,来自中国东南部的福建省的海员和商人,将烟草从菲

开花的烟草植株。烟草的传播是一个最能清晰地展现欧洲人如何接纳一种新的精神药物并将它传播至全球的范例

律宾带回了中国。在 1590—1610 年间,葡萄牙人把烟草引入西非、印度、爪哇、日本和伊朗。后来,烟草又从这些地方继续向外传播,真正成为一种全球性作物。

17 世纪,牧师、内科医生以及远隔重洋的中、英两国的君主们都谴责烟草的非药用用途。不过,即使是对顽固的吸食成瘾者公开执行死刑,仍不能阻止烟草的发展。到 17 世纪末,由于烟草已然成为一种有利可图的行当,故而,各国开始用管制和征税的方式代替禁烟。对欧洲各海外帝国来说,随着非洲奴隶贸易的扩张,烟草成为主要的税收来源和殖民地农业的支柱。美洲种植园出产的烟草越多,就会有越多的欧洲人和依靠欧洲再次出口烟草的人来消费。与糖的情况一样,烟草种植业的发展在增加烟草供应量的同时也压低了烟草的价格。17 世纪 20年代早期,切萨皮克烟草可以卖到每磅 16 便士的好价钱,但是到 1670 年时却只能卖到每磅 1便士。实际上,几乎每个人都可以通过抽、咀嚼或者吸食等方式消费烟草,人们的消费方式因区域、性别、阶层以及流行风尚的不同而各不相同。

813

### 药品贸易的益处

　　几种主要全球性精神药物的传播过程虽有差别，但几乎都是烟草传播故事的翻版。当欧洲人发现新的精神药物时（或者懂得如何去制造一种精神药物时，比如蒸馏出烈酒），通常会弄清该药物可能存在的医用价值。医用场合的药品传播——尽管医生们就用法、剂量和副作用有争论——极少令公众恐慌。医疗方面的突破性进展，如1884年人类发现可卡因具有局部麻醉效用等，曾赢得普遍赞誉。只有当精神药物被大量用于非药用用途时——如18世纪初期英国曾出现饮杜松子酒成风、悠闲的富人们"滥用"鸦片的情况，或者在合成药品、半合成药品盛行的时代，有些人对巴比妥类药物、海洛因和安非他明等吸食成瘾——才会引发争议。

　　在18、19世纪的大部分时间里，政府官员对药品滥用及其毒害持默许态度，他们视其为商业盈利不幸带来的副产品。从许多方面来看，精神药物都是一种理想的商品。因为精神药物会被人们迅速地消费掉，上瘾的人不得不持续购买以供吸食。这是因为精神药物会让人产生耐药性，人们必须不断加大剂量以达到同样的药效，这就会使精神药物的销量不断上涨。此外，还有一个原因在于，至少有一部分人会对某些精神药物上瘾，这就使需求药物的群体相对固定。1849年加利福尼亚淘金热初期，那里的烟草价格与同重量的黄金价格一样。商人们火速从檀香山和其他港口调货到旧金山，旧金山商人的仓库里迅速堆满了烟草。

　　酒精和烟草是进行实物贸易的理想货品。商人用它们来换取土著居民的劳动力和诸如檀香、海参、椰皇、毛皮（皮草和动物皮）等物品。近现代早期的毛皮贸易是一场全球性的商业活动，它将欧洲城市和西伯利亚及美洲遥远的森林联系在一起；在本质上，它也是一场药品贸易，欧洲商人通过向土著居民提供掺水的烈酒获得了高达400％的利润。酒精和烟草在非洲奴隶贸易中也发挥了相同的功用。1700—1830年间，从卢旺达和本格拉（Benguela）贩卖到巴西的非洲奴隶中，可能每4人里就有1人是用朗姆酒交换来的。奴隶、种植园、药品这三者混杂在一起，组成了一个赚钱永动机。奴隶种植烟草和甘蔗，甘蔗被加工成朗姆酒，用烟草和朗姆酒（也包括咖啡和可可）又可以买到更多的奴隶，而这些奴隶又能种植更多的药品类作物。

　　政治精英通过向药品征税，来从日益扩大的药品贸易中获益，比如沙俄的军事费用基本上是由酒税来承担的。非洲和亚洲殖民地统治者也靠酒税来维持生计，他们常常还会用鸦片税作为补充。他们定期将鸦片专卖权（鸦片田[Opium farm]）拍卖给出价最高的竞标者。19世纪里，新加坡

这是一幅19世纪的绘画作品，名称是《出售致命药品》（*Selling the Deadly Drug*）

814

一半的财政收入来自于此。法国在印度支那也通过类似的方式获利。1945 年，当胡志明正式宣布越南独立时，他将鸦片和酒精买卖明确定性为法国对越南人民所犯下的帝国主义罪行之一。

## 管制和禁令

人们对帝国主义通过药品谋取不正当利益的行为十分痛恨，这正是世界范围内掀起管制和禁止药品非法交易运动的重要原因之一。改革者们率先在中国展开行动，在这里，民族主义者和基督教传教士长期关注着吸食鸦片的现象。该现象始于 18、19 世纪鸦片从英属印度被走私到中国。尽管中国禁止进口鸦片，但该贸易仍然兴盛发达。在英国于 1839—1842 年和 1856—1860 年的两次鸦片战争中获胜后，鸦片成为一项合法贸易，中国国内的鸦片生产量出现快速增长。鸦片贸易威胁着中华民族的健康、道德和生产力。中国官员欲阻止该贸易，英国的改良主义者以及于 1906 年开始执政、禁烟的自由党政府也希望阻止该贸易。1907 年，英国以中国按相同比例减少国内鸦片生产量为条件，开始逐步停止印度的鸦片出口贸易。1913 年，英属印度和中国之间的鸦片贸易正式结束。这种两国取得初步成效（并非尽善尽美）的联合行动开创了药品供应控制的先例，而联合进行药品控制也成为 20 世纪后来的时间里药品外交（drug diplomacy）所竭力达成的核心目标。

到 1912 年时，来自英国、美国和其他各国的外交官共同签署了《海牙禁止鸦片公约》（Hague Opium Convention），旨在限制鸦片生产和消费，并将含可卡因的精神药物数量限定在必要的药用需求范围内。起初，德国因其制药业能大量生产麻醉药，未签署该条约。不过，德国在第一次世界大战中战败，作为推动战后和平工作的内容之一，战胜国要求德国及其盟国土耳其——这一重要的鸦片生产国——承认《海牙禁止鸦片公约》。在后来的半个多世纪里，各国外交官和药监官员进一步商议拟定了修正案和其他公约，其结果是实行更严格的麻醉药品生产与出口管制措施。1971 年《精神药物公约》（Psychotropic Substances Convention）将几类新的精神药物纳入国际药品管制范围之内，包括迷幻剂、安非他明和巴比妥类药物。

尽管上述外交努力确使药品数量大幅降低，也使药品特点发生改变，但却没有使国际药品贸易彻底终结。在管制药品的地下制药和非法贩运中，犯罪团伙和非法武装发挥的作用越来越大。非法贸易多集中在局势混乱的地区或者政府力量较弱的区域。长期内战也为非法药品贸易的开展提供了契机。各竞争派系均

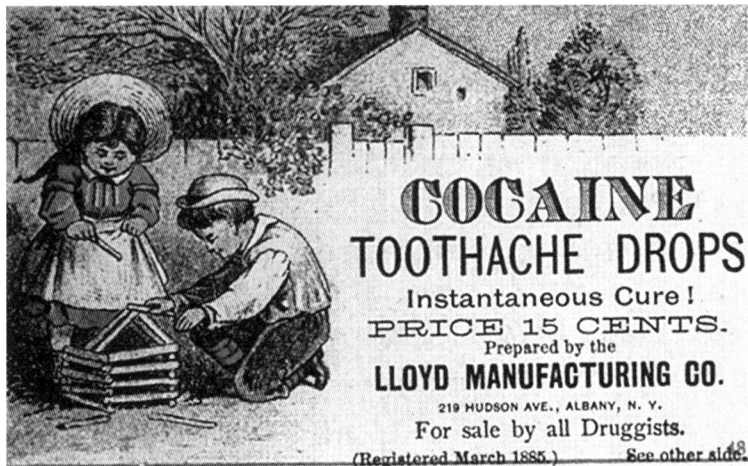

可卡因的局部麻醉功效已得到公认，这使它可以被正当地用在饮料（可口可乐）、止咳药以及这幅 1885 年的广告中的"可卡因牙痛滴剂"里

懂得通过保护地方药品种植者和走私者的方法来获取购买武器的资金，同时也得到一定的分成。

国际严控麻醉品贸易运动是抵制滥用精神药物的大型运动之一。到 19 世纪末 20 世纪初，人为制造的精神药物充斥了这个世界，其中包括廉价的烈酒和大量的香烟。越来越多的医学证据证明这些物质有毒，既对使用者有害，也对暴露在相关环境里的胎儿有害。城市化和工业化使得滥用精神药物带来的破坏性与危险性更强。没人愿意见到一个酩酊大醉的操作员出现在重型机器旁边，或者手握方向盘穿梭于车水马龙之间。新的工业形势同样引发了世界范围的进步主义，认为政府应当限制那些耗用过多社会代价的经济活动。对许多进步主义改革者而言，用毒害人的方式来获利，与贪婪的垄断、不加节制的工业污染和劣质食品同属一类。所有这些行为都应当受到政府制裁。

打击毒品的微妙之处在于，法定的医用药品可以免责。即使在美国禁酒令时期（1920—1933），医用酒精也是免责的，并且可凭处方在大部分地方买到。到 20 世纪后的 30 年来，医用药品免责的问题通常都是通过"分级目录"来进行管控，根据药品的医用价值、毒性和潜在的成瘾性将部分药品归为合法类药品。禁令中的最高限制级类别包括迷幻剂，如 LSD 或者大麻（在某些国家属于最高限制级药品）等。其他的药品类别，涵盖了上至诸如合成麻醉剂美沙酮等在制造和销售方面进行严格控制的药品，下至药物滥用可能性相对较小的简单的处方类药品。那些未列出的药品，比如含咖啡因的饮料、烟草和酒精，在可能的情况下，一般通过征税政策、限制广告或禁止向未成年人出售等方法进行管控。

## 双重标准

尽管烟草和酒精与其他受到较为严格管控的许多药品一样具有危害性，但是，至少在伊斯兰世界之外的地区，烟草和酒精在现代药品管控系统中享有最超出常规的特权。随着肺部恶性肿瘤成为世界上最常见的癌症，批评者们抱怨，一边禁止大麻，一边又允许烟草在世界范围内销售，真是滑稽。2000 年时，香烟的日销售量已达到 150 亿根。实际上，考虑到烟草只是"入门级"的精神药物（抽烟的人更有可能去尝试其他的药物），如果人们不是如此轻易地就可以得到香烟的话，那么，就不会有如此多的人去吸食大麻。

尽管从公共卫生的角度来看，政府对烟草和酒精的管制不力是不合理的，但是，若从经济和社会角度去看却未必如此。用药人群的规模越小、边缘化程度越高，则越容易对之施加限制性法规，并且越利于维持法规的实施。用药人群的规模越大、普及化程度越高，则情形相反。直到 20 世纪初期，在北美，非药用的可卡因在妓院和不遵纪守法的黑人中仍广泛使用。秘鲁和爪哇是世界上古柯种植量最大的国家，这里衰败贫穷，在政治上也不重要，这就使国际药品管控的任务变得简单起来。同样的情况并不适用于酿酒业，酿酒后来成为除了南极洲外各大洲都有的重要行业。在 20 世纪初期，每 8 个法国人中就有 1 人因为从事酒精类的贸易获益。由于存在大量的潜在反对力量，政治家们一般更倾向于用酒税而不是严格管控的方式来管控酒精类制品。大多数政治家自身对酒精类制品的喜爱，也成为另一个重要的原因——精英们不会宣布自己的恶习是非法的。

至少到 20 世纪晚期，在西方社会受教育的阶层开始有意回避烟草公司的产品之前，香烟的普及性也为烟草公司带来了与酿酒公司类似的好处。不过，在面临对自己不利的医学证据时，烟草公司所拥有的财富仍能使其通过一种复杂的策略去挽救它们的生意。它们雇用公共关系专家去模糊健康议题，部署说客去阻止、推

816

> 与意大利特浓咖啡、卡布基诺咖啡和摩卡咖啡相比,伏都教祭司和他的药粉是那么的微不足道。这些咖啡的力量甚至比世界上所有宗教混合在一起所迸发的还要强大,也有可能比人类自身的灵魂还要强大。
>
> ——马克·赫尔普林(Mark Helprin, 1947—　)

迟或淡化反对吸烟的举措,将香烟包装成一种酷炫的产品以获取青少年的青睐,在那些缺乏烟草管制规则的发展中国家大肆扩展贸易。1999 年和 2000 年,世界卫生组织的调查表明,拉丁美洲和加勒比地区 13～15 岁的在校生中,有 11% 曾收到烟草销售商免费提供的香烟;在俄罗斯遇到过同样情况的同龄在校生比例是17%;在约旦是 25%。烟草商们的这些行为引起了公愤,再加上香烟会引发健康问题的警告越发普及,这促成了一场国际反烟草运动的开展,其情形与 1 个世纪前的麻醉品控制运动并无不同。迄今为止,这场运动取得的最重要外交成就是 2003 年的《世界卫生组织烟草控制框架公约》(WHO's 2003 Framework Convention on Tobacco Control)。该公约委托缔约方应当履行义务以达到既定目标,诸如禁止烟草广告、创造无烟环境、国家出资帮助人们戒烟——这是一个关乎全世界 13 亿烟民的雄心勃勃的大计划。

---

进一步阅读书目:

Courtwright, D. T. (2001). *Forces of Habit: Drugs and the Making of the Modern World*. Cambridge, MA: Harvard University Press.

Davenport-Hines, R. (2002). *The Pursuit of Oblivion: A Global History of Narcotics*. New York: Norton.

Goodman, J. (1993). *Tobacco in History: The Cultures of Dependence*. London: Routledge.

Goodman, J., Lovejoy, P. E., & Sherratt, A. (Eds.). (1995). *Consuming Habits: Drugs in History and Anthropology*. London: Routledge.

Jankowiak, W., & Bradburd, D. (Eds.). (2003). *Drugs, Labor, and Colonial Expansion*. Tucson: University of Arizona Press.

Lewin, L. (1998). *Phantastica: A Classic Survey on the Use and Abuse of Mind-altering Plants* (P. H. A. Wirth, Trans.). Rochester, VT: Park Street Press. (Original work published 1924)

McAllister, W. B. (2000). *Drug Diplomacy in the Twentieth Century: An International History*. New York: Routledge.

Mintz, S. W. (1985). *Sweetness and Power: The Place of Sugar in Modern History*. New York: Viking.

Myer, K., & Parssinen, T. (1998). *Webs of Smoke: Smugglers, War-lords, Spies, and the History of the International Drug Trade*. Lanham, MD: Rowman & Littlefield.

Pendergrast, M. (1999). *Uncommon Grounds: The History of Coffee and How It Transformed Our World*. New York: Basic Books.

Porter, R., & Teich, M. (Eds.). (1995). *Drugs and Narcotics in History*. Cambridge, UK: Cambridge University Press.

Rubin, V. (Ed.). (1975). *Cannabis and Culture*. The Hague, The Netherlands: Mouton.

Rudgley, R. (1993). *Essential Substances: A Cultural History of Intoxicants in Society*. New York: Kodansha International.

Rudgley, R. (1999). *The Encyclopedia of Psychoactive Substances*. New York: St. Martin's Press.

Schivelbusch, W. (1992). *Tastes of Paradise: A Social History of Spices, Stimulants, and Intoxicants*. (D. Jacobson, Trans.). New York: Pantheon.

Stares, P. B. (1996). *Global Habit: The Drug Problem in a Borderless World*. Washington, DC: Brookings Institution.

Terry, C. E., & Pellens, M. (1928). *The Opium Problem*. New York: Bureau of Social Hygiene.

戴维·考特赖特(David T. Courtwright) 文

陈黎黎 译　俞金尧 校

# Du Bois，W. E. B.　杜波依斯

杜波依斯（美国作家和教育家，1868—1963）的作品——包括他针对美国城市中的黑人进行的开创性研究——在 20 世纪对非裔美国人产生了巨大影响。杜波依斯倡导泛非主义（Pan-Africanism），对美国全国有色人种协进会（NAACP）的创建做出了重要贡献。虽然他后来因政治原因离开美国，但他的影响力却从未消退，持续至今。

威廉·爱德华·伯格哈特·杜波依斯是 20 世纪前半叶美国最重要的非裔美国人领袖之一。他以记者、社会学家、历史学家、小说家、政论家、民权运动领导者和教师的身份对社会做出了重要贡献。他出版了很多作品，其中既有社会学方面的研究成果，也有关于奴隶贸易、约翰·布朗以及美国重建时期的研究成果。

杜波依斯于 1868 年 2 月 23 日出生在马萨诸塞州大巴灵顿（Great Barrington）。1884 年，他从大巴灵顿高中毕业，是毕业典礼上的致辞代表。1888 年，他从田纳西州纳什维尔（Nashville）的菲斯克大学（Fisk College）毕业。正是在田纳西州学习期间，杜波依斯首次体会到公然的种族歧视。杜波依斯在哈佛大学取得

美国社会学家、作家杜波依斯。1900 年摄于佐治亚州亚特兰大。纽约公共图书馆

了他的第二个学士学位（1890）并获得文学硕士学位（1892）。1892—1893 年间，杜波依斯在德国柏林大学学习，在这里，他深深地受到社会主义理论家爱德华·伯恩斯坦（Eduard Bernstein，1850—1932）的影响。此后，他一生都赞同马克思主义的理论学说。

1895 年，杜波依斯获得博士学位，他是第一位在哈佛大学获得该学位的非裔美国人。他的博士论文《1638—1870 年间对美黑奴贸易的废止》（ *The Suppression of the African Slave Trade to the United States of America，1638 - 1870* ）于 1896 年出版。这篇论文开创性地将经济学分析运用到历史研究中。此前那些关于奴隶制的研究，极少注意到奴隶制与棉花市场之间的密切关联。

从哈佛大学获得博士学位后，杜波依斯先在威尔伯佛斯大学（Wilberforce University）担任教授（1894—1896），后在宾夕法尼亚大学担任社会学助教（1896—1897）。不过，他最为知名的经历是他长期在亚特兰大大学任教，从 1897 到 1910 年，杜波依斯一直在这里担任经济学和历史学教授，并在 1934—1944 年间担任社会学系系主任。

1897—1914 年间，杜波依斯完成了与非裔美国人相关的多项社会学研究，其中包括《费城黑人：一项社会研究》（ *The Philadelphia Negro：A Social Study* ，1899）一书，该书是美国首个针对城市中的非裔美国人社区的个案研究。

在这里,很多真相被掩盖,若你能细细体会,就会发现在 20 世纪初年做一名黑人究竟意味着什么。友善的读者们,这不应当是你不关注的问题啊,因为 20 世纪的问题正是肤色界限的问题。
——杜波依斯(1868—1963)

杜波依斯在《危机》(*The Crisis*)杂志办公室。他所写的社论引起了公共政策的变化,其中包括创建联邦就业计划以接济退伍的非裔美国军人

在民权问题上,杜波依斯的观点与另一位著名非裔领袖的观点并不一致。布克·华盛顿(Booker T. Washington,1856—1915)认为非裔美国人应暂时接受种族歧视的存在,并鼓励他们通过刻苦工作来提升自己。起初,杜波依斯是赞同华盛顿的观点的,他是华盛顿 1895 年那场著名的"亚特兰大演讲"的支持者,在该演讲里,华盛顿支持"隔离但平等"。不过,随着黑人聚居区里非裔美国人数量的快速增长,非裔美国人群体内部发生了变化,而这种变化对华盛顿的观点发起了挑战。在杜波依斯那本广为流传的书籍《黑人的灵魂》(*The Souls of Black Folk*,1903)中,他曾提到华盛顿的观点并予以抨击,他认为华盛顿的策略只会使非裔美国人持续受到更深的压迫。

杜波依斯对非裔美国人的研究做出了长久的贡献,而《黑人的灵魂》正是他首次就这一问题所发出的自己的声音。他强调非裔美国人的双重特性:"人们都曾感受到自己所具有的'双重性'——既是美国人,又是黑人。两个灵魂、两种思想、两股不可调和的力量以及两种互不相容的观点同存于一个黑色的身体里,而体内的顽强力量又使这两半牵扯在一起却不至于撕裂。"

1905 年,杜波依斯组织发起了尼亚加拉运动(Niagara Movement)组织。直到 1909 年,这个小型组织每年都会召开会议,但后来却因内部纷争被严重削弱。尽管如此,该组织是全国有色人种协进会(National Association for the Advancement of Colored People,NAACP)的前身,重要性仍不容小觑。

杜波依斯在 1909 年全国有色人种协进会的创立中发挥了重要的作用,并成为该协会的研究部主任。作为该协会《危机》杂志的创刊编辑,他所写的社论引发了公共政策的许多变化:允许非裔美国人进入官员培训学校学习,建立法律程序以制裁那些被控对非裔美国人动用私刑的人,同时还创立联邦就业计划以接济退伍的非裔美国军人。

杜波依斯的民族主义有着丰富多样的表达形式。他是泛非主义——一种基于所有的非洲人后裔都拥有共同利益,是应该为了自由而共同奋斗、一起努力的信念所形成的政治理念的积极倡导者。1900 年杜波依斯担任了第一次泛非主义会议的组织者,该会议在伦敦召开。他还是 1919—1927 年间连续 4 次召开的泛非主义会议的策划者。

此外,杜波依斯还是经济民族主义的倡导者。他认为非裔美国人应建立一个属于生产者和消费者的单独的"集团经济"。但全国有色人种协进会的其他成员并不认同。杜波依斯的想法使该组织出现了巨大的观点分歧,1934 年,杜波依斯辞去该协会的职务。

820

离开全国有色人种协进会后,杜波依斯回到亚特兰大大学,随后的10年时间里,他主要在这里从事教学和科研工作。1940年,他创办了《族谱:亚特兰大大学种族与文化评论》杂志(*Phylon*:*The Atlanta University's Review of Race and Culture*)。他还出版了两本重要的书:《黑人的重建》(*Black Reconstruction*,1935)和《黎明前的黑暗》(*Dusk of Dawn*,1940)。《黑人的重建》对非裔美国人历史上的关键时期进行了富有创新性的详尽的研究。《黎明前的黑暗》是一本自传体性质的书籍,详细叙述了杜波依斯在民权运动中发挥的作用。

在亚特兰大大学执教10年后,杜波依斯重新回到全国有色人种协进会工作,1944—1948年,他在该协会从事研究工作。不过,后来因协会内又一次出现巨大的分歧,他再次离开。

19世纪90年代,杜波依斯一直公开支持资本主义,他力劝非裔美国人支持非裔美国人所经营的生意。不过,到1905年时,他开始完全认同社会主义的优越性。1912年,杜波依斯加入社会党,后来,在他有生之年一直都赞同社会主义的理论学说。

1948年以后,杜波依斯的政治态度进一步左转。1951年,他因"未登记的外国代理人"的罪名而被起诉。尽管他的罪名不成立,但杜波依斯愈发对美国失望。1962年,他宣布放弃美国国籍并迁至加纳,在那里他原计划担任《非洲百科全书》(*Encyclopedia Africana*)的主编,不过该书最终没有完成。

1963年8月27日,杜波依斯在加纳阿克拉(Accra)去世。他绝大部分的个人文件都作为档案收藏于马萨诸塞大学阿默斯特分校。

---

进一步阅读书目:

Du Bois, W. E. B. (1896). *The Suppression of the African Slave Trade to the United States*. Unpublished doctoral dissertation, Harvard University, Cambridge, MA.

Du Bois, W. E. B. (1899). *The Philadelphia Negro*: *A Social Study*. New York: Benjamin Blom.

Du Bois, W. E. B. (1940). *Dusk of Dawn*: *An Essay toward and Autobiography of a Race Concept*. New York: Harcourt Brace.

Du Bois, W. E. B. (1996). *The Souls of Black Folk*. New York: Modern Library. (Original work published 1903).

Horne, G., & Young, M. (Eds.). (2001). *W. E. B. Du Bois*: *An Encyclopedia*. Westport, CT: Greenwood.

Lewis, D. L. (1993). *W. E. B. Du Bois*, *1868 - 1919*: *Biography of a Race*. New York: Henry Holt.

Lewis, D. L. (2000). *W. E. B. Du Bois*, *1919 - 1963*: *The Fight for Equality and the American Century*. New York: Henry Holt.

斯蒂芬·格莱齐尔(Stephen D. Glazier) 文

陈黎黎 译 俞金尧 校

# Dutch East India Company 荷属东印度公司

荷属东印度公司于 1602 年成立,它由 60 家公司组成,致力于垄断香料贸易、扩大荷兰殖民地的影响力以及减少来自其他商业势力的竞争。荷属东印度公司不仅垄断世界贸易,而且在近 200 年的时间里充当了荷兰政权在东印度群岛的独家代理。

821

历史学家视荷兰共和国为第一个现代经济体,而荷属东印度公司(Vereenigde Oost-Indische Compagnie,VOC)无论是否理所当然,都被称为第一家现代公司。在"八十年战争"(1568—1648)期间,海外贸易和航运业大扩张,一定程度上,加尔文教向外寻求传播。荷兰的海外扩张就是在这些政治-经济、商业和宗教等综合因素强有力的刺激下推进的。1595 年荷兰船只第一次航行至亚洲,随后,尼德兰北部那些与东方进行贸易的城市创立了一批"准公司"。为了限制这些公司间的竞争并打造一个可与西班牙和葡萄牙的殖民地相抗衡的军事-外交工具,这些准公司合并为联合东印度公司。1602 年 3 月 20 日,荷兰议会向联合东印度公司签发特许状,有效期至 1799 年 12 月 31 日,之后,荷兰政府接管了东印度公司的属地。

在重商主义时期,荷属东印度公司被授予了从非洲好望角至南美洲南端麦哲伦海峡的航运垄断权,将整个印度洋盆地囊括在内。董事会或称"十七绅士"由阿姆斯特丹商部的 8 名代表、泽兰商部(Zeeland,或米德堡[Middelburg])的 4 名代表以及 4 个小商部(鹿特丹、代尔夫特[Delft]、荷恩[Hoorn]和恩克豪森[Enkhuizen])各派的 1 名代表,以及泽兰或上述 4 个小商部另选出的 1 名代表组成。特许状还委托联合东印度公司行使主权,包括任命总督、建立军事堡垒、拥有军队和舰队,以及与土著居民统治者缔约或交战的权力。

1619 年,荷属东印度公司在爪哇岛的雅加达——被更名为巴达维亚(Batavia)——建立了亚洲的商贸集散中心。亚洲总部、总督和东印度群岛理事会均位于巴达维亚(今雅加达),它们负责协调公司在东方各个据点的活动。荷属东印度公司将其在亚洲的贸易业务分为三类,其各自的名称反映出了各自的重要性。核心的贸易业务区由香料产地和商贸中心组成,诸如安汶(Ambon)、班达

822

《荷属东印度公司的商船》(*Merchant Ship of the Dutch East India Company*, 1782)。由日本丰岛屋(Toshimaya)出品的长崎画派(Nagasaki School)的木刻版画。荷属东印度公司是最早与日本通商的欧洲公司之一

群岛、好望角、科罗曼德(Coromandel)、孟加锡(Makassar)、爪哇岛东北海岸等地的"管辖区"，公司征服了这些地区从而享有贸易特权。第二类贸易业务区包含了诸如马拉巴尔海岸(Malabar)和苏门答腊西海岸等地的"控制区"，在这些地区，公司通过一些独家经销合同而从事贸易活动。第三类是经济上很重要的公司驻在地，由一名经理负责，包括孟加拉、苏拉特(Surat)、波斯，外加诸如印度莫卧儿帝国(1526—1857)或是波斯萨非王国(1501—1722/1736)等东方大国的部分地区。此外，还有一些边缘地区的贸易据点，由一名驻扎官、长官或主管负责，诸如马辰(Banjarmasin)、六坤(Ligor)或东京，在这些地区，东印度公司与其他商人一起开展贸易。

荷属东印度公司的标志。这可能是世界上第一个公司商标，它被用在诸如加农炮、钱币和旗帜等东印度公司发行的物品上

在工业革命以前，欧洲与亚洲间的商业贸易活动遵循着"以金易物"的模式，常常存在着结构性的贸易不平衡(见表1)。贵金属充当着早期近代世界经济的润滑剂，产生了重要的政治、社会经济、人口和文化影响，并与区域性、地方性的国家的形成进程、社会分层、经济发展、人口流动以及思想—宗教变化等互相影响。

表 1　1602—1795 年间亚洲地区荷属东印度公司贵金属供应来源表
（年平均值，以千荷兰盾为单位）

| 年份 | 来自欧洲 | 纸券* | 来自日本 | 来自波斯 | 来自古吉拉特(Gujarat) | 总计 |
|---|---|---|---|---|---|---|
| 1602—1609 | 521 | 无 | 0 | 0 | 0 | 521 |
| 1610—1619 | 1 019 | 无 | 0 | 0 | 0 | 1 019 |
| 1620—1629 | 1236 | 无 | 395 | 0 | 0 | 1 635 |
| 1630—1639 | 850 | 无 | 2 338 | 0 | 0 | 3 188 |
| 1640—1649 | 920 | 377 | 1 519 | 427 | 0 | 3 243 |
| 1650—1659 | 840 | 451 | 1 315 | 661 | 120 | 3 387 |
| 1660—1669 | 1 210 | 249 | 1 455 | 400～700 | 211 | 3 400～3 800 |
| 1670—1679 | 1 130 | 430 | 1,154 | 400～700 | 637 | 3 700～4 000 |
| 1680—1689 | 1972 | 802 | 298 | 400～700 | 358 | 3 800～4 100 |
| 1690—1699 | 2 861 | 756 | 229 | 400～700 | 170 | 4 400～4 700 |
| 1700—1709 | 3 928 | 639 | 0 | 约 600 | 无 | 5 100～5 200 |
| 1710—1719 | 3 883 | 1 122 | 0 | >300 | 无 | 5 300～5 400 |
| 1720—1729 | 6 603 | 796 | 0 | >300 | 无 | 7 700～7 800 |
| 1730—1739 | 4 012 | 1 680 | 0 | 无 | 无 | 无 |
| 1740—1749 | 3 827 | 1 390 | 0 | 无 | 无 | 无 |
| 1750—1759 | 5 839 | 2 360 | 0 | 无 | 无 | 无 |
| 1760—1769 | 5 354 | 3 790 | 0 | 无 | 无 | 9 200 |
| 1770—1779 | 4 831 | 3 590 | 0 | 无 | 无 | 8 400 |
| 1780—1789 | 4 789 | 4 000 | 0 | 无 | 无 | 8 800 |
| 1790—1795 | 1 697 | 1 340 | 0 | 无 | 无 | 3 100 |

* 纸券(Assignaties)是根据金币和银币存储量而在亚洲发行的票据，可在荷兰共和国(Dutch Republic)的公司营业处兑换。
资料来源：De Vries（2003, 76）；（Data on Europe）Bruijn, Gaastra, and Schöffer（1987, Vol. 1, 187）；（Assignaties）Gaastra（1976, 249－272）；Nachod（1987, ccvii-ccviii）；Glamann（1981, 58）；（Data on Persia）Gaastra（1983, 474－475）；（Data on Gujarat）Prakash（1998, 185）

823

荷属东印度公司的经济史可分为三个不同的时期：垄断阶段（1600—1680），这是通过获取部分商品（胡椒和香料）和部分市场（日本）范围内的专营权（市场中某些卖家待出售的商品或服务仅能卖给一个买家）而实现的。竞争阶段（1680—1740），诸如纺织品、咖啡和茶等盈利较少的、非传统型商品在这一时期占据主导地位，而这些产品主要由印度、阿拉伯半岛和中国的相对开放的市场来供应。瓦解和衰落阶段（1740—1800），以英、法全球争霸时期的到来为标志，荷兰的贸易和航运事业明显衰落（见表2和表3）。

表2　欧亚贸易中的回程货物：
选定每3年时间段内商部各种货物的
进口和销售情况分析表
（占发票价值的百分比）

| | 1648—1650 | 1668—1670 | 1698—1700 | 1738—1740 | 1778—1780 |
|---|---|---|---|---|---|
| 食用香料和胡椒 | 59.3 | 57.4 | 38.1 | 35.0 | 35.4 |
| 纺织品和生丝 | 17.5 | 23.8 | 43.4 | 28.3 | 32.7 |
| 茶和咖啡 | 0 | 0 | 4.1 | 24.9 | 22.9 |
| 糖 | 8.8 | 2.0 | 0.2 | 3.0 | 0.6 |
| 药品、非食用香料、染料 | 7.3 | 5.9 | 6.6 | 2.7 | 2.3 |
| 硝石 | 4.3 | 7.6 | 4.0 | 3.6 | 2.8 |
| 金属 | 0.7 | 3.0 | 2.9 | 0.6 | 1.4 |
| 杂货 | 2.1 | 0.3 | 0.7 | 1.9 | 1.9 |
| 总计 | 100.0 | 100.0 | 100.0 | 100.0 | 100.0 |

资料来源：Bruijn, Gaastra, and Schöffer (1987, Vol. 1, 192); Glamann (1981, 12 - 14, 269 - 278)

历史学家们曾指出了一些导致公司最终解体的原因。早期研究表明，荷属东印度公司不透明的记账方法、薄弱的财务基础以及随之而

表3　1640—1795年荷属东印度公司的财务报表
（支出和收入）

| 年份 | 支出 | 收入 |
|---|---|---|
| | （以百万荷兰盾为单位） | |
| 1640—1650 | 42.7 | 78.4 |
| 1650—1660 | 71.1 | 84.2 |
| 1660—1670 | 80.4 | 92.3 |
| 1670—1680 | 77.0 | 91.3 |
| 1680—1690 | 87.6 | 103.4 |
| 1690—1700 | 106.9 | 127.2 |
| 1700—1710 | 122.6 | 139.5 |
| 1710—1720 | 135.2 | 163.7 |
| 1720—1730 | 172.9 | 185.6 |
| 1730—1740 | 159.0 | 167.0 |
| 1740—1750 | 148.7 | 159.7 |
| 1750—1760 | 184.9 | 188.0 |
| 1760—1770 | 198.9 | 213.6 |
| 1770—1780 | 186.5 | 199.6 |
| 1780—1790 | 212.3 | 145.9 |
| 1790—1795 | 86.7 | 61.2 |

资料来源：Gaastra (2003, 148); De Korte (2000, Appendix 1).

来的对外来资本的依赖、企业家精神的衰落、欠佳的服务质量、各级行政部门间缺乏协调和亚

荷兰对北美洲的占领始于1609年，当时，在荷属东印度公司任职的英国人亨利·哈得孙（Henry Hudson）驾船驶入纽约湾，后溯河而上，这条河就是今天以其名字命名的哈得孙河

洲的荷属东印度公司官员中日益严重的腐败等因素,是公司解体的原因。不过,近期研究则强调公司解体的原因应当是:欧洲人消费亚洲产品的模式发生变化;亚洲区间贸易获利的减少,这是由莫卧儿帝国的衰落(1707 年以后)、萨非王朝的衰败(1722)、1685 年以后日本德川幕府日益收紧的政策以及第四次英荷战争(1780—1784)引起的贸易中断等所致。与约 50 年后的英属东印度公司一样,荷属东印度公司成了领土(特别是在锡兰和爪哇)持续扩张的牺牲品,尤其是荷兰在锡兰和爪哇的扩张给公司带来了极大的损失;后来,公司行政管理费用日益增多,加之英、荷贸易竞争日趋激烈,这也使公司遭殃。到 19 世纪时,商业资本主义和特许公司被工业资本主义和民族国家的海外活动所取代。

---

进一步阅读书目:

Boxer, C. R. (1965). *The Dutch Seaborne Empire 1600 – 1800*. London: Hutchinson.

Bruijn, J. R. , Gaastra, F. S. , & Schöffer, I. (Eds. ). (1979 – 1987). *Dutch-Asiatic Shipping in the 17th and 18th Centuries* (3 *vols*. ). Rijks Geschiedkundige Publicatiën, Grote Serie 165, 166, & 167. The Hague, The Netherlands: Martinus Nijhoff.

De Korte, J. P. (2000). *The Annual Accounting in the VOC, Dutch East India*. Amsterdam: Nederlandsch Economisch-Historisch Archief.

De Vries, J. (2003). Connecting Europe and Asia: A Quantitative Analysis of the Cape-route Trade, 1497 – 1795. In D. O. Flynn, A. Giraldéz, and R. von Glahn (Eds. ), *Global Connections and Monetary History, 1470 – 1800*. Burlington, VT: Ashgate.

De Vries, J. , & Van der Woude, A. M. (1997). *The First Modern Economy: Success, Failure, and Perseverance of the Dutch Economy, 1500 – 1815*. Cambridge, UK: Cambridge University Press.

Gaastra, F. S. (1976). *Geld Tegen Goederen: Een Strukturele Verandering in Het Nederlands-Aziatisch handelsverkeer* [Money against Goods: A Structural Change in Dutch-Asian Trade]. *Bijdragen en mededelingen der Nederlanden*, 91, 249 – 272.

Gaastra, F. S. (1983). The Exports of Precious Metal from Europe to Asia by the Dutch East India Company, 1602 – 1795. In J. F. Richards (Ed. ), *Precious Metals in the Later Medieval and Early Modern Worlds* (pp. 447 – 475). Durham, NC: Duke University Press.

Gaastra, F. S. (2003). *The Dutch East India Company: Expansion and Decline. Zutphen*, The Netherlands: Walburg Pers.

Glamann, K. (1981). *Dutch-Asiatic Trade, 1620 – 1740* (2nd ed. ). The Hague, The Netherlands: Martinus Nijhoff.

Israel, J. I. (1989). *Dutch Primacy in World Trade, 1585 – 1740*. Oxford, UK: Oxford University Press.

Israel, J. I. (1995). *The Dutch Republic: Its Rise, Greatness, and Fall, 1477 – 1806*. New York: Oxford University Press.

Nachod, O. (1987). *Die Beziehungen der Niederlän-dischen Ostindischen Kompagnie zu Japan im Siebzehnten Jahrhundert* [The Revelations of the Dutch East India Company with Japan in the Seventeenth Century]. Leipzig, Germany: R. Friese.

Prakash, O. (1998). *The New Cambridge History of India: Vol. 2. European Commercial Enterprise in Pre-colonial India* (Part 5). Cambridge, UK: Cambridge University Press.

825

马尔库斯·温克(Markus Vink) 文

陈黎黎 译 俞金尧 校

> 人们普遍认为,只要天下万邦皆为自由贸易主义者,则自由贸易畅通无阻,但是,当他国竖起关税壁垒时,我们也应竖起壁垒。就此观点,有人驳斥道,他国有岩石海岸,在我们自己的港湾扔下石头或许就是明智之举了。
>
> ——琼·罗宾逊(Joan Robinson, 1903—1983)

# Dutch Empire　荷兰帝国

1602 年,荷属东印度公司成立。后来,该公司曾一度成为世界上最大的公司,它确实创造了一个帝国。不过,荷兰帝国将其重心多放在贸易活动上,相比之下,较少关注殖民活动。到 18—19 世纪时,荷兰的许多殖民地都落入英国手中。第二次世界大战期间,日本占领下的荷属东印度群岛的反叛使帝国走向终结。

826

16 世纪末,荷兰船只开始向欧洲以外的海域探险。起因是荷兰人因反抗哈布斯堡家族的统治,失去了在葡萄牙和西班牙海外帝国范围内经商的权利,也不能继续从哈布斯堡家族控制下的伊比利亚港口获取欧洲以外地区的产品。为了降低荷兰人在亚洲地区从事贸易活动的风险,荷属东印度公司于 1602 年成立。

## 荷属东印度公司

荷属东印度公司是世界上第一次由匿名股东出资成立公司的商业尝试,这些股东之所以投资,目的是为了长期从事商业,而不是仅资助一次航行,或者仅从事一年期的商业活动。在 6 个月内,公司共集资 600 万荷兰盾。公司由 6 个地方商部组成,根据在总资本中所占份额的不同,每个地方商部可以派出相应数额的代表进入由 17 人组成的董事会。政府授予了荷属东印度公司贸易垄断权,还授予其在整个亚洲地区与任何个人和国家宣战或缔结条约的权力。

在公司成立后的最初 20 年里,荷属东印度公司需通过政府补贴来维持运营。不过,1620 年之后,公司的贸易活动带来了日益丰厚的利润。其中,与亚洲各地区之间进行贸易所得到的利润,在总利润中所占的比例最高。1619 年,巴达维亚(Batavia,今雅加达)建成,它充当了荷兰共和国与其亚洲贸易伙伴之间的商贸枢纽。居住在巴达维亚的总督与各地方统治者签署条约,以此得到诸如胡椒、豆蔻、肉桂和丁香等食用香料的专营权。此外,公司还从事鸦片、中国瓷器、茶叶、丝绸和印度棉布的贸易。为了获得这些商品,公司向亚洲支付了大量货币。

随着时间的推移,荷属东印度公司逐渐成为世界上最大的公司,在其鼎盛期,公司的员工数量超过 4 万名。荷属东印度公司每年都会派出 60 多人从尼德兰出发前往巴达维亚,旅途时间长达 1 年,途中会在荷兰殖民地好望角短暂停留。不过,18 世纪时,由于出现竞争,荷属东印度公司的商贸业务被英属东印度公司、法国人甚至是丹麦人抢走。荷属东印度公司为了取悦股东和投资者,不惜借钱来分配红利。虽然荷属东印度公司制定了相关的规定,但亚洲地区的员工大多只为他们自己从事贸易活动,这也不利于公司的良性发展,最终迫使公司破产。1799 年,荷兰政府解散了荷属东印度公司,并且取代公司在其统治的亚洲殖民地和好望角上行使主权。

## 荷属西印度公司

荷属东印度公司在早期取得的成功,强烈地激励着人们为了大西洋地区的贸易和殖民事业而创立一个与之类似的公司。1621 年,西印度公司成立。同荷属东印度公司相比,西印度公司花费了很长时间方筹集到足够的运营资金。大多数商人不愿意向西印度公司投资,因为他们认为该公司可能会成为荷兰政府与西班牙发

827

生海战的工具，而不是一个追求利润的企业。与东印度公司一样，西印度公司也由数个地方商部组成，不过，在公司的发展历程中，原先制定的政策却日益分化，各商部各自为政。泽兰商部独享圭亚那部分地区的管理权，而阿姆斯特丹商部则将重心放在北美的新尼德兰（New Netherlands）和荷属安的列斯群岛（the Dutch Antilles）。1628年，各地方商部均拥有了西非沿岸不同地区的独家贸易权。而在新尼德兰和加勒比地区，由于签发了私人自由持有地产权——被称为"地主制"，分化进一步加深了。西印度公司只是作为股东之一参加了一个联合公司，该联合公司拥有1667年被征服的苏里南（Suriname）这个加勒比海地区的种植园殖民地。在这个联合公司所属领地内获赠土地（land grants）的个体商人常常与西印度公司中某个特定的商部有着关联，或者这些商人本就是某个特定商部的理事。

起初，西印度公司在荷兰的海上贸易中扮演了重要的角色。1650年前后，西印度公司仍然统治着巴西部分地区和新尼德兰。荷兰共和国进口货物总值累计达到6000万荷兰盾，其中近1800万荷兰盾来自巴西、非洲、加勒比地区和北美。在17世纪下半叶，荷兰失去了巴西和新尼德兰，加之英国在其殖民地推行《航海条例》（Navigation Acts），同样，法国在其殖民地也推行类似的保护主义法规，再加上荷兰私掠船获益机会的减少，这些因素致使荷兰在大西洋的贸易量和贸易额降低。据估测，1650年前后在大西洋地区从事贸易的荷兰

船只年平均数量约为250艘。到18世纪，该数值下降为约140艘。除了开展从欧洲到西非，然后从西非前往新世界，又从新世界再次回到欧洲的三角奴隶贸易之外，西印度公司的货船也从事诸如巴西木材、兽皮、象牙、甘蔗、烟草和可可等美洲和非洲货物的贸易。

西印度公司将重心放在从事贸易活动而非殖民活动上。殖民地以及公司贸易据点的欧洲人口总数在任何时期都没有超过2万。这表明，将一个年轻人派遣至亚洲热带地区的临时据点所产生的利润，要高于让他们在新尼德兰或好望角殖民地定居殖民所产生的。西印度公司并不热衷于向外输出荷兰语或荷兰新教这些国家名片。荷兰各殖民地和贸易据点的管理者们都充分地认清了一个事实，即只有实施宗教宽容和文化宽容，才能防止帝国各殖民地的反叛。

1734年以后，西印度公司变得"有名无实"。私人联合公司控制了两个最重要的荷属种植园殖民地——苏里南和伯比斯（Berbice，今圭亚那）。公司只剩下了对非洲沿岸荷属殖民地、荷属安的列斯群岛以及南美大陆上两个小的种植园殖民地埃塞奎博（Essequibo）和德莫拉拉

828

一幅有关荷兰殖民地新阿姆斯特丹的早期绘画

(Demerara)的管理权。国内头重脚轻的机制并没有发生变化：国家和地方的董事职位由荷兰寡头政治集团内部成员轮流担任(job circuit)。美国独立战争之后，荷兰的私营贸易商确实增加了奴隶贸易和热带经济作物的贸易量，但是荷兰共和国却没有从迅速增长的大西洋贸易中获益。1791年，第二西印度公司解散，荷兰共和国成为一个殖民国家。

## 殖民国家：荷兰

1795—1816年间，荷属殖民地实质上几乎全落入英国手中。最终，荷属东印度群岛、苏里南和安的列斯群岛被归还给荷兰，但是英国没有交还好望角、锡兰、德莫拉拉、埃塞奎博、伯比斯。1870年，英国购买了非洲黄金海岸上的荷属要塞。

在东方，荷兰殖民政府未得到足以支付管理费用和防御费用的收益。为了增加殖民地财政收入，1830年荷兰殖民政府在殖民地引入强迫种植制。根据这一机制，印度尼西亚的村民们会在自己的部分土地上种植咖啡豆和甘蔗，这些作物会以实物税的方式交付殖民政府。这个机制在经济上取得了成功，很快爪哇岛就为

荷兰殖民地政府创造了巨大的财政收入，其中大部上交荷兰国库。1860年，强迫劳动和奴隶制受到在荷兰盛行的自由主义思潮的反对，故而东方的强迫种植制与西方的奴隶贸易均被废除。1870年以后，欧洲公司的投资额和土地私有权日益增大，荷兰的殖民范围也扩展至印尼群岛的所有岛屿。在亚齐省(Aceh，北苏门答腊)，荷兰殖民者遇到了最顽强的抵抗，直到1913年该地区才完全处于荷兰控制之下。

在荷属加勒比地区，直到1863年时奴隶制才被废除。4万名殖民地奴隶之所以到那时才获得解放，是因为荷兰本土既没有出现支持废奴主义的强大游说议员，而经济方面的自由主义思想在1860年以前也未受到拥护。此外，荷兰没有足够的财政收入去赔偿那些失去奴隶的奴隶主。正是从荷属东印度公司引入的强迫种植制中，荷兰政府获得了足够的财政收入以实现收支平衡。奴隶制被废止后，荷兰创立了一个十年期的学徒制(1863—1873)，随后开始从英属印度引进3万名契约劳工(1873—1916)，1890—1939年又从爪哇引入了相近数量的契约劳工。由于荷属安的列斯群岛上不再有大型种植园，故而岛上获得解放的奴隶未被纳入学徒制，也没有一个岛屿引进契约劳工。20世纪初，随着炼油厂的建立，这些岛屿的经济情况大为提升。与此相似，随着美国苏里南铝业公司(American-owe SURALO comparry)获允开发铝矿，苏里南的经济出现大幅增长。第二次世界大战期间，苏里南的铝矿和荷属安的列斯群岛上的炼油厂对战争中的同盟国意义重大，

16世纪的荷兰商船。荷兰帝国将重心放在从事贸易而非对外殖民上

829

在征得居于伦敦的荷兰流亡政府的同意后,英、美两国接管了这些殖民地的防务。

## "帝国"的终结

1942 年日本占领了荷属东印度群岛,他们与那些有独立倾向的印尼政治家勾结到一起。当地的 4 万名荷兰殖民者被关押进集中营。1945 年日本投降以后,印度尼西亚人民宣称成立独立的印度尼西亚共和国,但荷兰却试图恢复其战前的殖民统治。虽然荷兰因德国占领后的暴行而出现国内物资严重短缺的情况,但荷兰仍大量征兵欲与印尼开战。不过,美国政府更倾向于印尼独立并以切断《马歇尔计划》对荷兰的援助来威胁荷兰。荷兰放弃了恢复其殖民统治的努力,1949 年 8 月 17 日,印度尼西亚共和国成为一个独立的主权国家,当时,新几内亚西部地区未包含在内,直到 1963 年,该地区才归属印尼。

印尼独立之后,苏里南和荷属安的列斯群岛也仿效印尼获得自治权。1954 年,《荷兰王国宪章》(Dutch Commonwealth Statute)规定荷兰、荷属安的列斯群岛的六岛(库拉索岛[Curacao]、阿鲁巴岛[Aruba]、博奈尔岛[Bonaire]、圣马丁岛[Saint Martin]、圣尤斯特歇斯岛[Saint Eustatius]和萨巴岛[Saba])和苏里南地位平等,各自拥有内部自治权,并共享外交和防御事务。随着时间的推移,该宪章的缺点日益突出,因为荷属西印度群岛中约 30% 的人口迁往了荷兰,与此同时,荷兰政府却花费大量的资金来补贴这些前殖民地。1975 年,荷兰向苏里南这块前殖民地上的 40 万居民提供了约 40 亿荷兰盾的援助,成功地授予苏里南独立权。荷属安的列斯群岛的六岛拒绝了类似的提议。它们更愿意继续成为荷兰王国(The Kingdom of the Netherlands)的成员;不过,其中的一些岛屿更倾向于与海牙建立直接联系,而不是通过位于库拉索岛威廉斯塔德(Willemstad on Curacao)的普通的岛际委员会与荷兰保持间接联系。荷兰无法改变它与荷属安的列斯群岛的关系,诸如增设移民门槛等,这是因为《荷兰王国宪章》规定该宪章的失效需得到荷兰王国所有成员的同意。

进一步阅读书目:

Boxer, C. R. (1957). *The Dutch Seaborne Empire, 1600-1800*. Oxford, UK: Clarendon.

den Heijer, H. J. (1994). *De geschiedenis van de WIC* [The History of the Dutch West India Company]. Zutphen, The Netherlands: de Walburg Pers.

Emmer, P. C. (1998). *The Dutch in the Atlantic Economy, 1580-1880: Trade, Slavery and Emancipation*. Aldershot, The Netherlands: Variorum.

Emmer, P. C. (1998). The Economic Impact of the Dutch Expansion Overseas. *Revista de Historia Económica, 16* (1), 157-176.

Gaastra, F. S. (1991). *De Geschiedenis van de VOC* [The History of the Dutch East India Company] (2nd ed). Zutphen, The Netherlands: de Walburg Pers.

Israel, J. I. (1989). *Dutch Primacy in World Trade*. Oxford, UK: Clarendon.

Kuitenbrouwer, M. (1991). *The Netherlands and the Rise of Modern Imperialism: Colonies and Foreign Policy, 1870-1902*. New York: Berg.

Low, D. A. (1986). Counterpart Experiences: India/Indonesia, 1920s-1950s. *Itinerario, 10*(1), 117-143.

Oostindie, G., & Klinkers, I. (2004). *Decolonising the Caribbean: Dutch Policies in a Comparative Perspective*. Amsterdam: Amsterdam University Press.

Postma，J.，& Enthoven，V.（2003）.（Eds.）. *Riches from Atlantic Commerce：Dutch Transatlantic Shipping*，*1585 – 1817*. Leiden，The Netherlands/Boston：Brill.

Van Niel，R.（1992）. *Java under the Cultivation System*. Leiden，The Netherlands：KITLV Press.

彼得·艾莫(Pieter C. Emmer) 文

陈黎黎 译　俞金尧 校

# E

# Early Modern World 早期近代世界

尽管"早期近代世界"这个术语常引起历史学家们的争论,但它大体指的是 15—18 世纪末的这段时期。这个时期见证了人口的剧烈增长,同样,也见证了全球航海通道的发现和扩张。这一时期的进展有助于人们跨越国界来分析问题,也使人们认识到,时间同空间一样,有力地将人类连成了一个整体。

历史学家有时将近代以前(或中世纪)至近代晚期之间的时期称为"早期近代世界"。在这个时期,经由欧洲列强的海外扩张,尤其是在美洲的扩张,世界逐渐连成一个整体。虽然早期近代时期的欧洲人对非洲和亚洲的内陆地区知之甚少,更谈不上产生任何影响,但是,由欧洲人发动并主导形成的各种联系,仍然使整个世界成为主要历史进程的舞台。

历史学家们会在判定早期近代世界精确起止时间的问题上产生争论,又或对该问题避而不谈,不能达成清晰的共识。概略地看,早期近代世界所指的时代以 15 世纪的帖木儿帝国(Timurid,由突厥征服者帖木儿创建)和意大利的文艺复兴为起点。1405 年非常适合作为早期近代世界的开端。因为它不仅是帖木儿——他是最后一位伟大的中亚征服者,将农耕民族和游牧民族结成一个统一的帝国——去世的年份,也是中国的舰队统帅郑和第一次下"西洋"的年份。随着法国大革命和工业革命这两个在近代晚期引发全球性影响的欧洲大事件的到来,这一时代约于 18 世纪末告终。该历史时段之所以在分期上存在不确定性,部分原因在于"早期近代欧洲"这个概念本身的时间界限就具有不确定性,部分原因则在于某种欠考虑的研究方法曾将两个短语混用到历史研究中。

## 概念的起源

尽管从概念上来看,早期近代世界是早期近代欧洲的延伸,但这两个短语却有着令人想不到的起源。一方面,"早期近代世界"这个词最早出现于威拉德·费舍尔(Wilard Fisher)发表在《政治经济学杂志》(*The Journal of Political Economy*)(1895)上的文章《现代市场中的货币和信用证券》("Money and Credit Paper in the Modern Market")。费舍尔写道:"众所周知,引入早期近代世界大商业中心的银行信用证券和银行货币制度现已获得了惊人的发展。"即使并未言明,但他的这段话在地理意义上完全限于欧洲。另一方面,"早期近代欧洲"这一词约 20 年后才诞生,它出现于迪克森·赖恩·福克斯(Dixon Ryan Fox)发表于《政治学季刊》(*Political Science Quarterly*)上的文章《西印度政策的基础》("Foundations of West India Policy")。福克斯写道:"现在学习殖民地史的学生认识到,那些构成早期近代欧洲旧帝国运行基础的原则的运用,最好追溯到加勒比地区(文章标题中的'西印度')。"讽刺的是,"早期近代欧洲"这一术语居然首次出现于描述加勒比地区的文章中,出现于全球殖民主义语境中,出现于一篇鼓吹跨大西洋地区历史的文章中。当这两个词初现于世时,它们的内涵彼此有所重叠。

福克斯的用法并非常态,当"早期近代欧洲"这个词为欧洲接受时,它才成为了一个常用的词。不过,由于相关的历史学研究仅涉及欧洲的主题,所以在数十年的时间里,"早期近代世界"这个短语中的"世界"隐约地只是指欧洲及其周边地区而非全球范围,"早期近代世界"实际上就是"早期近代欧洲"。只有在斯特朗(C. F. Strong)为文法学校编写的教材《早期近代世界》(*The Early Modern World*, 1955)和1964年哈里森·汤姆森(S. Harrison Thomson)为帕里(J. H. Parry)的著作《勘探的时代》(*The Age of Reconnaissance*)所撰写的书评中,"早期近代世界"才具备了全球性的含义。在汤姆森所撰写的书评中,他用这个词去描述"阿拉伯人和葡萄牙人经海路从非洲抵达印度洋沿岸等欧洲人持续扩张的故事;从欧洲向西航行抵达美洲以及从早期的地理发现转向在美洲从事捕鱼业、发展通商贸易和开发美洲"。

1985年,约瑟夫·弗莱彻(Joseph Fletcher)的文章《整合的历史》(*Integrative History*)在他去世后发表;在这之后,学者们第一次认真地对"早期近代世界"这个术语进行了分析。学者们或倾向于用演绎法或倾向于用归纳法去分析之。

### 演绎法

研究早期近代世界的演绎法是将前近代性和晚期近代性进行对比,预先假定存在着某些必要的特征将这两个阶段连接起来,其后在历史记录中寻找具有这些特征的确切证据。这种方法假定存在一个早期近代世界与早期近代欧洲共享(更有可能是前者从后者那里继承到)的现代化轨迹。

马克思主义学说认为,早期近代世界的要素将清晰地阐明从封建主义向资本主义的过渡,从农奴向挣工资的无产阶级的过渡,从地方自给自足向区域市场经济的转变。诸如德国社会学家马克斯·韦伯(Max Weber, 1864—1920)、美国社会学家塔尔科特·帕森斯(Talcott Parsons, 1902—1979)和法国社会学家爱弥儿·涂尔干(Emile Durkheim, 1858—1917)所提出的理论,提供了一种有关现代性的功能主义解释。它根据社会现象满足社会需求的能力来解释社会现象,并将该理论解释的基础拓展到生产方式之外。在这里,最关键的转变在于从信仰神迹转变为信仰科学;从依靠人力、粪肥、水和木柴而以家庭为单位的手工生产,转移到以电力和化石能源为动力的工厂大生产;从依靠传统来确定政府的合法性,转变到自主创造合法政府。

### 归纳法

归纳法不是在某特定时期里去寻找并详细列出的理论上应有的要素,而是考察不同地点发生的不同事件,并从中抽象出一系列共有特征。尽管这种方法扫清了现代化轨道中的理论障碍,但历史学家们却肩负了一项极为艰巨的工作,即对那些将世界绝大部分或大部分民族整合在一起的历史进程进行详细说明。这种方法既不需要研究者们将关注点集中在欧洲,也不需要沿着欧洲的轨迹去评估各个区域所取得的成功。

我们所提及的年代划分的粗略标准与欧洲以外各地传统的历史编纂(历史的书写)的吻合程度究竟有多高?这一问题值得分析。非洲史和美洲史的传统分期与欧洲扩张有着直接联系。若以欧洲人出现在当地但尚未统治该大陆为标志,那么早期近代非洲的历史,从1415年葡萄牙人占领直布罗陀海峡摩洛哥一侧的港口休达(Ceuta)一直持续到19世纪奎宁和轮船的问世,1854年,第一次前往尼日尔的轮船探险队安全返航,未有人员伤亡。早期近代美洲的历史则从1492年哥伦布发现美洲一直延伸至从1776—1822年巴西独立的这段独立运动浪潮期。

早期近代印度始于帖木儿的第五代传人扎希尔乌丁·穆罕默德·巴卑尔(Zahir-ud-Din Muhammad Babur),止于1803年英国占领莫卧

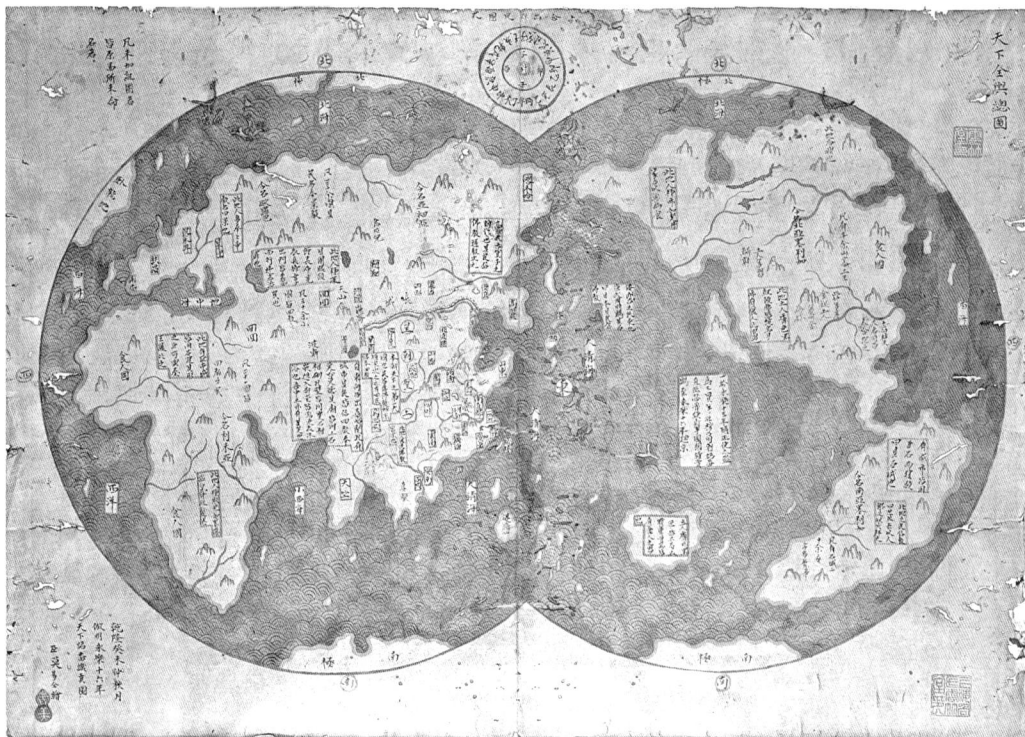

2005 年，中国收藏家刘刚发现了这幅 1763 年的中国版世界地图，地图作者身份不明。他声称该图复制的是舰队统帅郑和 1418 年所使用的一幅地图

儿王朝的中心德里。巴卑尔在祖先的激励下，征服了印度北部，建立了莫卧儿帝国（1526—1857），实际统治印度达 2 个世纪之久。早期近代日本始于织田信长（1534—1582）统一日本，直至 1868 年德川幕府（日本的武士专权）时期。其他地区传统的历史编纂并不能与这种早期近代时期的年代划分自然吻合。比如，尽管 1453 年奥斯曼帝国征服君士坦丁堡（今土耳其伊斯坦布尔）是一件符合早期近代这一时段的事件，但中国的明朝（1368—1644）却开始得过早，并在我们所说的早期近代的中期便结束了。与欧洲的时间表相比，关键性的现代化革命——1911—1912 年中国辛亥革命、1917 年俄国十月革命、1923 年土耳其基马尔革命（与土耳其军官、政治家凯末尔·阿塔图尔克［Kemal Ataturk］有关）相对来得太迟。

"早期近代"这个短语在各区域历史分期中

的实际应用情况各有不同。在欧洲以外，该词常被用于亚洲，尤其是中国、日本，也在一定程度上适用于印度。中国的历史学家在某些情况下将早期近代延伸至 20 世纪。相比较而言，历史学家们很少会使用"早期近代非洲"或"早期近代巴西"这种短语。之所以会出现这种情况，部分原因在于要运用"殖民的"这个词来辨认这些地区的早期近代时期。拉丁美洲的历史分期一贯被分为前哥伦布时代、殖民时期和独立国家时期，这使得它的历史分期中不需要用到"早期近代"这个短语，而我们所谓的早期近代时期相当于其殖民时期。实际上，早期近代墨西哥的历史有时也涉及墨西哥独立后的一小段时期。

我们不必为这些区域传统历史分期中存在分歧的现象感到惊讶，它们常与高层的政治史相关。那些探究早期近代世界的全球史学者，大可超越这些传统的历史分期,去寻求涵盖全球广大区域的历史进程。

## 全球海上航路的发展

没有什么能比真正的全球海上航路的建立更能体现出早期近代世界的特征。1492 年以前,美洲仍与欧亚大陆完全隔离。1788 年,第一批在澳大利亚永久定居的欧洲人打通了最后一条关键性的海上航道。这条航路的开通使得"太平洋"成为一个完整地理概念的进程宣告完成。该进程开始于 1513 年,那时西班牙探险家瓦斯科·努涅斯·德·巴尔波亚(Vasco Nuñez de Balboa)成为第一个站在美洲眺望太平洋的欧洲人。

15 世纪早期,欧洲人似乎并不像是在这场探险中发挥重要作用的人选。葡萄牙人在非洲沿岸的扩张正在衰落,水手们也不愿航行至看不见陆地的地方。即使是陆路旅行,欧洲人也不再那么热衷。此时,伊比利亚半岛南部地区仍处于穆斯林控制之中;1453 年奥斯曼帝国征服了君士坦丁堡。下注的老手们更愿意把目光投向中国的舰队统帅郑和,他在 1405—1433 年间七次远航,甚至抵达东非沿海地区。不过,明朝的政策变化使这类远航被迫终止,最终是欧洲人的远航将世界连成一片。1522 年葡萄牙航海家费迪南·麦哲伦远航探险队的幸存者们完成了第一次环球航行,也许这份殊荣应归功于麦哲伦的马来(Malay)奴隶战士阿旺(Panglima Awang),因为航行中途,他抵达了他的家乡。在随后的几个世纪里,技巧娴熟的船长及船员们均可在任意港口之间航行,并合理地预估抵港时间。1570 年,佛兰德斯制图师奥特柳斯(Abraham Ortelius)出版了《寰宇概观》(Theatrum orbis terrarum,英文为 Theater of the World),该书被称为第一本现代地图册,这本兼具综合性及实用性且价格便宜的地图册,

在出版后迅速获得了成功。到早期近代时期结束时,世界上被绘制得最准确的是中国。

## 全球人口相互联系

在早期近代时期,世界人口翻了一番,从近 3.74 亿(1400 年)增长到 9.68 亿(1800 年)。虽然人口数据有限,但却出现了一些范式。人口的快速增长不时地被 17 世纪欧洲、俄国、伊朗、中亚、中国和朝鲜人口的衰退所打断,尔后,全球人口又从衰退中复苏增长,甚至也包括美洲。人口越稠密的地区,人口增长得越快。

新的全球航海通道为横跨大西洋的"哥伦布大交换"(随着 1492 年克里斯托弗·哥伦布的航行而在新大陆和旧大陆之间发生的生物和文化交换)提供了舞台,也为横跨太平洋进行的农作物和病原体的"麦哲伦交换"提供了舞台,"麦哲伦交换"使世界各民族之间建立起了比从前更直接的人口关联。美洲的玉米和马铃薯传播到欧亚大陆,后来传播至非洲,这促进了农业的精耕细作,也促使人口增长;西红柿被传播至意大利,红辣椒被传播至印度,这都在饮食和烹饪方面产生了重要影响。

疾病也成为一种全球现象。梅毒于 1494 年首先出现在欧洲,4 年后传播至印度,到 1505 年,该病经葡萄牙人传入中国。新世界与世隔绝的特性以及它那有限的生物多样性(由动植物的物种数量体现)不能为当地土著居民提供与欧洲人相同的免疫力,这些欧洲人曾在孩提时代就接触到大量的传染病。麻疹、天花和其他由欧洲人带来的疾病引发了一场长期的人口灾难。墨西哥中部的土著居民数量从 1518 年的 3 000 万下降到 1620 年的 160 万——这是一场由寻求矿业劳动力和灵魂救赎的西班牙人无意间引发的、常被人误解的、令人痛恨的种族灭绝。与更广阔的世界取得联系,使得其他与世隔绝的人民遭受了与上述情况类似的人口灾难,包括

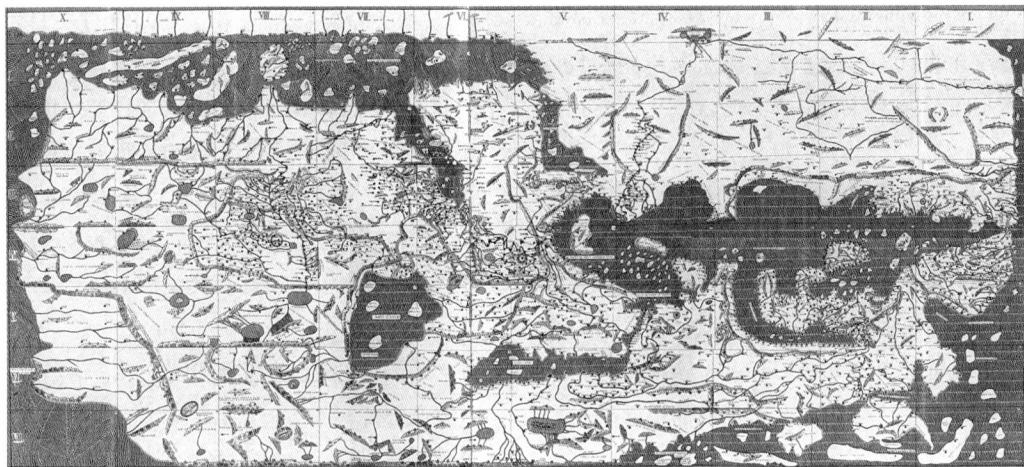

1154 年，阿拉伯地理学家穆罕默德·阿尔-伊德里斯（Muhammad al-Idris）为西西里国王罗杰二世（Roger II）绘制了这幅被称为《罗杰之书》（*Tabula Rogeriana*）的世界地图。这是当时最精确的世界地图，据说，克里斯托弗·哥伦布所使用的地图就是以这幅地图为基础的。法国国家图书馆

太平洋诸岛上的岛民、西伯利亚的部族、南部非洲的科伊科伊人（Khoikhoi）。逐渐增多的联系将病原体更均匀地散布至整个世界，流行病的易感染性普遍降低。

## 全球经济发展

全球航海通道的开辟将美洲整合到一个真正的全球经济体系中。快速增长的远程贸易使各大陆不断扩张的经济联系在一起。阿姆斯特丹当地的荷兰商人不仅可以购买到世界上任何一个地方的商品，还能将它们运到荷兰安全地储藏起来，通过加工和包装来增加商品的价值，最后出售这些商品来营利。日益壮大的全球市场带来的重商主义，促使了集约化生产加剧，而集约化生产既使经济作物具备了新的重要性，也促进了奴隶贸易前所未有的兴盛。

制成品从东亚流向欧洲和美洲，这产生了贸易逆差，即白银从美洲的银矿流入中国。1571年，马尼拉城在菲律宾建立，其后的数十年中，定期横跨太平洋的贸易不断壮大，并遵循着相同的范式，即中国瓷器和丝绸的出口造成了一种贸易顺差，这使白银从美洲和日本流入中国。

通过荷属东印度公司这类军事商业联合体，欧洲商人瓦解了非洲和亚洲的传统贸易环境，强力推行"区间贸易"。定居人口数量的增长以及新的海洋贸易线路的出现——它替代了连接中国和西方的丝绸之路——导致了游牧民族的衰落。定居所发展起来的农业足以养活大量的人口并提供税收，而一个高效的国家可以将其转化为持续的军事力量。

## 大型高效国家的发展

火器及其类似武器的全球贸易促使了大型高效能国家的发展，它们被称为"火药帝国"。中央集权制国家几乎垄断了那些最昂贵、最复杂和最先进的武器，它们利用这些武器来削弱地方反对势力。15 世纪中叶，法国国王每年用大炮铲平约 60 座城堡。行政程序也越发规范和高效。随着有关合法性的新来源的发展，更为抽象的国家权威的观念产生了。从亚洲的伊洛瓦底江（Irrawaddy）到欧洲的塞纳河，宗教的一致性有助于强化和巩固中央集权。普世帝国的观念正是源自美洲、非洲和欧亚大陆。

英格兰与苏格兰和爱尔兰在早期近代的统

一,是与欧洲的发展并行的。如果说在 1450 年欧洲存在着 600 个独立政治体(标准不同则数目有所不同,甚或数目更多),那么到 19 世纪时仅剩 25 个左右。大约有 30 个独立的城邦、汗国(是指由蒙古语所称的"可汗"统治的国家)和公国被并入沙俄帝国。1603 年时,德川幕府统一了日本。14 世纪时东南亚曾有约 24 个独立国家,到 1825 年时演变成了越南、暹罗(泰国)、缅甸。自孔雀帝国(Maurya Empire,约前 324—约前 200)后,莫卧儿王朝第一次统一了德干高原以北的印度。然而,统一也是扩张的序曲。除了欧洲人逐渐遍布于世界各地以外,中国的清朝也曾平定新疆、蒙古和台湾等地的内乱,还攻打过尼泊尔、缅甸等地;17 世纪时,沙俄的罗曼诺夫王朝曾把疆域扩展至太平洋。

新的统一也引发了新的分裂,产生了新的阶层,相应地,各地也开始普遍出现抵抗中央集权的政治力量。1575—1675 年间,中国、日本、印度、亚美尼亚、格鲁吉亚、库尔德斯坦、乌克兰、巴尔干半岛各国、德意志地区、瑞士、法国、加泰罗尼亚(Catalonia)、葡萄牙、英国、爱尔兰和墨西哥均出现了起义。在这个时代末,法国大革命——第一场现代革命——的全球性影响,体现在它的进步性、绝对性和突发性上。

## 土地利用加剧

人口的增长、全球市场的建立以及侵略国的形成这三种现象同时出现,使得土地利用程度加剧、土地利用范围变广。那些得到侵略国幕后支持的开拓者驱逐或征服了土著民族,将湿地的水排干,将林地变平,开辟出适于急速发展的商业、农业和畜牧业的新土地(与之相似,商业狩猎者将各种动植物群视为狩猎目标,不断

16 世纪中叶佛兰德斯雕刻工、商人亚伯拉罕·奥特柳斯(Abraham Ortelius)所著的《寰宇概观》,它反映了一个探险的时代、具有广阔的商业联系的时代和科学考察的时代。这里所展示的是由他绘制的爱尔兰地图,这是当时最现代化的地图制作技术的范例:拥有精确的地理细节、美观的地形标志以及丰富的地名

837

进行猎捕直至它们灭绝,并将它们变为在全球市场上贩卖的商品)。国家不管不顾土地是否为当地人所有,通过征收低额税收来鼓励开拓者们定居和获得土地所有权。比如莫卧儿帝国曾向那些将孟加拉(Bengal)湿地改造成重要水稻产区的穆斯林开拓者们提供政府拨赠土地,印度商人为他们出资,苏非兄弟会(Sufi brother-hoods,伊斯兰教派别之一)对他们进行领导。这种改造弥补了长期恶劣的天气模式所带来的不利影响,这种天气模式曾使温带地区乃至整个北半球备受折磨——在整个早期近代世界,气候条件都受到"小冰期"的影响。

## 宗教复兴

宗教方面,这个时代最显著的特征是基督教在全球的扩张。实际上,驱使人们创建全球航海通道的动力,既有宗教因素也有商业因素。天主教会的影响仍占主导地位;18世纪90年代,众多的新教传教会方成立;诸如乃格什班底耶(Naqshibandiyah)这样的苏非兄弟会在非洲、印度、中国和东南亚传播了伊斯兰教。

17世纪50年代,拉丁基督教世界的宗教改革日益强调正统性和文本传统,而俄国东正教逐渐走向分裂。再如,秉持严格遵从经训文本的理念,穆罕默德·伊本·阿卜杜勒·瓦哈卜(Muhammad ibn Abd al Wahhab,1703—1792)发起了改革逊尼派的瓦哈比派运动(Wahabbi Movement)。

许多人认为历史学家们所称的这个"早期近代"是末世。方济各会的末日天启说鼓舞了哥伦布。阿兹特克人认为羽蛇神(the god Quetzalcoatl)会在一个里德年(One Reed year)后从东方返回,这种信仰有可能使阿兹特克帝国的统治者蒙特祖玛二世(Montezuma II)误将西班牙征服者科尔特斯(Hernán Cortés)和他的同伴们视为神圣的来使。1581年,阿克巴

(Akbar)宫廷的一位耶稣会士曾留意到莫卧儿帝国的统治者也曾接受过末日天启说,视希吉拉(Hijra)——622年先知穆罕默德从麦加迁徙到麦地那的事件——千年纪念日前的第11年为末日。犹太安息日运动曾预计世界末日是1666年,这甚至影响了基督教英国的世界末日说。18世纪晚期,中国中部的白莲教曾等待佛祖回归以结束苦难。所有的这些现象最好都置于历史的观念的语境中理解,在这个语境中,要么没有出现任何变化,要么突然出现极为惊人的重要变化。

## 展望

研究早期近代世界无论是演绎法还是归纳法都非尽善尽美。一方面,演绎法预期整个世界会沿着以欧洲为中心的路线图走向现代化(欧洲自身可能不需要追随这条路)。实际上,我们应该将"早期近代世界"更精确地重新命名为"晚期传统世界",这就避免了目的论和欧洲中心主义。另一方面,归纳法虽然尊重了历史进程的多样性,但是这种多样性却可能会使抽象出一系列共性的尝试失败。

如果历史学家们可以容忍每次"全球"进程中那些区域特例所带来的不便,那么"早期近代世界"这一提法还是有吸引力的。尽管那种让世界围着欧洲打转的观点毫无价值,但是早期近代世界中的各个区域却正是在欧洲人剥削当地人、为当地人提供服务或是与当地人合作的时候,由欧洲人逐渐为其命名的,或者是由欧洲人将其标示于世界地图之上的。不过,当"早期近代世界"被运用到欧洲以外的世界时,它纠正了东方学家有关欧洲扩张无法改变东方狭隘的、永恒的、保守的旧有习惯的曲解。它使人们认识到,与祖先或后人相比,早期近代世界的人们在某些方面所拥有的共同特征很可能更多——时间如同空间一样,有力地将人们整合为一个整

体。它促使人们进行比较分析,鼓励跨国研究。它将整个世界视为舞台,这不仅是为了进行比较研究,也是为了历史学家在深耕历史时能具备最广阔的分析视角。

838

---

进一步阅读书目:

Benton, L. (2002). *Law and Colonial Cultures：Legal Regimes in World History，1400 - 1900*. Cambridge, UK：Cambridge University Press.

Black, J. (Ed.). (1999). *War in the Early Modern World，1450 - 1815*. London：UCL Press.

Cave, T. (2006). Locating the Early Modern. *Paragraph，29*(1),12 - 26.

Clossey, L., & Marriott, B. (2008). Exploring Periodization in the Classroom：A Seminar on the Early-modern World. *History Compass，6*(5),1368 - 1381.

Fisher, W. (1895). Money and Credit Paper in the Modern Market. *The Journal of Political Economy，3*,391 - 413.

Fletcher, J. (1985). Integrative History：Parallels and Interconnections in the Early Modern Period，1500 - 1800. *Journal of Turkish Studies，9*,37 - 57.

Flynn, D. O., & Giraldez, A. (1995). Born with a Silver Spoon：World Trade's Origins in 1571. *Journal of World History，6*(2),201 - 221.

Fox, D. R. (1915). Foundations of West India Policy. *Political Science Quarterly，30*,661 - 672.

Frank, A. G. (1998). *ReOrient：Global Economy in the Asian Age*. Berkeley and Los Angeles：University of California Press.

Goldst one, J. A. (1991). *Revolution and Rebellion in the Early Modern World*. Berkeley and Los Angeles：University of California Press.

Goldstone, J. A. (1998). The Problem of the "Early Modern" World. *Journal of the Economic and Social History of the Orient，41*,249 - 284.

Goldstone, J. A. (2002). Efflorescences and Economic Growth in World History：Rethinking the "Rise of the West" and the British Industrial Revolution. *Journal of World History，13*(2),323 - 389.

Huff, T. E. (1993). *The Rise of Early Modern Science：Islam，China and the West*. Cambridge, UK：Cambridge University Press.

Lieberman, V. (1997). Transcending East-West Dichotomies：State and Culture Formation in Six Ostensibly Disparate Areas. *Modern Asian Studies，31*(3),463 - 546.

Mousnier, R. (1970). *Peasant Uprisings in Seventeenth-century France，Russia，and China* (B. Pearce, Trans.). New York：Harper and Row.

Parker, G. (1996). *The Military Revolution：Military Innovation and the Rise of the West，1500 - 1800*(2nd ed.). Cambridge, UK：Cambridge University Press.

Pomeranz, K. (2001). *The Great Divergence：China，Europe，and the Making of the Modern World Economy*. Princeton, NJ：Princeton University Press.

Richards, J. F. (1997). Early Modern India and World History. *Journal of World History，8*,197 - 209.

Richards, J. F. (2003). *The Unending Frontier：An Environmental History of the Early Modern World*. Berkeley and Los Angeles：University of California Press.

Starn, R. (2002). The Early Modern Muddle. *Journal of Early Modern History，6*(3),296 - 307.

Strong, C. F. (1955). *The Early Modern World*. London：University of London Press.

Subrahmanyam, S. (1997). Connected histories：Notes towards a Reconfiguration of Early Modern Eurasia. *Modern Asian Studies，31*(3),735 - 762.

Thomson, S. H. (1964). *The Age of Reconnaissance*，by J. H. Parry [Book review]. *The Journal of Modern History，36*(2),187 - 188.

Wallerstein, I. (1974). *The Modern World-system*. New York：Academic.

Wiesner-Hanks, M. (2000). *Christianity and Sexuality in the Early Modern World：Regulating Desire，Reforming Practice*. London：Routledge.

Wills, J. E., Jr. (2001). *1688：A Global History*. New York：Norton.

卢克·克罗西(Luke Clossey) 文

陈黎黎 译　俞金尧 校

# Earthquakes　地震

地震指人们在地表感知到的震荡波或强烈震动。它通常是由地壳中地质断层带沿线的断裂所导致的,它使能量以地震波的形式瞬间释放出来。火山活动或者诸如工业爆炸或军事爆炸等人为活动也可能引发地震。

世界上任何地方均有可能发生地震,不过大部分地震只发生在特定的活动带沿线,这些活动带的宽度从数十千米到数百千米不等。地震的震中指的是正对震源上方的地面的某个点。大多数地震均规模小、损害小,甚或无损害,但是特大型地震以及紧随其后到来的小规模余震会产生毁灭性的影响。根据震中位置的不同,地震尤其会给人口稠密的地区带来极大的灾难,也会摧毁那些保障当地人们生活的基础设施,比如桥梁、高速公路、公寓楼、摩天大楼和独栋楼房,造成尤为灾难性的影响。

地震可以摧毁我们赖以维生的人工环境以及基础设施。地震同样存在着引发山崩和海啸(足以淹没和毁坏沿海区域的巨大海浪)的潜在可能性,而这两者亦会对人类和社会造成毁灭性的影响。地震很可能造成严重的社会和经济后果,这需要花费多年时间方能复原。

## 早期解释

人类花了漫长的时间和精力才弄清地震的成因。起初,人类用神话传说来解释地表下发生的这些事情。从古希腊哲学家阿那克萨戈拉(Anaxagoras,前500—前428)所处的时代,直到德意志教士和议员康拉德·冯·梅根伯格(Konrad von Megenberg,1309—1374)所处的中世纪晚期的时段里,尽管存在细微的差异,但这个时段里的思想家们多认为地震的成因乃是地球空腔中存在空气、蒸汽。米利都的泰勒斯(Thales of Miletus,约前625—前547),这位爱奥尼亚(Ionian)自然哲学的奠基人,是首批将位于水面上的大地摇晃视为地震成因的思想家之一。古希腊哲学家米利都的阿那克西美尼(Anaximenes of Miletus,前585—前526)认为,气候的干旱期和湿润期的交替是地震发生的原因。亚里士多德则将地震视为地球空腔充满压缩空气的结果,直到中世纪时,他的观点仍被用来解释天气现象和地震的发生。公元62年(或63)2月5日,在庞培(Pompeii)和赫库兰尼姆(Herculaneum)所发生的毁灭性地震的触动下,古罗马政治家、哲学家塞涅卡(Seneca,前4—公元65)对亚里士多德的理论表示认同。古罗马历史学家、《博物志》(又译《自然史》)的作者老普林尼(Plinius,23—79)认为,地震是位于地下的雷暴。

当西方基督教世界于1200年左右重新发现古典古代时,古希腊思想中的重要内容与基督教思想融合在了一起。德意志科学家、哲学家大阿尔伯特(Albertus Magnus,1193—1280)支持研究亚里士多德的著作及相关的阿拉伯和犹太注疏。他自己的著作也为科学发展做出了巨大贡献。德意志人文主义者、医生、矿物学家格奥尔格·阿格里科拉(Georgius Agricola,1494—1555)认为,地震是太阳引燃地下火的结果。由古希腊哲学家毕达哥拉斯(Pythagoras,前570—前500)所提出并长期存在的中心地下火的假说,因德意志学者阿塔纳斯·珂雪(Atanasius Kircher,1601—1680)的著作《地下世界》

(*Mundus Subterraneus*)而复兴。

18 世纪时,科学家们逐渐确信没有什么自然现象是不可解释的,因而,弄清地震成因成为启蒙时期科学家们所面临的挑战。英国医生威廉·斯图克利(William Stukeley,1687—1765)在其著作《地震哲学》(*Philosophy of Earthquakes*)中写道,地震就像闪电一样,是由天空和大地之间的静电放电所引起的。

18 世纪最大的地震灾难发生于 1755 年,葡萄牙的里斯本损毁殆尽,6 000 人在地震中丧生,由此引发了关于地震成因的大讨论。翌年,德意志哲学家伊曼努尔·康德(Immanuel Kant,1724—1804)提出化学原因导致地震的说法。他摒弃了过去从神话和宗教的角度对地震进行的解释,认为地震的成因就在我们脚下。

## 重大发现

英国人约翰·温斯洛普(John Winthrop,1606—1676)和约翰·米歇尔(John Michell,1724—1793)不仅开始反思地震的成因,也开始反思地震的影响。温斯洛普是一位数学家和自然哲学家,他有一个重大的发现,即地震是波,这一发现在 100 年以后获得关注。1760 年,米歇尔发表了一项研究,他在研究中指出地面发生像波一样的运动。据此,他预测这一认知将引导人们弄清地震的成因。

当爱尔兰工程师罗伯特·马莱(Robert Mallet,1810—1881)开始整理世界范围内所发生地震的相关文献时,他在地震成因的研究上迈出了重要的一步。他将 6 000 次地震汇编成一份目录,据此,他在 1857 年绘制出当时最完整的世界地震地图。当时,地震的成因仍属未知,但马莱的研究却为弄清这一问题提供了一种基本的方法,马莱的研究也引发人们去弄清山脉和大陆的起源。德国气象学家和地球物理学家艾尔弗雷德·魏格纳(Alfred Wegener,1880—

1930)提出了大陆漂移学说,该学说认为地壳的某些部分在液态地核上缓慢地漂移。魏格纳假定 2 亿年前曾存在着一个单一的、巨大的大陆(泛古陆)。

## 成因

地震分为两类,或为天然地震或为诱发地震。天然地震可进一步分为构造地震——最常见的地震类型(超过 90% 的地震属于此类)、火山地震(与火山活动同时发生)以及塌陷地震(比如发生在拥有大洞穴的区域)。诱发地震是人为活动而导致的地面波动,诸如修建大坝、开矿以及核爆炸等。举例来说,印度柯依纳(Koyna)曾因兴建水库在 1967 年 12 月发生大地震,造成 177 人死亡。

根据魏格纳的大陆漂移学说,大多数地震是由构造板块的运动引发的。构造板块是组成地球岩石圈(地球外层的坚硬的圈层,包含地壳、大陆和板块)的巨大板块。地表由 9 大板块构成:6 个大陆板块(北美洲板块、南美洲板块、亚欧板块、非洲板块、印澳板块和南极洲板块)和 3

坐落于伦敦白城(White City)的"地震屋"(the Earthquake House)。英国人约翰·温斯洛普和约翰·米歇尔分别在相隔 1 个世纪的时间里所提出的理论,为地震成因的现代解释做出了准备。肖(J. J. Shaw)摄

个大洋板块（太平洋板块、纳斯卡板块以及科克斯板块）。构造板块沿着位于地球内部深层的断层相互位移。断层是岩层的断裂面，断裂面两边的岩层会顺着断裂面发生相对位移。人们比较熟悉的一个例子是加利福尼亚的圣安地列斯断层（San Andreas Fault），它将太平洋板块（旧金山和洛杉矶位于该板块上）从北美洲板块分开。

当火山岩浆从大洋中脊（太平洋中央、大西洋中央）上涌时，大洋中脊任一侧的岩层沿着地球表面缓慢移动。新的板块通常是以此种方式生成的。与此同时，其他的板块会在俯冲带（在这里，一个板块的边缘会下降到另一个板块边缘的下方）消失。

地震、火山爆发、造山运动和俯冲带的形成，通常被认为是稳定的、大型的地表水平运动的结果。大多数构造板块都同时包含干旱的陆地和海洋。目前，这样的板块包括正在生长中的非洲板块、南极洲板块、北美洲板块和南美洲板块，而太平洋板块正在萎缩。当板块间发生碰撞时，阿尔卑斯山和喜马拉雅山等山脉会抬升，与之相伴的是持续的地震活动。

## 地震仪和里氏震级

通过一种灵敏的仪器即地震仪可记录地震。当今的地震仪通过记录地震频率和地震波振幅来记录地震情况。一份地震图（由地震仪所做的记录）能够显示出各个时段地震波所引发的地表运动。地震会产生不同的地震波：P波（纵波）轮番对所经过的岩石进行挤压和扩张；而S波（横波）则是以剪切的方式振动，与波传递的方向保持垂直。人们可凭借一份地震图来确定地震的距离和释放的能量。要确定地震发生的地点至少需要3份地震图。首先出现断裂的地点是地震的中心或称为震源，而位于地震中心正上方的地表上的一点是震中。震中和震源之间的距离是震源深度。

人们可以测量出地震的震级，它标示着一场地震所释放的能量大小。一种最常见的震级测量法是里氏震级（Richter Scale），以美国地震学家查尔斯·弗朗西斯·里克特（Charles Francis Richter，1900—1985）的名字命名。里氏震级是以对数计算的，这意味着里氏7级地震所释放的能量是里氏5级地震的1000倍。

## 地震灾难

下列取自不同地区的案例向我们真实地展现了地震的巨大破坏性对人类造成的伤害。

### 1906年：美国加利福尼亚旧金山大地震

1906年4月18日，旧金山发生里氏7.8级地震，它是加利福尼亚史上最大的灾难之一。地震对逾600平方千米（约232平方英里）的地区造成损害。加利福尼亚大部以及内华达西部和俄勒冈南部地区均有震感。这场地震使断层出现了最长的裂口，它是美国历史上的最长断裂带。据观察，圣安德烈斯断层的位移距离超过300千米（约186英里）。以该地震的地质影响为基础，人们根据修订后的麦加利地震1～12级烈度表（Modified Mercalli Intensity Scale ratings of I-XII）对之进行评测，最大强度为11级。

据估计，地震及震后的火灾使3000人丧生，并造成约5.24亿美元的财产损失。地震损坏了旧金山各处的房屋和建筑。普通的砖木结构房屋大量受损甚或完全被毁，污水管和供水管的主水管破裂，其中包括从圣安地列斯湖（San Andreas Lake）到旧金山的供水管，这影响了整个城市的供水。这种情况使地震引发的火灾变得不可控，很快，大火便将旧金山的大部地区吞噬殆尽。直到1908年，旧金山才在震后重建的道路上有了起色。

我们在震后的清晨学习地质学。

——拉尔夫·沃尔多·爱默生（Ralph Waldo Emerson，1803—1882）

### 1995 年：日本阪神大地震

1995 年 1 月 17 日，日本神户这个拥有 150 万人口的工业城市正下方发生了里氏 6.9 级阪神大地震。地震发生在从淡路岛（Awaji Island）延伸到神户的断层带浅层。地表的强烈震动持续了约 20 秒并造成大面积的严重毁坏。超过 5 000 人在地震中丧生，总损失逾 1 000 亿美元，约占日本当年国民生产总值的 2%。超过 15 万栋建筑物被损毁，高速公路、桥梁、铁路、地铁瘫痪，供水系统、排污系统、天然气、电力和电话系统被大面积损坏。

当时，神户市是日本第一大、世界第六大集装箱港口之一，该市被摧毁殆尽。在随后的几年中，神户作为亚洲主要枢纽的重要性相对降低，遭受了严重的经济损失。随着日本加大对地震研究的投资，日本民众曾认为他们已经足以应付地震再次来袭，但阪神大地震却深深地粉碎了日本人的信念。

### 2003 年：伊朗巴姆大地震

2003 年 12 月 26 日，伊朗东南部的城市巴姆（Bam）发生了一场地震，再次表明了低劣的建筑质量与大量人口在地震中伤亡有着密切的关联。这场地震的强度达到里氏 6.5 级，震源位于巴姆市地下仅 8 千米（约 5 英里）处。当地震来临时，巴姆市的人们仍处于睡眠中。据估计，死亡人数达 4.32 万人，超过 3 万人受伤，10 万人无家可归。造成大量人员伤亡的主要原因是建筑的质量普遍低劣，巴姆市有 85% 的建筑被损毁。即使专家们曾在地震发生前便将该地区归类为地震多发区，但许多民居仍居住在传统的泥砖结构的建筑中，这样的建筑房顶沉重。当大地震来临、地面剧烈晃动时，未加固的泥砖建筑不具备抗震能力。

### 为地震做准备

人口密度的增加增强了地震所具有的潜在破坏性，这一点在像旧金山这样的多地震活动的城市变得尤为突出。有鉴于此，出台抗震建筑法规便显得十分重要。对新建筑进行适当规划并出台建造章程，再加上对现有建筑的防震能力升级，可以使大多数建筑物在地震中具有抗震能力。成本高昂是贯彻抗震建筑法规过程中所遇到的一个障碍，这在发展中国家的贫困城市中尤为突出，会带来灾难性的后果。

### 墨西哥城、海地

1985 年 9 月 19 日，墨西哥城遭遇地震，地震发生在距墨西哥城 200 千米（约 124 英里）处，但是墨西哥城松散地层的摇晃程度比震中更为强烈。近 1 万人丧生，劣质建筑物坍塌，城市损坏严重。地震损毁了多达 10 万栋住宅和不计其数的公共建筑物。

2010 年 1 月 12 日下午，加勒比地区的海地岛（Hispaniola）上的国家海地发生了里氏 7.0 级地震，海地部分地区被损毁，这是过去 200 余年来该地区最强烈的一场地震。地震发生在一条断层带上，该断层带恰巧穿过海地，位于加勒比板块和北美板块的交界处。震中位于首都太子港南部仅 16 千米（10 英里）处，当时，太子港人口数量超过 200 万。余震持续了好几天，根据记录，1 周后发生的某次余震曾达到里氏 5.9 级。2010 年 1 月末，这场地震造成的死亡人数约为 7 万～20 万。有两方面的因素加大了地震灾难的严重程度：地震深度位于浅层，这意味着离地球表面越近，地震所释放的能量越难被地壳吸收；同时，海地几乎所有的建筑都是由煤渣砖和灰浆建造的不达标建筑。

据预测，未来会发生更多的致死率极高的大地震。这是因为，尽管现代地震工程可以起到一定的保障，但是发展中国家许多快速增长的大都市都处于地震多发带，悲剧很可能一再上演。

截至 2010 年，地震发生的时间、地点和强度尚不能被精确预测。不过,只要建筑者遵守针对所在地区的地震灾难所制定的建造法规,那么,地震中的建筑损坏和人员伤亡可以被降至最低。

进一步阅读书目:

Bolt, B. A. (1976). *Nuclear Explosions and Earthquakes*: *The Parted Veil*. San Francisco: Freeman.

Bolt, B. A. (1993). *Earthquakes*. San Francisco: Freeman.

Ghasbanpou, J. (2004). Bam. Iran.

Gubbins, D. (1990). *Seismology and Plate Tectonics*. Cambridge, UK: Cambridge University Press.

Hansen, G., & Condon, E. (1990). *Denial of Disaster. The Untold Story and Photographs of the San Francisco Earthquake and Fire of 1906*. San Francisco: Cameron and Company.

Jones, B. G. (Ed.). (1997). *Economic Consequences of Earthquakes*: *Preparing for the Unexpected*. Buffalo: State University of New York.

Lay, T., & Wallace, T. C. (1995). *Modern Global Seismology*. San Diego, CA: Academic Press.

Richter, C. F. (1958). *Elementary Seismology*. San Francisco: Freeman.

克里斯塔·汉默尔(Christa Hammerl) 文

陈黎黎 译　俞金尧 校

# Ecological Imperialism　生态帝国主义

生态帝国主义是一种进程,尽管有时是无意识的,但殖民者们经由这一进程将故土的植物、动物和疾病带往新土地。对帝国主义者来说,将新环境变得与熟悉的环境更为相似,对他们在新土地上定居和取得成功至关重要,这在欧洲人在美洲、非洲和大洋洲的活动中尤为明显。

844

帝国主义通常被视为一种政治现象,有时也被视为经济或宗教现象。不过,它也具有生态学意义:帝国主义者有意地——更多情况下是无意地——且总是必然地将植物、动物和微生物从他们所在的土地或起源地携带至新土地。帝国主义者之所以在某地获得成功,并不简单地得益于武力征服,也得益于定居生活;他们所携带的不可或缺的各类生物也助于他们获得成功。最成功的殖民者是那些无意或者有意改变了动植物群,并将新的宏观或微观环境改变得更像他们所处的旧环境的帝国主义者。

被迁往异地的生物常常不能很好地适应新家园,举例来说,将欧洲夜莺引入北美的尝试从未成功过。不过,在本土物种尚未能有效抵御外来物种的新环境里,外来物种常常后来居上,茁壮成长。

## 生态帝国主义的范例

生态帝国主义的历史几乎与人类迁徙历史一样悠久。比如,约5万年前澳大利亚土著居民的祖先们从马来群岛来到澳大利亚,数千年后他们引入了狗,即澳洲野狗——大洋洲第一种被驯化的动物,对他们成功定居于澳大利亚起到了重要的作用。

最典型的例子莫过于欧洲人的扩张,因为欧洲人是第一批跨洋定居的人,也即是说,欧洲人行走在拥有极不相同的生物群(动物群和植物群)的大洲间,他们随身携带的有机物成为改变当地生态系统的先锋,这对他们获得生物和经济上的成功至关重要。这些随身携带的有机物以下列三种为首:作物、动物和病菌。

### 作物

欧洲人学会了食用美洲和大洋洲的食物,不过,他们通常更喜欢自己的食物,他们一到殖民地就会着手种植小麦、燕麦、水稻、芜菁、豌豆、香蕉等作物。大体而言,在那些本土作物生长得不好的土地上,这些作物对殖民者成功地生存下去起到了尤为重要的作用。欧洲诸作物中种植得最成功的是小麦,小麦使那些美洲土著居民的谷物长得不好的土地变得丰饶,并为南北美洲和澳大利亚温带草原上的大量人口提供了营养和经济基础。

### 动物

在那些欧洲帝国主义者抵达以前鲜有驯化动物的地方,欧洲帝国主义者获得了最大的成功。在美洲,被引入当地的猪什么都吃,繁殖得极快,而猪又向殖民主义者供给了大量的蛋白质和脂肪。引入的牛将人们不能吃的东西如禾本科草和非禾本科草本植物变成了人们可以吃的东西——肉和牛奶。这些牛在抵达美洲后的 1 个世纪里,遍及墨西哥北部和阿根廷。旧世界的绵羊同样也在诸殖民地繁衍生息,其数量在澳大利亚和新西兰爆发性增长。在这些地方,绵羊和诸如山羊等四足动物繁衍生息,而欧洲人也很好地生活了

845

下来。

与大多数引入的四足动物相比,马在数量上的爆发性增长要来得晚一些。马匹使入侵者在与当地步兵作战时变得像超人一样厉害,当地步兵中的大多数人以前从没见过如此大的动物,也没人见过马听从人的指挥、让人骑驾。

上述成功背后所蕴含的复杂的生物革命性,远不止欧洲人将动植物带上岸这么简单。整个生态系统,至少是生态系统中的某些要素,也随着殖民主义者被引入到当地。比如,在北美13 个殖民地(后是美国建国早期的 13 个州)上,欧洲人大量养殖牲畜时所面临的问题之一就是,本地的各种草千年来未受到过大量牲畜的踩踏和啃食,无法承受重度放牧所带来的压力,直到后来从欧洲引进的饲料作物,比如白三叶(white clover)和美国人误称为肯塔基蓝草(Kentucky bluegrass)的草迅速生长,才为牲畜们提供了遍地的食物。同样的情况也发生在阿根廷和澳大利亚的湿润地区。

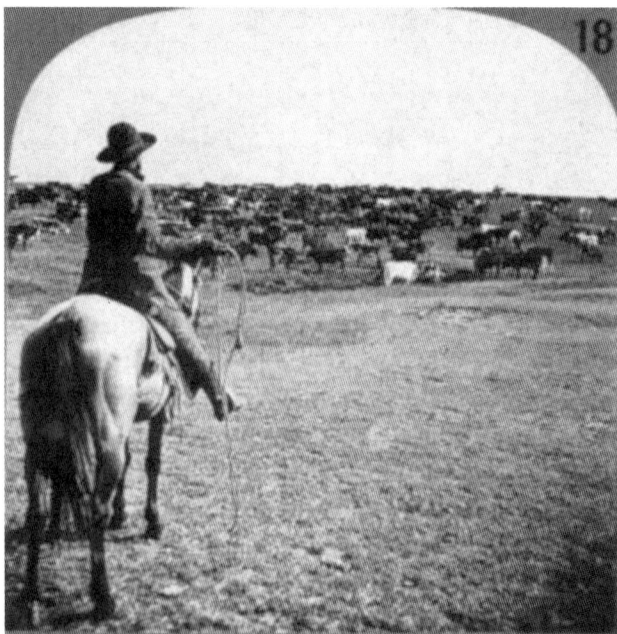

牛仔正在美国堪萨斯州杰纳苏(Geneseo)的谢尔曼牧场(Sherman Ranch)放牧。马和牛被人们从欧洲引入了北美。纽约公共图书馆

## 疾病

在欧洲帝国主义者入侵美洲和大洋洲的第一阶段，他们看起来不太可能成功征服当地的土著居民，这是因为寡众悬殊。大洋使他们与故土远隔，而他们也缺乏在异国他乡的新环境中生存下去的基本经验。他们需要有力的同盟者，比如前文提到过的动物以及殖民者和他们的牲畜（血液和呼吸）随身携带的病菌。旧世界侵略者的优势在于他们的微生物进化史和自身历史，与那些新世界的土著居民截然不同。

与其他地方相比，旧世界里最早出现大量人口以农业为生的情况，尤其还拥有着人口聚居的、肮脏的城市，这为病原体提供了赖以生存的养分、容身之所和传播契机。驯化动物也最早大量地出现在旧世界，这为病原体提供了更多的寄居处以及从一个物种传播到另一个物种的机会，包括传染给人类。流行病灾难发生的可能性，因旧世界人们的长途贸易而增大。

当欧洲帝国主义者跨越大洋时，他们随身给美洲和大洋洲上那些人口、城市密度低且相对新的部族带去了当地不曾有过的传染病。那里很少、甚或没有大群的驯化动物，远程商贸活动少。因此，当地居民对天花、麻疹、伤寒、流感、黄热病和疟疾等传染病并不熟悉。

经生态帝国主义传播的诸传染病中，最重要或堪称影响最大的是天花。1518 年末，天花第一次传播到西印度群岛，之后迅速扩散至大安的列斯群岛（Greater Antilles），继而传至墨西哥，在那里，科尔特斯（Hernán Cortés）和随行的西班牙征服者们刚从阿兹特克人的首都被驱逐。大西洋彼岸所有或者说近乎所有的西班牙人，已染过这种病并且具有了免疫力。墨西哥当地的土著居民则普遍易感染天花，并在染病后成批地死亡。

类似的事件在美洲和大洋洲的其他地方陆续发生。比如 1616 年暴发了某种毁灭性的流行病，它为 1620 年清教徒在马萨诸塞州普利茅斯的登陆铺平了道路。再如，在殖民者抵达植物湾（Botany Bay）不久后，1789 年天花快速地在新南威尔士的土著人中传播开来。

## 生态帝国主义的失败

在欧洲人随身携带的有机物——无论是大型生物还是微生物——取得胜利的地方，就像美洲的和太平洋西南部的温带地区所发生的事件那样，欧洲人获得了人口上的优势。而在诸如热带美洲和南非等地，欧洲人胜负兼而有之，获得了军事上而非人口上的优势。在那些欧洲人随身携带的有机物仅发挥次要作用的地方，比如热带非洲和亚洲，欧洲人未能在当地成功殖民，并在 20 世纪被驱逐了出去。

进一步阅读书目：

Campbell, Judy. (2002). *Invisible Invaders：Smallpox and Other Diseases in Aboriginal Australia*, 1780 - 1880. Victoria, Australia：Melbourne University Press.

Cook, N. D. (1998). *Born to Die：Disease and New World Conquest*, 1493 - 1650. Cambridge, UK：Cambridge University Press.

Cronon, W. (1994). *Changes in the Land：Indians, Colonists, and the Ecology of New England*. New York：Hill and Wang.

Crosby, A. W. (1972). *The Columbian Exchange：Biological and Cultural Consequences of 1492*. Westport, CT：Greenwood Press.

Crosby, A. W. (1986). *Ecological Imperialism：The Biological Expansion of Europe*, 900 - 1900. Cambridge, UK：Cambridge University Press.

Diamond, J. (1996). *Guns, Germs, and Steel*. New York: W. W. Norton & Company.

Melville, E. G. K. (1994). *A Plague of Sheep: Environmental Consequences of the Conquest of Mexico*. Cambridge, UK: Cambridge University Press.

Merchant, C. (1989). *Ecological Revolutions: Nature, Gender, and Science in New England*. Chapel Hill: University of Carolina Press.

Thornton, R. (1987). *American Indian Holocaust and Survival: A Population History since 1492*. Norman: University of Oklahoma Press.

Todd, K. (2001). *Tinkering with Eden: A Natural History of Exotics in America*. New York: W. W. Norton & Company.

艾尔弗雷德·克罗斯比（Alfred W. Crosby）文

陈黎黎 译　俞金尧 校

# Ecology, Cultural　文化生态学

847　　人类学中的文化生态学认为，社会发展路径与其所处的环境有关：文化通常是对环境的适应。自20世纪中叶文化生态学出现以来，它呈现出不同的关注焦点，也衍生出不同的学科分支。究竟是环境影响文化还是文化影响环境，这是一个在文化人类学者中存有争议的话题。

文化生态学，广义上指的是对人类文化和自然环境之关系所开展的研究，狭义上指的是20世纪40年代末和50年代由诸如朱利安·斯图尔德（Julian Steward，1902—1972）和莱斯利·怀特（Leslie White，1900—1975）等人类学家首次发起的一种研究人类文化和自然环境关系的特殊视角。斯图尔德和怀特均是"历史特殊论"的批评者，在20世纪早期的几十年中，历史特殊论经由弗朗茨·博厄斯（Franz Boas，1858—1942）、艾尔弗雷德·克罗伯（Alfred Kroeber，1876—1960）以及他们的学生所产生的影响，曾在美国人类学界占主导地位，博厄斯、克罗伯及其学生们拒绝采取任何涉及非文化的因素诸如进化或者环境等来解释文化现象的尝试。尽管斯图尔德和怀特之间存在着很多差异，但他们都怀揣雄心壮志，即要让文化的进化论和文化的比较研究复兴，并从技术和环境因素寻求对文化形态的解释。他们两人均受到马克思主义的影响，具有唯物主义取向，并倾向于将文化的社会和思想两方面视作文化对其技术环境的适应。

斯图尔德着重强调他所说的文化内核，即作为对特定环境条件的适应，一个社会所具备的那些与生计活动关联最密切的特征。他随之将拥有相近文化内核的社会划分为不同的类别，即他所称的文化类型。最后，他根据这些文化类型的复杂性或社会文化整合的层次差异将它们划分为一系列的阶段，这为他的学生埃尔曼·塞维斯（Elman Service，1915—1996）后来提出颇具影响力的进化序列奠定了基础，进化序列指的是：游群、部落、酋邦和国家。斯图尔德提供了一种多线进化的理论，这与19世纪的单线进化论截然不同。由此，他认为，根据所处环境的不同，社会可以沿着不同的路径发展。

右者是人类学家朱利安·斯图尔德，他身旁的人应当是酋长路易·比利·普林斯（Louis Billy Prince），一名卡利亚印第安人（Carrier Indian），为斯图尔德的研究对象（约1940）。美国史密森学会，国家人类学档案馆

怀特也从进化论的角度看待文化，认为它是一种适应模式，不过他的焦点放在能源利用技术的进步上，这被他视为衡量进化进程的标准。比较之下，斯图尔德的进化论具有特殊性和相对性，怀特的进化论则具有一般性和普遍性。

斯图尔德和怀特的文化生态学为20世纪六七十年代生态人类学的出现奠定了基础，生态人类学受到了控制论、一般系统论和迅速发展的生态学的影响。大多数贴着生态人类学标签而开展的研究都关注地方人群与其所在的自然栖息地之间的关系，根据人类对生态位的适应以及地方生态系统中可持续能量流的维持情况来进行解释。最忠实于马克思主义理论的是马文·哈里斯（Marvin Harris，1927—2001）提出的文化唯物主义，这种观点将独特甚至难以理解的文化现象（比如牛在印度的神圣性）视作对物质理性这一基础的反映（在这个例子里指的是牛在印度生产中的重要性），因而，它代表的是试图用与自然有关的因素来解释文化的文化生态学中的极端版本。更成熟的版本是罗伊·拉帕波特（Roy Rappaport，1926—1997）对新几内亚高地生猪屠宰仪式的解释，他将其阐释为控制论反馈机制，它保持着生态平衡和文化稳定。一方面，在唯物主义文化生态学、控制论和传播论的综合影响下，格雷戈里·贝特森（Gregory Bateson，1904—1980）提出了心智生态学（ecology of mind）；另一方面，拉帕波特成为另一种更全面的生态人类学的先驱，该生态学强调人类和环境关系中物质和精神两方面因素所发挥的作用。生态人类学的另一个学派——以莫顿·弗里德（Morton Fried，1923—1986）、埃尔曼·塞维斯、肯特·弗兰纳里（Kent Flannery，1934—　）等新进化论者为代表——则将焦点放在追溯社会文化发展的长期进程上，并以此来解释社会复杂性日益增长的根源。

## 批评

上述的各式文化生态学曾遭受责难，最常见的批评是它们具有环境决定论的倾向和它们对适应的新功能主义假设。人们注意到展示某种文化机制所造成的生态后果并不等同于解释文化机制的存在。马克思主义批评者也指出文化生态学过于强调文化的生态功能，却忽视了社会文化发展中冲突、权力和矛盾的重要作用。此外，自20世纪50年代以来，怀特持有的技术乐观主义，也很难再与世界的发展步调一致。他所提出的文化进化法则，虽然隐隐涉及了人均能源消耗量和能源利用效率，却没有考虑到一种可能性，即在世界历史中，二者（后来，被他的

848

文化发展的法则是：文化的进步或与年人均能源消耗量的增长相一致，或与能源利用效率的提升、成本的降低相一致，或与这两者均一致。
——莱斯利·怀特（1900—1975）

学生马歇尔·萨林斯［Marshall Shalins］和埃尔曼·塞维斯区别为热力学成就与热力学效率）之间实际上可能成反比。一个社会的能源密集程度越低、越简单，那么能源利用效率就有可能越高。此外，怀特还未考虑到另一种可能性，即这种被他视为未来平等主义世界之基础的热力学成就（技术发展）的发展水平，有可能取决于全球能源和其他资源的不平等交换。由于他们倾向于将焦点放在地方人口和生态系统上，放在被他们视为一种地方现象的技术上，这就使文化生态学以及后来的生态人类学的研究者们普遍低估了全球或区域系统发展在塑造地方经济和文化中的作用。不过，最近出现的政治生态学是矫正这种狭隘和政治天真的良方。除了探讨诸如可持续发展、环境正义、生态经济学和公地悲剧（为了追逐个人利益而过度使用公共资源）等应用性环境议题外，政治生态学还为理解环境议题、权力和不平等的交织纠葛提供了新的理论框架。

近年来，"环境人类学"这一标签被广泛用于那些研究人类—环境之关系的人类学领域，其中包括那些已经超出文化生态学和生态人类学传统关注范围的领域。这个更具包容性的标签的出现，或可追溯至 20 世纪 50 年代由认知人类学家哈罗德·康克林（Harold Conklin）开创的民族生态学（ethnoecology）。它是民族学（ethnoscience）的分支，通过当地人（主位）范畴的语言分析法，勾勒出该民族对所居住自然环境的看法或知识。

环境人类学还包括 20 世纪 90 年代由菲利普·德斯科拉（Philippe Descola）以克劳德·列维-斯特劳斯（Claude Levi-Strauss，1908—2009）的结构主义视角为基础而提出的象征生态学（symbolic ecology）。他明显借鉴了斯特劳斯的理论，即自然和文化是普遍的认知范畴；德斯科拉重新将泛灵论（animism）和图腾论（又译图腾崇拜）定义为它们彼此是对方的镜像，以隐喻的

人类学家莱斯利·怀特（约摄于 20 世纪 60 年代）。美国密歇根大学本特利历史图书馆

方式分别将意义从社会转移到自然，又从自然转移到社会。象征生态学与民族生态学都将关注焦点放在环境的文化建构上，而不是环境如何塑造文化上。最终，同样是在 20 世纪 90 年代，在诸如现象学、生态心理学和格雷戈里·贝特森等的启发下，提姆·英格尔德（Tim Ingold）提出了一种研究人类和环境关系的新路径，他称之为关系的—生态的—发展的路径。英格尔德通过展示自然和文化二元分离的观点并不适用于狩猎-采集社会，提出该观点不具有普遍适用性。此外，他还摒弃了一种观点，即人们所获得的与环境相关的知识是一种对现实的陈述或建构；他更认同贝特森的观点，即知识是一种关系，它既塑造了求知者和认知对象，也塑造了主体和客体。英格尔德挑战了文化传承或生物遗传的所有既有观点，他认为人类是在特定的环境中通过实用的技艺和从事活动而被建构（因为人亦是万物生灵之一）起来的。较之贝特森和拉帕波特而言，英格尔德这一努力是对西方思想史中将人类—环境关系中的物质方面和思想文化方面截然分开的传统二元论的一种超越。

849

进一步阅读书目：

Bateson, G. (1973). *Steps to an Ecology of Mind*. Frogmore, UK: Paladin.

Crumley, C. (Ed.). (2001). *New Directions in Anthropology and Environment*. Walnut Creek, CA: AltaMira.

Descola, P., & Pálsson, G. (Eds.). (1996). *Nature and Society: Anthropological Perspectives*. London: Routledge.

Ellen, R. (1982). *Environment, Subsistence, and System: The Ecology of Small-scale Social Formations*. Cambridge, UK: Cambridge University Press.

Harris, M. (1979). *Cultural Materialism: The Struggle for a Science of Culture*. New York: Vintage.

Ingold, T. (2000). *The Perception of the Environment: Essays in Livelihood, Dwelling, and Skill*. London: Routledge.

McGee, R. J., & Warms, R. L. (Eds.). (1996). *Anthropological Theory: An Introductory History*. Mountain View, CA: Mayfield.

Rappaport, R. A. (1968). *Pigs for the Ancestors: Ritual in the Ecology of a New Guinea People*. New Haven, CT: Yale University Press.

Sahlins, M. D., & Service, E. R. (Eds.). (1960). *Evolution and Culture*. Ann Arbor: University of Michigan Press.

Steward, J. (1977). *Evolution and Ecology: Essays on Social Transformation by Julian H. Steward*. Urbana: University of Illinois Press.

Vayda, A. P. (Ed.). (1969). *Environment and Cultural Behavior: Ecological Studies in Cultural Anthropology*. New York: Natural History Press.

White, L. A. (1959). *The Evolution of Culture: The Development of Civilization to the Fall of Rome*. New York: McGraw-Hill.

阿尔夫·霍恩伯格(Alf Hornborg) 文

陈黎黎 译　俞金尧 校

# Economic Cycles　经济周期

从公元 1000 年左右货币在中国广为使用时开始，直至 21 世纪的贸易逆差和财政赤字，世界大部分地区都遭受过经济周期的困扰。究竟是什么原因引发了经济繁荣与萧条的更迭？ 政府采取哪些政策可以阻止繁荣与萧条的更迭对人类生活造成的烦扰？ 经济学家们就这些问题争论不休，未有定论。

近几个世纪，经济周期——经济在多年的繁荣后会突然崩溃，变得萧条——开始在世界上的大部分地区盛行。是什么原因导致这种无常，经济学家和政治学家就此争论不休，未有定论。在遥远的过去，其他的灾难——作物歉收、疫病肆虐以及战争的蹂躏常常折磨着我们的祖先，每个人的一生中几乎都受到过丰年和荒年的影响。不过，只有当人们开始普遍使用货币，将一个有力的新变量引入人类活动时，才有了现代经济繁荣与萧条的更迭。

## 从农作物到货币

1000 年左右，当中国的政府决定用货币税取代实物税后，货币开始在中国广泛流通。若想在支付过程中使用货币，就需要数百万的普通人能够有一些东西用来出售。由于数百万人以货币进行买卖交易，同时，中国两条主要河流沿线的数百千米范围内也以货币进行买卖交易，这提高了效率并促进了生产的专业化，因而，在用货币进行交易的初期，经济持续繁荣。随着经济的繁荣，财富不断积累，中国官方迅速决定发行纸币来弥补金属货币的不足，这也使大额交易变得更加便利。现存的记录并未表明当时的中国是否存在着类似于现代的经济繁荣与萧条的景象，但我们明确知道，在蒙古征服者入侵中原并最终建立元朝（1271—1368）时，长期的战争使纸币发行数量大增，纸币变得一文不值，被迫停止流通。这场变故引发了一场大萧条，以致此后的数世纪里，中国完全依靠金属货币进行交易。

虽然马其顿国王亚历山大在夺取波斯的财富后曾挥金如土，以致引发了某种程度的经济繁荣，但据历史学家们已有的研究来看，古代希腊和古罗马从未经历过现代意义上的经济繁荣和萧条。亚历山大大帝所引发的这种繁荣，因他手下的希腊士兵和马其顿士兵在整个帝国范围内广建城市，增加了货币流通量而持续了较长的时间。在罗马帝国早期（前30—公元180），货币支付维持了葡萄酒、橄榄油和粮食在整个帝国范围内的流通，不过，这并未带来明显的经济繁荣或萧条，而真正令人一贫如洗的是瘟疫和侵略。此后，在中世纪早期时，货物从广为传播回到地方自给自足，这使货币在欧洲大部地区再一次被边缘化。

不过，公元1000年以后，长途贸易重新在欧洲兴旺起来，货币再次为这种贸易提供了资金支持，加之温暖的天气提高了收成、增加了人口，森林里开辟出更多的田地，这引发了经济的长期繁荣。货币的流通越来越自由化，经济危机于1343—1344年首次真正发生，当时，英王爱德华三世拒绝承认其债务致使佛罗伦萨的银行纷纷破产，同时，从英格兰到佛兰德斯和意大利的那些受到银行资助的羊毛原料出口被迫中断。英国的牧羊人、佛兰德斯和意大利的纺织者、编织者，还有那些在整个欧洲和地中海沿岸地区从事呢绒贸易的商人，全都遭受了严重的经济损失。

## 瘟疫和郁金香泡沫

在经济尚未完全复苏之前，一场更大的灾难接踵而至。1346年，黑死病（几乎可以肯定是腺鼠疫）抵达克里米亚，在黑死病来临后的3年里，它几乎横扫欧洲每个角落，使欧洲总人口中约1/3的人丧生。人们从未忘记这场灾难带来的梦魇，它的到来也使得那场令羊毛业短暂瘫痪的经济危机显得微不足道。尽管人们采取了隔离措施，但是在随后的数个世纪里瘟疫仍然不时在欧洲暴发，人口持续下降直至1450年。无论何时，只要瘟疫肆虐，那么所有的日常商贸活动均会被迫中断且复苏缓慢。不过，在没有瘟疫与战争影响的情况下，经济繁荣与萧条的更迭是不明显的，直到17世纪私人金融交易比之从前大为兴盛，情况发生了变化。

荷兰发生了所谓的郁金香泡沫事件，它极不寻常、十分离奇。郁金香是在1550年方从土耳其传播到欧洲的，从一开始，它那明艳而多变的花色就吸引了人们的注意。郁金香稀有品种的价格最初是在欧洲西北部地区上涨的。1633—1637年间，当数以千计的人投资球茎，寄希望于以更高的价格迅速将其卖出时，荷兰经济达到繁荣的顶峰。有时，一些特别珍贵的球茎即使尚在地里也会被卖出，进而被以更高的价格多次转卖，这种情况一直持续到1637年初经济泡沫破裂之前。荷兰许多家庭都遭受了经济重创，因为他们曾通过抵押住房和其他值钱物品的方式涌入郁金香市场，试图快速致富。随之而来的结果是，整个经济陷入萧条。由于外国人也曾争相购买球茎，这场经济萧条也轻微地波及了欧洲其他地区。

　　郁金香泡沫所引起的经济繁荣与萧条的更迭与此前的并不一样。它的发生有赖于人们一夜暴富的欲望,人们试图凭借郁金香球茎——这种除了观赏别无他用的物品——日益上涨的价格来发家致富。那些最初赢得暴富的例子引发了从众效应,成千上万的人竞相涌入市场试图分一杯羹,以致郁金香球茎的价格被推向了荒谬的昙花一现的极高位。当时,荷兰正忙于在印度洋、加勒比地区和巴西建立一个帝国,荷兰商业贸易的繁盛以及国家的普遍繁荣有可能为如此多的人在郁金香上进行如此愚蠢的投资提供了条件。

　　不过,与之相似的情形,即人们一窝蜂地追求暴富以致引发经济繁荣和萧条,一再上演。其中最引人注目的一个例子发生在法国。1716年,一名苏格兰经济理论家、投机商人约翰·劳(John Law)劝说政府同意他成立一家银行,该银行可以将其股票售卖给公众,有权发行纸币,并通过调动银行资源来开发北美洲密西西比河流域的法属路易斯安那领地。当投资潮使银行股价增高,也使几家子公司的股价增高时,劳的银行曾繁荣一时。其中的一家子公司还替法国征税并且承诺负担王室的全部债务。不过,有人从一开始就对此持怀疑态度。当众多投资者对劳的赚钱"系统"失去信任时,整个体系于1720年崩溃。劳逃往威尼斯,一大群愤怒、一贫如洗的私人投资者连同混乱、繁重的政府债务一起被他抛在身后。

　　1718年,一个与之类似但规模没那么大的经济繁荣景象开始出现在英国。当时,那个获得了特许权可在美洲将非洲奴隶贩卖给西班牙帝国的南海公司(South Sea Company)曾仿效劳,劝服议会同意该公司接管国家债务。随后的2年,英国和法国同时出现经济繁荣。在1720年最初,南海公司的股价几乎涨了800%;在法国,劳名下公司的股价也涨了2倍。随后,

853

两者的股价均在数日内崩溃。后来,英国的调查表明,政府大臣曾受贿,他们和公司的董事们被罢黜。不过,公司仍然在英国废除奴隶贸易后长期存在,直至1853年。与法国不同的是,由于自1694年以后英国政府债务一直由英格兰银行管理,所以英国并没有受到太多影响。

## 工业革命——战争与和平

　　只要大多数人仍生活在这样的地方,即富裕或贫困取决于作物的丰收或歉收,而不怎么受城市金融骗局的影响,那么,前文提到的那些昙花一现的致富计划所带来的盈利或造成的损失,均不会伤及根本。不过,这一切却因战争和欧洲部分地区工业的扩展发生了改变,因此,1815年时,一场发生在银行家——他们的贷款成为维持工厂和政府运营的必要资金——中间的信任危机,变得足以削减整个国家的福利。

　　这种经济上的脆弱性始现于所谓的英国工业革命,出现在1750—1815年间。这是由政府在1754—1763、1776—1783、1792—1815年为了战争而举债,引发了一连串的经济繁荣和萧条所导致的。政府借来的款项被用来购置大量的服装、枪支、加农炮和其他物资,以装备国家的海陆军。相应地,工厂、锻造厂和矿厂的生产力迅速提升,以提供必备物资。然而一旦回到和平时期,无论何时,只要政府一声令下削减投入,那么这些工厂就会举步维艰。不过,随着以水力和以蒸汽机为动力的新机器的先后运转,大量成本低廉的布匹和其他商品被生产出来,长期战争所产生的实际效果是扩大了工业生产并增加了就业。

　　1815年以后战争减少,经济繁荣与萧条的更迭在和平时期更为明显。政府开支不再主导着经济周期,取而代之的是私人投资的新技术——尤其是铁路。1825年,世界上第一条运

行蒸汽机车的铁路开通,它向人们展现出,即使只是不平稳的铁轨和一辆小型蒸汽机车,也是何等大幅度地降低了陆路交通的成本。几乎是顷刻之间,先是私人公司,后是政府,便开始在世界范围内修建铁路。修建一条光滑平整的路基,其成本十分高昂,需要大量贷款。此外,在美国和加拿大所修建的横贯大陆铁路,很快就跨越了原有定居地的边界。反过来,这也刺激了人们在那些他们认为有可能建新城的铁路沿线地带大肆从事土地投机。

这带来的后果是,部分人在投机性投资中盈利,部分人亏损,经济周期也越发频繁。它们常常从一个国家扩散到另一个国家,出现在那些有铁路、土地投机和相关的新科技——轮船、电报、贝塞麦炼钢炉(Bessemer steel furnaces)以及成千上万的新事物持续改变我们日常生活的任何地方。

19 世纪 50 年代,一位名叫克莱门特·朱格拉(Clément Juglar)的法国人首次指出,一般而言,一个经济周期长达 8~10 年。1873 年发生了一场罕见的大萧条,1893 年又发生了一次,而第一次世界大战(1914—1918)比以往任何时候都要剧烈地改变了和平时期的经济活动。有鉴于此,俄国经济学家尼古拉·康德拉季耶夫(Nikolai Kondratieff)在 20 世纪 20 年代时指出,在短期的、表面化的市场价格起伏背后,隐藏的是一个长达 50 年的经济高涨和衰退周期。

究竟是什么原因导致经济的繁荣与萧条,实施何种政策可以阻碍繁荣与萧条的更迭对人类生活造成的烦扰,从那时起,经济学家们就这些问题争论不休,也未曾得出任何定论。第一次世界大战以后,越来越多的国家中,农业人口的比重越来越小,农业产量的高低变化也不再如从前那样重要,经济繁荣和萧条的更迭造成的破坏性也因此比以前更大。

第一次世界大战后,世界上的大部分地区都相继发生了短暂的萧条,随后经济持续繁荣

到 1929 年;继之而来的是人们通常所称的1929—1938 年的大萧条。不过,在 1917 年后的苏联当局却经历了一个不同的周期:先是一场破坏性的内战,后来短暂地重回个体私人经营,之后是强制性的农业集体化以及雄心勃勃的工业建设五年计划。苏联大力发展工业时,大萧条正席卷其他一些国家,这似乎表明苏联已找到应对经济周期的方法,即实行计划经济。

1981 年,中国政府通过改革,鼓励农民、商人依靠所售商品的市场价格获取私人利润,提前避免了与苏联相似的困难局面。从此,中国进入了持续的经济繁荣期,其经济增长率很快便超过了世界上的其他地区。苏联在 1987—1988 年间曾仿效中国的做法。不过,与中国不同的是,随着那些生产力低下的工厂被迫关闭,他们的做法酿成了大面积的贫困,而人们政治上的不满也浮出水面,其结果是 1991 年苏联和平解体,举世震惊。随后,出现了一个比苏联小的俄罗斯,它一直在努力寻求政府干预经济和自由市场经济间的微妙平衡。

## 不确定的未来

随着中国经济的日益繁荣,一种跨越太平洋的伙伴关系开始出现。美国人开始购买价格低廉的中国商品,并将生产制造外包给中国,规模空前。同时,中国政府也购买了千亿美元的美国国债,以保持其自身和美国经济的持续繁荣。美国国内的经济开始进入一个高涨期。美国政府在伊拉克和阿富汗的战争支出逐渐增多,而针对富人的税率却在降低,因而财政赤字增大。与此同时,虽然美国也限定了某些进口商品的价格——并非所有的价格都被限定——但从中国进口的廉价商品还是引发了贸易逆差。当美国银行家们开始向边际借款人(marginal borrowers)抵押贷款,将他们当中成千上万的人与一种被称为"抵押担保债券"的新型证券捆绑

854

在一起时，住房的价格开始迅猛上涨，甚至比股市的价格涨得还要快。当越来越多的购房者——就像那些在375年前曾经在荷兰购买郁金香球茎的人一样——通过办理抵押贷款来购房，并寄希望于再次高价卖出房屋而迅速致富时，经济出现了虚假繁荣。

因此，美国和全球金融体系走向了另一场萧条。2007年8月萧条来临，直到2009年时方渡过难关。美国政府最初曾发放数以亿计的美元贷款以保证银行安全，挽救濒临破产的保险公司，但这些努力并没能阻止失业现象的激增，世界经济的未来仍属未知。即便是中国也感受到了威胁。此外，经济萧条背后还存有一些隐患：石油供应减少、环境污染增多、全球变暖，以及其他可预见的困难加剧。当前最紧迫的问题是，无人知晓经济如何才能复苏，何时才会复苏，又或者是否还能复苏。

进一步阅读书目：

Chancellor, E. (1999). *Devil Take the Hindmost：A History of Financial Speculation*. New York：Farrar, Strausand Giroux.

Ferguson, N. (2008). *The Ascent of Money：A Financial History of the World*. New York：Penguin.

Fischer, D. H. (1999). *The Great Wave：Price Revolutions and the Rhythm of History*. New York：Oxford University Press.

Friedman, M., & Schwartz, A. J. (1963). *A Monetary History of the United States, 1867-1960*. Princeton, NJ：Princeton University Press.

Galbrait h, J. K. (1954). *The Great Crash, 1929*. Boston：Houghton Mifflin Company.

Garber, P. M. (2000). *Famous First Bubbles：The Fundamentals of Early Manias*. Cambridge, MA：MIT Press.

Goldgar, A. (2007). *Tulipmania：Money, Honor, Knowledge in the Dutch Golden Age*. Chicago：University of Chicago Press.

Kindelberger, C. P. (1986). *The World in Depression, 1929-1939*. Berkeley：University of California Press.

Kindelberger, C. P. (1996). *Manias, Panics and Crashes：A History of Financial Crises* (3rd ed.). New York：John Wiley & Sons, Inc.

MacKay, C. (2001). *Extraordinary Popular Delusions and the Madness of Crowds*. New York：Prometheus Books.

威廉·麦克尼尔（William H. McNeill）文
陈黎黎 译　俞金尧 校

# Economic Growth　经济增长

　　"经济增长"这个术语被用来表示某国国内生产总值或国民生产总值的增长情况。经济增长分两类,粗放型经济增长和集约型经济增长,前者指的是通过动用更多的基本生产要素如土地、劳动力和资本而实现的经济增长,后者指的是通过更有效的利用同样的要素而实现的经济增长。

　　经济增长是指既定社会所生产的商品和服务总价值的增长。不过,怎样才能最准确地测算这种价值,人们很难就此问题达成一致。即使是在商品和服务由专人提供且商品和服务能以货币进行折算的社会——在这里,价格可以为人们分配的相对价值提供某种评价标准,比如一袋大米、1 小时的儿童看护、一辆摩托车、一张音乐会门票——仍有可能产生许多的误差。倘若经济行为发生在市场之外,因而不存在一个特定价格可将这些经济行为同其他商品相比较(比如,如果雇用一名厨师每小时所支付的酬金可以购买 5 平方米的布料,那么我们就会懂得如何将烹饪和布匹制造一起添加到生产总值指数中。但是,如果所有的家庭都自己烹饪,就比较难弄清如何将烹饪添加到生产总值指数中),那么,要测算这些地方的经济增长就更为困难。

## 定义

　　虽然存在着上述困难,但原则上人们还是普遍认为,一个社会的经济生产总值可以被测算出来,人们也普遍认为这个总值的增长——经济增长——能够表明该社会的物质水平的提升。因此,尽管并非所有的经济增长都能反映出这种提升——比如

因建造武器而直接引发的经济增长,又或者是因分配不均导致贫困人口数量激增的经济增长,这些对整体物质福利的提高并没有做出太多贡献——但经济增长仍对人类福利产生着重要影响。在 20 世纪,经济增长与实现物质目标——无论何种目标——的生产力之间仍存在

荷兰画家凡·布雷克伦卡姆(Quiringh Gerritsz van Brekelenkam)的《裁缝作坊》(*The Tailor's Workshop*, 1661)。布面油画。在"勤勉"革命期间,普通人因市场需要——不只是获得生活必需品,而是获取奢侈消费品——而花费更多的时间工作

相当的一致性,不论是过去还是现在,经济增长一直都是最常用的一个指标,用以反映人类物质福利增长的总趋势。当我们计算出某一社会的经济总量和经济增长率时,即使是那些对将经济总量与人类福祉画等号的做法持怀疑态度的人,通常也认为这种计算还是有意义的。

通常,经济增长进一步被划分为粗放型和集约型。两者在理论上区别显著,但实际中却不可能泾渭分明。一方面,粗放型经济增长指的是通过更多地动用三种基本生产要素即土地、劳动力和资本来实现的经济增长。如果一个农民曾经一年中用 50 天的时间在 10 英亩的土地上播下 20 磅种子,后来变成在一年中用 100 天的时间在 20 英亩的土地上播下 40 磅种子,以实现作物数量翻倍,那么这类经济增长就是纯粹的粗放型经济增长。另一方面,集约型经济增长指的是不通过增加基本要素投入量,而是通过更有效地利用已投入的生产要素而实现的经济增长。这种增长可能来自新技术、更有效的社会生产组织或者能提高工作效率的新知识。如果 2 个人各自曾需要花 1 周时间来建造一座住所,而一旦他们开始合作,那么便可以在同样的时间里建造 3 座住所——产出增加,但并没有使用更多的材料或花费更多的时间——这就是集约型经济增长。

粗放型经济增长,一方面成本投入会明显增加,而且增长幅度也相对有限;另一方面,它是世界历史中最为常见的经济增长方式,因为任何一个拥有未开发土地、自由劳动时间和其他条件的社会,都可以实现此种增长。比较而言,集约型经济增长,一方面成本投入可以称得上近乎没有增加(尽管不可能完全不增加成本,因为可能需要投入大量资源进行研发,以弄清怎样才能更好地利用生产要素),原则上来说,其增长也是无限的,因为它不需要增加额外的物质资源。另一方面,每个社会并不是在每个时代都会出现大量的集约型经济增长。因此,

经济史学家们投入了大量的精力,试图去辨别何时何地会看到集约型增长的爆发或持续出现。而社会学和经济学理论家们同样投入了大量的精力,试图从这些案例中抽象出一系列有助于实现集约型增长的普遍条件。

实际上,集约型经济增长和粗放型经济增长通常是一起发生的。如果某种新式的犁能使以前不宜耕种的土地变得可以种粮食,那么这种革新就属于集约型增长。不过,额外的劳动力、种子、工具以及其他用以使革新收益最大化的投入,则属于粗放型增长。许多科技方面的变化,又或是社会方面的变化,同样也会引发转变,即从投入某种生产要素转变为使用另一种(比如从使用马和干草转变到使用汽车和汽油,或者从花费 50 小时的劳力和使用一架非常廉价的纺车转变到花费数分钟的劳力和使用一架巨型机器),这有可能使这些要素的相对价值产生巨大变化。手摇纺织机织工 1 小时劳动的价值,相当于 18 世纪中国部分地区三四天所需食物的价钱,不过,今天该劳力已经不值什么钱了。因此,很难确定某特定的经济增长中有多少比例属于集约型增长,而有多少比例属于粗放型增长。尽管如此,为了理解人类物质生活的变化,还是需要我们尝试去分辨。

## 3 个增长期

尽管很难加以证实,但 19 世纪以前的大部分经济增长都可被视作粗放型增长,它们是通过更多的人在更多的土地上劳作以及利用更多的地球资源而实现的。另一方面,19 和 20 世纪的大部分经济增长则是集约型增长。科学技术快速发展,新的作业方法也随之出现并散布开来。据推测,交通运输的发达和商业贸易的增多造成竞争压力日益增长,在此情况下,更高效的经济组织形式在世界上传播开来。

上述说法作为一个非常粗略的概要式描述

858

大体上是正确的,不过,实际情况要复杂得多。一份更完整的分析表明,人类历史上大多数时期的经济增长可用 3 个关键性的时代来做出解释。该分析也表明,集约型增长和粗放型增长在每一个阶段的混合方式并不相同。

### 新石器革命

在世界仍处于狩猎-采集时代时,有许多未曾记录下来的集约型经济增长的例子:狩猎技能逐渐提高,哪些植物可以食用以及如何找到这些植物的相关知识不断累积等等。不过,研究表明,这些集约型增长并没有引发人均收入的实质性增长,这是因为居无定所的人们没有累积财富的动机,除非这些财富也能移动。在定居农业出现之前,狗(用于打猎)似乎是唯一得到普遍驯化的动物。因此,从出现人类开始直到约 1 万年以前的长时期里,无论是哪种经济增长,大部分都体现为人口的增长。大约到 3 万年前,人类从非洲向外扩散,逐渐覆盖了地球上所有可定居的地方。

在学习把事情做得更好的过程中所提升的效率,也使特定的人群可以花费更少的劳动时间就能养活自己——这是人类福祉中的重要进步。不过,它并不是以经济增长的形式表现出来的。针对现代狩猎-采集者开展的研究表明,每个成年人平均每周工作不足 30 小时就可以果腹。几千年以前,即在农业和工业社会将狩猎-采集者推往更边缘的土地上以前,这些人不用做太多的活就能养活自己。

后来,集约型经济增长和粗放型经济增长第一次集中爆发的时代可能是人们所称的"新石器革命":这是一个因出现一系列创新而被如此命名的时代,这些创新包括定居农业、动物的驯化以及永久定居地的建造。该进程是如何发生的?它为什么会发生?关于这些问题的争论持续不休——它似乎是独立发生在世界上的至少 6 个地区。从短期来看,这些发展并没有让个人的生活变得更容易。与游牧祖先相比,早期农民的寿命变短了,几乎可以肯定的是,他们还劳作得更加辛苦。其骨骼残骸表明,他们的身材更为矮小(这通常意味着营养不良),所遭受的各种各样的伤害要更多。可以肯定,他们受到了更多的传染病的侵害,这主要在于人类所占领的定居地范围很大,足以使各种疾病传播,还在于人类近距离地与自身的排泄物以及作为病菌宿主的动物长期相处。

另一方面,定居社会的人口密度远高于过往的水平,因为定居地的每一寸耕地现在都只用来种植对人类有用的作物,而诸如除草和浇灌等行为则提高了那些受人类青睐的物种的产量。定居也利于妇女们养育更多的孩子,这是因为她们不再需要像以前那样频繁地带着孩子迁徙。同理,定居也促进了物质财富的积累。总体来看,结果是出现了实质性的经济增长:投入物(劳动力增多,人均工时增加)的增加以及效率的提高——最终是后者——人口以及人均产量均增加。永久性的定居也促进了食物的储藏,养活了那些自己不生产食物的人。这些变化为更加重要的职业分工提供了可能性,而这种职业分工反过来又促进了知识的产生和传播,这在建筑技艺、金属加工、服装制造以及许多其他技能的提升中得到了体现。

因此,集约型经济增长推动了粗放型经济增长,反之亦然。第一批农业定居地出现后的数千年里,出现了城市、政府以及文字,还有比以前更大的人与人之间的不平等,这些都是财富积累的反映,并刺激着财富的进一步积累。虽然我们并没有这一时期经济增长的确凿数据,但是对人类能源消耗量的估算可提供大致的参考。狩猎-采集时代能源消耗量的粗略估算情况大体是这样,600 万人平均每天直接或者间接消耗能量 5 000 卡路里,世界范围内总计每日消耗 300 亿卡路里。到距今 5 000 年以前,5 000 万人平均每天消耗能量 12 000 卡路里,总计每天消耗

859

6 000亿卡路里。这一时期的经济增长——包括效率的提高及其带来的能量投入所转化的人类财富——超过2000%，不过，这种经济增长花费了5 000多年方才完成，所以年均经济增长率仍然极低。

从距今约5 000年前到距今约500年前，经济增长主要是缓慢的粗放型增长——大部分是通过砍伐森林或丛林以开辟出更多耕地，以及与之相伴的人口增长而实现的。1500年时，全球人口大概达到5亿，年增长率低于0.1%。技术和制度的革新也在继续进行，但速度缓慢。与过去的一两个世纪相比，新技术不仅发明速度缓慢，而且因交流有限，它们在世界范围内的传播速度也十分缓慢。铁犁、纸以及其他源自中国的实用的新发明均花费了数个世纪才从中国传播到亚欧大陆的另一端，更别提传播至美洲或者大洋洲了。比如，100年左右中国已经有了造纸术，但欧洲直到1200年以后才有了造纸术。诸如土地市场增长和劳动力市场增长等提高生产力的制度创新，其传播速度更加缓慢，原因在于这将威胁那些用强力占有这些资源的既得利益者的利益。那些有用的创新发明也常有被埋没的可能，这是因为一些小型社会很脆弱，而它们大部分的知识并没有留下来。

改革创新偶尔会像中国宋朝时那样同时涌现。当时，治水、水稻种植、缫丝、纺织、航海和计时等所有的突破性发明均是在一个相对短的时间里出现的。无论这是不是巧合，当时宋朝还出现了一个标志性的制度转折，即从使用沉重劳役而实现自给自足的地主制经济，转变为社会各阶层开始越来越多地依赖市场。人们开始生产少量商品，也出现了专业化的服务，人们将其售出以换取其他物品。市场的发展绝不是一件新鲜事，也绝不为宋朝所独有，但是，似乎只是在中国的宋朝，市场才实现了持续的存在与运转。宋朝的这种商业化模式究竟能在特定社会盛行到何种程度，仍是历史学家们存有争议的议题。尽管如此，它还是从中国以及其他一些类似的中心向外传播出去。

许多重要的发明也能通过迁徙和征服一次性地传播出去。穆斯林征服者向西传播了水稻、甘蔗、橘子、棉花和其他农作物，这些农作物都是他们早些时候与印度通商获得的。穆斯林征服者同样在传播波斯人的灌溉技术以及印度、古代地中海世界和阿拉伯世界的医术中发挥了重要的作用。不过更多的时候，重大发明的出现时间往往间隔好几个世纪，而且传播得相当慢。古罗马时代，意大利部分地区的农业产量达到了直到公元1800年才被超越的水平（尽管在欧洲的某些地区随着高效率作业方式的缓慢传播，也能达到该产量）。同样的情况也出现在中国东部最丰产的耕地里，这些耕地（最晚）在1200年时所达到的产量，直到20世纪后才被真正超越。即使是在英格兰的有限耕地上，中世纪庄园所达到的小麦最高产量直到1800年左右才变成一个普遍的产量标准。每一块土地的化学特性、排水性、日照明暗等均有细微的差异，在现代化学出现以前，即使是最有学识且最勤劳的农民，尝试在别人的农田上种地也是一件吃力不讨好的活儿。

不过，到15世纪时，世界各地开始出现一个新的经济增长阶段，它大体由3个相关的要素组成：增长更快速的人口以及更多被开辟的荒地（粗放型增长）；"勤勉革命"——在这场革命里，人们的工作时间更长，工作强度更大（粗放型增长），同时，工作得更高效（集约型增长）；科技变化——在19世纪工业革命前增长缓慢，但在工业革命开始后迅猛发展。

英国伦敦利物浦街车站(Liverpool Street Station,约 1910)。在工业时代,铁路使商品、物资和人员可以在短时间内长途运输,这刺激了经济增长

## 勤勉革命

14 世纪黑死病肆虐,其后的 1 个世纪里,欧亚大陆的人口数量逐渐恢复,最终达到了以前的峰值,不过,这一次人口数量并未停止增长:出现这种情况的原因尚不清楚。到 1800 年时,世界人口几乎已经达到 10 亿,大约是以前人口峰值的两倍。耕地面积不断扩大,但其增长速度远低于人口增速:东欧、中国西南地区、印度内陆、美洲以及其他地方新开垦土地的边界出现回缩。在许多情况下,耕作水平的提高与微小且重要的技术优化是一起发生的:能更好适应恶劣环境的新种子;经改良的灌溉用的水泵;作物轮作知识的提升等。与此同时,单位土地面积的产量也缓慢而艰难地上升。比如,二熟制——一年中在同一块土地上种两茬作物——应用得越来越普遍,尤其是在东亚和南亚地区。这有助于供养更多的人口。不过,复种作物与首种作物相比,其亩产量要少一些。同样,在非农行业,虽然产量上升,但所耗费的工时似乎变得更长。

在欧洲——那里的数据资料保存得最为完好——为赚取一日所需食物而花费的必要工时数,在 15 世纪至 16 世纪早期猛增,经过了相当长的一段时期(某些情况下甚至到 20 世纪 30 年代)才恢复到 15 世纪早期的水平。因此,为了维持收支平衡,每个家庭的年工作时间增多:男性工作时间变长,越来越多的女性也出来工作挣钱,同样,更多的儿童也加入到工作中。一项研究表明,仅 1760—1800 年间,英国成年男性的平均工作年限增长逾 20%。虽然其他地区的现存相关资料参差不齐,但是一场相似的"勤勉革命"却同时出现在欧洲的其他地区、中国、日本、北美殖民地以及印度的部分地区。与此同时,在新世界,尤其是在甘蔗种植园里工作的奴隶,正与历史上其他所有的劳动力一样努力工作。

奴隶们之所以努力工作,是因为他们别无

选择,但是,为什么有如此多的自由人或半自由人也开始比从前更努力地工作？其中的一些人也是因为别无选择：由于出生率上升,他们需要养活更多的人口,而劳动力的日益增多则使工人的日收入被压低。不过,文化的转变也起到了作用。

随着赚足全家人口粮所需工时的延长,按理说人们所买的非必需品会减少,或者至少不会比从前更多。不过,实际情况却是,与 1500 年相比,1800 年时世界各地的普通人似乎更多地购买服装、特色商品、加工食品以及家用商品和服务(西欧的相关记载仍然是最充分的,不过,东亚、北美以及其他各个地区的情况也差不多)。换言之,受市场的影响,人们的工作时间变得更长,但这并不只是为了得到生活必需品,还为了获得各种各样的小奢侈品：糖、香烟、银饰、餐具以及其他更多的东西。这大体上属于粗放型经济增长,也部分得益于科技水平的提高(比如效率更高的航运业促进了商业贸易的发展)和社会组织的变化,尤其是劳动分工更细。比如,许多人不再亲自制造蜡烛,取而代之的是开始购买蜡烛；反过来,他们将节约下来的时间用来生产更多的由自己专门制造的物品(比如布),然后出售。

虽然我们很难去评测效率提高——这是由各行业相互依赖程度提升所导致的——所带来的具体成果,但它无疑是巨大的。这里需再一次指出,粗放型经济增长(投入更多的土地和劳动力)和集约型经济增长(社会和文化的变化,创造出了更高效的市场,提供了更多吸引人的商品,这很可能激励着人们更努力地工作,从而实现了经济增长)是如此充分地交织在一起,以致难以将其区分开来。实际上,更高效的劳动力市场有可能会刺激人口的增长,而人口的增长意味着劳动力供应量的增加。各地的人们逐渐从强制劳动和移民限制中获得解放,劳动力市场提供了更多其他地区工作机会的信息,普

通人拥有土地的机会变得更多,所有的这些都意味着年轻人要成家立业变得更容易,他们不用再等父母给予他们生产资料——土地、商店或是其他。其结果就是人们更早结婚,出生率提高。与此同时,人口密度的增加也提高了生产专门化的可能性——只有一定规模的团体才能供养起一个全职的木匠或织工——并为集约型经济增长提供了平台。

航海和运输的进一步优化促使长途贸易日益增长,这也点燃了勤勉革命时期的经济增长。大部分舶来品都源自热带地区,它们数量激增且多少都有点令人上瘾,包括：糖、可可、茶、咖啡和烟草。这些都刺激了欧洲、中国和其他地区的消费,一般说来,这些商品都只能在市场上购得,上述所列的商品中仅烟草可以在温带地区生长,温带地区是最大、最富有的消费群体的所在地。与此同时,马铃薯、玉米和其他新的农作物使那些以前无法种植作物的地区,尤其是高海拔地区,也能生产粮食。北美海岸线沿岸的大量新渔场,为人们提供了物美价廉的蛋白质。关于陌生新世界的知识——首先是在欧洲搜集的——远不只是提供了新观点,它还粉碎了旧的知识体系,促进了人们对理解自然世界新方法的探索。这些新出现的思想直到 19 世纪时才催生了以现代科学和以科学为基础的技术。然而,一旦它们发挥作用,就几乎改变了经济活动的方方面面。

不过,"勤勉革命"并未长久开展下去,它也没能实现人均产量的大幅增长。当全球人口数量在 1500—1800 年间增长了 2 倍时,总产量可能增长了 3 倍,因此,在 300 年的时间里,人均产量仅上涨了 50%。最主要的限制来自农林业及能源。广义来说,人类生活所必备的基础物资——食物、建筑材料、布料纤维以及能源,或来自植物的生长(粮食、木材、棉花或亚麻、木柴),或来自植物所供养的动物(肉、皮、畜役),这意味着这些物资都是在土地、淡水和阳光综合作用

862

下产生的。然而，它们所提供的物资并不会因人类需求的增长而增多，这就产生了此消彼长的困难。比如，开垦更多的耕地就意味着森林会变少，进而造成木材和木柴的数量减少。其结果便是，世界上生产力最发达的地区出现了严重的能源短缺，这就限制了经济增长。

## 工业革命

开发化石燃料成为解决上述能源短缺问题的方法：起初是煤（以及少量的泥炭），后来是石油和天然气。值得说明的是，虽然在数个世纪里许多地方都在某种程度上使用了煤，但英国才是第一个因日常所需而真正大范围使用煤的国家。这是由多种因素造成的。首先，英国煤矿资源丰富且易于开采。其次，森林滥伐较早发生在英国，这使人们不可避免地转向用煤（以及用石材建造房屋）。第三，科技的发展尤其是冶金和精镗技术的发展，促使英国制造出世界上第一台既经济又实用的蒸汽机，它在泵出煤矿中的水时发挥了至关重要的作用。据估算，如果没有蒸汽机，英国的煤矿业不可能超过1700年时的水平，相反，正是使用了蒸汽机，1815年时英国的煤矿业较之1700年时已扩大了7倍，到1900年时几乎扩大了100倍。而其他地区虽然煤矿业基础要逊于英国，但到19世纪末期，其增长速度甚至比英国更快。20世纪，两种在现代以前几乎从不使用的燃料——石油和天然气的使用日益增多，这产生了惊人的经济增长。今天的人均能源消耗量是工业革命以前的10～20倍，而在富裕国家这个数据会更高。

如此大的能源总量夹杂着其他技术发明的浪潮，将我们引入了人类历史上迄今为止最大的集约型经济增长的阶段——到目前为止它已经持续了约200年，从英国的小部分地区和西北欧的一些地区逐渐扩散到世界上的大部分地区（尽管不是全部地区）。与此同时，全球人口自

墨西哥蒂华纳(Tijuana)的一位贫困妇女正在给自己的小孩哺乳。世界上最穷的人和最富的人之间存在着巨大的财富不平等。凯文・康诺斯(Kevin Connors)摄（www.morguefile. com）

1800年以来增长了500％以上，经济总量增长了4 000％以上，而工业生产自1750年以来有可能增长了10 000％。通过力求精准的评测，我们了解到，人类历史上大约一半的经济增长都发生在1950年以后。由于这种增长已远超过了所投入的土地和劳动力的增长，因此，其中大部分的增长是额外的资本投入和集约型增长的混合体：技术和制度的变化使得劳动力、资本和土地利用效率变高。我们很难撇开科技去评测资本带来的影响，因为有太多的资本都是以新机器的形式进入经济体系中的。不过，这些惊人的经济增长中，大部分无疑属于集约型增长。自然科学的深远发展，使那些能提高生产力的新科技开始源源不断地涌现。通过比较，我们发现在更早的时代，科技变化通常是以单个或一小部分创新发明的形式出现的，而当该创新发明所打造的经济繁荣导致某种特殊材料短缺时，它的生命便宣告枯竭（比如冶金技术的提高通常会

863

商业是一个伟大的教化者。

——罗伯特·英格索尔(Robert G. Ingersoll，1833—1899)

导致森林滥伐，这就使冶金所需的燃料被耗尽)。此外，工业化所赋予的军事优势以及政治权力是如此巨大，以致各地政府都试图改变其制度以促进经济增长。实际上，"人均国民生产总值"可能是当今世界上唯一的最广为使用的、用以衡量社会兴衰成败的指数——即使这种评测直到 20 世纪才出现，且大多数经济学家都认为这种评测只是一个非常粗略的衡量人类福祉的评测方法。联合国人类发展指数(the United Nations' Human Development Index)正逐渐替代人均国民生产总值，它不再囿于经济领域，而试图去找到其他因素来衡量人类发展。

在科技变化的方方面面，对 1800 年以后的经济增长贡献最大的应数化石能源革命及其多方面的应用。这体现在：交通运输，它使全球劳动力的分工发生了改变(即使是基本的生活必需品，也可以极为便利地从远方运抵)；化肥和杀虫剂，它们使土地的产量提升到了前所未有的水平(大大降低了有限的土地资源对产量的限制)；塑料和其他新材料，它们取代了其他的资源；机械，它们取代了数以亿计的人力和畜力。因而，劳动力的供应已不再是产量的最大限制因素。与之相反，问题在于工人过多，或是工人不能在真正需要他们的岗位上工作。

## 当今世界的经济增长

虽然全球财富分配严重不均，贫困仍然是世界上大部分地区所面临的重大问题，但是当今的经济时代至少在两方面是空前的。首先，世界经济已经增长到了一个特定的水平，意味着理论上每个人都能拥有更多的物质商品，这比直到近期大多数社会中仅有特权阶层才能拥有的还要多。其次，经济进一步增长所受到的主要制约，很可能不再像从前那样是土地、劳动力和资本的限制，而是环境破坏所带来的影响，这种环境破坏是持续采用能源密集型生产方式所导致的。当今，人们广为讨论的问题是，持续排放温室气体(所有化石能源燃烧所产生的副产品)所造成的全球气候变化给人类带来的威胁。不过，在过去的 2 个世纪里，制造、燃烧、使用和倾倒许多已发明的其他化学物质——它们多是煤或石油的衍生物——而产生的长期影响，还造成了其他一些尚未得到人类充分认知的威胁。

在过去的数十年中，主要经济体已经减少了化石燃料的使用，这意味着美元货币单位的经济活动所燃烧的化石燃料数在减少。对中国和印度这两个世界上最大的发展中国家而言，减少经济活动中的化石能源使用也是优先考虑的议题。不过，由于经济活动的总量持续增长，所以，世界范围内的化石燃料消耗问题、全球变暖和其他各种环境问题也在持续发展。更环保的能源能否成为世界的主要动力源，仍待分晓。上述这些考量并不意味着我们乐于看到经济增长在某个时间点迅速告终，但却意味着我们看待经济增长及其成本的方式应发生改变。即使是集约型经济增长，可能也不再像某些时候看起来那样仿若"免费的午餐"。结合 2007 年始现于美国，之后严重影响世界大部分地区经济增长的全球经济和财政危机来看，诸如资源短缺等由气候变化造成的影响给我们提出了一些有关可持续性和不计一切代价追求经济发展的严肃问题。

864

进一步阅读书目：

Christian，D. (2004). *Maps of Time：An Introduction to Big History*. Berkeley：University of California Press.
Diamond，J. (1997). *Guns，Germs，and Steel：The Fate of Human Societies*. New York：W. W. Norton.
De Vries，J. (1994). The Industrious Revolution and the Industrial Revolution. *Journal of Economic History*，54

(2),249 - 270.

Elvin, M. (1973). *The Pattern of the Chinese Past*. Stanford, CA: Stanford University Press.

Flinn, M. W. (1984). *A History of the British Coal Industry*: Vol. 2. 1700 - 1830, the Industrial Revolution. Oxford, UK: Clarendon Press.

Jones, E. (1988). *Growth Recurring*: *Economic Change in World History*. New York: Oxford University Press.

Maddison, A. (2001). *The World Economy*: *A Millennial Perspective*. Paris: Development Center of the Organisation for Economic Co-Operation and Development.

McNeill, J. R. (2000). *Something New under the Sun*: *An Environmental History of the Twentieth Century*. New York: W. W. Norton.

Mokyr, J. (1990). *The Lever of Riches*: *Technological Creativity and Economic Progress*. New York: Oxford University Press.

Pacey, A. (1990). *Technology in World Civilization*. Oxford, UK: Basil Blackwell.

Pomeranz, K. (2000). *The Great Divergence*: *China, Europe and the Making of the Modern World Economy*. Princeton, NJ: Princeton University Press.

Sahlins, M. (1972). *Stone Age Economics*. London: Tavistock.

Simmons, I. G. (Ed.). (1996). *Changing the Face of the Earth*: *Culture, Environment, History* (2nd ed.). Oxford, UK: Basil Blackwell.

Watson, A. (1983). *Agricultural Innovation in the Early Islamic World*: *The Diffusion of Crops and Farming Techniques, 700 - 1100*. Cambridge, UK: Cambridge University Press.

Wrigley, E. A. (1988). *Continuity, Chance, and Change*: *The Character of the Industrial Revolution in England*. Cambridge, UK: Cambridge University Press.

彭慕兰(Kenneth L. Pomeranz) 文

陈黎黎 译　俞金尧 校

# Ecumenicism　普世教会主义

一般而言,普世教会主义与基督教促进宗教合一的趋势有关,不过在更宽泛的意义上,该术语指的是全球所有宗教之间进行合作的期许。普世教会主义最早可追溯到 1054 年罗马和拜占庭的分裂。在近现代,普世教会主义可见于欧洲的殖民扩张时期,还可见于这些殖民地赢得独立并开始寻求宗教信仰自由的时期。

普世教会主义指的是基督教各教派之间为和解和合一所做的不懈奋斗。在一定程度上,它也意味着实现基督教和非基督教宗教之间和谐共处的宽泛目标。"普世教会主义"这一术语来自希腊语"*oikoumene*",指的是地球上但凡有人类栖居的全部范围(在古希腊人的知识范围内,该范围大约指的是从地中海西部到印度)。普世教会主义是世界历史上诸多普世思想模式中的一种。

## 近代以前的普世教会主义

基督教普世教会主义的第一波浪潮发生于罗马和拜占庭分裂后的数个世纪里。早期基督教世界曾在相当短的时间内统一过,这有赖于尼西亚公会议(Council of Nicaea, 325)以及君士坦丁堡公会议（Council of Constantinople, 381）成功地将宗教异端势力消灭,也有赖于罗马帝国影响深远的统治,它在 4 世纪时奉基督教为罗马帝国的国教。以罗马为中心的拉丁西方和以拜占庭为中心的东正教之间的分裂,不仅造成了政治层面的差异,还造成了其他方面更为深刻的差异,包括:政教关系上的观念分歧、罗马和希腊文化遗产的相对强势等等。十字军东征加剧了东西方基督教世界的紧张关系,两者间所能见到的差别越来越大,致使互相之间的憎恶越发恶化。在这几个世纪里,普世教会主义围绕着一个他们所认为的需求打转,即:将基督教世界重新恢复成大而统一的信徒共同体,其中,信徒遵循正确的教义,忠于同一个教会组织（考虑到当时西方世界对普世教会主义的兴趣更大,实际上,该组织就是指主教堂位于罗马的天主教）。

　　在较小的程度上,类似的思想也曾于 16、17 世纪在西欧出现过。宗教改革使得即使是以阿奎那、但丁等人的文化—宗教—思想综合体为依托而建立起来的统一的西方基督教世界亦宣告结束。尽管这些因素加大了政治和教义上的分歧,但是建立单一的信徒统一体的思想一直存在于基督教的第 2 个千年中。在其他几个重要的欧亚文明中情况亦如此,分裂的现实与建立一个统一的黄金时代之理想形成了对照。人们确信,国家、种族和阶级之间的分裂应当终于信仰上的团结。

　　当然,更宽泛意义上的普世教会思想范式一直长期存在,这允许思想家们跨越宗派和教派的分野去设想统一,或至少是趋同。世界各宗教中的神秘主义者常常认为终极的信仰真谛高于任何教义或宗教活动,并跨越世界各宗教间的分野。普世教会主义思想最浓烈的宗教团体包括了如诺斯替教派（the gnostics）、苏非派（the Sufis）、信奉《奥义书》退隐森林的人（the Upanishadie forest dwellers）等遁世者。不过,即使

印度宗教领袖斯瓦米·维韦卡南达（Swami Vivekananda）,20 世纪早期,在他的领导下,印度教赢得了西方世界的关注

是世界各宗教中更为主流的神学家们,也曾想方设法去证明宗教间相互开放的正当性。中世纪的天主教中曾存在着一种观点,即纵使其他宗教并没有将耶稣置于救世主的核心地位,但它们至少体现了自然法则以及人类与生俱来寻求神性的倾向。伊斯兰教将其他宗教如犹太教、基督教和琐罗亚斯德教（Zoroastrianism）等,都尊视为早期神启（哪怕它们随着时间的流逝发生了变化）所留下的遗产。印度教的各个支派都倾向于视所有宗教为达成同样目标的不同路径。在世界历史中,此类普世教会主义的开放性问题一再出现,不止出现在贸易和移民等领域,还出现在挑战更大的思想对话领域。宗教世界主义者们常常试图从寻求宗教活动和象征主义之表面差异的行为中退出,转而去寻求神性或人性的共性。这方面的例子有印度莫卧儿王朝时期阿克巴（Akbar）和阿布勒·法兹勒（Abu'l Fazl）所组建的跨宗教大会,还有 16 世纪时耶稣会士进入中国传教。

你在你的清真寺礼拜时,我爱你;你在你的庙宇跪拜时,我爱你;你在你的教堂祈祷时,我也爱你。你我本是同一个宗教的子民,这就是我们的灵魂。
——纪伯伦(Kahlil Gibran,1883—1931)

## 现代的普世教会主义

20 世纪见证了基督教普世教会主义的第二波浪潮。起初,这是为了满足与欧洲殖民传教活动达成同一阵线的需要,寻求合一尤其是新教各教派之间合一的运动被发动起来。人们一般将 1910 年在爱丁堡召开的世界传教大会(the 1910 World Missionary Conference)视为现代普世教会主义的开端。其后,为了应对西方世俗化危机等其他压力,广义的普世教会主义涵盖了基督教

托马斯·辛克莱(Thomas Sinclair)所绘的《基督教大联合》(Christian Union,约 1845)。平板印刷。图中,新教牧师在新世界的祭坛前主持仪式,一只狮子和一只羊靠在祭坛左右两侧,它们是基督教标志性的象征;上方一个美洲土著居民和一个非洲奴隶则朝向一只象征着和平的鸽子

下的新教、天主教和东正教支派。在许多基督徒看来,无意义的纷争造成了教会分裂,而分裂也是解决发达国家人民宗教信仰越发减少的问题的障碍。社会和地理上的流动性也增强了信徒们跨越教派分野而合作共事的意愿,比如共同举行圣餐仪式。

20 世纪末,普世教会主义常常带有左翼色彩。在新近独立的非洲和亚洲国家,基督教得到了传播,这拓宽了诸如世界基督教协进会(World Council of Churches)等普世教会团体的基础。自 20 世纪 60 年代以来,人权问题、裁减核武器协定、社会平等等议题在普世教会各团体组成的圈子里占据越发显著的地位。普世教会团体努力实现的主要目标是加强实际的合作,推动各教派互相认可对方的洗礼和婚姻仪式,消弭有关神职人员权威的历史根源的争论。普世教会主义更倾向于从圣公会(Anglicanism)和天主教(Catholicism)这样的基督教文化派别

以及一神论派(Unitarianism)这样思想更加自由的教派中赢得支持。但福音派信徒(Evangelicals)和其他教派仍对普世教会主义持强烈反对态度。他们之所以如此反对普世教会主义,是因为他们认为普世教会主义起到了误导作用,削弱了人们对核心教义的信奉,还因为他们出于各种理由而厌恶普世教会主义中所包含的政治议题。当今宗教复兴运动中最强烈的声音——比如基督教的重生派——常常只是以某种方式巩固其自身的教派认同,并没有留下什么空间去搭建普世教会主义的桥梁。

## 世界宗教视野的拓宽

在过去的数十年中,普世教会主义拓宽到向非基督教宗教开放。在这方面,基督教与犹太教徒和伊斯兰教之间开展的神学对话,是为典范,而三者在历史和形而上学方面存在着许多共同点。普世教会主义的拓宽也反映出西方自

867

20世纪中叶以来,对诸如佛教等亚洲传统的宗教信仰的兴趣日渐增长。在这个日益世俗的现代世界里,具有普世教会主义思想的神职人员和普通信徒一道,常常在基督教之外寻求有意义的资源;同样,他们也在这个世俗化趋势渐涨的时代寻求潜在的联盟。这种对非基督教传统的兴趣,大体上与已拓宽的世界历史研究法相似,并且与克服早先采用欧洲中心主义来认知欧洲人自身世界地位的努力相似。

868

进一步阅读书目:

Kryanev, Y. (1980). *Christian Ecumenism*. Moscow: Progress Publishers.

Panikkar, R. (1964). The Unknown Christ of Hinduism. London: Darton, Longman, and Todd.

Rizvi, S. A. A. (1975). *Religious and Intellectual History of the Muslims in Akbar's Reign, with Special Reference to Abu'l Fazl*. New Delhi, India: Munshiram Manoharlal Publishers.

Ronan, C. E., & Oh, B. B. C. (Eds.). (1988). *East Meets West: The Jesuits in China, 1582–1773*. Chicago: Loyola University Press.

Rouse, R., Neill, S. C., & Fey, H. E. (Eds.). (1970). *A History of the Ecumenical Movement, 1517–1968*. London: Society for Promoting Christian Knowledge.

Sagovsky, N. (2000). *Ecumenism, Christian Origins and the Practice of Communion*. New York: Cambridge University Press.

Schuon, F. (1975). *The Transcendent Unity of Religions* (P. Townsend, Trans.). New York: Harper and Row.

Till, B. (1972). *The Church's Search for Unity*. Baltimore: Penguin Books.

亚当·韦布(Adam K. Webb) 文

陈黎黎 译 俞金尧 校

# Education 教育

教育——教和学的过程在数千年中历经了多种形式的变化,从狩猎-采集社会里的说故事、口头传授和模仿,演变到当今工业社会里给学生们提供正式的、专门的以及(通常是)长学制的学校教育。教育史传统上是由各国告知给其国民的,而不是从全球的角度来向世人讲述,但是,将我们人类的集体智慧留给后人,是人类经验中最重要的部分。

869

"教育"是一个在不同场合广为使用的词。它的拉丁语词根 e(意思是"出")和 ducere(意思是"引"),本意是指"引出或导出"。教育可被定义为教和学,既包含非正式的(日常生活中的教育),也包含正式的(学校教育)。即使离开了教导,人们也可通过经验和观察进行学习。当然,即使没有学习,人们也可以进行教导。此外,教育还可指与学习和教育相关的研究。

## 人类的独特性

学习,指在应对特定经验中做出的修正,人类以外的动物肯定也懂得学习。学习的历史可以追溯至多久以前目前并不清楚。动物的学习行为可以是如同巴甫洛夫实验那样的经典条件反射式的学习，又或者是操作性条件反射式的学习，在该方式中动物会因自己的偶然行为获得奖励。动物的学习行为还可以是观察性的学习，又被称为模仿，就像鸟儿学习歌唱、狼群学习捕猎。动物的第三种学习行为被称为顿悟学习，当诸如黑猩猩、渡鸦等动物突然解决了以前未能解决的问题，这就是顿悟学习。每种动物所具备的先天行为和学习行为的比重各有不同。人类的大部分行为属于学习行为，这正是人类的独一无二之处。

在其他许多方面，人类也是独一无二的。我们的语言能力和交流能力远胜于动物世界中的其他任何物种。我们在句法语言、符号语言方面所具备的天赋，使我们能够极其准确地交换信息，并将我们的知识准确地传递给后人，使

知识随着时间的推移不断累积。这种天赋，加上人类在青少年时长期与成年人一起生活，依赖于成年人，这就意味着人类积累知识经验的方式与动物明显不同。有鉴于此，教育在人类生活中处于中心地位，它与任何动物的学习行为都不同，并随着人类文化的演变而不断变化。

## 采集（旧石器）时代

即使整个狩猎-采集时代的人口总量才相当于当今世界的人口存活量，但迄今为止，人类历史逾95％的部分都发生于狩猎-采集者所在的采集（旧石器）时代。考古发现尚不能说明教育是如何在这样的社会发生的，我们只能基于现代狩猎-采集者的相关知识对之进行推测。

非洲布须曼人（Bushmen）部落的成员仍保留着用讲故事和歌唱的方式来传承世代相传的古老传统。乌沙（Urša）摄

可以肯定的是，直接观察和模仿已存在于狩猎-采集时代。不过，考虑到人类与生俱来的语言天赋，故而，讲故事和口头传授会随着文化的演进而在年轻人的教育中发挥日益重要的作用。在人类历史最早的时期，当人类还在由20～60人组成的小游群里生活时，年轻人会从他们的父母、亲戚和族人那儿学习知识。当人类社会发展为部落和酋邦时，年轻人一旦进入青春期，他们就会学习到更多已然成规的社会经验，比如各种日常仪式和入会仪式（initiations）。

狩猎-采集者们完成了一项惊人的壮举：他们走出非洲，迁徙至世界各地的新环境中，并在严酷的冰期生存下来。为了完成这项壮举，他们不得不掌握越发复杂的技能，并将这些技能传给后人。这些技能包括发明新工具、运用新技巧、制作石器，捕猎大型动物，创造精妙的艺术，将动物毛皮缝制成衣服，建造居所，做饭，以及熟悉地形。

有两个例子可以证明集体学习是由狩猎-采集者们传递下来的。南非喀拉哈里沙漠（Kalahari Desert）的布须曼人已经存在了千年，女人会使用毯子、便携袋、兽皮制的吊索以及多用途的木制挖掘棒，男人则使用弓和涂有毒药的箭外加一只小矛，以捕猎小型动物。他们还给260种野生动物命名并且收集了100多种植物。第二个例子是加拿大北部和阿拉斯加的因纽特人通过使用皮毛制成的服装、独木舟以及用石头、骨头、象牙和鹿茸制成的狩猎工具存活了千年。通过模仿和直接的口头传授，成年布须曼人和因纽特人将其掌握的技能以及周遭环境的丰富知识成功地传授给了子孙后代。

## 早期农业社会中的教育

当人类于1万多年前开始驯化动植物时，人类也改变了自身以适应群体定居生活并照看畜群和耕地。先是定居乡村，后又过上了城市生活，定居生活成为人类生活方式中最重要的变化，它是人类走向高人口密度和高度复杂的现代文明的第一步。

在乡村生活中，人们开始改造自然而不再是简单地依赖自然。人类与部分动植物的接触越来越多，他们掌握了足够的知识去照顾这些动植物以及促进它们的基因优化。集体学习开始加速，新的工具（铲、镰刀、臼、杵、手斧和犁）和新的技艺（木工、编织、制陶以及宗教活动）诞生于世。随着人类过上定居生活，人们有能力去养育更多的孩子，而他们也需要这些孩子将来成为劳动力。人口开始迅猛地增长，据估测，从公元前8000至前3000年的5000年时间里，人口从不到1000万增长至5000万。

据目前已知的历史来看，当时既没有出现正式的学校教育，也没有出现文字（system of writing）需求。所有已知的知识全部是通过观察、模仿、口授、仪式和讲故事的方法而传递给下一代的。虽然性别分工逐渐增多，但人仍然是掌握各方面知识的通才，至少人们会掌握属于该性别应当掌握的大部分技能，这些技能大部分会运用于家庭生活中。

我们很难去证实上述有关农业时代的学习和教育情况之论断的真伪。在文字记录和坚固的建筑出现之前教育是如何发生的，考古学家尚未找到证据去解释。我们只能从有关农业时代生活的考古资料以及当代农业社会的例子中所获得的知识去推测当时的情况，而这两者都不能完全摆脱现代生活所施加的影响。

## 早期文明中的教育

随着人口密度的逐渐增加以及城镇发展为城市，某些社会开始出现一系列新的特征。这样的社会一般被专业地称为"文明"，又被称为农耕文明，以此来强调其对农业的依赖。农耕文明曾出现于世界上的所有地区，大部分是独立出

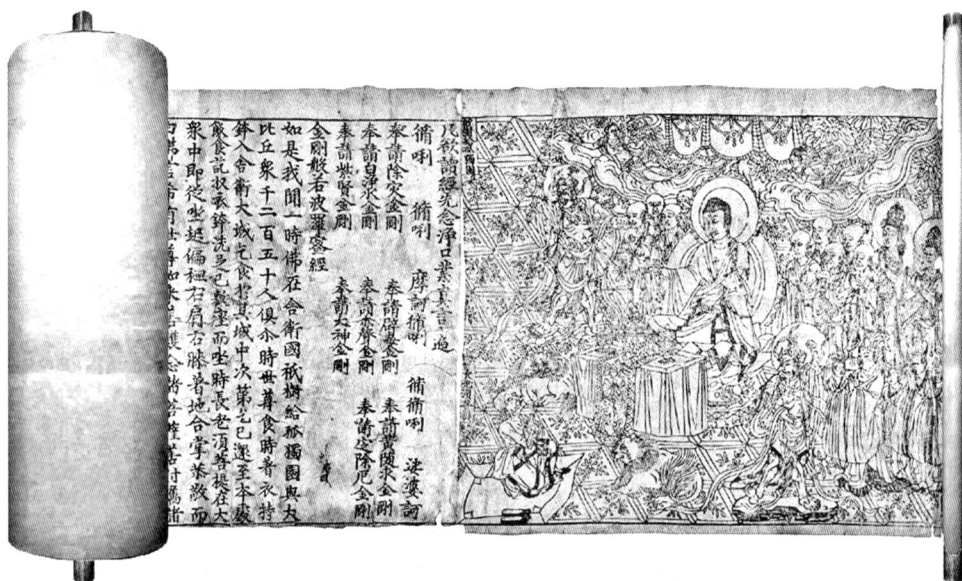

《金刚经》卷轴局部（约868），它是世界上已知的最古老的雕版印刷书籍，于20世纪初发现于中国敦煌的石窟中

现的。早期的农耕文明包括苏美尔文明（约前3200）、古代埃及文明（约前3100）、印度河流域文明（约前2300）、约前1700年中国北部出现的文明、古典玛雅文明（250—800）、阿兹特克文明（15世纪末至16世纪初）以及安第斯山脉的印加文明（16世纪早期）。

这些早期农耕文明并不具有完全相同的特征，不过，它们都拥有人口密度高的城市、富余的食物、等级化的社会分层、职业分工以及强制性的税收。上述大部分农耕文明拥有自己的一套文字和符号。随着人类社会出现上述转变，教育也相应发生了转变：为了获取某职业的专门性知识，学徒制教育相应出现，它成为正式学校教育的雏形，人们开始组织正式的学校教育以培养小部分精英的读写能力。

学校最初是作为王室的附属品而产生的，贵族子弟与帝王的子嗣一同学习法律和行政事务。比如，埃及古王国时期（约前2575—前2150）唯一的一所学校就附属于王室。随着文书记录和行政需求的增加，也开始出现其他的小型学校，5～10岁的男孩可以先在那里学习，随后在行政机构做学徒。前3000年中期至前2000年中期，埃及的识字率不超过1％。

作为一个早期文明，阿兹特克文明有其不同寻常之处，它针对所有人——既包括女孩也包括男孩——推行义务教育。每一个区（calpolli），或称有亲属关系的各家族聚居区，都拥有自己的学校。这些学校被分为两类。年轻的平民女性进入文艺之家，或称歌唱之所，学习唱歌、舞蹈、家务手工以及照顾抚养孩子；年轻的平民男性则被训练为战士。每个区需提供400名士兵，这些士兵服从该区长官的命令，并在被称为"青年之家"的地方接受训练。男孩会在青春期的时候开始在学校接受教育直至20多岁成婚时离开，他们与家人一同就餐，但在学校就寝以避免酗酒和乱性。他们首次参加战争的年龄是20岁。贵族子弟则进入附属于神庙的学校（祭司学校），在那里，他们除了会接受军事训练之外还会接受更多的政务和宗教方面的教育。金匠和制羽工（feather workers）的男性子嗣则

872

通过加入贵族们的学校或是他们自己的专门性学校，来学习阿兹特克宗教图像的具体知识。

## 发达文明中的教育

随着世界各地文明的逐渐发展，大量的学校和学习中心依赖于国家以及宗教机构而建立起来。不过，也存在着一些独立的实体：13 世纪末，免费的公共教育在蒙古人统治下的元朝出现了，蒙古统治者们认为这将改善每个人的生活。

### 印度

随着农耕文明在欧亚非地区的发展，宗教也随着王室外的人们拥有读写能力而大面积发展起来，包括印度教、佛教、儒学、犹太教、基督教和伊斯兰教。这些宗教建立起了学习中心，比如公元前 6 世纪建成的印度教和佛教的中心塔克西拉（Taxila），它位于今天伊斯兰堡附近。印度最大的学习中心那烂陀寺（Nalanda），5 世纪时兴建，地处印度东部，靠近尼泊尔。随着寺院规模的日趋增大，它曾容纳过 1 万名学生，并持续繁盛至 12 世纪。这里有一个高达 9 层的图书馆，藏有成千上万卷书籍，从土耳其到朝鲜的学生均慕名前来求学。

### 古代希腊和古代罗马

在古希腊，雅典城邦和斯巴达城邦拥有着完全不同的教育模式。在雅典，城邦提供 2 年的军事训练。其他的教育机构是由私人开办的，任何人都可以办学和收取学费。女子几乎不能接受任何教育。进行高等教育的学校得到了发展，柏拉图创办柏拉图学园，亚里士多德创办吕克昂学园（Lyceum）。在斯巴达，女子会受到正式的城邦教育而男子则在 7 岁时被送往学校宿舍，男子除了学习运动和搏击外几乎不会学到其他的内容。据推测，古希腊时期的识字率不会超过 5％。到公元前 2 世纪时，罗马已拥有许多收费的私人学校，那里的识字率有所提升，但可能也不超过 10％。

### 中国

中国的周代曾为贵族子弟设立了 5 所"国学"。公元前 5 世纪早期，孔子的思想已经形成，到前 124 年时，汉武帝设立了太学，以儒家五经为基本课程。3 世纪时设立的九品中正制，在经过 3 个多世纪的发展后演变为科举制度，使得以中国古代经典为课程的学校大量出现。该制度除了在元朝的忽必烈统治时期停用之外，一直沿用至 1905 年。忽必烈认为面向所有儿童的免费公共教育能够提高每一个人的生活质量。他统治下的政府创办了许多公立学校，采用白话而不是文言文教学，以帮助学生更快地学习知识。

中国的两项发明——造纸术和印刷术——在信息交换、大众识字、政务管理以及学术研究等方面产生了全球性的深远影响。2 世纪早期，宦官蔡伦改进了造纸术。600 年左右，雕版印刷出现；到 11 世纪时，中国出现了用陶瓷活字印刷的文本，陶瓷活字被放置在一块金属板上，然后用纸拓下来——不过这种技术并未能广泛使用。造纸术于 4 世纪时传播至朝鲜和越南，7 世纪时传播至日本和印度，8 世纪时传播至伊斯兰世界，1150 年时传播至伊斯兰教统治下的西班牙，14 世纪时传播至法国和德意志，15 世纪 90 年代传播至英国。印刷术曾传至朝鲜（有时这里使用的是青铜活字）和日本；但是伊斯兰世界却抵制印刷术，因为伊斯兰地区重视书法的价值。同时，印刷术传至欧洲的时间也比较晚，这是因为直到 14 世纪欧洲才出现纸张。15 世纪，约翰内斯·古登堡（Johannes Gutenberg）发明了合金活字印刷术，他是否曾借鉴中国和朝鲜的成果尚不清楚。

873

印度的学生和老师。我们所拥有的语言和交流能力,加上青少年长期与成人在一起,依赖于成人,这就意味着人类积累知识经验的方式与动物明显不同

### 伊斯兰世界

到 6 世纪时,波斯的贡迪沙普尔城(Gundishapur)有一所兴旺的学院,它是萨珊王朝的知识文化中心。它囊括了有关琐罗亚斯德教的、波斯、希腊和印度的学问,尤其是医学方面的知识。9—13 世纪,该知识文化中心被迁至于 8 世纪 60 年代建造的巴格达,正是在那时,他们从中国人那儿学到了造纸术。有文化的穆斯林致力于制造书籍,他们用亚麻布、破布片代替中国人所使用的麻和桑树皮,并将它们打成浆造纸。在伊斯兰世界早期时代,学校教育由清真寺兴办,但到 9 世纪时,学校从清真寺中分离出来。这些学校被称为"宗教学校",可以授予各层次的学位。虽然它们在形式上更接近于学院,但人们有时也称其为世界上的第一批大学。约在 800—1400 年间,阿拉伯学者发展出了可能是当时世界上最先进的科学。

15—16 世纪,位于今西非马里共和国的廷巴克图(现名通布图[Tombouctou])逐渐成为伊斯兰世界的学习中心。它是桑科雷大学(Sankore University)和其他宗教学校的发源地,虽然这些学校的学习重点是《古兰经》,但也包括了逻辑学、天文学和历史学。廷巴克图图书馆藏有超过 10 万卷手稿。

### 欧洲

罗马帝国灭亡后,天主教的修道院成为欧洲的学习中心。继罗马人之后第一位统一大部分欧洲地区的法兰克国王查理曼,设立了修道院学校和缮写室。12—13 世纪的修道院,尤其是西班牙的修道院,提供了大量的希腊语和阿拉伯语译著,尤以医学和科学方面的译著居多。在第 2 个千年早期,欧洲出现了大学。同中国和伊斯兰世界的高等教育中心相比,欧洲的大学拥有非比寻常的自治权,它们独立于国家和教会,实行自我管理。12 世纪初期,天主教会要求每座教堂应向贫困男孩提供免费教育。到 16—18 世纪,教育变得越来越普及。

## 现代工业国家的教育

当西班牙和葡萄牙的航海者将世界的两大

半球连接在一起时,世界历史的新时代由此开启。以使用化石燃料和榨取超过人口增长速度的大量剩余价值为标志的工业革命,开启了世界历史的另一个转折点。与农业革命不同,工业革命仅仅自主出现于一处(英国),并且首先向西欧和美国等与英国邻近或者相关的地区传播开来,其结果是 20 世纪的西方国家主导了整个世界。

工业革命滋养了近现代民族国家,与之相伴的是官僚机构日益膨胀,国家日益介入公民的日常生活,而这些公民正是国家逐渐依赖的支持力量。出于政治参与目的而兴办的教育成为工业化的一个极其重要的内容。随着 19 世纪工业化的扩展以及童工用工法律的出台,欧洲和美国的大多数政府机构开始向所有公民提供免费的初等义务教育,运用国家权力代替父母在一段时间内行使对孩子的监护和教育。日本在德川幕府统治期间,武士阶层的领袖兴办了众多学校,使日本在 1848 年时的识字率达到约40%,这成为日本能够快速启动工业化的有利条件。20 世纪初,俄国的识字率不到 30%,随着1917 年苏联的建立,政府开始着重推行儿童的义务教育和成人扫盲,到 1936 年时,苏联全国的识字率达到约 70%。

工业社会对正规教育的需求并未停止。在19 世纪末和 20 世纪初,那些仍在经历工业化的国家开始在初等义务教育之外推行中等义务教育,并将大学发展成为具备更多研究能力的大型研究机构。虽然通常情况下,口述传统和言传身教已不再被认为是教育,但它们仍发挥着作用。

### 未来的趋势

从前文的简短叙述中我们不难看出,教育事业的复杂性会随着时间的推进而不断加深。童年的长度和早期学习的时限在工业社会都被拉长了,甚至比 200 年以前人们的平均寿命还要长。终身学习逐渐成为一种趋势。在现代,教育对工业化以及生产力的提高都发挥着至关重要的作用,因为它对人类的生存而言,其意义早已不言而喻。

这篇文章仅仅是从全球视角而不是国别视角对教育史做了一个初步勾勒。不过,即使它是一个概述,也揭示出合作在将人类的集体智慧传递给后人的过程中的必要性,并揭示出教育在人类经验中的重要地位。

进一步阅读书目:

Arnove, R. F. , & Graff, H. J. (1987). *National Literacy Campaigns: Historical and Comparative Perspectives*. New York and London: Plenum Press.

Bowen, J. (1972-1981). *A History of Western Education* (3 vols. ). New York: St. Martin's.

Brown, C. S. (2007). *Big History: From the Big Bang to the Present*. New York: New Press.

Cleverley, J. (1985). *The Schooling of China: Tradition and Modernity in Chinese Education* (2nd ed. ). Sydney: Allen & Unwin.

Egan, K. (2008). *The Future of Education: Re-imagining Our Schools from the Ground up*. New Haven, CT & London: Yale University Press.

Ghosh, S. C. (2001). *History of Education in Ancient India c. 3000 b. c.-a. d. 1192*. New Delhi, India: Coronet Books.

Levin, H. M. , & Lockheed, M. E. (Eds. ). (1993). *Effective Schools in Developing Countries*. London & Washington, DC: Falmer Press.

Trigger, B. G. (2003). *Understanding Early Civilizations: A Comparative Study*. New York: Cambridge University Press.

Tyack, D. , & Cuban, L. (1995). *Tinkering toward Utopia: A Century of Public School Reform*. Cambridge, MA:

Harvard University. Press.

Gill, T. E. (1996). Eolian Sediments Generated by Anthropogenic Disturbance of Playas: Human Impacts on the Geomorphic System and Geomorphic Impacts on the Human System. *Geomorphology*, 17, 207-228.

辛西娅・斯托克斯・布朗(Cynthia Stokes Brown) 文

陈黎黎 译　俞金尧 校

# Egypt　埃及

公元前6000年,世界上最早的水利文明之一——埃及,在非洲的尼罗河畔诞生。埃及人修建运河和堤坝,到前2950年时,埃及已逐渐形成一套再分配的经济体系,并成为国王统治下的复杂有序的统一社会。虽然埃及曾在某些时代里被并入其他帝国的版图,但它依然是西方文明的象征,拥有为世人所公认的独一无二的艺术经典。

在世界历史中,埃及长期享有至高无上的地位。古代埃及尤其如此,它对普通大众和专家学者均产生了巨大影响,以致成为西方文明的标杆。不过,对埃及自身及世界历史而言,埃及历史上除了古埃及外的其他时代亦十分重要。

## 尼罗河的赠礼

全新世时期,非洲东北部气候变干,原先居住在这里的人们不得不迁往气候更湿润的地区,他们或向南迁,或迁至尼罗河流域东岸。到公元前第6个千年时,大多数埃及人都迁至尼罗河流域,这条大河是埃及文明得以诞生的物质基础。尼罗河几乎是整个埃及的水源,此外,它每年定期泛滥,将两岸肥沃的土地淹没。尼罗河的泛滥会留下水凼、沉淀新的土壤并将多余的矿物质冲刷走,使埃及免受土壤盐渍化之苦,而该问题曾深深困扰了诸如古代两河流域文明等其他水利文明。尼罗河流经整个埃及并终年通航,它从北部宽阔的三角洲向南延伸至阿斯旺的第一大瀑布(大瀑布,指的是大岩石将水流切断之处或有急流之处,船只难以通过,整条尼罗河上共有6个大瀑布),长达900千米(约559英里);它为埃及各地提供了舟楫之利,是重载长途运输的通道。尼罗河的天然条件适宜帆船的航行:平稳的水流将船只送往北方,而盛行的北风又将船只送往南方。即使在今天,95％的埃及人仍居住在距尼罗河仅数千米的地方。

尼罗河是世界上最早的水利文明发祥地之一。在前王朝时代(约前5300—前2950),日益复杂的社会组织和政治组织通过开凿运河、修筑堤坝、建造人工池塘和使用升水装置,去利用尼罗河的馈赠并设法将其利益最大化。处于剥削地位的精英分子们通过占有农业剩余产物,建立起了一套再分配的经济体系,而社会分层和劳动分工亦日益加剧。尼罗河沿岸诞生了一批王国,各自日趋壮大,彼此间不可避免地发生冲突,并在冲突后进一步整合成更大的王国。虽然我们已明确知道埃及的统一得益于南部的推动,但是,除了对仪式用调色板和权杖等此类神秘艺术品有所认识之外,埃及统一的具体进程究竟是什么样的,我们知之甚少。最迟到公元前2950年,埃及取得统一并由一位法老实行统治。这是世界上最早的国家形态之一,规模空前,

876

同期，无有可与之匹敌者。

埃及前王朝末期和法老时代早期，埃及人积累了大量此前从未有过的经验，从中形成了固定的社会习俗、宗教和艺术表现形式，由于它们与埃及人的生活高度匹配，以致数千年未变。处于社会顶端的是国王或称法老，拥有神一般的统治地位。诸如吉萨（Giza）、塞加拉（Saqqara）和代赫舒尔（Dahshur）等大型金字塔群标志性的成就，表明了法老对王国居民和资源的强大控制力。极复杂的宗教和巫术体系将埃及人与宇宙联系在一起，并指定了人们在今生和来世所处的位置，人们通过木乃伊和建造坟墓等方式为来世做精心的准备。诸如玛阿特（又译马特，*ma'at*），大意指正义或真理，指导着个人和官方的行为。那些非凡的艺术品是根据一套艺术标准制成的，这套标准使这些艺术品具有独一无二的特征，故而在今天，即使是普罗大众都能一眼认出它们是古代埃及人的作品。出于保存王室记录的需要，埃及很早就出现了书写艺术，有学识的书吏组成了一个特权阶层，他们用一种规整的象形文字手稿呈现了这种书写艺术。通过这些历史遗迹、艺术品和文献，古代埃及给后人留下了深刻的印象。

在古王国时期和中王国时期之间（约前2613—前1640），埃及主要发挥着文化绿洲的功用，在沙漠的阻隔、陆路通道不发达、缺乏天然海港等因素的影响下，它与世界其他地区隔离开来。古代埃及人可能并不太需要对外交流。然而，文化上的自给自足滋长了埃及人的自满情绪并导致其技术落后，这一点在第二中间期（约前1640—前1550）希克索斯人（Hyksos）入侵和占领埃及时表现得尤为明显。这段令埃及人蒙羞的历史促使埃及人引进了新发明，诸如马拉二轮战车、弯刀、复合弓和盔甲等；同样，也促使埃及人改进了织布机、陶轮，并进一步优化了动植物中的上等品种。

随着新王国时期（约前1550—前1069）——它在古底比斯（Thebes，今卢克索一带）留下了丰富的历史遗迹——的复苏，埃及与外界的联系变得密切起来，这是因为图特摩斯三世（Thuthmose III）和拉美西斯二世（Ramses II）等埃及法老对叙利亚发动了战争，叙利亚成了埃及帝国的殖民地。诚如异教法老埃赫那吞（Akhenaten）时期保存下来的档案所显示的那样，近东地区其他强权的崛起使埃及必须与之保持外交联系。在第三中间期和后期（约前1069—前332），埃及内部纷争频繁，且不时受制于努比亚人、亚述人和波斯人等外来势力，当时，外交的重要性日益增加。古希腊商人曾深入三角洲地带，而古希腊雇佣军也曾为埃及所用。古希腊的学者和旅行家被埃及深深地吸引，其中包括公元前5世纪的历史学家希罗多德，他有一句名言："埃及是尼罗河的赠礼。"此外，古代希腊的雕刻和建筑艺术也深受埃及影响。

## 亚历山大里亚、托勒密王朝和罗马

当马其顿的亚历山大（亚历山大大帝）在公元前332年抵达埃及时，埃及已经处于波斯的统治之下。亚历山大大帝很快便出征去完成征服波斯帝国的伟业，不过，这是亚历山大里亚这座新城建成以后的事情了。亚历山大里亚是埃及前所未有的重要海港，它将埃及和地中海世界紧密地联系在了一起。公元前323年亚历山大大帝去世，曾跟随他的马其顿将军之一、拉古斯（Lagus）的儿子托勒密（Ptolemy），在亚历山大大帝去世后的权力斗争中为自己及其后代赢得了埃及，建立起了一个长达3个世纪的王朝。尽管托勒密王朝沿用了古埃及法老的方式实施和调整其统治，但其上层精英仍说希腊语，他们还将希腊文化加诸埃及。

托勒密王朝统治了地中海东部力量最强大的国家，建立了一个面积远不止埃及本土的帝国，它足以维持自身，更足以与其劲敌塞琉古王国(Seleucid Syria)——亚历山大大帝所建立的短暂帝国解体后的另一个产物——相对抗。埃及拥有大量的、取之不竭的资源，不仅足以使托勒密王朝维持其军事实力，而且也使其取得了瑰丽的物质、文化成就。亚历山大里亚成为当时地中海东部最伟大的城市，灯塔守护着该城的两个港口，港口内停满了商用和军用船只。亚历山大里亚城内遍布着数以千计的华丽宫殿、神庙和公共建筑，其博物馆成为地中海世界的知识文化中心，吸引了世界上最伟大的学者们聚集于此，无与伦比的图书馆也拥有世界上最丰富的藏书。

前 306—前 221 年，在托勒密王朝的前 3 位国王——托勒密一世(Ptolemy I Soter)、托勒密二世(Ptolemy II Philadelphus)和托勒密三世(Ptolemy III Euergetes)——的统治之下，托勒密王朝持续其辉煌。不过，继任者们能力欠佳，王朝不幸落入异邦手中。第二次布匿战争(前 218—前 202)后，罗马成了地中海世界最强大的国家并逐渐向东扩张，在前 2 世纪时，罗马越来越多地干预埃及事务。在后来的 1 个世纪里，埃及实际上成了罗马的傀儡政权。克利奥帕特拉七世(Cleopatra VII，前 51—前 30 年在位)企图利用罗马内部的权力斗争使埃及重获独立，因此，她先后与恺撒和安东尼私通。不过，屋大维即后来所称的奥古斯都所领导的派别获得了最终胜利。公元前 30 年，埃及成为罗马的一个行省。

如果说罗马帝国和托勒密王朝在埃及实行的统治存有某种差异的话，那就是罗马帝国比托勒密王朝实施了更加残酷的剥削。除了大量征税以外，埃及定期向罗马运输大量的粮食；历史上，埃及曾数次被外来政权视作粮仓，此乃首次。到 2 世纪时，因负担沉重，埃及遭受了严重的经济压力。

不过，埃及仍然对罗马帝国具有巨大的吸引力。埃及的方尖碑被运送至意大利，任时光流逝，至今它仍是唤醒人们对这片古老土地历史回忆的象征。埃及的宗教崇拜，比如对塞拉匹斯(Serapis)和伊西斯(Isis)的崇拜，传播至整个罗马帝国。亚历山大里亚仍在知识文化生活中享有至高无上的地位。那些地理、天文和医药方面的思想持续向西方和中东地区传播，直到 19 世纪。亚历山大里亚是哲学重地，尤其以新柏拉图主义(Neoplatonism)的发展而闻名于世。在罗马治下，埃及另一个重要的文化产物是赫尔墨斯主义(Hermeticism)，它是一种以神话中的三位一体的赫尔墨斯为基础形成的集哲学、形而上学、炼金术和占星术于一体的混合体，在欧洲文艺复兴时期具有特别的影响力。不过，当 3 世纪罗马帝国的危机不断加深时，埃及遭受了比任何罗马行省都要大的损失，这使旧体系遭到削弱，新的未来敞开了大门。

一般来说，基督徒并没有充分意识到埃及在基督教的建立和传播过程中所发挥的作用，但埃及确实发挥了核心作用。基督教正统中的

墙面碑文，出自埃及最古老的城市之一阿拜多斯(Abydos)的塞提一世神庙(Memnonium [Temple] of Seti I)。布鲁克林博物馆

和支持。到 4 世纪末期,通过采用转变宗教信仰、强有力的反异教措施以及帝国的扶持等一整套方法,基督教取得了胜利。埃及几乎完全成为一个基督教国家。

## 拜占庭人、波斯人和穆斯林

5 世纪末,西罗马帝国灭亡,埃及成为东罗马帝国或称为拜占庭帝国的行省。虽然埃及仍同以前一样被视为帝国的粮仓,不过,君士坦丁堡和埃及之间的关系十分紧张。作为长达 6 个世纪的地中海东部最卓越的城市,亚历山大里亚对取其而代之的新晋首都君士坦丁堡充满敌意。更糟糕的是,帝国首都开始显示其在神学和政治上的支配优势。埃及人对君士坦丁堡的不满因两者间严重的教义分歧而进一步加深。这种分歧在 5 世纪前半叶召开的大公会议中得到了体现,会议上,双方就基督一性论产生争议。所谓基督一性论(monophysitism)是指基督的人性为神性所吸收,据此,基督只有神性而非神人二性。帝国强行推行其正统观念的行为,在埃及引起了激烈的反抗。

7 世纪初,拜占庭帝国陷入一场血腥的内战,这给埃及带来了毁灭性的灾难。当拜占庭帝国和波斯帝国之间展开旷日持久的战争时,该内乱仍未完全平息。在拜占庭帝国和波斯帝国发生战争期间,波斯人占领了埃及,直到拜占庭帝国最终获胜。然而,拜占庭帝国却因其内乱深受重创,难以再将其统治强加于埃及之上,甚或难以保持其边界不受新势力的侵犯。正是在这时,阿拉伯半岛出现了统一于伊斯兰教旗帜下的阿拉伯军队,他们在 636 年将拜占庭人赶出了叙利亚,使埃及与拜占庭帝国的中心分隔开来。639 年,一小部分阿拉伯军队从叙利亚向南进军到埃及。拜占庭人防守无能,再加上埃及人

FAC-SIMILE DES MONUMENS COLORIÉS DE L'EGYPTE

图片所呈现的书页来自法兰西埃及科学和艺术委员会(French Commission on the Sciences and Arts of Egypt)出版的"皇家版本"("Royal edition",1821—1829)的一系列彩图、论文和地图中的一页。《亚历山大里亚图书馆选集》(Collection of Bibliotheca Alexandrina)

大部分内容最初正是在埃及凝炼出来的,比如《尼西亚信经》(the Nicene Creed)中"我信独一上帝,全能的父,创造天地和有形无形万物的主,神之道"是由埃及教士明确提出的;《新约全书》的经典形式也正是由埃及人首先编写出的,而且,埃及还为教会中的重要制度比如隐修制度的发展做出了巨大贡献。基督教在埃及的早期发展史尚不清楚,传统观点认为是圣马可(Saint Mark)将基督教引入埃及的。不过,尼罗河沿岸无疑为新宗教的发展提供了一片沃土。3 世纪所发生的兴衰变迁只是使基督教成长得更为强大,人们通过求助于基督教,来获得安慰

878

对阿拉伯人持欢迎态度,他们视阿拉伯人为解放者,认为阿拉伯人将埃及人从可恨的压迫者手中解放了出来,埃及这个行省很快被交到了阿拉伯人手中。

穆斯林征服埃及产生了十分重大的影响。其中的一个结果便是伊斯兰教顺理成章地在埃及传播。尽管埃及至今仍拥有少数坚定的基督教信徒,但主要是伊斯兰教的天下。另一个结果是埃及采用了阿拉伯语。此外,一个全新的首都福斯塔特(Fustat)屹立在尼罗河三角洲最顶端附近的地区,它取代亚历山大里亚成为政治中心,而后者开始走向长期的衰落,直到 19 世纪时才复苏。

因此,埃及成为一个新的世界帝国的组成部分。起初它受阿拉伯半岛的统治,自伍麦叶王朝(Umayyad dynasty, 661—750)时开始受大马士革的统治。当伍麦叶王朝在 750 年被阿拔斯王朝(the Abbasids)推翻时,最后一任伍麦叶王朝哈里发马尔万二世(Marwan II,又译麦尔旺二世)在埃及进行了最后一战。当阿拔斯王朝将新帝国的首都设于巴格达后,埃及便越发边缘化,并且不怎么受到严格的统治;尤其是随着阿拔斯王朝日益式微,这种情况日益加剧。上述变化使埃及易遭受野心勃勃的什叶派法蒂玛王朝(Shi'a Fatimid Caliphate)的攻击,法蒂玛王朝在当今的突尼斯建国,并下定决心要从位于巴格达的逊尼派的阿拔斯哈里发手中夺取伊斯兰世界的控制权,夺取埃及正是其走的第一步棋。

## 法蒂玛王朝、马穆鲁克和奥斯曼帝国

凭借着有效的宣传,再加上阿拔斯王朝已赢弱不堪,趁埃及因内部分歧陷入混乱之际,法蒂玛王朝于 969 年不费吹灰之力便占领了埃及。尽管福斯塔特一直占居重要地位直至 1168 年为十字军损毁,然而,新王朝迅速在福斯塔特北部不远的地方建立了新城,即后来人们熟知的开

罗。埃及再次成为这个大帝国的中心,在那里,领导人施政有方、管理得当,而埃及的军事和经济实力也再度变强。在东地中海和中东地区,法蒂玛王朝所发行的金币确定了货币本位制,几近法蒂玛王朝末期时,该金币仍保值。不过,法蒂玛王朝击垮阿拔斯王朝的野心未能实现,而处于不利时局下且能力有限的统治者们,也很难去迎接来自中东地区的新挑战。

当我们提及那场名为解放圣地实则不然的十字军东征时,我们并不会立刻想到埃及,但由始至终,埃及都被卷入其中。1099 年第一次十字军东征时法蒂玛王朝驻防埃及的军队丢失了耶路撒冷,而 13 世纪末一支埃及马穆鲁克(Mamluk)军队将十字军驱逐出了亚洲大陆。十字军数次入侵的目标并非圣地而是埃及,十字军曾不止一次地接近成功占领埃及的边缘。在此危急关头,撒拉丁(Salāh al-Dīn,即西方所称的 Saladin),取代了衰弱的法蒂玛王朝,解除了十字军对埃及的威胁,并于 1197 年夺回耶路撒冷。第三次十字军东征期间,撒拉丁勇于对抗英王理查([狮心王]Richard the Lionheart),这段历史后来成为骑士传说的素材。在埃及,他将土地重新归还给逊尼派信徒并建立起撒拉丁城堡,成为开罗城的重要地标之一。他以苏丹的身份实行统治,并口头上承认居于巴格达的阿拔斯哈里发的权威。他所建立的王朝被称作阿尤布王朝(the Ayyubid),疆域极其辽阔,叙利亚、埃及均囊括在内。

不过,阿尤布王朝的领土从未能有机地整合在一起,彼此间不能相互支持。1249 年,法王路易九世(Louis IX)率领强军入侵埃及,埃及危在旦夕。不过,一支由奴隶士兵组成的军事力量——马穆鲁克(字面含义是“奴隶”)拯救了埃及。他们在三角洲的曼苏拉城与法军遭遇,在那里马穆鲁克击退了路易九世的军队并将其俘虏,至此,十字军最后一次入侵埃及宣告失败。数年后,当蒙古人毁掉巴格达、杀掉哈里发后曾

打算入侵埃及时,马穆鲁克再次展现出他们的英勇不屈。在以毁掉巴格达相同的方式毁掉大马士革之后,蒙古人威胁埃及投降,否则,埃及将与巴格达、大马士革的下场一样。未待蒙古人大举入侵,马穆鲁克向北行军至巴勒斯坦,于 1260 年与当时天下无敌的蒙古人在阿音·扎鲁特(Ain Julut)交战,他们将蒙古军彻底击败,并将之驱逐。几十年后,马穆鲁克还攻克了十字军在亚洲大陆最后的要塞。倘若十字军又或是蒙古人真的征服了埃及,那么,无论是对埃及,还是对世界历史,后果都将难以估量。

长时期内,奴隶兵成为伊斯兰政府中的一个组成要素。在埃及,马穆鲁克将自身建制成一支重要的军事力量,由其中的一名成员像苏丹一般统率全军。那些来自阿拉伯世界以外地区的年轻奴隶成为补充队伍的新鲜血液,他们被带到埃及,自幼受到战争洗礼,并接受伊斯兰教的教诲。在马穆鲁克的军阶体系中,这些奴隶可从最底层升至更高的等级去指挥一群马穆

880

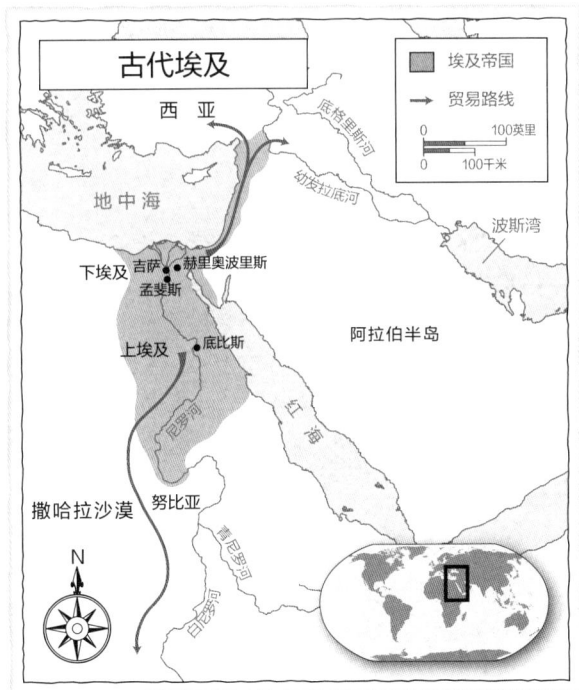

古代埃及

鲁克士兵,甚至成为苏丹。不过,该体制并不采用世袭制,以奴隶的身份进入该体制是成为一名马穆鲁克的唯一方法。久经沙场的将领及其军队驻扎地,可从大量受赠土地的税收中得到财政支持。不过,马穆鲁克虽然好战,却也是艺术尤其是建筑艺术的忠实拥趸。许多杰出的马穆鲁克建筑至今仍为开罗增色。

马穆鲁克帝国在鼎盛时期曾是中东地区最强大的国家,但是,随着时间的推移,一些原因使其国力渐弱。1347 年腺鼠疫即黑死病大暴发,埃及成为这场瘟疫的重灾区,人口锐减 1/3,马穆鲁克体制的经济基础遭受重创,军事力量耗尽。在接下来的 5 个世纪里瘟疫常常肆虐埃及,使得埃及在西方人的印象中成了一个和瘟疫密切联系在一起的国度。不过,随着马穆鲁克独特的训练机制失去生命力,其体制也从内部瓦解。他们还忽视战术和军事技术上的新发明。马穆鲁克从未成功地运用火炮,他们还认为手枪对于骑兵来说毫无价值。因此,他们易受到那些拥有新式军事技术和武器的奥斯曼土耳其人的攻击。在具有决定意义的 1516 年达比克草原战役(Battle at Marj Dabiq)后,埃及沦为奥斯曼帝国的一个行省,并且以这样或那样的形式保持这种隶属状态达 4 个世纪之久。

埃及再次退居边缘地位,受伊斯坦布尔(原君士坦丁堡)的领导,并由奥斯曼帝国的诸多总督管理其内部事务。由于缺乏历史资料,我们对奥斯曼帝国统治下前 2 个世纪里埃及的情况并不太了解。不过,可以确定的是,埃及成为奥斯曼帝国庞大版图及其商业体系的一部分并因此受益。随着咖啡成为整个地中海和欧洲市场备受欢迎的新饮料,埃及成为咖啡贸易的转运港,从中获益颇丰。奥斯曼帝国对埃及实行的统治并不严苛,这使马穆鲁克作为一支经济和军事特权势力再度崛

起。最终,新生的马穆鲁克——而不是奥斯曼帝国的总督们——势力越发强大,后成为埃及土地上最重要的势力。18 世纪末,奥斯曼帝国意欲在埃及恢复其统治,正在这时,另一支破坏性的力量入侵埃及。

## 法国和英国的介入

1798 年,奉法国大革命时期督政府的命令,拿破仑·波拿巴将军入侵埃及。法国入侵的目的是切断英国与印度之间的陆路联系,同时,通过占领埃及获得其丰富的农业资源。年轻的波拿巴野心勃勃,他很可能梦寐以求地想为自己赢得一个东方帝国。不过,他除了在入侵埃及早期时取得了一些表面的胜利,再无进展;拿破仑抛弃了他在埃及的军队,留在巴黎争权夺利,而法国人也在 1801 年被英国和奥斯曼帝国的军队逐出埃及。英国随后撤军,但在政治和外交上,埃及从此一直被欧洲觊觎。

拿破仑远征埃及的另一个结果是使欧洲人重新发现了古代埃及。这在最初主要是由那些跟随法国远征军前往埃及的学者发起的,不过很快就有成群的学者和旅行者加入其中,随后,欧洲出现了大量有关埃及的出版物,西方博物馆里陈列着来自埃及的奇珍异宝,这令欧洲的读者和观众如痴如醉,趋之若鹜。19 世纪末,埃及学成为一门专业的学问,它对专业学者之外的广大群体也产生了强大的吸引力。古代埃及在大众心中产生了无与伦比的影响,其吸引力之大实难为任何其他已消失的文明可比拟。

不难推测,在拿破仑远征之后,奥斯曼帝国本可以重建对埃及的统治,不过,变乱再一次不期而至。穆罕默德·阿里(Muhammad Ali,1769—1849)这名被奥斯曼帝国派往埃及的阿尔巴尼亚军官,利用埃及混乱的局势确立了他个人在埃及的领导权,并在 1805 年迫使奥斯曼帝国的苏丹极不情愿地授予他埃及帕夏(pasha)或称总督的头衔,他一直保持这一头衔直至 1849

扎恩伽奇斯(Zangaki)所拍摄的《斯芬克斯和金字塔》(*Sphynx et la grande pyramide*,约 19 世纪 70 年代)。感光照片。从古至今,位于吉萨的斯芬克斯像都是埃及的绝佳象征

年去世。随着穆罕默德·阿里逐步巩固权力，他最终肃清了马穆鲁克势力，埃及总算赢得了几个世纪以来从未有过的稳定。通过实施严苛的统治，他大大提高了埃及的生产力，并建立起强有力的海陆军，也发展了工业。尽管他名义上仍忠于身居伊斯坦布尔的奥斯曼帝国的苏丹，但实际上，穆罕默德·阿里比苏丹更为强大，他曾两次在战争中赢过这位苏丹。由于他太过成功，以致西方国家干预其中以阻止奥斯曼帝国的分崩离析。西方诸国之所以会这样做，是因为它们对一个非西方政权能取得如此成就心生嫉恨。穆罕默德·阿里被迫解散了他的大部分军队和工业基地，作为交换，穆罕默德·阿里本人及其家族被授予在埃及的世袭统治权，直到 1952 年，该家族都一直保有此统治权。

不过，穆罕默德·阿里的继任者们越来越多地受到西方的操控。伊斯梅尔（Ismail）这位在 1863—1879 年间以"赫迪夫"（khedive）之尊称统治埃及的统治者，实施了从西方银行家手中借高利贷的灾难性政策。由于需给大项目提供财政支持，他的政府债台高筑，超出负荷。其中，花费最大的项目是于 1869 年通航的苏伊士运河。然而，该项目带给埃及的只是巨大的债务，与此同时，它也增强了埃及在贪婪的帝国主义国家眼中的重要性。当债务累积到埃及政府无力偿还时，欧洲国家趁机插手控制了埃及的财政，这引起了埃及民族主义的高涨，而英国于 1882 年对之进行了军事镇压。

英国最初只是打算临时干预埃及事务，但所谓的临时却持续了 70 余年。对英国来说，撤出埃及可能会出现他们不愿看到的后果，即埃及和苏伊士运河——这条英国和印度的生命线，很可能受到其他帝国主义国家的垂涎甚至侵占。因此，英国对埃及的占领变得"顺理成章"。虽然英国坚持声称其对埃及的统治是为了维护奥斯曼帝国的利益，但这只是一个外交

托词，埃及无疑成了英帝国的一部分。

英国对埃及进行了行政改革。此外，英国还彻底检修了对埃及至关重要的灌溉系统，收益颇丰。不过，英国也基本上剥夺了埃及官员的行政职能和经验，同时不鼓励埃及发展工业而是偏向其发展农业，致使埃及比以前更加落后。在教育上，由于英国拒绝对任何层次的教育提供实质性资源，埃及的教育停滞不前，直到 1908 年，埃及才建立起一所国立大学。英国驻埃及总领事即埃及实际上的统治者克罗默勋爵甚至认为，埃及人会对英国统治所带来的高效率感恩戴德，并默许英国在埃及无限期的统治。20 世纪的头 10 年，他的如意算盘落空了，英国极不情愿地对统治做出调整，拟在埃及建立代议制民主。不过，正当此时，第一次世界大战爆发，英国不仅与德国，而且也与奥斯曼帝国处于交战状态。

鉴于此种情况，英国暂停了在埃及的政治活动，并强行在埃及启动紧急状态，英国比从前更加牢固地掌控着埃及。由于无法再打着维护奥斯曼帝国利益的幌子来统治埃及，英国便使埃及成为其正式的保护国。奥斯曼帝国对苏伊士运河造成了威胁，英国在埃及驻扎大量军队。由于英国不想培养出许多训练有素的埃及战士，因此没有太多埃及人应招入伍，但埃及被迫在物资、金钱和人力上为战争做出了巨大牺牲。

埃及人为第一次世界大战做出了巨大牺牲，加之受到民族自决言论的鼓舞，当"一战"接近尾声时，埃及人期望他们自己的民族关切可以得到英国的慎重考虑。不过，当埃及人得知本国事务未得到英方关注而英方打算继续视埃及为保护国时，埃及国内爆发了革命。英方认识到埃及逐渐失控，基于这一现实，英国于 1922 年有保留地准许埃及独立。这些保留权益包括英国继续在运河区域驻军，延迟对苏丹——这块在埃及人看来是由其通过征服而获得的领土，但自 1899 年以来却作为一块单独的英属殖民地而

一幅埃及墓葬壁画，刻画了拉美西斯二世及其儿子们正在攻打一座山顶堡垒的场景

存在——的最终处置。英国还保留了介入埃及防御事务的权限。所谓埃及独立，可能更应当被视为一种自治而不是真正的独立。

## 君主立宪制

1923年，君主立宪制在埃及确立，不过，从设立之初起它便面临着许多严重的问题。新国王（法老）弗阿德一世（Fouad I），这位穆罕默德·阿里的后裔，意图建立独裁统治，而议会领导人则试图掌握实权。如果时间允许，埃及的政治现实很可能会促使国王和议会领导人间形成合作关系，但是第三个因素即英国的再三干预阻碍了两者间均衡局势的形成。尽管当时的埃及缺乏资金，发展受阻，类似于20世纪30年代的"大萧条"，但埃及在教育、经济等领域仍出现了小幅进展。埃及的思想文化生活十分繁盛，政治领域却毫无建树。1936年，埃及和英国达成一项条约，该条约规定埃及拥有完整的主权并规定英国应从埃及撤离，但直到20年以后英国方从埃及撤离。

不过，随着第二次世界大战于1939年爆发，英国军队再次出现在埃及，这是因为埃及的战略重要性巨大。虽然来自邻国意大利殖民地的进攻很快被击退，但相比之下，北非战线上的两股德军的攻势却要危险得多，尤其是第二股德军攻势尤为凶猛，它被阻截在阿拉曼（al-Alamein），这里距亚历山大里亚仅有100千米（约62英里）远。英国在此取得的胜利，勉强阻止了德军占领苏伊士运河并突破英军防线进入中东及更远地区的计划。较之以前的战争，埃及在此次战争中承载的负担要轻一些，但埃及人对英国强迫埃及政府与之合作的方式深恶痛绝。

"二战"后，埃及的政治局势十分阴郁沉闷。1936年继承父亲王位的国王法鲁克（Farouk），逐渐堕落成腐朽邪恶的讽刺形象。议会政治因腐败而被玷污，政治光谱变得越发支离破碎。埃及对新建国家以色列进行的军事干预造成了一场屈辱性灾难，日益无能的政府进一步声名狼藉。改革的举措太少且推行得太晚。1952年的夏天，一场军事政变推翻了君主制。

在这场政变中浮现出的最重要的人物是一名军官即贾迈勒·阿卜杜·纳赛尔（Gamal Abdel Nasser），直到1970年去世，他一直担任埃及总统。新政权决意与过往的政权彻底决裂，因而反复地对埃及的政治经济体制进行重组。新政权采用了国家社会主义体制和表面上的民主制，实际上，总统才是掌权者。1956年，英国终于从埃及撤离，不过，当纳赛尔为了支付阿斯旺大坝的建造费用，宣布苏伊士运河收归埃及国有后，一支由英、法、以三国组成的联军向埃及发动了军事攻击。英国在苏伊士运河危机中的失败明确宣告一个世界强国走向衰落；不过，英国仍然有能力阻止苏丹和埃及的联合，而这给两国都造成了巨大的影响。随着苏伊士运河危机后国际威望的提高，埃及在 20 世纪 50—60 年代间的世界舞台上地位突出，对冷战和不结盟运动都起着重要作用，尤其是在阿拉伯世界，埃及声称自己拥有杰出的领导地位。不过，上述种种，再加上纳赛尔支持巴勒斯坦人的事业，致使埃及在 1967 年 6 月以色列发起的攻击中惨遭失败。

在纳赛尔之后的两任总统治下，埃及逐渐在若干重要方面做出改变。1973 年 10 月，安瓦尔·萨达特（Anwar Sadat）在运河区对以色列军队发动突然袭击，早期取得了一些成效，恢复了埃及的国际威望，足以使埃及与以色列签订和平条约，收回 1967 年的失地。不过，这却是以疏远其他阿拉伯国家为代价的，后者对埃及放弃了抵抗以色列的联合战线深为不满。萨达特也不再封闭国门，启动了与世界其他地区重新在经济领域进行接触的进程。不过，他与国家内部许多保守派分子越发疏远，于 1981 年 10 月遭到刺杀。萨达特的继任者胡斯尼·穆巴拉克（Hosni Mubarak）沿用了萨达特对外开放的经济政策路线，也勉强地转向私有化和自由市场。

他还修复了埃及同其他阿拉伯国家的关系。尽管他还采用了一些走向民主化的初步举措，但整个国家仍然处于总统牢固的控制之下。

埃及在 21 世纪初所面临的挑战，涉及当今世界所共同面临的许多紧迫问题。埃及有着严重的人口问题。开罗是非洲大陆上最大的城市，拥有 1 600 多万人口，而整个埃及有 8 000 多万居民，且人口增长率高。尽管埃及拥有一些油田和大量的天然气田，但同其他许多国家一样，它也为能源问题担忧。水资源的匮乏是最严重的问题，人们对尼罗河的用水需求量已逼近该河流的最大供水能力。埃及，这个在水源保护上贡献为零却用水最多的国家，将与尼罗河上游的国家一起面临严重的水荒。与千年前的历史不同的是，20 世纪中叶的埃及不再是一个粮食净出口国，而成为一个粮食净进口国。埃及的粮食再也不足以供养其本国居民，更别提充当他国的粮仓。不过，埃及极其牢固的社会组织——存世千年且十分抗压——很有可能与这些已有的以及其他正在出现的挑战一样，成为埃及所面临的问题。与此同时，埃及那宛若壁毯般复杂的、丰富的过去——常常与世界历史上的大事互相交织——将继续丰富人类的想象。

---

进一步阅读书目：

Baines, J., & Malek, J. (2002). *Atlas of Ancient Egypt* (Rev. ed.). Cairo: American University in Cairo Press.

Bowman, A. K. (1986). *Egypt after the Pharaohs*. Berkeley: University of California Press.

Goldschmidt, A. (1988). *Modern Egypt: The Formation of a Nationstate*. Boulder, CO: Westview Press.

Kamil, J. (2002). *Christianity in the Land of the Pharaohs*. Cairo: American University in Cairo Press.

Midant-Reynes, B. (2000). *The Prehistory of Egypt: From the First Egyptians to the First Pharaohs* (I. Shaw, Trans.). Oxford, UK: Blackwell.

Petry, C. F. (Ed.). (1998). *The Cambridge History of Egypt* (2 Vols.). Cambridge, UK: Cambridge University Press.

Shaw, I. (Ed.). (2000). *The Oxford History of Ancient Egypt*. Oxford, UK: Oxford University Press.

Thompson, J. (2008). *A History of Egypt from Earliest Times to the Present*. Cairo: American University in Cairo Press.

Vatikiotis, P. J. (1985). *The History of Egypt* (3rd ed.). Baltimore: Johns Hopkins Press.

杰森·汤普森（Jason Thompson）文

陈黎黎 译 俞金尧 校

# Einstein, Albert 阿尔伯特·爱因斯坦

885 　　时至今日,阿尔伯特·爱因斯坦(生于德国的瑞士-美国籍物理学家,1879—1955)依旧是科学与数学领域最有影响力的人物之一。作为获得诺贝尔奖的物理学家,他在相对论和光电效应理论上的成果被沿用至今。尽管出生于德国,但爱因斯坦在美国度过了他生命中的最后一段时光,他甚至力谏美国总统罗斯福采取行动以对抗纳粹德国。

　　凭借狭义相对论和广义相对论,阿尔伯特·爱因斯坦为 20 世纪物理学界所做出的贡献是其他任何科学家都无法比拟的,他还凭借对光电效应的解释于 1921 年获得了诺贝尔物理学奖。在他所处的时代,他就已经被誉为人类历史上最聪明的人之一,他所发展的一系列理论提出了有关空间、时间和引力的全新理解。爱因斯坦的理论也深刻推动了物理学的发展,并为科学和哲学研究带来了一场革命。

　　爱因斯坦于 1879 年 3 月 14 日出生在德国乌尔姆(Ulm)。1 年之后他们举家搬迁至慕尼黑并做起了家族生意——一家小型电气工程公司。在学校里,爱因斯坦最初并没有表现出对学习的兴趣抑或过人的天赋。不过,一起经营家族生意的 2 个叔叔却激发了他对数学和科学的兴趣。1894 年家族生意失败之后,全家人搬到了意大利米兰,爱因斯坦也很快搬到米兰,随后在瑞士继续他的学业。他于 1900 年从苏黎世理工学院(Zurich Polytechnic School)毕业,后成为一名中学数学和物理老师,并成为瑞士公民。

　　不久后,爱因斯坦得到了一份在伯尔尼瑞士专利局办公室做检验员的工作,他于 1903 年和他大学时代的恋人米列娃·玛丽奇(Mileva Maric)结婚。尽管婚后两人育有二子,但这段婚姻还是在几年之后走到了尽头。爱因斯坦在 1919 年与艾尔莎·洛文塔尔(Elsa Lowenthal)再婚。

　　1902—1909 年,爱因斯坦在专利局工作的

年轻的阿尔伯特·爱因斯坦。罗斯·维瑟(Rose Weiser)摄

同时,发表了一系列令人惊叹的理论物理方面的文章,其中大部分的文章都是他在闲暇时间内写成的,而他在写这些文章时既没有参考科学文献,也没有与精通科学理论的同事们进行交流。爱因斯坦发表了论文《分子大小的新测定》(*A New Determination of Molecular Dimensions*),并将它递交给苏黎世大学,并在 1905 年凭借这篇论文获得了博士学位。爱因斯坦的论文为一个非常理论性的课题提供了令人信服的证据,即证明了原子般大小的分子是真实存在的。1908 年他将另一篇论文递交给了伯

只有两件事情是无限的：宇宙和人的愚蠢。对于前者，我还不能确定。

——阿尔伯特·爱因斯坦（1879—1955）

菲利普·哈尔斯曼（Philippe Halsman）摄：《阿尔伯特·爱因斯坦》（*Albert Einstein*，1947）。明胶银版照片。著名物理学家在著名摄影师的镜头下永远定格。哈尔斯曼摄影公司（Halsman Photographic Company）

尔尼大学，并因此获得了讲师职位。次年他被聘为苏黎世大学物理系的副教授。

爱因斯坦所写的一篇关于光的产生和转化的论文，彻底革新了光学理论。此外，爱因斯坦在 16 岁时所写的一篇小文章就已经涉及了狭义相对论。狭义相对论认为，如果对于所有参考系而言光速是恒定的，并且所有的自然规律是相同的，那么时间和运动对于观察者而言便都是相对的。其后续论文《一个物体的惯性是否取决于它的内能？》（Does the Inertia of a Body Depend upon Its Energy Content?）建立了质量和能量的等价关系，通常以方程 $E = mc^2$ 的形式表示。该理论在经过多年争议后方为主流所接受。

尽管公众在多年以后才理解爱因斯坦的理论，但他在如此短的时间内就取得了如此丰硕的成果，一跃成为欧洲物理学界的顶尖科学家和思想家。在频繁辗转于各个大学之后，爱因斯坦于 1914 年成为柏林普鲁士科学院（Prussian Academy of Science in Berlin）的一名教授。他偶尔会在柏林大学讲学，但从此再也没有教授过大学的常规课程。爱因斯坦在柏林居住至 1933 年，那时，德国法西斯主义的盛行迫使他离开德国，前往美国新泽西州普林斯顿高等研究院做类似的工作，直至去世。

虽然爱因斯坦在 1905 年以后所做的工作已经对量子理论做出了重要贡献，但他更多关注于完善相对论。1916 年时，他完成了广义相对论，该理论认为引力并非艾萨克·牛顿所认为的一种力，而是连续时空中由于质量——例如太阳——的存在而产生弯曲的场。后来，该理论在日食中得到验证。此外，当他所预测的光线偏折也得到了证实，爱因斯坦赢得了媒体的盛赞。

作为一个和平主义者，爱因斯坦并不支持德国的战争意愿，这让他在德国以外赢得了许多敬意，却也让他被德国同胞讥讽为叛徒和投降派。第一次世界大战后，战胜国力图把德国科学家排除在国际会议之外，爱因斯坦却努力使德国科学家能出席国际会议。他的知名度和政治立场，包括犹太复国主义（Zionism），招来了 20 世纪 20 年代反犹物理学家的攻击，这也多少解释了为什么他在 1921 年获得诺贝尔奖并不是因为相对论，而是出于他在 1905 年完成的争议较少的关于光电效应的解释。

当爱因斯坦意识到必须用军事手段去阻止希特勒和纳粹时，他放弃了他的和平主义，但却从未停止为实现和平而努力。爱因斯坦于 1939 年致信富兰克林·罗斯福总统，力劝美国在德国之前开发原子弹。这封信促使罗斯福总统决定资助后来的曼哈顿计划（Manhattan Project）。这是和平主义者爱因斯坦生命中最大的一个讽刺，因为他的质能方程所提出的物质微粒可以转换为巨大能量的理论，在创造原子弹和氢弹这两种世间现有的最具破坏力的武器中得到了证明。第二次世界大战后，爱因斯坦加入了防止核武器扩散的科学家行列。

尽管在政治上的努力是失败的，但爱因斯

887

坦并没有因此气馁。他的主要兴趣始终落在物理学上以及探索电磁场和引力间的数学关系的研究上，即俗称的统一场论。爱因斯坦于1950年发表的统一场论被客气地批评为有瑕疵的，并在某种程度上被忽视了数十年。近年来，物理学家们开始结合爱因斯坦的相对论和量子理论，用高级数学模型建立一个"万物理论"。爱因斯坦的这些理论在他去世后数十年才被完全理解，而这恰恰印证了他在科学界和人类史上的地位是何等重要。

进一步阅读书目：

Brian, D. (1996). *Einstein：A life*. New York：Wiley.

Clark, R. W. (1995). *Einstein：The Life and Times*. New York：Wings Books.

Einstein, A. (1954). *Ideas and Opinions*. New York：Crown Publishers.

Einstein, A. (1987 - 2009). *The Collected Papers of Albert Einstein* (Vol. 1 - 12). Princeton. NJ：Princeton University Press.

Isaacson. W. (2007). *Einstein：His Life and Universe*. Newton：Simon & Schuster.

Neffe, J., & Frisch. S, (2009). *Einstein：A Biography*. Baltimore：The Johns Hopkins University Press.

Sayen, J. (1985). *Einstein in America：The Scientist's Conscience in the Age of Hitler and Hiroshima*. New York：Crown.

White, M., & Gribbin, J. (1993). *Einstein：A Life in Science*. New York：Dutton.

詹姆斯·刘易斯（James G. Lewis）文

陈伦玮 译　俞金尧 校

# Electricity　电

888　　虽然"电"这个词第一次出现的时间是16世纪，但直到18世纪科学革命之后，才出现了有关电的正式研究。世界各地的科学家们都进行了电的实验，而19世纪时人类社会才认识到电力的作用。当今，人类对电的依赖催生了一种需求，即研究出电力的替代品供未来使用。

如今，电是如此普及，以致任何人都难以想象，一旦我们每天的家庭和工作生活离开所熟悉的电将会是什么样子。不过，这种情况并非自古就有。从科学家们开始研究电现象以及电的性质算起，到今天也才仅仅400年而已，而电应用到我们日常生活中的时间也不超过150年。

大约在公元前600年，古希腊的自然哲学家米利都的泰勒斯（Thalēs，约前625—约前547）曾观察到，在一块布上摩擦琥珀会吸引轻小的物体。这几乎是此后的2 000多年里唯一有关电现象的记载，虽然它令人印象深刻，但在当时没人能解释产生这种奇怪现象的原因。

16世纪末，英国自然哲学家威廉·吉尔伯特（William Gilbert，1544—1603）在他的著作《磁石论》（*De Magnete*）中率先使用了"电"这个词，他也因此成为电学教父。

## 18 世纪

关于电现象更加系统化的研究,出现于科学革命之后的 18 世纪。

英国的斯蒂芬·格雷(Stephan Gray, 1666—1736)和法国的夏尔·杜菲(Charles-Fransois de Cisternay DuFay, 1698—1739)曾严肃认真地研究电学。格雷在 1732 年证实了电的传导性。10 年后,牛顿物理学最重要的推广者,荷兰物理学家彼得·范·穆森布罗克(Peter van Musschenbroek, 1692—1761)发明了第一个电容器类装置——莱顿瓶(the Leyden jar)。不过,有人认为莱顿瓶的真正发明者是波美拉尼亚卡明(Kammin)的埃瓦尔德·尤尔根·冯·克莱斯特(Ewald Jurgen von Kleist)。

在随后的年代里,电学方面的研究成果斐然。电学实验,尤其是采用静电起电机进行电学实验变得非常流行。科学家们在法国和意大利的贵族沙龙以及欧洲君主的宫廷里进行静电演示实验。有时,观众们会积极参与到这些实验中,令人惊叹的实验结果使他们着迷,这种景象可见于该时期的版画作品中。其中的一个例子是,法国物理学家勒·莫尼耶(Pierre Charles Le Monnier, 1715—1799)曾在法国国王的宫廷中进行了一项由 140 人参与的实验,以显示莱顿瓶所产生的电击威力。

1750 年左右,2 位电学领军人物进行了相关研究,他们是:法国的阿贝·诺莱(Abbé Nollet, 1700—1750)和大西洋彼岸的本杰明·富兰克林(Benjamin Franklin, 1706—1790)。他们提出了两种不同的电学理论,引发了科学界的激烈争论。诺莱致力于电学研究,并在其著作《论物体中的电》(Essai sur l'electricite des corps, 1746)中阐明了自己的理论。他的论点可概括为:电物质是火元素和比火更密集的物质的混合体。

根据本杰明·富兰克林传记作者的描述,富兰克林首次从事电学方面的研究肇始于 1743 年阿奇巴尔德·斯宾塞博士(Dr. Archibald Spencer)在波士顿公开进行的电学演示实验,该实验使富兰克林感到震惊,随后他便开始从事相关研究。今天,大多数人都知道富兰克林以其风筝实验,证明了闪电是一种静电。但是,从科学领域来看,他对于电的物质属性的分析则更具有基础性的意义。与以往的理论不同,他率先提出:电是一种单一的普通元素或流体,可穿过任何物质,没有重量("单流体"理论);若电流体自然数量过多,则为带正电(+),若过少,则为带负电(-)。

富兰克林的理论在 18 世纪后期的 25 年中逐渐盛行,有 2 位新的研究者对电学理论和实验的发展做出了新的贡献。1785 年,夏尔·奥古斯丁·库伦(Charles August Coulomb, 1736—1806)通过扭秤发现了两个电荷之间的电力符合平方反比定律。1791 年,意大利的路易吉·伽尔伐尼(Luigi Galvani, 1737—1798)开展了一项后来人尽皆知的与青蛙腿部肌肉有关的实验,该实验证明电与生物之间存在着关联。伽尔伐尼的结论在数年后被其科学界的竞争对手亚历山德罗·伏打(Alessandro Volta, 1745—1827)证明是错误的。

## 19 世纪

电学现象方面的研究在 19 世纪取得了巨大进步。1900 年,意大利帕维亚大学(University of Pavia)的教授亚历山德罗·伏打创造出了世界上第一个电池,被称为伏打电堆,开启了电的应用的新天地。它可在一定时间内为普通人,尤其是科学家们,持续供电,在当时,它既稳定又可靠。

889

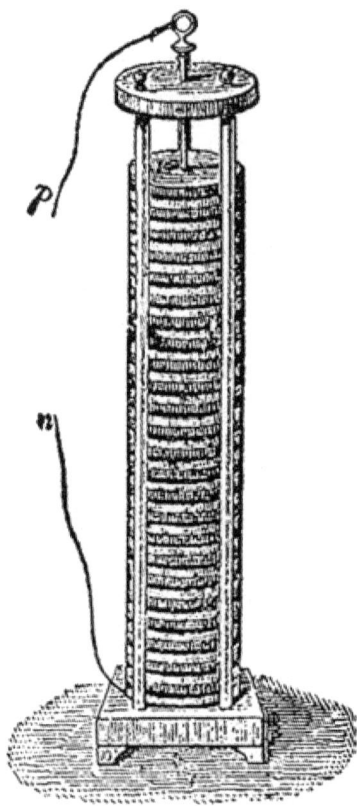

伏打发明的伏打电堆,世界上首个可以产生电流的电池,由铜和锌等不同金属制成的金属片交替排列而成,金属片之间用经盐水或稀硫酸浸泡过的法兰绒或纸板隔开

丹麦物理学家汉斯·克里斯蒂安·奥斯特(Hans Christian Oersted, 1771—1851)发现电流能使磁针改变方向,由此他建立了电磁学。19世纪20年代,安德烈-马利·安培(André-Marie Ampère)发展出了电磁学的基本方程式。

1826年,乔治·西蒙·欧姆(Georg Simon Ohm, 1789—1854)提出了一个有关金属导体电阻的定律。在同一时代,迈克尔·法拉第(Michael Faraday, 1791—1867)通过建造世界上第一台电动机而将电能转变为动能,进一步推动了电磁学的研究。此外,法拉第关于力线的理论为苏格兰的詹姆斯·克拉克·麦克斯韦(James Clerk Maxwell, 1831—1879)的理论奠定了基础。麦克斯韦在1856年写有《论法拉第力线》(On Faraday's Lines of Force),他以纯数学语言建立了新的电磁场理论,将磁学、电学和光学统一在了一起。麦克斯韦所提出的电动力学法则,对20世纪诸多实用物品的出现产生了重要影响,比如电站、收音机、电视甚至电脑。

不过,先于上述发明出现的是电报,它是由美国的塞缪尔·莫尔斯(Samuel Morse, 1791—1872)在1840年左右发明的,电报引发了人类通讯史上真正的革命。在莫尔斯之后,托马斯·爱迪生(Thomas Edison, 1847—1931)因发明电灯而闻名于世,更别提他其他的发明了,比如留声机。到20世纪70年代末,碳弧灯仍在世界上广为使用,不过,英国人约瑟夫·斯万(Joseph Swan, 1828—1914)在1878年发明的白炽灯以及爱迪生于1879年在美国发明的白炽灯,则使碳弧灯的使用量在后来的年代里迅速下降。

随着人类社会逐步认识到电的功用,人们对电力的需求也越发增大。煤炭、石油和瀑布成为提供电力的主要资源。1896年,美国的乔治·威斯汀豪斯(George Westinghouse, 1846—1914)利用尼亚加拉瀑布产生电力并将其输配至纽约等城市。威斯汀豪斯与塞尔维亚物理学家尼古拉·特斯拉(Nikola Tesla, 1856—1943)展开密切合作,致力于开发以交流电为基础的电气化系统。这项进展引发了他们与像爱迪生这样的直流电支持者们的长期讨论,不过,最终交流电更为普及。

## 20世纪

20世纪,用电已成为西方社会生活中最基本的需求,对于发展中国家而言也同样重要。用电需求的持续增长促使人们建造核电站,也促使人们建造大型水坝,以向水力发电站供给足够的发电用水。其中的一个例子是埃及的阿斯

纳米比亚鲁阿卡纳水力发电站的涡轮发电机特写

旺大坝,它改变了埃及的社会和经济面貌。20世纪的最后几十年里,用其他替代资源来发电变得越来越普及。各种替代资源中,太阳能和风能使用得最为广泛。像英国和法国等拥有巨大潮汐能的国家,也会利用潮汐能发电。

毋庸置疑,据我们所知,人类文明已经不可能没有电而存在。然而,我们必须铭记电只不过是这种文明的产物。因此,在未来的生活中,人们必须通过建造必要的工厂和电网来确保人类有电可用。同时,人们脑海中应当时刻记住,石油和煤炭是不可再生的,而阳光、水和空气可以提供更环保、更经济的资源,以满足我们的用电需求。

进一步阅读书目:

Benjamin, P. (1989). *A History of Electricity: The Intellectual Rise in Electricity*. New York: John Wiley &. Sons.

Cohen, B. I. (1996). *Benjamin Franklin's Science*. Cambridge, MA: Harvard University Press.

Davis, L. J. (2003). *Fleet Fire: Thomas Edison and the Pioneers of the Electric Revolution*. New York: Arcade.

Fara, P. (2003). *An Entertainment for Angels: Electricity in the Enlightenment*. New York: Columbia University Press.

Gillmor, C. S. (1971). *Coulomb and the Evolution of Physics and Engineering in Eighteenth-century France*. Princeton, NJ: Princeton University Press.

Heilbron, J. L. (1979). *Electricity in the 17th and 18th Centuries: A Study in Early Modern Physics*. Berkeley: University of California Press.

Home, R. W. (1992). *Electricity and Experimental Physics in Eighteenth-century Europe*. Brookfield, VT: Variorum.

Israel, P. (2000). *Edison: A Life of Invention*. New York: John Wiley and Sons.

Jones, J. (2004). *Empires of Light: Edison, Tesla, Westinghouse, and the Race to Electrify the World*. New York: Random House.

Meyer, W. H. (1971). *A History of Electricity and Magnetism*. Cambridge, MA: MIT Press.

Morus, I. R. (1998). *Frankenstein's Children: Electricity, Exhibition, and Experiment in Early-nineteenth-century London*. Princeton, NJ: Princeton University Press.

Nye, D. (1991). *Electrifying America: Social Meanings of a New Technology, 1880 - 1940*. Cambridge, MA: MIT Press.

Nye, M. J. (1996). *Before Big Science: The Pursuit of Modern Chemistry and Physics 1800 - 1940*. Cambridge, MA: Harvard University Press.

Pancaldi, G. (2003). *Volta, Science and Culture in the Age of Enlightenment*. Princeton, NJ: Princeton University Press.

Pera, M. (1992). *The Ambiguous Frog: The Galvani-Volta Controversy on Animal Electricity*. Princeton, NJ: Princeton University Press.

891

Prout, G. H. (2003). *Life of George Westinghouse*. Whitefish, MT: Kessinger.

乔治·弗拉哈基斯(George N. Vlahakis) 文

陈黎黎 译  俞金尧 校

# Elizabeth I  伊丽莎白一世

892

伊丽莎白一世(英国女王,1533—1603)是一位极富智慧和学养的统治者,她在位的45年,见证了英国崛起为一个帝国。伊丽莎白女王将英国建成了一个海洋国家,她向北美派出了第一批英国定居者并提倡宗教宽容。由于她没有留下子嗣继承王位,英国在所谓的伊丽莎白时代末期陷入混乱。

伊丽莎白一世于1558—1603年任英国女王。这期间,英国开始崛起,为成为"日不落"帝国奠定了基础。在伊丽莎白一世治下,大众文化繁荣,她的宫廷成为作家、音乐家,以及诸如威廉·莎士比亚、弗朗西斯·培根等学者,弗朗西斯·德雷克(Francis Drake,约1540—1596)和沃尔特·雷利(Walter Raleigh,约1554—1618)等探险家的聚集地。在她治下,英国经济有了极大的拓展。她还鼓励自由探索的精神,这促进了科学革命和启蒙时代的到来。

伊丽莎白一世所继承的英国是一个饱受通货膨胀、破产、战争灾难和宗教冲突困扰的国家。贫穷和疾病比比皆是。从孩提时代起,伊丽莎白就常身处险境。当她还只有2岁时,她的父亲(英国国王亨利八世,1491—1547;1509—1547年在位)就将其母亲安妮·博林(Anne Boleyn,他的第二任妻子)处死,并宣布伊丽莎白为私生女。在父亲死后,她的弟弟爱德华(1537—1553;1547—1553年在位),即亨利八世与第三任妻子所生的儿子继承了王位,但却在不久后去世。1553年,伊丽莎白同父异母、信仰天主教的姐姐玛丽·都铎(1516—1558;1553—1558年在位),即亨利八世与第一任妻子所生的女儿,成为女

王。1554年3月,伊丽莎白因被指控阴谋暗杀玛丽女王和拒绝信仰天主教而被监禁于伦敦塔。同年5月,伊丽莎白获释,但仍受到怀疑,并一直处于监视中,直到玛丽女王于1558年去世为止,而玛丽去世时并无子嗣。

在这种情况下,伊丽莎白继承了王位并统治英国达45年,成就卓著。不过,早期的伊丽莎白一世不得不学习许多生存技巧,而这些使她受用一生。

伊丽莎白一世即位时还相当年轻,才25岁,她清楚地意识到了这一点,自知不可能像父亲那样在绝对权力基础上实行专制统治,她应采用一种更巧妙的统治方法。她同样知道智囊团的价值。她组建了一个由亲信组成的小型内阁,其中最有影响力的人是威廉·塞西尔(William Cecil,1520—1598)。当伊丽莎白一世任他担任国务大臣时,她对他说:"在我看来,你将不为任何形式的贿买所动,你将忠诚于国家,你将向我提出你所认为的最好的建议而不必考虑我的私人意愿,如果你知道任何当告知于我的事,你将只告诉我一个人。"在随后的40年间,伊丽莎白一世虽常常不听从塞西尔的建议,但她几乎凡事要先咨询塞西尔,然后再做重要的决定。

伊丽莎白一世是一位睿智的统治者,她精通国内外所有的政务。因此,其他人很难欺骗她。她精通多国语言,可以和许多国家的来使直接进行沟通,这避免了翻译导致的信息流失。塞西尔十分欣赏伊丽莎白在政治上具有的高超领悟力,他评论道:"从来没有一位女性像伊丽莎白女王这样在各个方面都如此聪慧,她精通所有的语言,她明了所有王公贵族的财产,尤其是与王国和国家财产相关的所有知识她都熟稔于心,以致她的顾问中没有人能给她讲一些她不曾知道的事。"

尽管伊丽莎白一世从没到过英国以外的地方,但她并不是一个与世隔绝的女王。实际上她是外交政策上的专家,而她给英国留下的遗产之一便是使英国成为一个海洋国家。尽管她从未公开支持公海上的海盗行为,但她曾非正式地鼓励(部分是通过财政资助)弗朗西斯·德雷克和其他航海家为她在海上进行抢掠。她在位期间,英国商船挑战了西班牙商船的海上优势,而北美也出现了第一批英国定居者。

伊丽莎白一世在处理国际事务时奉行实用主义。她精打细算,不愿发动战争,因为战争的花费必然会耗尽国库。她也十分重视维护自己的名誉。她的朝臣常常代表她进行宣传和"政治运作"。在国际政治的相关事务中,各国君主往往都非常注重自己的形象。他们在国际斗争舞台上的地位也常常体现在他们的朝臣身上,尤其体现在驻外使节身上,使节的威望要看其母国的威望而定。作为一名女性,伊丽莎白一世在国际地位上一度处于劣势,不过,她的睿智、决断和对外交政策的精通逐渐成为传奇。因此,在她治下,随着时间的推移,伊丽莎白一世和英国的国际声誉不断提高。伊丽莎白一世的画像也受到严格管控。画像将她表现为一位大权在握的统治者,将她的形象塑造为一位永远年轻的、将自己嫁给了英国及其臣民的童贞女王。伊丽莎白一世会在国内巡视以使她的臣

女王伊丽莎白一世身着加冕长袍。长袍上绘有都铎玫瑰的图案并以白色貂皮毛装饰。画家不详,约作于 1600 年,原作丢失后重绘。英国国家肖像馆

民能够看到她。她常常允许普通人与她近距离地接触,这使她的朝臣们赞叹不已。

宗教分歧是贯穿伊丽莎白一世统治时期的一个主要问题。她的父亲亨利八世与罗马教皇决裂,并拒绝天主教这一统治欧洲的信仰。后来,伊丽莎白一世同父异母的姐姐玛丽女王使英国重新皈依天主教,并嫁给了西班牙的天主教徒国王腓力二世,玛丽还对那些抵抗天主教的人进行迫害。伊丽莎白一世对英国的宗教分歧有着清醒的认知,并且采取宽容政策。尽管带领自己的国家重新皈依了新教,但是伊丽莎白一世明了鼓吹极端新教信仰的危险性。她坚持改变教会礼仪,但是保留了许多天主教礼拜的痕迹,比如十字架、祭披和烛台。

伊丽莎白一世采取宗教上的中立,这为英国带来了一定程度的和平,不过,欧洲大陆并没有实现和平,在那里宗教狂热和骚乱仍然十分

普遍。宗教裁判所使西班牙陷入恐怖,而在法国,异教徒会被处以火刑。比较而言,伊丽莎白一世试图通过增加对新教礼仪的表面顺服来缓和教派之间的紧张对峙。任何人如果不进新教教堂,就会被处以罚金。不过,在伊丽莎白一世统治的初期,那些去了新教教堂或没有去但支付了罚金的天主教徒,都可以私下信奉自己的宗教,不必担心受到迫害。与伊丽莎白一世在宗教事务上的宽容态度不同的是,她的朝臣们害怕天主教极端分子会刺杀女王。在塞西尔的领导下,弗朗西斯·沃尔辛厄姆(Francis Walsingham,约 1532—1590)通过一个谍报网搜集一切会威胁到女王的信息。沃尔辛厄姆是一个持有极端新教信仰的人,他操控了一个反间谍组织,通过使用双重间谍和盘问拷打等手法获取情报。尽管伊丽莎白一世认为沃尔辛厄姆在宗教问题上是一个极端分子,但她欣赏他的精明能干并且从未怀疑过他对自己的忠诚。

1568 年,在苏格兰发生了一场叛乱后,伊丽莎白一世的表侄女,苏格兰的玛丽女王(1542—1587)来到英格兰寻求避难,这使伊丽莎白在宗教上的温和政策受到了考验。玛丽是一个天主教徒,国内外的一些天主教势力认为玛丽才是英国正统的女王。塞西尔和沃尔辛厄姆认为玛丽在英格兰的出现威胁到了伊丽莎白一世的安全。最终玛丽在英格兰被囚禁了近 20 年后以叛国罪于 1587 年被处决。

与许多领导者一样,伊丽莎白一世有着强烈的宿命感:她从不怀疑自己继承王位乃是上帝的旨意。当她被告知同父异母的姐姐玛丽·都铎已去世而她将即位成为女王时,她说:"这是上帝的安排,这是我们眼中看到的奇迹。"伊丽莎白一世认为她的统治所带来的优势远胜于她的性别所带来的劣势。对伊丽莎白一世而言,她的女性身份只是一件无关紧要的事,并非阻碍,她说:"我的性别不会降低我的威望。"

小马尔库斯·吉尔哈特(Marcus Cheerhaerts the Younger)所绘的《女王伊丽莎白一世》(*Queen Elizabeth I*,约 1592)。板面油画。伊丽莎白一世在早年时学习了各种生存技巧,这使她一生受用

16 世纪时,结婚生子是君主的首要职责,以此确保王位后继有人。塞西尔尤其渴望能确保王位的顺利继承且由一位新教徒继承王位。人们也期望伊丽莎白一世与某个王室成员联姻。她知道若与某位外国王子联姻,则可为英国防范欧洲敌国提供一些保护。不过,她也明白英国人民会对外来王子存有敌意,玛丽·都铎与西班牙国王腓力二世的联姻曾在英国引发动荡。伊丽莎白一世所面临的其他选择还包括嫁给一位英国贵族。不过,她认为这种联姻会引发贵族间的嫉妒以致发生内战。对她而言,不得不与一位丈夫分权的事实与她个人作为君主的宿命感产生了冲突。伊丽莎白一世的童年经历以及她对国际政治的了解使她确信,对于她和她的国家而言婚姻并不是一件好事。尽管在当时看来女王不婚是反常的,但伊丽莎白一世将她的独身状态转化成了一种力量。

伊丽莎白一世不婚的决定的确留下了继承问题。像伊丽莎白女王这样一位卓越君主的离

895

清澈、纯真的良心将无所畏惧。

——伊丽莎白一世(Elizabeth I, 1533—1603)

去，给英国造成了权力真空，引发了一场大内战。她去世后，王位由苏格兰女王玛丽的儿子来继承，是为英格兰的詹姆士一世(1566—1625；作为苏格兰的詹姆士六世在位时间是1567—1625，作为英格兰国王的在位时间是1603—1625)。他是一名新教徒。在英国历史上，伊丽莎白一世去世后的一段时期里，社会动荡、宗教纷争和内战不断。

伊丽莎白一世是一位杰出的女性，享誉海内外。在她去世后400年，人们仍然视她为英国历史上最伟大的君主之一。她治下的英国日益繁荣、和平，国际利益得到加强。在亨利八世统治下的动荡年代之后，伊丽莎白一世统治时期的英国相对稳定，这也促进了英国文化的发展。她的统治使英国崛起成为一个强大的帝国。在北美，弗吉尼亚(以伊丽莎白童贞女王[Virgin Queen]的名字命名)成为英国的第一个殖民地。在伊丽莎白一世治下，英国打败西班牙无敌舰队成为海上霸主。德雷克环航全球。雷利和德雷克等航海家将英语传播至海外，今天，英语已成为世界性语言。她的政策促进了议会民主制的发展，英国国教温和宽容，成为一个相对繁荣、和平和稳定的社会。许多学者视伊丽莎白一世治下的时代为黄金时代。确实如此，伊丽莎白一世从此被誉为"荣光女王"(Gloriana)，以此歌颂她的辉煌统治。

进一步阅读书目：

Anthony, K. (1929). *Queen Elizabeth*. New York: Literary Guild.

Cecil, D. (1973). *The Cecils of Hatfield House*. London: Constable and Co.

Compton, P. (1933). *Bad Queen Bess*. Tonbridge, UK: Tonbridge Printers.

Collinson, P. (1994). *Elizabethan Essays*. Oxford, UK: Oxford University Press.

Erickson, C. (1999). *The First Elizabeth*. London: Robson Books.

Fraser, A. (1992). *The Six Wives of Henry VIII*. London: Weidenfeld and Nicolson.

Guy, J. (1988). *Tudor England*. Oxford, UK: Oxford University Press.

Haigh, C. (1988). *Elizabeth I*. Harlow, UK: Longman.

Hibbert, C. (1992). *The Virgin Queen: The Personal History of Elizabeth 1st*. Harmondsworth, UK: Penguin Books.

Irwin, M. (1962). *Elizabeth and the Prince of Spain*. London: Chatto and Windus.

Jenkins, E. (1958). *Elizabeth and Leicester*. London: Panther Books.

Jenkins, E. (1958). *Elizabeth the Great*. Bungay, UK: Richard Clay and Co.

Luke, M. (1970). *A Crown for Elizabeth*. New York: CowardMcCann.

Luke, M. (1973). *Gloriana: The Years of Elizabeth*. Toronto, Canada: Longman Canada.

Marshall, R. K. (1991). *Elizabeth I*. London: HMSO.

Miles, R. (1994). *I, Elizabeth*. London: Pan Books.

Milton, G. (2000). *Big Chief Elizabeth: How England's Adventurers Gambled and Won the New World*. London: Hodder and Stoughton.

Neale, J. E. (1953). *Elizabeth and Her Parliaments, 1559–1581*. London: Jonathon Cape.

Neale, J. E. (1958). *Essays in Elizabethan History*. London: Jonathon Cape.

Plowden, A. (1973). *Danger to Elizabeth*. London: Macmillan.

Plowden, A. (1980). *Elizabeth Regina, 1588–1603*. London: Macmillan.

Ross, J. (1994). *The Tudors*. London: Artus Books.

Rowse, A. L. (1971). *The Elizabethan Renaissance: The Life of the Society*. Harmondsworth, UK: Penguin.

Sitwell, E. (1946). *FanFare for Elizabeth*. London: Macmillan.

Somerset, A. (1997). *Elizabeth I*. London: Phoenix.

Starkey, D. (2000). *Elizabeth: Apprenticeship*. London: Chatto and Windus.

Strickland, A. (1906). *The Life of Queen Elizabeth*. London: J. M. Dent and Sons.

896

Thane, E. (1932). *The Tudor Wench*. New York: Brewer, Warren and Putnam.

Watkins, S. (1998). *In Public and in Private: Elizabeth 1st and Her World*. Singapore: C S Graphics.

Weir, A. (1999). *Elizabeth the Queen*. London: Pimlico.

Williams, N. (1967). *Elizabeth: Queen of England*. London: William Clowes and Son.

Williams, N. (1972). *The Life and Times of Elizabeth I*. London: George Weidenfeld and Nicolson.

Williams, P. (1998). *The Later Tudors: England 1547 - 1603*. Oxford, UK: Oxford University Press.

玛格丽特·科林森、大卫·科林森(Margaret Collinson and David L. Collinson) 文

陈黎黎 译 俞金尧 校

# Empire  帝国

897　　作为世界历史中使用最普遍的术语之一,帝国一词常常出现在一长串强国和社会的名单中,上至古代阿卡德帝国,下至当今的美国。世界历史中许多重要的主题——战争、移民、贸易和全球化——皆因帝国而来,帝国是推动历史变化的重要引擎,与无数人的命运息息相关。

俄籍学者多米尼克·列文（Dominic Lieven）曾评论道："书写帝国史近乎书写人类史。"作为一个史学范畴,帝国几乎无处不在,以致人们难以明确给出它的定义。该术语的定义多样、类型丰富。它常与王朝和文明等词交替使用。虽然大多数历史学家都倾向于认为,帝国指的是一国或该国的代理施加于文化多样的不同民族之上的政治权力,但这种认知太过模糊,许多不同的历史现象均可被囊括其中,上至蒙古人横扫欧亚大陆,下至葡萄牙帝国的跨洋掠夺。此外,即便是这样的定义,也并未广义到足以解释如神圣罗马帝国的"帝国"含义,神圣罗马帝国是中欧国家所组成的松散的联盟,共同忠于天主教信仰。最后,帝国还可被视作某种工具,就像可用以反复书写的羊皮卷那样,历史学家们用它来书写不同社会群体合并为大的政治单元的历史。

## 词源及其运用

"帝国"这一术语源自拉丁语"*imperium*",本意是指执政官所拥有的统治权,但后来演变为指古代罗马在欧洲大部分地区和近东地区所建立起来的统治。该词的词源表明了"帝国"一词的主要来源和使用标准。罗马帝国不仅成为一个帝国应有模样和应有行动方式的原型,还成为欧洲人追寻仿效以取得类似成就的榜样。在东方,拜占庭帝国继承了罗马帝国的风范,长达千年。在西方,加洛林帝国、拿破仑帝国、英帝国、希特勒的第三帝国以及其他各种奉行扩张主义的欧洲国家,均有意在其形象和宣称自身合法性的意识形态中再现罗马帝国的风采。罗马帝国这一典范也在欧洲历史学中占据重要地位,供历史学家们洞悉历史规律、总结历史经验教训。在这方面,英国的爱德华·吉本(Edward Gibbon)所著的《罗马帝国衰亡史》(*Decline and*

*Fall of the Roman Empire*，1776—1788）可以说是已有历史著作中最有影响力的作品。

"帝国"也有负面含义，会让人联想起政治和文化方面的压迫。虽然这种用法的主要源头可能来自波斯阿契美尼德王朝，该帝国曾对希腊的独立造成威胁，但它的另一个源头则来自古代地中海世界。在西方历史学中，相同的含义被附加于阿契美尼德王朝之后的萨珊王朝和萨非王朝，也被附加于与欧洲发生冲突的邻国之上，特别是奥斯曼帝国和莫卧儿帝国。在其他的地理和历史语境中，该术语的用法有所不同。在中国，虽然与罗马帝国同时代的汉朝其政治形态在许多方面与之最为相似，但汉朝通常被称作朝代而非帝国，后来的唐、宋、明、清等也同样被称为朝代。

部分历史学家对用"帝国"这一术语来指称在近东大部地区和北非等地以伊斯兰教的名义来巩固其政治权威的阿拔斯王朝和伍麦叶王朝持保留态度。在撒哈拉沙漠以南的非洲，当地政权绝少获得帝国的称号，只有西非的加纳、马里和桑海几个国家例外，它们曾与中世纪的欧洲有过间接联系，这使它们享有"帝国"的虚名。与之相似，美洲那些通常被描述为帝国的政权形态只是指阿兹特克帝国和印加帝国等落入西班牙征服者之手的国家，即使考古学家们已经断定，在相同的位置和西半球的其他地区曾在更早的时间里已经出现过一些其他的大国。由此可见，"帝国"一词在用法上的矛盾性和不一致性提醒使用者们注意，与人类经验中的其他方面一样，词语及其含义也植根于特定的历史中。

## 国家建构即帝国建构

面对围绕"帝国"这一术语而出现的所有语义上的不确定性，有一点却是毋庸置疑的：它所呈现的现象是国家崛起的结果。在两河流域、埃及、中国和其他人口稠密的大河流域首次出现国家后，不久便出现了帝国。由于国家和帝国之间的联系着实太过紧密，以致我们很难完全辨清从何时起国家建构变成了帝国建构。每个取得成功的国家，都会很快将其触角扩展至由真实或虚构的血缘关系以及族群纽带——它们是该国原始主权的支撑——所划定的范围之外，并通过征服和其他强制性的方式使其他民族处于其控制下。国家和帝国的共同之处在于，需要劳动力和贡品、依赖军队和官僚体制、固守等级制和世袭特权等。正如英国历史学家大卫·阿米蒂奇（David Armitage）曾说的那样："帝国孕育了国家，而国家乃帝国的核心。"

据称，帝国和非帝国之间最常见的区别是扩张意图及扩张程度。帝国极具扩张野心、侵略性强，旨在实现对其他民族的掌控。然而，即便是同一个国家，也可能因所采取的政策和控制的地域的不同而出现剧烈的波动。因此，随着帝国自身目标和实力的变化，它会或多或少地呈现出一个帝国所应拥有的那些特征。比如，我们并不清楚该如何去归类法老时期的埃及，在长时期的历史进程里，它反复扩张和收缩，既征服别国，又反过来被别国征服。之所以会这样，部分是因为我们虽倾向于以某个国家的目的和行动来断定其是否是或何时是帝国，然而，正是其与邻近民族之间形成的"相互角力"常常影响了判断的结果。

乍看之下，近现代兴起的民族国家似乎与帝国分属不同的形态，这是因为民族国家的形成有赖于语言、族群同质性和人民主权主张，这与帝国的基本前提并不相符。然而，诸如英国和法国等民族国家的原型却建立起了拓展至全球的庞大帝国。这些国家通过维持严格的制度和意识形态界限，即在宗主国采用民族国家的原则，而在海外殖民地并不采用，解决了自身横亘于民族国家和帝国这一双重角色之间所体现的矛盾性。

中国秦朝的兵马俑,雕塑于公元前 210 年左右,用以守卫秦始皇陵。克里斯·豪威尔摄

## 大陆帝国

直到四五百年以前,绝大多数帝国都是那些通过征服或施行复合君主统治从而将自身权力拓展至邻近领土的国家。对于这些大陆帝国而言,影响其兴衰的关键动因在于,那些曾促使其兴起的定居农业社会和那些在其边界外营生的游牧民族及其他流动民族之间时而互补、时而对抗的关系。通常,两者之间保持一定的距离,只是出于交易物品的目的而产生交集。然而,环境变迁、人口压力和其他因素时常引发两者间的冲突。农业国家具有人口集中、人数众多、中央集权等优势,而他们的对手却人口稀少且常常四分五裂,再加上农业国家对土地、劳动力和贡品存在着需求,这就给了前者侵占后者领土的动机。

纵使农业国家本是为了寻求自身边境安全而抵抗游牧民族的侵袭,但它们却以抵抗侵袭为由,日益纵深,无休止地追求边境安全。在适当的条件下,农业国家会兼并广阔的领土,一个经典的例子就是罗马帝国。这些帝国认为他们与游牧民族和其他不稳定民族间的紧张关系十分重要,这种重要性明显地体现在:帝国自诩他们及他们的行为是在边境上推进以"文明"对抗"蛮族"的事业。这种文明与野蛮截然对立的说法,正是帝国特有的说辞之一。

然而,游牧民族绝不只是帝国的受害者。世界历史中的一个永恒主题乃是游牧民族的突然入侵,他们凭借流动性、武器和战斗精神时不时击溃定居农业社会。这些事件会产生截然不同的结果,其中一个结果就是使被征服国遭到毁灭,其政权被粉碎。这样的例子有 5 世纪罗马帝国灭亡后的西欧以及 1591 年桑海帝国入侵后的西非。还有的结果是,"蛮族"入侵者在表面上继续维持着被征服国的旧面貌,但实际上却将自

900

然而，它也是另一种文明化的强权（Civilized Power），它一只手打着和平君主的幌子，而另一只手却拎着装战利品的篮子和屠刀。
　　　　　　　　　　　　　　　　　——马克·吐温（Mark Twain，1835—1910）

这幅插图出自一份 1914 年的儿童杂志，标题是《米字旗环游世界》（"Round the World with the Union Jack"）。该图通过描绘一名欧洲探险者随意地坐着与一位非洲领袖谈话的场景，来支持帝国的观念

还拥有财政、技术和后勤保障，可大规模地生产这些武器并将它投入使用，威力巨大。这样做的结果是，新的火药帝国在欧洲、俄国、中国、印度和近东地区兴起，它们限制了邻近游牧民族的行动，并永久终结了这些游牧民族对定居农业社会的掠夺。

## 跨洋帝国

15 世纪中叶是具有标志性意义的年代，在这个年代，帝国的历史出现了变化——西欧跨洋帝国开始兴起。通过海路向外辐射国家的权力本身并不是一个新现象。比如，凭借自身的航海技艺，古代希腊人和腓尼基人就曾跨越古代地中海世界去安置移民和扩大影响，不过，他们未能凝聚众人之力建成一个统一的强国。维京人虽善于突袭，且在北海到地中海的沿岸区域定居，但他们也未曾建立起一个统一的强国。在波斯湾、印度洋和南中国海海面，曾有一连串的海上贸易商和海盗，其中的一些还建立起大规模的、成熟完善的政权组织。比如，因横跨马六甲海峡这一亚洲海上贸易要塞，室利佛逝（Srivijaya）在 7 世纪成为东南亚的主宰。阿曼（Oman）这个阿拉伯南部沿海的小城邦，在 18 和 19 世纪的很长一段时间内控制着非洲东部沿海的贸易。在一些历史学家看来，这两个国家均为帝国。

与上面提及的例子相比，那些由西欧国家建立的跨洋帝国，既与之有相似之处，也有一些重要的差别。与大多数往来于海上的前辈们一样，西欧国家踏上远洋之路的目的是寻求商业贸易，这不同于那些大陆帝国那般是为了贡品而

身凌驾于该国之上。虽然征服者们面临着被当地社会文化同化的风险，但他们也能攫取当地大量资源，将这些资源调动起来以实现更多的征服。欧亚史上最大的帝国中有两个是由游牧民族建立的，即蒙古帝国和阿拉伯帝国。两者均冲出自身的发源地（中亚草原和阿拉伯沙漠），镇压了被征服国的反抗，并以原有国家为基础创建了新的国家结构，再据此建立起帝国，成就惊人。

不过，约 1450 年以后，游牧民族对农耕社会造成的威胁开始逐渐消失。正如威廉·麦克尼尔和其他学者所认为的那样，大约在这个时期，火器登上历史舞台，经证明，它完全能击败马背上的游牧民族战士。大型定居农业国家因持有火器而具有了不可逆转的战略优势，这些国家

堡垒要塞曾是帝国的关键组成部分。西班牙人在波多黎各的圣胡安(San Juan)修建的莫罗堡要塞(El Morro),作为观光胜地和教育机构被保留至今

远航。从事贸易是跨洋帝国的主要特征,且十分明显。这使许多理论家和历史学家得出一项结论,即近现代欧洲帝国主义的首要和主要驱动力是商业需求和资本主义。不过,西欧国家也针对海外殖民地实行某种政治上的集权统治,这使它们更具备大陆帝国的特征,而不是前面提及的那种海上帝国。究其原因,部分是因为这些国家处在由火器所引发的军事革命的领先梯队中,又使其能将权力施加到比以往更远的地方。然而,最重要的原因在于,跨洋帝国自身同时是一个强大而统一的中央集权国家,这为其海外政策和机制的推行和建立提供了动机和蓝图。

葡萄牙是欧洲诸国中发达程度最低却最早寻求成为跨洋帝国的国家,它在建立海外据点方面所获甚微。葡萄牙的邻居——更加强大的西班牙,则在其宣称占领的领土上造成了更大的变化。尽管法国、英国、荷兰和其他欧洲国家均建立起了有自身独特性的帝国,但所有这些国家都力图使它们所建立的殖民地服从于宗主国的政治意愿。

大多数历史学家都赞同这样一种观点,即欧洲跨洋帝国对世界历史造成了空前的影响。这些帝国将那些从文明诞生时就彼此隔绝的世界各部分联系在了一起,由此引发了一系列波及全球的变化。它们带动了疾病、植物和动物的传播,这使世界各地的环境和社会几乎都发生转变。最直接的一个后果便是美洲、澳大利亚和其他地区因新的致命微生物的到来而发生"处女地"("vinginsoil")流行病,这使土著居民人口锐减,而与此同时,长时段内新型粮食作物的传播,却使世界人口空前增长。此外,欧洲跨洋帝国还促使人口发生洲际迁移。

那些来自欧洲,后主要定居于北美洲、澳大

利亚、新西兰和其他温带地区的移民,成为艾尔弗雷德·克罗斯比(Alfred Crosby)提出的一个颇恰当的术语——"新欧洲"的基础。同时,数百万非洲人被作为奴隶运送到新世界的种植园中,同时,来自印度、中国和其他地方的大量契约劳工则被跨洋运输到其他大陆,以满足欧洲人所拥有的经济组织对劳动力的需求。这些经济组织促使货物在全球流通,而这也正是西欧跨洋帝国相对于西欧其他国家的独特之处。通过精心地协调运作这套体系,欧洲人成为主要的受益者。尤其是在宗主国国内发生工业革命后,进出口交换比被扭转,这更利于欧洲的工业制成品,使欧洲和世界其他地区之间的贫富差距越来越大。虽然美国、日本和其他国家都努力跻身于工业国家的行列,但不同民族之间的贫富差距仍是欧洲海洋帝国所造成的遗留问题。

## 帝国的意识形态

虽然帝国扩张的基本动力乃追逐权力和财富,但如果该帝国不能发展出一种体现其合法性的意识形态主张,那么该帝国便不可能长存于世。这种主张除了用以激励帝国的代理者又或者减轻其负罪感外,还可以使被征服民族更好地顺从。实现这个目标的关键,在于广泛传播一种观念或学说去战胜种族的或文化的特殊论,并代之以一种融入大帝国认同的观念或学说。比如,罗马人因许诺遵循罗马法保障公民权而闻名于世;汉朝及其后的朝代信奉儒学,并通过相对开明的官僚体系将这种学说永久传承下去。虽然统治者们也依靠宗教去增强自己的权威,但这存在着风险,即统治者们的官方信仰将使那些信仰不同的臣民与其疏远。大多数帝国都会注重尊重宗教多样性。

不过,基督教和伊斯兰教的先后兴起,使帝国和宗教之间的关系发生了重要转折。基督教

和伊斯兰教均属普世性宗教,欢迎所有人成为信徒而不论出身。这对那些想用某些方法使新征服的臣民归顺之的帝国具有吸引力。同理,帝国对于基督教和伊斯兰教而言也具有吸引力,它们可将其作为传播信仰的工具。尽管强迫信徒转变宗教信仰并非常态且易适得其反,但基督教和伊斯兰教却常常与帝国联手,为帝国的统治提供最重要的意识形态理论。

基督教是近代早期欧洲帝国的重要组成部分,传教士们在帝国的版图中找到了传教的沃土:士气低落、人口大量减少的美洲土著居民,还有从非洲运往美洲的那些与世隔绝的奴隶。然而,一旦各个帝国在18世纪末期占有了南亚和东南亚的大面积的领土,它们便不得不采用各种说辞进行自我辩护,这是因为该地区的印度教教徒、穆斯林和佛教徒对基督教充满敌意。诸如引进稳定的政府和法治、以国际贸易促进繁荣、拥有领先的科学知识并将其应用在现代医学和技术中等各式各样的说法,都成为欧洲帝国为其统治进行辩护的理由。所有这些说法背后隐藏的潜台词是:帝国为殖民地的臣服者们带来了文明之益。无论是在世俗话语或宗教术语中,对自身生活方式——以文明为特征——之优越性的信奉,均是各帝国意识形态的核心要义。

## 成本、收益、结果

无论好与坏,帝国都是造成世界历史发生变化的重要引擎。它们是人类对权力的欲望达到顶峰的制度化体现。较之其他任何统治体系,帝国都将更大的权威施加于更多的人口之上。帝国的军队和野心引发了无尽的人间苦难和毁灭。与此同时,它们将文化各异、分散的民族连接在一起,为那些大型的、充满活力的、常常打着文明的旗号而不断拓展的社会之崛起提供了政治框架。帝国也为技能习得、产品发明和观念源

起提供了温床,而这些都跨越了地理意义上的
边界,也超越了帝国本身短暂的存在期限而广
泛传播。最后,帝国的不断扩张为那些互动和

交换体系的持续扩大提供了大量的动力,最终
形成了我们现在所称的、瑕瑜互现的全球化。

进一步阅读书目:

Abernethy, D. B. (2000). *The Dynamics of Global Dominance: European Overseas Empires 1415 – 1980*. New Haven, CT: Yale University Press.

Adas, M. (1989). *Machines as the Measure of Men: Science, Technology and Ideologies of Western Dominance*. Ithaca, NY: Cornell University Press.

Alcock, S. E., et. al. (2001). *Empires: Perspectives from Archaeology and History*. Cambridge, UK: Cambridge University Press.

Armitage, D. (2000). *The Ideological Origins of the British Empire*. Cambridge, UK: Cambridge University Press.

Bayly, C. A. (2004). *The Birth of the Modern World, 1780 – 1914: Global Connections and Comparisons*. Oxford, UK: Blackwell.

Crosby, A. W. (1972). *The Columbian Exchange: Biological and Cultural Consequences of 1492*. Westport, CT: Greenwood.

Crosby, A. W. (1986). *Ecological Imperialism: The Biological Expansion of Europe, 900 – 1900*. Cambridge, UK: Cambridge University Press.

Darwin, John. (2008). *After Tamerlane: The Global History of Empire since 1405*. New York: Bloomsbury Press.

Doyle, M. W. (1986). *Empires*. Ithaca, NY: Cornell University Press.

Frank, A. G. (1998). *ReOrient: Global Economy in the Asian Age*. Berkeley: University of California Press.

Gibbon, E. (2003). *The Decline and Fall of the Roman Empire* (Abridged ed.). New York: Modern Library.

Hobson, J. A. (1938). *Imperialism: A Study*. London: Allen and Unwin.

Hopkins, A. G. (Ed.). (2002). *Globalization in World History*. New York: W. W. Norton.

Howe, S. (2002). *Empire: A Very Short Introduction*. Oxford, UK: Oxford University Press.

Kennedy, P. (1987). *The Rise and Fall of the Great Powers: Economic Change and Military Conflict from 1500 to 2000*. New York: Random House.

Kiernan, V. G. (1982). *European Empires from Conquest to Collapse, 1815 – 1960*. London: Fontana.

Kroebner, R. (1961). *Empire*. Cambridge, UK: Cambridge University Press.

Lenin, V. (1939). *Imperialism, the Highest Stage of Capitalism*. New York: International Publishers.

Lieven, D. (2002). *Empire: The Russian Empire and Its Rivals*. New Haven, CT: Yale University Press.

Maier, C. E. (2006). *Among Empires: American Ascendancy and Its Predecessors*. Cambridge, MA: Harvard University Press.

Mann, M. (1986). *The Sources of Social Power: Vol. 1. A History of Power from the Beginning to a. d. 1760*. Cambridge, UK: Cambridge University Press.

McNeill, W. H. (1982). *The Pursuit of Power: Technology, Armed Force, and Society since a. d. 1000*. Chicago: University of Chicago Press.

Pagden, A. (2003). *Peoples and Empires: A Short History of European Migration, Exploration, and Conquest, from Greece to the Present*. New York: Modern Library.

Wallerstein, I. (1974,1980,1989). *The Modern World System* (Vols. 1 – 3). New York: Academic Press.

戴恩·肯尼迪(Dane K. Kennedy) 文

陈黎黎 译 俞金尧 校

# Energy　能源（量）

从简单的人力、畜力到获取自放射性物质的能量，能源利用在整个人类历史中起起伏伏。能源利用的变化会在政治、社会和经济领域产生巨大的影响，这些影响与帝国和时代的兴衰密切相关。能源利用的演化与人类的进化一致，并且也影响着未来发展的选择。

当我们从最基本的物理学角度来看待问题时，我们会发现所有的进程——自然的或社会的、地理的或历史的、渐进的或突然的——都只是遵循热力学定律的能量转换，这种能量转换会使宇宙中的熵（指混乱或不确定性的程度）的总量增加。依照这种观点，掌握和控制能源并精通其利用方法，成为塑造人类事务的关键。另外，若考虑到各大文明能源消耗日趋升高的现状，那么依照上述观点的逻辑，我们将推导出这样一种观点，即历史的线性发展可简化为追求日益增长的复杂性的过程，这种复杂性很可能是由更高的能量流产生的。那些可以掌控以及那些能够更高强度和更高效地利用大量或高质量的能源的人、社会和文明，明显将成为热力学的赢家；而那些能量转换得更少且低效的人、社会或文明，将从根本上处于弱势。

从基础物理学的角度来看，这种有关能量在世界历史中所发挥作用的解释几近完美。不过，它却只相当于历史上那些曾用来解释大量复杂事实的、站不住脚的化约主义（reductionism，根据物理学定律和化学定律来解释复杂的生命科学进程和现象）。能源及其转换并不能决定一个社会的发展愿景、社会精神特质（ethos，指独一无二的特征、情操、道德或信念）和凝聚力、根本的文化成就、韧性或脆弱性。

1980年，尼古拉·吉奥吉斯库-罗根（Nicholas Georgescu-Roegen）这位在经济学和环境领域进行热力学研究的先驱，阐明了与前文相似的观点。他强调，这种物理学的基本原理与正方形的对角线所造成的几何约束（geometric constraints）相类似，不过，它们并不能决定正方形的颜色，也不能告诉我们任何关于该颜色是如何产生的信息。以此类推，对所有社会而言，它们所能活动的全部范围，它们的技术和经济实力，它们所取得的成就，都受能源的类型及其所依赖的动力源的多样性和效能的限制——不过，这些限制性因素并不能解释诸如创造性或宗教狂热等重要的文化要素，而它们几乎也不能在社会形态、治理效率以及谋求公民福祉等问题上提供前瞻性的指导。因此，如何确切地解释能源在历史中所发挥的作用成为一项艰难的任务——既要兼顾上述两方面的情况，也要考虑到上述二者间的张力。

若以一次能源（primary energy）的使用来进行分期，世界历史可以被分为两个高度不对称的时代：可再生能源时代和不可再生能源时代。所有的前现代社会几乎都依赖于太阳能，即永远（以人类文明的时间长度来衡量）可再生的能源。可再生能源时代所拥有的光和热来自生物质，而生物质又来自于植物的光合作用，后主要以木柴、各种作物秸秆等形式为人类所用。而植物油脂和动物脂肪也会被用于照明。可再生能源时代的动能来自人类和动物的新陈代谢（明显是通过食用生物量来获得能量）。此外，在一个相对小的程度上，其动能也来自风能和水能这两种由太阳辐射（经地球生物圈吸收后的）转化成的能源，它们为全球的水循环和大气循环提供了动力。

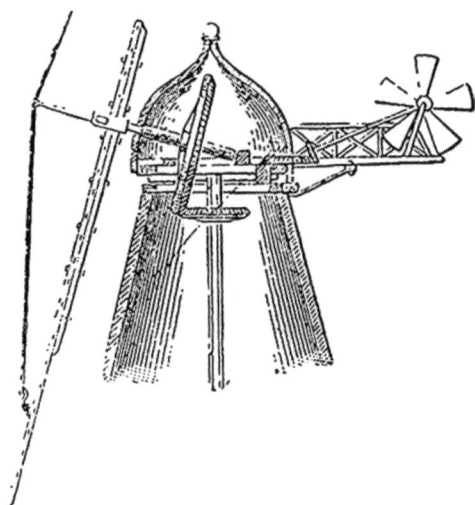

该示意图展现了一架风车上端主要的机械部件

化石能源也源自光合作用,不过,组成它们的生物质却在长达 100 万到 1 亿年的时期里,经地壳最上层的高温和压力而转化成一种全新的物质。由此产生的化石能源——按质量由低到高的顺序进行排列,包括从泥炭到各种各样的煤(从褐煤到无烟煤)、碳氢化合物(原油和天然气)——均不可再生。这意味着,一方面,依靠太阳辐射能的社会所拥有的能源基础,其潜在周期与生物圈(世界上有生命存在之处)的存在时间(比如还能存在数百万年之久)一样久,另一方面,如果现代社会欲继续存世不止数百年,将不得不改变所依赖的能源基础。

## 生物质燃料

生物质燃料有两个固有缺点:低功率密度(单位:$W/m^2$,瓦特每平方米)和低能量密度(单位:$J/kg$,焦耳每千克)。即使是从茂密的森林里所获的生物质能量,其功率密度也不会超过 $1\ W/m^2$。不过,大多数人都没有足以砍倒成年大树的工具,人们不得不依靠功率密度更低的小树、树枝和树叶。与之相似的是,人们出于对饲料和原材料的需要所收集的作物秸秆,它们

所产生的功率密度很少能高于 $0.1\ W/m^2$。于是,为了满足大型定居点的能源需求,就需要有大量的森林覆盖区以供给能源。处于温带气候下的一座前工业时期的大城市,至少需要 $20\sim30W/m^2$ 的能量以满足其供暖、烹饪和生产的需要。根据该城市所利用的燃料种类来推测,它附近需要有一块比它面积大 300 倍的区域来供应燃料。制约显而易见:温带气候条件下,若木材是主要的能源,那就不可能出现千万以上人口的特大城市。

当人们大量使用木炭之后,这些低功率密度所带来的限制就变得更为突出。从使用木柴转变为使用木炭,是为了提高木柴的低能量密度:风干(湿度约为 20%)木柴的能量密度为 18 MJ/kg,而木炭的能量密度却为 29MJ/kg,提高了约 60%。经改善的燃料优点明显,包括:燃料体积变小,更便于运输和储藏;火炉(火盆)体积变小,燃料添加的频率更低以及产生的空气污染更少等。不过,传统的烧炭法十分低效,燃烧过程中原有木柴的 80% 会被浪费。即使木炭仅用于供暖和烹饪,这种浪费也会对木材资源产生巨大的压力。制造业和冶金业广泛使用木炭,使其限制性变得尤为突出。比如,1810 年美国冶

表1 常见燃料的能量密度

| 燃料 | 能量密度(兆焦/千克) |
| --- | --- |
| 干粪 | 10~12 |
| 风干的稻草 | 14~16 |
| 风干的木柴 | 15~17 |
| 木炭 | 28~29 |
| 褐煤 | 10~20 |
| 烟煤 | 20~26 |
| 无烟煤 | 27~30 |
| 原油 | 41~42 |
| 汽油 | 44~45 |
| 天然气(立方米) | 33~37 |

资料来源:斯米尔(Smil, 1991)

906

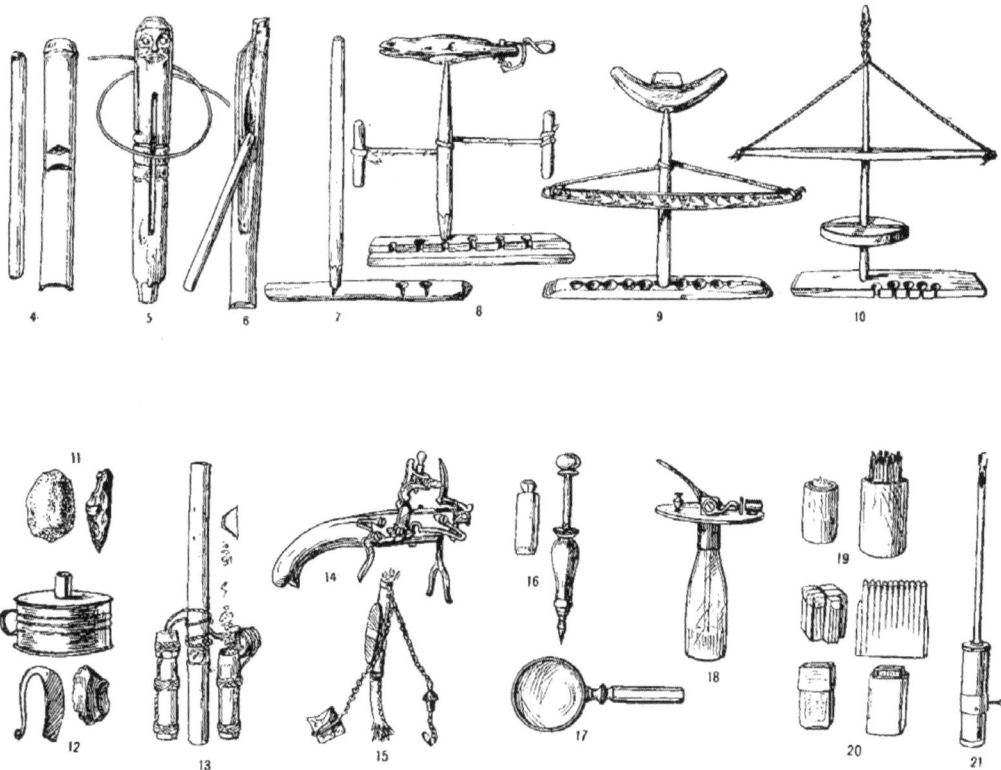

这一系列的图例向我们展现了历史上不同时期的不同文明取火用的各种工具：(4)加里曼丹岛婆罗洲(Borneo)的火锯；(5)婆罗洲的火藤；(6)波利尼西亚的火犁(7)美洲原住民所用的火钻；(8)(9)阿拉斯加因纽特人所用的火钻；(10)加拿大易洛魁人所使用的火钻；(11)阿拉斯加因纽特人所用的打火石；(12)英格兰的打火石；(13)马来西亚的打火器；(14)英格兰的点火枪；(15)西班牙的打火器；(16)泰国和马来西亚的打火针；(17)古希腊的放大镜；(18)德国的氢灯；(19)奥地利的火柴盒；(20)火柴；(21)美国的电气打火机

金业对木炭的年需求量，需由一块面积大约为2 500平方千米的林地来供应。1个世纪之后，冶金业使用木炭的年需求量需由总计达到17万平方千米的林地来供应，该面积相当于以费城和波士顿之间的距离为边长所做的正方形的大小。制约显而易见：若以木炭为能源基础，世界上不可能出现全球性的、以钢铁为主导的文明，故而，源自煤的焦炭取木炭而代之。

## 人力和畜力

同样，有限的人力和畜力不仅限制了生产力，也限制了所有传统社会的发展。健康的成人可消耗其最大有氧代谢能中的40%～50%来承担工作，而若是男性（假定肌肉的效率为20%），这将转化为70～100瓦的有用功。小牛（黄牛和水牛）所产生的功率约为300瓦，小型马约为500瓦，而大型动物约为800～900瓦（1马力等于745瓦）。这些功率可按比例进行等值换算：一头公牛所产生的功率至少等于4名成年男子所产生的，8～10名成年男子所产生的功率等同于一匹马所产生的。同样重要的是，大型役畜能够在一定时间内达到3 000瓦以上的最大功率，因而它们可以完成成年男性无法完成的任务（如在难耕的土地上犁地、拔树桩）。因而，大量使用强壮的役畜极大地提高了传统农耕的劳动生产率：即使是用这些役畜慢慢犁地，也比人类用锄头犁地快3～5倍。

907

不过,在享受役畜之利的同时,人类需要花费更多的时间去照顾这些动物,增加用以饲养这些动物的土地面积。比如,为了饲养数量在 1919 年处于峰值(近 2 500 万匹)的美国农场用马和骡子,需使用该国 20％的农田。很明显,只有拥有大量农田的国家才能承受这一重担:日本、中国、印度均不在此列。大型役畜加上改良的农具,最终缩短了粮食作物的生产时间。比如,在中世纪的英格

罗素·李(Russell Lee)所摄的《新墨西哥州派镇的汽修加油站》(*Filling Station and Garage at Pie Town*, *New Mexico*, 1940)。这张照片是大萧条后受农场安全管理局(Farm Security Administration)委托而拍摄的,是记录美国人生活的一系列经典照片之一。美国国会图书馆

兰,需要花费 180 小时去完成种植 1 公顷小麦应做的所有农活;在 19 世纪早期的荷兰,完成同样的农活需要花费 120 小时,而在 1900 年的美国大平原上,人们仅需花费 60 小时。不过,在任何一个仅依靠人力和畜力进行粮食生产的社会里,大部分劳动力都不得不从事农业生产。从事农业生产的人口比例高如中华帝国,多达 90％以上,低如内战后的美国,也超过 66％。此外,在所有的传统农业社会里,孩童通常都会帮助成年人干农活。

人力和畜力在战争中也有明显的不足,因为即使是训练有素的人,他们让武器产生的破坏力也比较有限,通过将其与前工业化时期普通武器所产生的动能进行比较便一目了然。中世纪加农炮所发射的单个石球的动能,相当于重型十字弓射出的 500 支箭或 1 000 把重剑猛刺所产生的动能。因此,冷兵器战争主要依靠动能有限的人力来进行,这也解释了为什么人们在战争中更倾向于采用围攻或秘密的军事行动。只有当火药被用到战争中时——在中国是 10 世纪,在欧洲是 14 世纪初年——战争才具有

比以往更大的破坏性。

生物的新陈代谢和风不能被有效利用造成的另一个明显不足是出行速度慢。高速奔跑和骑马仅在传递紧急信息时采用,通过这两种方式可在一天之内跨越相当长的距离:古代罗马帝国建成的条条大道中,凭借这两种方式一天最远可行 380 千米。然而,一名推着独轮车(中国古代常见的交通工具)的成年男子,日行走距离通常仅为 10～15 千米,而牛拉四轮车的日行走距离也并没有远太多,重型马拉四轮车每日行走 30～40 千米,载人马车在相对好的路面上每日可行走 50～70 千米。使用人力、畜力进行陆地运输的高昂成本,曾在罗马皇帝戴克里先所颁布的著名的《限价法令》(*edictum de prettiss*)中有着清晰记载:301 年,粮食经陆路运输 120 千米所需的成本,远高于经船运从埃及到罗马港口奥斯蒂亚(Ostia)的成本。

## 前工业时代的机械动力装置

前工业时代,旧世界的大部分社会最终都

采用了简单的机械设备,用以将两种间接获取自太阳的能源——水能和风能——转换为驱动力,而人们也常使用帆来推动船只。帆的演化进程向人们展示了帆是如何从古埃及和古代地中海文明中低效能的横帆,缓慢演变为阿拉伯世界的三角帆和中古中国的撑木条帆,并最终演化为早期近代欧洲在18—19世纪发起全球征服时,大型船所使用的复杂的索具和帆缆(包括三角帆、前桅帆、主帆、后桅帆、上桅帆和后桅纵帆)。虽然海路运输是当时成本最低的运输方式,但却具有无法预料和不可靠两个特点。

最好的帆船——19世纪下半叶,往返于英中航线和美中航线上的快船(clippers,又译飞剪船)可以以平均超过30千米每小时的速度航行数小时,在洲际航行的整个旅途中速度可接近20千米每小时。然而,在罗马时代,即使是当时最好的货船,航行速度也无法超过10千米每小

英属哥伦比亚坎卢普斯湖畔的特朗基耶水磨坊中的水车(1871)。本杰明·巴尔茨利(Benjamin F. Baltzly)摄,麦克德博物馆(McCord Museum)

时。不过,所有的帆船在有风的情况下需随风不断地行Z字形航线;若无风,则不得不停航。造成的结果就是,往返于奥斯蒂亚和埃及之间的运粮船,航行时间少则1周,多则3个月甚至更久。2 000多年以后,返回英国的船只,有时不得不花费长达3个月的时间去等待正确的风向,以助它们驶入普利茅斯湾。

水车的起源至今仍待考证。尽管在法国南部巴尔贝加勒(Barbegal)有着呈阶梯状的古罗马水车这等令人惊叹的装置,但在可以使用奴隶这等廉价劳力以提供磨谷物和制造业所需能量的古典社会里,水车的重要性仍然有限。水车在中世纪的某些社会里曾发挥尤为重要的作用,在这些社会里,水车为所有的食品加工、锯木和冶金工序提供动力。不过,历经800年之久,最大型的水车的功率才提高了10倍。到18世纪初叶时,水车成为可供人们使用的最大的动力装置,然而,欧洲水车的平均功率还不到4千瓦,恰好相当于5匹大型马的功率。直到公元第1个千年末期时才出现风车。它和水车的情况几乎一样,最终只是在中东和地中海某些国家以及欧洲大西洋沿岸的部分地区变得十分重要。不过,我们必须再一次提及,即使是18世纪相对先进的荷兰风车,其平均功率也不足5千瓦。

所以,那些完全或者近乎完全依赖人力和畜力,并依靠当地或区域内小型水车和风车辅助供能的社会,既不能确保生产足够的粮食以供应大多数居民,也不能为之提供哪怕一点点的物质享受。即使是有好的收成(数世纪以来粮食产量都未有变化),但仍缺乏营养。饥荒一再出现,小型手工业(有限的奢侈品贸易除外)效率低下,所制造的产品种类有限且成品粗糙,人们所拥有的私有财产很少,文盲比比皆是,人们极少有闲暇和旅游的时间。

909

表 2　移动式动力源（prime mover）的持续功率

| 动力源 | 持续功率（瓦） |
|---|---|
| 童工 | 30 |
| 娇小的女子 | 60 |
| 强壮的男子 | 100 |
| 驴 | 150 |
| 小公牛 | 300 |
| 普通的马 | 600 |
| 大型马 | 800 |
| 早期小型拖拉机（1920） | 10 000 |
| 福特 T 型车（1908） | 15 000 |
| 普通拖拉机（1950） | 30 000 |
| 本田思域汽车（2000） | 79 000 |
| 大型拖拉机（2000） | 225 000 |
| 大型柴油发动机（1917） | 400 000 |
| 大型船用柴油发动机（1960） | 30 000 000 |
| 波音 747 的 4 台燃气涡轮（1970） | 60 000 000 |

资料来源：由斯密尔书（1994 和 2003）中的数据汇编而成

## 化石燃料、原动机、电

化石燃料的出现改变了一切。虽然在欧洲和亚洲的部分地区，人们已经通过几种有限的方式在数个世纪里使用了煤，但直到 19 世纪（比如，直到 19 世纪 80 年代初，美国超过一半的一次性能源仍由木材提供），西方（英国除外）才发生了从生物质燃料到煤的转变；而在人口稠密的亚洲国家，这种转变直到 20 世纪下半叶才完成。最古老的化石燃料（无烟煤）可追溯至 1 亿年前，最年轻的化石燃料（泥炭）可追溯至仅 1 000 年以前。固体化石燃料（不同种类的煤）和碳氢化合物燃料（原油和天然气）均出自化石能源高度富集的沉积层，功率密度极高：多煤层、丰富的油气资源可产生的能源功率密度为 1 000～10 000 W/m²，比生物质燃料的功率密度要高 1 万～10 万倍。

此外，除了低质量的褐煤和泥炭以外，其他化石燃料也拥有比生物质燃料高得多的能量密度：如今被大量用以发电的动力煤（steam coal），其能量密度为 22～26 MJ/kg，而原油及成品油的能量密度为 42～44MJ/kg。因此，开采并广泛使用化石燃料，创造了与以生物质燃料为基础的社会完全不同的能量系统：从数量有限的能源高度富集的沉积层提取出高能量密度的燃料，不仅在区域、全国范围内投入使用，甚至还在全球范围内越来越多地投入使用。碳氢化合物是液体，其运输尤为便利，可通过大型油轮或大号输油管进行输送。顺理成章地，在 20 世纪后半叶，液体燃料终于成为世界上最重要的能源。

经过两大根本性的技术革命，即新型机械原动机的发明及其快速地走向市场，以及全新的发电和配电能源系统的创建，人们所青睐的化石燃料的品质得到大力提升。新型机械原动机按发明年代依次排序为蒸汽机、内燃机、汽轮机和燃气涡轮机，它们的每次演进都使总功率增加，能量转换效率获得提升。英国发明家托马斯·纽卡门（Thomas Newcomen）所发明的蒸汽机（1700 年以后）造成极为严重的浪费，只能将煤中不到 0.5％ 的能量转化为动能；苏格兰发明家詹姆斯·瓦特（James Watt）对蒸汽机进行重新设计（分离式冷凝器），到 1800 年时，蒸汽机的热效率提高到 5％，而他所设计的机器，功率平均约为 20 千瓦，相当于 24 匹强壮的马产生的功率。临近 19 世纪末，经由逐步改良，当时最大型的蒸汽机动力已提升到相当于 4 000 匹马所产生的功率，热效率超过 10％。

910

表 3　固定式动力源的持续功率

| 动力源 | 持续功率（瓦） |
|---|---|
| 大型古代罗马水车（200） | 2 000 |
| 标准欧洲水车（1700） | 4 000 |
| 大型荷兰风车（1720） | 5 000 |
| 纽卡门蒸汽机（1730） | 10 000 |

（续表）

| 动力源 | 持续功率（瓦） |
| --- | --- |
| 最大的瓦特蒸汽机（1800） | 100 000 |
| 大型蒸汽机（1850） | 250 000 |
| 帕森斯汽轮机（1900） | 1 000 000 |
| 最大的蒸汽机（1900） | 3 500 000 |
| 标准汽轮机（1950） | 100 000 000 |
| 最大的汽轮机（2000） | 1 500 000 000 |

资料来源：由斯密尔书（1994 和 2003 年）中的数据汇编而成

蒸汽机使许多行业实现了机械化，为 19 世纪的工业化提供了动力，并提升了生产力，将日益丰富的基本消费品的成本控制在普通家庭可承受的范围内。对煤矿业、钢铁工业和机器制造业而言，蒸汽机尤为重要。它们也为陆路和水路运输提供了前所未有的动力。到 1900 年时，铁路会依据运行速度提供定期运行班次，其运行速度比四轮马车要快得多。大型蒸汽船将横跨大西洋的航行时间缩短到不足 6 天，而同样的航程在 19 世纪 30 年代以前，平均需要花费近 4 周的时间。

不过，蒸汽机一统天下的时代很快便结束了：在 19 世纪的最后 20 年中，内燃机开始取代小型蒸汽机，而汽轮机开始取代大型蒸汽机。德意志工程师尼古拉·奥托（Nicolaus Otto）所发明的内燃机热效率超过 20%，1866 年后成为一种固定式发动机商品；从 19 世纪 80 年代起，德国工程师戈特利布·戴姆勒（Gottlieb Daimler）、卡尔·本茨（Karl Benz）和威廉·迈巴赫（Wilhelm Maybach）将内燃机用到了车辆上。德国工程师鲁道夫·狄塞尔（Rudolf Diesel）发明了效率更高的发动机（1900 年以后采用），其热效率甚至超过了 30%。19 世纪 80 年代是历史上发明创造最多的 10 年，其中的各种发明为电力工业的发展奠定了持久的基础，包括：美国发明家托马斯·爱迪生对全新能源系统的开发

（比他辛苦发明白炽灯的贡献更为重要）；塞尔维亚裔美国发明家尼古拉·特斯拉（Nikola Tesla）的电动机；还有爱尔兰工程师查理·帕森斯（Charles Parsons）的汽轮机。

电力提供了最理想的能源形式：干净、方便、灵活（可照明、取暖、驱动），可供使用者精确地操控。随着电动机（热效率最终超过 90%）取代了笨拙和不经济的蒸汽驱动轴和传送带，电力好操控这一点使工业生产发生了革命性的变化。现代原动机中的最后一种类型即燃气涡轮机，在 20 世纪 30 年代被采用到飞机的喷射推进中，后来它也成为发电的常用装置。在同样的装机容量下，所有这些机器的重量都比蒸汽发动机要低（除了大型汽轮发电机组外），它们更加小巧，更适于移动发电设备。

论及具有破坏性的创造发明，瑞典制造商阿尔弗雷德·诺贝尔（Alfred Nobel）所发明的炸药，它向人们展示了一种爆破速度比火药高近 4 倍的爆炸品，而更强有力的炸药也随之被发明出来。到 1945 年，随着核武器和随后几年氢弹的出现，炸药的破坏性被提升到了一个全新的水平。到 1991 年苏联解体、冷战结束之前，美苏两个超级大国都曾将各自总能源消耗量中的重要份额投放到装配大量杀伤力极大的武器中，这些武器的数量达到了近 2.5 万枚战略核弹头，其爆炸威力相当于近 50 万颗投放到广岛的原子弹。

## 现代能源系统

化石燃料能源系统中的方方面面都在能量总量和转换效率方面取得了巨大成就，它们的提升使得人均能源消费量大幅增长。虽然在 1900—2000 年间世界人口增长了近乎 4 倍（从 16 亿增长到 61 亿），但商品能源的人均年供应量却增长了不止 4 倍，而更高的能量转换率则意味着到 2000 年时全世界所供应的、可利用的商

911

品能源比 1900 年提高了 25 倍。因此,在可利用能源(用以供暖、照明、驱动)的人均供应量方面,当今的发达经济体增长达 8～10 倍,而中国或巴西等正在经历工业化的国家,增长超过了 20 倍甚至是 30 倍:此前的人类历史中从未取得过类似的成就以使人们生活质量大幅提升。

在个人直接或不经意地控制能量方面,人类取得了同样惊人的进步。1900 年时,即使是一名能驾驭 6 匹大型马的富裕美国农场主,他所能控制的人力和畜力(animate power)所持续输送的功率也不超过 5 千瓦;而 1 个世纪之后,他的曾孙却能在装有空调的舒适驾驶室里驾驶一辆功率超过 250 千瓦的大型拖拉机。1900 年时,在横贯大陆的铁路上以 100 千米每小时速度前行的列车上工作的司炉,必须辛勤劳动以将蒸汽机的功率维持在 1 兆瓦(MW);而 2000 年时,一架以 900 千米每小时巡航速度飞行的波音 747 飞机,在距地表 11 千米的高空依照相同的路线折返时,飞行员只需要通过监控电脑就能使其功率达到 60 万瓦。

不过,在 2000 年时,这些巨大能量的收益分配并不均匀。若我们以吨油当量(简称 toe)为单位来进行衡量,2000 年人均能源消费量的分布情况是:美国和加拿大为 8,德国和日本为 4,南非不足 3,巴西 1,中国约为 0.75,而撒哈拉沙漠以南非洲的许多国家还不到 0.25。然而,当我们近距离细看高能源消费带来的收益时便会发现,所有与生活质量相关的变量(预期寿命、食物供应、个人收入、识字率、政治自由等)与人均能源消费量之间的关系并非是线性的:随着能源消费的增加,当超过 1～2 吨油当量/人时,就会开始出现明显的收益递减;而当能源消费增加到约 2.5 吨油当量/人时,几乎不会有额外的收益。只需问一个简单的问题,情况会更清晰:上两代美国人所拥有的生活是否比那些现居住在西欧或日本的人要好上两倍(寿命、健康、生产力、识字率、见识或自由等)?

19 世纪 90 年代,比利时布鲁塞尔的一名牛奶销售员;许多世纪中,人们通过驾驭风力用以碾磨谷物

丰富的能源究竟为一个国家带来了什么?很明显,它使美国成了一个经济、军事和科技上的超级大国——但却不能阻止苏联的解体,而苏联在 1989 年时曾是世界上最大的化石燃料生产国。拥有丰富的能源却未成为现代、繁荣社会的例子还有伊朗、尼日利亚、苏丹和印度尼西亚等国,它们中没有任何一个国家为其公民提供了充满活力的经济和富裕的生活;与之相反,三个能源贫乏的东亚国家和地区(日本、韩国和中国台湾)却成为经济增长迅速和人均生活质量大幅提升的典范。

最后,能源利用也无法解释大型文明和强大社会的兴衰史。诸如埃及古王国的崛起、罗马共和国的缔造、中国汉朝的统一、伊斯兰教的传播、蒙古人在欧亚大陆的征服、沙俄向东边的大扩张等历史上著名的统一和扩张事件,都不能与任何新的原动机或任何新的、更有效的燃料利用联系在一起。而说到衰落,在西罗马帝国衰亡的长期过程中(东罗马帝国以同样的基

912

1993 年，古丝绸之路沿途的风力发电站，位于中国新疆维吾尔自治区库尔勒附近。柯珠恩摄

础又继续存在了 1 000 年），并没有出现燃料（木材、木炭）供应和输送或原动力（奴隶、牛、马、帆船、水车）方面的剧烈变化；而早期近代和现代世界的巨变——法国大革命、沙俄的崩溃、苏联的解体——其中，没有一个能够用能源决定论来做出令人信服的（或者说任何）解释。

　　不可否认，决定社会命运的重要变量中包含有能源和能源利用，正是这些重要变量所组合出的特定的、难以预计的合力决定了社会的命运。能源和能源利用对经济走向和个人选择起到了促进、制约作用，或使其复杂化，一旦处于适宜的位置，便会对生活节奏和公共福利水平产生关键作用。热力学定律也意味着复杂性更高的社会经济，需要由更高的能量来满足其需要。不过，两者间也不是持续的线性进步关系，而是在早期就会达到相对饱和的状态。此外，拥有丰富的能源资源抑或高能耗，并不能确保良好的经济、体面的生活、个人幸福甚或一个

表 4　武器能量

| 抛体 | 抛体动能（焦耳） |
| --- | --- |
| 弓射出的箭 | 20 |
| 重十字弓射出的箭 | 100 |
| 美国内战时滑膛枪发射的子弹 | $1 \times 10^3$ |
| 突击步枪射出的子弹（M16） | $2 \times 10^3$ |
| 中世纪加农炮发射的石球 | $50 \times 10^3$ |
| 18 世纪加农炮发射的铁球 | $300 \times 10^3$ |
| 第一次世界大战榴弹炮发射的榴霰弹 | $1 \times 10^6$ |
| 第二次世界大战重型高射炮发射的高爆弹 | $6 \times 10^6$ |
| M1A1 艾布拉姆斯（Abrams）坦克发射的贫铀弹 | $6 \times 10^6$ |
| 被劫持的波音 767（2001 年 9 月 11 日） | $4 \times 10^9$ |
| 爆炸品 | 所释放的能量（焦耳） |
| 手榴弹 | $2 \times 10^6$ |
| 人肉炸弹 | $100 \times 10^6$ |
| 第二次世界大战大炮发射的榴散弹 | $600 \times 10^6$ |

原子能的释放改变了除我们思维方式之外的一切……解决该问题的办法存在于人们的内心。如果我早知道会这样,我宁愿成为一名钟表匠。

——阿尔伯特·爱因斯坦(1879—1955)

(续表)

| 爆炸品 | 所释放的能量(焦耳) |
|---|---|
| 铵油(ANFO)自爆卡车(500千克) | $2 \times 10^9$ |
| 投放在广岛的原子弹(1945) | $52 \times 10^{12}$ |
| 美国洲际导弹(U. S. ICBM)弹头 | $1 \times 10^{15}$ |
| 新地岛(Novaya Zemlya)试爆的氢弹(1961) | $240 \times 10^{15}$ |

资料来源：由作者依据从各种资料中获取的原始数据计算出

国家的安全。能源资源及其利用对我们的行动会产生制约,但并不能支配我们的选择,也不能确保经济成功,更不能使文明衰败。在现代世界,大量利用能源所带来的不可避免的唯一结果是,对地球的生物圈造成了巨大影响：现代文明的命运有可能最终取决于我们如何应对这一挑战。

进一步阅读书目：

Adams，R. N. (1982). *Paradoxical Harvest*. Cambridge，UK：Cambridge University Press.

Basalla，G. (1988). *The Evolution of Technology*. Cambridge，UK：Cambridge University Press.

Chaisson，E. (2001). *Cosmic Evolution：The Rise of Complexity in Nature*. Cambridge，MA：Harvard University Press.

Cleveland，C. (Ed.). (2004). *Encyclopedia of Energy*. Amsterdam：Elsevier.

Finniston，M.，Williams，T.，& Biseell，C. (Eds.). (1992). *Oxford Illustrated Encyclopedia：Vol. 6. Invention and Technology*. Oxford，UK：Oxford University Press.

Jones，H. M. (1970). *The Age of Energy*. New York：Viking.

MacKay，D. J. C. (2009). *Sustainable Energy—Without the Hot Air*. Cambridge，UK：Cambridge University Press.

Smil，V. (1991). *General Energetics*. Cambridge，MA：MIT Press.

Smil，V. (1994). *Energy in World History*. Boulder，CO：Westview.

法克拉夫·斯米尔(Vaclav Smil) 文

陈黎黎 译　俞金尧 校

# Engines of History　历史发展的动力

几个世纪以来,神力、世俗力量和政治力量被优先视为历史发展的动力。有关历史发展动力的说法不断演变,从天命论到马克思主义学说。20世纪出现了巨变,与之一道的是技术的变化和人类日益意识到自身行为可以影响生物圈,这使历史被重新思考,人们需考虑到以前从未意识到的科学发展在其中所发挥的作用。

人类热衷于了解自己周围发生了什么,而作为人类中的一分子,历史学家们则更热衷于弄清楚他们所写下的那些内容。即使是那些最出人意料的事件,历史学家们都会去一探究竟,自古以来便是如此。比如,希罗多德致力于解释小小的希腊城邦何以能击败庞大的波斯海陆军,而中国的首位历史学家司马迁力图去解释中国王朝的兴衰史。希罗多德的解释包含两方面的内容：其一,他认为与那些被迫服从于一个强有力的国王的波斯臣民相比,希腊城邦里的自由人更愿意并且会更勇敢地投入战斗；其二,波斯国王的自负激怒了众神,众神卷起风暴损毁了他入侵希腊的舰队。与之相似，司马迁也将王朝兴衰归于人为和超自然两方面的原因。在他看来，只有有德明君才能治国有方并受天命眷顾，当其德行败坏时，天命将被收回，原有的政府便会瓦解，直至出现一位新的明君建立起一个新的统治王朝。

究竟是什么使历史如此发生？关于该问题，上述两种历史观极有影响力。直到 100 多年以前，中国的历史学家们一直采用天命授予历朝历代统治权的观点来书写其历史。而自由使人们在战争中（也在和平中）获胜的观点，既受到古代罗马人也受到古希腊人的青睐，后随着文艺复兴的到来，重新进入欧洲人的视野。

不过，在整个世界范围内，希伯来先知的历史观有着更大的影响力。这种观点是指全能的神支配着历史，他惩罚那些有罪的民族和人，奖励那些虔诚皈依的人。从犹太教、基督教和伊斯兰教创立之初开始，这种观点就在信奉它们的社会中占据主导地位。对于信徒而言，除非是神所选中的先知，否则神意（Divine Providence）一直是神秘而不可知的。不过，普通的编年史家和历史学家们都理所当然地视神意为事件发生背后的决定性动力，至于那些令编年史家和历史学家们烦扰的其他原因，都只是受神意摆弄的辅助性因素。此外，印度教和佛教将现实世界视为幻象，它们很少关注人类的历史；取而代之的是用无止境轮回的宗教思想将日常发生的事情消解成转瞬即逝的琐事。

## 泛灵论的重要性

在上述这些已知的传统解释背后，蕴藏着一个关于这个世界的更加古老的说法，即现代人类学家所称的泛灵论。其基本信条是，所有自然物体内都存在着肉眼无法看见的灵（invisible spirits），灵参与人们日常时而合作、时而冲突的交往中。灵能够在肉眼看不见的情况

下移动，它可以任意进入或者离开某个人或某个物体。因此，灵的世界完全是一个与人类社会平行存在的世界。个体的灵在它能够运转其意志时运转之，在必须服从时服从之，并对发生于人类身上的每件事产生影响。

最早的狩猎-采集者们将这种观点传播至整个世界，至今，这种观点仍出现在人们的日常用语中，比如历史学家们所提到的"时代精神"。其后，宗教以各种形式体现了灵之所在：天使、恶魔、圣徒以及那些普通人因需要而求助的祖先，或者是在某种可能的情况下通过某种恰当的仪式被驱逐的亡灵。正因为如此，泛灵论是人类历史上最持久、最普遍的世界观。纵观过去，灵附着和离开体内以及灵所拥有的个体意识之间的冲突，有力地解释了梦境、睡眠和死亡，同样也解释了疾病、催眠以及人类的希望和期待常常在实际中落空的原因。拥有超自然力的人力图在灵的世界畅行，他们时而驱逐灵、时而抚慰灵，以及在需要的时候让另一些灵在其身边提供帮助。世界上所有的宗教都源自并吸收了一种观点，即人类被一个充满强力的灵的世界所包围，这些灵对所发生的每一件事都施加影响。

不过，面对一条存在于由当地宗教和民间实践所定义的、肉眼看不见的超自然力量和日常生活实际所呈现的真正面貌之间的鸿沟，充满求知欲的人们从未停止过跨越鸿沟的尝试。只要历史的变化仍是如此缓慢以致难以察觉，那么人们很有可能认为，即使时光在流逝，每一天所发生的事件也并无太大起落。在这样的社会里，神灵至上的信仰，一直具有绝对的说服力。不过，当新政体、新的经济活动以及关于远方及远方民族的新消息颠覆了旧习俗和原有预期时，新涌现的先知、哲学家和历史学家们凭借着自身对世界（指人类所处的和事件所发生的世界）与超自然力量之关系的深入探究，而大显身手。佛陀（悉达多）、希伯来先知、中国和古希腊

伊西斯神庙(Temple of Isis)壁画所绘的荷鲁斯(Horus)像,它是一位常与埃及法老联系在一起的鹰头人身神,头戴着分别代表上埃及和下埃及的白、红色双王冠。纽约公共图书馆

的哲学家,包括前文提及的希罗多德和司马迁,正是在这样的背景下各有其作为。

## 古希腊罗马的影响

基于抽象的、拟人化的天掌管人间而形成的王朝循环的历史观,一直在中国人的观念里居于中心地位,并且几乎从未受到挑战。比较之下,古代希腊的历史观则更为多变。比如诗人赫西俄德(Hesiod,约前 750—约前 650)等人就认为,时代不断堕落,从黄金时代逐渐退化至白银时代、青铜时代以及其后的黑铁时代,赫西俄德认为他自己就生活在黑铁时代。不过,普罗米修斯如何从神那里盗取火种并将它作为礼物赐给人类、赋予其力量的故事,却蕴含着另一种完全相反的观点,即随着时间的推进,人类会不断积累技能、知识和力量。

希罗多德的观点似乎也无法满足在他之后的历史学家。比如修昔底德,他甚至避免提及神的作用,在解释伯罗奔尼撒战争时,他强调在领导者个人特质的影响下所进行的深思熟虑的公共决策所发挥的作用。不过,他也认识到了其他一般因素所发挥的作用:雅典施加于其他城邦之上的暴政是如何导致帝国最终失败的;战争的苦难是如何使公民集体分崩离析以致发生内乱的;以及追求荣誉如何让位于贪婪。后来的古希腊历史学家中,最著名的莫过于波利比乌斯(Polybius,约前 200—前 118),他阐明了一种观点,即世上存在着一种自然循环;凭借这种循环,政体会从君主制蜕变为贵族制,之后蜕变为民主制。波利比乌斯认为罗马帝国兴起的原因——他的研究主题——当归功于罗马的混合体制,它使君主制、贵族制和民主制的各要素处于平衡状态。

在波利比乌斯写罗马史前的 2 个世纪左右,亚历山大大帝的征服将希腊人与埃及和西亚前所未有地紧密联系在了一起。相应地,希腊化时代的学者们通过构建平行年表来将希腊史与埃及史、西亚史联系在一起。大约在公元前 200 年,埃及祭司曼涅托(Manetho)将埃及史划分为 30 个王朝,这一做法至今仍然适用;几乎在同一时期,巴比伦祭司贝洛索斯(Berosus)概述了从大洪水时代前后直至波斯人统治时期的美索不达米亚的历史。不过,2 人均用希腊语写作,这很可能是由于他们受命于新的马其顿统治者。与此同时,以精确测算地球圆周而闻名于世的昔兰尼加的埃拉托色尼(Eratosthenes of Cyrenaica,约前 276—前 194)则根据自前 776 年开始就有的 4 年一次的奥运会来编写希腊史。

很明显,历史沿时空两个方向延续,而足以解释意外事件不断出现的有力论断却远远不够多。在古罗马时代,斯多葛派哲学家认为,不变并非所有呈现于我们眼前的历史都是它真实发生时的模样，而曾经真实发生过的历史事实上也并不是以它呈现给我们的方式发生的；此外，那些曾真实发生过的历史只是所有发生过的历史中的一小部分。历史中的每一件事，无论大小，仍有其不确定性。
——歌德（1749—1832）

的自然法则统治着全世界。这种观点可与善变的命运女神福尔图娜（Fortune）使人祸福无常的观点一较高下。古代罗马历史学的领军学者们则强调个人道德品质所发挥的作用。李维（Livy，前59—公元19）和塔西佗均对共和自由的终结感到惋惜，在他们看来道德败坏是引发内战和导致古代罗马在他们所生活的年代一直是帝国制政府的原因。

## 犹太教、基督教和伊斯兰教的出现

基督教、犹太教和伊斯兰教承认神的万能意志无处不在，无时不起作用，这取代了各色异教历史观。犹太教徒、基督徒和穆斯林均认为，自己的宗教经典已揭示出世界历史的主线。历史始于创世记，它并不像异端历史学家所认为的那样以战争和政治为中心，而是以上帝如何向人类显示他的意志以及人们如何不断服从和遵守他的训诲为中心。《圣经》曾预言世界注定在审判日到来时灭亡，那时上帝将奖励或惩罚那些活着和故去的人，并将每个人都永远地送往天堂或打入地狱。

无论这种无所不包的历史解释范式的信服力有多高，意想不到的事件仍不期而至，且像以前那样让人不解。不过，数世纪以来，宗教经典以及宗教学家对之的注疏仍具有权威性。相应地，由于神迹无处不在，简单地援引上帝的意志便可解释每件事情何以发生，故历史写作逐渐变得乏善可陈。不过，可以确定的是，古典时期的异教作家从未被遗忘，而诸如尤西比乌斯（Eusebius，活跃于313—337）以及奥罗修斯（Orosius，约活跃于414年）等作家则草率地将异教政治史中的核心事件嵌入基督教的叙事中。资料引证的新习惯，使得即使是最缺乏考证的伊斯兰教和基督教编年史对近现代学者们而言都变得有趣；而神性历史的普遍构架——从创世记到末日审判——使基督徒和穆斯林在

得知某些新民族、新国家和新宗教时，将它们随随便便地嵌入到了这一框架中。更重要的是，全能的上帝使信徒们去构建无所不包的编年史，它以神的创世、耶稣为基督徒而诞生以及穆罕默德为穆斯林而出走麦地那为历史的开端。尽管采用基督纪元和伊斯兰教历纪元难以对元年以前的时间进行计数，但这些纪年方法却沿用至今。不过，大多数历史学家在采用基督纪年法确定年代时，都用了"公元"（Common Era）这一在宗教意义上更中立的标签。

1000年以后，贸易联系加强，有关远方及远方民族的消息也在旧世界广泛传播，这就产生了一种需求，即原有宗教叙述应包含更多细节分析。上天或上帝又或是其他某种终极力量，是如何动用媒介来指引人类历史的？实际的情况究竟怎样呢？拜占庭和意大利的学者们重读古代文本以期寻求有用的线索，但他们大部分人都满足于借用异教历史学家的流于表面的修辞性说法。比如，马基雅维利采用了命运女神之说来解释意大利政治家、军人切萨雷·波尔吉亚（Cesare Borgia，约1475—1507）的胜败，而实际上他并不真正相信存在着命运女神。

不过，北非一位名叫伊本·赫勒敦（Ibn Khaldun，1342—1406）的穆斯林从他所处时代的动荡政治中提炼出了一种观点，他认为游牧部落具备优越的社会凝聚力，使之有能力去征服城市居民，不过，当城市的影响使游牧部落最初的凝聚力变弱时，他们就会让路于新的征服者。他的"社会凝聚力"持续波动论，以及他对黑死病——在这场灾难中他失去了双亲——之后紧接着出现于整个伊斯兰社会内的、系统的社会变革的认知，与在他之前的历史学家们皆不相同。也许是因为这些观点太过新奇，他在伊斯兰世界的影响非常有限，只是在1860年以后，他的观点才引起了欧洲人的注意。

关于历史发展动力的问题，意大利历史学

917

家维科与伊本·赫勒敦的观点相似。在其主要著作《新科学》(Scienza Nuovo，1725)中，维科阐明了一种思辨的、进化的世界历史观。根据这种历史观，前后相继的每一个时代均以某种占主导地位的观点和理念为特征——这些占主导地位的观念和理想在宗教和诗中得到了体现——并发展出该时代独特的行为范式。虽然维科一直是一名虔敬的基督徒，但他却比之前的任何一个人都更加系统化地详尽阐述了神意是如何在世世代代的时间里允许那些自私且残忍的人改变其想法和行为的。

1517—1750年间，在阿尔卑斯山以北地区，宗教改革和反宗教改革带来的宗教巨变主导了历史思维。新教徒争论说罗马天主教会背离了《圣经》中所记载的真正的基督教行止规范；而天主教徒则将自己的活动归宗于从伯多禄忠实传至罗马教宗的使徒传统。这是一个引发世代学者反复争论的历史问题。虽然学者们通过获取新的信息、习得新的语言技能和规则去修正古代和中世纪文本中抄录者所犯的错误，但却从未达成任何统一的意见。1499年以后，伊斯兰世界的伊斯兰教逊尼派和什叶派之间也产生了比以前更为尖锐的分裂；同欧洲一样，激烈的争论加剧了这种分裂，但它却没有如欧洲那样多地扩充历史知识，这大部分得归因于伊斯兰教以虔敬为由对印刷业的严格控制。

## 18、19世纪

从1750年左右开始，越来越多的欧洲人对宗教争论及其引发的战争感到疲惫不堪。世俗的、反教会干预的，有时甚至是有意不具宗教意识的观点在急剧增多，尤以法国和英国为首。能充分体现这种观念发生变化的历史作品，包括伏尔泰的《风俗论》(Essai sur les moeurs，1756)、威廉·罗伯逊(William Robertson)的《查理五世统治史》(History of the Reign of

Emperor Charles V，1769)以及爱德华·吉本(Edward Gibbon)的6卷本《罗马帝国衰亡史》。这些历史学家摒弃了当时盛行的神意主动介入人类事务的观点。他们认为，如果上帝真的存在，那他只是将世界创造成一个完全能够靠自我调节而运转的机器，而人类才应当是推动历史发展的动力。伏尔泰将历史的范围拓展至将世界各地的日常风俗均囊括在内，甚至包括了远方中国的风俗——他十分欣赏中国的文官政治，因为它的运作没有神职人员和启示宗教的干预。罗伯逊在书写疾风暴雨式的宗教改革时期时，没有采取明确的立场。吉本的书追溯了"蛮族和宗教"的胜利，他认为是基督教和伊斯兰教的成功最终导致罗马帝国在1453年灭亡。

随着民族主义的兴起，欧洲出现了新的历史观，法国大革命和拿破仑战争则进一步起到了促进作用。作为对法国政治和文化优越性的反抗，许多德意志人持有这样一种观点，即德语或其他任何一种语言与生俱来就具有其独特的民族精神。赫尔德(Johann Gottfried von Herder，1744—1803)是该观点的有力倡导者。1815年以后，中世纪史和现当代史逐渐成为德意志大学中授课和研究的常规主题，学术性的历史研究得到了前所未有的发展。当历史研究传播至其他国家的大学时，历史写作迅速呈现出独特的、多样的国别形态。相应地，有关历史发展动力问题的观点也越发多样。

我们大体可或多或少区分出三个不同的学派。第一个学派属于保守的、唯心的并信奉基督教的。该学派认为每一个国家都在上帝为人类所设定的计划中有其自身应有的位置，因而既有的制度和行为都恰如其分地体现了人民和国家的精神和命运。第二个学派则是自由的、进步的，与第一个学派相比，他们对于上帝在历史中发挥的作用并不那么确定。在英语世界里，阿克顿勋爵计划实施却未写成的自由史比任何人都更明确地解释了这一观点。此外,他还计划出版集体编撰的多卷本《剑桥近代史》(*Cambridge Modern History*),这样一套饱含自由观的史书可以更加具体地阐明这种史观,该书在阿克顿去世后不久即出版。不过,1848 年以后保守派和自由派均受到了来自社会主义、唯物主义和主张无神论的马克思主义的挑战。

保守派侧重研究国别史、政治史和由战争及外交的不时调整导致的国际均势的发展。自由派则侧重于研究数世纪里宪法自由所取得的进展,并且为他们拥有所处时代近乎完美的研究方法而庆幸。社会主义者则强调经济史、阶级冲突以及国际工人阶级的团结。尽管各有侧重,但这三个学派均认为,历史是由人类自身创造的,不过,由于个人意志和集体意志之间的冲突永恒存在,所以人类所创造的历史,其结果从不会符合任何人的期望或设想。

## 20 世纪至今

第一次世界大战和第二次世界大战的爆发,使上述三种历史观都失去了权威性。均势政策加剧了国家间的竞争并引发毁灭性的暴力冲突,这一点儿也不保守,反而激发了革命。

面对这些巨变,历史学家们极不情愿地调整其历史观。相比之下,坚持保守主义的、自由主义的和社会主义的思维模式,要比追问总体模式和普遍原因等宏观问题容易得多。

1950 年以来,全球化迅速发展,推动着人们必须比以前更为认真地对待世界历史。新的生态意识和人类行为在近期对其他生命形态所造成的冲击,都引发了有关人类历史的新问题。人口数量的急剧增长,也使人口状况作为一个基本变量引起了关注。在更宽泛的意义上,我们认识到我们是更加宏大的进化进程——宇宙的进化、陆地的进化、生物的进化和人类的进化中——不可或缺的一部分,而这

促使人们重新去认识历史,去思考那些过去从未意识到却影响或控制了人类所作所为的进程。19 世纪,历史学家们忙于批评和纠正过往人们的言行举止,历史学被局限于此。这丝毫无助于解释历史上究竟发生了什么。不过,如何理顺我们自身所处的各不相同的进程中的巨大复杂性,对我们来说也仍是一个待解决的问题。极有可能出现的情况是,人类智慧以及我们的语言将永不能找到让每个人都满意的答案。

在过去的半个世纪里,较之以往,历史学家们开始更多地去理解人类起源以及曾经所称的史前史,这得益于考古发现、对尚存狩猎-采集部落的人类学研究以及对黑猩猩和其他人类近亲的观察。与此相似,流行病学所取得的进展,使历史学家们能够更加深入地去理解疾病微生物和人类是如何跨越时间而相互影响的。维持人类活动的能量流,也提供了一种令人满意的方法,可以通过它去定量评估人类扩大自身生态位的巨大成就,尽管这些成就是以牺牲其他物种为代价的。此外,随着时间的变化,人类的交流网使人类能够进行更加广泛和有效的合作,这归因于集体学习和技能的积累。

总之,通过将历史学融入进其他姊妹学科之中,或者更确切地说,通过将所有科学历史学化的方式,我们期待人类会更好地理解自身及其周围世界的一点一滴。如今,我们已确切认识到,所有的科学都会随着时间的变化而演进,而众科学所研究的物理、化学、地质和生物进程也具有时效性。宇宙间,变乃常。得益于语言及近期发展的数字符号和数字化信号,我们现在——而且也是长期以来——有能力改变我们身边所有的生命形态,人类这种迅速改变世界的能力不可低估,并且至少在全球范围内意义重大。

一部分历史学家开始大胆地进行综合研究。最著名的代表是大卫·克里斯蒂安(David

919

Christian)所写的《时间地图》（*Maps of Time*，2004）。不过，这项工作刚刚起步，谁又能预料其未来的走势！人类的历史常常难以预料，可以肯定，未来亦会如此。权威的宗教有可能再一次将人类理解过去发生了什么的任务简化。不排除会出现现有高技术城市社会突然崩溃的情况。人类自身的生存境遇也是悬而未决。又或者我们有可能习得足够的能力，像我们的祖先那样成功地、摇摇晃晃地长期驾驭未来。一如既往，时间将揭晓一切。由始至终，历史学家们的观点都将一直是他们自身所处社会变化的反映。

进一步阅读书目：

Baali, F. (1992). *Society, State, and Urbanism: Ibn Khaldun's Sociological Thought*. Albany: State University of New York Press.

Christian, D. (2004). *Maps of Time: An Introduction to Big History*. Berkeley and Los Angeles: University of California Press.

Gibbon, E. (2003). *The History of the Decline and Fall of the Roman Empire* (H-F. Mueller, Ed.). New York: The Modern Library.

Hardy, G. (1999). *Worlds of Bronze and Bamboo: Sima Qian's Conquest of History*. New York: Columbia University Press.

Leathes, S., Prothero, G. W., & Ward, A. W. (Eds.). (1902). *The Cambridge Modern History: Planned by the Late Lord Acton*. Cambridge, UK: Cambridge University Press.

McNeill, W. H. (1998). History and the Scientific Worldview. *History and Theory*, 37(1), 1–13.

Polybius. (1979). *The Rise of the Roman Empire* (I. Scott-Kilvert, Trans.). London: Penguin Books

Robertson, W. (1972). The History of the Reign of Charles V. In F. Gilbert (Ed.), *The Progress of Society in Europe*. Chicago: University of Chicago Press.

Stahl, H.-P. (2003). *Thucydides: Man's Place in History*. Swansea, UK: Classical Press of Wales.

Thomas, R. (2000). *Herodotus in Context: Ethnography, Science and the Art of Persuasion*. Cambridge, UK: Cambridge University Press.

威廉·麦克尼尔(William H. McNeill) 文

陈黎黎 译 俞金尧 校

# Enlightenment, The 启蒙运动

启蒙运动是欧洲 18 世纪的一场哲学运动，它摒弃了传统的社会、宗教和政治观点，将理性思维作为一种能够发展出解释人类行为和情感的新理论的方法。其后，这些新理论被运用到社会和政治领域，改变了人们看待政府的方式，并对现代世界的发展产生了直接影响。

欧洲思想史上从 17 世纪末到 18 世纪末的一段时期被称为"启蒙时代"，这个时代汇集了道德哲学和自然哲学的各种观点，将人类对形而上学和超自然现象的探寻转移到关注物质世界本性和人类本性上。更重要的是，启蒙运动象征着对既有文化和思想传统的批判。启蒙思想

教育是一个逐步发现自己无知的过程。

——约翰·德莱顿（John Dryden，1631—1700）

家狄德罗（Denis Diderot，1713　1784）和达朗贝尔（Jean Le Rond d'Alembert，1717—1783）所编辑的 40 卷《百科全书》（L'Encyclopédie，1751—1772）将启蒙时代的思想家或称"哲人"，理想化地表述为"蔑视偏见、传统、普世共识、权威，简言之，蔑视那些束缚大部分人思想的东西"，并且"敢于为自己而思索"的人。约一代人的时间后，德意志思想家康德将启蒙运动定义为"人类脱离自己所加之于自己的不成熟状态"；他还写道，启蒙运动的座右铭应当是："敢于认知（Sapere aude）！'要勇于运用你自己的理智！'"

## 知识受众的扩大

启蒙运动采用了新的知识交流形式。诸如大卫·休谟（David Hume，1711—1776）等启蒙思想家们，对前人独占知识的行为予以痛斥，并坚持让知识走出学究式象牙塔，转而进入学会、辩论会、沙龙和咖啡馆这些谈吐斯文的社交场合。随着口头交流范围的扩大，读者群和出版文化也相应扩大。在这个时期，书变得越发小巧，价格也日益低廉，人们更容易读到书。这个时期见证了期刊、报纸和杂志的诞生。印刷出版与读者接触到印刷品的方式的变化相一致。费劲啃书的日子已经过去，取而代之的是读书识字的人越来越多，尤其是中产阶级，这意味着越来越多的人会在闲暇时间里读小册子、随笔、小说和报纸。

## 物质本性和人的本性

16、17 世纪，欧洲思想家们对人类认知物质世界的既有认知发起挑战。中世纪的思想家们以古典学说，尤其是亚里士多德的学说为基础，建立起了复杂的宇宙体系。不过，在诸如物理学、应用数学，尤其是天文学等许多新领域里，尼古拉·哥白尼、伽利雷·伽利略、艾萨克·牛

顿等人却有了新发现，提出了新解释。他们向那幅有限的、以地球为中心的宇宙图景发起了挑战，取而代之的是一个以太阳为中心的无限的宇宙体系。因而，有关物质世界的论断日趋倾向于将其描述得类似于某种机械装置，它由理性的、可用数学来表示的理性规则所控制；它可能是由某种神力所创造，但却不需要后者去干预它的运转。

道德哲学中也明显地出现了朝向机械论解释的转变。17 世纪诸如威廉·哈维、托马斯·霍布斯、勒内·笛卡儿和约翰·洛克等思想家，提出了医学和心理学新理论。他们将人类产生运动、行动、感受和思考的原因解释为受机械原理控制。后来，哲人们发展出了经济、社会和政治理论，挑战了人们的旧有信仰——一个由神所设立的、靠直觉去认知的秩序。启蒙思想家们将人性视为一块道德中立的白板，人们可以通过各种方式来塑造它。他们运用"社会白板"的观点或称"自然状态"论（the idea of a social tabula rasa 或 state of nature），去解释市民社会何以产生以及采用何种方式对之进行管理。霍布斯、阿冉松侯爵（the Marquis d'Argenson，1694—1757）、孟德斯鸠和卢梭等众多启蒙思想家都认为，若将社会像机器一样组织起来，则有可能确保政治稳定，在这样的机器里，每一个元件都能与其他元件协同运转。而其他人，比如洛克就在其《政府论》下篇中，运用自然状态论来界定确保政治稳定所需的国家权力的界限。

## 进步和效用

在整个 17 世纪，欧洲的知识分子们就当时的"现代"欧洲思想家是否超越了"古代"希腊和罗马同行的问题争论不休，在当时，这种争论催生了这样一种启蒙时代的观念，即更好的思考方式和行为方式已经在近数十年中产生。对现

922

代进步性的感知致使"哲人们"有了这样一种信念，即新的观点和方法将确保人类在政治、社会、艺术和科学方面取得无限进步。哲人们通过实验和改革，从事可以改善他们所处社会和自然环境的事业。诸如英国皇家学会等学会和学院开始出现，创新的观点和技术得以在这些机构里被展现、讨论和推荐。从农业技术到动物分类学，进步改革成了启蒙运动的重要理念，并与启蒙运动的另一个原则"效用"联系在一起。休谟曾写道："公共的效用是正义的唯一起源。"就进步和效用这两个原则来看，大多数启蒙思想家都是古典与现代之争中"现代"思想家们的继承者。

## 宗教和政治

不过，如果我们将现代性的含义理解为无神论和民主的话，那么启蒙运动并不能简单地等同于现代性的兴起。正如任何谴责现行制度或观点的运动那样，启蒙运动的反对者们对启蒙运动下的定义所做的建构，与启蒙"哲人们"自行所做的一样多。因此，我们必须超出那些倾向于将启蒙运动简单地视为向教会和国家的权威或向基督教和绝对君主制发出挑战的常见定义，去理解启蒙运动。事实上，除了极个别的例子，启蒙思想家们大都是教会和国家、基督教和绝对君主制的辩护人。

启蒙运动的宗教观点，部分地建立于某些新教教派的观点之上，比如索齐尼派（Socinians，他们否定基督的神性，因而也否定三位一体）和阿里乌派（Arians，他们认为圣子和圣父并非同质）；还部分建立于罗马天主教的思辨传统和人本主义传统之上。实际上，基督徒正是用"启蒙"这一术语去称呼神启的。不过，许多启蒙思想家都反对并批评宗教教条主义的"热忱"和宗教"狂热"引发的战争——比如法国宗教战争（1559—1598）、英国内战（1638—1660）或三十年

休谟试图把学究式象牙塔中的知识传播到学会、辩论会、沙龙和咖啡馆这种谈吐斯文的社交场合中。纽约公共图书馆

战争（1618—1648）等。他们强调人们有必要重新理性地审视信仰的基础。这些人坚持认为宗教应当与理性一致，并坚持认为任何信仰，若不是由观察世界或人类理性产生的，那么均当被摒弃。这些想法促进了宗教宽容和理性主义，这既促使了像伏尔泰（Voltaire，1694—1778）一样的自然神论者提出自然神论，伏尔泰认为一个简化了的、"理性的"基督教将瓦解它的教义和仪式，也促使了像休谟和霍尔巴赫男爵（Baron d'Holbach，1723—1789）一样的无神论者提出无神论。

同样，启蒙运动的政治观也是将对过去的延续与对传统的批判态度混合在一起的。虽然启蒙运动的反对者们常常指控"哲人们"使政治秩序和现有的君主制受到腐蚀，但实际上大多数"哲人"都倾向于采用君主制。英国的乔治三世、法国的路易十五和路易十六、普鲁士的腓特烈大帝、奥地利的约瑟夫二世和俄国的叶卡捷琳娜二世都支持启蒙思想家，同时也都从启蒙思想家那里获得了支持。由于受到启蒙时代效

923

用最大化理论的影响,这些君主尝试在自己的王国内进行改革。因而,诸如伏尔泰等启蒙思想家实际上鼓吹的是一种"开明专制",即,由一个拥有绝对权力去改革社会的唯一政权实行统治。启蒙运动的政治哲人们对两件事情持有反对倾向:一是他们所称的"东方专制主义",这是某种被启蒙哲学家视为与伊斯兰国家联系在一起的专制统治;二是像贵族和行会等部分群体的惯有特权,这被启蒙哲人视为无效率和不公平。

## 启蒙运动与更广阔的世界

虽然启蒙运动几乎只是一个欧洲现象,但一个更大范围的世界也在启蒙思想的发展中发挥了重要作用。有关远方那些不为人知的动物物种的描述,使得如林奈(Carolus Linnaeus,1707—1778)这样的博物学家提出了新的分类体系,这个新的分类系统可以将日益增多的动植物的大量信息有效地组织在一起。动植物化石的发现,也使许多人不再逐字逐句地依照《圣经》经文中《创世记》的内容来解释世界的诞生。取而代之,诸如布丰(Georges-Louis Leclerc de Buffon,1707—1788)这样的"哲人"提出,地球是以极其缓慢的进化速度形成并发生改变的,这也是火山活动和潮汐等自然现象造成的。

欧洲人与非欧洲人及其语言、宗教、政治活动之间的邂逅,也从许多方面激励了启蒙思想家。比如威廉·琼斯爵士(Sir William Jones,1746—1794)认为波斯语和欧洲语言之间存在亲缘关系,他和其他语言学家们一同为19世纪的比较语言学的研究奠定了基础。中国人的美德令与之打过交道的耶稣会士们印象深刻,这些待在中国的耶稣会士强调基督教信仰和儒学之间存在相似之处,而诸如马修·廷德尔(Matthew Tindal,1653—1733)和莱布尼茨(Gottfried Wilhelm Leibniz,1646—1716)等启

蒙思想家,曾以中国的格物致知来反对人类需要天启的主张。苏格兰思想家亨利·霍姆(Henry Home,1696—1782)注意到世界各地的人之间存在着外貌上的根本差异,提出了人种多重起源的观点,否定了《圣经》关于人种起源的说法。

启蒙思想家们越来越多地将自身所处的社会与那些近期所发现的远方社会进行比较,这从许多方面向传统观点发起了挑战。比如,洛克在其《政府论》下篇中注意到"全世界初期都像美洲"。虽然只有极少数人真正在欧洲以外的地区游历过,但启蒙思想家们频繁使用那些有关远方文明的记载来评论自身所处的国家。启蒙运动时期最常谈的话题之一是美洲印第安人的形象,后来还谈及太平洋诸岛岛民的形象。他们被视为没有文学、没有宗教、没有法律或不存在政治和社会差异而处于自然状态的存在。比如,法国贵族路易·阿曼德·拉翁唐(Louis Armand de Lahontan,1666—1716)就通过出版一本虚构了自己和一个休伦人(Huron)之间对话的书,而让生活在这种令人羡慕状态下的美洲印第安人为大众所悉。在这些对话里,这个休伦人在诸如婚姻、宗教和法律等主题上均胜过与之对话的拉翁唐。该书引起了莱布尼茨等重要的启蒙思想家的讨论,并对自然法和自然宗教的相关观点产生了影响。拉翁唐的《拉翁唐与蛮族首领阿达里奥对话录》(*A Conference or Dialogue between the Author and Adario, a Noted Man among the Savages*,1703)以及孟德斯鸠的《波斯人信札》(*Persian Letters*,1721)、伏尔泰的《天真汉》(*Ingenuous*,1767)和奥利弗·戈德史密斯(Oliver Goldsmith,1730—1774)的《世界公民》(*Citizen of the World*,1762)等同类作品,使这种通过一个虚构的远方来客来批判欧洲习俗的体裁在启蒙时代变得流行起来。实际上,这类体裁是当时最重要的传播载体之一,欧洲读者借此来

想象非欧洲人的世界,并批判自身所处社会的习俗。

启蒙运动与非西方世界之间的邂逅也促进了我们当今称之为社会科学的兴起。社会学、人种学、人类学、心理学、经济学、政治经济学,甚至是文学批评,均萌芽于启蒙运动时期。启蒙运动时期的历史学家们研究每个人类社会是如何遵循着一个明确的、对于大多数哲人来说也是进步的发展进程,去完成从假定的自然状态到文明阶段的演化。这种"推测史"(conjectural history)蕴含了明确的文化等级,而启蒙时代是文化特殊论发展历程上的一个重要时期,文化特殊论为19世纪的民族主义者和种族主义者的意识形态提供了养料。

不过,由于启蒙思想家们不是从种族而是从文化、历史或环境的角度来看待民族间的差异,所以他们更倾向于人性和尊严是所有民族共有的特征。这种观点对启蒙时代世界主义思想的发展产生了重大影响,该思想认为"哲人"应是世界公民,而不是根据偶然形成的特定传统成为某个民族国家的公民。这种强调所有民族共享人性和尊严的思想还有一个重要的意义,在它的影响下,狄德罗和雷纳尔神父(Abbé Raynal,1713—1796)等众多启蒙思想家谴责奴隶制是一种惨无人道的行为,这些启蒙思想家也在废奴主义观点的形成中发挥了作用。

## 启蒙运动和现代政治革命

围绕启蒙运动而常常出现的问题之一乃是其影响程度的大小,尤其是对欧洲和欧洲人所属的美洲殖民地上的政治革命和社会革命所产生的影响。如上所述,大多数启蒙思想家既不提倡政治革命,也不提倡共和主义。事实上,在某些方面,启蒙运动这个概念被视为一个连续的运动——它批判现有政治机制和观点——大部分是由后来的革命者为了在思想层面证明自身的合理性,而在追溯历史时创造出来的,正如哲人们及其反对者定义了启蒙运动的含义那样。不过,毫无疑问,诸如托马斯·杰斐逊(Thomas Jefferson,1743—1826)和托马斯·潘恩(Thomas Paine,1737—1809)等美国革命家都受到了启蒙运动的影响。同样,毫无疑问,启蒙思想家,尤其是卢梭,对法国大革命产生了巨大影响。南美洲"解放者"西蒙·玻利瓦尔(Simón Bolívar,1783—1830)也从他的家庭教师那里得知了卢梭和伏尔泰,而他在游历欧洲时又从亚历山大·冯·洪堡(Alexander von Humboldt,1769—1859)等思想家那里吸收了启蒙运动的观点。制定一部成文宪法、摆脱专制和不公正的习俗、法律面前人人平等、(在一定程度上也包括政府)三权分立等,均是由启蒙思想家们提出的。综上种种,启蒙运动对现代世界的兴起贡献卓越。

925

进一步阅读书目:

Bell, D. (2001). *The Cult of the Nation in France: Inventing Nationalism, 1680 - 1800*. Cambridge, MA: Harvard University Press.

Chartier, R. (1991). *The Cultural Origins of the French Revolution*. Durham, NC: Duke University Press.

Diderot, D. (1751). *Eclectisme. Encyclopédie, ou Dictionnaire Raisonné des Sciences, des Arts*. Paris: Durand.

Goodman, D. (1994). *The Republic of Letters: A Cultural History of the French Enlightenment*. Ithaca, NY: Cornell University Press.

Hume, D. (1902). *Enquiries Concerning the Human Understanding and Concerning the Principles of Morals* (2nd ed., L. A. Selby-Bigge, Ed.). Oxford, UK: Clarendon Press. (Original published 1777)

Kant, I. (1988). *What is Enlightenment?* In L. W. Beck (Ed.), *Kant: Selections* (pp. 462 - 467). New York: Macmillan.

Kors，A. C.（Ed.）.（2003）. *Encyclopedia of the Enlightenment*. Oxford，UK：Oxford University Press.

Locke，J.（1993）. Second Treatise on Government. In D. Wootton（Ed.），*Political Writings of John Locke*（pp. 261 – 387）. New York：Mentor.

Pagden，A.（1993）. *European Encounters with the New World*. New Haven，CT：Yale University Press.

Roche，D.（1998）. *France in the Enlightenment*. Cambridge，MA：Harvard University Press.

Vyverberg，H.（1989）. *Human Nature，Cultural Diversity，and the French Enlightenment*. Oxford，UK：Oxford University Press.

马修·洛宗（Matthew J. Lauzon）文

陈黎黎 译　俞金尧 校

# Environmental Movements　环保运动

虽然"环保主义"这个术语是在相当晚近的时期才被使用,但环保运动的根源却可追溯至 19 世纪,那时,对于更干净的水和空气及荒野保护的呼声比比皆是。工业化和殖民主义引发了第一批环境保护者的呐喊。尽管各种环保组织不计其数,其目标和动机也不相同,但从整体上来说,环保运动一直是现代社会中的一个重要方面。

20 世纪后半叶,随着人们对一些地方问题反应激烈,环保运动或称"绿色运动"在全球应运而生,这影响了国家政策的制定和政府组织的产生(其中包括几乎所有国家的环保部门的诞生),也助力于国别和国际法律的制定、国际组织的创建和重要条约的缔结。其他的民众运动很少能像环保运动这般传播得如此之快,拥有如此繁复的分支,并长期存在,有望持续产生影响。

不过,若将绿色运动或环保运动视作在第二次世界大战之后才兴起的一个新产物,却会产生误导。它植根于 1 个世纪以前的资源保护运动。当时,出现了许多要求洁净的水和空气、公园和开放空间、人道地对待动物、保护鸟类物种、保护荒野以及为户外休闲提供必要条件的呼声。各地的人们开始将他们自身的福利与当地的土地、森林、水和空气的洁净、健康状态联系在一起。虽然当时的人们并未使用"环保主义"这一术语,但他们保护自身的宝贵栖居地,反对破坏栖息地的开发行为,以及寻找与自然和谐共存之道等行动,这些内容都是环保主义致力践行的。

18 世纪末至 19 世纪,时人之所以会关心上述问题,是因为当时工业革命使西方世界的景观受到污染和破坏,殖民主义使世界其他地区的自然资源遭到掠夺。比如,森林滥伐使大西洋和印度洋上的小岛迅速发生显著的变化,以致殖民国家所派出的欧洲科学家们都注意到了木材告竭和气候变干燥的现象,呼吁采取森林保护的措施。法国植物学家皮埃尔·普瓦夫尔(Pierre Poivre)在 1763 年曾提出警告,森林的消失将导致雨水减少,他建议在殖民岛屿上植树造林。不久,英、法两国在各自的殖民地上,包括英属印度,都设立了森林保护区。不幸的是,设立保护区通常意味着当地居民会被从他们原先居住的森林驱逐出去,这激起了当地居民在 19 世纪的抵抗。欧洲的一些环保主义者们为当地居民所遭受的不公深感不平。在这些发出抗议之声的环保主义者中,一部分人是女权主义者;还有一些人,比如外科医生爱德华·格林·鲍尔弗(Edward Green Balfour),既提倡资源保护,也提倡反殖民主义,并以此警示统治者们。

资源开发的风潮迅速横扫北美大陆,引起了一些反对之声。1832 年,画家乔治·卡特林(George Catlin)主张将大平原的一部分设为国家公园,以保护野牛和以捕猎它们为生的美洲土著印第安猎人。英国作家威廉·华兹华斯(William Wordsworth)和美国作家亨利·大卫·梭罗(Henry David Thoreau)都认为,人类只有在与野性的自然保持接触时,才能认识到真正的自己。苏格兰裔美籍作家约翰·缪尔(John Muir)成为保护荒野的倡导者,并找到了许多志同道合之人。1872 年,美国第一座国家公园正式定名为黄石公园,开启了一场尔后遍及世界的设立自然保护区的运动。1879 年澳大利亚宣布在悉尼市外设立一座国家公园;1885 年加拿大设立了班夫国家公园(Banff National Park);1898 年,南非设立了一个保护区,后来成为克鲁格国家公园(Kruger National Park)。最终,逾 110 个国家建立起共 1 200 座国家公园。

经由缪尔等众多作家提供的社会关系,资源保护运动迅速发展,建立起众多组织。缪尔小组、塞拉俱乐部为自然保护提供了各种各样的支持,成功地促进了国家公园的创建,并为其会员提供了在国家公园里远足和露营的机会。随后,1905 年,奥杜邦学会(Audubon Society)成立,旨在保护鸟类,并吸纳了女性领导者,这些女性领导者说服自己的女性同伴,告诉她们没有羽毛的帽子会更时髦。美国国家公园管理局第一任局长史蒂芬·廷·马瑟(Stephen Tyng Mather)于 1919 年组建了国家公园协会,旨在为他工作的部门提供支持。国际化的组织也陆续出现,如世界野生生物基金会(World Wildlife Fund),旨在为各国保护野生动植物及其栖息地

的项目提供支持。

## 倡导可持续利用的呼声

并非所有的资源保护者都提倡将自然保护区保持在原始状态。那些与政府联系密切的人则从持续提供人类所需资源的角度指出保留保护区的重要性,尤其是森林保护区,它会成为人类所需资源比如木材的持续来源。早在 1801 年,法国就建立了水资源和林业资源管理局;不久以后,普鲁士也建立了林业局。1864 年,美国驻意大利大使乔治·珀金斯·马什(George Perkins Marsh)出版了著作《人与自然》(*Man and Nature*),该书向人类发出了警告,指出人为导致的森林、土壤和其他资源的毁灭会威胁到整个人类社会,使我们贫困。马什认为,无论人类是出于好的动机去改造自然,抑或是不计后果地造成自然环境的诸多变化,都破坏了环境带给人类的益处。马什的影响遍及美国、欧洲和世界其他地区,他的影响也助于自然资源保护运动深入人心。1875 年,美国林学会(American Forestry Association)的成立是为该运动的标杆事件。吉福德·平肖(Gifford Pinchot)曾是森林可持续管理的倡导者,他在 1905 年担任西奥多·罗斯福总统(总统本人也是一位资源保护主义者)任内的美国林务局(U. S. Forest Service)首任局长。平肖曾在法国林学院学习,此外,还了解了迪特里希·布兰迪斯(Dietrich Brandis)和英属印度林业部的工作,通过这些,他掌握了大量林业方面的知识和信息。

20 世纪早期,资源保护主义的大部分工作,主要是由致力于该事业的个人、充满活力但规模较小的组织以及某几个国家的政府土地管理部门开展的。他们主要关注森林、土壤、水资源、野生动物和重要自然保护区的保护等问题,还致力于防止地方区域,尤其是城市中心区域发生污染。不过,第二次世界大战之后的年岁里,

环境恶化程度加剧,环境问题愈发增多,这迫使世界各地的人们都注意到,这些环境问题实则代表着环境危机。这些问题几乎不可能仅靠局部地区的努力便能解决,比如:核武器测试和核电站事故产生的辐射污染;跨越国界的空气污染以及因此而酿成的酸雨;使用面积更广但效用却日益降低的高残留农药(在南极洲的企鹅脂肪里也发现了农药残留);经证实能够破坏臭氧层的惰性化学物质;由不计其数的人类活动所释放的、使地球温度上升的温室气体。当人们面临这些问题而它们也唤醒了更广泛的公众意识时,资源保护运动就转变为环境保护运动。国际自然保护联盟是第一个在联合国支持下成立的环保组织;在该组织 1949 年的宪章中明确规定,其目标是保护整个世界的生物群落。1956年,该组织演变为国际自然与自然资源保护联盟。

## 环保主义的兴起

作为一种民间社会运动,环保主义兴起于 20 世纪 60 年代。人们通常认为,1962 年美国生物学家雷切尔·卡逊(Rachael Carson)出版的

在非洲马赛马拉(Masai Mara)大草原吃草的大羚羊,这是一处位于肯尼亚境内的野生动物避难地

《寂静的春天》(Silent Spring)促成了该运动的兴起,该书警告人们诸如 DDT 等高残留的农药具有危险性。虽然该书仅关注了一个环境议题,但却比以往任何一本有关环境问题的书都更广泛地获得了国际读者群的响应。环保主义在地球日(Earth Day,1970 年 4 月 22 日)的创立中得到充分体现;尽管它后来受到国际瞩目,但最初主要发生在美国。到 2000 年,美国环保组织的成员人数已达到 1 400 万,英国和德国的达到 500 万,荷兰的达到 100 万。

1972 年,首次专注于环境议题的大型国际会议——联合国人类环境会议在瑞典斯德哥尔摩召开。在这次会议中,有来自 113 个国家、19 个政府间机构,以及 134 个非政府组织的代表。此次会议的召开标志着许多国家已经意识到,环境问题已是世界范围内的问题。发达国家和发展中国家的代表出席会议并参加了讨论,讨论的问题使他们分成了两大阵营。与 1992 年在里约热内卢再次召开的会议有所不同的是,1972 年的斯德哥尔摩会议并不是"地球峰会"。出席斯德哥尔摩会议的国家领导人仅有主办方瑞典的首相奥洛夫·帕尔梅(Olaf Palme)和印度总理英迪拉·甘地,后者代表发展中国家就大家共有的观点发表了演说。部分发展中国家的代表注意到,环保主义者们的观点在发达国家中得到最积极响应,正是这些地区的国家早早通过利用地球上的自然资源达到经济顶峰,并导致了地球上绝大部分的污染问题。为保护资源以及减少污染而采取的措施,是否会限制贫困国家的发展,反而让富裕国家相对富裕?对此甘地认为,贫穷和需求是最大

的"污染源",最基本的问题并不是资源保护和发展之间的冲突,而是环境与打着发展经济的名义不顾一切加以开发和利用人力和自然之间的矛盾。她强调,有关环境问题的讨论与那些由人类需求所产生的议题之间存在着联系。斯德哥尔摩会议决议创立联合国环境规划署,其总部位于肯尼亚内罗毕,负责协调联合国在世界范围内开展环境问题的相关工作。比如,联合国环境规划署曾在促成1987年旨在保护地球臭氧层的《蒙特利尔议定书》的会谈中发挥作用。

环保运动在一些国家赢得了立法上的胜利,这些国家制定了防治空气污染和水污染的法律,还通过了保护荒野和濒危物种的法律。大多数国家都建立起了政府环保机构。在美国,1969年的《国家环境政策法》要求政府部门和商业机构的发展计划需进行环境影响评估。

20世纪70年代,环保政治运动在欧洲等地开始兴起,其形式通常是绿党。德国的绿党通过强调环保价值、反核运动、工人的经济权利与参与民主制,不仅赢得了环保主义者的支持,也赢得了其他群体的支持;绿党在议会中赢得了足够多的议席以在左右两派之间占据关键的一席之地,并参加到联合政府的事务中。比较之下,欧洲其他国家的类似党派,在选举中获得的票数一般低于10%。2000年,主张保护消费者权益的拉尔夫·纳德(Ralph Nader)在当年的美国总统选举中成为候选人,这使绿党赢得了美国人的关注。纳德很可能在某些州得到了相当多的选票,这使民主党的总统候选人阿尔·戈尔(Al Gore)这位温

和的环保主义者和《濒临失衡的地球》(Earth in the Balance)的作者失去了赢过乔治·布什所必需的票数。

虽然那些倡导企业、投资方和商贸方均应承担环境保护责任的运动取得了一定进展,但效果喜忧参半。诸如赫尔曼·戴利(Herman Daly)和保罗·霍肯(Paul Hawken)等经济学家推动了一项强调企业责任的运动。他们的"自然资本主义"("natural capitalism")提倡,应从社会正义、环境正义以及所使用资源的可持续性等方面考虑企业和工业的总体影响,而不是只考虑经济"底线"。许多公司都采取了环保措施,但我们很难去判断公司究竟是出自真心,还是仅仅只是宣传策略以吸引那些有环保意识的消费者。

环保运动并不满足于仅在政府行为或国际条约等层面寻求改革,因为这两者见效慢、不全面。环境正义运动会就许多发生在穷人和少数族裔生活区的环境灾难,比如有毒废弃物的倾倒、有污染的工业等发起抗议。抗议者们针对环境破坏行动,比如砍伐原始森林,发起直接抗议。

美国丹佛迈尔高地的英弗斯科体育场(Invesco Field at Mile High in Denver,2008年美国民主党全国大会召开的地点)外竖立着的一块广告牌,用人们所熟悉的口号和标志倡导循环利用资源

930

1993 年，加拿大市民堵住了一条道路，这条道路被麦克米兰布洛德尔公司（MacMilan Bloedel Company）的伐木车用来运输在温哥华岛克拉阔特湾周边森林砍伐下来的古老大树。警察逮捕了 932 名抗议者，这些人均因违反法院禁止示威游行的禁令而获罪，并被处以 250～3 000 美元不等的罚金。不过，最终达成的协议还是成功地保护了大部分的森林。然而，威尔霍塞尔公司（Weyer-hauser Company）却步麦克米兰布洛德尔公司之后尘，在其他未受保护的地区继续伐木，也受到类似的抗议。

最著名的环境抗议事件是抱树运动（Chipko Movement），它发生在 1973 年 3 月印度北部靠近喜马拉雅山的村庄里。当时，农民采用抱树和用自己的身体挡住斧头的方式来阻挡伐木者砍伐树木——这是受印度民族主义者甘地非暴力抵抗启示下进行的一种同类型的反抗。对于当地人来说，这些树木价值连城，可作为燃料、饲料、小型木材，并可防洪。示威者中许多人都是女性，她们是当地的木柴捡拾者。印度其他地区也发生了类似的抗议运动，并同样取得了成功。马来西亚沙捞越（Sarawak）的本南族人（Penan）直接发起了一系列行动，包括封锁道路等，以抗议伐木商对他们热带雨林家园的破坏。

那些表达出对人类与自然关系的强烈关心的人，常因之遭到迫害。旺加里·马塔伊（Wangari Maathai），一位在肯尼亚推行绿带运动（Green Belt Movement）以使妇女和儿童可以种植和照料树木的女性，遭受了攻击，并锒铛入狱。后来，她在 2004 年因其环保事业获得诺贝尔奖。诗人、剧作家肯·萨罗-维瓦（Ken Saro-Wiwa）因发起反对石油钻探的运动而被尼日利亚政府处决，他所反对的石油钻探污染了他所在的奥戈尼人（Ogoni）部落土地上的空气和水，而当地人从未得到任何赔偿。朱迪·巴里（Judi Bari）是 1990 年抗议砍伐加利福尼亚州巨大红杉的红杉之夏（Redwood Summer）运动的领导人，她被一颗安放在她汽车座椅下的炸弹炸残。奇科·门德斯（Chico Mendes），一位将采胶人（seringueiros，巴西亚马孙热带雨林里的割胶工人）组织起来对抗非法砍伐者，保卫他们自己的森林和生计的环保主义者，于 1988 年被那些因他的活动而经济利益受到威胁的富有的土地所有者雇人杀害。美国的天主教修女多萝西·梅·斯唐（Dorothy Mae Stang）是一位归化的巴西公民，她为亚马孙流域的贫困乡民和环境保护工作了 30 年，2005 年，她被当地的土地所有者们下令枪杀了。这对应了她常穿的一件短袖上的座右铭："森林消失的那日便是我们生命的终结之时。"

21 世纪初期，环保运动中最为明显的一个变化是关注气候变化，尤其是全球变暖问题备受关注。这是气候科学家们逐渐达成共识的结果，这个

希腊雅典公交车上的海报，它告诫人们："环境就是我们的家园。"

932 共识是指地球大气和海洋的平均温度已经上升到了一个近期历史上前所未有的高度，而这在很大程度上应归因于人类活动所产生的二氧化碳和其他温室气体，并且各方面迹象都显示温度仍在上升。政府间气候变化专门委员会（Intergovernmental Panel on Climate Change, IPCC），这一由联合国支持的大型科学家评估组织所发布的一系列报告证实了气候科学家们的共识。全球变暖有可能导致的结果包括：极地和冰川的融化；海平面的上升及沿海地区的消失；部分地区出现干旱和洪水；飓风等风暴将增多；影响农业；动植物的分布范围和物种丰富性发生变化。2007年，诺贝尔和平奖被共同授予政府间气候变化专门委员会和美国前副总统阿尔·戈尔，以奖励他们所做出的贡献：他们传播了人为原因导致气候变化的相关知识，为应对这种现象所应采取的必要行动奠定了基础。在环保群体推动下采取的众多措施中，包括有限制工业和交通领域的二氧化碳

一位居住在新济布科夫（Novozybkov，该地靠近1986年切尔诺贝利事故发生地）的俄罗斯学童于1992年所作的一幅画，画中的操场边挂有标语，上书："操场关闭：小心辐射。"

排放，以及支持签订国际协定以达成减排目标等举措。

近期的环保运动已向我们展现出该运动的极端复杂性，它包含了无数正式和非正式的组织。它们的具体目标各异，但都拥有相同的总体目标，即让地球成为一个对人类和非人类物种而言更好、更安全、更干净的栖息地。这些环保运动取得了丰硕的成就，也遭遇了许多失败，它们最终会产生何种影响目前尚不明朗。不过，可以肯定的是，它是现代世界中影响最为深远、极其重要的运动之一。

进一步阅读书目：

Bolin, B. (2007). *A History of the Science and Politics of Climate Change：The Role of the Intergovernmental Panel on Climate Change*. Cambridge, UK：Cambridge University Press.

Brenton, T. (1994). *The Greening of Machiavelli：The Evolution of International Environmental Politics*. London：Earthscan Publications.

Carson, R. (1962). *Silent Spring*. Boston：Houghton Mifflin.

Finger, M. (Ed.). (1992). *Research in Social Movements, Conflicts and Change, Supplement 2：The Green Movement Worldwide*. Greenwich, CT：Jai Press.

Gore, A. (1992). *Earth in the Balance：Ecology and the Human Spirit*. Boston：Houghton Mifflin.

Gore, A. (2006). *An Inconvenient Truth：The Planetary Emergence of Global Warming and What We can Do about It*. Emmaus, PA：Rodale.

Grove, R. H. (1995). *Green Imperialism：Colonial Expansion, Tropical Island Edens, and the Origins of Environmentalism, 1600–1860*. Cambridge, UK：Cambridge University Press.

Guha, R. (1999). *The Unquiet Woods: Ecological Change and Peasant Resistance in the Himalaya*. New Delhi, India: Oxford University Press.

Guha, R. (2000). *Environmentalism: A Global History*. New York: Longman.

Hawken, P. (2007). *Blessed Unrest: How the Largest Movement in the World Came into Being and Why No One Saw It Coming*. New York: Viking.

Hays, S. P. (1982). From Conservation to Environment: Environmental Politics in the United States since World War II. *Environmental Review*, 6(2), 14 – 41.

Hughes, J. D. (Ed.). (2000). *The Face of the Earth: Environment and World History*. Armonk, NY: M. E. Sharpe.

Hughes, J. D. (2001). *An Environmental History of the World: Humankind's Changing Role in the Community of Life*. London: Routledge.

Hughes, J. D. (2006). *What is Environmental History?* Cambridge, UK: Polity.

Jamison, A., Eyerman, R., Cramer, J., & Lessoe, J. (1990). *The Making of the New Environmental Consciousness: A Comparative Study of Environmental Movements in Sweden, Denmark, and the Netherlands*. Edinburgh, UK: Edinburgh University Press.

McCormick, J. (1989). *Reclaiming Paradise: The Global Environmental Movement*. Bloomington: Indiana University Press.

McNeill, J. R. (2000). *Something New under the Sun: An Environmental History of the Twentieth-century World*. New York: W. W. Norton.

Merchant, C. (1992). *Radical Ecology: The Search for a Livable World*. New York: Routledge.

Pepper, D. (1984). *The Roots of Modern Environmentalism*. London: Croom Helm. Prugh, T.; Costanza, R.; Cumberland, J. H.; Daly, H.

E.; Goodland, R.; & Norgaard, R. B. (1999). *Natural Capital and Human Economic Survival*. Boca Raton, FL: Lewis Publishers.

Rothman, H. K. (1998). *The Greening of a Nation? Environmentalism in the United States since 1945*. Fort Worth, TX: Harcourt Brace.

Shabecoff, P. (1996). *A New Name for Peace: International Environmentalism, Sustainable Development, and Democracy*. Hanover, NH: University Press of New England.

Shabecoff, P. (2003) *A Fierce Green Fire: The American Environmental Movement*. Washington, DC: Island Press.

Szasz, A. (1994). *Ecopopulism: Toxic Waste and the Movement for Environmental Justice*. Minneapolis: University of Minnesota Press.

Weiner, D. (1988). *Models of Nature: Ecology, Conservation, and Cultural Revolution in Soviet Russia*. Bloomington: Indiana University Press.

Young, J. (1990). *Sustaining the Earth*. Cambridge, MA: Harvard University Press.

933

唐纳德·休斯(J. Donald Hughes) 文

陈黎黎 译 俞金尧 校

# Equiano, Olaudah 奥拉达·艾奎亚诺

1789 年,奥拉达·艾奎亚诺(非裔作家和废奴主义者,约 1745—1797)所写的《奥拉达·艾奎亚诺(又名非洲人古斯塔夫·瓦萨)的生平趣闻:由本人撰写》出版,讲述了发生在 18 世纪中叶一名非洲男子被英国人奴役的故事。无论该书是否完全依照艾奎亚诺的个人经历而作,又或参考了其他人的经历,这本书毫无保留地呈现了黑奴所遭受的令人发指的非人待遇。从 1789 年开始直到 1797 年去世,艾奎亚诺一直为废奴事业而奋斗。

934

奥拉达·艾奎亚诺是 18 世纪晚期致力于废除英国奴隶贸易的非洲人后裔中最杰出的人物之一。《奥拉达·艾奎亚诺(又名非洲人古斯塔夫·瓦萨)的生平趣闻:由本人撰写》(*The Interesting Narrative of the Life of Olaudah Equiano, or Gustavus Vassa the African, Written by Himself*,1789)一书,向英国公众有力地展现了非洲人眼中横渡大西洋的种种惨状和种植园生活中的种种暴行。

艾奎亚诺在书中写道,他的童年是在一个说伊博语(Igbo-speaking)的社会(今尼日利亚东部)中度过的,后来他被绑架并运送到非洲西海岸。随后,便是他遭遇三角贸易的中段航程(将沦为奴隶的非洲人横渡大西洋被强行运抵美洲的航程)的悲惨经历。这些出自《生平趣闻》开篇的段落曾被用作历史资料,不过,它的价值却因近期出现的证据而有所降低,有证据表明艾奎亚诺有可能出生于南卡罗莱纳。但无论该书开篇的一些章节是取自艾奎亚诺的记忆,还是出

奥拉达·艾奎亚诺肖像,载于他 1789 年首次出版的自传封面

自他从其他非洲人那里听到的故事,也有可能是将两者混杂在一起,这些争议都不应当使我们偏离对该书总体价值的关注。

1754 年一名英国海军官员买下了艾奎亚诺,在随后的 8 年里,艾奎亚诺大部分时间都在皇家海军军舰上生活;他所在的军舰参加了七年战争(1756—1763),他记录下了那场持续 6 周之久的路易堡围城战;在这场战役中,英国从法国手里夺取了这个位于布雷顿角岛(Cape Breton Island)上的要塞。他学习英语,并开始学习一些技能,这使他在 1762 年得以晋升成为一名"一等水兵"("able seaman")。在战时的军舰上,你是一名"奴隶"或你是"自由人",几乎没什么实际意义,因而,战争结束后,当他的主人拿走了他所有的收入并将他转卖给一名叫作罗伯特·金(Robert King)的西印度商人时,他失望至极。金很看重艾奎亚诺的读写能力、计算能力和航海技术。作为一个贵格派信徒(Quaker),金在良心的驱使下善待艾奎亚诺。他同意艾奎亚诺可在将来赎回自己的人身自由。不过,当 1766 年艾奎亚诺拿出达到议定价格的金钱赎回自己的人身自由时,金大吃一惊。原来艾奎亚诺一边打理主人的生意,一边打着精算盘为自己谋划;通过这种方式,他存下了这笔钱。

由于艾奎亚诺的人身和财产安全在美洲难以得到保障,所以他定居伦敦。他常常回到西印度群岛和美洲殖民地,作为一名自由的水手,他也曾航行至地中海和北冰洋。他曾一度与某家公司签约在中美洲海岸建立一个种植园,而监管奴隶劳工甚至成为他职责中的一部分。迟至 18 世纪 70 年代,他仍是一个"改良主义者"(ameliorationist),在他看来,受道德和经济两方面因素的影响,黑奴应当得到更好的待遇。他为在他手下工作的黑奴的生产力感到自豪,黑奴们对他的感情——他自己声称的——也让他感到自豪。

在后来的 10 年里,废奴主义运动不断壮大,

而当时的艾奎亚诺已是一个热忱的卫理公会教徒,他对废奴主义的认同感与日俱增。他希望去非洲旅行,那是他事业的一部分。但是,他力图获得伦敦传教会或非洲协会职位的努力均没有成功。他曾经拥有的最好前途是参与到重返塞拉利昂定居计划(Sierra Leone resettlement project)的项目中,不过,由于他不断地抗议公司中的虐待行为和腐败现象,1787年时他被解雇。尽管他对非洲富有悲悯之心,但在那时艾奎亚诺已经形成了强烈的英国认同感。1792年,他与一位英国妇女结婚,这段婚姻带给了他一些财产,两人还生育了两个孩子。

《生平趣闻》的出版对废奴主义运动产生了重要的推动作用,格兰维尔·夏普(Granville Sharp)和托马斯·克拉克森(Thomas Clarkson)等卓越的废奴运动领袖都是该书的读者。从1789年该书首次出版直到艾奎亚诺于1797年去世,他在英国和爱尔兰各地为宣传该书和废奴事业而奔走。尽管他未能亲眼看到自己的梦想成真,但他的书对英国和全球的废奴事业产生了重要影响:他在世时,该书英文版已发行至第9版,同时,还被译为俄、德、法、荷兰语等多国语言。如今,《生平趣闻》已被奉为非裔美洲文学界和非裔英国文学界的经典。

进一步阅读书目:

Carretta, V. (2005). *Equiano the African: Biography of a Self-made Man*. Athens: University of Georgia Press.

Equiano, O. (2004[1789]). *The Interesting Narrative of the Life of Olaudah Equiano, or Gustavus Vassa the African, Written by Himself*. Whitefish, MT: Kessinger Publishing.

Sweet, J. H. (2009, April). Mistaken Identities? Olaudah Equiano, Domingos Álvares, and the Methodological Challenges of Studying the African Diaspora. *American Historical Review*, 279-306.

Walvin, J. (1998). *An African's Life: The Life and Times of Olaudah Equiano, 1745-1797*. London: Cassell.

肯尼斯·柯蒂斯(Kenneth R. Curtis) 文

陈黎黎 译 俞金尧 校

# Erosion 土壤侵蚀

土壤侵蚀不仅会影响作物的生产力,而且一直是造成地球上水污染的最大原因,它使营养物质、沉渣、农药、肥料等堆积沉淀于水源中。土壤侵蚀分为两类:自然侵蚀和人为侵蚀。在20世纪的美国罗斯福"新政"中,预测侵蚀和保护土壤资源成为人们关注的焦点,侵蚀威胁这种说法也因此得到广泛传播。

936

土壤侵蚀曾是世界历史中很少被重视但却一直存在的现象。人们之所以不重视土壤侵蚀,是因为在作物生产力下降之前,人们很可能不会注意到土壤侵蚀所造成的影响。土壤侵蚀主要在两个地方造成破坏:一是受到侵蚀的地方,二是沉积物沉淀的地方。在受到侵蚀的地方,侵蚀会将土壤颗粒、有机物和重要的营养物质全部带走,这是因为它们大部分都溶于水。因此,在土壤侵蚀发生现场产生的问题包括:植物生长介质流失,土壤养分枯竭,以及土地被废弃,或是付出代价进行土壤保护和回填。严重的侵蚀可以将地球表面厚达 50 米的土壤和沉积物（或更多其他的物质）都冲刷走，使那些在过去的几十年中曾是庄稼地的地方变成峡谷。侵蚀在侵蚀现场以外所造成的问题，其严重程度不亚于侵蚀现场，包括水污染、沉积物的产生和财产损失。实际上，土壤侵蚀会将营养物质、肥料沉积物和农药带入河道，这造成了地球上最严重的水污染问题。沉积物会填满河道，以致必须进行疏通，不然，河道容量遭削减，蓄水能力降低，洪水便会增多。那些通常没什么肥力却厚达几米的沉积物，也会掩埋整座城镇，填平河谷。

## 历史

土壤侵蚀的历史经历了数个时期的变化。早在人类出现之前的久远时间里土壤侵蚀就已经存在，我们称之为"地质"侵蚀或"自然"侵蚀。一般来讲，这类侵蚀进展缓慢，但只要假以时日，就足以形成数千米深的壮观峡谷。这类土壤侵蚀并非持续不断地发生，尽管它有可能突然地、不连贯地发生剧烈变化，但通常都进展缓慢并在数百万年内保持稳定。当人类已掌握了足够的技术，懂得用火和环剥主干树皮（girdling of trees）来破坏地表植被时，以人为诱导侵蚀或人为加速侵蚀为开端的第二波土壤侵蚀浪潮便来临了。有证据表明，人类懂得用火烹饪的历史可追溯至 100 万年前。不过，另有证据表明，人类懂得用火管理植被并由此引发侵蚀的历史，明确始于更新世的狩猎-采集时代，它发生在今天坦桑尼亚所在地。

当人类懂得驯化动物、培植植物、通过清除更广阔区域里的植被来利用更多土地时，严重的土壤侵蚀也随之而来。据推测，这类侵蚀是从约 1 万年前，当近东地区出现动物的驯化和人类集中定居生活时开始发生的，

其他地区稍晚。土壤侵蚀史上的第三个时期，很有可能是因人类活动范围扩大、人类为了满足定居生活而不断清理植被以及人类用土壤作苗床所引发的。考古证据表明，出现侵蚀的时间要晚于农业时间。在古代希腊，这种滞后期约为 1 000 年，在那里，侵蚀约在公元前 5000 年首次出现在部分地区。这种滞后的现象也出现于中美洲。证据表明，农业在中美洲所造成的土地利用变化发生于公元前 3600 年左右，但直到公元前 1400 年时才首次出现因土壤侵蚀所造成的沉积。一般而言，这类早期侵蚀会在欧亚大陆的青铜文明时代和美洲的前古典时代早期（公元第 1 个千年到来之前）加剧。这是因为人类农业开拓者们的身影出现在美索不达米亚平原、中美洲、地中海世界、中国和印度河谷等地的河流流域、低地以及伐木后的陡坡上。此后，受到土壤保护、气候变化和土地利用强度等的影响，土壤侵蚀在各古代文明内时而加剧、时而变缓。在美洲古典时期的中美洲和安第斯山脉的某些地方，某些土壤资源保护的独特做法支撑起高密度的人口大量利用土地，不过，有研究认为，正是土地利用需求高和土地保护不足引发了文明的衰落与崩溃。地中海世界出土的考古证据表明，当地的情况并非千篇一律。在人口密度高、土地集约利用的希腊化时代和罗马时代，既有证据表明该时期土壤稳定，也有证据表明存在着侵蚀和沉积。

世界土壤侵蚀史的第四个时期发生于 16—20 世纪，它与人类在世界范围内大量开垦新土地以殖民定居相伴生。人类开始在美洲、大洋洲、西伯利亚、亚洲和非洲大陆上那些此前从未被开垦的土地上大量开荒。此外，那些过去常常在相对温和的气候条件下耕作于西欧低坡上的农民，也开始在雨水更加密集（又或气候更为干燥）并且更有可能遭受风蚀的陡坡上耕种。作为开拓者，这批农民既对周遭环

境缺乏了解，也不借鉴土著居民曾经采用的资源保护措施。这些不当的举措使土壤侵蚀速率剧增并失去了生产力。

世界土壤侵蚀史的最后一个时期出现于第二次世界大战之后，它是随着机械化的普及以及饮食和医疗水平提高所带来的人口增长而发生的。诸如草原或热带雨林等曾经属于偏远的或处于边缘地位的土地，逐渐变为可耕地，这归因于人口密度过高所必然造成的压力以及咖啡、香蕉等热带作物消费需求的日益增长。人口数量的膨胀以及各种各样的迁移过程，驱使农民们去耕种那些极易受到侵蚀的土地，比如中南美洲、非洲以及亚洲东部和南部等地的山地。土壤侵蚀的机理解释了产生下面这一观点的原因，这一说法是指近期已扩张到海地、卢旺达、马达加斯加和尼泊尔等国的山地上的农业和伐木业，使人为诱发的土壤侵蚀成为导致当今地球地貌发生变化的最大作用力。

不幸的是，即使是在美国这样一个大力进行资源保护并且科技实力强劲的国家，近期也有近1/3的耕地正在以比土壤形成要快得多的速度经历着土壤侵蚀。尽管如此，美国的土地仍维持着自身的生产力。不过，这是以诱发中长期问题为代价的，包括：泥沙等的沉积（最大的水污染物）及其生态影响；使用化肥的代价以及使用更多的燃料。

## 土壤侵蚀的过程

若不了解土壤侵蚀的具体过程，我们就无法理解土壤侵蚀的历史。土壤侵蚀是风和以水流、溪流和波浪等形式而流动的水所引发的土壤颗粒的运动。地貌学是一门研究地球表面形态和演变进程的科学。随着时间的流逝，其他的地质营力也会塑造地球的面貌，这包括冰川、化学溶解、块体运动和山体滑坡，当然还包括地壳和火山的活动。大多数情况下，人类行为加快了地表的破裂和沉降，对山体滑坡、天坑的形成以及土壤、溪流、沙滩的侵蚀产生影响。土壤侵蚀可能始于降雨，该降雨的速度达到32千米每小时，且能将地表矿物质和有机物质带走或溅出。这些微粒会在下风向处稍稍沉降，不过，倘若地表植被充足，又或者地表未出现水流时，那么就只会出现速度极缓慢的颗粒沉降。

侵蚀过程中的第二个重要环节是出现地表径流。只有当降雨的速度或者流向某处的水流速度大于土壤孔隙吸收水（渗水）的速度时，才会出现地表径流。冰雪融化也有可能产生地表径流，这会加剧那些发生在植被遭人为清除的或是被犁过的土地上的侵蚀。初期径流在地表流动并带走浅层的土壤，这是靠雨滴将土壤颗粒溅起以及水流产生的动力来完成的。随着平面水流均匀地将地表颗粒物带走，起初会出现片状侵蚀（sheet erosion），即整块地表被水冲走，而抗蚀能力较强的底土常常会在表层土壤被冲走后遗留下来。片状侵蚀会进一步发展成细沟间侵蚀（interill erosion），这种侵蚀常不知不觉发生在斜坡上端没有侵蚀沟（channels）的地带。之所以会出现这种现象，是因为它仅会留下细微的痕迹，不过，这种细沟间侵蚀却有可能导致土壤颗粒和营养物质的大量流失。

一方面，细沟流（即小溪）开始在细沟间流汇集的地方形成顺坡径流，并开始从三个方向冲刷土壤侵蚀沟：溯源侵蚀、下蚀和侧蚀。细沟流可带走大量的土壤，其中包含整片的表层土，不过，农民们可以通过耕作来平复这些细沟，然而，犁地却又可能使土壤变得更松动，易于再次被侵蚀。随着水流增多增强，侵蚀沟逐渐扩大，并倾向于出现在水流集中的同一坡面。虽然人们可以通过耕地来平复这些较大的细沟，但它们却会在相同的坡面位置复现，因而，它们被称为浅沟。人们可在这些区域耕作，或任由植物在这些区域生长。

835

巴西罗西尼亚贫民窟(Rocinha favela),它与里约和巴西其他城市的许多贫民窟一样,坐落于陡峭的山坡上。雨季时,该区域的水流会经过一条沿着山脚延伸的排水沟排走

　　另一方面,冲沟是那些已经完全成形的侵蚀沟,它们经溯源侵蚀、下蚀和侧蚀大面积冲刷后形成,以致不能通过普通拖拉机耕地将它们平复。这些冲沟也可能是因跌水侵蚀(地表径流从某一表面跌落至另一表面,并侵蚀顺之落下的陡壁)或管涌侵蚀(地下水流将地表贯穿而形成一个在地表有出口的地下沟,它会使更大范围的土壤受到侵蚀,使地表沿着地下沟塌陷)而形成。冲沟最初都比较狭窄,它们会因沟内的水流侵蚀侧壁而逐渐变宽。冲沟中的水滚滚向前,裹着泥沙奔涌直下。

　　人为的景观改变也增加了滑坡、河岸侵蚀、海岸侵蚀和风蚀的规模和频率。风力侵蚀土壤的速度,既会以自然风蚀率进行,也会以加速风蚀率进行。地球上的大部分地区,尤其是平坦、干旱、多沙和少植被覆盖的区域,均会发生风蚀。影响风蚀的关键因素有地表覆盖物、土壤黏性以及风力的强度和持续期。具备上述所有关键要素的许多地区,比如中国的黄土高原,千年来一直是风蚀率最高的区域之一,该地区的水蚀率也居高不下。风力侵蚀始于风将地表颗粒物带走,这需要风大到足以将颗粒物扬起,又或者足以使这些颗粒物沿着地面滚动、跳跃。风力可将90％以上的地表颗粒物刮到离地面不足1米的高度,风力也可以吹走各类土质的土壤(黏土、粉土、沙土,甚至是砾土),这取决于土壤质地的黏性、形态和密度。风会使砂石般大小的大型颗粒物短距离滚动或跳跃前行。若风力足够大,则确实能将黏土吹走数千千米,事实上也确实发生过。不过,黏土常与那些大到足以抵御风蚀的

939

十块凝合在一起。因此,在普通的风力下,泥土和细沙是最常遭到风蚀的土质,它们被风扬起、刮走,并且沉降在距侵蚀发生地可预估的距离处。这片沉降区逐渐被堆高,成了世界上的大型黄土(风力沉积的壤土)沉积区,比如中国、欧洲中部、密西西比河流域以及美国华盛顿州的帕卢斯区(Palouse region)等黄土沉积区,这些地区通常土壤肥沃,但极易遭受侵蚀。

### 侵蚀的测量与预测

千年来,人类已经认识到土壤侵蚀在其发生现场和所及之处所造成的各种问题。至少在 5 000 年以前,人类已开始修筑梯田,许多古代社会都曾普遍建设各种设施以排水。然而,直到 20 世纪早期,决策者和科学家方认识到我们需要去预测土壤侵蚀。1908 年,美国总统西奥多·罗斯福认识到土壤侵蚀是最危险的环境挑战之一。不过,直到 20 世纪 30 年代中期,美国水土保持局(Soil Conservation Service,SCS)——前身是 1933 年成立的土壤侵蚀防护局(Soil Erosion Service),现在是自然资源保护局(Natural Resources Conservation Service)——成立时,美国才实施了应对土壤侵蚀的有效举措。水土保持局是美国土壤资源保护最重要的推动者,它得到了富兰克林·罗斯福总统所推行的"新政"的支持,以及本内特(H. H. Bennett)的热切拥护——他是该局首位也是最卓越的领导人。通过资助乡村发展、技艺和科学,"新政"使得侵蚀和资源保护变得广为人知。例如,它发起自然资源保护示范项目,成立旨在美国境内修建拦淤坝和梯田的民间资源保护队。"新政"也运用科学及科学的管理方法,通过搜集全美范围内坡长和坡距恒定但土地使用情况不同的、逾 11 000 个所谓的地块多年的侵蚀数据,来建立预测模型(科学家们可通过那些能帮助他们弄清土壤侵蚀自然速率和加速速率的技术来进行土壤侵蚀测算。该测算集中于对自然坡面进行布点采样[pin studies],记录在不同土地利用情况和降雨强度下,以及在不同物理和数学模拟条件下的土壤流失量)。

在普渡大学(Purdue University)科学家维施迈尔(Walter Wischmeier)的领导下,科学家们依据所搜集的地块数据建成通用土壤流失方程(Universal Soil Loss Equation,USLE)。这是一个具有预测作用的方程式,农民和科学家们可以通过它来预估和比较种植不同作物和采取不同保护措施下的土壤侵蚀情况。这个方程式是基于美国的经验而被提出的,在美国各地的应用情况良好。同时,世界上其他许多地区的研

20 世纪初南非金矿里的矿工。数百年来,采矿是侵蚀的主要诱因

究也运用了该方程式,均取得了不同程度的成功。该方程式基于 6 个变量来预测片状侵蚀和细沟侵蚀,包括:降雨强度因子、土壤可蚀性因子、坡长因子、坡度因子、作物类型因子和土壤保护措施因子(RKLSCP)。科学家们进一步将通用土壤流失方程式修正为修订版通用土壤流失方程式(Revised USLE,RUSLE),新修订的方程仍以相同的系列因子为基础。这些方程式逐渐成为助于制定政策的工具,成为制定有关土地使用和水土保持规划的重要基础。目前全世界都可通过美国农业部下属的农业研究局(U. S. Department of Agriculture's Agricultural Research Service)(2006)使用该方程式。许多科学家还研究了基于物理的或面向流程的模型,模拟土壤侵蚀的自然、物理过程,比如剥蚀(detachment)。这类新一代的模型,比如"水力侵蚀预测过程"(Water Erosion Prediction Process,WEPP)模型,将更精确地预测更多类型的侵蚀,以及因片状侵蚀、细沟侵蚀和沟蚀造成的土壤流失和沉积情况。

## 土壤侵蚀展望

在世界历史进程中,土壤侵蚀经历了 5 个不同的时期,起起落落。虽然在 20 世纪,美国和其他发达国家对土壤侵蚀和土壤资源保护的认知已得到深化,但在过去的半个世纪里,大部分发展中国家的土壤侵蚀速度并没有真正下降。实际上,经由土壤侵蚀,人类已成为当今改变地貌的最大营力。土壤侵蚀之所以会加剧,是因为技术的突破和人口的增长使人类具备了改造地貌的能力:懂得用火,驯化动物,集中定居和农耕加剧,向陡坡扩张,对热带植物的需求加大等。在许多土壤侵蚀严重的例子里,农业拓荒者们在毫不了解当地土壤的情况下便破坏了新土地。历史也表明,不同的历史时期都曾出现过保护土壤的行动,这使土壤损耗降低,并在人口增长期形成一种稳定的土壤利用方式。如何保持和保护土壤,同时,让农业拓荒者们尽快掌握土壤保护的知识是一个关键问题。

进一步阅读书目:

Beach, T. (1994). The Fate of Eroded Soil: Sediment Sinks and Sediment Budgets of Agrarian Landscapes in Southern Minnesota, 1851 - 1988. *Annals of the Association of American Geographers*, 84, 5 - 28.

Beach, T., & Gersmehl, P. (1993). Soil Erosion, T Values, and Sustainability: A Review and Exercise. *Journal of Geography*, 92, 16 - 22.

Beach, T., Dunning, N., Luzzadder-Beach, S., & Scarborough, V. (2003). Depression Soils in the Lowland Tropics of Northwestern Belize: Anthropogenic and Natural Origins. In A. Gomez-Pompa, M. Allen, S. Fedick, & J. Jiménez-Osor nio (Eds. ), *Lowland Maya Area: Three Millennia at the Human-wildland Interface* (pp. 139 - 174). Binghamton, NY: Haworth Press.

Brenner, M., Hodell, D., Curtis, J. H., Rosenmeier, M., Anselmetti, F., & Ariztegui, D. (2003). Paleolimnological Approaches for Inferring Past Climate in the Maya Region: Recent Advances and Methodological Limitations. In A. Gomez-Pompa, M. Allen, S. Fedick, & J. Jiménez-Osornio (Eds. ), *Lowland Maya Area: Three Millennia at the Human-wildland Interface* (pp. 45 - 76). Binghamton, NY: Haworth Press.

Grove, R. H. (1995). *Green Imperialism: Colonial Expansion, Tropical Island Edens and the Origins of Environmentalism, 1600 - 1860*. Cambridge, UK: Cambridge University Press.

Harbough, W. (1993). Twentieth-century Tenancy and Soil Conservation: Some Comparisons and Questions. In D. Helms & D. Bowers (Eds. ), *The History of Agriculture and the Environment* (pp. 95 - 119). The Agriculture History Society. Berkeley: University of California Press.

Hooke, R. (2000). On the History of Humans as Geomorphic Agents. *Geology*, 28, 843 - 846.

McNeill, J. (2001). *Something New under the Sun: An Environmental History of the Twentieth-century World*.

New York：W. W. Norton.

Olson，G. W.（1981）. Archaeology：Lessons on Future Soil Use. *Journal of Soil and Water Conservation*，36（5），261 - 64.

Sims，D. H.（1970）. *The Soil Conservation Service*. New York：Praeger.

U. S. Department of Agriculture/Agricultural Research Service（n. d.）. Revised Universal Soil Loss Equation. Retrieved April 21，2010 from http：//www. ars. usda. gov/Research/docs. htm？docid＝5971

U. S. Department of Agriculture/Agricultural Research Service.（n. d.）Water Erosion Prediction Project（WEPP）. Retrieved April 21，2010 from http：//www. ars. usda. gov/Research/docs. htm？docid＝10621

Van Andel，T. H.（1998）. Paleosols，Red Sediments，and the Old Stone Age in Greece. *Geoarchaeology*，13，361 - 390.

Yaalon，D. H.（2000）. Why Soil—and Soil Science—Matters？ *Nature*，407，301.

蒂莫西·比奇(Timothy Beach) 文

陈黎黎 译　俞金尧 校

# Esperanto　世界语

波兰语言学家柴门霍夫(L.L. Zamenhof)在 19 世纪末创造了世界语(Esperanto)，他寄希望于通过创造一种国际语言来使世界各族人民和谐相处。世界语获得了广泛的传播，在 20 世纪中期，联合国教科文组织肯定了世界语的价值，视其为全球通用的第二种语言。世界语使用者认为，使用世界语将在语言教学、多语言使用和人类解放等方面产生积极影响。

942

世界语是自 1879 年启动的约 50 种语言计划项目中最为成功的。在全球的每个大陆上，几乎都有世界语使用者。虽然人们对世界范围内世界语使用者总体数量的估算并不精确，但却可以基于一些参考因素来进行推算，这些参考因素包括：各国世界语协会的数量、世界语教学教材的销量，以及地方世界语协会的会员人数。据此，可推算出世界范围内，在一定程度上精通世界语的人数从数十万到数百万不等。世界语是一门既能说又能写的活语言。世界语的词汇表包含 15 000～20 000 个根词，它们能派生出其他无数词。

## 说明

作为一种交流媒介，世界语因其简单、优美和可塑性强而闻名，因此，许多人都认为世界语是世界上最易于掌握的语言之一。它的基本语法以 16 条规则为基础。这些规则可简单地表述为：(1)世界语中没有不定冠词，在阳性和阴性名词前使用定冠词(即英语中的"the")$la$；(2)所有单数名词的词尾为-$o$(主格)或者-$on$(宾格)；(3)形容词词尾为-$a$；(4)"1 到 10"、"100"和"1 000"这些数字在世界语词汇表中有特定单词；(5)世界语中有 10 个人称代词；(6)动词没有人称和数的变化，只有时态和语气的变化，过去时、现在时、将来时、条件句、祈使句和不定式的词尾分别是-$as$、-$is$、-$os$、-$us$、-$u$ 和-$i$；(7)副词词尾为-$e$；(8)介词都要求主格；(9)每个单词读写一致；(10)单词重音总是在倒数第二个(紧靠最后一个)音节上；(11)合成词由 2 个单词并置而成；(12)任何从句中均无须使用 2 个否定助词/

单词;(13)表示方向时用宾格;(14)每个介词都有其确定不变的含义,但在需要使用介词却又不确定使用哪个才是正确的情况下,使用介词 je(该词无独立含义);(15)除了需要根据拼写规则对外来语进行调整之外,外来词在世界语中不加以变化;(16)名词和定冠词末尾的元音可用省略号替代。

世界语的发明者——路德维克·列泽尔·柴门霍夫(Ludwik Lejzer Zamenhof)于 1859 年 12 月 15 日出生于波兰的比亚韦斯托克(Bialystok)。他成长于一个犹太家庭,他的父母深刻影响了他"四海之内皆兄弟"的理想信念。无论在家庭或学校,柴门霍夫都处于多语言的学习环境中,他接触到的语言包括俄语、波兰语、德语、法语、拉丁语、希腊语、希伯来语和立陶宛语。族群冲突在他所在的城市十分突出,这给他留下了持久的记忆。19 岁时,他开始为后来我们所称的世界语做出初步探索。他希望能创造出一门国际化的语言和统一的理念,使地球上的各族人民和谐相处。1887 年,他用俄文发表了第一篇论文,名为《国际语》(*Lingvo Internacia*)。文章署名是他的笔名"希望者"(Dr. Esperanto)。最终,这个虚构的名字成为柴门霍夫所创造的新语言的名称。这实属偶然,完全是因为该词极好地表述出了那些视自己为真正的"世界语使用者"的特征。

随着时间的推移,世界语文献的总量和种类迅速发展,其丰富性和多样化堪与许多由各民族语言创造的文献媲美。其中包括小说、戏剧、期刊、诗刊和范本,几乎覆盖了所有主要的文学体裁。此外,许多重要的传世佳作比如莎士比亚的作品以及基督教的《圣经》——已有世界语译本。各国世界语协会和国际世界语协会为那些出于社交、科技写作和其他一系列目的而使用世界语的人提供资料。这些协会包括北美世界语联盟(Esperanto League of North America, www. esperanto-usa. org)和国际世界语协会(World Esperanto Associaton,亦即 UEA-Universala Esperanto-Asocio;更多信息可见于 www. uea. org)。这两个协会均是会员制组织,它们通过举办会议,发布实时通讯、期刊和与世界各地世界语使用者的通信、在线语言学习等方式为会员提供各种机会,以使其融入全球世界语使用者群体。

1954 年,联合国教科文组织通过决议,承认了世界语在促进世界各民族友好往来中的价值,肯定了世界语在促进思想交流中的积极作用,并且确保了联合国教科文组织与国际世界语协会间的合作。最初的决议精神经 1985 年的第二次决议而再次得到认可,该决议是为了庆祝 1987 年世界语百年大庆而通过的。它授权联合国教科文组织总干事密切关注世界语——它作为一种促进跨文化交流机制——的发展情况。1996 年,国际世界语大会(World Esperanto Congress)在布拉格召开,会议发表宣言,呼吁世界各国政府、机构和其他人应意识到,仅采用少数几种民族国家的语言绝不会建立起一个能够促进民主、全球教育、有效的语言教学、多语言使用、语言权、语言多样性和人类解放的"公平和有效的语言秩序"。同时,该宣言还将推动世界语作为全球第二种通用语言的运动视为达成上述目标的途径。

## 展望

世界语的发展和流行足以证明它的功用和持久的生命力。正如柴门霍夫所认为的那样,它是将散落于世界各地的人民联结起来的语言桥梁。在后殖民时代,随着地缘政治的不断变化,世界语尤其会在建立有效的沟通方式、缔结联盟、促进和平等方面成为我们需要的工具,其未来发展肯定值得密切关注。

进一步阅读书目：

Connor, G. A. (1973). *Esperanto: The World Interlanguage*. San Diego, CA: Oak Tree Publications.

Forster, P. G. (1981). *The Esperanto Movement (contributions to the sociology of language)*. New York: Walter De Gruyter Inc.

Janton, P. (1993). *Esperanto: Language, Literature, and Community* (H. Tonkin, J. Edwards, & K. Johnson-Weiner, Trans.). Albany: State University of New York Press.

Richmond, I. M., & Tonkin, H. (1992). *Aspects of Internationalism*. Lanham, MD: Rowman & Littlefield.

Tonkin, H. (1997). *Esperanto, Interlinguistics, and Planned Language* (Vol. 5). Lanham, MD: Rowman & Littlefield.

小休·佩吉（Hugh R. Page Jr.）文
陈黎黎 译 俞金尧 校

# Ethnicity 族性

"族性"是世界历史上充满争议、难以定义却又至关重要的一个术语。严格来讲，族性指的是某个群体在生物学意义上的共同起源；广义上，它更接近于民族的含义。实际上，族性常与特定的语言或宗教联系在一起。族群偏见会引发侵略、种族优越感，最终引发种族大屠杀。

944

自文明诞生以来，各种文化均以族性为基础，将自身与他者区分开来。在许多文明中，国王和贵族与市民和农民分属于不同的族性。19、20 世纪，研究者们尝试以生物学为基础来定义种族，创造出诸如"优生学"和"人种学"等伪科学。即使是在当今这样一个跨国界的、全球化的世界，族性依然在形成国家认同和促进不同国家间的合作中发挥了重要作用。

## 定义

"族性"是一个极难精确定义的术语。在不同语境中，"族性"一词与种族、祖籍、部落或民族等术语有着相近的含义。该词的词根是希腊语中的 *ethnos*，意思是"民族"（nation）；不过，在某种特定意义上是指具有相同祖先的后裔群体及某种不断壮大的大家族。当苏美尔人称自己为"黑头人"时，他们是依据种族性来进行自我认同的。可以肯定的是，即使是在公元前 2500 年时，民族大融合的现象也已经出现了，但苏美尔人仍然能将自己同其他的文化区分开来；他们不仅以语言和宗教为基础进行区分，而且以外貌和血统，即种族性为基础进行区分。

因此，严格来说，族性指的是某个群体在生物学意义上的共同起源。不过，任何一个复杂的社会都存在着不同群体间通婚的现象。因此，更恰当的做法是视族性为人们看待自身起源的一种方法，而不是将它仅视为一个生物学意义上的事实。狭义上，族性的含义与氏族或种族相近；广义上，它与民族的含义更为相近。所以，当 19 世纪的民族主义者称颂日耳曼人和立陶宛人的悠久历史及其光荣传统时，他们使用的是族性的论调。在这种情况下,民族这样一个更为政治化的术语则被定义或宣传为族性。

严格来说,宗教和文化与族性之间并无关联。一个人纵使已然成年,却还可以转宗或学习一门新语言。不过,在实际中,族性常常与特定的语言或宗教有着密切的联系。因此,在波兰人和克罗地亚人看来,他们的族群认同与天主教有着密切的联系。与此相似,传统和历史也使俄罗斯人对族性的认知与俄罗斯东正教之间关联密切。我们必须再一次铭记一件事实,即民族神话传说常常比实际上的血脉关系更为重要。

## 近代以前世界的族性

近代以前,即工业化和政治-社会变化于250多年前到来之前,族性常频繁地与社会阶级相重叠。与现代政治制度完全不同的是,近代以前,君主常常是在不了解其臣民的起源或语言的情况下统治着族群混杂的人们。实际上,许多统治者都对自身的族群起源加以美化,使之区别于那些被统治者。从查希尔-乌德-J·穆罕默德(Zahir-ud-Din Muhammad)即绰号巴卑尔(Baber,1483—1530)的印度莫卧儿帝国创建者开始,纵使时光流转,历经数世纪的变迁,那些曾在今天的印度和巴基斯坦实施统治的莫卧儿帝国统治者,仍将中亚视为他们真正的故土。与之相似的是,中国清朝的满族统治者有意强调他们与被统治的汉人之间存在着族性和文化差异。统治阶级是与其他所有人都不同的族性,被视为常态。

近代以前,族性多样性和文化多样性很少被视为一个政治问题或社会问题。总体来说,各族群均遵循着本族的规则和宗教法各自独立地生活(即使是在同一地域范围内也是如此),只要他们缴税并且不滋生叛乱,那么就会受到统治者的宽容对待。这种情况在希伯来《圣经》

中多有提及,它记载了一个族群(最初是由宗教信仰来定义)在从波斯人到埃及人等不同外来统治者统治下生活的故事。我们应该意识到,近代以前,社会流动和地域流动均十分有限。不同族群间的融合程度越低,各族群就越不可能拥有其他族群的文化和语言特征。也就是说,在近代以前,同化相对来说要少一些。每一个族群都关注着本族的事务,国王或苏丹常授予他们自治权。正如同奥斯曼帝国所采用的米勒特制(millet system)那样,它容许犹太教、东正教和其他族群(尽管是通过宗教进行划分的)在其内部事务的处理上拥有广泛的自治权。

不过,这并不是说近代以前不存在着同化现象。任何一个强大而成功的文明,只要有足够的时间、财富,并有雄心试着去推行一种新文化,均能吸引到人们的效仿。比如,在罗马帝国时期,统治者曾积极鼓励非罗马人学习拉丁文、仿效罗马人着装,乃至在各个方面都接受罗马文化。因此,诸如法兰克人、西哥特人和伦巴第人等所谓的"蛮族"(罗马帝国时期使用的一个词汇),虽然还保留着重要的种族和文化特色,但也逐渐远离本族最初所使用的语言。随着5世纪罗马帝国的崩溃,土著居民、罗马人和"蛮族"间的文化融合,使得诸如法国人、意大利人和西班牙人等新的族群发展起来。

即使是近代以前,仍然存在着文化和族群融合的现象。不过,进展十分有限。比如,欧洲人、亚洲人、非洲人和美洲土著居民在外表上差异明显,这使得一个墨西哥人或秘鲁人要声称自己属于西班牙人,即使并非不可能,但也十分困难。这样,种族阻止或至少妨碍了族群—种族同化的大规模展开。后哥伦布时代,族性在新世界社会秩序的"排序"中起到了关键作用。位于社会最上端的阶层是出生在欧洲的人,紧随其后的阶层是克里奥尔人(Creoles,属于欧洲人但出生于新世界),接着是融合了美洲人和欧洲人血统的人("混血人"),而土著居民和非洲奴隶则

945

位于最底层。

## 民族和民族主义

如上所述,近代以前,君主及其臣民常常分属于不同的族性。因为近代以前,统治者们并不是从其"国民"(the nation,即被统治者)那里获得统治的合法性的,所以族群差别并不能对他们的权力产生影响。随着 19 世纪民族主义的滋长,所有这一切都发生了变化。"民族主义"可被简洁地定义为主张所有"民族"(nations,由语言、文化、宗教、共同的历史或者这些因素融合在一起所联系起来的群体)都应当拥有自己"国家"(states,主权的政治单位)的政治理念。作为一种政治运动,民族主义的起源可追溯至法国大革命,这场革命要求法国的政治和未来应当由全体国民而不是国王来决定。然而,早期民族主义者所遇到的最大难题是"民族"的定义问题。这就有了"族性"一词的出现。显然,鲜有民族主义者真的认为所有德国人确实是同一祖先的后裔,但在他们的辞藻中仿若确实如此。在

某些极端的情况下,比如历史学家和种族主义哲学家约瑟夫-亚瑟·德·戈宾诺(Joseph-Arthur de Gobineau,1816—1882)就以族性甚至人种为基础对民族进行专门的界定。随着阿道夫·希特勒在德国掌权,这种种族主义理论所带来的恶果彻底暴露。作为他"净化"日耳曼民族邪恶计划的一部分,希特勒犯下了历史上最骇人听闻的大屠杀罪行,数以百万计的人惨遭杀害。

而在美国,族性也在政治中发挥了重要作用。1864 年以前,绝大部分的非裔美国人仍处于奴隶状态,而此后的很长一段时间内,他们也没有真正享受到与其他美国人一样的平等。19 世纪中叶,大量的亚洲人移民到美国,为修筑横贯大陆的铁路(1869 年完工)做出了贡献。不过,他们受到了歧视并在法律上被认为是无行为能力的人。到该世纪末,人们几乎不可能从亚洲合法移民到美国,而且早期亚洲移民后裔的公民权常被否定。

从 19 世纪末的最后 25 年直至 20 世纪,欧洲国家(nations,在一定程度上,也包括美国)拥有本土以外几乎全世界的控制权,尤其是对非洲

1994 年 8 月 14 日,年轻的卢旺达难民正看着一名驻卢旺达国际援助部队的法国士兵调整环绕机场的铁丝网。安迪·达纳韦(Andy Dunaway)摄

的控制。在这样一个"新帝国主义"兴盛的时期，族性——通常具有种族主义的意义——被作为证明欧洲人控制亚洲和非洲的合理性。鲁德亚德·吉卜林（Rudyard Kipling）的诗作《白人的负担》（*The White Man's Burden*），曾鼓励美国要肩负起帝国主义的责任，并巧妙地对上述信条进行了概括。

## 全球主义时代

第二次世界大战之后，种族主义这种极端的民族主义和帝国主义受到联合国（成立于1945年）的明确抵制。尽管与之相关的错误观念和实践仍以多种形式持续存在，但全世界几乎没有哪位领导人会为族群优越性或种族优越性进行辩护。乐观主义者们期盼在不远的将来会出现一个没有民族主义和种族主义的世界。很遗憾，他们的期望并没有实现。

"二战"结束后的20年里，战前的殖民地上出现了几十个新的独立国家，其中大部分位于非洲和亚洲。在所有这些新建立的国家中，其公民几乎囊括了各个民族，他们说着不同的语言并遵循着不同的文化。比如，巴基斯坦这样一个新国家，主要是在英属印度的穆斯林聚居地创立的，并没有考虑到其公民的民族多样性，但"巴基斯坦"（"Pakistan"）这个名字则恰好反映出了这种民族多样性，该词的头几个字母指的是不同民族所主导的不同地区——旁遮普、阿富汗尼亚（Afghania）、克什米尔——的首字母。

1947年，当英属印度从英国手里赢得独立时，印度因宗教信仰（印度教、伊斯兰教）的不同而分裂。不过，大多数殖民地却是在边境不变的情况下转变为独立主权国家的。非洲的殖民地界限划分于19世纪，而当时并未考虑到民族差别，这就导致新独立的非洲国家拥有世界上最丰富的民族多样性。在许多情况下，这种民族多样性引发了严重的问题，其中包括语言迥

异的人之间存在着交流障碍。更大的灾难发生在20世纪60年代末，当时，石油资源丰富的比夫拉（Biafra）地区试图脱离尼日利亚。比夫拉的独立宣言部分内容是基于伊博族（Ibo，或Igbo）反抗约鲁巴族（Yoruba）统治的民族诉求拟定的。最终，尼日利亚的军队粉碎了比夫拉的独立势力，占据国家2/3人口的3个主要民族（伊博族、约鲁巴族、豪萨族）共同宣布了一份不算稳定的停战协定。

虽然尼日利亚在各民族间关系的问题上取得了进步，但1994年中非国家卢旺达却发生了一场可怕的种族大屠杀。两个主要的民族图西族（Tutsis）和胡图族（Hutus）在这个由比利时殖民者建立的小国家里占据主导地位。该国胡图族总统遭到谋杀，引发了一场针对人数相对较少的图西族的大屠杀，大部分图西族人被残忍杀害。在某种程度上，胡图族之所以仇视图西族是由历史问题造成的。比利时独立之前，图西族在卢旺达的政治中处于统治地位，而比利时殖民当局一般也更偏向人数更少的图西族而非他们的邻居胡图族，这引发了胡图族的广泛怨恨。

社会主义国家以克服族群仇恨和不以族性为基础来创造新的国家认同为目标。在这方面进行尝试的两个最佳示例是苏联和南斯拉夫。在苏联，所有语言和民族均正式地享有平等的权利，整个国家被分成15个"加盟共和国"（苏维埃社会主义共和国联盟）——亚美尼亚、阿塞拜疆、白俄罗斯、爱沙尼亚、格鲁吉亚、哈萨克斯坦、吉尔吉斯斯坦、拉脱维亚、立陶宛、摩尔多瓦、俄罗斯、塔吉克斯坦、土库曼斯坦、乌克兰、乌兹别克斯坦，它们均采用俄语和当地方言等两种语言为官方语言。因此，在立陶宛苏维埃社会主义共和国的首都维尔纽斯（Vilnius），街头标示常用俄语和立陶宛语双语表示。不过，随着20世纪80年代末苏联出现经济上的问题和政治上的失误，民族冲突滋生。阿塞拜疆的穆斯林和亚美

菲利普·克吕弗(Philip Clüver)所著的《古代日耳曼人》(*Germania Antiqua*, 1619)中的插图 17。"蛮族"(barbarian)这一名称最初是一个拟声词，它模仿的是古代希腊人和古代罗马人所听到的外来语言的发音（就像字面上那样："bar-bar"）；这个名词仍清晰地体现了存在于族群间的刻板印象

尼亚的基督徒在高加索地区发生流血冲突。在波罗的海三国（爱沙尼亚、拉脱维亚、立陶宛），当地活动家把民族自豪感作为对抗苏联的工具，这种对抗在 20 世纪 90 年代初以它们的独立而告终。

南斯拉夫的情况则完全不同。第一次世界大战后，从大塞尔维亚中产生了南斯拉夫国。"二战"后，铁托（Marshal Josip Broz Tito, 1892—1980）领导整个国家从纳粹手中赢得解放，其后创立了一个社会主义国家，在这个国家里，没有一个民族居于统治地位。只要铁托在世一日，南斯拉夫各民族之间达成的和解便可持续下去。然而，20 世纪 80 年代的政经危机导致了 90 年代初的种族大屠杀。历史记忆再一次在这场屠杀中被唤醒：许多塞尔维亚人仍铭记着克罗地亚法西斯组织乌斯塔沙（Ustasha）的杀人恶行，该组织在"二战"期间与纳粹合作，屠杀了成千上万的塞尔维亚人和犹太人。自 1995 年《代顿和平协议》(Dayton Peace Accords)签订以来，科索沃地区的塞尔维亚人和阿尔巴尼亚人之间会不时爆发冲突，该地区一直处于不稳定的和平状态中。

21 世纪初，有一个说法被反复提及，那就是"全球化"。不过，即使互联网、流行文化和国际贸易将世界变得越发紧密，族性仍然是国际政治和国内政治中一个关键的、起决定作用的议题。只有在未来，我们才会知道人类究竟是秉持宽容和互相尊重的精神来欣赏和赞美族群的多样性，还是走向一条充满偏见、攻击和屠杀的消极道路。

进一步阅读书目：

Armstrong, J. A. (1982). *Nations before Nationalism*. Chapel Hill: University of North Carolina Press.

Christie, K. (Ed.). (1998). *Ethnic Conflict, Tribal Politics: A Global Perspective*. Richmond, UK: Curzon Press.

Connor, W. (1994). *Ethnonationalism: The Quest for Understanding*. Princeton, NJ: Princeton University Press.

Eley, G., & Suny, R. G. (Eds.). (1996). *Becoming National: A Reader*. New York: Oxford University Press.

Elliott, M. C. (2001). *The Manchu Way: The Eight Banners and Ethnic Identity in Late Imperial China*. Stanford, CA: Stanford University Press.

Gellner, E. (1983). *Nations and Nationalism*. Ithaca, NY: Cornell University Press.

Honig, E. (1992). *Creating Chinese Ethnicity: Subei People in Shanghai, 1850–1980*. New Haven, CT: Yale University Press.

Kurien, P. A. (2002). *Kaleidoscopic Ethnicity: International Migration and the Reconstruction of Community Identities in India*. New Brunswick, NJ: Rutgers University Press.

Martin, T. (2001). *The Affirmative Action Empire: Nations and Nationalism in the Soviet Union, 1923-1939.* Ithaca, NY: Cornell University Press.

McNeill, W. H. (1986). *Poliethnicity and National Unity in World History.* Toronto: University of Toronto Press.

Snyder, T. (2003). *The Reconstruction of Nations: Poland, Ukraine, Lithuania, Belarus, 1569-1999.* New Haven, CT: Yale University Press.

Takaki, R. (Ed.). (1994). *From Different Shores: Perspectives on Race and Ethnicity in America.* New York: Oxford University Press.

西奥多·威克斯(Theodore R. Weeks) 文<br>陈黎黎 译　俞金尧 校

# Ethnobotany　民族植物学

949　民族植物学考察的是植物和人类之间的文化关系及生物关系,在考察过程中,人通常会被归类为群体或语言群体。民族植物学家研究人类如何利用植物,如何将栖息地改造得益于植物生长,如何改变整片景观,以及如何通过遗传选择(驯化)和引种入园(指园圃和耕地等经人工改造过的地方)来"创造"新植物。

那些没有金属工具、缺乏先进技术的人,被认为缺乏改造"原始"环境即欧洲人涉足之前的环境的能力。民族植物学家们通过大量的田野调查发现,世界各地的土著居民均有改造地表环境、创造人工植物群落的方法和知识。在北美,土著居民与当地环境间的互动,足以使他们创造出适于"已驯化"植物的生长环境,而这些植物也确实在这里生长下来,土著居民的行为、实用需求和世界观决定了这些植物的分布、群落、数量和生长状态。

## 植物物种管理

人们采用许多技术去提高单株植物的生产力,简化其收割方式,或让植物生长在与人类更接近的空间里,以此来使人类获益。那些未过上定居生活的采集者、小规模耕作的农民以及农耕行家,均会用到这些技术。人们或燃烧某些灌木丛,为的是让有些树能更好地发芽生长,

以获取编织物或木质工具,美国加利福尼亚州的土著居民就是用这样的方式来处理紫荆花、榛树和橡树的。人们会对某些植物进行季节性的焚烧,以此来提高可供食用的种子产量,或为人类或草食动物提供草场。

人们季节性地清除"无用的"植物,以减少植物间的生长竞争并增加其光照度;人们干预植物的繁殖,以增加幼苗数;人们开辟不同地块专种不同植物等。这些都属于有选择的收割和培育。另一种干预植物生长周期的方式是,用挖掘棒收获植物的地下根、块茎或鳞茎。这种技术也偶尔附带移植了植物的块根(茎)(比如洋姜和白菖蒲)和鳞茎(比如洋葱和卡马百合)。通过这种培育耕作,人们将种子播种到土壤里,土壤也变得疏松、透气,养分得以循环利用。通过使用这些耕作技术,那些被用来编织篮子的莎草和芦苇的茎秆会长得更高。另一种能确保重要植物,尤其是从远方找到的稀有药材生长的方法是,把它们从生长地移植到园圃或专门的田埂里。

作物管理最后常有的一道工序是,对那些用作编织藤条、绳索和木柴的多年生树木或灌木进行修枝或修剪。人们去掉挂果过密的花楸树和美洲越橘树的一些枝条,以刺激植株再生长、开花和结果,使树木重新变得生机勃勃。美国西南部的普韦布洛印第安人(Pueblo Indians)会剪去矮松上的枯枝当作木柴使用,他们还会敲打矮松的枝干,用这种方式去刺激健康的树木结出更多的坚果。

## 人工生态系统

人类通过广泛的管理实践创造出了异质环境。通过针对不同植物种类及其生长地多年周期性的管理,人类找到了植物培育和收获的方法。由此造成的结果是,出现了一个由各个群落像马赛克一样镶嵌在一起而组成的生态系统,而这些植物群落正是由人类的培育活动维系的。只有当本地的管理者们因战争、疾病而死亡,或被外来殖民者取代以致失去土地时,才会出现大片的荒地。

火是一种在世界范围内被广为采用的工具,它被用来改造植物群落。人们会在橡子、山核桃和其他坚果树周围的局部地区放火烧地,以此清除灌木丛,为采摘提供便利,或间接地定植不耐阴植物。放火烧地(草地和浆果丛)会刺激植物的生长,清除其他的竞争植物。通过用火,养分得以循环,害虫被消除,初级演替开始发生。总的结果就是,形成了一幅以植物种类多样和植物苗壮生长为特征的植物群落拼图。

土地的管理措施每年均不一样。不同的年份,人们会放火烧不同的地块。此外,人们还会根据植物的生物特性,并借助于人类的定居活动、社会的分散程度甚至乡规民约,来决定何时何地以何种方式收割何种作物。因而,每年的收获也是不同的。

从古至今,人类都会设法去促使那些对人类有用的植物不断生长,同时抑制杂草生长

园圃是一片特殊的人造空间。园圃并不是其他植物群落的复制品,它是由人类尤其是妇女把植物集中起来加以照看的植物群,这种植物群并不天然存在于他处。园圃内种植着丰富多样的可供人类使用的植物,并且产量颇高,便于人类采摘果实。园圃里种植的植物种类,既可能全是本土物种,也可能全是培植的植物,还可能两者兼而有之。

## 野生植物与栽培植物

人们很难将野生植物和培植植物完全区分开来。一方面,人们已经通过众多栽培技术对大部分植物进行了人工选择,鲜有植物能避开人为导致的生命周期的改变而称得上是真正的"野生"植物。另一方面,农作物经人工选择后保留了那些有利于人类的特征。它们的新基因表达是人为造成的,既非与生俱来,也不能在离开人类的照料和人类对其生长环境进行维护的情况下再生。培植植物遍及整个温带以及除了澳大利亚以外的热带地区。人类已培植的植物包括:粮食作物(小麦、大麦、水稻、小米、玉米等);蔬菜(西红柿、马铃薯、洋葱、南瓜、菠菜、卷心菜等)；辛香料植物(辣椒、芫荽、荷兰芹等)；多年生果树(苹果、桃、芒果等)和坚果树(核桃、椰子等)以及饮料用植物(咖啡和茶等)。此外，人们还培植了一些有使用价值的植物(葫芦、棉花、大麻等)。每种植物都需要利于其生长的环境，而人类创造了这一切。在干旱地区，灌溉渠和石块覆田是保存植物水分的必备举措。相关的例证可见于美国亚利桑那州、以色列、印度和中国。土壤肥力因人工添加动物粪肥和厨余垃圾而得到提高。高温和阳光直射所带来的影响，通过人们在耐阴植物中穿插着种植茶树、咖啡树和果树而得到缓解。石梯田也使秘鲁、墨西哥和中国的部分地貌发生改变，成为可耕地。女性常会出于丰富烹饪食材、补充日常膳食的需要去打理园圃，又或是基于审美的需要去照料花园。人们会根据自身生计的需要来种植和照看小块田地，并根据当地植物利用的培育习惯来除草。大块的田地则会在清除杂物后用来种植粮食作物，若有多余的粮食就会用来出售。

## 环境史中的民族植物学

　　民族植物学旨在通过追踪人类在其信仰体系引导下所做出的行为，去获知不同的管理技术，弄清不同的文化如何改造植物世界。人们采取许多技术以确保有用作物的收成。人类也拥有许多调整植物利用形式的管理原则，这是通过有计划的收割、在不同地区循环采摘，以及运用社会和宗教制裁以限制采收等方式来实现的。这些举措有可能会使个别物种受益，还能通过保持处于不同演进阶段的植物群落来促进环境的多样性，也能使生产力更强的植物群的景观多样化。

　　玉米(玉蜀黍)的驯化及其当前的生产方式，为我们提供了一个环境变迁下的民族植物学研究的范例。玉米是一种经人工改造的物种，它是人工选择玉米表型性状的结果；这种表型性状无法在离开人类协助的条件下再生。为了种植玉米，人类必须清理土地和确保生长所必备的环境条件的质量——主要是通过控制水和温度来实现——以减少不同植物间的生长竞争。通过清理土地，人类创造出了一块适于苋草(苋属，*Amaranthus*)和羊腿藜(藜属，*Chenopodium*)等杂草生长的环境，而这些植物的叶子和种子很可能会用作食用，也可能会根据当地的栽培习惯而被清除。当耕地被废弃后，新的植物(也许有用)会自发生长并创造出动植物种类多样的新的演替群落。不过，所有这一切均不可能在人类出于栽培的目的而对环境加以改造之外天然生成。

中国，一名男子从峨眉山采摘到中药用草本植物。柯珠恩摄

进一步阅读书目：

Anderson, E. N. (1996). *Ecologies of the Heart: Emotion, Belief, and the Environment*. New York: Oxford University Press.

Blackburn, T. C. , & Anderson, K. (Eds.). (1993). *Before the Wilderness: Environmental Management by Native Californians*. Menlo Park, CA: Ballena Press.

Boyd, R. (1999). *Indians, Fire and the Land in the Pacific Northwest*. Corvallis: Oregon State University Press.

Day, G. M. (1953). The Indian as an Ecological Fact or in the Northeastern Forest. *Ecology, 34*(2), 329 – 346.

Doolittle, W. E. (2000). *Cultivated Landscapes of Native North America*. Oxford, UK: Oxford University Press.

Ford, R. I. (Ed.). (1985). *Prehistoric Food Production in North America* (Museum of Anthropology, Anthropological Papers No. 75). Ann Arbor: University of Michigan.

Harris, D. R. , & Hillman, G. C. (Eds.). (1989). *Foraging and Farming: The Evolution of Plant Exploitation*. London: Unwin, Hyman.

Minnis, P. E. (Ed.). (2000). *Ethnobotany, a Reader*. Norman: University of Oklahoma Press.

Minnis, P. E. , & Elisens, W. J. (Eds.). (2000). *Biodiversity and Native America*. Norman: University of Oklahoma Press.

Peacock, S. L. (1998). *Putting Down Roots: The Emergence of Wild Plant Food Production on the Canadian Plateau*. Unpublished Doctoral Dissertation, University of Victoria.

Soule, M. E. , & Lease, G. (Eds.). (1995). *Reinventing Nature: Responses to Postmodern Deconstruction*. Washington, DC: Island Press.

理查德·福特(Richard Ford) 文

陈黎黎 译 俞金尧 校

# Ethnocentrism 民族中心主义

> 民族中心主义是指将自己所属的部落、种族或国家置于人类事务中心且居于他者之上的倾向,这一点可在过去500年的西方殖民史中得到印证。不过,民族中心主义并不是西方独有的现象,在世界上其他各文明对待宗教、种族、语言和族群的态度中均能见其踪迹。

952

民族中心主义实际上存在于人类历史上的所有社会中。要使人们认为自身所属的民族优于其他民族,这首先需要人们能意识到自身之外存在其他的国家或文化,还需要人们足够了解其他的文明,这样他们才可以做出其他的文明或生活方式不如自己的判断。因此,民族中心主义在某地的生根发芽和繁盛,必然会涉及某民族与外部世界的联系。若它因缺乏经济、军事实力或人力资源而无法跨越本国边界而与其他民族进行交流——无论是商贸、征服或其他形式,纵使它主要(或仅只)关心自己,均不能被轻易地贴上"民族中心"的标签。

在过去的2个世纪里,全球的大部分地区都因西方殖民扩张而处于欧洲国家或者其代理人控制之下。与政治殖民和军事殖民相伴生的是,殖民者们往往认为自己的行为是去"改良"

(improve)被殖民对象的。这种思想和行为建立在一种假设之上，即西方的文化价值和社会结构要优于被殖民的对象。比如，19世纪的英国历史学家托马斯·麦考莱(Thomas Macaulay)曾以"西方图书馆中仅一个书架上的图书"所包含的知识要比东方几个世纪以来所积累的知识和文献还要多为依据，来证明使印度"英国化"的合理性。法国殖民者们视"文明开化使命"(la mission civilisatrice[civilizing mission]，是指让当地人放弃原本的生活方式等)为他们殖民活动中不可分割的一部分。民族中心主义为欧洲人的政策提供了一个信手拈来的借口。19世纪末期，进化论者的观点为那些认为只有最好的民族——一般都指他们自己——才能够生存并造福他者的人提供了依据。

不过，民族中心主义的世界观并不只存在于近现代的欧洲殖民主义者心中。古代中国人

这幅图片传递了西方优越的民族中心主义观。图中，苏格兰传教士、探险家大卫·利文斯通(David Livingstone)正在向充满好奇心的非洲人展示他的怀表

将其国家命名为"居于天下之中的国家"(中国)。18世纪，英国为了与中国通商而派使节前往中国，乔治·马戛尔尼(George Macartney)拒绝向中国皇帝磕头，这足见中、英双方都有着很强的民族优越感。不过，19世纪，随着中国遭受军事侵略和签订丧权辱国的不平等条约，中国的知识分子们试图将西方的改革引入中国，并公开承认中国传统思想不足以应对眼前的挑战，这使上述情形发生了改变。民族中心主义有赖于某一特定群体施加于其他群体上的强权。只有在那些被看轻的对象身上，民族中心主义的观点方能得到张扬和体现。

953

## 东方和西方

在过去的20年里，随着巴勒斯坦学者爱德华·萨义德(Edward Said)提出"东方主义"(又译"东方学"，一种具有民族中心主义色彩的西方人眼中的东方)的观点，以及后人将萨义德的理论运用到他原先的研究范围之外，有关民族中心主义的讨论出现了新转折。根据萨义德的研究，无论是在殖民时期还是后殖民时期，西方人对非西方民族及其知识的态度，均与西方人的强势地位和权力相关。他进一步指出，西方对东方的描述，既是过去200年里东西方之间存在着不平等权力关系的原因，也是这种不平等权力关系所导致的结果。相较于以理性、民主、进步为导向的西方，东方被描述成无理性的、专制的和落后的。民族中心主义和种族主义在这些表述的形成中无疑发挥了作用。尽管萨义德对东方主义的谴责已在学界获得广泛认可，学者们也努力对之进行矫正，不过，"东方主义"仍持续见于新闻和大众传媒中，不曾减退。

大多数人都认为民族中心主义是不受欢迎的，但是一些派生词，比如民族主义(nationalism)则常常被认为是积极的。之所以出现这种不同

可以确定的是……无论是在英国,还是在当地军队中,我们都不会得到任何官职……原因在于,目前,没有任何一个英国人愿意听从印度人的指挥。这需要花费好几代人的时间直到征服者和被征服者、统治者和被统治者以及黑人和白人之间的那种感觉消失。

——昆瓦·阿马尔·辛格(Kunwar Amar Singh,1782—1858)

的认知,部分原因在于民族中心主义和种族主义拥有交叉的含义,而种族主义具有明显的负面含义。而另一方面,虽然民族主义会将自身限定于某一特定群体从而将其他群体排斥在外,但它并不常指以种族为基础形成的群体。

不过,民族中心主义并非一定要被置于一个国际语境之下。在某国范围内,某个种族群体、文化群体或宗教群体也能对他者施加强权。虽然人们提到民族中心主义时,首先想到的就是欧洲人和白人对其他民族和种族的控制,但这并不是唯一的例子。剥夺公民选举权,甚或宗教迫害、语言上的迫害和对少数族裔的迫害,都广泛存在于现代世界的西方和非西方国家中。尽管这些情形常常不被称为"民族中心主义",这主要是因为它们发生在同一个"民族"内,但是它们的特征和影响与那些国际语境中的民族中心主义并无二致。

## 多元文化主义

今天,无论是自发的,或是在政府倡导乃至要求下产生的多元文化主义,都被人们视为处理自身与他者之关系的可取态度。这显示出了人们对不同文化的开放性和肯定态度。多元文化主义被认为是民族中心主义的相反面。多元文化主义并非纯粹是一个 20 世纪的现象。它的名字可能不同,但它也是浪漫主义者(Romantics,产生于 18 世纪的文学、艺术和哲学运动的支持者)世界观中的一部分,比如德国哲学家和神学家约翰·赫尔德(Johann Herder),他尊重世界上所有的文化并认可其价值,其中包括与西方的历史发展明显处于不同阶段的"土著"文化。在这个时期,多元文化主义是与那种明确认为自己的文化"凌驾于"其他群体之上的认知同时存在的。尽管现代的多元文化主义直接抵制了那些对其他文化所持有的偏见、歧视和消极态度,但民族中心主义——一种自发的趋势,以将人们凝聚成一体,很难通过社会政策或法令而彻底消除。最大的希望可能存在于互动和跨文化接触中,人们可以更好地界定自身,并促使自己去认识到其他群体对自身的物质福利甚至文化福祉的重要性。

954

进一步阅读书目:

Koepke, W. (Ed.). (1982). *Johann Gottfried Herder: Innovator through the Ages*. Bonn, Germany: Herbert Grundmann.

Said, E. (1979). *Orientalism*. New York: Vintage Books.

Smith, A. (1986). *The Ethnic Origins of Nations*. Oxford, UK: Basil Blackwell.

Spence, J. (1990). *The Search for Modern China*. New York: Norton.

Wolpert, S. (2000). *A New History of India*. New York: Oxford University Press.

柯西克·巴格奇(Kaushik Bagchi) 文

陈黎黎 译　俞金尧 校

# Ethnology　民族学

　　民族学是人类学的一个分支,它通过比较和分析来研究世界上的各种文化。民族学也被称为"跨文化研究",它发展于20世纪后期,着重研究各文化间的相似性而非差异性,并进行具有普遍意义、宏观性的理论阐述和概括。

　　比较民族学(comparative ethnology,跨文化研究)是文化人类学的一个分支领域。从事跨文化研究的人类学家、心理学家和社会学家的主要研究兴趣在于,通过比较世界范围内的行为和文化习俗,提出有关人类文化、社会和行为的理论并检验之。他们的研究重点是普遍性理论,即能够解释整个时空范围内的文化或行为的所有或某些方面的理论,而不是那种只能解释单一文化或单一地理区域、单一文化区域的理论。跨文化研究与跨国研究(该研究主要由政治学家和经济学家来做)类似。

　　作为人类学之独特形式的跨文化研究始现于19世纪末期,但直到20世纪40年代才备受瞩目。直到那个时候,有关世界各地数百种文化的民族志(有关各种文化和民族的信息)方被搜集起来,这为跨文化研究提供了原始资料。在典型的跨文化研究中,研究者会列出一种或多种理论以待检测,接着从世界各地的文化中选取一个可供研究的案例,并依照自己感兴趣的主题从各文化民族志中搜集信息,再将文本信息转化为数字变量,然后通过数据测试去检测先前提出的一种或多种理论。

　　第二次世界大战后,人类学家所拥有的民族志资料越来越多,跨文化研究也变得越发流行,在20世纪六七十年代,有关亲缘、儿童成长、家庭生活、战争、宗教、经济和政治的数百种研究成果得以出版。这20年里,随着新技术的大发展,相关的研究开展得更为细致,所得出的结论更为可信,该领域也进入了成熟期。这一领域的先驱主要有美国耶鲁大学的乔治·彼得·默多克(George Peter Murdock)、印第安纳大学的哈罗德·德赖弗(Harold Driver)、纽约州立大学布法罗分校的拉乌尔·纳罗尔(Raoul Naroll)以及哈佛大学的约翰·怀宁和比阿特丽斯·怀宁夫妇(John and Beatrice Whiting)等人类学家。20世纪80年代,由于文化人类学的研究越来越集中于特定文化,专注于意义、行为的研究,以援助和保护濒危民族,致使跨文化研究的流行性降低。

　　跨文化研究常常受到争议;那些倾向于针对单一文化进行大量田野研究的人类学家,不太认同基于图书馆、二手资料和数据分析进行宏观概论,即强调跨文化的相似性而非差异性的研究路径。

　　尽管如此,数十年的跨文化研究仍做出了许多重要的宏观概论,它们对世界历史而言尤为重要:(1)上两个世纪中,世界范围内约50%的文化变迁源自不同文化间的和平互动,而另外约50%的文化变迁源自由战争和支配所产生的接触。(2)一个社会的经济类型是决定父母养育子女的方式以及成年人的个性的重要因素。举例而言,在农业社会,合作是很重要的生活方式,因而农业社会的人们更为顺从,而他们也会将孩子培养得服服帖帖。而在狩猎-采集社会,独立行动的价值更大,那么成人会更加独立,而且也会将子女养育得更加独立自主。(3)随着人类更有效地控制能源以及人口增多所导致的社会机构的专门化和差异化,文化进化成为人类历史中的一个强大的推动力。(4)在大多数情况下,出于威慑敌人或潜在敌人而维持的大量军力,只会引发战争,而不是创造和平。和平的交往,比如贸易或参加联合的宗教仪式,往往会带来和平。(5)从跨文化研究的观点来看,并不存在"女性地位"这种东西。更确切地说,女性地位是一系列复杂的观点和行为,女性常常在家庭经济和宗教等领域中有着崇高的地位和较大的影响力,而在军事等领域则没什么地位和影响力。(6)民族中心主义,即认为自己的文化比其他所有文化都优越的观点,存在于所有文化中。在邻近的文化即许多方面都相似的文化之间,民族中心主义的论调相对少一些。(7)所有社会都会有一套与掌控或获取自然资源相关的基本的经济关怀。(8)所有社会都有清晰的性别分工,某些工作只分配给男性,而另外一些只分配给女性。男性会去从事需要大量体力的工作,而女性会去从事那些能与照顾小孩同时做的工作。(9)虽然平等(人类平等)社会曾经存在过,但是所有的近现代社会都有社会分层,即社会阶层,这就意味着并非所有的群体都拥有同等的途径去获取社会资源。(10)历史上大量的文化剧变乃宗教运动的结果,这些宗教运动通常都发生于充满社会压力的时期,并且由那些常被视为先知的魅力型人物领导。(11)19世纪的进化论曾认为,随着时间的流逝,人类社会会从一个低等文明向高等文明演进,但这种观点站不住脚。

---

进一步阅读书目:

Ember, C. R., & Levinson, D. (1991). The Substantive Contributions of Worldwide Cross-cultural Studies Using Secondary Data. *Behavior Science Research*, 25, 79 – 140.

Levinson, D. (1977). What have We Learned from Cross-cultural Surveys? *American Behavioral Scientist*, 20, 757 – 792.

Levinson, D., & Malone, M. J. (1980). *Toward Explaining Human Culture*. New Haven, CT: HRAF Press.

Murdock, G. P. (1949). *Social Structure*. New York: Macmillan.

Naroll, R., & Cohen, R. (Eds.). (1970). *A Handbook of Method in Cultural Anthropology*. GardenCity, NY: Natural History Press.

Whiting, B. B., & Whiting, J. W. M. (Eds.). (1975). *Children of Six Cultures: A Psycho-cultural Analysis*. Cambridge, MA: Harvard University Press.

大卫·列文森(David Levinson) 文

陈黎黎 译　俞金尧 校